旅游统计学

梁永国　编著

中国旅游出版社

前 言

统计学在旅游管理类本科专业中属于经管类基础课程。《旅游管理类教学质量国家标准》确定的培养目标强调"培养掌握现代旅游管理基础理论、专门知识和专业技能,具有国际视野、管理能力、服务意识、创新精神,能够从事与旅游业相关的经营、管理、策划、规划、咨询、培训、教育等工作的应用型专业人才"。本书为基础统计学教材,编写目的是帮助学生能够理解统计学的基本概念和思想,系统掌握统计学基本原理和基本方法;能够运用所学统计方法进行调查、收集信息资料,定量分析和解决实际问题;培养学生发现问题、调查研究的科学态度和严谨学风,提高学生从事工作和科研的创新精神和综合素质。

为了实现上述目标,教材内容体系首先应该体现这种基础性定位,因此,在借鉴了国内外基础统计学(包括旅游统计学)的内容框架的基础上,结合旅游管理专业实际,确定了教材章节内容。本书共13章,第一章为旅游统计学概述,作为全书的导论;第二至五章为旅游统计数据的收集和描述,包括旅游统计调查、数据整理与统计图表、数据分布特征的描述、旅游核算体系与旅游业统计等内容;第六至第十三章为数据分析方法,主要为统计推断、统计建模以及统计方法的综合运用,包括抽样估计、假设检验、分类数据的卡方检验、方差分析、相关与回归分析、时间序列分析与预测、统计指数、统计综合评价等内容。通过这些内容安排,可以保障学生基础统计能力培养的需要。其次,虽是基础性统计学教材,但也注重统计新思想、新方法、新成果的吸收,以及知识的适当拓展,以保障学生知识结构更加合理。例如,第六章在介绍简单抽样估计的基础上适当介绍了其他常见抽样估计的方法;第七章将统计检验力和效应量分析进行了介绍;第十章在一元回归的基础上介绍了多元回归和虚拟自变量回归等内容;第十三章在传统综合评价方法的基础上介绍了层次分析法和模糊综合评价法。这些拓展知识具有一定难度，可作为选学内容。

本教材的特点是注重将统计思想的理解和统计方法的应用相结合。首先，侧重应用但不忽视理论，强调统计思想是统计应用的基础和灵魂。在介绍统计原理时，不仅注意概念与思路的清晰易懂，同时注重每种统计方法和统计模型的前提假定和应注意的问题，以便切实发挥统计理论对统计应用的指导作用。其次，以例题作为连接理论与应用的桥梁，通过典型的例题教学，不仅使学生进一步理解基本的统计概念与原理，同时使学生了解基本的统计方法在旅游领域中的应用。再次，注重软件操作教学和应用训练，通过软件操作巩固所学知识与技能，并进行一定的以解决实际问题为目标的应用训练。为加强实践教学的可操作性和便于构建统计实验课程，本书在每章单设一节专门介绍 Excel、SPSS 统计软件的相应操作。总之，本书的教学理念就是：统计思想—统计方法—软件操作—实际应用；统计理论方法与旅游领域应用实际紧密结合。

为了贯彻上述教学理念，加强统计应用训练，本教材设计编写了适当的思考练习题，包括思考题、选择题、软件操作题、计算分析题和实践题。为了方便使用，本教材提供 PPT 教学课件和例题、练习题数据（包括 Excel 与 SPSS 数据文件）。

教材建设任重道远，本书是旅游统计学教材建设的一种尝试，由河北农业大学海洋学院梁永国老师结合教学实践编写而成。在编写过程中，参考了大量同类教材和著作，在此谨表谢忱！同时，作为全国旅游类专业创新应用型人才培养规划教材的出版，衷心感谢中国旅游出版社的支持和编辑的辛勤工作。

由于作者水平所限，错误与疏漏在所难免，恳请同行专家和广大读者不吝赐教，提出宝贵意见和建议，以便今后进一步修订和完善。

梁永国
2020 年 9 月 1 日于秦皇岛

目 录

第一章 旅游统计学概述 …………………………………………… 1
第一节 旅游统计学及其性质 ………………………………… 1
第二节 统计数据与变量 ……………………………………… 7
第三节 统计指标 ……………………………………………… 12
第四节 统计软件 ……………………………………………… 15
本章小结 ……………………………………………………… 17
关键术语 ……………………………………………………… 18
思考与练习 …………………………………………………… 19

第二章 旅游统计调查 ……………………………………………… 21
第一节 统计调查方案设计 …………………………………… 21
第二节 调查方式与方法 ……………………………………… 24
第三节 调查问卷设计 ………………………………………… 33
第四节 数据编码与录入 ……………………………………… 37
第五节 调查误差及其控制 …………………………………… 40
第六节 利用软件进行随机抽样 ……………………………… 43
本章小结 ……………………………………………………… 45
关键术语 ……………………………………………………… 46
思考与练习 …………………………………………………… 46

第三章 数据整理与统计图表 ············ 49
- 第一节 数据预处理 ············ 49
- 第二节 统计分组 ············ 51
- 第三节 统计指标汇总 ············ 57
- 第四节 频数（频率）分布 ············ 67
- 第五节 统计表与统计图 ············ 81
- 第六节 利用软件绘制统计图表 ············ 92
- 本章小结 ············ 101
- 关键术语 ············ 102
- 思考与练习 ············ 103

第四章 数据分布特征的描述 ············ 106
- 第一节 数据集中趋势的度量 ············ 106
- 第二节 数据离散程度的度量 ············ 122
- 第三节 数据分布形态的度量 ············ 134
- 第四节 利用软件计算描述统计量 ············ 137
- 本章小结 ············ 138
- 关键术语 ············ 140
- 思考与练习 ············ 140

第五章 旅游核算体系与旅游业统计 ············ 144
- 第一节 国民经济核算原理 ············ 144
- 第二节 旅游核算体系 ············ 157
- 第三节 游客及其旅游消费统计 ············ 164
- 第四节 旅游价格与收入统计 ············ 170
- 第五节 旅游接待业企业经营统计 ············ 173
- 本章小结 ············ 179
- 关键术语 ············ 181
- 思考与练习 ············ 181

第六章　抽样估计 · 185

- 第一节　抽样分布 · 185
- 第二节　点估计与区间估计 · 201
- 第三节　简单随机抽样的参数估计 · 205
- 第四节　其他抽样方式的参数估计 · 214
- 第五节　利用软件做参数估计 · 226
- 本章小结 · 228
- 关键术语 · 229
- 思考与练习 · 229

第七章　假设检验 · 233

- 第一节　假设检验的基本原理 · 233
- 第二节　一个总体参数的检验 · 244
- 第三节　两个总体参数的估计与检验 · 251
- 第四节　检验功效与第二类错误的控制 · 265
- 第五节　利用软件进行假设检验 · 272
- 本章小结 · 276
- 关键术语 · 277
- 思考与练习 · 277

第八章　分类数据的卡方检验 · 282

- 第一节　多项分布与卡方拟合优度检验 · 282
- 第二节　独立性检验 · 286
- 第三节　多个独立总体一致性检验 · 291
- 第四节　分类数据卡方检验应注意的问题 · 294
- 第五节　分类数据卡方检验的软件操作 · 295
- 本章小结 · 296
- 关键术语 · 297
- 思考与练习 · 297

第九章　方差分析 · 300

- 第一节　单因素方差分析 · 300
- 第二节　双因素方差分析 · 311
- 第三节　利用软件进行方差分析 · 323
- 本章小结 · 329
- 关键术语 · 330
- 思考与练习 · 331

第十章　相关与回归分析 · 335

- 第一节　相关分析 · 335
- 第二节　一元线性回归 · 346
- 第三节　多元线性回归 · 374
- 第四节　相关与回归分析的软件操作 · 391
- 本章小结 · 395
- 关键术语 · 396
- 思考与练习 · 397

第十一章　时间序列分析与预测 · 403

- 第一节　时间序列及其动态分析 · 403
- 第二节　时间序列构成要素分析 · 416
- 第三节　时间序列预测 · 437
- 第四节　时间序列预测的软件操作 · 445
- 本章小结 · 447
- 关键术语 · 448
- 思考与练习 · 448

第十二章　统计指数 · 453

- 第一节　指数的概念与分类 · 453
- 第二节　总指数的编制方法 · 456

第三节　指数体系与因素分析 ……………………………………………… 467
　　本章小结 …………………………………………………………………… 472
　　关键术语 …………………………………………………………………… 473
　　思考与练习 ………………………………………………………………… 473

第十三章　统计综合评价 ………………………………………………… 478
　　第一节　统计综合评价概述 ……………………………………………… 478
　　第二节　权重的确定 ……………………………………………………… 481
　　第三节　评价结果的综合 ………………………………………………… 492
　　本章小结 …………………………………………………………………… 505
　　关键术语 …………………………………………………………………… 505
　　思考与练习 ………………………………………………………………… 506

附　录 ……………………………………………………………………… 509
　　附录一　国家旅游及相关产业统计分类（2018） ……………………… 509
　　附录二　常用统计表 ……………………………………………………… 517
　　附录三　概率论基础 ……………………………………………………… 525

参考文献 …………………………………………………………………… 526

第一章

旅游统计学概述

> 【学习目标】
> 1. 理解统计活动、统计学和旅游统计学的含义,掌握统计活动的基本环节。
> 2. 理解旅游统计学的研究对象与学科性质,了解旅游统计学的实践应用。
> 3. 掌握统计数据的测量尺度和类型。
> 4. 理解并掌握总体、样本、参数、统计量、变量和指标等统计学基本概念。
> 5. 了解几种常用统计软件。

本章是旅游统计学课程的导论,目的是让读者对旅游统计学有一个概括性的认识和了解。为此,本章第一节主要介绍旅游统计学的学科性质、研究对象和实践应用,第二节介绍统计数据与变量的含义及类型,第三节介绍统计指标的含义、类型与指标体系的设计,第四节介绍几种常用统计软件。

第一节 旅游统计学及其性质

生活在信息社会,处在大数据时代,上至国家管理运行,下至百姓日常生活都离不开各种各样的数据资料。人们在工作和生活中都要接触或处理大量数据信息,这就离不开统计工具,统计学为人们提供了进行数据处理和分析的有力工具。那么,什么是旅游统计学呢?我们以统计活动为起点来理解统计学和旅游统计学。

一、统计活动及其过程

(一) 统计活动

统计是通过调查或实验收集客观现象的现实数据,对研究对象进行描述、分析和推断的活动,即统计工作、统计研究等实践活动。统计是了解社会、治理国家、管理组织、从事生产和科学研究的基础,各行各业的管理、决策都离不开统计。

统计活动起源于原始社会人类的计数活动。国家产生后,统治者为了赋税、徭役的需要,就有了人口、土地、粮食等的调查统计活动,随着社会的发展,统计成为国家管理的重要手段之一。但在古代社会,由于受经济发展制约,其统计活动范围相对有限,统计制度与方法也比较落后。进入近代社会以后,适应资本主义市场经济发展的需要,统计活动的范围由国家管理领域扩展到工业、农业、商业、交通、邮电、海关、银行、保险等社会经济活动的各个领域。19世纪初,西方国家在政府中纷纷设立专业的统计机构,使统计活动专业化,大大促进了各项专门统计的发展。19世纪中叶,各国还纷纷成立统计学术团体,加强统计科学研究,促进统计学术交流。1885年,国际统计学会成立,对统计理论方法的研究、交流和推广,以及统计标准的协调与统一等方面都做出了重要贡献。进入20世纪后,随着概率论与数理统计的发展,进一步丰富和完善了统计方法,特别是随着计算机技术的飞速发展,统计活动又从经济领域扩展到了社会科学与自然科学的各个领域。

随着工业革命的完成,现代旅游业于19世纪中叶诞生。1925年,国际官方旅游宣传组织联盟在海牙成立,这就是联合国世界旅游组织的前身。随着旅游业的日益发展,到1945年"二战"结束后,开启了大众旅游时代。由于旅游活动在经济上的积极影响,在"二战"之前就已经引起了欧洲各国的重视,战后各国更把发展旅游业作为重建和发展经济的一项重要措施。旅游经济发展的需要,便产生了经常性的旅游统计活动。随着旅游在世界各国的普遍发展,旅游统计也越来越受到重视。

(二) 统计活动过程

一项统计活动一般包括如下几个基本环节:

(1) 统计设计。这是对统计活动各环节工作的统筹安排,是根据统计研究任务与目的,制订统计工作方案,主要包括制定指标和指标体系,提出收集、整理和分析数据资料的方案和工作进度安排。

(2) 统计数据收集。这个环节通过统计调查或实验设计来收集所需要的数据资料。

(3) 统计数据整理分析。对所收集的原始数据经过审核、整理和汇总，运用描述统计和推断统计方法对所收集的数据进行分析，以揭示所研究现象总体的数量特征和数量关系。

(4) 统计数据应用。通过前面几个环节形成统计数据资料或统计报告，可充分发挥统计数据资料的信息服务功能，为生产、管理、决策、预测等活动提供有价值的参考依据，也可供二次开发和利用。

二、统计学及其分科

（一）统计学的定义

统计学（statistics）是指导统计活动的理论和方法，是收集、整理、分析和解释数据的方法论科学。统计学的研究对象是客观现象总体的数量特征和数量关系，其目的是揭示客观现象的统计规律。

从产生于17世纪中叶的以国势学派和政治算术学派为代表的古典统计学，到19世纪以数理统计学派和社会统计学派为代表的近代统计学，再到进入20世纪后形成的现代统计学，不仅在方法方面由描述统计发展到推断统计，而且由于定量分析的广泛需求，随着社会、经济和科学技术的发展，统计学也被广泛应用于社会和自然科学领域的各个方面，并形成了许多分支学科，如经济统计学、社会统计学、管理统计学、人口统计学、生物统计学、医学统计学、统计物理学等。现代统计学特别是概率论与数理统计学为研究随机现象的数量规律性提供了理论方法和数学基础。而计算机科学和信息技术的发展为统计方法的实现提供了技术支持。这样，现代统计学逐渐形成以收集、整理、分析和解释数据的统计方法为中心的方法论科学。

统计数据分析的方法可分为描述统计和推断统计两大类。描述统计（descriptive statistics）是研究数据收集、整理和描述的统计方法体系，包括统计数据的收集、数据的加工处理、数据的显示、数据分布特征的概括与分析等方法。推断统计（inferential statistics）则是研究如何根据样本数据去推断总体数量特征和数量关系的统计方法体系，它是在样本数据描述分析的基础上，对总体的数量特征和数量关系进行统计推断，其中参数估计和假设检验是基本的统计推断方法。

（二）统计学分科

现代统计学已延伸到自然科学和社会科学的众多领域，成为由若干分支学科组成的学科体系。从统计学应用角度来看，统计学可以分为理论统计学和应用统计学两类。

1. 理论统计学

理论统计学（theoretical statistics）是把研究对象一般化、抽象化，以概率论为基础从纯理论的角度，对统计方法加以推导论证，中心的内容是统计推断问题，实质是以归纳方法研究随机变量的一般规律，如分布理论、估计与假设检验理论、方差分析、相关与回归分析、时间序列分析等。

2. 应用统计学

应用统计学（applied statistics）是研究如何应用统计理论与方法解决某个领域的实际问题的统计学分支。由于在自然科学及社会科学研究领域中，都需要通过数据分析来解决实际问题，因而，统计方法的应用几乎扩展到了所有的科学研究领域，形成了很多应用统计学科，如生物统计学、统计物理学、管理统计学、经济统计学、社会统计学、人口统计学等。应用统计学具有统计学与实质性科学边缘交叉的性质。由于各应用领域都有其特殊性，应用统计学不仅具有方法论的特征，同时也形成了一些不同的特点和特殊的方法。

就理论统计学与应用统计学的关系而言，理论统计学的研究为应用统计学提供数量分析的理论和方法；应用统计学在统计实践中也不断地开拓着理论统计学的研究领域。

三、旅游统计学及其研究对象

（一）旅游统计学

旅游统计学从数量方面研究旅游及相关现象，我们从这个角度给旅游统计学下一个定义，即旅游统计学（tourism statistics）是运用统计学理论、原则和方法研究旅游及相关现象总体数量特征和数量关系的科学，是应用统计学的分支学科。

（二）旅游统计学的研究对象

旅游统计学是从数量上研究旅游及相关现象的应用统计学科，其研究对象为旅游及相关现象总体的数量特征和数量关系。任何事物都包含了质与量两个方面的规定性，两方面共同决定了事物的性质和特征。作为应用统计学的分支，旅游统计学主要是运用"统计的语言——数字"从数量方面来研究旅游及相关现象总体的属性特征和关系。

1. 总体

总体（population）是根据一定的研究目的所确定的研究对象的全体，是由具有某种共同性质的许多个别事物构成的集合。构成统计总体的基本单位称为个体。如果把统计总体看成一个集合，那么个体就是集合的元素。如某旅游目的地游客构成的集合就是总体，这个集合中的每个游客就是一个个体。总体所包含的个体的数量,称为总体容量(population size),表明总体规模的大小,一般用字母 N 来表示。用来描述总体分布特征的概括性数字度量称为参数(parameter),常用的总体参数有总体平均数、总体方差、总体比例等。

(1) 总体的性质

首先,统计总体具有同质性。它是指总体中的个体必须具有某种共同的属性或特征,这是统计总体的基本特点。如旅游企业总体中的每个企业都具有从事旅游服务活动这一共同属性;来某城市旅游的游客总体中,每个游客都具有来该城市旅游这一共同特征。同质性是总体的根本特征,是构成一个总体的必要条件。

其次,统计总体具有差异性,也称变异性。它是指总体中个体的特征存在差异,正是由于存在差异,才有必要利用统计工具从其表现出来的差异中探索统计规律性。

最后,统计总体具有大量性。它是指总体应该由足够多数量的个体构成。总体是由许多个体在某一相同属性基础上结合起来的整体,个别或很少几个个体不足以显示出总体的本质和规律性。总体具有大量性,才可以使个体的某些偶然因素的影响相互抵消,从而显示出总体的本质和规律性。

(2) 总体的类型

根据总体包含个体的数量,可将总体分为有限总体和无限总体。有限总体是指总体中的个体数可以计数或穷尽的总体,例如某旅游城市的旅游景区,一个国家的全部人口等都是有限总体。如果总体中的个体数无限,或者总体中的个体是由一个正在运行的过程产生的,从而生成的个体数量是无限的,这样的总体称为无限总体,例如到某旅游目的地旅游的游客总体,在旅游制造企业连续生产的生产线上产出的产品总体等。

对于有限总体既可以进行全面调查,也可以进行非全面调查,两者都可以达到认识总体的数量特征和数量关系的目的。但对于无限总体则只能抽取一部分个体进行非全面调查,利用样本数据来推断总体。

2. 样本

样本(sample)是指从统计总体中抽取的一部分个体组成的集合,也称为子样。样本中所包含的个体数量称为样本容量(sample size),简称样本量,一般用字母 n 来表示。例如,从某旅游目的地的游客总体中抽取 800 名游客组成一个样本,该样本的容量为 800 人。用来描述样本分布特征的概括性数字度量称为统计量(statistic),常用的统计量有样本平均数、样本方差、样本比例等。

相对于作为研究对象的总体而言,样本则是所要观测的对象。因此,抽取样本不是统计的目的,它是用来推断总体数量特征与数量关系的手段。

由于抽取样本的目的是用来推断总体,这就必然要求样本能够代表总体。样本代表总体的程度越高,由样本计算的结果与总体实际情况之间的误差就越小。

四、旅游统计学的性质

作为应用统计学科的旅游统计学,一方面具有方法论性质,另一方面又具有统计学与实质性科学边缘交叉的性质。

首先,旅游统计学具有方法论性质。旅游统计学为旅游统计工作、旅游研究活动提供数据收集、整理和分析的一系列科学方法,其目的就是探索旅游及相关现象总体的数量规律性,以达到对旅游现象的正确认识。这里所谓现象总体的数量规律性是指的统计规律而言的。统计规律是大量随机现象在总体上表现出来的必然性。客观事物都是必然性和偶然性的对立统一。必然性反映了事物本质特征和联系,是有规律可循的;偶然性反映了事物表现的差异性,从而使事物现象表现得千差万别,这就掩盖了事物的本质和规律。旅游统计学提供了一系列方法,使得人们可以从数量方面入手,揭示出旅游及相关现象总体的数量规律性。

其次,旅游统计学具有统计学与实质性科学边缘交叉的性质。虽然旅游统计学要从数量方面研究现象总体的内在规律,但它所研究的数量特征和数量关系不是抽象的数字和数量关系,而是具体的旅游现象的数量特征和数量关系,统计分析要以具体旅游现象的质的规定性为前提。从统计方案设计、数据收集整理、分析方法选择到统计结论的解释都需要结合具体的旅游及相关学科理论和实际来进行。

特别需要注意的是,统计规律所显示的必然性只是关于大量随机事件总和的必然性和规律性,而没有表明事物发生原因与结果之间的必然生成关系。统计规律只表达大量随机变量的平均结果,它并不涉及个别随机现象到底是如何产生的。因此,如果要探索旅游现象的因果关系和内在机理,还需要借助于旅游及相关学科的有关理论和方法。例如旅游业与其他产业融合互动关系是可以利用统计学方法来测度的,但这种关系的因果机制是怎样的却不是统计学能够回答的,这需要旅游经济学的相关理论给以解释。

五、旅游统计学的应用

旅游统计学为旅游相关数据信息的收集与分析提供了一套科学理论和方法,在旅游管理决策、旅游研究和信息交流等方面具有广泛的应用。

(一)在旅游管理决策中的应用

政府利用旅游统计学所提供的方法,开展旅游统计调查,收集和发布数据资料,进行定量的模拟分析,跟踪监测旅游经济运行状况,预测旅游发展趋势,为制定和调整旅游政策提供科学依据。

旅游企业利用统计方法，通过市场调研收集市场信息，准确分析预测市场变化趋势，为旅游企业管理和营销提供决策依据。

（二）在旅游科学研究中的应用

在科学研究活动中，统计学也扮演着重要角色。科学研究的基本逻辑方法是归纳与演绎法，即从问题出发，针对问题进行观察，经提炼概括提出命题，形成某种假设，然后再通过大量观察或实验来检验假设。在这个过程中，统计方法（实验设计、统计调查、数据分析等）发挥了重要作用。社会科学研究运用定量分析方法的越来越多，旅游研究方面运用定量分析方法也呈现了增长的趋势。

（三）在旅游信息交流中的应用

在国际、区域旅游交流中，信息交流发挥着重要功能。旅游统计是提供旅游信息的主渠道，旅游统计信息资料越来越受到国际组织、国家政府和普通公众的关注。旅游统计学在旅游信息交流领域中也扮演了重要角色。

（四）统计分析与数据挖掘

随着通信和计算机技术的快速发展，大数据时代已经到来。旅游大数据的应用领域主要是在旅游统计、旅游公共信息服务、旅游行业监管、旅游安全预测与调控、旅游市场结构分析预测与营销、旅游信息化等领域。随着大数据的应用，旅游大数据的采集、管理、分析与挖掘等新技术应运而生。数据挖掘（data mining）是利用大数据开发出有用决策信息的方法，是利用统计学、数学和计算机科学的综合方法。大数据的应用对传统的统计方法提出了挑战，但它仍然是以传统的统计方法为基础的，由于其综合了传统统计方法和包括人工智能和机器学习等计算机技术，因而使数据挖掘更加有效。数据挖掘技术的迅速发展，大大提高了大数据的应用价值。

第二节　统计数据与变量

一、数据

数据（data）是为描述和分析现象总体而收集的事实和数字，是对个体特征进行测量的结果。数据不仅仅是指数字形式的数据，它也可以是非数字形式（如文字）的数据。为某个特定研究而收集的所有数据的集合称为数据集。

（一）测量尺度

对事物进行测量需要一定的尺度。一般地，按照变量的性质和数学运算的功能特点,将统计测量划分为四个层次的测量尺度。

1. 定类尺度

定类尺度,也称列名尺度(nominal scale),是最低层次的尺度,它仅能对事物进行平行的分类或分组,各类(组)之间的关系是并列或平行的,不能表示顺序、等级和大小等关系。这种尺度的主要数学特征是"="或"≠"。为了统计汇总的方便,一般用数字作为不同类或组的代码,但这些数字代码只是一个符号,不能进行任何运算。比如,对人口按性别、民族、行政区划等做归类统计,性别可分为男和女两类,分别用1和0代表;民族可以分为汉族、满族、蒙古族等不同的类别,可以用1代表汉族,用2代表满族,用3代表蒙古族;行政区划同样可以用数字代码来表示。

2. 定序尺度

定序尺度,也称为顺序尺度(ordinal scale),它不但可以表示不同类(组)别,而且也反映量的大小顺序关系。这种尺度的主要数学特征是">"或"<"。例如景区评级分为1A至5A五个等级;调查游客对旅游的满意度,可分为非常满意、比较满意、一般、比较不满意、非常不满意五个等级;企业对产品进行检验,将产品分为一等品、合格品、不合格品;等等。很显然,顺序尺度的数据之间是可以比较大小的,但大小的差异还不能做出精确的计量。

3. 定距尺度

定距尺度,也称间隔尺度(interval scale),是对事物类别或次序之间间距的精确计量,它不仅能将事物区分为不同类型并进行排序,而且可以准确地计算类别之间的差距大小。这种尺度的主要数学特征是"+"或"−"。定距尺度的计量结果表现为数值,可以进行加或减的运算。虽然定距尺度的数据有基本的、确定的测量单位,但没有确定的、标准的"零"位,也就是在定距尺度中,"0"和其他数字一样仅表示某一个数值,而不表示"没有"或"无",因此不能进行乘或除的运算。例如,气温的0℃并不表示没有温度;可以说30℃比15℃高15℃,却不能说30℃是15℃的2倍。

4. 定比尺度

定比尺度,也称比例尺度(ratio scale),是最高层次的尺度,是在定距尺度的基础上,能够用比例进行计量。定比尺度的主要数学特征是"×"或"÷"。例如,时间、距离、产量、产值、成本、利润、工资、结构、比重、速度等都是比例尺度数据。在定比尺度中,"0"表示"没有"或"无",因此比例尺度数据可以进行乘除运算。例如,一个企业某月份的利润为0,就表示这个企业在这个月份没有获得利润;职工甲的月薪是5000元,职工乙的月薪是10000元,我们就可以说职工甲的月薪是乙的一半,或者说职工乙的月薪是甲的2倍。

上述四种测量尺度对事物的测量层次是由粗略到精确逐步递进的。高层次的测量尺度具有低层次测量尺度的全部特性，我们可以很容易地将高层次计量尺度的测量结果转化为低层次测量尺度的测量结果，但反过来却不能。测量尺度越高，数据的统计分析方法也就越多。在进行统计数据收集时，可以根据实际情况，尽可能使用高层次的测量尺度收集数据。

（二）数据的类型

1. 定性数据与定量数据

根据数据的计量尺度，可以将统计数据分为以下四种类型：

（1）分类数据。由定类尺度测量形成的数据称为分类数据，它仅表现为类别，但不区分顺序，因此也被称为无序分类数据，简称无序数据。

（2）顺序数据。由定序尺度测量形成的数据称为顺序数据，它表现为类别，且有顺序，因此也被称为有序分类数据，简称有序数据。

（3）定距数据。由定距尺度测量形成的数据称为定距数据，它表现为数值，可进行加、减运算。

（4）定比数据。由定比尺度测量形成的数据称为定比数据，它表现为数值，不仅可进行加、减运算，而且可以进行乘、除运算。

上述前两类数据说明的是事物的品质特征，不能用数值表示，其结果均表现为类别，也称为定性数据、属性数据或品质数据（qualitative data）；后两类数据说明的是现象的数量特征，能够用数值来表示，因此也称为定量数据、数量数据或数值型数据（quantitative data），后两类数据在统计分析与计算时一般并不加以区分。

2. 横截面数据与时间序列数据

按照时空维度可以将数据分为横截面数据和时间序列数据。

（1）横截面数据（cross-sectional data）。是在某一时点收集的不同空间对象的数据，它反映了不同对象在同一时间的数量特征。比如，2017年我国各地区的国际旅游收入数据（表1.1）。

表1.1　2017年我国各地区的国际旅游收入数据

地区	旅游收入（百万美元）	地区	旅游收入（百万美元）	地区	旅游收入（百万美元）
北京	5129.81	安徽	2880.78	四川	1446.54
天津	3751.47	福建	7588.03	贵州	283.27
河北	578.69	江西	629.92	云南	3550.53
山西	350.14	山东	3174.04	西藏	197.51

续表

地区	旅游收入（百万美元）	地区	旅游收入（百万美元）	地区	旅游收入（百万美元）
内蒙古	1245.56	河南	661.55	陕西	2704.4
辽宁	1778.06	湖北	2104.74	甘肃	20.86
吉林	765.79	湖南	1259.37	青海	38.29
黑龙江	479.58	广东	19960.40	宁夏	37.63
上海	6698.65	广西	2395.63	新疆	810.81
江苏	4194.72	海南	681.02		
浙江	3586.44	重庆	1947.59		

资料来源：中国统计年鉴 2018。

（2）时间序列数据（time-series data）。是指对同一对象在不同时间连续观察所取得的数据，它刻画了同一对象在时间顺序上的变化特征。比如，1994 年至 2018 年国际与国内旅游收入时间序列数据（表 1.2）。

表 1.2　1994—2018 年国际与国内旅游收入时间序列数据

年份	国际旅游外汇收入（百万美元）	国内旅游总收入（亿元）	年份	国际旅游外汇收入（百万美元）	国内旅游总收入（亿元）
1994	7323	1023.51	2007	41919	7770.6
1995	8733	1375.70	2008	40843	8749.3
1996	10200	1638.38	2009	39675	10183.7
1997	12074	2112.70	2010	45814	12579.8
1998	12602	2391.18	2011	48464	19305.4
1999	14099	2831.92	2012	50028	22706.2
2000	16224	3175.54	2013	51664	26276.1
2001	17792	3522.37	2014	56913	30311.9
2002	20385	3878.36	2015	113650	34195.1
2003	17406	3442.27	2016	120000	39390.0
2004	25739	4710.71	2017	123417	45660.8
2005	29296	5285.86	2018	127100	51278.0
2006	33949	6229.70			

资料来源：国家统计局数据库，http://data.stats.gov.cn/easyquery.htm?cn=C01。

3. 实验数据和观测数据

根据数据收集的方法，可以将数据分为实验数据和观测数据。

（1）实验数据。实验是获得统计数据的一种重要途径。通过实验途径获取的数据称为实验数据（experimental data）。在实验中可以控制一个或多个变量，然后观察记录所发生的情况，获得相应的研究数据。为了达到研究目的，需要将研究对象分为实验组和对照组，并且将实验对象随机地分配给实验组和对照组。对实验组中每个个体实施某种特别的处理，而在对照组中的每个个体则不接受这种特别处理。通过这样的设计，就可以判断某个变量的变化是否对另外的变量产生了影响，因此，实验是检验变量间因果关系的一种重要研究方法。实验设计在自然科学研究中是普遍运用的方法，在社会科学研究中也有应用，但并不广泛。

（2）观测数据。观测是获取统计数据的另一种主要途径。观测是在不对研究对象施加人为控制的条件下获取统计数据的方法。通过观测研究对象收集的数据称为观测数据（observation data）。由于这种数据是在自然状态下获得的，未对其中一个或多个变量施加控制，因此不能仅凭借对这些数据的量化分析就得出因果关系的解释。获取观测数据的主要方法是统计调查，这在社会科学领域被广泛应用。

4. 原始数据和次级数据

从数据使用者的角度看，统计数据主要来源于两种渠道，即直接来源与间接来源。因此，根据数据来源渠道，可以将数据分为原始数据和次级数据。

（1）原始数据。也称第一手数据或直接数据，是来源于使用者直接调查或试验的数据。使用者可以使用别人调查或试验获取的数据，但由于其并非出于使用者的目的，因此不一定符合使用者的实际需求。在没有现成数据可以使用时，就需要直接进行调查或试验来获取所需数据。

（2）次级数据。也称二手数据或间接数据，是来源于别人调查或试验的数据。次级数据的来源包括政府部门发布的各类统计年鉴和其他信息资料、信息咨询机构和专业调查机构提供的信息资料、报刊资料、会议交流资料、图书馆和互联网提供的资料等。此外，还有单位内部的统计数据资料。

二、变量

（一）变量的含义

为了数据分析的便利，需要引入变量概念。变量（variable），就是所有个体共同具有但观测结果具有差异的某个特征，观测结果称为观测值或变量值。从不同角度考察，每个个体可以有许多特征，如每个旅游者可以有性别、年龄、民族、旅游花费等特征，这些特征是每个个体共同具有的，但对这些特征进行观测的结果会有差异,所以这些特征就是变量。例如对旅游者性别特征进行观测,其结果就是男性或女性等属性;对年龄特征进行观测,其结果就是28岁、35岁等数值;对旅游花费特征进行观测,其结果就是350元、568元等数值。

(二)变量的类型

变量是研究对象的特征或属性,通过对个体进行测量就得到变量值。我们根据变量值的数据类型,可以将变量分为定性变量和定量变量两种基本类型。

1. 属性变量

表示事物属性特征的变量称为定性变量或属性变量。定性变量不能用数值表示,但可以表示事物的类别或顺序等特征。按照是否表示顺序特征,定性变量又可分为分类变量和顺序变量。

分类变量(categorical variable)仅表示事物的类别,其取值为分类数据。分类变量也称为无序分类变量,简称无序变量。如旅游者性别、旅游者职业、旅游者居住地等都属于分类变量。

顺序变量(rank variable)表示事物有序类别,其取值为顺序数据。顺序变量也称为有序分类变量,简称有序变量。如旅游满意度变量,其取值为"很不满意""不满意""一般""满意""很满意",具有顺序性,属于顺序变量。

2. 数值型变量

表示事物数量特征的变量称为定量变量或数值型变量(metric variable)。数值型变量可以用数值表示,由定距尺度和定比尺度测量形成的变量都属于数值型变量。数值型变量按其取值的连续性可分为离散型变量和连续型变量。

离散型变量(discrete variable)是取值为有限个值的变量,其取值可以一一列举。如某市旅游宾馆的数量、旅游景点的数量等都属于离散型变量。

连续型变量(continuous variable)是可以在某个连续区间中取任意值的变量,其取值无法一一列举。如年龄、产量、产值等都属于连续型变量。

第三节 统计指标

一、统计指标

统计学研究客观现象总体的数量特征和数量关系,这就要求在研究之前就要根据研究目的和要求确定相应的统计指标,用这些指标来反映总体数量特征和数量关系。而总体指标所表征的数量特征来源于个体,因此,需要收集个体的相关数据资料，进而汇总计算或推断总体的数量特征和数量关系。

（一）指标的含义

反映统计总体数量特征的概念和数值称为统计指标（index）。比如，反映一个国家经济总产出情况，可以用国内生产总值指标。2018年我国国内生产总值900309亿元，这一指标反映了2018年我国国民经济的总体规模。

统计指标由两个基本要素构成，即指标的概念和指标数值。指标的概念（名称），是对所研究现象本质属性的抽象概括；指标数值，是总体数量特征的概括表现，是对总体本质特征的量的规定性。指标数值反映了所研究现象在具体时间、地点和条件下的规模和水平，具有明确的时间范围、空间范围、计算方法和计量单位等要素特征。这样，一个完整的统计指标包括了指标名称、指标数值、计量单位、计算方法、时间界限、空间界限六个要素。

总体指标由个体特征综合汇总（变量汇总）而成，因此指标具有综合性特征。

（二）指标分类

1. 数量指标和质量指标

统计指标按其说明总体内容的不同分为数量指标和质量指标。数量指标是表示总体外延规模的统计指标，例如，人口数、企业数、工资总额、商品销售额等。数量指标所反映的是总体的绝对数量，具有实物的或货币的计量单位，其数值的大小，随着总体范围的变化而变化，它是认识总体现象的基础指标。

质量指标是表明总体内部数量对比关系和总体单位水平的统计指标，包括相对指标和平均指标。例如，人口的年龄构成、性别比例、产业结构、平均花费等。它通常是用相对数和平均数的形式表现的，其数值的大小与范围的变化没有直接关系。

2. 总量指标、相对指标和平均指标

按其作用和表现形式的不同，又可分为总量指标、相对指标和平均指标等。总量指标，又称绝对指标或绝对数，是反映总体的规模和现象发展结果的指标，其表现形式为绝对数，一般用以反映总体的总规模、总水平。

相对指标，又称相对数，是两个有联系的统计指标对比而形成的比率。其表现形式为相对数，如结构相对指标、比例相对指标、计划完成程度相对指标、比较相对指标、强度相对指标、动态相对指标等。

平均指标，又称平均数，是指总体中某一数量特征的一般水平。其表现形式为平均数，一般用来反映总体内某一数量特征的集中趋势等。

二、指标体系

（一）指标体系的含义

由于所研究的现象是复杂多样性的，各种现象之间相互联系也是多方面的，只用单个统计指标一般不能全面系统地反映总体特征，因此需要建立指标体系。统计指标体系（index system）就是一系列相互联系的统计指标所构成的一个有机整体，用来说明所研究现象的数量特征和相互关系。例如，研究一个企业的生产经营状况，如果仅仅用产品产量或产值等单个指标，就不可能比较全面地显示生产经营状况。而把产品产量、净产值、劳动生产率、产品质量、消耗、成本、销售收入等指标有机地组成一套指标体系，就能够全面、准确地评价该企业的生产经营情况。

（二）旅游统计指标体系

旅游统计指标体系是对旅游经济运行和结果的综合反映，它能从宏观上反映旅游经济运行状态，实行全面系统的定量分析、监测和预警，充分发挥旅游统计的信息、监督、咨询和决策的职能，促进旅游业持续、稳定与协调发展。由于旅游活动作为一个消费现象，不能作为一个产业纳入国民经济基本核算体系之中，而是在基本核算体系基础上进行扩展核算。因此需要构建一个与国民经济核算相一致，以旅游及相关产业分类为基础，以旅游增加值为核心，包括旅游需求与供给两方面内容的旅游统计指标体系。

旅游需求类的指标：包括游客统计指标和旅游消费指标两类。

旅游供给类指标：这是旅游产品和旅游业统计指标，以增加值为核心，包括旅游业和旅游相关产业的总产出、增加值、固定资本形成等指标。

旅游就业类指标：旅游就业是指为了满足旅游消费而产生的就业，该指标反映了旅游业吸纳就业的能力。这类指标除了包括旅游就业总人数及按产业分类就业人数外，由于旅游业具有较强的季节性，因此还应包括全职旅游就业人数和季节性就业人数等指标。

旅游价格指数类指标：编制旅游价格指数指标，可以利用它反映旅游价格水平的变化。

（三）指标体系设计原则

设计统计指标体系需要注意以下基本原则：

（1）指标体系设计应科学合理。应根据统计研究任务和目的设计指标体系，指标选择取舍、指标数量多少都要以具体的任务、目的和要求而定；并且要有一定的理论基础和实践依据，而不能随意选择与组合。

（2）指标体系设计应系统全面。要围绕研究的中心任务，在不同的维度和层次上设计指标，形成联系紧密、层次清晰的指标体系，系统全面地反映总体的特征和关系。

（3）指标体系设计应有明确统一的统计口径和计算方法。

（4）指标体系设计应符合实际，具有可操作性。

第四节　统计软件

一、正确使用统计软件

在统计分析中，往往有大量的数据需要计算，程序较复杂，工作量比较大。如果借助于计算机，利用统计软件计算，将会大大提高工作效率。但统计软件只是一种辅助手段，计算机输出正确的统计结果以及得出正确的结论取决于人，而不是软件本身，因此要注意正确使用统计软件。

首先，正确理解统计思想，掌握统计原理与方法是正确使用统计软件的前提。我们要学好统计学基本概念、基本原理，学会根据实际问题的需要选择合适的统计方法，确定正确的统计模型，收集需要的数据，之后运用计算机软件计算出统计结果。

其次，了解统计软件的功能、特点及操作方法。每一种统计软件具有的功能并不完全相同，操作方法也有很大差异，使用者需要对此有一定的了解，才能够正确、高效地使用。

最后，正确解释统计软件输出结果。对于统计软件输出的结果，我们应该根据所学的统计知识给以正确的解释，并要结合具体问题、专业理论进行分析，做出正确的结论。

二、统计软件简介

目前的统计软件主要有商业性统计软件和开源性统计软件两大类。常用的商业性统计软件有很多，国外产品如 SAS、STATA、SPSS、Mintab、EViews 等；国内产品如马克威分析系统、DPS 数据处理系统等。开源统计软件也有很多种，如 R 语言等可以免费使用。另外，微软办公组件 Excel 也有基本的统计功能。本教材所使用的软件为 Excel 2016 和 SPSS 21。一种软件不同版本的菜单名称及操作方式可能会有所不同，但一般大同小异，对于使用不同版本软件的读者不会影响使用本教材。

（一）Excel

Excel是电子表格系统，具有数据编辑整理、图表制作、统计分析等功能，可以作为基础统计分析的工具。Excel的统计分析功能主要有两个方面：一是公式与函数向导，二是数据分析工具。

Excel数据分析工具在初次使用时需要安装，其安装方法如下：

第一步：打开Excel表格，单击【文件】—【选项】—【加载项】—【加载工具库】—【转到】，弹出加载宏对话框（图1.1）。

第二步：在加载宏对话框，勾选【分析工具库】，单击【确定】，此时在数据选项卡中添加了"数据分析"工具。点击【数据分析】弹出数据分析对话框（图1.1）。

如果使用Excel 2003，则单击【工具】—【加载宏】；在加载宏对话框，勾选【分析工具库】，单击【确定】，此时，在工具下拉菜单上增加了"数据分析"项。

图1.1　Excel工作界面及数据分析工具

（二）SPSS

SPSS是世界上最早的统计分析软件，由美国SPSS公司于1968年研究开发成功。2009年IBM公司收购了SPSS公司后，将该软件更名为IBM SPSS。SPSS软件功能强大，操作简单，在社会科学领域有着广泛的应用。

启动SPSS软件，可以看到数据窗口如图1.2所示，它有数据视图和变量视图两个视区。变量视图区用于定义变量，变量至少要定义变量名和类型，其他属性可采用默认值。数据视图区用于输入、编辑数据。在数据窗口上方为主菜单，包括文件、编辑、查看、数据、转换、分析、图形等菜单项。分析菜单包含了主要统计功能，统计分析主要通过该菜单功能实现。统计分析结果会在输出窗口显示。

图 1.2　SPSS 数据窗口

本章小结

1. 统计是通过调查或实验收集客观现象的现实数据，对研究对象进行描述、分析和推断的活动，是了解社会、治理国家、管理组织、从事生产和科学研究的基础，各行各业的管理、决策都离不开统计。

2. 一项统计活动一般包括统计设计、统计数据收集、统计数据整理分析和统计数据应用等基本环节。

3. 统计学是指导统计活动的理论和方法，是收集、整理、分析和解释数据的方法论科学。统计学的研究对象是客观现象总体的数量特征和数量关系，其目的是揭示客观现象的统计规律。

4. 统计数据分析的方法可分为描述统计和推断统计两大类。描述统计是研究数据收集、整理和描述的统计方法体系；推断统计则是研究如何根据样本数据去推断总体数量特征和数量关系的统计方法体系。

5. 旅游统计学是运用统计学理论、原则和方法研究旅游及相关现象总体数量特征和数量关系的科学，是应用统计学的分支学科。旅游统计学一方面具有方法论性质，另一方面又具有统计学与实质性科学边缘交叉的性质。

6. 总体是根据一定的研究目的所确定的研究对象的全体，是由具有某种共同性质的许多个别事物构成的集合。构成统计总体的基本单位称为个体。总体所包含的个体的数量，称为总体容量。用来描述总体分布特征的概括性数字度量称为参数。统计总体具有同质性和差异性等性质。

7. 样本是指从统计总体中抽取的一部分个体组成的集合，也称为子样。样本中所包含的个体数量称为样本容量。用来描述样本分布特征的概括性数字度量称为统计量。总体是研究的对象，样本则是所要观测的对象。抽取样本不是统计的目的，而是用来推断总体的手段。

8. 数据是为描述和分析现象总体而收集的事实和数字，是对个体特征进行测量的结果。为某个特定研究而收集的所有数据的集合称为数据集。

9. 对事物进行测量需要一定的尺度。一般地，按照变量的性质和数学运算的功能特点，将统计测量划分为定类尺度、定序尺度、定距尺度和定比尺度四个层次。

10. 根据数据的计量尺度，可以将统计数据分为分类数据、顺序数据、定距数据、定比数据四种类型。前两类数据说明的是事物的品质特征，不能用数值表示，其结果均表现为类别，也称为定性数据、属性数据或品质数据；后两类数据说明的是现象的数量特征，能够用数值来表现，因此也称为定量数据或数值型数据。按照时空维度可将数据分为横截面数据和时间序列数据；根据数据收集的方法，可将数据分为实验数据和观测数据；根据数据来源渠道，可以将数据分为原始数据和次级数据。

11. 变量是所有个体共同具有但观测结果具有差异的某个特征，观测结果称为观测值或变量值。根据变量值的数据类型，可以将变量分为属性变量和数值型变量两种基本类型。属性变量按照是否表示顺序特征可分为分类变量和顺序变量；数值型变量按其取值的连续性可分为离散型变量和连续型变量。

12. 反映统计总体数量特征的概念和数值称为统计指标。统计指标由两个基本要素构成，即指标的概念和指标数值。一个完整的统计指标包括了指标名称、指标数值、计量单位、计算方法、时间界限、空间界限六个要素。统计指标按其说明总体内容的不同分为数量指标和质量指标；按其作用和表现形式的不同，又可分为总量指标、相对指标和平均指标。

13. 统计指标体系就是一系列相互联系的统计指标所构成的一个有机整体，用来说明所研究现象的数量特征和相互关系。设计统计指标体系的基本原则是：科学合理、系统全面、明确统一的口径和计算方法、符合实际。

关键术语

| 统计学 | 理论统计学 | 应用统计学 | 旅游统计学 |
| 描述统计 | 推断统计 | 总体 | 样本 |

参数	统计量	总体容量	样本容量
统计数据	分类数据	顺序数据	数值型数据
截面数据	时间序列数据	观测数据	实验数据
原始数据	次级数据	变量	定性变量
定量变量	指标		指标体系

思考与练习

一、思考题

1. 什么是统计活动？一项统计活动一般包括哪几个基本环节？
2. 什么是统计学？统计学研究的对象和目的是什么？
3. 统计数据分析的方法主要有哪两类？
4. 什么是旅游统计学？旅游统计学的研究对象是什么？
5. 统计总体具有哪些性质？总体与样本具有怎样的关系？
6. 旅游统计学的性质是什么？
7. 旅游统计学主要有哪些应用领域？你能举出一些具体应用的例子吗？
8. 什么是统计数据？数据的测量尺度有哪几类？
9. 属性数据和数值型数据分别包括哪几类？请举例说明。
10. 什么是变量？根据变量值的数据类型，可以将变量分为哪几类？请举例说明。
11. 什么是统计指标？统计指标有哪些类型？
12. 设计指标体系应遵循哪些原则？
13. 正确使用统计软件需要注意哪些问题？

二、选择题

1. 统计总体的基本性质是（　　）。
A. 同质性、差异性　　　　　　　B. 数量性、差异性
C. 数量性、综合性　　　　　　　D. 同质性、可比性
2. 抽取样本的目的是（　　）。
A. 用来描述样本的数量特征　　　B. 用来说明样本的代表性
C. 用来说明总体的同质性　　　　D. 用来推断总体的数量特征

3. 变量是（　　）的某个特征。
A. 所有个体共同具有且观测结果没有差异
B. 部分个体共同具有且观测结果没有差异
C. 所有个体共同具有但观测结果具有差异
D. 部分个体共同具有但观测结果具有差异

4. 质量指标通常是用（　　）的形式表现的。
A. 绝对数和相对数　　　　　　　　B. 相对数和平均数
C. 绝对数和平均数　　　　　　　　D. 平均数和差异数

三、分析题

1. 某城市对游客满意度进行调查，随机选择了 5000 名游客，收集了游客年龄、性别、职业、本次旅游花费、本次旅游满意度（很不满意、不满意、一般、满意、很满意）等数据，经数据整理汇总，表示满意和很满意的被调查者占 91%。据此回答下列问题：

（1）指出总体和样本。
（2）指出游客年龄、性别、职业、本次旅游花费、本次旅游满意度等变量的类型。
（3）本次调查获得的数据是截面数据还是时间序列数据？
（4）对游客满意度的汇总分析属于描述统计还是推断统计？

2. 某市调查游客在本市的消费情况，随机抽取 8000 名游客进行调查。被调查游客平均花费 630 元，据此在 95% 的把握下推断来本市的游客总体平均花费在 550 元至 710 元。据此回答下列问题：

（1）指出总体和样本。
（2）调查者得到游客总体平均花费数据使用的是描述统计方法还是推断统计方法？

第二章

旅游统计调查

【学习目标】
1. 掌握调查方案设计的内容。
2. 掌握概率抽样调查的组织方式。
3. 掌握调查问卷的设计。
4. 了解调查误差的种类及其控制。
5. 掌握随机抽样的软件操作。

统计数据收集就是根据统计工作的目的和任务,通过统计调查或实验设计,有计划地收集所需要数据资料的过程,它是统计工作或统计研究的基础环节。在政府统计、企业市场调查和社会科学研究等领域,主要是利用调查的方法收集数据资料。本章主要介绍如何利用统计调查收集所需数据资料的过程和方法。第一节介绍统计调查方案的设计,第二节介绍调查方式与方法,第三节介绍调查问卷的设计,第四节介绍调查误差及其控制,第五节介绍如何利用计算机软件进行随机抽样。

第一节 统计调查方案设计

一、统计调查

统计调查是根据工作或研究的目的和要求,有计划、有组织地收集研究对象相关数据资料的过程。统计调查所收集的数据资料主要是原始数据资料。

统计调查是统计活动的基础，是获取统计数据资料的主要方法，是进行统计分析，提供统计咨询、决策意见、实行统计监督的前提。

二、统计调查方案的设计

统计调查方案是为了完成统计调查任务而作的调查项目实施计划。统计调查是一项复杂的系统工程，并且调查数据的质量直接关乎数据分析以及成果的应用。因此，在统计调查实施之前，应做好严谨周密的调查安排，以保证调查过程的顺利进行，高质量完成调查任务。下面结合统计调查的过程介绍统计调查方案的设计。

（一）明确调查的任务和目的

调查的任务就是调查要完成什么目标。调查的目的就是调查要解决什么问题，它回答了"为什么进行调查"。调查的任务和目的是调查方案设计的指南，只有明确了调查的任务与目的，才能够据此确定调查的对象和调查内容。

（二）确定调查对象和调查单位

调查对象就是所研究现象的总体。在调查方案设计中，应对调查对象进行明确定义，说明其内涵和范围界限。在定义的内容不能完全说明时，可用列举法说明包括什么和不包括什么。

调查单位就是构成总体的基本单位（或称单元），是需要对之进行调查观测的个体。调查单位可以是调查对象的全部个体（全面调查），也可以是调查对象中的一部分个体（非全面调查）。确定调查对象和调查单位，回答了"向谁做调查"的问题。

（三）确定调查项目与编制调查表

1. 确定调查项目

调查项目就是调查的内容，它回答了"调查什么"的问题。确定调查项目就是确定向调查单位收集哪些数据资料。

确定调查项目的方法是指标逆向分解法，也就是说，总体指标本来是由个体的特征（变量）综合汇总而成，现在反过来将指标分解并返回到个体特征，这样我们就知道应该调查了解哪些个体特征了。首先，根据调查目的，设计调查指标与指标体系，要求能够正确反映总体特征和关系。如果调查问题很简单，则仅需要较少的指标就可以达到目的了。如果问题比较复杂，可以先将问题划分为若干维度（方面），然后每个维度再确定若干个指标，形成指标体系。其次，将每个指标分解落实到调查单位（个体）的特征上，确定若干变量。这些变量及其观测值就是我们调查所期望获得的数据资料。

确定调查项目应有理论依据并对实际情况有所了解，同时可参考同类调查是如何设计调查项目的。

2. 编制调查表

为了便于调查实施，还需要将调查项目设计成表格或问题的形式，形成调查表。调查表是将每个调查项目按照一定顺序排列的表格。设计调查表就是将调查项目落实到调查表格中。在收集资料时以文字为主要回答方式的，可以设计为问答式；而以数字为主要回答方式的，可以设计为表格式。编制调查表时，需要编写填表说明和指标解释。填表说明用来提示填表的注意事项。指标解释用以说明指标的含义、范围和计算方法等。

（四）确定调查方式与方法

调查方式就是调查对象选择的程序与方法。调查方式按照调查观测的范围可分为全面调查和非全面调查两种类型。全面调查是对调查对象的所有单位进行调查，如普查、统计报表等形式（也可用于非全面调查）；非全面调查是对调查对象的一部分单位进行调查，即抽样调查，如随机抽样调查、重点调查、典型调查等形式。

调查方法指收集数据的具体方法，如报告法、面访法、电话调查法、问卷法、观察法等都是常用的调查方法。

确定调查方式与方法就是解决"怎样调查"的问题，一项具体的调查形式就是这些方式和方法的不同组合。

（五）确定调查时间和调查期限

调查时间是指调查的数据资料所属的时间范围，它是统计指标时间要素的体现。如果所调查的是时期现象，要求明确规定调查资料所反映的起止时间；如果所调查的是时点现象，要求明确规定统一的标准时点。

调查期限是指调查工作的时限，是对调查工作各环节的时间安排，即"何时进行调查"。比如从旅游的季节性来讲，根据不同的调查问题，可选在旅游淡季、旅游平季或旅游旺季进行调查；从旅游者旅游过程来讲，可以选择在旅游者到达或离开目的地的时间、旅游者在目的地停留的时间或旅游者在旅途中的时间进行调查。

（六）确定调查地点

确定调查地点就是明确"在何地进行调查"来收集数据资料。比如可根据旅游调查的实际选择口岸调查、住宿点调查、景点调查、交通点调查、居民常住地调查、旅游相关企事业单位调查等。

（七）确定调查的组织实施

为了保证统计调查顺利进行，还需要解决"由谁来负责组织实施调查"的问题。这项工作一般包括成立调查组织机构；组织培训调查人员；做好经费预算落实经费来源；调查准备、实施及结果公布等内容。

第二节 调查方式与方法

一、统计调查体系

我国现行《统计法》规定："搜集、整理统计资料，应当以周期性普查为基础，以经常性抽样调查为主体，综合运用全面调查、重点调查等方法，并充分利用行政记录等资料。"政府统计部门主要通过普查、抽样调查和全面定期统计报表等统计调查形式收集统计资料。我国《旅游统计管理办法》规定："旅游统计调查制度主要包括旅游定期报表制度、旅游抽样调查和旅游专项调查。"从统计调查的方式看，目前我国政府的旅游统计主要采用定期报表和抽样调查等方式来收集统计资料。

（一）普查

普查（census）是一个国家或地区为全面准确地了解某项重大国情国力状况，针对某类统计总体的全部单位，在统一的标准时点，组织开展的一次性的全面调查。周期性普查是每隔一段时期定期开展的普查。我国现行周期性普查包括全国人口普查、全国农业普查和全国经济普查。全国人口普查每十年进行一次，全国农业普查和全国经济普查每五年进行一次。

普查是一种专门组织的一次性的全面调查，是一个国家或地区用于定期掌握国情国力状况的统计调查方式。普查的作用主要有两个方面：一是普查全面掌握国情国力状况，可以为政府制定经济社会发展战略和方针政策提供依据；二是普查作为统计调查的基础，普查资料可以为经常性的抽样调查提供抽样框和其他参考信息，提高抽样调查的效果。

（二）全面定期统计报表

1. 全面定期统计报表制度

全面定期统计报表制度是根据国家有关法规自上而下统一布置，统计部门按照统一制定的调查表式、指标项目、计算方法、分类目录、报送时间和报送程序，自下而上定期报送统计资料的一种调查方式。全面定期统计报表制度是将某类统计总体的全部单位都作为统计调查对象，通过定期向这些统计调查对象发放、收取统计调查报表，按年度、季度、月度等频率收集统计资料，属于全面调查范畴。

全面定期统计报表制度主要面向规模较大、相对稳定、数量又比较少，或者有归口部门管理的统计调查对象。目前，我国全面定期统计报表主要运用于规模以上工业、资质内建筑业、限额以上批发和零售业、限额以上住宿和餐饮业、固定资产投资建设项目、运输邮电业、对外经济贸易、房地产开发、教育科技、资源环境等领域。

2. 旅游定期报表制度

旅游定期报表制度是按照统一规定的时间、内容、计算方法和程序，由旅游企事业单位报送相关的旅游行政管理部门、旅游行政管理部门自下而上逐级提供统计资料的一种全面统计调查。根据《旅游统计管理办法》的规定，凡由旅游行政管理部门审批或纳入旅游行业管理的旅游企事业单位，应当到相关的旅游统计机构办理统计登记，并建立统计台账和核算制度，按规定报送统计资料。

目前我国在出入境人数及客源市场分布统计调查、旅游供给要素统计调查等方面采用的主要是这种全面调查的方式。入境游客总量调查来自口岸登记。旅游供给要素统计调查主要针对旅游行政管理部门所属的行业管理对象，包括旅游饭店、旅行社、旅游景区，主要采用企业统计报表方式。例如，旅行社组织接待国内旅游情况报表如表 2.1 所示。

表 2.1 旅行社组织接待国内旅游情况

表　　号：旅统基 3 表
制定机关：国　家　旅　游　局
批准机关：国　家　统　计　局
批准文号：国统制〔2015〕149 号
有效期至：2017 年 12 月
20　年　季度

单位名称：
组织机构代码：
统一社会信用代码：

指标名称	代码	人数（人次）				人天数（人天）			
		本季		年初－本季		本季		年初－本季	
		组织	接待	组织	接待	组织	接待	组织	接待
甲	乙	01	02	03	04	05	06	07	08
合计	01								
北京	02								
天津	03								
……									
新疆	32								

续表

| 33 一日游组织人数：人次
34 过夜游组织人数：人次
35 过夜游组织人数：人天 | |

单位负责人：　　　　　填表人：　　　　　电话：　　　　　报出日期：20　年　月　日

填表说明：
1. 本表由辖区内所有从事相关业务的旅行社填报，报送时间为季后15日内。
2. 各省（区、市）按照游客的客源地来划分。
3. 国内游客人数应为旅行社组织国内游客的实际人数，不得重复统计。
4. 组织机构代码、统一社会信用代码选填其一。

（三）抽样调查

抽样调查（sampling survey）是一种非全面调查。根据抽样的原则不同，抽样调查可分为随机抽样调查和非随机抽样调查两种类型。广义的抽样调查包括了随机抽样调查和非随机抽样调查两类，而狭义的抽样调查仅指随机抽样调查，人们一般所说抽样调查多是狭义的概念。

随机抽样调查就是按照随机原则从总体中抽取一部分单位作为样本，通过样本提供的信息来推断总体特征的调查方式。随机抽样调查的使用非常广泛，一是对那些不可能或者没有必要进行全面调查的现象，可以采用随机抽样调查；二是利用随机抽样调查资料对普查结果进行复核、修正；三是与普查、重点调查等方式相结合，充分发挥调查的功能。目前我国在人口变动、住户、农产量、价格、规模以下工业、限额以下批发和零售业、限额以下住宿和餐饮业、重点服务业企业、服务业小微企业监测、农村住户固定资产投资、劳动力、企业景气等领域广泛使用随机抽样调查。

旅游抽样调查是指从全部调查对象（总体）中随机抽取一部分样本进行的一次性调查。《旅游统计管理办法》规定，旅游抽样调查主要包括对来华旅游的外国人、回国旅游的华侨、回内地旅游的港澳同胞、回祖国大陆旅游的台湾同胞在中国大陆消费情况及其一日游游客所占比重的抽样调查，大陆居民在国内及出境旅游情况的抽样调查，以及根据旅游业发展的需要组织实施的其他抽样调查。目前，我国旅游抽样调查主要运用在旅游消费和国内旅游情况调查方面，也即主要运用在旅游需求统计调查领域。

二、随机抽样组织方式

随机抽样（random sampling）也称概率抽样（probability sampling），是按照随机原则进行的抽样。其特点是：

（1）按随机原则抽取样本，总体中个体是否被抽中不受主观因素影响，而是由可知的、非零的概率来确定。

（2）抽样误差可以事先计算并加以控制。

（3）可以用样本数据对总体数量特征做出统计推断。

下面介绍调查实践中经常用到的几种随机抽样组织方式。

（一）简单随机抽样

简单随机抽样（simple random sampling）又称纯随机抽样，是随机抽样的最基本形式。它是从总体 N 个单位（元素或个体）中随机地抽取 n 个单位作为一个样本，使得每一个元素被抽取的概率都相等，每一个样本被抽取的概率也都相等的一种抽样方式。

1. 有限总体

对于有限总体，抽取元素的具体方法有重复抽样和不重复抽样两种（对无限总体抽样则不做这样的区分）。重复抽样又称重置抽样、有放回抽样，即从总体中抽取一个单位，记录后又将其放回总体继续参加下一轮抽取。其特点是：

（1）样本具有随机性。每次抽取时总体中都有 N 个单位，每个单位被抽中入样的概率是相等的，这意味着每个单位与总体具有相同的分布。

（2）样本具有独立性。每次抽取是独立的，即每次抽取结果与前一次及后一次的抽取无关。

用重复抽样方法获得的样本称为独立随机样本或简单随机样本（simple random sample），每个样本被抽取的概率为 $1/N^n$。

不重复抽样又称无置抽样、无放回抽样，即从总体中抽取一个单位，记录后不再将其放回总体，下一轮从总体中余下的单位中抽取。其特点是：每次抽取结果是不独立的，即前一次抽取结果会影响后一次的抽取结果；每次抽取后总体中就会减少一个单位，每个单位没有被重复抽中的可能性。不重复抽样时，每个样本被抽取的概率为 $1/C_N^n$。因此，它等价于从总体中一次整批随机抽取了 n 个单位。当总体容量 N 很大，而样本容量 n 相对较小时，不重复抽样每次抽取的结果对下一次结果的影响非常小，可以忽略不计，即可以认为每次抽取的结果是独立的。这时，我们也将这样的样本看作是独立随机样本。在抽样调查实践中，由于重复抽样一般没有必要，因此主要采用不重复抽样方法，这样抽取的样本，也称简单随机样本。

我们日常使用的抽签和抓阄等方法都可用于简单随机抽样，特别是在总体规模不大时，抽签和抓阄的方法使用很方便。但是当总体规模很大时，这些方法使用起来就很不方便了，这时比抽签和抓阄更有效率的方法是利用随机数表或计算机软件程序来完成抽样。这里我们以随机数表为抽样工具，介绍简单随机抽样的具体操作步骤：

第一步：获取总体所有单位（元素）名单，将总体中所有单位（元素）按顺序编号，制作抽样框。

抽样框（sampling frame）又称抽样范围，它是每次抽样时直接抽取的总体单位的名单。例如，从某市2000家旅游企业中抽取50家企业作为样本，那么该市2000家旅游企业的名单就是这次抽样的抽样框。首先，获取企业名单；其次，对总体中每一个企业从0001到2000进行编号，这样抽样框就制作好了。

第二步：根据总体规模确定随机数位数 m。本例总体规模为2000家企业，是个四位数，因此在随机数表中以四位数为一组作为一个抽取号码。

第三步：在随机数表内随机选择一个起点，以 m 位数为一组，以总体范围为取舍标准，依次抽取（向任意方向均可）入样号码，超出总体范围的号码不选，重复的号码不再入选，根据样本容量要求，抽满 n 个单位为止。对于本例而言，抽取到50个满足要求的号码为止。

随机数表是由数字0~9随机排列组成的表格，表内有若干行与列。在表内随机选择一个起点的方法很多，比如用抓阄的方法选择出某行与某列，行列交叉点上的数字就是随机选择的一个起点。如果嫌麻烦，那就干脆闭上眼睛，用笔头在表内随机点选，被选中的数字就作为起点。

第四步：根据抽选的号码在抽样框中找到对应的元素。在本例中，根据抽选的号码在抽样框中找到对应的50家企业，即完成了抽样工作。

除了利用随机数表进行简单随机抽样外，还可以利用统计软件进行抽样，相关内容可参考本章第六节。

2. 无限总体

与有限总体相比，无限总体无法构建一个包含全部个体的清单，因此缺少可以参照的抽样框。但若能保障随机性和独立性要求，即抽取的每一个单位来自同一总体，且每个单位的抽取是相互独立的，则可以从无限总体抽取一个随机样本。例如，在某个景区对游客进行调查，可以在景区入口附近，每隔10人抽取一名游客或每隔5分钟抽取一名游客，这样就可以获得一个随机样本，但在具体操作中还会受到很多因素的干扰，因此做到随机的要求并不容易。

以上介绍了简单随机抽样，简单随机抽样是随机抽样最基本的组织方式，但当总体规模很大，或者调查地域范围很广时，简单随机抽样的组织实施也存在诸多不便和困难，这时我们可以选择其他抽样方式。

（二）分层抽样

分层抽样（stratified sampling）也称为类型抽样，它是将总体单位按某种特征或规则划分为不同的类型即不同的层，然后从不同的层中独立、随机地抽取样本的抽样方式。

分层抽样按类型抽取样本，提高了样本的代表性；分层抽样误差来源于层内方差而与层间方差无关，因此其抽样误差小于简单随机抽样；分层抽样可以满足不同层次对总体及其子总体进行参数估计的需要。

等比例分层抽样是分层抽样中比较常用且简便易行的一种抽样组织方式，其操作程序如下：

第一步：分层（分类）。以研究的主要变量为标准分层（分类）；应尽量使层内同质性强，层间差异性强。

第二步：确定层次比例与各层样本容量。一般参照层单位数占总体单位数的比例来确定，使得总体抽样比例与各层抽样比例相等，即所谓等比例分层抽样。各层样本容量公式为：

$$n_i = n \times \frac{N_i}{N} \qquad (2.1)$$

式中，n_i 为层样本容量，n 为总样本容量，N_i 为各层单位数，N 为总体单位数。

第三步：在每个层次按照简单随机抽样方法抽取样本。

（三）系统抽样

系统抽样（systeamtic sampling）也称机械抽样或等距抽样，它是将总体中的所有单位按一定顺序排列，在规定的间隔范围内随机地抽取一个单位作为初始单位，然后按事先规定好的规则，每隔相同的间隔抽取一个单位的抽样方式。

系统抽样中对总体各单位进行排序既可以采用有关标志排序，也可以采用无关标志排序。按有关标志排序是指排序标志与所要调查的总体特征存在相关性，其目的是利用间隔范围划分不同类型以提高估计的精度，但也应注意避免系统偏差。按无关标志排序是指排序标志与所要调查的总体特征不存在相关性，这时总体单位若充分混合，则可以达到较好的随机效果。

直线等距抽样是系统抽样中最为简单的抽样方式，其操作方法如下：

第一步：将总体中所有单位按顺序编号，制作抽样框，注意排列的随机性。

第二步：计算抽样间距。抽样间距计算公式为：

$$k = \frac{N}{n} \qquad (2.2)$$

式中，N 为总体容量，n 为样本容量。如果出现小数，则 k 取为最接近且小于 N/n 的整数，而这时的样本容量可能是 n，也可能是 $n+1$。

第三步：从数字 1 到 k 之间随机抽取一个数字 A 作为初始单位。

第四步：在抽样框中，从 A 开始每隔 k 个单位抽取一个单位，即 A，$A+k$，

$A+2k$，…，$A+(n-1)k$。

等距抽样属于无重复抽样，且操作简单，有时甚至也可以没有抽样框，即按照总体单位的自然顺序，根据一定间隔进行抽样。比如对城市居民户调查时，可按照地理位置的自然顺序排列，每间隔若干户抽取一户，而不必对居民户编号。

（四）整群抽样

整群抽样（cluster sampling）是将总体单位分为若干群，抽样时直接抽取群，然后对中选群的所有单位全部实施调查的一种抽样方式。

整群抽样只要有群的名单就可以进行，而不需要总体单位的全部名录，因此操作相对容易。整群抽样误差来源于群间方差而与群内方差无关。整群抽样是无重复抽样。

（五）多阶段抽样

当抽样规模大，总体分布范围特别广时，可采用多阶抽样方法。多阶段抽样（multi-stage sampling）是先从总体中抽取若干个大群（组），然后再从这几个大群组中抽取若干小群组，经过若干阶段，最后抽取基本单元的抽样方式。

我国在国家层面的居民国内旅游调查分为城镇居民旅游调查和农村居民旅游调查两部分。我国城市居民国内旅游抽样调查从1993年开始，每年进行两次大调查、两次小调查，时间为季后10日入户问卷调查。调查对象为全国40个大中城市的居民家庭。调查主要内容为城市居民家庭旅游者基本情况；旅游目的、方式、旅游目的地、旅游中的各项花费；对旅游服务质量的评价等。该调查采用三阶段随机等距抽样方式。第一阶段抽取调查街道，第二阶段抽取居委会，第三阶段抽取调查户。各城市样本量为100~500户，全国样本总量为1万户。

我国农村居民国内旅游抽样调查从1997年开始，每年调查一次。调查主要内容为农村居民家庭旅游者基本情况；旅游目的、方式、旅游目的地、旅游中的各项花费；对旅游服务质量的评价等。该调查采用分层、两阶段、随机等距抽样的方式。首先，以全国农村住户调查村为抽样框，按地理状况分为平原、丘陵和山地三层；其次，利用最新的调查资料将抽样框按经济实力排序，第一阶段抽取调查村；第二阶段抽取调查户。各层样本量按居民人口在各层的比例来确定。每个行政村样本量不超过10户，每个省级行政区样本量为200~700户，全国样本量为1万户。

三、非随机抽样的组织方式

非随机抽样（non-random sampling）也称非概率抽样（non-probability sampling），是按照非随机原则进行的抽样。非随机抽样调查是指抽取样本时不依据随机原则，而是根据研究目的对数据的要求，依据经验判断或便利原则从总

体中抽取样本的调查方式,包括判断抽样、方便抽样、自愿样本、滚雪球抽样、配额抽样等。其特点是:

(1)操作简便,时效快,成本低。

(2)不能用样本数据对总体数量特征做出统计推断,但可以作为决策的参考。

(3)适合于探索性研究。

(一)判断抽样

在非随机抽样中,根据经验、判断及对研究情况的了解,有目的地选择一些单位作为样本,称为判断抽样(judgmental sampling),例如在重点调查、典型调查中就使用这种抽样方式。

1. 重点抽样

重点抽样是在调查对象中选择一部分重点单位作为样本。采用重点抽样方式所进行的调查称为重点调查,其主要适用于反映主要情况或基本趋势的调查。重点调查的调查对象是在调查总体中重要性较大的单位,重点单位选择着眼于它在所研究现象的数量特征上所占的比重较大,例如要调查100个旅游企业的营业收入,只重点调查营业收入总额居于前20位的企业。

旅游专项统计调查是以旅游行政管理部门中非统计机构因管理需要而进行的旅游专项统计调查。《旅游统计管理办法》规定,旅游专项统计调查主要包括:旅游度假区统计、劳动工资统计、旅游教育统计、旅游质监投诉统计和旅游区(点)接待经营统计,以及根据旅游业发展的需要进行的其他旅游专项统计。旅游专项调查主要采用重点调查的方式。

2. 典型抽样

典型抽样是从调查对象总体中,有目的地选择若干个具有代表性的单位作为样本。采用典型抽样方式所进行的深入、系统的调查称为典型调查,其主要目的是了解调查对象有关的生动具体情况。典型调查的调查对象为调查总体中最具有调查特征的单位。例如将旅游企业营业收入总额大小分成5类,在每类中选一个企业调查,就是典型调查。

(二)方便抽样

方便抽样(convenience sampling)是按照方便的原则确定入样单位的抽样方式,如街头、公园、景点的拦截式调查。方便抽样具有容易实施和调查成本低的特点,但抽样具有较大的随意性。

(三)配额抽样

配额抽样(quota sampling)是先对总体分类,再对每一类采用方便或判断原则选取一定比例的被调查者作为样本。这种方式类似于随机抽样中的分层抽样,操作简单,在市场调查中有很多应用。抽样时可以按照单一变量(特征)控制分配比例;也可以按照交叉变量(特征)控制分配比例,这样可保障样本分布更均匀,但也会增加操作难度。

(四)自愿抽样

自愿抽样(voluntary sampling)是通过被调查者自愿参加方式进行的抽样,采用这种方式获得的样本称为自愿样本。例如,在公共场所自愿参加的调查,互联网上的调查等。自愿样本的组成往往集中于某类特定人群,因此样本可能是有偏的,但它一般可以反映某一类群体的看法。

(五)滚雪球抽样

滚雪球抽样(snowball sampling)是先对一些被调查者实施调查,再请被调查者提供另外一些属于研究总体范围的调查对象,这样持续下去就会形成滚雪球效应。这主要适用于被调查者群体难于寻找的情形。例如,对于探险旅游者的调查,就可以运用这种方式进行调查。

四、调查方法

(一)自填问卷法

调查者制作问卷,用邮寄或调查员分发等方式将问卷发送给被调查者,被调查者在没有调查员协助的情况下自己填写完成问卷。问卷法具有费用低,样本容量大,调查范围广等优点,但其回答率一般会较低。

(二)报告法

统计部门将调查表发送给被调查者,被调查者按要求填写后将统计数据报送给统计部门。统计报表制度采用的就是这种方法。

(三)访谈法

调查员与被调查者面对面,以调查员提问、被调查回答的方式完成调查。

(1)入户访问。对于个体经营户、个人以及部分规模较小的企业(单位)的统计调查,政府统计机构一般由调查员或者辅助调查员入户,通过现场询问统计调查对象,直接获取相应统计资料。目前,在人口变动、住户统计调查制度中,广泛使用入户访问调查方式采集原始数据;在规模以下工业、限额以下批发和零售业、限额以下住宿和餐饮业等统计调查制度中,采用发表调查和入户访问相结合的方式采集原始数据。

(2)电话调查法。调查者通过电话的方式对被调查者实施调查。目前,利用计算机辅助电话调查,具有较高的调查效率。对于一些面向社会公众的社情民意专项调查,政府统计机构也开始广泛使用计算机辅助电话调查。

(四) 直接观察法

（1）现场观察。这是调查人员到现场对调查对象进行观察、点数和计量，通过直接观测的方式获取信息。如在景区景点对旅游者人数进行点数，对旅游者行为进行观察，对旅游设施进行观察等，就可以获得相关资料。

（2）实地采价。主要用于居民消费价格、商品零售价格和农业生产资料价格的调查。政府统计机构的调查员需要到农贸市场、商场（店）、服务网点等价格调查点，按照定人、定点、定时原则，实地采价。

第三节 调查问卷设计

一、问卷的概念

问卷是依据统计研究的目的和要求，按照一定的理论假设设计出来的，由一系列问题、备选答案及说明组成的，向被调查者收集资料的一种工具。

通过问卷收集数据可以使调查内容标准化、系统化，便于统计处理和分析。

二、问卷的结构

一份调查问卷一般由引言、被调查者背景信息、问题与答案、结语、编码等几部分组成。

（一）引言

这一部分主要包括问候信、填写说明等内容。

（1）封面信（问候信）：向被调查者表示问候和感谢，同时向被调查者介绍调查者（单位或个人）、调查内容、目的、意义、调查对象选取方法及对被调查者信息保密措施与承诺等。封面信的功能主要是拉近与被调查者的关系，打消被调查者的顾虑，赢得被调查者的信任与配合，要求文字简明、诚恳，篇幅短小，一两百字即可。

（2）指导语：即填写说明，是对问卷填写的方法及注意事项所做的说明。除了在引言部分集中说明填写注意事项外，有些指导语分散在某些需要说明的问题中。

（二）被调查者背景信息

这一部分是被调查者的基本情况，目的是了解被调查者的基本特征，如个人的性别、年龄、文化程度、职业、工作单位类型、职务、民族等；企事业单位的行业类别、经济类型、单位规模、所在地区等。

被调查者的基本信息构成调查数据分析的重要变量，并非是可有可无的内容，因此，应根据调查目的确定需要调查的基本信息项目。

（三）问题和答案

这是问卷的主要部分，由问题和备选答案组成。

（四）结语

这一部分是在问卷结束后，表示感谢的话，如"感谢您的合作！"等。

（五）编码

对问题及答案进行编码，目的是便于进行计算机处理分析。编码可以在问卷设计的同时进行，也可以在调查结束后进行。

三、问题与答案的设计

（一）问题的类型

1. 事实性问题、评价性问题和解释性问题

按内容不同，问题可分为事实性问题、评价性问题和解释性问题。事实性问题是有关某种事实或某种行为的问题。对于事实性问题，被调查者只需回答事实本身就可以了，不必表达主观看法。例如，"您来自何地？""您本次旅游的花费是多少？""你来本地旅游的次数是多少？"等。评价性问题是有关态度、看法、意见和评价的问题。评价性问题主要用于收集被调查者的动机、态度等信息。例如，"您本次旅游的目的是什么？""您对这次旅游满意吗？"等。解释性问题是关于某种事实、某种行为或某种评价的原因的问题。解释性问题主要是用于收集被调查者行为、意见、看法、态度等产生原因的信息。例如，"您为什么要从事导游工作呢？""你为什么喜欢这条旅游线路呢？"等。

在上述三类问题中，事实性问题回答比较简单，统计处理也比较容易，可以反映情况和事实，但要对问题进行深入分析则显得很不够。评价性问题和解释性问题在回答和统计处理上的难度都超过了事实性问题，但在深入分析问题方面则非常有用。因此，应根据调查目的和实际，设计这三类问题。

2. 开放式问题和封闭式问题

按照回答方式不同，问题可分为开放式问题和封闭式问题两种。

开放式问题对问题的回答未提供任何具体的答案，由被调查者根据自己的想法自由作出回答，属于自由回答型。优点是比较灵活，适合于收集更深层次的信息，特别适合于那些尚未弄清各种可能答案或潜在答案类型较多的问题。而且可以使被调查者充分表达自己的意见和想法，有利于被调查者发挥自己的创造性。缺点是由于会出现各种各样的答案，给调查后的资料整理带来一定困难。

封闭式问题对问题事先设计出了各种可能的答案,由被调查者从中选择。问题的答案是标准化的,有利于被调查者对问题的理解和回答,也有利于调查后的资料整理。其不足是对答案的要求较高,对一些比较复杂的问题,有时很难把答案设计周全。

(二)问题设计的原则

在设计问题时应注意如下原则:

(1)问题表达要准确、简明、通俗。设计问题时应考虑被调查者的文化水平,不要使用复杂、抽象的概念或过于专业化的术语,应能让每一个被调查者确切地理解问题的含义,以便做出正确的回答。例如,"您如何评价可持续旅游?"这一问题中,"可持续旅游"是一个专业性很强的术语,被调查者很难把握其内涵,因此不宜使用。

(2)问题内容要单一。一项提问只包含一项内容,否则会让被调查者难以回答。例如,"您认为景区卫生和导游服务怎么样?"这是一个包含两项内容的问题,应该将它分为两个问题来提问。

(3)问题不能带有倾向性和诱导性。提问时应保持立场中立,不能在问题表述中带有诱导、暗示性内容,避免对被调查者造成误导。例如,"某景区为5A级景区,您的印象如何?""随地扔废弃物是不道德的,您在旅游时有这种行为吗?"这样的提问会影响被调查者按照提问中带有的倾向来回答问题,造成调查信息资料的失真。

(4)问题涉及敏感性内容时不宜直接询问。对于敏感性问题如果直接询问,可能会导致较高的拒答率,因此对这类问题最好采用间接询问的形式,并且要注意使用委婉得体的语言以消除被调查者的顾虑。

(5)问题的顺序安排应具有逻辑性。在问题的顺序安排上一般是先易后难,能引起被调查者兴趣的问题放在前面,开放性问题放在后面。

(三)答案(封闭式)的类型

封闭式答案的类型包括很多,这里仅对几种常用类型做简要介绍。

1. 填空式

填空式要求将答案填在空白的横线上。填空式一般用于较容易回答的事实性问题,如居住地、年龄、收入等。例如:

(1)您来自_____省(自治区、直辖市)_____市(县)。

(2)您的年龄为_____周岁。

2. 单项选择式

单项选择式要求在设计答案时,对一个问题给出两个以上的答案,让被调查者从中选择一个答案。这是一种常见的答案设计,例如:

（1）您的文化程度是：①初中以下；②高中/中专；③大专；④本科；⑤硕士及以上
（2）您此次出游的时间是否在6小时以上？①是；②否。
（3）您此次旅游的方式是：①单位组织；②家庭或与亲朋结伴；③旅行社组织；④个人旅行；⑤其他。

3. 多项选择式

对一个问题给出两个以上的答案，要求被调查者在给出的答案中选出自己认为合适的答案，可以选择多个答案，数量不受限制。例如：

您对哪些旅游资源感兴趣？（可选择多项）
①山水风光；②文物古迹；③民俗风情；④文化艺术；⑤饮食烹调；⑥养生保健；⑦旅游购物；⑧节庆活动；⑨其他

4. 限制选择式

要求被调查者在所给出的问题答案中，选出自己认为合适的答案，但数量要受一定限制。例如：

您在本次出游前，主要考虑了哪些因素？（最多选4项）
①旅游项目价格；②目的地知名度；③距离因素；④旅游线路；⑤交通条件；⑥食宿条件；⑦获得异域文化体验；⑧安全因素；⑨其他

5. 排序题

为了弥补多项选择题的不足，在多选题基础上发展出了排序题，使答案呈现出顺序与程度。问题的答案有多个，要求被调查者在回答时，对所选的答案按要求的顺序或重要程度加以排列。其中，对所选的答案数量可以进行一定的限制，称选择排序；也可以不进行限制，即全部排序。例如：

您在购买旅游房车时，主要考虑哪些因素？（将下列选项按重要程度由高到低进行排序，将序码填在下面的方格内）
①产品品牌；②价格合理；③质量保障；④乘坐舒适；⑤设计合理；⑥外形美观；⑦售后服务；⑧其他（请说明）

1	2	3	4	5	6	7	8

6. 程度评价式

程度评价式问题的答案由表示不同程度的等级组成，由被调查者从中选择一个答案。例如：

本次旅游您对旅行社提供的服务感到：①很不满意；②不满意；③一般；④满意；⑤很满意。

程度评价式设计适合于对主观态度、意见、看法、评价的调查。

7. 矩阵式

如果问题具有相同的回答形式，可以采用矩阵式表格（表2.2），使问题呈现紧凑而清晰，还可以节省问卷的篇幅。例如：

请您对饭店服务做出评价，对每一个项目在相应的评价等级下打√。

表2.2　双向表格式设计

调查项目	很不满意	不满意	基本满意	满意	很满意
接待问候					
职业素养					
服务态度					
饭菜质量					
饭菜价格					
等候时间					
环境卫生					

（四）答案设计的原则

设计答案应遵循如下原则：

（1）答案要穷尽，即包括所有可能的回答。

（2）答案要互斥，即答案之间不能相互包含。

（3）答案应该符合客观实际情况。如果答案不符合实际情况，则不能收集到符合调查需要的数据资料，达不到调查的目的。

（4）答案表达要简单易懂，标准规范。

（5）每项答案应有明显的填答标记。

第四节　数据编码与录入

一、数据编码

编码是对每个问题及每种可能的答案规定一个相应的数字代码。在问卷调查之前编码称为预编码，问卷调查之后编码称为后编码。

（一）定义变量名

问卷中的每个问题都要用一个或多个变量来对应。为便于查找核对，一般可用字母与问卷题号组合作为变量代码。例如：

（1）您的性别：①男 ②女

（2）您的年龄：＿＿＿＿周岁

可以用 Q1 代表性别变量，用 Q2 代表年龄变量。

（二）变量取值

变量通常采用字符型和数值型两种。对于数值型变量，就直接取数值型数据即可；对于属性变量，为了计算机处理的方便，也可以取数值型数据，但除了进行频数统计以外不能作数值型计算。例如：

对于性别变量 Q1，可用 1 代表男性，用 2 代表女性。

（三）个案编号

个案编号即受调查者的编号，其可以来自问卷编号。一般用 ID 表示。

（四）缺失值的处理

对缺失值的处理，一般可规定用"0""9""99""–1"等代表缺少或未答。

（五）多选题处理

多选题需要定义多个变量，一般是变量个数等于可供选择的答案个数。变量取值则根据是否被选中来规定，如选中取值为 1，未选中取值为 0。例如：

（3）您对哪些旅游资源感兴趣（可选择多项）：
①山水风光
②文物古迹
③民俗风情
④文化艺术
⑤饮食烹调
⑥养生保健
⑦旅游购物
⑧节庆活动
⑨其他

此题共有 9 个选择答案，因此可以定义 9 个变量。对于第一个选项定义为 Q3_1，其取值为：Q3_1=1（选中时）；Q3_1=0（未选中时）。第二个选项定义为 Q3_2，其取值为：Q3_2=1（选中时）；Q3_2=0（未选中时）。其他选项定义方法与此相同。

（六）排序题处理

排序题可根据排序项个数定义多个变量，有几个排序项就定义几个变量，方法同多选题。变量取值可根据排序位次确定,全部排序的取值从 1 开始,直到最后一个位次序码。选择排序比如限选 3 项,其取值为 0、1、2、3。其中,0 表示该选项未选中;1、2、3 分别代表第一位、第二位和第三位。

(七) 开放题编码

如果准备对开放题进行定量分析,则需要对开放题进行编码。编码的方法是先对所有的答案按照穷尽与互斥的原则进行分类,之后进行合并归纳为若干个类别,再按照多选题的模式编码即可。

二、数据录入与数据文件格式

数据编码后,通常以二维表格形式输入到计算机,形成数据文件(表 2.3)。为了便于计算机处理,在数据文件中一般以每一行代表一个个体,即一个观测对象,称为个案;每一列代表个体的属性或特征,即一个变量;每一个单元格为个体特征的观测值。

表 2.3 游客满意度抽样调查原始数据

受访者	性别	年龄	月收入(元)	满意度
游客 1	男	26	5000	基本满意
游客 2	男	46	7000	很满意
游客 3	女	32	6000	不满意
游客 4	男	18	9000	满意
…	…	…	…	…
游客 300	女	67	5500	基本满意

对于表 2.3 的数据,我们可以为受访者编号,用 ID 表示;性别变量用 Q1 表示,取值为男性时用 1 表示,取值为女性时用 2 表示;年龄变量用 Q2 表示,按实际年龄取值;月收入变量用 Q3 表示,按实际收入取值,单位为元;满意度变量用 Q4 表示,取值为很不满意、不满意、基本满意、满意、很满意,分别用 1、2、3、4、5 表示。这样,表 2.3 的数据则转换为表 2.4 的形式,转换后的数据就便于计算机处理了。

表 2.4　游客满意度抽样调查原始数据

ID（受访者编号）	Q1（性别）	Q2（年龄）	Q3（月收入）	Q4（满意度）
1	1	26	5000	3
2	1	46	7000	5
3	2	32	6000	2
4	1	18	9000	4
…	…	…	…	…
300	2	67	5500	3

第五节　调查误差及其控制

一、数据误差的种类

收集数据过程中，无论通过何种途径，采用何种方式及方法，所收集的数据总会与研究对象的实际情况存在差异，这种差异称为数据误差。采用调查方式产生的数据误差称为调查误差。调查误差包括两类：抽样误差与非抽样误差。

（一）抽样误差

1. 抽样误差的含义

抽样误差（sampling error）是由抽样调查的非全面性与随机性引起的样本结果与总体实际值之间的差异。总体的数量特征虽然未知，但它是确定的，比如某城市某年人均旅游消费是我们想知道但却未知的，但其数值是唯一确定的。当我们从总体中抽取样本时，是按照随机原则抽取的，抽取到不同的样本就会得到不同的观察结果。这样，用样本数据估计总体特征就会存在误差。抽样误差也具有随机性，即有一个样本，就对应着一个误差值，因此在一次具体抽样中会随着抽取样本的不同而有不同的误差。抽样误差描述的是所有样本的可能结果与总体实际值之间的平均差异，而并不是针对某个具体样本产生的误差而言的。

2. 抽样误差的影响因素

抽样误差的影响因素很多，如样本容量、抽样方式方法、精度要求、总体变异性程度等。这些内容将在第六章讲述。

(二)非抽样误差

非抽样误差(non-sampling error)是由于调查环节工作失误或方法不当造成的,如不完整的抽样框造成的误差,填报、抄录、汇总错误造成的误差,被调查者回答误差和未回答误差,调查员误差,测量误差等。无论在随机抽样还是非随机抽样中都有可能产生非抽样误差。

二、误差的控制

(一)抽样误差的控制

抽样误差是由抽样的随机性造成的,因此是不可避免的。但是,抽样误差是可以计量、并可以控制的。有关抽样误差的内容将在第六章介绍。

(二)非抽样误差的控制

非抽样误差与抽样的随机性无关,在概率抽样与非概率抽样中都存在。非抽样误差的控制是比较困难的,这里简要介绍一下在随机抽样调查中减少非抽样误差的方法。

1. 选择比较合适的抽样框

抽样框是进行抽样调查的基础,选择、编制抽样框是调查前应做好的重要工作。抽样框的基本信息为个体及编号,此外还应包含个体与总体之间的联系以及其他各种有用的辅助信息。首先,应尽量保障基本信息的完整性,即抽样框包含了所有的个体元素,以避免或减小抽样框误差。其次,注意收集抽样框的各种辅助信息。如果没有辅助信息,一般只能进行简单随机抽样,而无法进行其他更复杂的抽样,这会给抽样工作带来极大的障碍。

2. 做好问卷设计

问卷设计是调查工作的一个重要内容,好的问卷设计不仅能够保障调查环节的顺利实施,而且可以保障和提高调查的质量。因此,问卷设计从形式到内容,从问题到答案,都应严格遵守原则和规范,并做到与调查实际相结合。一般在正式调查前还要进行试调查和修正,以保障调查的质量。

3. 做好调查过程的质量控制

为做好调查,除了设立调查组织机构,做好调查人员的组织培训等工作外,还应在各个环节做好监督、检查和控制工作,尽量保障工作的顺利开展,并及时发现问题,及时反馈信息,及时补救。

4. 保障调查的回收率

调查的回收率(response rates)也称为调查的应答率或回答率,是实际的样本容量与计划的样本容量之比。对于问卷调查来说,就是问卷回收率;对于结构性访谈一般称为访问回答率。调查回收率的计算公式为:

$$回收率 = \frac{实际完成调查个案数}{调查的总个案数} \times 100\% \qquad (2.3)$$

例如，在一次问卷调查中从总体中抽取了600人，发放问卷600份，回收问卷540份，根据公式计算的回收率为：

$$回收率 = \frac{540}{600} \times 100\% = 90\%$$

在实际调查中，收回的问卷可能包含不合格的问卷。对不合格的问卷应该做剔除处理。剔除不合格问卷后的问卷称为有效问卷。有效问卷数占发出问卷总数的百分比称为有效回收率，其计算公式为：

$$有效回收率 = \frac{实际完成调查的有效个案数}{调查的总个案数} \times 100\% \qquad (2.4)$$

例如，在上述回收的540份问卷中有12份为不合格问卷，则有效回收率为：

$$有效回收率 = \frac{540-12}{600} \times 100\% = 88\%$$

有效回收率是反映调查结果对总体代表性的重要指标之一。当调查的回收率较低时，调查结果对总体的代表性就会受到明显的影响。所以应注意做好问卷回收环节的工作。对于统计推断来讲，样本有效率达到什么标准为合适呢？对此，并没有一个统一的标准。受各种现实因素的影响，要获得较高的有效回收率并不容易。美国社会学者巴比提出一个参考规则："要进行分析和撰写报告，问卷回收率至少要有50%才是足够的；要至少达到60%的回收率才算是好的；而达到70%就非常好。但要记住，以上数据都只是概略的指标，并没有统计上的基础。事实上，一个经过验证且没有偏误的回收问卷比有偏误的高回收率重要得多。"[①] 可见，调查者需要在问卷高回收率与高质量之间进行平衡。

5. 加强审核检查

在数据填报、抄录、录入、汇总时往往会出现重复、遗漏、错填、计算错误等现象，需要认真审核检查，及时纠正、补救。

---

① 艾尔·巴比.社会研究方法[M].邱泽奇译.北京：华夏出版社，2005：254.

第六节 利用软件进行随机抽样

一、利用 Excel 软件做随机抽样

(一) 利用 Excel 制作随机数字表

利用 Excel 的 "RANDBETWEEN" 函数可以生成任意两个指定数之间的一个随机数。"RANDBETWEEN" 函数操作步骤如下：

第一步：在 Excel 工作表界面，单击【公式】—【插入函数】—【RANDBETWEEN】，打开函数参数对话框（2003 版操作：【插入】—【函数】—【RANDBETWEEN】）。

第二步：在【Bottom】中输入最小整数，比如 1，在【Top】中输入最大整数，比如 10000，单击【确定】，即可得到一个随机数。

第三步：需要更多个随机数，则用鼠标拖曳复制即可。这样一张随机数字表就完成了，可以很方便地用它做随机抽样。

(二) 利用 Excel 的数据分析程序做随机抽样

1. 利用 Excel 的数据分析程序进行简单随机抽样：重复抽样

利用 Excel 的数据分析程序进行简单随机抽样，注意这里所做的属于重复抽样，其操作步骤如下：

第一步：在 Excel 表格中输入抽样框号码。

第二步：单击【数据】—【数据分析】—【抽样】—【确定】，弹出抽样对话框（2003 版操作：【工具】—【数据分析】—【抽样】—【确定】）。

第三步：在【输入区域】输入抽样框号码所在单元格区域；如果输入区域包含了号码标题字段，则需勾选【标志】，否则不勾选。

第四步：在【抽样方法】选项中选择【随机】，并输入样本量。

第五步：输出选项。提供了三种输出选择：

(1) 输出区域：键入当前工作表的某单元格。将光标放在编辑框中，之后再选择输出区域（用鼠标点击任意空白单元格即可）。

(2) 新工作表组：在对应编辑框中输入新工作表的名称。

(3) 新工作簿：如果选择此项，则会在另一个新建的工作簿中显示输出结果。

第六步：单击【确定】，完成抽样。

2. 利用 Excel 的数据分析程序进行系统抽样

利用 Excel 的数据分析程序进行系统抽样的操作步骤如下：

第一步：在 Excel 表格中输入抽样框号码。

第二步：单击【数据】—【数据分析】—【抽样】—【确定】。按照简单随机抽样从 1 到 k 中任意抽取一个号码作为初始单位。

第三步：在【输入区域】输入抽样框号码所在单元格区域（从初始单位的下一个单位开始）；在【抽样方法】选项中选择【周期】，并输入间隔数 k，点击【确定】。

这样，初始单位与后面抽出单位组成一个样本。

（三）利用 Excel 的统计函数"RAND"进行简单随机抽样：不重复抽样

利用 Excel 的统计函数"RAND"可生成位于 0~1 之间均匀分布的随机数。利用"RAND"函数进行简单随机抽样的操作步骤如下：

第一步：在 Excel 表格中选择一列作为编码列，并输入抽样框号码。

第二步：在 Excel 表格另一列作为随机数存放列，在单元格中输入"=rand（　）"后按回车键，生成一个随机数，向下复制形成一列随机数，与编码个数相同。将此列随机数用【复制】—【选择性贴】后的数列替换。

第三步：对替换后的随机数列进行排序，选择抽取的样本。比如事先约定按随机数升序排位最前的 n 个数码入选样本，那么就取最前的 n 个数码。

二、利用 SPSS 软件进行随机抽样

（一）利用 SPSS"复杂抽样"功能进行简单随机抽样

第一步：打开 SPSS，在数据表中录入抽样框编号，建立数据文件。

第二步：单击【分析】—【复杂抽样】—【选择样本】，打开抽样向导对话框。

第三步：选中【设计样本】，在弹出的对话框中选择规划文件的保存路径。并点击【下一步】。

第四步：单击【下一步】，在抽样【类型】选项中选择【简单随机抽样】，并选中【不放回】复选框。

第五步：单击【下一步】，抽样单位选为【计数】，并在【值】输入框中输入样本容量。单击【完成】。在数据文件页面显示抽样结果。

（二）利用 SPSS"选择个案"功能进行简单随机抽样

第一步：打开 SPSS，在数据表中录入抽样框编号，建立数据文件。

第二步：单击【数据】—【选择个案】，打开选择个案对话框。

第三步：选中【随机个案样本】，单击【样本】，打开随机样本对话框；选中【精确】，分别输入样本个案数和总体个案数。单击【继续】，回到选择个案对话框。

第四步：单击【确定】。在数据文件页面显示抽样结果。

本章小结

1. 统计数据收集就是根据统计工作的目的和任务，通过统计调查或实验设计，有计划地收集所需要数据资料的过程，它是统计工作或统计研究的基础环节。

2. 统计调查是根据工作或研究的目的和要求，有计划、有组织地收集研究对象相关数据资料的过程。在统计调查实施之前，应做好严谨周密的调查安排，即统计调查方案的设计。统计调查方案是为了完成统计调查任务而作的调查项目实施计划。调查方案应明确调查的任务和目的，确定调查对象和调查单位，确定调查项目与编制调查表，确定调查方式与方法，确定调查时间和调查期限，确定调查地点，确定调查的组织实施等各项内容。

3. 调查方式是调查对象选择的程序与方法。调查方式按照调查观测的范围可分为全面调查和非全面调查两种类型。全面调查是对调查对象的所有单位进行调查，如普查、统计报表等形式（也可用于非全面调查）；非全面调查是对调查对象的一部分单位进行调查，即抽样调查，如随机抽样调查、重点调查、典型调查等形式。调查方法指收集数据的具体方法，如报告法、面访法、电话调查法、问卷法、观察法等都是常用的调查方法。

4. 旅游统计调查制度主要包括旅游定期报表制度、旅游抽样调查和旅游专项调查。"从统计调查的方式看，目前我国政府的旅游统计主要采用定期报表和抽样调查等方式来收集统计资料。

5. 随机抽样也称概率抽样，是按照随机原则进行的抽样。其特点是：（1）按随机原则抽取样本，总体中个体是否被抽中不受主观因素影响，而是由可知的、非零的概率来确定。（2）抽样误差可以事先计算并加以控制。（3）可以用样本数据对总体数量特征做出统计推断。常用的随机抽样组织方式有简单随机抽样、系统抽样（等距抽样）、分层抽样（类型抽样）、整群抽样和多阶段抽样等。

6. 问卷是依据统计研究的目的和要求，按照一定的理论假设设计出来的，由一系列问题、备选答案及说明组成的，向被调查者收集资料的一种工具。通过问卷收集数据可以使调查内容标准化、系统化，便于统计处理和分析。一份调查问卷一般由引言、被调查者背景信息、问题与答案、结语、编码等几部分组成。其中，问题与答案的设计是问卷设计的关键。

7. 收集数据过程产生的误差包括抽样误差与非抽样误差两类。抽样误差是由抽样的非全面性与随机性引起的样本结果与总体真值之间的误差。非抽样误差是由于调查环节工作失误或方法不合适造成的，如不完整的抽样框造成的误差，填报、抄录、汇总错误出现的误差，被调查者回答误差和未回答误差，调查员误差,测量误差等。减小误差,提高数据质量主要措施包括选择比较合适的抽样框、做好问卷设计、做好调查过程的质量控制、保障调查的回收率等。

8. 为了便于计算机处理,需要对每个问题及每种可能的答案进行编码。数据编码后,通常以二维表格形式输入到计算机,形成数据文件。常见的数据文件,一般以每一行代表一个个体,即一个观测对象,称为个案;每一列代表个体的属性或特征,即一个变量;每一个单元格为个体特征的观测值。

关键术语

统计调查	统计调查方案	普查	统计报表
随机抽样调查	简单随机抽样	等距抽样	分层抽样
整群抽样	多阶段抽样	典型调查	重点调查
问卷法	报告法	访谈法	观察法
抽样误差	非抽样误差	调查回收率	有效回收率

思考与练习

一、思考题

1. 调查方案设计包括哪些主要内容?
2. 调查方式主要有哪些?
3. 我国旅游统计调查制度主要包括哪几种制度?
4. 随机抽样的特点是什么?主要有哪些常用的随机抽样方式?
5. 重复抽样与不重复抽样有哪些不同?
6. 非随机抽样方式主要有哪些?
7. 调查的方法有哪些?
8. 调查问卷设计主要包括哪些内容?问题与答案设计的原则是什么?
9. 抽样调查误差有哪几类?怎样控制非抽样误差?
10. 调查数据编码包括哪些主要内容?

二、选择题

1. 某地区（或全国）居民国内旅游消费调查应采用的调查方式为（　　）。
A. 统计报表　　　B. 随机抽样　　　C. 重点调查　　　D. 典型调查
2. 下面关于随机抽样叙述正确的一项是（　　）。
A. 总体中个体是否被抽中受主观因素影响
B. 抽样误差可以事先计算但不能加以控制
C. 可以用样本数据对总体数量特征做出统计推断
D. 总体中个体被抽中的概率是不可知的
3. 下列关于抽样框的叙述正确的一项是（　　）。
A. 无限总体抽样无法得到包含所有个体的抽样框
B. 抽样框一般应比研究总体的范围大
C. 有限总体抽样时抽样框可有可无
D. 无限总体抽样应该具有一个包含所有个体的清单
4. 下列关于调查问题答案设计原则不正确的一项是（　　）。
A. 答案要穷尽　　　　　　　　　B. 答案要互斥
C. 答案符合实际　　　　　　　　D. 答案含蓄精练

三、软件操作

1. 在 Excel 表格中，以"编号"作为列变量名，输入 1 至 300。
2. 利用 Excel "数据分析"中的抽样程序，以简单随机抽样方式，从 300 个编号中抽选 60 个号码组成一个样本。
3. 利用 Excel 的统计函数 "RAND" 进行简单随机抽样，从 300 个编号中抽选 60 个号码组成一个样本。
4. 比较以上两种抽样的结果，看看有什么不同。

四、计算分析题

1. 某班有 30 名学生，从中随机抽取 6 人组成一个样本。要求计算：
（1）用重复抽样的方法，能够抽取多少个可能的样本？
（2）用不重复抽样的方法，能够抽取多少个可能的样本？
2. 某学院有在校生 3000 人，其中男生 1200 人，女生 1800 人。按照等比例分层抽样的方法抽取 100 人作为样本进行调查。要求：
（1）计算男生和女生各抽取多少人？
（2）计算总体抽样比和各层抽样比，并比较二者的关系。

3.到某旅游景区对游客进行调查,要求抽取一个容量为200的随机样本,如何进行操作?

五、实践题

以小组为单位,选择旅游调查课题,设计一份调查方案及问卷,并实施调查,将调查所收集的数据编码录入到Excel表格。要求有效问卷不少于100份。

第三章

数据整理与统计图表

【学习目标】
1. 掌握数据预处理的常用方法。
2. 掌握数据分组的类型与方法。
3. 理解总量指标与相对指标的含义,掌握数据汇总的方法。
4. 掌握频数(频率)分布的图表描述方法。
5. 了解统计图表的类型与使用规范,结合软件操作掌握数据的图表描述方法。

通过统计调查收集了一堆数据,但这些数据还比较分散,没有系统,因此需要分组与汇总,并用图表的形式描述出来。如果是全面调查数据,经过整理后便可初步得到总体的总量指标和相对指标。如果是抽样调查数据,经过整理后便可初步得到样本的相关指标。

本章主要目的是让读者掌握对调查数据进行整理,以及运用图表描述这些数据的方法。为此,本章第一节介绍数据预处理的一些方法,第二节介绍统计分组的类型与方法,第三节介绍统计指标汇总的方法,第四节介绍频数分布,第五节介绍统计图表设计和使用的规范,最后在第六节介绍了利用软件制作统计图表的操作方法。

第一节 数据预处理

数据预处理是对数据分类或分组整理之前所做的必要的处理,包括数据的审核、编码、筛选、排序等内容。

一、数据审核

（一）原始数据审核

在对统计数据进行整理时，首先要进行审核，以保证数据的质量，为进一步的整理与分析打好基础。审核工作贯穿于数据收集与整理的全过程。对于通过直接调查取得的原始数据，主要从完整性和准确性两个方面进行审核。

1. 数据完整性的审核

完整性审核主要是检查应调查的单位或个体是否有遗漏，所有的调查项目或指标是否填写齐全等。如有遗漏或不全者最好能及时补上，但在实际中则存在很多困难。

2. 数据准确性的审核

准确性审核主要是检查数据资料是否存在错误、异常和矛盾。审核数据准确性的方法主要有逻辑检查和计算检查两类。逻辑检查主要是从定性角度审核数据是否符合逻辑，有无异常或相互矛盾的现象。计算检查主要用于对数值型数据的审核，是从定量的角度对各项数据在计算方法和计算结果上有无错误，比如各分项数字之和是否等于相应的合计数，各结构比例之和是否等于1或100%等。

（二）二手数据审核

对于通过其他渠道取得的第二手数据，除了对其完整性和准确性进行审核外，应着重审核数据的适用性和时效性。

1. 数据适用性的审核

由于第二手数据并非为本次调查而收集的，并且多已按特定目的做了加工处理。对于使用者来说，首先应弄清楚数据是由谁收集的，其收集的目的是什么，是用什么方法收集的，数据的定义、口径及计算方法如何等信息，以便对这些数据做出正确的评估，确定这些数据是否能够满足研究的需要，是否需要重新加工整理等。

2. 数据时效性的审核

对于第二手数据，还应注意数据使用的时效性。由于所研究问题具有时效性要求，如果所取得的数据过于滞后，就失去了研究的意义。一般来说，应尽可能使用最新的统计数据。

二、数据筛选

数据筛选是根据需要找出符合特定条件的某类数据。当数据中的错误不能予以纠正，或者有些数据不符合调查的要求而又无法弥补时，需要对数据进行筛选。数据筛选的内容包括：
（1）将某些不符合要求的数据或有明显错误的数据予以剔除。
（2）将符合某种特定条件的数据筛选出来，而不符合特定条件的数据予以剔除。

三、数据排序

数据排序是按一定顺序对数据进行排列，以便显示数据的特征或趋势。数据排序有助于对数据检查纠错，而且还可为数据分组整理提供方便。数据排序主要有升序和降序两种排序方式。

（一）属性数据的排序

字母型数据，可按照字母顺序进行升序和降序排列，习惯上用升序排列。汉字型数据，既可按音序进行升序或降序排列，也可按笔画多少进行升序或降序排列。Excel电子表格提供了按笔画多少进行排序的程序。

（二）数值型数据的排序

数值型数据可按数值大小进行升序和降序排列，排序后的数列称为有序数组。数值型数据排序后，可以很方便地显示出最小值、最大值、中位数，以及其他各观测值所处的位置。

第二节　统计分组

统计分组是统计研究的一种重要方法，通过分组可以更深刻地认识现象的类型及特征；可以表现总体内部结构和比例关系；还可以揭示现象之间的依存关系与变动规律。统计分组是统计研究的基础，在统计研究中具有重要的意义。

一、统计分组的含义与性质

统计分组（statistical grouping）也称统计分类，是根据统计研究的目的和数据资料的特点，按照穷尽与互斥的原则，将总体单位按照一定的特征（某个变量）划分为若干个类别的一种统计方法。例如对游客进行分组，可以用性别特征将游客分为男性和女性两个类别；从年龄特征角度可以将游客分为14岁及以下、15~24岁、25~34岁、35~44岁、45~64岁、65岁及以上6个类别；按旅游类型特征可以将游客分为会议/商务、观光休闲、探亲访友、服务员工和其他等类型；还可以从客源地特征、职业特征等角度对游客进行分组。

统计分组遵循"穷尽原则"和"互斥原则",即总体中的任何一个个体都必须而且只能归属于某一个组,做到既无遗漏,又不重复。

统计分组在性质上兼具分与合的双重意义。对于现象总体而言是"分",即将总体分为性质不同的若干组别(类别);而对于总体单位(个体)而言又是"合",即将性质相同的许多单位(个体)合为一组。对于分组变量而言是"分",即按分组特征将不同的变量值分为若干组;而对于其他变量而言又是"合",即在一个组内的各个单位(个体)即使在其他特征表现不同时也只能分配到同一组。这就意味着,选择了一种分组方法,就突出了一种差异,同时掩盖了其他差异。因此,不同的分组方法,可能会得出不同的结论。这就要求统计分组必须先对所研究现象的本质进行全面深刻的分析,选择能够反映事物本质的特征进行分组。同时,还应该注意选择多个特征进行分组,从不同的角度多方面展现总体特征。

二、统计分组的类型

(一)品质分组与数量分组

统计分组根据分组特征的不同,分为品质分组和数量分组两种类型。品质分组,实际就是一种分类,是按照品质特征(品质变量)将总体单位划分成为若干性质不同的类别。例如,人口按性别、民族、年龄、地区、职业分类等就属于品质分组。品质分组能够反映事物之间性质的差别。

数量分组就是按数量特征(数量变量)进行分组。例如,人口按年龄分组,企业按产值分组,居民按收入水平分组等都属于数量分组。数量分组反映了总体内部的数量差异,同时也可通过组间数量差异反映事物性质的差别。

(二)简单分组与分组体系

1. 简单分组

简单分组就是只按照单个特征(单个变量)进行的分组,一般常用时间、空间或某一变量特征来分组。比如,对游客虽然可以从多个特征进行分组,但在分组时仅仅按年龄特征进行分组,这就属于简单分组。

2. 统计分组体系

统计分组体系就是根据统计分析的要求,利用多个特征(多个变量)对同一总体进行不同分组,形成一系列相互联系、相互补充的体系。统计分组体系有平行分组体系与复合分组体系之分。

(1)平行分组体系。对同一个总体选择两个或两个以上的特征分别进行简单分组,就形成平行分组体系。平行分组体系的特点是:每一个分组都是直接对总体进行分组,每一个分组只考虑一个因素的差异对总体内部分布情况的影响,因此各个简单分组之间彼此独立,没有主次之分,互不影响。例如,为了解游客总体的基本特征,我们将游客总体按性别、居住地不同进行分组,形成平行分组体系如表3.1所示。

表3.1 平行分组体系

组别		游客人数
性别	男	500
	女	400
居住地	城镇人口	600
	农村人口	300

(2)复合分组体系。对同一总体选择两个或两个以上分组特征层叠起来进行分组,叫作复合分组。复合分组所形成的分组体系叫作复合分组体系。复合分组体系的特点是:分组具有层级关系,第一层直接对总体进行分组,在第二层以后的每一层分组都是针对其上一层分组结果进行再分组,经过若干层级完成对总体的分组;分组结果形成层级隶属关系(表3.2)或层级交叉关系(表3.3)。

表3.2 层级隶属关系

组别		游客人数
城镇人口	男	300
	女	300
农村人口	男	200
	女	100

表3.3 层级交叉关系

组别	男	女
城镇人口	300	300
农村人口	200	100

与平行分组相比,复合分组可以从更多角度了解总体内部的差别和关系,更全面、深入地分析问题。首先,对游客总体按居住地分为城镇人口和农村人口两个组,这是第一层分组;其次,在第一层分组的基础上分别对城镇人口和农村人口按照性别特征进行第二层分组,形成游客总体复合分组体系。比较而言,从表3.1仅能得到男性游客、女性游客、来自城镇的游客和来自农村的游客4个特征,即性别与居住地两类特征。从表3.2(或表3.3)不仅能得到表3.1提供的全部特征,而且还能得到城镇男性游客、城镇女性游客、农村男性游客、农村女性游客等特征。为什么会有这种不同呢?这是因为表3.1是用性别与居住地两个分组特征平行地对游客总体进行分组,而表3.2(或表3.3)是用性别与居住地两个分组特征交叉地对游客总体进行分组的结果。

对于复杂的分组,往往是多种分组方法和分组体系的结合运用。

三、统计分组的方法

（一）品质分组的方法

品质分组的方法关键在于选择分类标准。有些品质分组比较简单，分组标准一经确定，分组类别也自然随之确定了。如对游客按性别、年龄、受教育程度、旅游类型分组，这些相对比较容易。但也有很多分组或分类是非常复杂的，在政府统计中，对于比较复杂的品质分组需要编制统一的标准分类，例如，我国《国家旅游及相关产业统计分类（2018）》将旅游及相关产业分为旅游业和旅游相关产业两大部分。将旅游业分为旅游出行、旅游住宿、旅游餐饮、旅游游览、旅游购物、旅游娱乐、旅游综合服务七大类；将旅游相关产业划分为旅游辅助服务和政府旅游管理服务两大类。共9个大类，27个中类，65个小类（见附录一）。

（二）数量分组的方法

1. 单项式分组

对于数值型数据，可进行单项式分组和组距式分组。在变量为离散型变量且变量值较少的情况下，可选择单项式分组法。

单项式分组也称单变量值分组，就是把变量的每一个取值作为一组的分组方法。其方法是先将变量值按从小到大排序，再把变量的每一个取值作为一组，即分组的组数等于变量取值的个数。例如，研究旅游目的地游客重游情况，可以根据到该旅游目的地旅游次数对游客进行分组。旅游次数的取值为1次、2次、3次、4次和5次，我们就将游客分为到该地旅游1次、2次、3次、4次和5次这5个组。对于单项式分组，也可根据实际情况，对位于两端的组采取开口处理，比如将游客分为到该地旅游1次、2次、3次、4次、5次及以上这5个组。

2. 组距式分组

对于连续型变量和数值较多的离散型变量，适合于组距式分组。进行组距式分组，关键在于划分的组数和各组的界限怎样确定，虽然有一些经验性的方法但都不是普遍性的规则，一个基本的分组原则是：分组结果应该能够正确区分各组间的性质差异；能够正确反映现象的数量分布特征。

组距式分组法，是将全部变量值划分为若干个区间，并将处于同一个区间范围的变量值作为一个组的分组方法。在组距式分组中，一个组的最小值称为下限（lower limit），一个组的最大值称为上限（upper limit）；每个组的上限与下限之差称为组距（class width）。

根据组限是否连续，可分为连续组距式分组和间断组距式分组。组限相连即以同一数值作为相邻两组的共同界限，就称为连续组距式，例如10~20；20~30；30~40；组限不相连的，就称为间断组距式，如10~19；20~29；30~39。这两种分组方式的组距计算公式为：

$$连续式分组的组距 = 本组上限 - 本组下限 \quad (3.1)$$

$$间断式分组的组距 = 本组上限 - 本组下限 + 1 \quad (3.2)$$

在组距式分组中，如果组距相等，则称为等距分组。如果各组的组距不相等，则称为异距分组。一般情况下多采用等距分组，有时对于某些特殊现象或为了特定研究的需要，也可以采用异距分组。例如，将游客分为14岁及以下、15~24岁、25~34岁、35~44岁、45~64岁、65岁及以上6个组，就是异距分组。

组距式分组的具体步骤如下：

（1）数据排序，找出最大值与最小值。对数值型数据进行分组时，为了便于观察数据的特征，应对数据按从小到大的顺序进行排序，形成升序数列，这样可以很方便地找到最大值和最小值。

（2）确定组数，计算组距。一组数据分为多少组合适呢？以什么为标准呢？组数的确定应以能够显示数据的分布特征和规律为目的，组数过少，数据分布就过于集中，容易把非同质的单位归在一个组内；组数过多，数据分布就会过于分散，又容易把同质的单位分散在不同的组内，两者都不利于观察数据分布特征。对于具体分组来说，没有一个固定的要求，一般可以在5~20组之间。

一般情况下，我们多采取等距分组，即每组的宽度相同，所以其组距大小可根据全距与组数来确定，即

$$近似组距 = \frac{最大值 - 最小值}{组数} \quad (3.3)$$

为了方便计算，组距宜取5或10的倍数，所以第一组的下限可适当低于最小变量值，最后一组的上限可适当高于最大变量值。

（3）确定组限，计算组中值。对于连续型变量只能采用连续组距式分组，为了使分组后的数据不重复，在统计分组上习惯规定"上组限不在内"，即分组后的每组变量值大于等于下组限而小于上组限。对于离散型变量，可以采用间断组距式分组。

有时最小值或最大值与其他数据相差悬殊，这时对第一组或最后一组可以采用 ×× 以下及 ×× 以上的开口组形式。开口组的组距原则上按照相邻组距来处理。

组距式分组掩盖了各组内数据分布状况，为反映各组内数据的一般水平，通常用组中值作为该组数据的一个代表值。组中值（class midpoint）就是每一组上下限之间中点的数值，其计算公式为：

$$组中值 = \frac{本组下限值 + 本组上限值}{2} \tag{3.4}$$

开口组组中值的计算除了可以使用式（3.4）外，还可以使用如下公式：

$$下开口组组中值 = 本组上限值 - \frac{1}{2}邻组组距 \tag{3.5}$$

$$上开口组组中值 = 本组下限值 + \frac{1}{2}邻组组距 \tag{3.6}$$

【例3-1】2012年全国各地区的旅游景区门票收入数据如表3.4所示。要求对景区门票收入数据进行组距式分组。

表3.4 2012年全国各地区旅游景区门票收入情况

地区	门票收入（亿元）	地区	门票收入（亿元）	地区	门票收入（亿元）	地区	门票收入（亿元）
北京	42.59	上海	17.48	湖北	41.06	云南	4.01
天津	22.48	江苏	50.69	湖南	33.80	西藏	9.27
河北	21.63	浙江	38.58	广东	53.62	陕西	40.22
山西	14.21	安徽	61.62	广西	16.70	甘肃	15.05
内蒙古	10.31	福建	15.93	海南	14.31	青海	18.09
辽宁	39.80	江西	79.14	重庆	23.35	宁夏	7.53
吉林	11.70	山东	71.04	四川	66.14	新疆	16.74
黑龙江	16.09	河南	29.12	贵州	24.76		

资料来源：中国旅游年鉴（2013）。

解：首先，对数据排序，最大值为79.14，最小值为4.01。

其次，确定组数，计算组距。由于数据并不多，经过试分组，分为8组比较合适。

组距 =（79.14 - 4.01）/8 ≈ 7.14，因此组距可取为10。

最后，确定组距和计算组中值。确定第一组为10以下，第二组为10~20，以此类推，第八组为70~80。2012年全国各地区景区门票收入分组结果如表3.5所示。

表 3.5　2012 年全国各地景区门票收入分组表

景区门票收入分组（亿元）	组中值（亿元）	地区数
10 以下	5	3
10~20	15	11
20~30	25	5
30~40	35	3
40~50	45	3
50~60	55	2
60~70	65	2
70~80	75	2

第三节　统计指标汇总

统计汇总是在统计分组的基础上，将所有观测个体及其原始数据进行归类，并计算出有关统计指标。统计汇总是统计分组后的一个重要整理步骤。统计汇总包括汇总各项指标的分组数值和总计数值。

统计指标按其反映客观现象特征的不同，可以分为两类基本指标。一类是表现总体规模和结构比例关系等的指标，有总量指标和相对指标；另一类是描述总体一般水平及分布变动趋势的指标，包括平均指标和变异指标。本节主要讲述总量指标和相对指标汇总，平均指标与变异指标的内容在第四章讲述。

一、总量指标汇总

（一）总量指标的含义与分类

总量指标是反映一定时间、地点、条件下现象总体规模和总体水平的统计指标，它以绝对数的形式表现为名数。在社会经济统计中，总量指标是反映经济社会现象总体数量特征的基本手段，是最常用的基本指标；总量指标是计算其他指标的基础。

总量指标按反映时间状况的不同，可分为时期指标和时点指标。时期总量指标反映现象在一段时期内发生的总量，它是事物在一定时期内发展变化累计的结果，例如地区旅游收入。时点总量指标反映现象在某一时刻发生的总量，例如地区人口数。

（二）总量指标的计量单位

总量指标常用的计量单位有实物单位、价值单位和劳动量单位三种。

1. 实物单位

实物单位包括自然单位、度量衡单位、复合单位及标准实物计量单位等。

（1）自然单位：它是根据事物的自然属性来计量的单位。如，旅游从业人数以"人"为单位，旅游景区、饭店以"家"为单位等。

（2）度量衡单位：它是按统一的度量衡制度而计量实物的重量、长度、面积、容积等单位。如，旅游景区面积以平方千米为单位。

（3）复合单位：是两种计量单位结合在一起的计量单位。复合单位是两个单位的乘积。如旅游接待量用"人天数"计量等。

（4）标准实物单位：是按照统一的折算标准来计量实物数量的一种计量单位。如把各种能源都折合成热量值为7000千卡／千克的标准煤等。

以实物单位计量的总量指标，叫作实物指标。实物指标的特点是能够直接反映产品的使用价值或现象的具体内容，因而能够具体地表明事物的规模和水平。实物指标的局限性是指标的综合性比较差，不同的实物内容性质不同，计量单位不同，无法进行汇总，无法反映多种现象综合规模和水平。

2. 价值单位

价值单位也叫货币单位，如人民币元、美元、欧元等，它是以货币作为价值尺度来计量社会财富和劳动成果。例如国内生产总值、旅游收入、外汇收入等都须用货币单位来计量。用货币单位计量的总量指标叫作价值指标。价值指标具有高度的综合性和概括力，在国民经济管理中起着重要的作用。其局限性在于它脱离了物质内容，比较抽象。因此价值指标应与实物指标结合使用，才能充分发挥其作用。

3. 劳动单位

劳动单位是反映劳动力资源及其利用状况所采用的一种复合计量单位。如工时（工日）等。以劳动单位即工日、工时等劳动时间计量的统计指标称为劳动量指标。

（三）总量指标的运算及数学性质

1. 总量指标的运算

总量指标是总体中各观测值加总的结果。设变量X的观测值为x_i（$i=1$,2,$\cdots$,n），则变量X各观测值的总和为：

$$\sum_{i=1}^{n} x_i = x_1 + x_2 + \cdots + x_n \qquad (3.7)$$

式中，∑称为求和算子，它是表示多个数求和运算的缩略符号。∑是希腊文大写字母，读音为 Sigma。∑最常用的形式为 $\sum_{i=1}^{n} x_i$，其中 x_i 代表变量各观测值，总和号下方的标号表明求和运算的第一个值，上方的标号表明求和运算的最末一个值。在不引起误会的情况下，$\sum_{i=1}^{n} x_i$ 可简写为 $\sum x_i$。

2. 求和算子的数学性质

（1）假设进行 n 次观测，每次所得的观测值为同一常数 c，则 n 次观测值的总和等于 n 乘以该常数，即

$$\sum_{i=1}^{n} c = nc \tag{3.8}$$

（2）某一变量与任意常数 c 的乘积的总和，等于该变量观测值的总和乘以常数 c，即

$$\sum_{i=1}^{n} cx_i = c\sum_{i=1}^{n} x_i \tag{3.9}$$

（3）两个变量之和的总和，等于每个变量总和的代数和，即

$$\sum_{i=1}^{n} (x_i + y_i) = \sum_{i=1}^{n} x_i + \sum_{i=1}^{n} y_i \tag{3.10}$$

3. 双重求和算子的性质

求和算子还可以推广到多重总和的情形。双重总和运算子 $\sum\sum$ 定义为：

$$\sum_{i=1}^{n}\sum_{j=1}^{m} x_{ij} = \sum_{i=1}^{n}(x_{i1} + x_{i2} + \cdots + x_{im}) \tag{3.11}$$
$$= (x_{11} + x_{21} + \cdots + x_{n1}) + (x_{12} + x_{22} + \cdots + x_{n2}) + \cdots + (x_{1m} + x_{2m} + \cdots + x_{nm})$$

双重求和算子具有如下性质：

（1）两个独立变量代数和的总和，等于每个变量总和与另一变量观测值项数乘积的代数和，即

$$\sum_{i=1}^{n}\sum_{j=1}^{m}(x_i \pm y_j) = m\sum_{i=1}^{n} x_i \pm n\sum_{j=1}^{m} y_j \tag{3.12}$$

（2）两个独立变量乘积的总和，等于各变量总和的乘积，即

$$\sum_{i=1}^{n}\sum_{j=1}^{m} x_i y_j = \sum_{i=1}^{n} x_i \sum_{j=1}^{m} y_j \tag{3.13}$$

（3）一个矩阵总体，横行各组总量的总和等于竖列各组总量的总和，即

$$\sum_{i=1}^{n}\sum_{j=1}^{m}x_{ij} = \sum_{j=1}^{m}\sum_{i=1}^{n}x_{ij} \qquad (3.14)$$

上式表明双重总和的运算次序是可以交换的。

（四）总量指标的汇总方法

对于全面调查如统计报表或普查来讲，采用直接计数、点数或测量等方法获得数据资料，经过逐步计算汇总得出总量指标。对于由随机抽样调查获得的数据资料，则汇总计算样本指标，再采用统计推断的方法估计总量指标。

总量指标汇总的方法，就是在统计分组的基础上，将每个变量的所有观测数据按组归类，再加总计算各项指标的分组数值和总计数值。对于属性变量的数据进行汇总时采用计数加总的方法，比如游客性别变量的取值为男性和女性，在汇总时相应的统计指标表现为男性游客多少人，女性游客多少人，男女游客总计多少人；对于数量型变量的数据进行汇总时采用计量加总的方法，即按实际测量的数值加总即可。下面以案例说明数据分组汇总的方法。

【例3-2】Q市下辖有7个行政区，主要景区（点）旅游接待及收入情况如表3.6所示。要求以辖区对景区进行分组，汇总景区数、接待人数和门票收入三项指标。

表3.6 Q市主要景区（点）旅游接待及收入情况

景区	辖区	接待人数（万人次）	门票收入（万元）	景区	辖区	接待人数（万人次）	门票收入（万元）
A1	S1区	38.8	1242.4	C5	S3区	138.3	1089.9
A2	S1区	18.7	387.1	C6	S3区	41.2	1945.6
A3	S1区	22.0	248.8	D1	X1县	19.8	957.1
A4	S1区	24.5	210.4	D2	X1县	4.24	130.8
A5	S1区	0.9	72.9	E1	X2县	15.4	500.0
B1	S2区	69.0	2176.6	E2	X2县	9.9	156.0
B2	S2区	32.0	380.4	E3	X2县	0.7	7.7
B3	S2区	79.8	2469.2	E4	X2县	1.8	35.9
B4	S2区	14.7	256.5	E5	X2县	3.2	14.0
B5	S2区	8.4	109.2	E6	X2县	10.4	222.4
B6	S2区	0.6	21.5	E7	X2县	22.2	147.0
B7	S2区	9.5	599.2	E8	X2县	6.5	94.5
B8	S2区	6.1	56.5	E9	X2县	3.0	53.5
B9	S2区	3.2	73.8	E10	X2县	13.3	29.7

续表

景区	辖区	接待人数（万人次）	门票收入（万元）	景区	辖区	接待人数（万人次）	门票收入（万元）
B10	S2区	2.3	44.9	F1	X3县	112.1	5991.0
B11	S2区	5.2	35.9	F2	X3县	14.9	517.8
B12	S2区	71.3	3422.0	F3	X3县	0.4	1.8
C1	S3区	39.9	515.0	F4	X3县	1.4	38.5
C2	S3区	14.2	101.6	F5	X3县	7.5	53.3
C3	S3区	6.9	65.8	G1	X4县	13.1	3.2
C4	S3区	3.8	66.5				

解： 第一步：分组。按辖区分组属于品质分组，首先按辖区级别将全市分为区和县两大类，之后进行归类汇总。

第二步：归类。针对每个需要汇总的指标，将指标下所有变量值归集到相应的组内。比如，现在需要汇总景区数、接待人数和门票收入三项指标，S1区有5家景区，我们就将景区数指标下的5个观测值、接待人数指标下的5个观测值以及门票收入指标下的5个观测值分别归集到S1区这一组内。

第三步：计算。由低层向高层逐级计算汇总求和，计算出各项指标的分组数值和总计数值。比如，经计算S1区、S2区和S3区分别有5家、12家和6家景区，将这三组景区数量加总就是市区景区的数量23家；用同样的方法计算出县的景区数量为18家；最后，将市区和县的景区数量加总，就得到全市主要景区数量为41家。其他以此类推。全市主要景区（点）数量、景区接待人数及门票收入汇总结果如表3.7所示。

表3.7 Q市主要景区（点）旅游接待及收入汇总表

市辖区		景区（家）	接待人数（万人次）	门票收入（万元）
区		23	651.3	15591.7
	S1区	5	104.9	2161.6
	S2区	12	302.1	9645.7
	S3区	6	244.3	3784.4
县		18	259.84	8954.2
	X1县	2	24.04	1087.9
	X2县	10	86.4	1260.7

续表

市辖区	景区（家）	接待人数（万人次）	门票收入（万元）
X3 县	5	136.3	6602.4
X4 县	1	13.1	3.2
合计	41	911.14	24545.9

【例 3-3】 要求以例 3-1 的分组结果，对 2012 年全国地区数和各地区景区门票收入指标进行汇总。

解： 本例属于按数量分组汇总，除了分组方法不同外，其他步骤及方法与按品质分组汇总数据相同。按景区门票收入将总体分为 8 个组；将总体单位（即各地区）和门票收入变量的观测值分别归入各组中，计算出各组的指标数值；将各组指标数值加总求和，得到全国各地区景区门票收入分组汇总结果如表 3.8 所示。从分组结果看，10 亿~20 亿元这一组的地区数最多，达到 11 个，占地区总数的 35%；门票收入为 166.61 亿元，占门票总收入的 18%。总体来看，多数地区集中在 30 亿元以下的各组。

表 3.8 2012 年全国各地区景区门票收入分组汇总表

按景区门票收入分组（亿元）	地区数（个）	门票收入（亿元）
10 以下	3	20.81
10~20	11	166.61
20~30	5	121.34
30~40	3	112.18
40~50	3	123.87
50~60	2	104.31
60~70	2	127.76
70~80	2	150.18
合计	31	927.06

以上分别介绍了按品质分组和按数量分组对总量指标进行汇总的方法。在汇总的总量指标中，有一类指标反映的是总体单位（总体的元素或个体）的数量，被称为单位总量指标，如表 3.7 中的景区数指标和表 3.8 中的地区数指标，它与其他各项指标一起构成了某一总体的总量指标体系。

二、相对指标汇总

（一）相对指标的含义和作用

相对指标也称为相对数，是反映现象之间数量对比关系的指标。相对指标是两个相互联系的指标相比的结果，以相对数的形式表现为无名数或复名数。无名数是一种抽象化的数值，多以系数、倍数、成数、百分数或千分数表示。复名数主要用来表示强度的相对指标，以表明事物的密度、强度和普遍程度等。

相对指标可以通过数量之间的对比表现事物相关程度，揭示事物的内在联系和发展变化过程，它可以弥补总量指标的不足，使人们清楚了解现象的相对水平和普遍程度；把现象的绝对差异抽象化，使原来无法直接对比的指标具有可比性；说明总体内在的结构特征，为深入分析事物的性质提供依据。

（二）相对指标的种类及其计算方法

相对指标主要有结构相对指标、比较相对指标、计划完成程度相对指标、动态相对指标和强度相对指标等形式。

1. 结构相对指标

结构相对指标是在分组的基础上，各组（或说各个部分）数值与总体数值之比，是反映总体内部结构的一种综合指标。结构相对指标也称比例、比重或构成比，一般用百分数表示，其计算公式为：

$$结构相对指标 = \frac{各组数值}{总体数值} \times 100\% \qquad (3.15)$$

结构相对指标可以表现一定时间、地点和条件下总体的结构特征，反映现象的总体性质；可以分析结构的演变规律，反映事物性质的发展趋势；还可以根据各构成部分所占比重大小，反映主次轻重，便于对所研究的现象进行比较分析。

由于对比的基础是同一总体的总量，所以各部分（或组）所占比重之和等于100%或1。比如，我国2016年三次产业增加值占国内生产总值的比重如表3.9所示。

表3.9　2016年我国三次产业增加值占国内生产总值的比重

产业	增加值（亿元）	比重（%）
第一产业	63672.8	8.56
第二产业	296547.7	39.88
第三产业	383365.0	51.56

续表

产业	增加值（亿元）	比重（%）
总计	743585.5	100

资料来源：国家统计局网站年度数据。

结构相对指标也可以转化为两个或多个数值对比的比例形式如4:3:3，因此被称为比例相对指标，也被称为结构性比例。这时它表现为同一总体中某一组数值与另一组数值之比，反映总体中各个组成部分之间比例关系和均衡状况。比例相对指标与结构相对指标比较的基础不同，分析侧重点略有不同，其计算公式为：

$$比例相对指标 = \frac{总体中某一组数值}{总体中另一组数值} \quad (3.16)$$

两个结构相对指标之比就等于比例相对指标，其关系表达为：

$$\frac{A_1}{A} \Big/ \frac{A_2}{A} = \frac{A_1}{A_2} \quad (3.17)$$

2. 计划完成程度相对指标

计划完成程度相对指标是某一时期内的实际完成数与计划任务数之比，是用以反映计划任务完成程度或监督检查计划执行情况的综合指标。计划完成程度相对指标一般用百分数来表示，其计算公式为：

$$计划完成程度相对指标 = \frac{实际完成数}{计划任务数} \times 100\% \quad (3.18)$$

这一公式是计算计划完成程度相对指标的基本公式，适合于短期（一般指一年以内）计划分析。在实际计算中，计划数可以表现为绝对数、平均数和相对数等多种形式，该公式对于这三种形式都适用。例如，某旅游企业营业收入计划达到30000万元，而实际完成了36000万元，则计划完成程度指标为36000/30000=120%。分析表明，该企业超额20%完成了计划任务。但是，当计划数表现为相对数形式时，应注意分母"计划任务数"指的是计划规定应完成的百分数，而不是应"增减的百分数"；分子"实际完成数"指的是实际完成的百分数，而不是实际"增减的百分数"。例如，某旅游企业营业收入计划要求增长10%，而实际增长了15%，则计划完成程度指标为多少呢？按计划规定应该完成的任务为100%+10%=110%，而实际完成数为100%+15%=115%，因此，利用公式计算，计划完成程度指标为104.55%，也即超额4.55%完成计划。

在分析长期计划任务的完成情况时,可采用累计法和水平法两种计算方法。

(1)累计法。累计法就是整个计划期内实际的逐期(一般以一年为一期)累计完成量与同期内计划应完成总量相比较,来确定计划完成程度。计算公式为:

$$\text{计划完成程度相对指标} = \frac{\text{计划期内实际累计完成量}}{\text{计划期内规定应完成总量}} \times 100\% \qquad (3.19)$$

采用累计法计算,只要从长期计划开始至某一时期止,所累计完成数达到计划数,就是完成了计划任务。

(2)水平法。水平法是根据计划最末一期实际达到的水平与计划最末一期规定应达到的水平相比较,来确定全期是否完成计划。其计算公式为:

$$\text{计划完成程度相对指标} = \frac{\text{计划末期实际达到的水平}}{\text{计划末期计划达到的水平}} \times 100\% \qquad (3.20)$$

采用水平法计算,只要有连续一年时间(可以跨年度)实际完成水平达到最后一年计划水平,就算完成了整个计划期的计划,余下的时间就是提前完成计划时间。

3. 动态相对指标

就是同一现象在不同时期的两个数值之比,是反映现象在时间上发展变动程度的综合指标。动态相对指标一般用百分数或倍数表示,也称为发展速度。其计算公式为:

$$\text{动态相对数} = \frac{\text{报告期指标数值}}{\text{基期指标数值}} \times 100\% \qquad (3.21)$$

通常,作为比较标准的时期称为基期,与基期对比的时期称为报告期。动态相对指标的有关内容将在第十一章中讲述。

4. 比较相对指标

比较相对指标是同类现象的两个总体不同数量之比,是表现同类事物在不同空间条件下的差异程度或相对状态的综合指标,因此也称空间比较相对指标。比较相对指标可以用百分数、倍数和系数表示。其计算公式可以概括如下:

$$\text{比较相对指标} = \frac{\text{空间某一类指标数值}}{\text{空间同一类指标数值}} \times 100\% \qquad (3.22)$$

用于比较的基准可以根据不同的目的来选择。

5. 强度相对指标

就是在同一时空条件下,将两个性质不同但具有一定联系的总量指标数值对比,用来反映不同事物之间的数量对比关系,表明现象的强度、密度、效益和普遍程度的综合指标。强度相对指标计算公式可以概括为:

$$\text{强度相对指标} = \frac{\text{某一总量指标数值}}{\text{另一有联系的总量指标数值}} \quad (3.23)$$

强度相对指标的计量单位多为复名数，如"万元/人"。但也有少数的强度相对指标因其分子与分母的计量单位相同，可以用千分数或百分数表示其指标数值。例如：商品流通费用与商品销售额对比得出的商品流通费用率，则用百分数表示。从强度相对指标数值的表现形式上看，带有"平均"的意义，但强度相对数是两个性质不同而有联系的总量指标数值之比，它表明两个不同总体之间的数量对比关系，而不是平均数。

（三）正确运用相对指标的原则

相对指标分析是统计中常用的基本数量分析方法之一，在计算和应用相对指标时应该遵循以下的原则：

1. 可比性原则

相对指标是两个有关的指标数值之比，对比结果的正确性，直接取决于两个指标数值的可比性。如果违反可比性这一基本原则，计算相对指标就会失去其实际意义，导致不正确的结论。对比指标的可比性，是指对比的指标在含义、内容、范围、时间、空间和计算方法等方面是否协调一致，相互适应。

2. 相对指标和总量指标结合运用的原则

绝大多数的相对量指标都是两个有关的总量指标数值之比，用抽象化的比值来表明事物之间对比关系的程度，而不能反映事物在绝对量方面的差别。在一般情况下，相对指标离开了据以形成对比关系的总量指标，就不能深入地说明问题。因此，应将相对指标和总量指标结合运用。

3. 各种相对指标综合应用的原则

各种相对指标的具体作用不同，都是从不同的侧面来说明所研究的问题。为了全面而深入地说明现象及其发展过程的规律性，应该根据统计研究的目的，综合应用各种相对指标。综合运用结构相对数、比较相对数、动态相对数等多种相对指标，有助于我们剖析事物变动中的相互关系及其结果。

（四）相对指标的汇总方法

相对指标的汇总是在总量指标汇总的基础上，按照某类相对指标的计算方法，逐一计算出各项相对指标的分组数值和总计数值。下面举例说明相对指标的汇总方法。

【例3-4】根据2011年国内旅游人数和国内旅游花费情况统计数据（表3.10），说明国内旅游人均每次花费指标汇总过程。

表3.10　2011年国内旅游花费情况统计

指标	总人数（亿人次）	总花费（亿元）	人均每次花费（元/人次）
城乡总计	26.41	19305.39	731.0
城镇居民	16.87	14808.61	877.8
一季度	4.09	3539.65	865.4
二季度	3.97	3229.75	813.5
三季度	4.34	4114.56	948.1
四季度	4.47	3924.65	878.0
农村居民	9.54	4496.78	471.4
一季度	3.51	1722.62	490.8
二季度	1.95	890.55	456.7
三季度	1.92	840.37	437.7
四季度	2.16	1043.24	483.0

资料来源：中国旅游统计年鉴（2012）。

解：人均每次花费属于强度相对指标，其计算方法是将旅游总花费与旅游总人数比较，计算结果表现为复名数。比如，用第一季度城镇居民旅游总花费3539.65亿元与旅游总人数4.09亿人次相比，就得到第一季度城镇居民的人均每次花费数865.4元/人次；按照同样的方法，就可以计算出城镇居民、农村居民人均每次花费的分组数值，以及城乡总计人均每次花费的总计数值（表3.10）。

第四节　频数（频率）分布

如果是全面调查数据，经过整理后便可初步得到总体的分布形式、总体的总量指标和相对指标。如果是抽样调查数据，经过整理后便可初步得到样本的分布形式和样本的相关指标。由于样本数据来自总体，其特征当然也反映了总体特征，因此对样本分布的描述也是对总体分布的近似描述。

一、频数（频率）分布的基本概念

（一）频数分布的含义与要素

在统计分组的基础上，将总体中所有的单位（个体）按照分组类别进行归类排列所形成的次数分布，称为频数分布（frequency distribution），它描述了总体即所研究变量的分布状况。频数分布可以用频数分布表和分布图来显示，也可以用数字特征来描述，本节主要讲述频数分布的图表描述。

频数分布由两个要素构成，一个要素是总体按某个特征所分的组；另一个要素是将每个单位（个体）分配到各组的次数，称为频数（frequency），用 f 表示。

（二）频率与频率分布

频率是各组频数与总体单位（个体）数之比，也称为相对频数或构成比，其计算公式为：

$$频率 = \frac{f_i}{n} = \frac{f_i}{\sum_{i=1}^{k} f_i} \qquad (i = 1, 2, \cdots, k) \tag{3.24}$$

式中，f_i 表示第 i 组的频数，k 为组数。

由频率所形成的分布，称为频率分布。频率分布应满足：

（1）频率非负。各组的频率都是介于 0 和 1 之间的分数。

（2）各组频率之和等与 1 或 100%。

（三）频数密度与频率密度

在组距分组中，除了等距分组之外，有时对于某些特殊现象或为了特定的研究，还需要使用不等距分组。比如，对人口年龄的分组，可根据人口成长的生理特点分成 0~6 岁（婴幼儿），7~17 岁（少年儿童），18~59 岁（中青年），60 岁及以上（老年）。旅游调查中，人口年龄分组一般为 14 岁及以下，15~24 岁，25~44 岁，45~64 岁，65 岁及以上。

对于不等距分组，为了消除组距不等所造成的影响，需要计算频数密度和频率密度，其计算公式为：

$$频数密度 = 频数 / 组距 \tag{3.25}$$

$$频率密度 = 频率 / 组距 \tag{3.26}$$

各组频数密度与各组组距乘积之和等于总体单位数；各组频率密度与各组组距乘积之和等于 1。

（四）累积频数与累积频率

累积频数（cumulative frequencies）是将各有序类别或组频数逐级累加得到的频数。频数累积方法有两种：一是由开始向最后方向累积，称为向上累积；二是从最后向开始方向累积，称为向下累积。通过累积频数可以很容易看出某一个类别以下（或以上）的频数之和。

累积频率也称累积百分比（cumulative percentages）是将各有序类别或组的

频率逐级累积起来得到的频率或百分比,同样有向上累积和向下累积两种方法。

二、属性变量频数(频率)分布的图表描述

(一)属性变量频数(频率)分布

1. 频数(频率)分布

对属性变量数据可以编制频数(频率)分布表或绘制频数(频率)分布图。首先,按照属性特征进行分类。其次,计算每一类的频数(个数),形成频数分布表;进而可以计算频率,形成频率分布。最后,在频数分布或频率分布的基础上可以绘制条形图、饼形图等统计图,以便更直观地显示数据的分布特征。

【例3-5】某旅行社想了解某市市民的出游方式,对市民做了一项随机抽样问卷调查。出游方式分别为:A.单独旅行;B.结伴旅行;C.旅行社组团;D.单位组织;E.其他方式,调查结果如表3.11所示。要求:对调查结果数据进行分类汇总,形成频数分布表。

表 3.11 游客出游方式调查

游客性别	出游方式	游客性别	出游方式	游客性别	出游方式	游客性别	出游方式	游客性别	出游方式
女	B	女	D	女	B	女	B	女	D
女	B	女	B	男	B	女	C	女	D
女	C	女	D	女	B	男	B	男	B
女	C	男	D	男	A	男	D	男	A
女	B	女	B	男	B	女	B	女	A
男	E	男	B	男	B	女	B	男	B
男	B	女	C	男	B	女	D	男	D
男	C	女	C	男	B	女	A	男	A
男	C	女	B	男	D	女	B	女	C
男	D	女	C	女	D	男	B	男	C
女	C	女	D	男	B	女	B	女	D
男	E	女	D	男	A	男	B	女	B
男	D	女	D	男	A	女	B	男	E
男	B	女	C	女	B	男	B	女	B
女	B	女	C	女	B	女	B	女	C

续表

游客性别	出游方式	游客性别	出游方式	游客性别	出游方式	游客性别	出游方式	游客性别	出游方式
男	D	女	A	男	B	女	B	男	B
女	D	女	B	男	D	女	B	男	E
男	C	女	B	女	B	男	B	女	C
男	C	女	B	女	C	男	C	女	C
男	B	女	B	女	B	女	C	男	B
男	B	女	B	女	B	男	C	男	D
女	C	男	D	女	A	男	B	女	C
女	C	男	C	男	D	女	C	男	
男	B	女	B	女	B	女	B		
男	A	男	B	女	C	女	B		
女	C	女	B	男	D	女	B		

解：对表 3.11 的数据按照出游方式分类，对各类别进行计数汇总，经过整理形成如表 3.12 所示的频数（频率）分布表。

从表 3.12 可以看出，有 12 人为单独旅行，23 人为单位组织，58 人为结伴旅行，30 人为旅行社组团，4 人为其他方式。从频率这一列，可以清楚地看到，在该市旅游的样本中，单独旅行占 9%；单位组织占 18%；结伴旅行占 46%；旅行社组团占 24%；其他方式占 3%。

表 3.12 游客出游方式频数（频率）分布

出游方式	频数	频率（%）
单独旅行	12	9
单位组织	23	18
结伴旅行	58	46
旅行社组团	30	24
其他方式	4	3
总计	127	100

对表 3.12 旅游方式频数（频率）分布表的数据，用条形图表示如图 3.1。

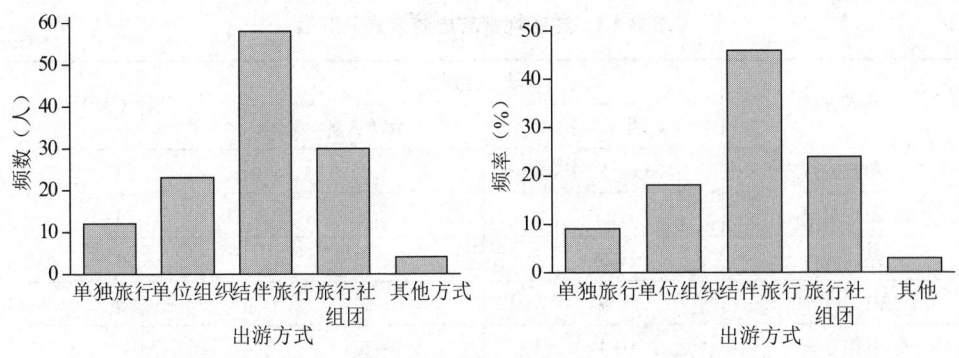

图 3.1　出游方式频数（频率）分布条形图

在计算频率时，如果由于四舍五入而造成频率加总后不等于 1 或 100% 时，可在最大频率组进行伸缩调整，使各组频率之和等于 1 或 100%。

2. 多选题频数（频率）分布

（1）应答人数百分比。如果计算多选题频数（频率）分布，与上述单选题类似，可以计算组频数（应答人数）占总频数（总人数）的比例，但这时各组频率之和一般会大于 100%。

（2）应答次数百分比。即各组应答次数占总应答次数的比例，各组应答次数百分比之和等于 100%。

3. 交叉频数（频率）分布表

对单个变量进行分类汇总，形成了单个变量的频数分布。如果有两个变量，可以对两个变量进行双向交叉分类（组），用表格形式表现出来，就形成交叉频数分布表，也称二维列联表（contingency table）。如果有多个变量，还可以形成高维列联表。

【例 3-6】针对表 3.11 游客出游方式调查数据，按照性别和出游方式两个变量进行交叉分类汇总。

解：首先，使用交叉分组表对游客性别和出游方式两个变量进行交叉分组；其次，计算交叉分组表中每一个单元格的频数；最后，对表中每一个单元格的频数分别按照行和列进行频数汇总，这样就形成了游客性别和出游方式两个变量的交叉分组表，如表 3.13 所示。

表 3.13　游客性别与出游方式列联表

出游方式	游客性别		总计（人）
	男（人）	女（人）	
单独旅行	7	5	12
单位组织	12	11	23
结伴旅行	26	32	58
旅行社组团	9	21	30
其他方式	4	0	4
总计	58	69	127

从表 3.13 中可以看出，选择单独出行的男性游客有 7 人，女性游客有 5 人，两者相差不大；而选择旅行社组团出行的男性游客有 9 人，而女性游客有 21 人，女性人数远多于男性，这是在表 3.12 不能够显示出来的特征。

把交叉分组表中的频数换成占同行数据总和的百分比或者占同列数据总和的百分比，频数分布列联表就变成了频率分布列联表，它对变量间的关系提供了更深层次的百分比信息。从表 3.14 和表 3.15 可以看到，男性游客在单独旅行、单位组织等出游方式上的比例高于女性游客，在旅行社组团出游方式上低于女性游客，而在结伴旅行方式上两者相差不大。这可以给旅行社提供一个有用的参考信息。在表 3.14 和表 3.15 中处于中心单元格位置的行百分比和列百分比称为条件频率。

表 3.14　游客性别与出游方式基于行和百分比的列联表（%）

出游方式	游客性别		总计
	男	女	
单独旅行	58.33	41.67	100.00
单位组织	52.17	47.83	100.00
结伴旅行	44.83	55.17	100.00
旅行社组团	30.00	70.00	100.00
其他方式	100.00	0.00	100.00
总计	45.67	54.33	100.00

表 3.15 游客性别与出游方式基于列和百分比的列联表（%）

出游方式	游客性别		总计
	男	女	
单独旅行	12.07	7.25	9.45
单位组织	20.69	15.94	18.11
结伴旅行	44.82	46.38	45.67
旅行社组团	15.52	30.43	23.62
其他方式	6.9	0	3.15
总计	100	100	100

频率分布列联表还可以计算频数占总和的百分比，如表 3.16 所示。从交叉分组表边栏得到的频率称为边缘频率，可以提供每个变量单独的信息，但它们不能提供变量间关系的任何信息。处于中心单元格位置的频率称为联合频率，它们表达了两个变量间的关系。交叉分组表的主要价值就在于提供了变量间关系的信息。

表 3.16 游客性别与出游方式基于总和百分比的列联表（%）

方式	游客性别		总计
	男	女	
单独旅行	5.51	3.94	9.45
单位组织	9.45	8.66	18.11
结伴旅行	20.47	25.20	45.67
旅行社组团	7.09	16.53	23.62
其他方式	3.15	0.00	3.15
总计	45.67	54.33	100.00

交叉分组表广泛地应用于考察两个变量间的关系。当两个变量都是数值型变量或一个属性变量与一个数值型变量时，也同样可以编制交叉频数（频率）分布表。

（二）属性变量累积频数（频率）分布

1. 分类变量的累积频数（频率）分布

分类变量的数据是没有顺序的，但可以按照频数或频率大小来对各个类别进行排序，这样就可以编制出频数（频率）累积数列，形成累积频数分布（cumulative frequency distribution）。分类数据排序后，可以使用帕累托图来描述。

帕累托图（pareto chart）是按照各类别数据出现的频数大小排序后绘制的柱

形图，它同时可以显示各组数据的累积频率。利用表 3.12 中旅游方式频数分布数据绘制帕累托图（图 3.2），图中左侧给出了频数，右侧给出了累积百分比。

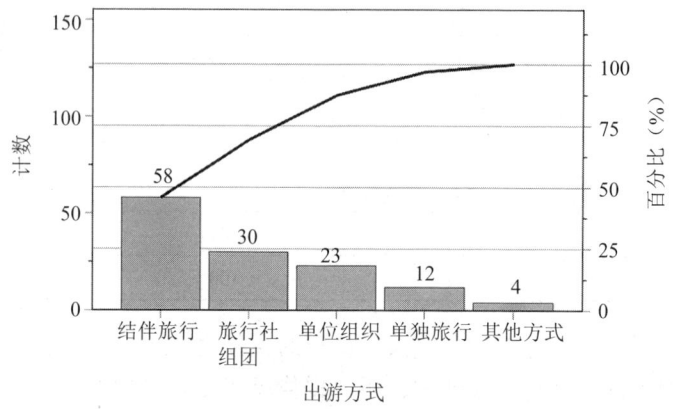

图 3.2　出游方式帕累托图

2. 顺序变量的累积频数（频率）分布

顺序变量的数据不仅具有类别特征，同时还具有顺序特征。因此，对于顺序数据可以按照顺序计算累计频数和累积频率（累积百分比）。顺序变量的累积频数（频率）分布可以用累积曲线（ogive）来描述，即以横轴表示分类，纵轴显示累积频数或频率。

【例 3-7】在一项旅游调查中，为了解游客对某景区的评价，对 198 名游客的调查结果是：有 27 人认为很好；65 人认为好；有 80 人认为一般；有 20 人认为不好；有 6 人认为很不好。要求按照评价等级整理成累积频数分布表和累积频数分布图。

解：由于按评价等级形成的类别是有顺序的，因此可以计算累积频数和累积百分比，计算结果如表 3.17 所示。从向上累积表中可以很方便地看出，评价等级在一般及以下的人数为 106 人，占总人数的 53%。从向下累积表中可以看出，评价等级在好及以上的人数为 92 人，占总人数的 47%。

表 3.17　评价等级的累积分布表

评价等级	人数（人）	百分比（%）	向上累积		向下累积	
			人数（人）	百分比（%）	人数（人）	百分比（%）
很不好	6	3	6	3	198	100
不好	20	10	26	13	192	97
一般	80	40	106	53	172	87

续表

评价等级	人数（人）	百分比（%）	向上累积		向下累积	
			人数（人）	百分比（%）	人数（人）	百分比（%）
好	65	33	171	86	92	47
很好	27	14	198	100	27	14
合计	198	100	—	—	—	—

根据顺序数据的累积频数或累积频率，绘制相应的累积频数或累积频率分布如图3.3所示。

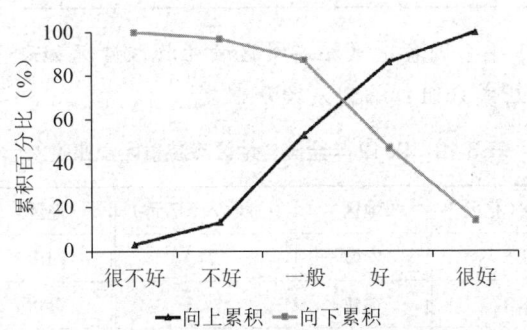

图3.3 游客对景区评价等级累积分布图

三、数值型变量频数（频率）分布的图表描述

（一）编制数值型变量的频数（频率）分布

数值型变量频数（频率）分布的编制方法，与属性变量频数（频率）分布的编制方法的不同主要表现在分组方法上的不同，而在编制程序上基本一致。

首先，对数值型数据进行分组。分组方法有单变量值分组和组距式分组两种方法。当变量为离散型变量，且变量值较少的情况下，可以选择单变量值分组法；对于连续型变量和数值较多的离散型变量，则适合于组距式分组。

其次，把各组别及其相应的频数（或频率）全部列出，并用表格形式表现出来，形成频数（或频率）分布表。

【例3-8】对来某市旅游的游客进行抽样调查，其中有96人为第一次来某市旅游，128人为第二次，51人为第三次，36人为四次以上。要求按旅游次数分组编制频数分布表。

解：本例按单变量值分组，编制频数及频率分布如表3.18所示。

表 3.18 旅游次数的频数及频率分布表

按旅游次数分组	频数（人）			频率（%）		
	频数	向上累积	向下累积	频率	向上累积	向下累积
1 次	96	96	311	31	31	100
2 次	128	224	215	41	72	69
3 次	51	275	87	16	88	28
4 次以上	36	311	36	12	100	12
合计	311	—	—	100	—	—

【例 3-9】2012 年全国各地区旅游景区营业收入情况如表 3.19 所示。要求按景区营业收入做组距式分组，编制频数分布表。

表 3.19 2012 年全国各地区旅游景区营业收入

地区	营业收入（亿元）	地区	营业收入（亿元）	地区	营业收入（亿元）
北京	71.5	安徽	174.5	四川	224.9
天津	38.3	福建	74.3	贵州	84.2
河北	74.4	江西	264.1	云南	13.7
山西	91.6	山东	213.7	西藏	31.6
内蒙古	41.4	河南	91.1	陕西	70.3
辽宁	51.1	湖北	137.9	甘肃	54.1
吉林	55.8	湖南	140.8	青海	30.7
黑龙江	111.9	广东	119.2	宁夏	33.3
上海	50.8	广西	52.5	新疆	89.3
江苏	174.3	海南	45.6		
浙江	112.7	重庆	79.4		

资料来源：中国旅游年鉴（2013）。

解：首先进行分组。以 50 为组距，将景区营业收入分为 0~50，50~100，100~150，150~200，200~250，250~300 等 6 个组。其次，归类汇总，计算频数（频率）。对数据分组整理的频数及频率分布如表 3.20 所示。

表 3.20　各地区旅游景区营业入频数及频率分布表

景区营业收入分组（亿元）	频数（个）			频率（%）		
	频数	向上累积	向下累积	频率	向上累积	向下累积
0~50	7	7	31	22.58	22.58	100
50~100	14	21	24	45.16	67.74	77.42
100~150	5	26	10	16.13	83.87	32.26
150~200	2	28	5	6.45	90.32	16.13
200~250	2	30	3	6.45	96.77	9.68
250~300	1	31	1	3.23	100	3.23
合计	31	—	—	100	—	—

（二）数值型变量频数（频率）分布的图示

在频数分布或频率分布的基础上可以绘制分布图，以更直观地显示数据的分布特征。描述数值型变量分布特征的图形有茎叶图、直方图、曲线图和箱线图等。

1. 茎叶图

茎叶图（stem-and-leaf display）是由"茎"和"叶"两部分数字构成的用以显示一组数据分布特征的图形。绘制茎叶图的方法：首先，确定茎单位或叶单位。应根据一组数据数值的大小和位数的多少选择合适的茎单位或叶单位。要求用两级连续的位数分别作为树茎和树叶，其中高位数字作树茎，次级位数字作树叶，且叶上只保留一位数字。叶单位后如果还有更低位数字则不予显示。其次，按茎单位分组。将树茎相同的数据分为一组，有时也将树茎相同的数据分为两组，即扩展的茎叶显示。最后，将叶上的数字归组排列。一般将茎和叶分列为两列，左面一列为茎，按大小顺序排列；右面一列为叶，同一树茎下的叶数字按大小顺序排列。为了显示频数，也可以在茎的左面增加一列显示频数。

【例 3-10】根据表 3.19 的数据，绘制全国各地区景区营业收入茎叶图。

解：根据表 3.19 的数据所做茎叶图如图 3.4 所示。

频数	树茎	树叶(叶单位:10亿元)
7	0	1 3 3 3 3 4 4
14	0	5 5 5 5 5 7 7 7 7 7 8 8 9 9
5	1	1 1 1 3 4
2	1	7 7
2	2	1 2
1	2	6

图 3.4　全国各地区景区营业收入茎叶图

茎叶图既能给出数据的分布状况,又能给出每一个原始数值,保留了原始数据的信息。在应用方面,茎叶图适用于小批量数据。

2. 直方图

直方图(histogram)是用连续排列的直方形来描述连续型变量分布的一种图形。绘制直方图时,在横轴上用直方形的宽度表示各组组距;在纵轴上,一般用直方形的高度表示各组的频数(次数)、相对频数(频率),或者频率密度。

【例3-11】根据表3.19的数据,绘制全国各地区景区营业收入频数(频率)分布直方图。

解:在景区营业收入频数(频率)分布表3.20的基础上,所做分布直方图如图3.5所示。与图3.4相比,直方图所显示的频数分布与茎叶图十分相似。

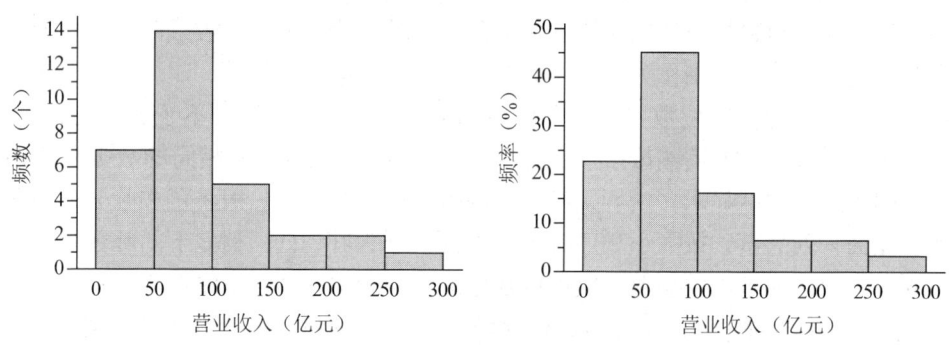

图 3.5　全国景区营业收入频数(频率)分布直方图

与条形图相比,直方图中相邻的矩形是相互连接的,中间没有自然的间隔。这种形式是直方图的惯例,这与连续型变量的特征是一致的。

与茎叶图相比,直方图可大体上看出一组数据的分布状况,但没有给出具体的数值。在应用方面,茎叶图适用于小批量数据,而直方图适用于大批量数据。

3. 频率密度曲线

以频率密度为纵坐标所作的直方图称为频率密度直方图。在频率密度直方图中，每个直方形的底边就是组距，高就是频率密度，因此每个直方形的面积就等于该组的频率，所有直方形的面积之和等于1。也就是在频率密度直方图中，所有直方形的顶边与直方图两边界及横轴围成的图形的面积等于1。

当随着观察次数的增多，组数越多而组距越小，频率密度直方图的矩形顶边就越来越接近一条光滑曲线，该曲线就是频率密度函数曲线，即频率密度分布曲线（frequency density curve）。

【例 3-12】根据表 3.20 全国各地区景区营业收入频率分布数据编制频率密度分布图表。要求：

（1）计算景区营业收入频率密度，编制频率密度分布表；

（2）在频率密度分布表基础上，绘制全国各地区景区营业收入频率密度分布直方图与频率密度曲线。

解：（1）根据式（3.26）计算景区营业收入频率密度，编制频率密度分布如表 3.21 所示。

表 3.21 各地区景区营业收入频率密度分布表

按景区门票收入分组（亿元）	组距	频率（%）	频率密度
0~50	50	22.58	0.0045
50~100	50	45.16	0.0090
100~150	50	16.13	0.0032
150~200	50	6.45	0.0013
200~250	50	6.45	0.0013
250~300	50	3.23	0.0006

（2）根据表 3.21 的数据，以组距为每个小直方形的底边，以频率密度为每个小直方形的高，绘制全国各地区景区营业收入频率密度分布直方图与频率密度曲线如图 3.6 所示。

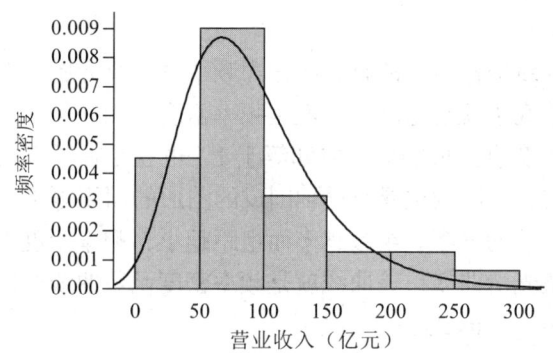

图 3.6　频率密度直方图与频率密度曲线

频率密度曲线反映了变量的分布规律，在统计学中有着重要应用，比如正态分布曲线、偏态分布曲线。变量分布曲线的类型多种多样，在日常生活和经济管理中，较常见的有钟形分布、U形分布和J形分布等。其中，钟形分布是一种"中间大，两头小"的分布，即变量值的分布表现为中间频率密度高，两端频率密度低，形状如古钟。正态分布是一种以变量的平均数为中心，左右两侧完全对称的分布，是钟形分布的极限形式。正态分布是客观事物数量特征表现最多的一种次数分布曲线，如人的身高、体重、作物产量、实验或观测的误差等近似服从正态分布。偏态分布曲线根据尾巴拖向哪一方可分为正偏（或称右偏分布，向右侧拖尾）和负偏（或称左偏分布，向左侧拖尾）两种。例如，人均收入分配的曲线一般呈右偏分布，即低收入者较多，因而在左端形成高峰，高收入者较少，形成一个细长的右拖尾。

4.累积频数（频率）分布曲线

以分组变量为横轴，以累积频数（频率）为纵轴绘制的分布曲线，称为累积频数（频率）分布曲线。累积频数（频率）分布曲线分为向上累积和向下累积两种。

【例3-13】根据表3.20的分组数据及其累积频率分布数据绘制累积频率分布曲线。

解： 以每组的上限和相对应的累积频率构成坐标点，用曲线连接各坐标点，形成如图3.7所示的向上累积频率分布曲线图。

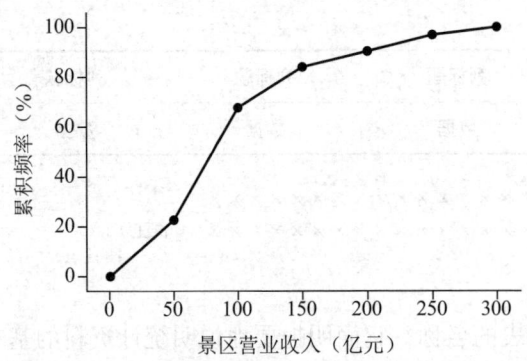

图 3.7　景区营业收入累积频率分布图

第五节　统计表与统计图

统计表与统计图是描述分析统计数据的重要工具,在统计工作中具有广泛的应用。利用统计表不仅可以集中醒目、条理清晰地展现数据资料,也便于数据资料的分析与积累;利用统计图可以更加形象地呈现数据资料,并能够直观地显示数据特征与现象之间的相互关系。

一、统计表

(一) 统计表的结构

统计表 (statistical table) 是描述数据资料的表格。尽管统计表在设计的形式上会有较大差异,但在结构上一般包括四个要素,即总标题、行标题、列标题和数据资料。此外,在必要时可以再加上一个要素,即表外附加。统计表的一般结构如表 3.22 所示。

表 3.22　××××××××× 统计表 (总标题)

项目或分组	列标题	列标题	列标题	列标题
行标题	数据	数据	数据	数据
行标题	数据	数据	数据	数据
行标题	数据	数据	数据	数据

续表

项目或分组	列标题	列标题	列标题	列标题
行标题	数据	数据	数据	数据

注：××××××××××××××××××××。
资料来源：××××××××××××××××。（表注）

1. 总标题

总标题是统计表的名称，它简明扼要地说明统计资料的基本内容、时间范围和空间范围。

总标题在表的正上方，与表号等一起构成表头。

2. 行标题

行标题在表的第一列，一般为横行内容的名称，即总体各组的名称，是所要说明的对象。行标题亦称主词，主词所在栏称为主词栏，也称为分组栏。

3. 列标题

列标题在表的第一行，是用以说明横行标题的指标名称。列标题称为宾词，宾词所在栏称为宾词栏，也称为指标栏。必要时，主词与宾词的位置可以互换。

4. 数据资料

数据资料是指标的数值，填写在横行与纵栏交叉的单元格，用来说明总体及其组成部分的数量特征，是统计表的核心部分。

行标题、列标题与数据资料一起构成表体，即统计表的主体。

5. 表外附加

表外附加也称表注，放在表的下方，主要包括数据来源、指标计算方法、填报单位、填表人、填表日期、必要的说明等。

（二）统计表的分类

1. 根据分组类型分类

（1）简单表。这是指主词未经任何分组的统计表，也叫作一览表。简单表的主词一般按时间顺序排列，或者按个体的名称排列。它是对原始资料进行初步整理所采用的形式，如表 3.4 所示。

（2）简单分组表。这是指主词只用一个标志分组形成的统计表。运用简单分组表可以说明不同类型现象的特征，以揭示现象内部的结构，以便分析现象之间的相互关系，如表 3.5 所示。

（3）复合分组表。这是指主词按两个或两个以上特征进行分组的统计表，也叫作复合表，如表 3.23 所示。复合分组表可以通过更多的标志对总体进行更深入的分析与研究。

表 3.23 2011 年城镇居民国内游客人均每次花费

（单位：元/人次）

项目	人均每次花费	旅行社组织	非旅行社组织
调查总平均	1140.22	2116.78	1070.86
按性别分			
男性	1213.69	2252.1	1151.76
女性	1047.92	1995.54	966.73
按年龄分			
14 岁及以下	684.25	1441	629.1
15~24 岁	908.74	1287.93	889.41
25~34 岁	1311.53	2161.16	1263.47
35~44 岁	1288.72	2706.47	1178.11
45~64 岁	1115.11	2168.63	1025.33
65 岁及以上	706.09	1741.08	576.18
按受教育程度分			
初中及以下	668.11	1381.41	614.8
高中（中专/职高/技校）	866.81	1983.44	789.59
大学本科/大专	1283.71	2278.29	1212.25
研究生及以上	1700.48	2701.41	1637.74

资料来源：中国旅游统计年鉴（2012）。

2. 根据分组方向分类

（1）单向分组表

单向分组表是指仅在行或列一个方向进行主词分组而形成的统计表。单向分组表是最常用的统计表形式，如表 3.23 所示。

（2）双向分组表

双向分组表是在行和列两个方向进行主词分组而形成的统计表。双向分组表也称交叉表、列联表，如表 3.24 所示。表 3.24 中的数据为 2013 年华北地区 A 级景区投资数据，这是将景区投资指标按照景区类型和景区级别进行双向分组汇总的结果。

表 3.24　2013 年华北地区 A 级景区投资情况汇总（单位：亿元）

景区级别	5A 级景区	4A 级景区	3A 级景区	2A 级景区	1A 级景区	总计
度假休闲	2.50	37.58	9.01	14.60	0.01	63.70
自然景观	3.36	30.58	10.36	5.74	0.12	50.16
历史文化	5.92	32.63	6.67	2.69	0.04	47.95
主题游乐	0.00	18.64	0.84	0.04	0.00	19.52
红色旅游	0.00	3.17	1.12	0.11	0.00	4.40
乡村旅游	0.00	1.26	0.99	0.83	0.12	3.20
工业旅游	0.00	0.46	1.02	1.42	0.00	2.90
博物馆	0.05	1.51	0.71	0.29	0.00	2.56
科技教育	0.00	0.05	0.07	0.05	0.00	0.17
其他	14.75	4.17	4.73	1.50	0.00	25.15
总计	26.58	130.05	35.52	27.27	0.29	219.71

资料来源：2013 年中国旅游景区发展报告。

由于双向分组表适宜表现两个变量的联合分布，在统计分析特别是属性数据分析中具有广泛的应用。

（三）统计表的设计规范

统计表的设计应尽可能做到简洁、清晰、准确、实用、美观，便于读者的阅读、分析和使用。在设计统计表时应注意如下基本要求。

1. 表头设计的要求

表头一般应包括表号和总标题，有时可在表头标明数据的计量单位等项目。

（1）统计表应编排序号，要求用阿拉伯数字分别依序连续编排，连同总标题置于统计表的上方。

（2）总标题应概括出统计表的主要信息，一般应包括数据资料的时间（when）、地区（where）、以及何种数据（what），即 3W 要素。

（3）当数据计量单位相同时，可统一放在表的右上角标明。

2. 表体设计的要求

（1）合理安排统计表的结构。根据研究的目的和数据资料特征，合理地设置分组栏和指标栏。纵横各栏的排列特别要注意表述资料的逻辑性。

（2）必要时设置计量单位栏。若有多个计量单位时，横行的计量单位可专设一列作为计量单位栏；纵栏的计量单位可与纵栏标题写在一起，用小括号标明。

（3）表格形式为开口式。表中的上下两条横线一般用粗线，其他线用细线；

统计表的左右两边不封口（不画纵线）；横行数据之间也不画横线（复合分组时可以画横线）。

（4）数据填写要规范。表中数字填写要整齐，上下位数要对齐（表中的数据一般是右对齐），有小数点时应以小数点对齐，而且小数点的位数应统一；如果上下或左右单元格数据相同时，不能用"同上"或"同左"代替；对于没有数据的单元格，一般用"—"表示，填好的统计表不应出现空白单元格。

3. 表注设计的要求

统计表中一些需要特殊说明的内容，可以在表的下方加上表注予以说明。

（1）对表内某些指标含义、计算方法的注释。

（2）对数据资料来源出处的说明。在使用他人数据资料时，应说明数据资料的来源，既表明对他人劳动成果的尊重，也方便读者查阅使用。

二、统计图

（一）统计图的结构

统计图（statistical chart）是描述统计数据的图形。统计图基本包括以下几部分：

1. 标题

标题是统计图的名称，它简明扼要地说明统计资料的基本内容、时间范围和空间范围。统计图标题的设计与统计表的要求是一样的，但图名的位置与表名的位置相反，位于图的正下方，图名前要注明图的编号。

2. 坐标轴和尺度

这部分包括坐标轴、尺度、计量单位和网格线等基准要素，借助于坐标轴、尺度和网格线，就可以更容易读懂统计图。坐标轴一般分为分类轴和数值轴两大类，它们与横轴（X 轴）、（Y 轴）无关。坐标轴一般都应注有标题，用以说明其表示的具体含义。

3. 图式

图式就是在概括数据资料的基础上，利用点、线、面、体等绘图要素绘制的图形，这是统计图的主体。图式所在的区域称为绘图区，它与坐标轴形成的区域一般被称为数据区。

4. 辅助部分

辅助部分包括图例、注解说明、资料来源等内容，它可以使统计图表的内容更加清楚、更易于理解，但它并不是统计图必备的内容，应根据实际需要而设置。

（1）图例

图例用来标明图中的数据系列。当统计图中的数据系列为多个时，可以用不同颜色、形状等图例来区别不同的数据系列。图例一般放在图的右侧或底部，也可以放在其他合适的位置。

（2）注解

注解即是用文字对图形内容做简要的解释说明，以帮助读者理解图形表现的内容。其位置在绘图区的下方，即图名的下一行。

（3）资料来源

与统计表相同，在使用他人数据资料时，要对数据资料来源出处加以说明。其位置在注解的下方；如无图注，则位于图名的下方。

（二）统计图的种类

统计图的种类很多，根据形状特征可以分为三大类，即几何图、象形图和统计地图。下面介绍几种常用的几何图。

1. 条形图

条形图（bar chart）：用宽度相等的条形的高度或长度来表示数据值大小的图形。条形图可以横置，也可以纵置，纵置时也称为柱形图（column chart）。

【例3-14】2013年全国A级景区接待人数和景区总收入汇总情况如表3.25所示。要求根据表3.25中旅游接待人数、景区总收入数据绘制条形图。

表3.25　2013年全国A级景区接待人数和景区总收入

景区等级	景区数量（家）	接待人数（亿人次）	总收入（亿元）
5A级景区	175	6.61	1085.87
4A级景区	2046	13.51	1289.23
3A级景区	2417	5.75	446.15
2A级景区	1849	2.94	164.43
1A级景区	117	0.08	3.43
合计	6604	28.89	2989.11

资料来源：2013年中国旅游景区发展报告。

解： 用旅游接待人数和景区总收入数据绘制成条形图，如图3.8所示。从图中可以很直观地了解到各级景区的旅游接待人数和景区总收入情况。4A级景区无论在接待人数还是在总收入方面均占第一位；其次为5A级景区；3A级以下景区则相对较低。

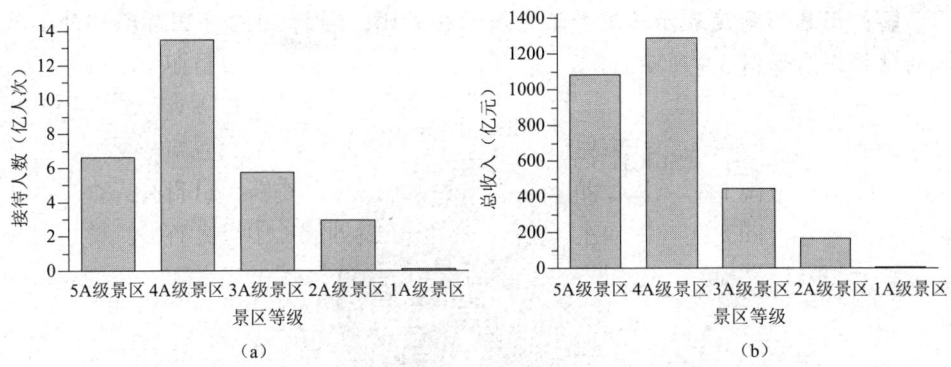

图 3.8 2013 年全国 A 级景区旅游接待人数与总收入情况的条形图

除了上面的简单条形图外,还有复式条形图、条形结构图等形式。复式条形图以多个条形为一组,在一幅图中可以展现多组变量,便于组间和组内水平的比较。条形结构图以条形全长代表总体(100%),条形内的分段代表总体的各个部分,各分段的长度代表各组成部分占总体的比重。

2. 饼形图

饼形图(pie chart),也称圆形图,是用圆形及圆内扇形角度或面积来表示数值大小的图形,扇形部分可以表示频数、相对频数。饼图在结构分析中比较常用。当变量为 2 个或以上时,还可以选择复式饼图、环形图等图形。

【例 3-15】2012 年国际旅游外汇收入数据如表 3.26 所示,要求将国际旅游外汇收入构成绘制成饼形图。

表 3.26 2012 年国际旅游(外汇)构成

项目	入境旅游收入(亿美元)	占总收入比重(%)	项目	入境旅游收入(亿美元)	占总收入比重(%)
总计	500.28	100	三、餐饮	37.47	7.5
一、长途交通	172.78	34.5	四、游览	25.55	5.2
1. 民航	131.64	26.3	五、娱乐	36.13	7.2
2. 铁路	16.46	3.3	六、商品销售	111.54	22.3
3. 汽车	15.54	3.1	七、市内交通	16.11	3.2
4. 轮船	9.14	1.8	八、邮电服务	7.91	1.6
二、住宿	52.11	10.4	九、其他服务	40.68	8.1

资料来源:中国旅游统计年鉴(2013)。

解： 用扇形角度表示旅游外汇收入的构成比，绘制 2012 年国际旅游外汇收入的结构饼图如图 3.9 所示。

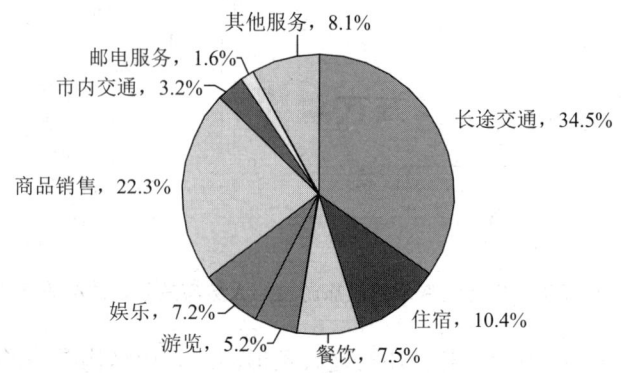

图 3.9　2012 年国际旅游外汇收入结构饼形图

3. 曲线图

曲线图（curve chart），也称线图（line chart）或折线图，是以曲线的升降起伏来描述现象的发展状况、变化趋势或分布特征的一种图形。曲线图在描述时间序列数据和连续型变量分布中有广泛的应用。

如果数值型数据为时间序列，则可以用线图来显示现象随时间变化的特征。线图既可以显示单个变量随时间变化的特征，也可以同时显示多个变量的变化特征。

【**例 3-16**】1994—2014 年我国城镇居民和农村居民国内旅游人均花费情况统计数据如表 3.27 所示。要求根据表中的数据绘制 1994—2014 年我国城镇居民和农村居民国内旅游人均花费的时间序列图。

表 3.27　1994—2014 年我国城镇居民和农村居民国内旅游人均花费（单位：元）

年份	城镇居民国内旅游人均花费	农村居民国内旅游人均花费	年份	城镇居民国内旅游人均花费	农村居民国内旅游人均花费
1994	414.7	54.9	2005	737.1	227.6
1995	464.0	61.5	2006	766.4	221.9
1996	534.1	70.5	2007	906.9	222.5
1997	599.8	145.7	2008	849.4	275.3
1998	607.0	197.0	2009	801.1	295.3
1999	614.8	249.5	2010	883.0	306.0
2000	678.6	226.6	2011	877.8	471.4

续表

年份	城镇居民国内旅游人均花费	农村居民国内旅游人均花费	年份	城镇居民国内旅游人均花费	农村居民国内旅游人均花费
2001	708.3	212.7	2012	914.5	491.0
2002	739.7	209.1	2013	946.6	518.9
2003	684.9	200.0	2014	975.4	540.2
2004	731.8	210.2			

资料来源：国家统计局网站年度数据。

解：1994—2014 年我国城镇居民和农村居民国内旅游人均花费（当年价）的时间序列如图 3.10 所示。从图中可以看到，虽然具有波动，但城镇居民国内旅游人均花费基本上是随着时间呈现上升的趋势；而农村居民国内旅游人均花费总体上虽然也具有随着时间呈现上升的趋势，但在 1999—2010 年保持了长达 11 年的持续平稳期。

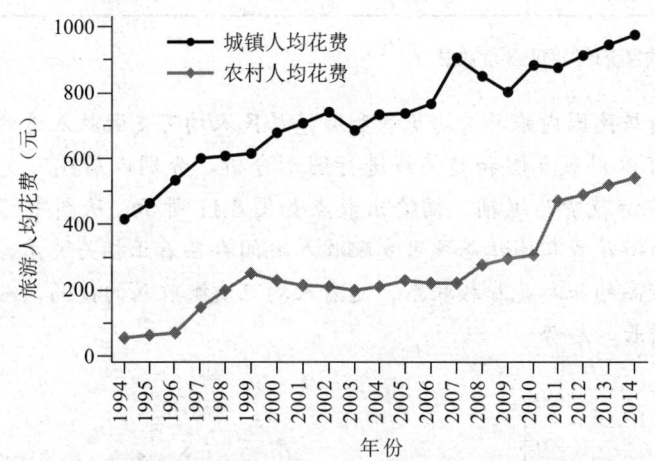

图 3.10　1994—2014 年城镇和农村居民国内旅游人均花费时间序列图

4. 散点图

散点图（scatter plot）是用二维坐标显示两个变量之间关系的一种图形。在散点图中，一个变量用横轴表示，另一个变量用纵轴表示，用两个变量的取值在坐标系中分别描绘出每一个观测点 (x_i, y_i) $(i=1, 2, \cdots, n)$，就形成了散点图。趋势线是显示变量相关性近似程度的直线或曲线。

【例 3-17】居民旅游消费会受到居民收入等因素的影响，1995—2012 年我国城镇居民国内旅游人均花费和城镇居民人均可支配收入（均为当年价）情况统计资料如表 3.28 所示，据此考察人均旅游花费与人均可支配收入两变量之间的关系。

表 3.28　1995—2012 年全国城镇居民国内旅游人均花费和人均可支配收入

年份	旅游人均花费（元）	人均可支配收入（元）	年份	旅游人均花费（元）	人均可支配收入（元）
1995	464.0	4283.0	2004	678.6	9421.6
1996	534.1	4838.9	2005	737.1	10493.0
1997	599.8	5160.3	2006	766.4	11759.5
1998	607.0	5425.1	2007	906.9	13785.8
1999	614.8	5854.0	2008	849.4	15780.8
2000	731.8	6280.0	2009	801.1	17174.7
2001	684.9	6859.6	2010	883.0	19109.4
2002	739.7	7702.8	2011	877.8	21809.8
2003	708.3	8472.2	2012	914.5	24564.7

资料来源：国家统计局网站年度数据。

解：城镇居民国内旅游人均花费和城镇居民人均可支配收入这两个变量间的相关关系，可以用散点图和趋势线进行图形分析。分别以居民可支配收入为横轴，以人均旅游花费为纵轴，描绘出散点如图 3.11 所示。从图中可以看出，城镇居民人均旅游花费与城镇居民可支配收入之间存在着正相关关系，即较高的可支配收入与较高的旅游花费相联系，随着人均可支配收入的提高，人均旅游花费也随之呈现增长的趋势。

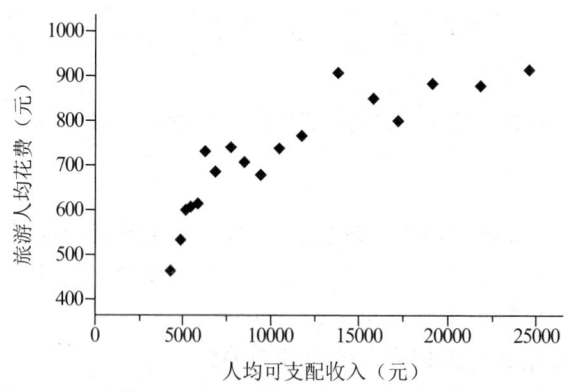

图 3.11　城镇居民国内旅游人均花费和人均可支配收入关系散点图

从散点图可以初步观察到这种相关关系,但相关的具体模式是什么呢?是线性相关还是曲线相关呢?我们可以根据散点图的形态做出大概的判断,比如图 3.11 所显示的散点形状所呈现出来的是一种曲线相关的模式。

为了更清晰地表现散点所呈现的模式,可以为散点图加上趋势线。加上直线和三次曲线的散点图如图 3.12 所示。图中所有的点并没有全部在一条直线或曲线上,说明这种关系并不是完全的函数关系,但这些散点的分布模式和趋势线表明了整体关系是呈正相关的。通过观察比较,三次曲线比直线能更好地刻画这种相关关系。

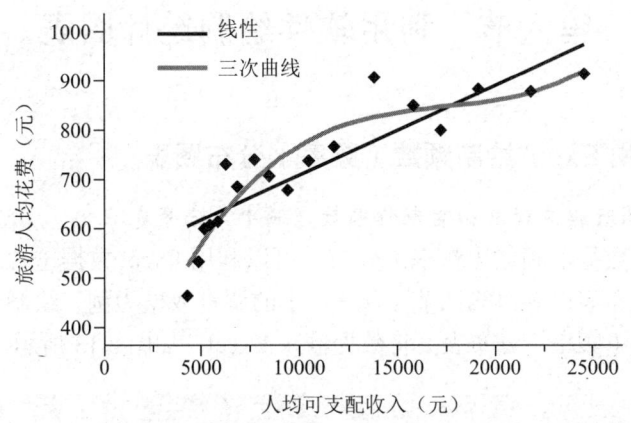

图 3.12 城镇居民国内旅游人均花费和人均可支配收入关系散点图与趋势线

除了上述介绍的几种统计图外,还有表示频数分布的直方图、茎叶图和箱线图等常用的统计图形,这些内容将在第四章介绍。例 3-16 与例 3-17 所分析的时间序列是以当年价计算的,在实际分析中应按可比价格计算的序列进行分析,经济序列缩减的相关内容见第十二章统计指数部分。

(三)统计图的使用规范

统计图的使用规范在原则上与统计表的要求相同,要尽可能做到简洁、清晰、准确、实用、美观,便于读者的阅读和理解。在设计使用统计图时应注意如下基本要求。

(1)根据统计目的和数据特征选择适合的图形。统计图的类型很多,每一种图形都有自己的特点和优势,当然也都有不足之处。我们在使用图形显示统计数据时,应考虑使用目的、使用场合,还要考虑数据本身的特征,选择适合的图形。比如,显示绝对数指标时可选择条(柱)形图;进行结构分析或类型分析时可以选择饼图;显示时间序列的发展趋势可以使用线图;显示两变量关系可以选择散点图；要显示数据分布特征，可以使用直方图、茎叶图、柱形图；等等。

（2）坐标图中应注意标注横纵坐标的变量名及计量单位。

（3）统计图要编排序号。用阿拉伯数字分别依序连续编排序号，置于图名前面。

（4）必要时加以图例说明。作为图例说明，一般应将图上的符号、标记、代码等，用最简练的文字横排于图题下方，但也可以根据实际情况排在其他位置。

第六节 利用软件绘制统计图表

一、利用 Excel 绘制频数（频率）分布图表

（一）利用数据透视表功能制作频数（频率）分布表

对于属性数据的频数（频率）分布，可以利用 Excel 数据透视表功能制作频数（频率）分布表。现以第四节【例 3-5】的调查数据为例，绘制游客性别与出游方式的频数（频率）分布表。将数据输入 Excel，如图 3.13 所示。

编号	游客性别	出游方式
1	女	结伴旅行
2	女	结伴旅行
3	女	旅行社组团
4	女	旅行社组团
5	女	结伴旅行
6	男	其他方式
7	男	结伴旅行
8	男	旅行社组团
9	男	旅行社组团
10	男	单位组织
11	女	旅行社组团
12	男	其他方式

图 3.13 出游方式调查数据

1. 频数分布表

绘制出游方式的频数分布表，操作步骤如下：

第一步：选择【插入】—【表格】—【数据透视表】，打开创建数据透视表对话框。

第二步：选择需要分析的数据，在【表/区域】中输入数据源区域，也可用

鼠标选择数据源区域；在放置透视表区域，可选择新工作表或现有工作表。如选择现有工作表，在【位置】输入放置区域，也可用鼠标点击任一空白单元格作为放置区域。之后，单击【确定】。

第三步：在【数据透视表字段】列表框中，将"出游方式"拖至【行】区域，再将"出游方式"拖至【值】区域。此时输出频数分布表如图 3.14 所示。

	A	B	C	D	E	F
1	编号	游客性别	出游方式			
2	1	女	结伴旅行			
3	2	女	结伴旅行	行标签 ▼	计数项:出游方式	
4	3	女	旅行社组团	单独旅行	12	
5	4	女	单位组织	单位组织	23	
6	5	女	结伴旅行	结伴旅行	58	
7	6	男	其他方式	旅行社组团	30	
8	7	男	结伴旅行	其他方式	4	
9	8	男	旅行社组团	总计	127	
10	9	男	旅行社组团			
11	10	男	单位组织			
12	11	女	旅行社组团			
13	12	男	其他方式			

图 3.14　出游方式频数分布表输出

Excel 2003 数据透视表的操作与 2010 以上版本略有不同，其操作步骤如下：

第一步：选择【数据】菜单中的【数据透视表和数据透视图】。

第二步：在【向导—3 步骤之 2】中确定数据源区域。

第三步：在【向导—3 步骤之 3】中选择数据透视表的输出位置。然后选择【布局】。

第四步：在【向导—布局】对话框中，依次将"出游方式"分别拖至左边的"行"区域和【数据】区域。

第五步：单击【确定】，返回【向导—3 步骤之 3】对话框。然后单击【完成】，即可输出出游方式的频数分布表。

2. 频率分布表

使用 Excel 数据透视表功能生成频数分布表后，双击表头"计数项"单元格，弹出"值字段设置"对话框，单击【值显示方式】选项，在【值显示方式】下拉按钮，选择"行汇总的百分比""列汇总的百分比"或"总计的百分比"，单击【确定】，即可得到频率分布表（图 3.15）。Excel 2003 的操作过程与此大体相同。

	A	B	C	D	E	F
1	编号	游客性别	出游方式			
2	1	女	结伴旅行			
3	2	女	结伴旅行	行标签	计数项:出游方式	
4	3	女	旅行社组团	单独旅行	9.45%	
5	4	女	旅行社组团	单位组织	18.11%	
6	5	女	结伴旅行	结伴旅行	45.67%	
7	6	男	其他方式	旅行社组团	23.62%	
8	7	男	结伴旅行	其他方式	3.15%	
9	8	男	旅行社组团	总计	100.00%	
10	9	男	旅行社组团			
11	10	男	单位组织			
12	11	女	旅行社组团			
13	12	男	其他方式			

图 3.15 出游方式频率分布表输出

3. 交叉频数（频率）分布表

使用 Excel 数据透视表生成交叉表的操作步骤与单变量频数分布表的制作相同，只是要注意，在图表布局设计时，除了将"出游方式"拖至【行】区域和【数据】区域外，还要将"游客性别"拖至【列】区域。输出游客性别与出游方式的交叉频数表如图 3.16 所示。交叉频率分布表绘制方法与单变量频率分布表方法相同。

	A	B	C	D	E	F	G	H
1	编号	游客性别	出游方式					
2	1	女	结伴旅行					
3	2	女	结伴旅行	计数项:出游方式	列标签			
4	3	女	旅行社组团	行标签	男	女	总计	
5	4	女	旅行社组团	单独旅行	7	5	12	
6	5	女	结伴旅行	单位组织	12	11	23	
7	6	男	其他方式	结伴旅行	26	32	58	
8	7	男	结伴旅行	旅行社组团	9	21	30	
9	8	男	旅行社组团	其他方式	4		4	
10	9	男	旅行社组团	总计	58	69	127	
11	10	男	单位组织					
12	11	女	旅行社组团					
13	12	男	其他方式					

图 3.16 游客性别与出游方式的频数交叉表输出

（二）利用图表功能制作频数（频率）分布图：条形图（柱形图）

在出游方式的频数分布表（图 3.14）的基础上，可以利用 Excel 图表功能绘制出游方式的频数分布柱形图。将旅游类型和频数复制在一张工作表中，之后进行如下操作：

第一步：选择用于生成图表的数据区域。

第二步：选择【插入】—【图表】—【插入柱形图或条形图】—【簇状柱形图】，输出柱形图如图 3.17 所示。

第三步：对于输出的图形，可根据需要做进一步编辑。

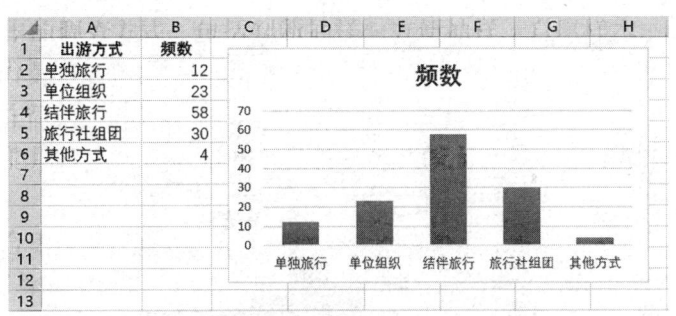

图 3.17　出游方式的频数分布柱形图输出

Excel 2003 的图表功能操作如下：

第一步：选择【插入】菜单中的【图表】，在【图表向导—4 步骤之 1】选择图表类型和子类型，这里选择【柱形图】，单击【下一步】。

第二步：在【图表向导—4 步骤之 2】输入数据源区域，单击【下一步】。

第三步：在【图表向导—4 步骤之 3】中输入标题、坐标轴等内容，单击【下一步】。

第四步：在【图表向导—4 步骤之 4】选择图表输出位置，单击【完成】。

（三）利用直方图功能制作频数（频率）分布图

对于数值型数据的频数（频率）分布，可以利用 Excel 直方图工具制作频数分布表和直方图。以本章第四节例 3-9 中 2012 年全国各地区旅游景区营业收入数据（表 3.19），编制频数分布表并绘制直方图，具体操作如下：

第一步：在 Excel 表格内输入需要分组的数据。另起一列，输入每一组的上限值。注意：在 Excel 中，每一组内的观测值大于下组限而小于等于上组限，这与一般"上组限不在内"的习惯不同，可根据实际做适当调整。

第二步：选择【数据】—【数据分析】—【直方图】—【确定】，打开直方图对话框。

第三步：在【输入区域】中输入数据区域，在【接受区域】输入组限区域。如果所输入数据包含变量名字段，则需勾选【标志】选项。

第四步：在【输出区域】选择输出位置；在其他输出选项中有【柏拉图】、【累计百分率】和【图表输出】三个选项，本例勾选【图表输出】选项。单击【确定】，输出直方图。

注意：这时输出的图形实际上是一个条形图，而不是直方图，若要把它变成直方图，则需用鼠标双击任一柱形或右键选择【设置数据系列格式】，在【系列选项】下，将"分类间距"调整为 0，这时的图形则是直方图（图 3.18）。Excel 2003 的操作过程与此基本相同。

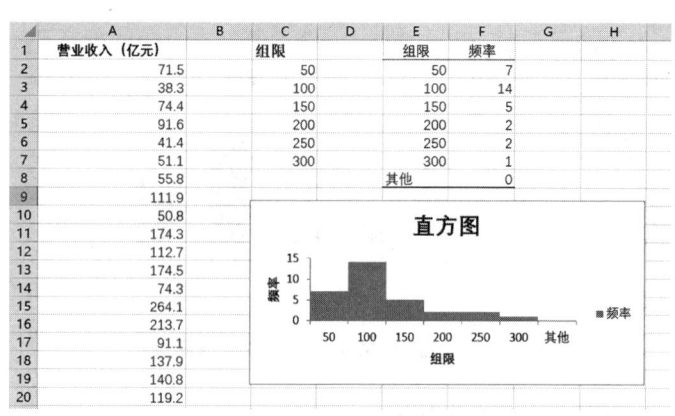

图 3.18　景区营业收入直方图输出

二、利用 Excel 图表功能绘制其他统计图

前面介绍了利用数据透视表、直方图等功能绘制频数分布图表的方法，下面再介绍利用图表功能绘制线图和散点图的方法。

（一）线图（折线图、曲线图）

以例 3-16 中 1994—2014 年我国城镇居民和农村居民国内旅游人均花费情况统计数据（表 3.27）绘制我国城镇居民和农村居民国内旅游人均花费的时间序列图。具体操作如下：

第一步：选择用于生成图表的数据区域。这里选择城镇居民旅游人均花费和农村居民旅游人均花费数据区域。

第二步：选择【插入】—【图表】—【插入折线图或面积图】—【带标记的折线图】，输出带标记的折线图。

第三步：利用图形工具进行编辑。在【图形工具】—【设计】选项卡下【数据】选项组中，单击【数据选择】命令，打开选择数据对话框，在水平（分类）轴标签下点击【编辑】，在【轴标签区域】输入年份数据区域（不含字段名），单击【确定】，返回选择数据对话框，单击【确定】完成分类轴编辑。

在【设计】选项卡下【图表布局】选项组中，单击【添加图表元素】命令，在下拉菜单中，选择【轴标题】—【主要纵坐标轴】，添加纵坐标标题"亿元"；选择【图表标题】—【无】，删除图标题（以上编辑操作可以利用快捷工具。单击第二步得到的图形，在右上角出现图表元素、图表样式、图表筛选器 3 个快捷图标，点击快捷图标后可完成相关操作）。编辑后的图形如图 3.19 所示。

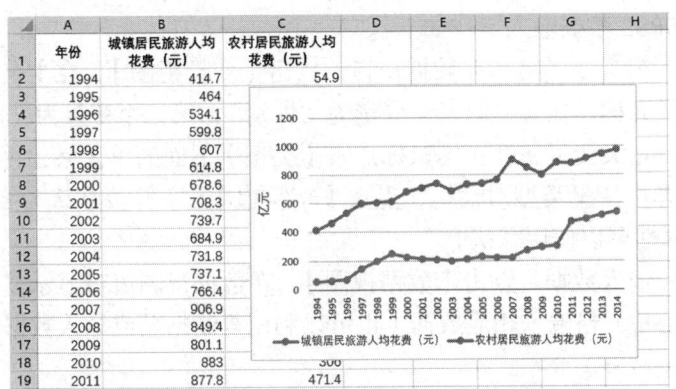

图 3.19　城镇和农村居民国内旅游人均花费线图输出

（二）散点图

以【例 3-17】中 1995—2012 年我国城镇居民国内旅游人均花费和城镇居民人均可支配收入数据（表 3.28）绘制散点图以考察人均旅游花费与人均可支配收入两变量之间的关系。具体操作如下：

第一步：选择人均旅游花费与人均可支配收入两变量的数据区域。

第二步：选择【插入】—【图表】—【插入散点图或气泡图】—【散点图】，输出散点图（通过图表元素快捷图标中的趋势线功能可绘制趋势线）如图 3.20 所示。

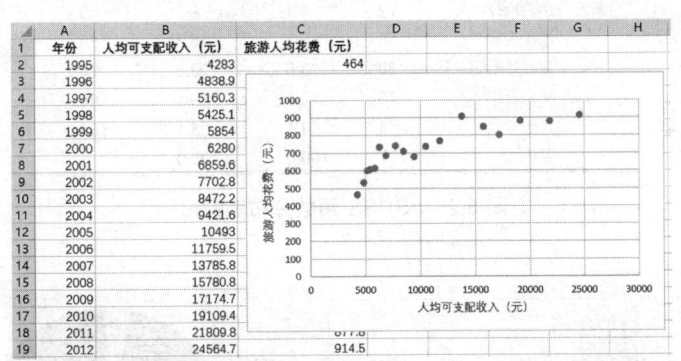

图 3.20　城镇居民人均可支配收入和旅游人均花费关系散点图输出

三、利用 SPSS 进行数据汇总

（一）属性数据汇总

1. 数据输入

以第四节例 3-5 的调查数据为例，绘制游客性别与出游方式的频数（频率分布图表。SPSS 数据输入操作如下：

第一步：定义变量名。在数据窗口，点击【变量视图】，在【名称】下的单元格输入变量名称，比如，第一个变量为"性别"，第二个变量为"出游类型"。

第二步：定义变量属性：用鼠标点击【类型】下面的单元格，再用鼠标点击单元格右侧弹出变量类型对话框，点选【字符串】，字符数默认为8，单击【确定】。其他属性可以使用默认。

第三步：输入数据。点击【数据视图】，在数据视图窗口显示变量名，在变量名称下面的单元格输入相应数据（也可以利用复制粘贴或导入数据的方式）。

2. 频数（频率）分布

以例 3-5 数据为例，操作步骤如下：

第一步：在【分析】下拉菜单，选择【描述统计】—【频率】命令，打开频率对话框。

第二步：在频率对话框，将"出游类型"变量选入右边的变量框内。

第三步：单击【图表】，打开图表对话框。在【图表类型】选项下点选【饼图】或【条形图】，图表值采用默认。点击【继续】返回频率对话框。单击【确定】，输出结果如图 3.21、图 3.22 所示。

出游类型

		频数	百分比	有效百分比	累积百分比
有效	单独旅行	12	9.4	9.4	9.4
	结伴旅行	58	45.7	45.7	55.1
	旅行社组团	30	23.6	23.6	78.7
	单位组织	23	18.1	18.1	96.9
	其他方式	4	3.1	3.1	100.0
	合计	127	100.0	100.0	

图 3.21　SPSS 频数分布表输出

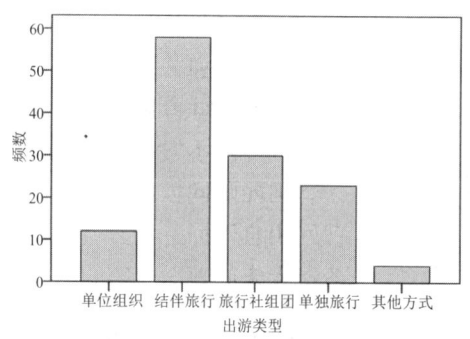
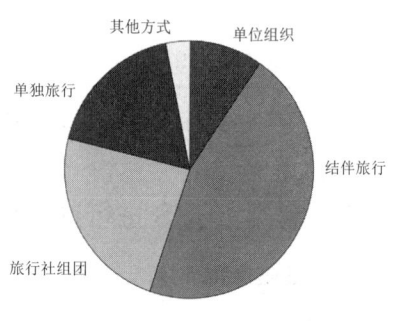

图 3.22　SPSS 频数分布图输出

提示：双击 SPSS 输出的图表，可以进一步编辑。例如，将出游类型由字母改为文字形式，将软件翻译错误的术语"频率"修改为"频数"，以及字体字号、颜色等都可以根据需要进行编辑调整。图 3.21 和图 3.22 在保持原风格基础上进行了编辑调整。

如果绘制帕累托图，选择【分析】—【质量控制】—【帕累托图】。

3. 交叉频数（频率）分布

以例 3-5 数据为例，操作步骤如下：

第一步：在【分析】下拉菜单，选择【描述统计】—【交叉表】命令，打开交叉表对话框。

第二步：在交叉表对话框，将"出游类型"变量选入右边的【行】变量框内；将"性别"变量选入右边的【列】变量框内。

第三步：单击【单元格】，打开图表对话框。在【计数】选项下默认【观察值】；在【百分比】选项下选择【行】，单击【继续】，返回交叉表对话框。单击【确定】，输出结果如图 3.23 所示。

出游类型 * 性别 交叉制表

			性别		合计
			男	女	
出游类型	单独旅行	计数	7	5	12
		出游类型 中的 %	58.3%	41.7%	100.0%
	结伴旅行	计数	26	32	58
		出游类型 中的 %	44.8%	55.2%	100.0%
	旅行社组团	计数	9	21	30
		出游类型 中的 %	30.0%	70.0%	100.0%
	单位组织	计数	12	11	23
		出游类型 中的 %	52.2%	47.8%	100.0%
	其他方式	计数	4	0	4
		出游类型 中的 %	100.0%	0.0%	100.0%
合计		计数	58	69	127
		出游类型 中的 %	45.7%	54.3%	100.0%

图 3.23 SPSS 交叉频数分布输出

3. 多选题频数（频率）分析

第一步：定义变量。多选题数据编码的常用方法是多重二分法，其方法为：将一个多选题的每一个选项都定义为一个变量，有几个选项就定义几个变量。例如，一个多选题 S7 共有 5 个选择答案，那么就可以定义 5 个变量，即分别为 S7_1、S7_2、S7_3、S7_4、S7_5。变量取值规则为：若该项选中则取值为 1，若未选中则取值为 0。

第二步：录入数据。将定义的变量和取值录入数据表（可以直接从 Excel

导入）。

第三步：定义多重响应集。其操作步骤为：

选择【分析】—【多重响应】—【定义变量集】，打开定义多重响应集对话框。先设置定义，即将某一多选题所有选项变量从左侧的变量框中放入右侧的【集合中的变量】列表框内。之后进行变量编码，选择【二分法】，在【计数值】框中输入表示选中的变量值，例如用选中取值为1，就在框中输入1。下一步设置多重响应集的名称，在下面的【名称】框中输入变量名称，例如S7；在【标签】框中可以为多重响应集定义一个名称标签。最后，单击【添加】将设置好的多重响应集加入到右侧的【多重响应集合】框中。单击【关闭】，完成多重响应集定义。

在SPSS中，还可以通过分析菜单中的表模块来定义多重响应集，方法类似。

第四步，频数（频率）分析。选择【分析】—【多重响应】—【频率】，打开多重响应频率对话框。将所定义的变量集选入右侧的【表格】变量框，点击【确定】。

第五步：多选题交叉分析。选择【分析】—【多重响应】—【交叉表】，打开多重响应交叉表对话框。分别将多重响应集选入【行】与【列】。如果计算频率，则点击【选项】按钮，打开选项对话框，在【单元格百分比】下可选择【行】、【列】或【总计】；在【百分比基于】下默认为【个案】（应答人数百分比），如果需要计算应答人数百分比，则应选择【响应】。单击【继续】返回主对话框。单击【确定】，输出结果。

（二）数值型数据分组汇总

利用SPSS以例3-9中2012年全国各地区旅游景区营业收入数据（表3.19），编制频数分布表并绘制直方图，操作步骤如下：

第一步：在【转换】下拉菜单，选择【可视离散化】，打开可视离散化对话框。将"景区营业收入"变量选入右边的【要离散的变量】框内，单击【继续】。

第二步：在新打开的可视离散化对话框（图3.24），在【离散的变量】的【名称】栏输入"景区收入分组"；在【网格】的【值】区域输入分组的上组限值，此处分别输入50，100，150，200，250，300；在【上端点】下选择【排除】；单击【生成分割点】，打开生成分割点对话框，默认【等宽度间隔】，在【第一分割点位置】输入50，在【分割点数量】输入6，【宽度】输入50。单击【应用】后返回；单击【生成标签】，在【标签】区域显示分组情况。

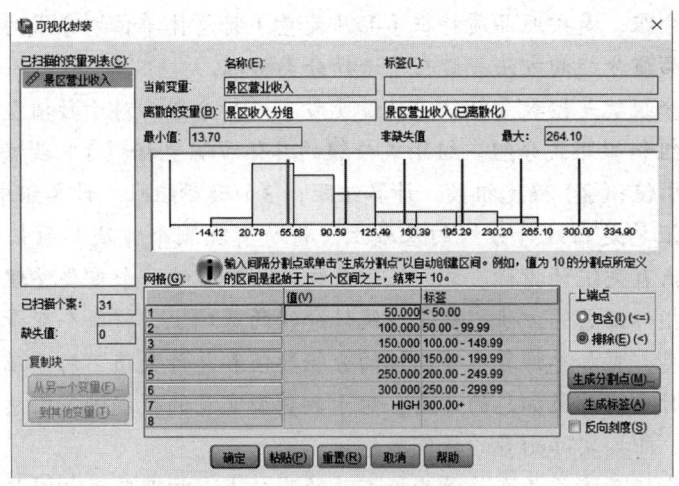

图 3.24　SPSS 可视离散化对话框

第三步：单击【确定】，在数据视图窗口显示"景区收入分组"变量。

第四步：选择【分析】—【描述统计】—【频率】，打开频率对话框，将"景区收入分组"变量选入右边的【变量】框内，单击【图表】—【直方图】—【继续】—【确定】，输出分组表和直方图（图 2.25）。

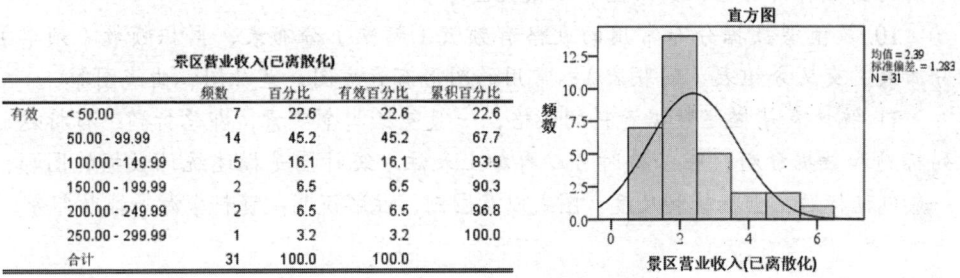

图 3.25　SPSS 分组表和直方图输出

本章小结

1. 数据预处理是对数据分类或分组整理之前所做的必要的处理，包括数据的审核、编码、筛选、排序等内容。

2. 统计分组也称统计分类，是根据统计研究目的和数据资料的特点，按照穷尽与互斥的原则，将总体单位按照一定的特征（某个变量）划分为若干个类别的一种统计方法。统计分组根据分组特征的不同，分为品质分组和数量分组两种类型。

3. 品质分组,是按照品质特征(品质变量)将总体单位划分成为若干性质不同的类别。品质分组的方法关键在于选择分类标准。

4. 数量分组就是按数量特征(数量变量)进行分组。对于数值型数据,可进行单项式分组和组距式分组。组距式分组的具体步骤包括:(1)数据排序,找出最大值与最小值;(2)确定组数,计算组距;(3)确定组限,计算组中值。

5. 统计汇总是在统计分组的基础上,将所有观测个体及其原始数据进行归类,并计算出有关统计指标。统计汇总是统计分组后的一个重要整理步骤。

6. 总量指标汇总的方法,就是在统计分组的基础上,将每个变量的所有观测数据按组归类,再加总计算各项指标的分组数值和总计数值。对于属性变量的数据进行汇总时采用计数加总的方法,对于数量型变量的数据进行汇总时采用计量加总的方法,即按实际测量的数值加总。

7. 相对指标的汇总是在总量指标汇总的基础上,按照某类相对指标的计算方法,逐一计算出各项相对指标的分组数值和总计数值。

8. 频数分布是在统计分组的基础上,将总体中所有的单位(个体)按照分组类别进行归类排列所形成的次数分布,它描述了总体即所研究变量的分布状况。频数分布可以用频数分布表和分布图来显示。

9. 属性数据分布常用的表格有频数(频率)分布表、交叉分组表(列联表);常用的图形有条形图、饼形图、帕累托图等。

10. 数值型数据分布常用的表格有频数(频率)分布表、累积频数(频率)分布表、交叉分组表(列联表);常用的图形有直方图、茎叶图、曲线图等。

11. 统计表是描述数据资料的表格,一般包括四个要素,即总标题、行标题、列标题和数据资料,在必要时可以再加上表注。统计图是描述统计数据的图形,一般包括标题、坐标轴和尺度、图式以及图例、注解说明、资料来源等辅助部分。

关键术语

统计分组	单项式分组	组距式分组	组中值
统计汇总	频数	频率	频数分布
累积频数分布	频率分布	累积频率分布	统计表
列联表	统计图	条形图	饼形图
帕累托图	直方图	茎叶图	曲线图
散点图			

思考与练习

一、思考题

1. 数据预处理主要包括哪些内容?
2. 统计分组的原则是什么?数量分组的方法有哪些?
3. 什么是统计汇总?总量指标与平均指标如何汇总?
4. 相对指标主要有哪几类?在计算和应用相对指标时应该遵循哪些原则?
5. 什么是频数分布?描述属性数据的频数分布主要使用哪些表格与图形?描述数值型数据的频数分布主要使用哪些表格与图形?
6. 统计表的结构包括哪些要素?统计表按照分组类型可分为哪几类?按照分组方向可分为哪几类?统计表有哪些设计规范?
7. 统计图的结构包括哪些要素?常用的统计图有哪些?设计统计图应注意哪些使用规范?

二、选择题

1. 将总体单位按照一定的特征(某个变量)划分为若干个类别的统计方法称为(　　)。

   A. 统计汇总　　　B. 统计分组　　　C. 统计分布　　　D. 统计描述

2. (　　)是计算其他指标的基础。

   A. 平均指标　　　B. 变异指标　　　C. 相对指标　　　D. 总量指标

3. 在统计分组的基础上,将总体中所有的单位(个体)按照分组类别进行归类排列所形成的次数分布,称为(　　)。

   A. 频率分布　　　　　　　　　　B. 累积频率分布
   C. 频数分布　　　　　　　　　　D. 累积频数分布

4. 直方图适合描述(　　)的频数分布。

   A. 分类数据　　　B. 数值型数据　　C. 顺序数据　　　D. 属性数据

三、软件操作

1. 利用 Excel 数据透视表功能,按照例 3-2 的要求对表 3.6 的数据进行分类汇总。
2. 利用 Excel 和 SPSS 软件,按照例 3-5 和例 3-6 的要求对表 3.11 的数据绘制频数分布表和交叉频数分布表。
3. 利用 Excel 和 SPSS 软件,按照例 3-9 的要求,以表 3.19 的数据编制频数分布表并绘制直方图。

四、计算分析题

1. 为了解游客对旅游线路选择的偏好,对 200 名游客进行调查。调查结果如表 3.29 所示。要求:(1)绘制游客对旅游线路选择的频数分布柱形图。(2)计算游客选择各旅游线路的比例,并绘制帕累托图。

表 3.29 游客对旅游线路选择的结果

旅游线路	频数
线路 1	32
线路 2	86
线路 3	40
线路 4	25
线路 5	17
合计	200

2.《2017 年第三季度全国星级饭店统计公报》显示 2017 年第三季度,共有 10065 家星级饭店通过省级旅游主管部门审核,包括一星级饭店 72 家、二星级饭店 1839 家、三星级饭店 4908 家、四星级饭店 2425 家、五星级饭店 821 家。据此,计算各类星级饭店的比例,并绘制星级饭店数量结构饼形图。

3. 2017 年第三季度全国 50 个重点旅游城市星级饭店经营情况如表 3.30 所示。

表 3.30 2017 年第三季度全国 50 个重点旅游城市星级饭店经营情况

地区	数量(家)	营业收入(亿元)	地区	数量(家)	营业收入(亿元)	地区	数量(家)	营业收入(亿元)
北京	416	70.86	合肥	51	4.14	东莞	36	3.71
天津	83	6.51	黄山	38	2.02	南宁	44	2.13
石家庄	57	4.1	福州	41	3.98	桂林	50	2.03
秦皇岛	43	1.79	厦门	66	7.36	海口	37	2.1
太原	50	2.75	泉州	77	4.53	三亚	37	5.8
呼和浩特	28	2.54	南昌	41	2.14	重庆	192	8.7
沈阳	60	4.31	济南	60	4.55	成都	94	8.4
大连	107	7.34	青岛	98	8.99	贵阳	48	3.63
长春	59	2.87	郑州	27	1.78	昆明	69	3.4
哈尔滨	63	3.25	洛阳	53	2.04	丽江	47	1.01
上海	222	49.23	武汉	73	6.6	拉萨	47	1.79

续表

地区	数量(家)	营业收入（亿元）	地区	数量(家)	营业收入（亿元）	地区	数量(家)	营业收入（亿元）
南京	80	10.89	宜昌	43	1.81	西安	57	5.55
无锡	41	4.16	长沙	56	5.54	兰州	35	2.13
苏州	88	8.27	张家界	27	0.77	西宁	80	2.1
杭州	145	14.51	广州	166	19.16	银川	40	1.12
宁波	106	7.44	深圳	112	14.74	乌鲁木齐	54	4.5

资料来源：文化与旅游部网站，http://www.cnta.gov.cn/zwgk/lysj/201801/t20180117_853798.shtml。

要求：

（1）对星级饭店数量和营业收入进行排序、分组，编制频数分布表。

（2）根据分布表绘制星级饭店数量和营业收入分布的直方图。

（3）对星级饭店数量和营业收入的分布情况做简要分析。

4.一项旅游调查后，对调查数据进行汇总得到游客年龄与出游方式的交叉频数分布如表3.31所示。

表3.31 游客年龄与出游方式交叉频数分布表

出游方式	24岁及以下	25~34岁	35~44岁	45~59岁	60岁及以上	总计
单独旅行	9	4	6	1	1	21
结伴旅行	28	27	11	0	1	67
旅行社组团	11	17	22	4	0	54
单位组织	7	8	4	3	2	24
其他	7	3	7	1	0	18
总计	62	59	50	9	4	184

要求：

（1）编制显示列百分数的交叉分组表。

（2）编制显示行百分数的交叉分组表。

（3）对出游方式与游客年龄的关系做简要分析。

五、实践题

对第二章的自选调查课题问卷数据进行分组（类）汇总，利用Excel或SPSS软件，绘制分布表和分布图，初步分析数据的分布情况。

第四章

数据分布特征的描述

> 【学习目标】
> 1. 理解平均指标的含义。
> 2. 掌握平均指标的计算方法和应用。
> 3. 理解离散指标的含义。
> 4. 掌握离散指标的计算方法和应用。
> 5. 了解偏度与峰度的含义及计算方法。

上一章讲述了统计分组整理、总量指标和相对指标的汇总及其频数分布的图表显示。总量指标和相对指标表现了总体的规模、结构和对比关系。这一章进一步讨论变量分布的一般水平及变动趋势,目的是让读者更全面、更深入地把握总体的分布特征。本章第一节主要介绍数据集中趋势的指标及度量方法,第二节主要介绍数据离散程度的指标及度量方法,第三节介绍数据分布形状的指标和度量方法,最后在第四节介绍计算描述统计量的软件操作。

第一节 数据集中趋势的度量

一、集中趋势及其测度指标

集中趋势(central tendency)是一组数据观测值向中心值靠拢的倾向,反映了变量分布中心点的位置。对于绝大多数变量来讲,总是接近中心值的观测值居多,远离中心值的数值较少,使变量分布呈现出向中心值靠拢的趋势。

变量分布的集中趋势要用平均指标来反映。所谓平均指标就是将变量的数值差异抽象化，以反映变量值一般水平或平均水平的指标。平均指标主要有众数、中位数和平均数等。

平均指标的应用很广泛，其作用主要体现在以下几个方面：

（1）反映变量分布的一般水平。比如，要了解某城市居民的收入水平，就可以通过平均收入指标来了解该城市居民的收入基本状况。再比如，用过夜游客平均停留天数指标就可以用来度量来某城市旅游的游客停留时间的一般水平。

（2）利用平均指标可以对某一现象不同时间或空间的发展水平进行比较，以消除因总体规模不同不能直接比较的因素，使不同规模的总体水平具有可比性。利用平均指标可以在一定程度上使偶然因素的影响相互抵消，这样用以比较现象在不同总体之间的水平差异或说明现象发展变化的趋势和规律性就更具有说服力。例如，比较不同时期或不同地区之间的收入水平时，使用平均收入指标显然比使用总收入指标更具有可比性。

（3）利用平均指标可以分析现象之间的依存关系或进行数量上的推算。平均指标在统计推断中具有重要的应用。

二、众数

（一）众数的含义与计算

众数（mode）是变量的一组观测值中出现次数最多的观测值，用 M_0 表示。在正态分布和一般的偏态分布中，分布的最高峰点所对应的数值就是众数。众数可以用来度量属性数据（分类数据和顺序数据）与数值型数据的集中趋势，是测度数据一般水平的指标之一。

确定众数的方法一般是先对数据进行分组（或分类），之后再根据组频数大小确定众数。对于属性数据，可以通过观察每一类别的频数来确定众数。

【例4-1】2011年入境旅游人数统计如表4.1所示，据此确定旅游类型的众数。

表4.1　2011年入境外国游客人数统计

旅游类型	游客人数（万人次）	旅游类型	游客人数（万人次）
会议/商务	632.64	服务员工	269.39
观光休闲	1221.82	其他	576.85
探亲访友	10.99	合计	2711.19

注：数据来源于中国旅游统计年鉴（2012）。

解：变量"旅游类型"属于分类变量，不同的类型就是变量值。在各类型中，观光休闲的人数最多，因此，众数就是"观光休闲"这一类型。

从表4.1数据我们可以计算出观光休闲占旅游总人数的45.07%，因此可以用观光休闲作为旅游类型集中趋势的代表。

对于未分组的数值型数据，如果数据量比较小，可以通过排序或单项式分组的方法来确定众数。

【例4-2】在旅游管理专业旅游统计学考试后，从中随机抽取16人的考试成绩为：67，71，83，89，79，76，91，83，83，85，85，76，83，79，83，79。据此计算考试成绩的众数。

解：对考试成绩进行单项式分组形成频数分布如表4.2所示。在考试成绩中出现频数最高的是83，因此，众数M_0=83。

表4.2 考试成绩单项式数列

成绩（分）	人数（个）	成绩（分）	人数（个）	成绩（分）	人数（个）
67	1	79	3	89	1
71	1	83	5	91	1
76	2	85	2	合计	16

有时我们获取的是组距式分组数据，这时则需要先确定众数所在的组，之后利用公式近似求得众数。频数最大的组即众数所在的组，也称众数组。设第 i 组为众数组，与之相邻的组分别是第 $i-1$ 组和第 $i+1$ 组。根据变量的频数分布，如果第 $i-1$ 组的频数等于第 $i+1$ 组的频数，则众数将等于众数组的组中值；如果第 $i-1$ 组的频数大于第 $i+1$ 组的频数，则众数将小于众数组的组中值；如果第 $i-1$ 组的频数小于第 $i+1$ 组的频数，则众数将大于众数组的组中值。据此，按照众数组与其前或后相邻组频数之差占两个差数之和的比重来推算众数值，其计算公式为：

$$M_o = L_i + \frac{f_i - f_{i-1}}{(f_i - f_{i-1}) + (f_i - f_{i+1})} \times d_i \quad (4.1)$$

或

$$M_o = U_i - \frac{f_i - f_{i+1}}{(f_i - f_{i-1}) + (f_i - f_{i+1})} \times d_i \quad (4.2)$$

式中，M_0 为众数；L_i 为众数组的下组限，U_i 为众数组的上组限；d_i 为众数组的组距；f_i 为众数组的频数，f_{i-1} 为第 $i-1$ 组的频数，f_{i+1} 为第 $i+1$ 组的频数。式（4.1）为下限公式，式（4.2）为上限公式。

【例 4-3】 对 325 名游客月收入调查数据如表 4.3 所示,据此计算游客月收入的众数。

表 4.3 游客月收入分组数据

游客月收入（元）	人数（频数 f）
1000 以下	42
1000~3000	51
3000~5000	63
5000~7000	89
7000~9000	46
9000 以上	34
合计	325

解：从表 4.3 可以看出,众数组为第 4 组。由此可知,L_4=5000,d_4=7000-5000=2000,f_4=89,f_{4-1}=63,f_{4+1}=46。根据式（4.1）得

$$M_o = L_i + \frac{f_i - f_{i-1}}{(f_i - f_{i-1}) + (f_i - f_{i+1})} \times d_i$$

$$= 5000 + \frac{89 - 63}{(89 - 63) + (89 - 46)} \times 2000$$

$$= 5753.62(元)$$

因此,旅游者月收入的众数为 5753.62 元。

例 4-3 使用的是下限公式,也可以使用上限公式,计算结果相同。

（二）众数的特点

在使用众数指标时,应注意众数的如下特点：

（1）众数不受数据中极端值的影响,作为一个位置代表值,具有稳健性。

（2）具有较广的应用面,既可用于属性数据,也可用于数值型数据。

（3）众数不唯一,也即一组数据可能只有一个众数,也可能具有两个及以上的众数,有时则没有众数。

（4）众数只有在总频数充分大,并且某一组的频数明显高于其他组时才有意义。

三、中位数

（一）中位数的含义

中位数（median）是变量的一组观测值排序后处于中间位次上的观测值,用

M_e 表示。由于中位数居于数列的中间位置，一般情况下会有一半数值小于等于中位数，一半数值大于等于中位数，因此它可以作为变量值一般水平的度量指标。

中位数适用于度量顺序数据的集中趋势，也可以用于测量数值型数据的集中趋势，但不适用于分类数据。

（二）中位数的计算

1. 数值型数据中位数的计算

（1）未分组数据计算中位数

对于未分组的数据，计算中位数的方法如下：

首先，将数据按升序排列：$x_{(1)}, x_{(2)}, \cdots, x_{(n)}$。

其次，确定中位数的位次 i。设一组数据观测值个数为 n，则中位数位次 i 的计算公式为：

$$i = \frac{n+1}{2} \quad (4.3)$$

再次，计算中位数。其计算公式为：

$$M_e = x_{(n+1)/2} \quad （n为奇数） \quad (4.4)$$

$$M_e = \frac{1}{2}(x_{n/2} + x_{(n/2)+1}) \quad （n为偶数） \quad (4.5)$$

如果数值个数为奇数，中位数就是中间位次对应的值；如果数值个数为偶数，中位数就是中间两个数值的平均数。

【例4-4】 在第三章第四节我们对2012年全国31个地区旅游景区营业收入数据的分布进行了图表描述，现在对31个地区旅游景区营业收入数据进行排序如表4.4所示，试根据景区营业收入排序数据计算中位数。

解： 本例为已经排序的数据，数据观测值个数 n 为31。因此，中位数的位次为：

$i = (n+1)/2 = (31+1)/2 = 16$

从表4.4可知，位次16对应的数值为74.4亿元，所以中位数 M_e=74.4亿元，即旅游景区营业收入的中位数为74.4亿元。

表4.4 2012年全国各地区旅游景区营业收入排序

序号	地区	营业收入（亿元）	序号	地区	营业收入（亿元）	序号	地区	营业收入（亿元）
1	云南	13.7	12	吉林	55.8	23	浙江	112.7

续表

序号	地区	营业收入（亿元）	序号	地区	营业收入（亿元）	序号	地区	营业收入（亿元）
2	青海	30.7	13	陕西	70.3	24	广东	119.2
3	西藏	31.6	14	北京	71.5	25	湖北	137.9
4	宁夏	33.3	15	福建	74.3	26	湖南	140.8
5	天津	38.3	16	河北	74.4	27	江苏	174.3
6	内蒙古	41.4	17	重庆	79.4	28	安徽	174.5
7	海南	45.6	18	贵州	84.2	29	山东	213.7
8	上海	50.8	19	新疆	89.3	30	四川	224.9
9	辽宁	51.1	20	河南	91.1	31	江西	264.1
10	广西	52.5	21	山西	91.6			
11	甘肃	54.1	22	黑龙江	111.9			

资料来源：中国旅游年鉴（2013）。

（2）分组数据计算中位数

对于单项式分组数据计算中位数，首先，确定中位数的位置，其公式与式（4.3）相同；其次，根据各组累计频数确定中位数所在的组，中位数组的观测值就是中位数。

例如，对例4-2的考试成绩数据进行单项式分组并计算累计频数（表4.5），中位数位次为8.5，从向上累积频数看，中位数是累计频数为12对应的这一组的变量值83；从向下累积频数看，中位数是累计频数为9对应的这一组的变量值83。

表4.5 考试成绩频数及累计频数

成绩（分）	人数（人）	向上累计频数	向下累计频数
67	1	1	16
71	1	2	15
76	2	4	14
79	3	7	12
83	5	12	9

续表

成绩（分）	人数（人）	向上累计频数	向下累计频数
85	2	14	4
89	1	15	2
91	1	16	1

对于组距式分组数据，计算中位数的方法与单项式分组数据计算中位数的方法类似。首先，计算中位数的位次，为了计算方便，一般采用 $n/2$ 计算中位数的位次；其次，根据各组累计频数确定中位数所在的组；再次，在中位数所在组内，根据中位点与下组限或上组限之间的频数占组内频数的比重推算出中位数。设中位数在第 i 组，则中位数的计算公式为：

$$M_e = L_i + \frac{n/2 - F_{i-1}}{f_i} \times d_i \quad (4.6)$$

或

$$M_e = U_i - \frac{n/2 - F_{i+1}}{f_i} \times d_i \quad (4.7)$$

式中，M_e 为中位数；L_i 为中位数组的下组限，U_i 为中位数组的上组限；d_i 为中位数组的组距；f_i 为中位数组的频数；F_{i-1} 为中位数所在组以前各组的累积频数（向上累积），F_{i+1} 为中位数所在组以后各组的累积频数（向下累积）。式（4.6）为下限公式，式（4.7）为上限公式。

【例 4-5】 根据例 4-3 中旅游者月收入调查数据（表4.3），计算旅游者月收入的中位数。

解： 首先，计算中位数的位次。由于 $n/2=325/2=162.5$，所以中位数的位次为 162.5。

其次，对旅游者月收入各组频数进行向上累计和向下累计，得到旅游者月收入累积频数分布（表 4.6）。从向上累积频数看，由于 156<162.5<245，所以中位数应在第四组。

表 4.6 旅游者月收入累积频数分布表

旅游者月收入（元）	人数（频数 f）	向上累积频数（F）	向下累积频数（F）
1000 以下	42	42	325
1000~3000	51	93	283
3000~5000	63	156	232

续表

旅游者月收入（元）	人数（频数f）	向上累积频数（F）	向下累积频数（F）
5000~7000	89	245	169
7000~9000	46	291	80
9000 以上	34	325	34
合 计	325	—	—

最后，计算中位数。由表4.3可知，$n=325$，$L_i=5000$，$d_i=7000-5000=2000$，$f_i=89$，$F_{i-1}=156$，代入式（4.6）得

$$M_e = L_i + \frac{n/2 - F_{i-1}}{f_i} \times d_i$$

$$= 5000 + \frac{325/2 - 156}{89} \times 2000$$

$$= 5146.07(元)$$

因此，旅游者月收入的中位数为 5146.07 元。

本题也可以采用上限公式计算中位数，两种方法计算结果相同。

2. 顺序型数据中位数的确定

对于顺序型数据，首先确定中位数的位次，其方法与确定数值型数据中位数位次的方法相同；其次，根据累计频数确定中位数所在的组（类），中位数的值即所在组（类）的取值。

【例4-6】2011年全国各省市自治区直辖市旅游景区数量汇总如表4.7所示，据此计算景区类型的中位数。

表 4.7 中国2011年各地区旅游景区数

景区类型	景区数量（家）	景区类型	景区数量（家）
A	128	4A	1814
2A	1661	5A	130
3A	1840	合计	5573

资料来源：中国旅游统计年鉴（2012）。

解：首先，计算中位数的位次：

$i = (n+1)/2 = (5573+1)/2 = 2787$

其次，计算旅游景区类型累积频数如表4.8所示。

再次，确定中位数。从表4.8的累积频数分布表中可以看出，中位数在3A

这一类型组中，所以中位数为 3A。

表 4.8　旅游景区类型累积频数

景区类型	频数分布（家）	向上累积频数（家）	向下累积频数（家）
A	128	128	5573
2A	1661	1789	5445
3A	1840	3629	3784
4A	1814	5443	1944
5A	130	5573	130
合计	5573	—	—

（三）中位数的特点

中位数具有如下特点：

（1）中位数将按顺序排列的变量观测值分为两部分，在数据值很少重复的情况下，其中有一半数值小于等于中位数，一半数值大于等于中位数。如果数据大量重复某一数值，这时则不能做这样的解释。

（2）作为一种位置平均数，中位数不受数据中极端值的影响，作为一个位置代表值，具有稳健性。

（3）变量值与中位数之差的绝对值之和最小。这一性质表明中位数与变量值的距离最短。

四、分位数

分位数（quantile）是按升序排列的数据分布等分位点上的值。与中位数类似的有四分位数、十分位数、百分位数等，它们分别是用 3 个点、9 个点和 99 个点将数据 4 等分、10 等分或 100 等分后各分位点上的值。

（一）百分位数

百分位数（percentile）是按升序排列的数据 100 等分后各分位点上的观测值，用 P 表示。第 k 百分位数 P_k 将数据分成两个部分，至少有 $k\%$ 的观测值小于或等于该数；至少有 $(100-k)\%$ 的观测值大于或等于该数。百分位数的计算方法如下：

（1）对数据按升序排列。

（2）计算百分位数所在位次 i。设数据观测值个数为 n，则第 k 百分位数 P_k 的位置计算公式为：

$$i_k = (n+1)\frac{k}{100} \qquad (4.8)$$

（3）计算第 k 百分位数。如果 i 为整数，则第 k 百分位数即为该位次上的观测值；如果 i 为非整数，则第 k 百分位数在上下两个相邻整数位次之间，所以可以将其看作两部分之和：一部分是其整数部分所对应的下侧观测值，另一部分是以非整数部分为权重比例对其两侧相邻观测值差值的分摊。因此，当 i 为非整数，则第 k 百分位数 = 下侧观测值 + 小数值 ×（上侧观测值 − 下侧观测值）。

中位数、四分位数、十分位数（decile）计算的原理与此相同，都可按此方法计算。

（二）四分位数

四分位数（quartile）也称四分位点，是一组数据排序后处于 25% 和 75% 位置上的观测值。四分位数共有 3 个，很显然，处于 50% 位置上的四分位数就是中位数，因此一般所说的四分位数是指处在 25% 位置上的第 1 四分位数（也称下四分位数）和处在 75% 位置上的第 3 四分数（也称上四分位数）。四分位数比中位数提供了更多的分布信息。

对于未分组数据，四分位数的计算方法如下：

（1）对数据的 n 个观测值进行升序排列。

（2）计算位次。设下四分位数为 Q_1，上四分位数为 Q_3，位次计算公式如下：

$$i_1 = \frac{n+1}{4} \qquad (4.9)$$

$$i_3 = \frac{3(n+1)}{4} \qquad (4.10)$$

（3）确定四分位数的值。如果位次是整数，四分位数就是该位置对应的数值；如果位次不是整数，则四分位数 = 下侧观测值 + 小数值 ×（上侧观测值 − 下侧观测值）。

【例 4-7】根据例 4-2 旅游统计学考试成绩样本数据，计算旅游统计学考试成绩的四分位数。

解：首先，将数据按升序排列：67，71，76，76，79，79，79，83，83，83，83，83，85，85，89，91。

其次，计算四分位数位次：

$i_1 = (n+1)/4 = (16+1)/4 = 4.25$

$i_3 = 3(n+1)/4 = 3(16+1)/4 = 12.75$

最后，计算四分位数：

$Q_1 = 76+0.25（79-76）= 76.75$

$Q_3 = 83+0.75（85-83）= 84.5$

因此，旅游统计学考试成绩的上下四分位数分别为 76.75 分和 84.5 分。

如果数据是已分组的数据，则可以运用下面的公式计算四分位数：

$$Q_1 = L_i + \frac{n/4 - F_{i-1}}{f_i} \times d_i \qquad (4.11)$$

$$Q_3 = L_i + \frac{3n/4 - F_{i-1}}{f_i} \times d_i \qquad (4.12)$$

式中，Q_1 为下四分位数，Q_3 为上四分位数；L_i 为分位数所在组的下组限；d_i 为分位数所在组的组距；n 为观测值的个数即各组的总频数，f_i 为分位数所在组的频数；F_{i-1} 为分位数所在组以前各组的累积频数（向上累积）。

【例 4-8】 根据例 4-5 中旅游者月收入分组数据（表4.6），计算旅游者月收入的四分位数。

解：首先，确定分位数的位次。

$i_1 = (n+1)/4 = 326/4 = 81.5$

$i_3 = 3(n+1)/4 = 3 \times 326/4 = 244.5$

由向上累积频数可知，Q_1 在第二组即 1000-3000 元这一组中，Q_3 在第四组即 5000-7000 元这一组中。

其次，计算四分位数。

$$Q_1 = L_i + \frac{n/4 - F_{i-1}}{f_i} \times d_i = 1000 + \frac{325/4 - 42}{51} \times 2000 = 2539.22（元）$$

$$Q_3 = L_i + \frac{3n/4 - F_{i-1}}{f_i} \times d_i = 5000 + \frac{3 \times 325/4 - 156}{89} \times 2000 = 6971.91（元）$$

因此，旅游者月收入的下四分位数为 2539.22 元，上四分位数为 6971.91 元。

五、平均数

（一）算术平均数

算术平均数（arithmetic mean）也称为均值（mean），是变量所有观测值之和与观测值个数的比值。算术平均数是统计中最为常用的用以描述集中趋势的指标，总体平均数用 μ 表示，样本平均数用 $\bar{x}$ 表示。根据掌握的数据形式的不同，可以有不同的计算方法。

1. 简单算术平均数

（1）总体简单算术平均数。简单算术平均数（simple arithmetic mean）是根据未分组数据计算的。设总体观测值为 $x_1, x_2, \cdots, x_N$，则总体均值计算公式为：

$$\mu = \frac{x_1 + x_2 + \cdots + x_N}{N} = \frac{\sum_{i=1}^{N} x_i}{N} \qquad (4.13)$$

【例 4-9】研究者想了解 2012 年全国各地区旅游景区营业收入的平均水平，收集了 2012 年全国 31 个地区旅游景区营业收入数据（见表 4.4）。试计算平均营业收入。

解：根据题意，以全国旅游景区营业收入为研究总体。现在需要计算总体均值，将各地区景区营收入数据代入式（4.13）得

$$\mu = \frac{1}{N}\sum_{i=1}^{N} x_i = \frac{13.7 + 30.7 + \cdots + 264.1}{31} = \frac{2899}{31} = 93.5 \text{（亿元）}$$

即 2012 年全国各地区景区营业收入的均值为 93.5 亿元。

（2）样本简单算术平均数。样本平均数的计算与总体平均数计算方法相同。设一组样本数据为：$x_1, x_2, \cdots, x_n$，则样本均值的计算公式为：

$$\bar{x} = \frac{x_1 + x_2 + \cdots + x_n}{n} = \frac{\sum_{i=1}^{n} x_i}{n} \qquad (4.14)$$

【例 4-10】从矿泉水生产线随机抽取 10 瓶矿泉水作为样本，测得容量分别为：549.3，548.9，550.2，551.8，548.7，549.5，552.4，549，549.1，548.6ml。根据样本数据计算矿泉水平均容量。

解：根据式（4.14），得

$$\bar{x} = \frac{x_1 + x_2 + \cdots + x_n}{n} = \frac{549.3 + 548.9 + \cdots + 548.6}{10} = \frac{5497.5}{10} = 549.75 \text{（ml）}$$

即矿泉水平均每瓶 549.75ml。

2. 加权算术平均数

（1）总体加权算术平均数。根据分组数据可计算加权算术平均数（weighted arithmetic average）。设总体数据分为 k 个组，各组的代表值为 x_i（$i=1, 2, \cdots, k$），各组的频数为 f_i（$i=1, 2, \cdots, k$），总频数即总体容量为 N，则总体加权算术平均数公式为：

$$\mu = \frac{x_1 f_1 + x_2 f_2 + \cdots + x_k f_k}{f_1 + f_2 + \cdots + f_k} = \frac{1}{\sum_{i=1}^{k} f_i} \sum_{i=1}^{k} x_i f_i = \sum_{i=1}^{k} \frac{f_i}{N} x_i \quad (4.15)$$

式中，x_i 在单项式分组中为变量取值；在组距式分组中为组均值，一般用组中值代替。

【例 4-11】 2012 年全国 31 个地区景区营业收入的分组数据如表 4.9 所示，试计算景区营业收入平均数。

表 4.9 各地区景区营业收入分组表

营业收入（亿元）	组中值（x_i）	频数（f_i）
0~50	25	7
50~100	75	14
100~150	125	5
150~200	175	2
200~250	225	2
250~300	275	1
合计	—	31

解： 以频数为权数，根据分组数据计算的加权平均数为：

$$\mu = \frac{x_1 f_1 + x_2 f_2 + \cdots + x_k f_k}{f_1 + f_2 + \cdots + f_k}$$

$$= \frac{25 \times 7 + 75 \times 14 + \cdots + 275 \times 1}{7 + 14 + \cdots + 1} = \frac{2925}{31} = 94.4 \text{（亿元）}$$

本题也可以用频率做权数进行平均：

$$\mu = \sum_{i=1}^{k} \frac{f_i}{N} x_i = 25 \times \frac{7}{31} + 75 \times \frac{14}{31} + \cdots + 275 \times \frac{1}{31} = 94.4 \text{（亿元）}$$

两种方法计算结果相同，即根据分组数据计算的平均数为 94.4 亿元。计算过程如表 4.10 所示。

表 4.10 各地区景区营业收入平均数计算过程

收入分组（亿元）	组中值（x_i）	频数（f_i）	$x_i f_i$	频率（f_i/N）	$x_i f_i / N$
0~50	25	7	175	0.2258	5.6
50~100	75	14	1050	0.4516	33.9

续表

收入分组（亿元）	组中值（x_i）	频数（f_i）	$x_i f_i$	频率（f_i/N）	$x_i f_i/N$
100~150	125	5	625	0.1613	20.2
150~200	175	2	350	0.0645	11.3
200~250	225	2	450	0.0645	14.5
250~300	275	1	275	0.0323	8.9
合计	—	31	2925	1	94.4
平均数	—	—	94.4	—	94.4

注意，利用分组数据计算均值，由于用组中值替代组均值，因此计算结果与未分组数据的计算结果相比会有一定的误差。比如在例 4-9 中根据分组数据计算的均值为 94.4 亿元，而在例 4-7 中根据未分组数据计算的均值为 93.5 亿元，相差 0.9 亿元。

（2）样本加权算术平均数。利用分组数据计算样本加权平均数与计算总体加权平均数的方法相同。设样本数据分为 k 个组，各组的代表值为 x_i（i=1，2，…，k），各组的频数为 f_i（i=1，2，…，k），总频数即样本容量为 n，则样本加权算术平均数公式为：

$$\bar{x} = \frac{x_1 f_1 + x_2 f_2 + \cdots + x_k f_k}{f_1 + f_2 + \cdots + f_k} = \frac{1}{\sum_{i=1}^{k} f_i} \sum_{i=1}^{k} x_i f_i = \sum_{i=1}^{k} \frac{f_i}{n} x_i \quad (4.16)$$

式中，x_i 在单项式分组中为变量取值；在组距式分组中为组均值，一般用组中值代替。

【例 4-12】根据例 4-2 中考试成绩单项式分组数据（表 4.2），计算考试成绩的平均数。

解：由表 4.2 可知，分组数据总频数为 16。由于是单项式分组数据，因此组中值既是变量值。由式（4.16）得：

$$\bar{x} = \frac{x_1 f_1 + x_2 f_2 + \cdots + x_k f_k}{f_1 + f_2 + \cdots + f_k} = \frac{67 \times 1 + 71 \times 1 + 76 \times 2 + \cdots + 91 \times 1}{1 + 1 + 2 + \cdots + 1} = \frac{1292}{16} = 80.75（分）$$

或者 $\bar{x} = \sum_{i=1}^{k} \frac{f_i}{n} x_i = 67 \times \frac{1}{16} + 71 \times \frac{1}{16} + 76 \times \frac{2}{16} + \cdots + 91 \times \frac{1}{16} = 80.75（分）$

即根据分组数据计算的平均数为 80.75 分。计算过程如表 4.11 所示。

表 4.11 考试成绩平均数计算过程

成绩(x_i)	频数(f_i)	$x_i f_i$	频率(f_i/n)	$x_i f_i/n$
67	1	67	0.0625	4.2
71	1	71	0.0625	4.4
76	2	152	0.1250	9.5
79	3	237	0.1875	14.8
83	5	415	0.3125	25.9
85	2	170	0.1250	10.6
89	1	89	0.0625	5.6
91	1	91	0.0625	5.7
合计	16	1292	1	80.75
平均数	—	80.75	—	80.75

3. 算术平均数的数学性质

（1）变量各观测值与算术平均数的离差之和等于0，即

$$\sum_{i=1}^{n}(x_i - \bar{x}) = 0 \qquad (4.17)$$

这一性质表明，算术平均数是一组数据的重心所在，是数据误差相互抵消后的必然结果。

（2）算术平均数与变量观测值个数的乘积等于各观测值的总和。

$$n\bar{x} = \sum_{i=1}^{n} x_i \qquad (4.18)$$

（3）各变量值与算术平均数的离差平方和为最小，即

$$\sum_{i=1}^{n}(x_i - \bar{x})^2 = \min \qquad (4.19)$$

这一性质表明，以算术平均数为中心所计算的离差平方和小于以其他任一变量值（x_0）为中心所计算的离差平方和，即

$$\sum_{i=1}^{n}(x_i - \bar{x})^2 < \sum_{i=1}^{n}(x_i - x_0)^2 \qquad (4.20)$$

4. 算术平均数的特点

（1）算术平均数具有优良的数学性质，在统计推断中得到广泛的应用。

（2）具有良好的代数运算功能，即分组算术平均数的加权算术平均数等于总体算术平均数。与其他平均数相比，算术平均数得到更为广泛的应用。

（3）与众数、中位数相比，算术平均数易受极端值的影响。

（二）几何平均数

几何平均数（geometric mean）是变量 n 个观测值连乘积的 n 次方根，用字母 G 表示。几何平均数主要用于计算平均比率或平均增长速度、平均发展速度等。凡是变量值连乘积等于总比率或总速度的问题，都可以使用几何平均数计算平均比率或平均速度。如果变量中出现零值或负值时，则不能计算几何平均数。几何平均数可分为简单几何平均数和加权几何平均数两种。

1. 简单几何平均数

简单几何平均数（simple geometric mean）适用于未分组数据，其计算公式为：

$$G = \sqrt[n]{x_1 \times x_2 \times \cdots \times x_n} = \sqrt[n]{\prod_{i=1}^{n} x_i} \quad (4.21)$$

式中，x_i 为第 i 个观测值；n 为观测值的个数；$\prod$ 为连乘符号。

【例4-13】银行储蓄按复利计息，过去5年利率的情况是：第1年为3.1%，第2年为3.3%，第3年为4.5%，第4年为4.8%，第5年为5.9%。要求计算平均储蓄年利率。

解：按复利计息就是将每一期的利息加入下一期的本金中继续生息。设最初的本金为 A，以1年为一期，在第一年后的本利总和为 A（1+3.1%）；第二年后的本利总和为 A（1+3.1%）（1+3.3%）；这样下去，到第5年后的本利总和为 A（1+3.1%）（1+3.3%）（1+4.5%）（1+4.8%）（1+5.9%）。其中，连乘积（1+3.1%）（1+3.3%）（1+4.5%）（1+4.8%）（1+5.9%）等于本利总的变化率，因此，可以采用几何平均法计算平均本利率。将平均的结果减去1（100%），就是平均利率，即

$$\begin{aligned} G - 1 &= \sqrt[n]{x_1 \times x_2 \times \cdots \times x_n} - 1 \\ &= \sqrt[5]{(1+3.1\%) \times (1+3.3\%) \times \cdots \times (1+5.9\%)} - 1 \\ &= 104.31\% - 1 \\ &= 4.31\% \end{aligned}$$

因此，平均储蓄年利率为4.31%。

2. 加权几何平均数

加权几何平均数（weighted geometric mean）适用于分组数据，其计算公式为：

$$G = \sqrt[\sum_{i=1}^{k} f_i]{x_1^{f_1} \times x_2^{f_2} \times \cdots \times x_k^{f_k}} = \sqrt[\sum_{i=1}^{k} f_i]{\prod_{i=1}^{k} x_i^{f_i}} \quad (4.22)$$

式中，x_i 为第 i（$i=1, 2, \cdots, k$）组的代表值；f_i 为第 i 组的频数。

【例4-14】 银行储蓄按复利计息，过去5年利率的情况是：第1年为2.5%；第2~3年为4.2%；第4~5年为5%。要求计算平均储蓄年利率。

解： 本例与上例基本相同，不同的是本例为分组数据，需要以频数为权数计算加权几何平均数。将数据代入式（4.22）得

$$G - 1 = \sqrt[\sum_{i=1}^{k} f_i]{\prod_{i=1}^{k} x_i^{f_i}} - 1$$
$$= \sqrt[5]{102.5\% \times (104.2\%)^2 \times (105\%)^2} - 1$$
$$= 104.18\% - 1$$
$$= 4.18\%$$

因此，平均储蓄年利率为4.18%。

第二节　数据离散程度的度量

一、离散程度和离散指标

离散程度（degree of dispersion）是数据分布的另一个重要特征，它是数据分布中变量各观测值远离中心值的程度。

反映数据分布离散程度的指标主要有异众比率、四分位差、极差、方差、标准差和离散系数等。离散指标的作用主要有：

（1）可以用来衡量和比较平均数的代表性。平均数掩盖了变量各观测值之间的差异，具有抽象性和代表性，但代表性的高低并不取决于它本身，而是取决于各变量值之间的差异程度。数据的离散程度越大，平均数的代表性就越差；离散程度越小，平均数的代表性就越好。

（2）可以用来反映各种现象运动过程的均衡性、节奏性或稳定性。现象运动过程常以平均数为中心而呈现出波动，波动的大小说明现象运动过程的均衡性、节奏性或稳定性的高低，这种波动性就可以用离散指标来反映。如国民经济发展过程中经济增长与波动现象，股票价格的涨跌情况，产品质量的稳定情况等，都

可以用离散指标反映。

（3）为统计推断提供依据。在统计推断中，离散指标是必不可少的要素。

二、异众比率

异众比率（variation ratio）是指非众数组的频数占总频数的比例。异众比率用 V_r 表示，计算公式为：

$$V_r = \frac{\sum f_i - f_m}{\sum f_i} = 1 - \frac{f_m}{\sum f_i} \qquad (4.23)$$

式中，$\sum f_i$ 为变量观测值的总频数；f_m 为众数组的频数。

异众比率用于衡量众数对一组数据集中程度的代表性，其值越大，表明众数的代表性越差；其值越小，表明众数的代表性越好。异众比率可以用于属性数据，也可用于数值型数据。

【例 4-15】根据 2016 年入境外国游客人数统计数据（表 4.12），计算旅游类型的异众比率。

表 4.12　2016 年入境外国游客人数统计

旅游类型	旅游人数（万人次）
会议/商务	579.74
观光休闲	1051.15
探亲访友	96.19
服务员工	471.75
其他	949.55
合计	3148.38

资料来源：国家旅游局网站数据库。

解：由表 4.12 可知，众数组为观光休闲这一组，异众比率为：

$$V_r = 1 - \frac{f_m}{\sum f_i} = 1 - \frac{1051.15}{579.74 + 1051.15 + \cdots + 949.55} = 0.6661 = 66.61\%$$

从计算结果可以看出，观光休闲旅游所占比例为 33.39%，观光休闲以外的类型占 66.61%，表明观光休闲旅游在各类型中的比例虽然是最高的，但其代表性却并不是很高。

三、极差与四分位差

（一）极差

极差（range）是一组观测值的最大值与最小值之差，也称全距。极差用 R 表示，其公式为：

$$R = \max(x_i) - \min(x_i) \qquad (4.24)$$

例如，根据例 4-2 的考试成绩数据计算考试分数的极差。我们首先将数据排序如下：

67，71，76，76，79，79，79，83，83，83，83，83，85，85，89，91

从排序结果观察到最小值为 67，最大值为 91，因此考试分数极差为：

$R = 91 - 67 = 24$（分）

极差是数值型数据离散程度的最简单测度，使用简易方便。但是，它也有自身的缺点：一是易受极端值影响，在出现极端值的情况下代表性较差；二是只利用了一组数据两端的信息，未考虑中间数据的分布状况，因此，它仅仅是对数据离散程度的粗略描述。

（二）四分位差

四分位差（quartile deviation）也称内距或四分位数间距，它是上四分位数与下四分位数之差。四分位差用 Q_d 表示，其公式为：

$$Q_d = Q_3 - Q_1 \qquad (4.25)$$

四分位差反映了中间 50% 数据的离散程度。四分位差在一定程度上反映了中位数的代表性。四分位差不受极端的影响。

四分位差可用于顺序数据和数值型数据。

【例 4-16】根据例 4-4 中旅游景区营业收入排序数据（表 4.4），计算旅游景区营业收入数据的四分位差。

解： 首先，根据排序数据计算四分位数位置：

$i_1 = (n+1)/4 = (31+1)/4 = 8$

$i_3 = 3(n+1)/4 = 3(31+1)/4 = 24$

其次，确定四分位数：

$Q_1 = 50.8$（亿元）

$Q_3 = 119.2$（亿元）

再次，计算四分位差：

$Q_d = Q_3 - Q_1 = 119.2 - 50.8 = 68.4$（亿元）

因此，旅游景区营业收入数据的四分位差为 68.4 亿元。

（三）箱线图

箱线图（box plot）是由一组观测值的最大值（maximum）、最小值（minimum）、中位数、上四分位数和下四分位数5个特征值绘制而成的图形。箱线图巧妙地利用了最大值、最小值、中位数、上四分位数和下四分位数这5个分布特征值，根据几个数据点就可直观了解数据的分布情况，是一种简易的探索性数据分析工具。箱线图主要用来表现原始数据的分布特征，同时还可用于多组数据的比较。

绘制箱线图的步骤如下：

（1）对原始数据进行升序排列，形成有序数组，并确定最小值、下四分位数、中位数、上四分位数和最大值这5个特征值。如果使用统计软件制图，一般不必对数据排序，可由软件直接处理。

（2）画一个箱体，其边界分别是下四分位数和上四分位数，即箱体长度为四分位数间距，这个箱体包含了中间50%的数据。在箱体内中位数的位置画一条垂线。

（3）画出触须线，将箱体两端分别连接到最小值处和最大值处。但是，如果存在离群值即异常值，则利用内距设定上下限的位置。一般地，将比下四分位数小1.5倍内距或比上四分位数大1.5倍内距的值定义为离群值。因此，下限在距下四分位数1.5倍内距的位置；上限在距上四分位数1.5倍内距的位置。超出这个界限范围的数据值为离群值，按实际位置标出。

我们根据例4-2考试成绩数据绘制成箱线图如图4.1所示。首先，从图中可以看出最小值、下四分位数、中位数、上四分位数和最大值所对应的大概位置，这五个数值分别为：67，75.75，84.5，83，91，其中最小值67被标出为离群值。其次，从图中我们可以很方便地知道大于（或小于）四分位点（或中位点）的数值的大概比例。比如，在最小值、下四分位数、中位数和上四分位数与最大值之间大约各有25%的观测值。再次，箱线图还可以表现数据的分布形态特征，从图4.1可以看出箱体左侧（下侧）的触须线比右侧（上侧）的触须线长，表明数据分布是左偏的，这是因为受到极小值影响的结果；如果右侧（上侧）的触须线比左侧（下侧）的触须线长，表明数据分布是右偏的；如果左右两侧触须线长度相等，表明数据是对称分布的。

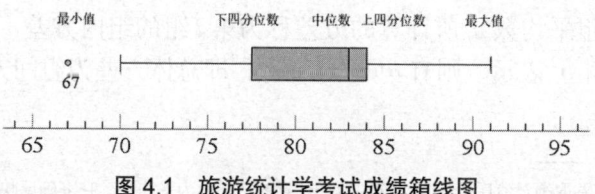

图4.1 旅游统计学考试成绩箱线图

四、方差和标准差

方差（variance）是变量的观测值与其平均数离差平方的算术平均数。由于变量值与算术平均数的离差之和等于 0，为了克服这个缺点，在数学处理上是通过对离差进行平方的办法消去离差的正负号，然后再进行平均[①]。由于平方的结果，方差不具有量纲。总体方差用 σ^2 表示，样本方差用 s^2 表示。

标准差（standard deviation）是方差的算术平方根。与方差不同，标准差是有量纲的，它具有与变量值相同的计量单位，比方差更具有明确的实际意义，因此得到了更广泛的应用。总体标准差用 σ 表示，样本标准差用 s 表示。

方差和标准差利用了全部数据信息，因而能够准确反映变量分布的离散程度。方差或标准差的值越大，表明变量分布的离散程度越大；方差或标准差的值越小，表明变量分布的离散程度越小。

（一）总体方差与标准差的计算

1. 总体方差

对于未分组数据，总体方差的计算公式如下：

$$\sigma^2 = \frac{\sum_{i=1}^{N}(x_i - \mu)^2}{N} \qquad (i=1,2,\cdots,N) \tag{4.26}$$

式中，σ^2 为总体方差；x_i 为第 i 个观测值；μ 为总体均值；N 为观测值个数。

对于分组数据，总体方差的计算公式如下：

$$\sigma^2 = \frac{\sum_{i=1}^{k}(x_i - \mu)^2 f_i}{\sum_{i=1}^{k} f_i} = \frac{\sum_{i=1}^{k}(x_i - \mu)^2 f_i}{N} \qquad (i=1,2,\cdots,k) \tag{4.27}$$

式中，σ^2 为总体方差；k 为组数；x_i 为第 i 组的代表值，一般用单项式分组的变量取值或组距式分组的组中值；μ 为总体均值；f_i 为第 i 组的频数，N 为总频数即总体容量。

对于分组数据来说，总体方差可以分解为组间方差和组内方差两部分。将各组平均数 μ_i 对总体平均数 μ 所计算的方差称为组间方差，用 σ_B^2 表示；将第 i 组观测值 x_{ij} 与该组平均数 μ_i 所计算的方差称为第 i 组的组内方差，用 σ_i^2 表示。组内方差平均数用 $\overline{\sigma_i^2}$ 表示，则有 $\sigma^2 = \sigma_B^2 + \overline{\sigma_i^2}$，即总体方差为组间方差与组内方差平均数之和。

[①] 也可以对离差取绝对值后再求和平均，这样计算的结果称为平均差。它准确反映了每个观测值与平均数的平均差异程度，意义明确；但绝对值运算给数学处理带来不便，因此在实际中很少使用。

2. 总体标准差

对于未分组数据，总体标准差的计算公式为：

$$\sigma = \sqrt{\frac{\sum_{i=1}^{N}(x_i - \mu)^2}{N}} \quad (4.28)$$

式中，式中，σ^2 总体为方差；x_i 为第 i 个观测值；μ 为总体均值；N 为观测值个数。

对于分组数据，总体标准差的计算公式为：

$$\sigma = \sqrt{\frac{\sum_{i=1}^{k}(x_i - \mu)^2 f_i}{\sum_{i=1}^{k} f_i}} \quad (4.29)$$

式中，σ^2 为总体方差；k 为组数；x_i 为第 i 组的代表值，一般用单项式分组的变量取值或组距式分组的组中值；μ 为总体均值；f_i 为第 i 组的频数。

【例 4-17】根据 2012 年全国 31 个地区旅游景区营业收入（见表 4.4）数据，计算景区营业收入的标准差。

解： 根据例 4-9 的计算，$\mu = 93.5$（亿元），代入式（4.26）得

$$\sigma = \sqrt{\frac{\sum_{i=1}^{N}(x_i - \mu)^2}{N}} = \sqrt{\frac{(13.7-93.5)^2 + (30.7-93.5)^2 + \cdots + (264.1-93.5)^2}{31}}$$

$$= \sqrt{\frac{115651.43}{31}} = 61.1（亿元）$$

因此，景区营业收入的标准差为 61.1 亿元。

【例 4-18】根据例 4-11 的全国 31 个地区景区营业收入分组数据（表 4.9），计算各地区景区营业收入的标准差。

解： 在例 4-11 中，根据分组数据计算的平均数为 94.4 亿元，根据式（4.27），计算过程如表 4.13 所示。

表 4.13 各地区景区营业收入标准差计算过程

按景区营业收入分组（亿元）	组中值（M_i）	频数（f_i）	$(M_i - \mu)^2$	$(M_i - \mu)^2 (f_i)$
0~50	25	7	4816.36	33714.52
50~100	75	14	376.36	5269.04

续表

按景区营业收入分组（亿元）	组中值（M_i）	频数（f_i）	$(M_i-\mu)^2$	$(M_i-\mu)^2(f_i)$
100~150	125	5	936.36	4681.80
150~200	175	2	6496.36	12992.72
200~250	225	2	17056.36	34112.72
250~300	275	1	32616.36	32616.36
合计	—	31	—	123387.16
方差	—	—	—	754.42
标准差	—	—	—	63.1

$$\sigma = \sqrt{\frac{\sum_{i=1}^{k}(M_i-\mu)^2 f_i}{\sum_{i=1}^{k} f_i}} = \sqrt{\frac{123387.16}{31}} = 63.1（亿元）$$

该题根据分组数据计算的标准差为 63.1 亿元，与例 4-17 未分组数据计算的结果略有差异。

（二）样本方差与标准差的计算

1. 样本方差

对于未分组数据，样本方差的计算公式为：

$$s^2 = \frac{\sum_{i=1}^{n}(x_i-\bar{x})^2}{n-1} \quad (i=1,2,\cdots,n) \tag{4.30}$$

式中，s^2 为样本方差；x_i 为第 i 个观测值；$\bar{x}$ 为样本均值；n 为观测值个数。

对于分组数据，样本方差的计算公式为：

$$s^2 = \frac{\sum_{i=1}^{k}(x_i-\bar{x})^2 f_i}{\sum_{i=1}^{k} f_i - 1} = \frac{\sum_{i=1}^{k}(x_i-\bar{x})^2 f_i}{n-1} \quad (i=1,2,\cdots,k) \tag{4.31}$$

式中，s^2 为样本方差；k 为组数；x_i 为第 i 组的代表值，一般用单项式分组的变量取值或组距式分组的组中值；$\bar{x}$ 为样本均值；f_i 为第 i 组的频数；n 为总频数即样本容量。

2. 样本标准差

对于未分组数据，样本标准差的计算公式为：

$$s = \sqrt{\frac{\sum_{i=1}^{n}(x_i - \bar{x})^2}{n-1}} \qquad (i = 1, 2, \cdots, n) \qquad (4.32)$$

对于分组数据，样本标准差的计算公式为：

$$s = \sqrt{\frac{\sum_{i=1}^{k}(x_i - \bar{x})^2 f_i}{\sum_{i=1}^{k} f_i - 1}} \qquad (i = 1, 2, \cdots, k) \qquad (4.33)$$

3. 自由度

与总体方差和标准差相比，样本方差和标准差计算公式中的分母为样本观测值的个数减去1，即 $n-1$。为什么要减去1呢？这里需要理解自由度这个概念。

所谓自由度（degree of freedom）就是变量值可以自由取值的个数。当样本观测值的个数为 n 时，若样本均值 $\bar{x}$ 确定，由于 $\bar{x}$ 对取值施加了一个约束条件，因此只有 $n-1$ 个观测值可以自由取值，其中必有一个观测值不能自由取值。例如，一个样本有3个观测值 x_1、x_2 和 x_3，假定 $\bar{x}=10$。此时在 x_1、x_2 和 x_3 中仅有两个数值可以自由取值，另一个则不能自由取值，比如 $x_1=2$，$x_2=5$，那么 x_3 则必然取3，而不能取其他值。

计算样本方差时，必须先计算出样本平均数 $\bar{x}$。当样本平均数 $\bar{x}$ 确定后，就会对 x_i 的取值施加一个约束，从而少了一个自由度。若从实际应用角度看，用这样计算的样本方差 s^2 去估计总体方差 σ^2 时，它是 σ^2 的无偏估计量。

【例4-19】在例4-2中，旅游统计学考试后随机抽取了16人的考试成绩为：67、71、83、89、79、76、91、83、83、85、85、76、83、79、83、79。利用样本数据计算考试成绩标准差。

解： 首先，计算考试成绩的均值：

$$\bar{x} = \frac{x_1 + x_2 + \cdots + x_n}{n} = \frac{67 + 71 + \cdots + 79}{16} = \frac{1292}{16} = 80.75（分）$$

其次，计算考试成绩的标准差，由式（4.32）得

$$s = \sqrt{\frac{\sum_{i=1}^{n}(x_i - \bar{x})^2}{n-1}} = \sqrt{\frac{(67-80.75)^2 + (71-80.75)^2 + \cdots + (79-80.75)^2}{16-1}}$$

$$= \sqrt{\frac{573}{15}} = 6.18（分）$$

即考试成绩的标准差为6.18分。

【例 4-20】某市对游客进行抽样调查,其中过夜游客停留天数情况如表 4.14 所示。要求根据表 4.14 数据计算停留天数的标准差。

表 4.14　过夜游客停留天数情况

按停留天数分组(天)	组中值(天)	频数(人)
1~2	1.5	89
2~3	2.5	146
3~4	3.5	78
4~5	4.5	55
5~6	5.5	23
6 天以上	6.5	9
合计	—	400

解：首先,计算停留天数的均值。

$$\bar{x} = \frac{x_1 f_1 + x_2 f_2 + \cdots + x_k f_k}{f_1 + f_2 + \cdots + f_k} = \frac{1.5 \times 89 + 2.5 \times 146 + \cdots + 6.5 \times 9}{89 + 146 + \cdots + 9} = \frac{1204}{400} = 3.01 \text{(天)}$$

其次,计算停留天数的标准差。将组中值、频数和均值代入式(4.33)得

$$s = \sqrt{\frac{\sum_{i=1}^{k}(x_i - \bar{x})^2 f_i}{\sum_{i=1}^{k} f_i - 1}} = \sqrt{\frac{(1.5 - 3.01)^2 \times 89 + (2.5 - 3.01)^2 \times 146 + \cdots + (6.5 - 3.01)^2 \times 9}{400 - 1}}$$

$$= \sqrt{\frac{633.96}{399}} = 1.26 \text{(天)}$$

经计算,游客停留天数的标准差为 1.26 天。以上计算过程见表 4.15。

表 4.15　过夜游客停留天数标准差计算过程

停留天数(天)	组中值(x_i)	频数(f_i)	$x_i f_i$	$(x_i - \bar{x})^2$	$(x_i - \bar{x})^2 f_i$
1~2	1.5	89	133.5	2.2801	202.9289
2~3	2.5	146	365	0.2601	37.9746
3~4	3.5	78	273	0.2401	18.7278
4~5	4.5	55	247.5	2.2201	122.1055

续表

停留天数(天)	组中值(x_i)	频数(f_i)	$x_i f_i$	$(x_i - \bar{x})^2$	$(x_i - \bar{x})^2 f_i$
5~6	5.5	23	126.5	6.2001	142.6023
6天以上	6.5	9	58.5	12.1801	109.6209
合计	—	400	1204		633.96
均值与标准差	\multicolumn{2}{|c|}{$\bar{x} = 1204/400 = 3.01$}		\multicolumn{2}{|c|}{$s = \sqrt{633.96/(400-1)} = 1.26$}	

（三）方差的数学性质

变量的方差有如下数学性质：

（1）变量的方差等于变量平方的平均数减平均数的平方，即

$$\sigma^2 = \frac{1}{n}\sum_{i=1}^{n} x_i^2 - \left(\frac{1}{n}\sum_{i=1}^{n} x_i\right)^2 \tag{4.34}$$

利用方差的这一性质，可以简化方差、标准差的计算。

（2）变量线性变换的方差等于变量的方差乘以变量系数的平方。设 $y = a+bx$，其中，a 和 b 为常数，则有

$$\sigma_y^2 = b^2 \sigma_x^2 \tag{4.35}$$

五、相对离散程度：离散系数

方差和标准差反映数据离散程度的绝对水平，它既受变量值自身水平高低的影响，也受到变量值计量单位的影响。因此，对于平均水平不同或计量单位不同的变量进行比较时，是不能用标准差直接比较离散程度的。为了消除变量水平高低和计量单位的影响，需要计算离散系数。

离散系数（coefficient of variation），也称变异系数，是一组数据的离散指标与算术平均数的比值。最常用的离散系数是标准差系数，计算公式为：

$$V_\sigma = \frac{\sigma}{\mu}; \quad \text{或} \quad V_s = \frac{s}{\bar{x}} \tag{4.36}$$

【例 4-21】 某旅游企业投资项目 A 的预期回报率为 8%，标准差为 6%；投资项目 B 的预期回报率为 14%，标准差为 8%。试比较哪项投资风险较大？

解： 由于投资项目 A 与投资项目 B 的预期回报率即预期平均回报率不相同，因此，直接比较预期回报率的标准差没有意义，因此需计算标准差系数。

项目 A 的标准差系数：$V_A = 0.06/0.08 = 0.75$；

项目 B 的标准差系数：$V_B = 0.08/0.14 = 0.57$。

投资项目 A 每单位回报率承受 0.75 单位的风险；投资项目 B 每单位回报率承受 0.57 单位的风险。通过离散系数比较可以看出，投资项目 A 风险较大。

六、相对位置的度量

（一）标准分数与三西格玛法则

1. 标准分数

变量观测值与其平均数的离差除以标准差之后的值，称为标准分数（standard score），也称标准化值或 z 分数。计算公式为：

$$z_i = \frac{x_i - \mu}{\sigma} \quad \text{或} \quad z_i = \frac{x_i - \bar{x}}{s} \quad (4.37)$$

标准分数是对变量的某一个观测值在一组数据中相对位置的度量。它以标准差为计量单位，表示变量观测值与均值的距离等于多少个标准差。变量值低于均值时，z 分数为负值；变量值高于均值时，z 分数为正值；变量值等于均值时，z 分数为 0。

标准分数具有平均数为 0，标准差为 1 的特性。标准分数只是对原始数据进行了线性变换，但并不改变数据的相对位置和分布形状。

标准分数可用于判断一组数据是否有离群点；在进行变量对比评价时，如果变量具有不同的量纲，可对变量做标准化处理，以便进行比较。

2. 三西格玛法则

3σ 法则是基于正态分布的经验法则。根据标准分数，当一组数据呈对称分布时，则有：

约 68% 的数据分布在平均数加减 1 个标准差的范围之内；

约 95% 的数据分布在平均数加减 2 个标准差的范围之内；

约 99% 的数据分布在平均数加减 3 个标准差的范围之内。

一组数据中，平均数 ±3 个标准差的范围内几乎包含了全部数据，而在平均数 ±3 个标准差之外的数据则称为离群点。这一点与利用箱线图判断离群值并不完全一致，因为两者所依据的标准并不相同。

【例 4-22】在例 4-2 中，旅游统计学考试后随机抽取了 16 人的考试成绩为：67，71，83，89，79，76，91，83，83，85，85，76，83，79，83，79。现在要求根据此数据计算考试成绩的标准分数，并考察是否具有离群值。

解： 根据例 4-19 的计算结果，考试成绩的均值为 80.75 分，标准差为 6.18 分。

考试成绩为 67 分标准化的 z 分数为：

$$z_1 = \frac{x_1 - \bar{x}}{s} = \frac{67 - 80.75}{6.18} = -2.225$$

用同样的方法计算其他考试成绩标准分数如表 4.16 所示，其中有 7 个成绩分数小于平均值，9 个成绩分数大于平均值。从标准分数值来看，没有超过平均数 ±3 个标准差范围的数值，即考试成绩不存在离群值。

表 4.16　考试成绩标准分数

序号	成绩（分）	z 分数	序号	成绩（分）	z 分数
1	67	−2.225	9	83	0.364
2	71	−1.578	10	85	0.688
3	83	0.364	11	85	0.688
4	89	1.335	12	76	−0.769
5	79	−0.283	13	83	0.364
6	76	−0.769	14	79	−0.283
7	91	1.659	15	83	0.364
8	83	0.364	16	79	−0.283

（二）切比雪夫不等式

如果一组数据不是对称分布，3σ 法则就不再适用，这时可使用切比雪夫不等式，它对任何分布形状的数据都适用。

切比雪夫不等式提供的是下界，也就是"所占比例至少是多少"。

对于任意分布形态的数据，根据切比雪夫不等式，至少有 $1-1/k^2$ 的数据落在平均数加减 k 个标准差之内。其中 k 是大于 1 的任意值，但不一定是整数。对于 $k = 2, 3, 4$，该不等式的含义是：

至少有 75% 的数据落在平均数加减 2 个标准差的范围之内；

至少有 89% 的数据落在平均数加减 3 个标准差的范围之内；

至少有 94% 的数据落在平均数加减 4 个标准差的范围之内。

第三节 数据分布形态的度量

一、偏度

（一）利用众数、中位数和平均数的关系判断分布的对称性

1. 众数、中位数和平均数的关系

对于具有单峰分布的数据而言，一般有如下关系：如果数据的分布是对称的，那么众数、中位数和平均数相等，即 $M_0=M_e=\bar{x}$；如果数据是右偏分布的，则 $M_0<M_e<\bar{x}$；如果数据是左偏分布的，则 $\bar{x}<M_e<M_0$。众数、中位数和平均数的关系如图4.2所示，从图中的分布可以看出，中位数作为一组数据的中心值总是居于众数与平均数之间；众数作为一组数据中出现次数最多的值总是位于一组数据分布的最高峰点；平均数作为全部数据的算术平均值会受到极端值的影响，向极端值一方靠拢。众数、中位数和平均数在偏态分布的情况下，具有近似的关系：$M_0 - M_e = 2(M_e - \bar{x})$。

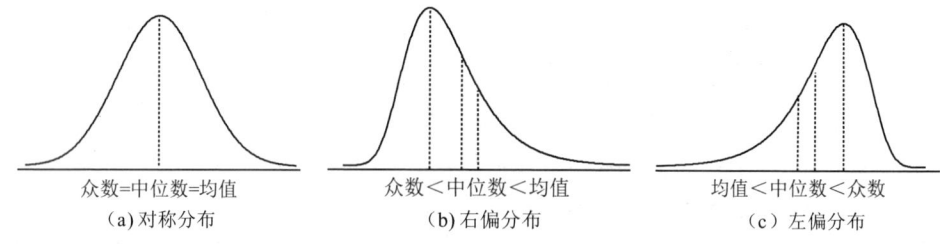

（a）对称分布　　　　　（b）右偏分布　　　　　（c）左偏分布

图4.2　对称分布与偏态分布曲线

根据上面的关系，对于具有单峰分布的数据，可以归纳如下判断规则：

（1）当 $M_0 = M_e = \bar{x}$ 时，数据呈对称分布。

（2）当 $M_0 < M_e < \bar{x}$ 时，数据呈右偏（正偏）分布。

（3）当 $\bar{x} < M_e < M_0$ 时，数据呈左偏（负偏）分布。

2. 众数、中位数、平均数的应用

（1）平均数易受极端值影响，在严重偏态分布的情况下，平均数的代表性会受到极大的影响。但在数据呈对称分布或接近对称分布时，平均数具有较好的代表性。由于平均数具有优良的数学性质，因此有着广泛的应用。

（2）中位数不受极端值影响，具有较好的稳健性，一般在数据分布偏斜程度较大时可应用中位数作为集中趋势的代表值。

（3）众数不受极端值影响，但具有不唯一性，一般在数据呈单峰分布，且分

布偏斜程度较大时可选择众数作为集中趋势的代表值。

(二) 偏度与偏度系数

偏度（skewnes）又称偏态，是数据分布偏斜方向及程度的测度。

测度偏度的指标是偏度系数（coefficient of skewnes），用 SK 表示。计算偏度系数的方法很多，其中最为常用的是利用三阶中心距来计算偏度系数，即用三阶中心距除以标准差的三次方，其计算公式为：

$$SK = \frac{v_3}{\sigma^3} \quad 或 \quad SK = \frac{\hat{v}_3}{s^3} \quad (4.38)$$

式中，$v_3 = \frac{1}{N}\sum_{i=1}^{N}(x_i - \mu)^3$ 为总体三阶中心矩，σ^3 为总体标准差的三次方；$\hat{v}_3 = \frac{1}{n}\sum_{i=1}^{n}(x_i - \bar{x})^3$ 是样本三阶中心矩，s^3 是样本标准差的三次方。

(三) 偏度系数值的解释

1. 偏斜方向

当 $SK = 0$ 时，表明随机变量分布是对称的。

当 $SK > 0$ 时，表明随机变量分布是右偏的（分布曲线右侧拖长尾）。

当 $SK < 0$ 时，表明随机变量分布是左偏的（分布曲线左侧拖长尾）。

2. 偏斜程度

偏度系数越接近于 0，偏斜程度越低。

偏度系数在 0.5~1 或 –0.5~–1，为中等偏态。

偏度系数大于 1 或小于 –1，为高度偏态。

二、峰度

(一) 峰度及峰度系数

峰度（kurtosis）也称峰态，是对数据分布尖峭程度或平坦程度的度量。测度峰度的指标是峰度系数（coefficient of kurtosis），用 K 表示，其定义为四阶中心矩除以标准差的四次方，其公式为：

$$K = \frac{v_4}{\sigma^4} \quad 或 \quad K = \frac{\hat{v}_4}{s^4} \quad (4.39)$$

式中，$v_4 = \frac{1}{N}\sum_{i=1}^{N}(x_i - \mu)^4$ 为总体四阶中心矩，σ^4 为总体标准差的四次方；$\hat{v}_4 = \frac{1}{n}\sum_{i=1}^{n}(x_i - \bar{x})^4$ 是样本四阶中心矩，s^4 是样本标准差的四次方。

(二)峰度系数值的解释

峰度是与标准正态分布相比较而言的。标准正态分布的峰度为3，因此，对峰度系数值可做如下解释：

当$K=3$时，变量分布的峰度就是标准正态分布的峰度。

当$K>3$时，变量分布为尖峰分布，表明有更多的变量值集中于众数的位置，使得分布曲线顶部比正态分布更为陡峭。

当$K<3$时，变量分布为平峰分布，表明变量值在众数附近的分布比较分散，分布曲线顶部比标准正态分布更为平坦。

当$K=1.8$时，变量分布为均匀分布，又称矩形分布，此时的分布曲线趋向于一条水平线。

当$K<1.8$时，变量分布为U形分布，此时的分布曲线表现为"中间少、两头多"的倒钟形分布。

需要注意的是，为了使用的方便，计算峰度系数时通常情况下在式（4.39）的基础上减去3，使得标准正态分布的峰度变为0，此时的峰度被称为超峰度（excess kurtosis）。使用超峰度系数时，对峰度系数值的解释与前述解释是一致的，即

当$K=0$时，变量分布为标准正态分布。

当$K>0$时，变量分布为尖峰分布。

当$K<0$时，变量分布为平峰分布。

当$K=-1.2$时，变量分布为均匀分布。

当$K<-1.2$时，变量分布为U形分布。

【例4-23】根据2012年全国31个地区旅游景区营业收入（表4.4）数据，计算景区营业收入分布的偏度系数和峰度系数。

解： 根据例4-7的计算结果，$\mu=93.5$（亿元）；$\sigma=61.1$（亿元）。

根据变量值与均值计算三阶、四阶中心矩分别为：

$$v_3 = \frac{1}{N}\sum_{i=1}^{N}(x_i-\mu)^3 = \frac{1}{31}[(13.7-93.5)^3+(30.7-93.5)^3+\cdots+(264.1-93.5)^3]$$

$$=\frac{8243859.047}{31}=265930.937$$

$$v_4 = \frac{1}{N}\sum_{i=1}^{N}(x_i-\mu)^4 = \frac{1}{31}[(13.7-93.5)^4+(30.7-93.5)^4+\cdots+(264.1-93.5)^4]$$

$$=\frac{1569661138}{31}=50634230.25$$

根据三阶、四阶中心矩与标准差计算偏度与峰度系数分别为:

$$SK = \frac{v_3}{\sigma^3} = \frac{265930.937}{61.1^3} = 1.17$$

$$K = \frac{v_4}{\sigma^4} - 3 = \frac{50634230.25}{61.1^4} - 3 = 0.63$$

由于 $SK = 1.17 > 1$,表明分布是高度右偏的;$K = 0.63 > 0$,表明为尖峰分布。旅游景区营业收入分布形态请参看第三章图 3.5。

第四节　利用软件计算描述统计量

前面几节分别介绍了数据分布的数字特征及其计算方法,这些计算过程一般可以通过统计软件来完成。下面以表 4.4 中旅游景区营业收入数据为例,具体介绍软件操作方法。

一、使用 Excel 计算描述统计量

使用 Excel 计算描述统计量的操作方法如下:

第一步:选择【数据】—【数据分析】—【描述统计】—【确定】,打开描述统计对话框。

第二步:输入操作。

(1)在【输入区域】编辑框中输入数据所在的单元格区域。可一次选择多个变量。

(2)【分组方式】:根据数据格式为行或列来具体选择,默认为【逐列】。

(3)【标志位于第一行】:如果选择了数据标题行字段,则需勾选此选项,否则不勾选。

第三步:输出选项操作。

(1)选择【输出区域】,有 3 种选择。

(2)选择其他输出选项,包括汇总统计、平均数置信度、第 K 大值、第 K 小值。默认为全选。这里勾选【汇总统计】。

第四步:点击确定,输出结果(图 4.3)。

	A	B	C	D	E	F
1	景区营业收入（亿元）					
2	13.7			景区营业收入（亿元）		
3	30.7					
4	31.6			平均	93.51612903	
5	33.3			标准误差	11.15151863	
6	38.3			中位数	74.4	
7	41.4			众数	#N/A	
8	45.6			标准差	62.089028	
9	50.8			方差	3855.047398	
10	51.1			峰度	0.974532933	
11	52.5			偏度	1.226403866	
12	54.1			区域	250.4	
13	55.8			最小值	13.7	
14	70.3			最大值	264.1	
15	71.5			求和	2899	
16	74.3			观测数	31	
17	74.4					

图 4.3　Excel 描述统计量输出结果

二、使用 SPSS 计算描述统计量

使用 SPSS 计算描述统计量的操作方法如下：

第一步：在【分析】下拉菜单，选择【描述统计】—【描述】，打开描述对话框。

第二步：在【描述】对话框中，将"营业收入"变量选入右边的【变量】框内。

第三步：单击【选项】，在【选项】中选择要输出的统计量，之后单击【继续】，回到【描述】对话框。如果勾选【将标准化得分另存为变量】，则会将原变量标准化。最后单击【确定】。输出结果如图 4.4 所示。

描述统计量

	N	全距	极小值	极大值	和	均值		标准差	方差	偏度		峰度	
	统计量	统计量	统计量	统计量	统计量	统计量	标准误	统计量	统计量	统计量	标准误	统计量	标准误
景区营业收入	31	250.40	13.70	264.10	2899.00	93.5161	11.15152	62.08903	3855.047	1.226	.421	.975	.821
有效的 N（列表状态）	31												

图 4.4　SPSS 描述统计量输出结果

使用 SPSS 计算描述统计量也可以选择【分析】—【描述统计】—【频率】过程，该程序除了计算统计量外还提供条形图、饼图和直方图等图形功能。另外，还可以使用【分析】—【描述统计】—【探索】过程，该程序除了计算统计量外还提供单变量均值置信区间、正态性检验、直方图及箱线图等功能。

本章小结

1.集中趋势是一组数据向中心值靠拢的倾向，反映了变量分布中心点的位

置。变量分布的集中趋势要用平均指标来反映。平均指标主要有众数、中位数和平均数等。

2. 众数是变量的一组观测值中出现次数最多的观测值。在正态分布和一般的偏态分布中，分布的最高峰点所对应的数值就是众数。

3. 中位数是变量的一组观测值排序后处于中间位次上的观测值，一般地有一半数值小于等于中位数，一半数值大于等于中位数。

4. 算术平均数也称为均值，是变量所有观测值之和除以观测值个数的结果。算术平均数是统计中最为常用的用以描述集中趋势的指标。几何平均数是变量 n 个观测值连乘积的 n 次方根。几何平均数主要用于计算平均比率或平均增长速度、平均发展速度等。如果变量中出现零值或负值时，则不能计算几何平均数。

5. 离散程度是数据分布中变量各观测值远离中心值的程度。反映数据分布离散程度的指标主要有异众比率、四分位差、极差、方差、标准差和离散系数等。

6. 分位数是按升序排列的数据分布等分位点上的值。百分位数是按升序排列的数据 100 等分后各分位点上的值。四分位数也称四分位点，是一组数据排序后处于 25% 和 75% 位置上的值。四分位差也称内距或四分位数间距，它是上四分位数与下四分位数之差。

7. 箱线图是由一组数据的最大值、最小值、中位数、上四分位数和下四分位数 5 个特征值绘制而成的图形，根据几个数据点就可直观了解数据的分布情况，是一种简易的探索性数据分析工具。

8. 方差是变量的每个观测值与其平均数离差平方的算术平均数。标准差是方差的算术平方根。方差或标准差的值越大，表明变量分布的离散程度越大；方差或标准差的值越小，表明变量分布的离散程度越小。

9. 自由度就是变量值可以自由取值的个数。

10. 离散系数也称变异系数，是一组数据的离散指标与算术平均数的比值。对平均水平不同或计量单位不同的变量进行比较，是不能用标准差直接比较离散程度的。为了消除数据水平高低和计量单位的影响，需要计算离散系数。

11. 标准分数是变量值与其平均数的离差除以标准差之后的值，标准分数是对某一个变量值在一组数据中相对位置的度量。它以标准差为计量单位，表示变量值与均值的距离等于多少个标准差。

12. 偏度又称偏态，是数据分布偏斜方向及程度的测度。测度偏度的指标是偏度系数。峰度也称峰态，是对数据分布尖峭程度或平坦程度的度量。测度峰度的指标是峰度系数。

关键术语

众数	中位数	算数平均数	几何平均数
加权平均数	异众比率	百分位数	四分位数
极差	四分位差	箱线图	方差
标准差	自由度	离散系数	标准分数
偏度	偏度系数	峰度	峰度系数

思考与练习

一、思考题

1. 什么是数据的集中趋势？反映集中趋势的指标主要有哪些？
2. 平均指标的作用主要体现在哪些方面？
3. 什么是众数？众数适合于哪些类型的数据？众数有哪些特点？
4. 什么是中位数？中位数适合于哪些类型的数据？中位数有哪些特点？
5. 什么是算术平均数？算术平均数适合于哪些类型的数据？算术平均数有哪些特点？
6. 什么是几何平均数？几何平均数主要适用于哪些方面？
7. 什么是分位数？什么是百分位数？什么是四分位数？四分位数有哪些特点？
8. 什么是数据的离散程度？反映数据分布离散程度的指标主要有哪些？
9. 什么是异众比率？异众比率的用途是什么？
10. 什么是全距，它的特点是什么？什么是内距，它的特点是什么？
11. 什么是箱线图？箱线图的主要功能是什么？
12. 什么是方差和标准差？
13. 什么是自由度？
14. 什么是离散系数？为什么要使用离散系数？
15. 什么是标准分数？标准分数的主要用途是什么？
16. 什么是 3σ 法则？3σ 法则的主要用途是什么？
17. 什么是偏度？什么是峰度？用什么指标度量数据分布形态的特征？

二、选择题

1. 平均指标主要有（　　）。
   A. 众数、中位数和平均数　　　　　　B. 众数、中位数和方差
   C. 平均数、分位数和标准差　　　　　D. 众数、标准分数和离散系数
2. 变量的每个观测值与其平均数离差平方的算术平均数是（　　）。
   A. 标准差　　　　B. 异众比率　　　　C. 方差　　　　D. 离散系数
3. 当数据分布呈现钟形分布时，则有（　　）成立。
   A. 众数＝中位数＝平均数　　　　　　B. 众数＜中位数＜平均数
   C. 平均数＜中位数＜众数　　　　　　D. 平均数＜众数＜中位数
4. 对于平均水平不同或计量单位不同的变量进行比较时，可以使用（　　）比较离散程度。
   A. 标准差　　　　B. 方差　　　　C. 全距　　　　D. 离散系数

三、软件操作

利用 Excel、SPSS 软件，以例 4-2 中旅游统计学考试成绩样本数据进行下列操作练习：

1. 计算旅游统计学考试成绩样本的描述统计量，分析数据分布的特征。
2. 对旅游统计学考试成绩样本数据进行标准化处理，得到标准分数。
3. 以考试成绩原始数据和标准化数据绘制直方图，比较两者的分布形状；以考试成绩原始数据和标准化数据绘制箱线图，比较两者的位置变化。

四、计算分析题

1. 在旅游淡季对某市景区进行门票价格调查，随机抽取 10 家景区，其门票价格（单位：元）经排序如下：

   15　20　30　30　35　35　35　45　55　70

   要求：
   （1）计算门票价格的众数、中位数和均值。
   （2）计算门票价格的四分位数。
   （3）计算门票价格的全距、内距和标准差。
   （4）计算门票价格分布的偏度系数峰度系数。
   （5）分析门票价格分布的特征。
2. 在某地随机抽取 82 家旅馆进行调查，按房间数进行分组情况如表 4.17。
   要求：

(1) 计算房间数的均值。
(2) 计算房间数的方差。
(3) 计算房间数分布的偏度系数与峰度系数。
(4) 根据分组数据绘制分布直方图,分析房间数分布的特征。

表 4.17　某地旅馆房间数分组表

房间数（间）	旅馆数（家）	房间数（间）	旅馆数（家）
50~100	8	300~350	9
100~150	13	350~400	5
150~200	18	400~450	2
200~250	14	450 以上	1
250~300	12		

3. 某市 2015 年至 2019 年旅游收入增长率（单位：%）分别为 7.8、8.9、10.5、12.0、9.6。计算这一时期该市旅游收入的平均增长率。

4. 甲乙两家旅游企业职工人数和月工资额如表 4.18 所示。要求：
(1) 计算两家企业的平均月工资,并进行比较。
(2) 计算月工资额的标准差及离散系数,说明哪个企业平均月工资更具有代表性。

表 4.18　甲乙两家企业职工人数和月工资额

甲企业		乙企业	
月工资（元）	职工人数（人）	月工资（元）	职工人数（人）
3000	10	2500	3
3500	15	3500	10
4500	20	5000	20
5000	11	5500	12
6000	4	7000	5
合计	60	合计	50

5. 某农业观光示范园分别在 5 个地块试种同一蔬菜的两个不同品种,品种甲和品种乙的产量情况如表 4.19 所示。要求：分析品种甲和品种乙产量的平均水平和波动状况。

表 4.19　甲乙两个品种产量情况

品种甲		品种乙	
地块面积（亩）	产量（千克）	地块面积（亩）	产量（千克）
1	150	1	160
1	160	1	185
1	170	1	150
1	135	1	170
1	130	1	175

6. 一项旅游调查显示，游客平均花费为 900 元，标准差为 300 元。假定游客花费大致呈对称分布，计算花费在 600~1200 元的游客大约占百分之几？

五、实践题

对第二章的自选调查课题问卷数据在汇总的基础上，利用 Excel 或 SPSS 软件计算样本均值、比例、方差等描述统计量，作为对总体特征的点估计值（关于总体参数估计的内容见第六章）。

第五章

旅游核算体系与旅游业统计

【学习目标】
1. 理解国民经济核算基本概念和原理。
2. 了解国民经济行业分类、旅游及相关产业分类。
3. 掌握旅游核算基本概念和原理。
4. 掌握游客及其消费统计、旅游收入统计、旅游企业经营统计的主要指标。

本章主要介绍国民经济与旅游核算的基础知识。第一节主要介绍国民经济核算的基本框架、国民经济分类及常用的基本指标，第二节介绍旅游及相关产业分类与核算体系，第三节介绍游客及其消费统计，第四节介绍旅游价格与旅游收入统计，第五节介绍旅游接待业企业经营统计。

第一节　国民经济核算原理

一、国民经济核算的含义

国民经济核算（national accounating）是对一个国家或地区在一定时期内国民经济总体运行过程和结果所进行的系统性描述。国民经济核算的结果是经济分析的重要依据，是推进国家治理体系和治理能力现代化的重要基础。

国民经济核算的对象是一个国家或地区国民经济总体。经济总体是指在一个国家经济领土内所有常住机构单位的集合。

(一)一国经济领土

国民经济核算的范围是针对一国的经济领土而言,是指由该国政府实行有效经济控制的区域,在这个区域范围内,该国公民、货物、资本可以自由流动,不受国界的限制。我国经济领土指我国政府控制的地理领土和管辖区,包括我国领陆(含海岛)及其底土、领水及其底土、领空;我国行使主权权利和管辖权的领海毗连区、专属经济区和大陆架;我国在国外的"飞地",即位于其他国家,通过正式协议为我国政府所拥有或租借、用于外交等目的、有明确边界的地域,如我国驻外使领馆用地。但不包括我国地理边界内的外国和国际组织"飞地"。

(二)常住机构单位

作为国民经济组成的经济单位是指该国经济领土范围内具有经济利益中心的常住单位。一经济单位在我国经济领土范围内具有一定的场所,如住房、厂房或其他建筑物,从事一定规模的经济活动并超过一定时期(一般以一年为操作准则),则视该经济单位在我国具有经济利益中心。如果不具备这一特征,则不能视为常住单位而被视为国外,其活动不能纳入我国国民经济活动。例如,在我国领土注册投资的外商企业,视为我国国民经济的组成部分;同样,我国在经济领土外建立的经济单位则应视为国外,不属于我国国民经济组成部分

(三)国民经济活动

国民经济活动是由常住单位的各种经济活动组成的,包括生产、分配、消费和积累四个主要环节。生产是在机构单位负责、控制和管理下,利用劳动和资本等要素,将某些货物和服务投入转化为另一些货物和服务产出的过程。生产提供各种供消费使用的产品和服务,同时也创造新的价值。分配是将生产过程创造的价值以收入的形式分配给参与者。分配形式有交换性分配和非交换性分配。消费是指最终消费,是为了满足个人和公共需要而使用货物和服务的行为。生产范围决定消费范围,用于最终消费的货物和服务,只能是生产范围内所包括的货物和服务。积累是通过使资产增加以便进行生产和扩大再生产,使经济运行进入新的循环。

二、国民经济核算体系

国民经济核算体系是为了规范国民经济核算而制定的核算制度,包括基本分类、核算原则、核算框架、基本指标和基本核算方法。世界上曾经出现两种模式的国民经济核算体系,一种是起源于英美等国家的国民经济账户体系(systeam of national accounts,SNA);另一种为起源于苏联的物质产品平衡表体系(material productbalance system,MPS)。20世纪90年代后,SNA成为世界各国普遍接受的国民经济核算体系。我国在计划经济时代采用物质产品平衡表

体系，20世纪80年代中期到90年代初期，完成了向国际通行核算标准（SNA）的转轨。

我国现行国民经济核算体系为《中国国民经济核算体系（2016）》，该体系主要由基本核算和扩展核算组成（图5.1）。

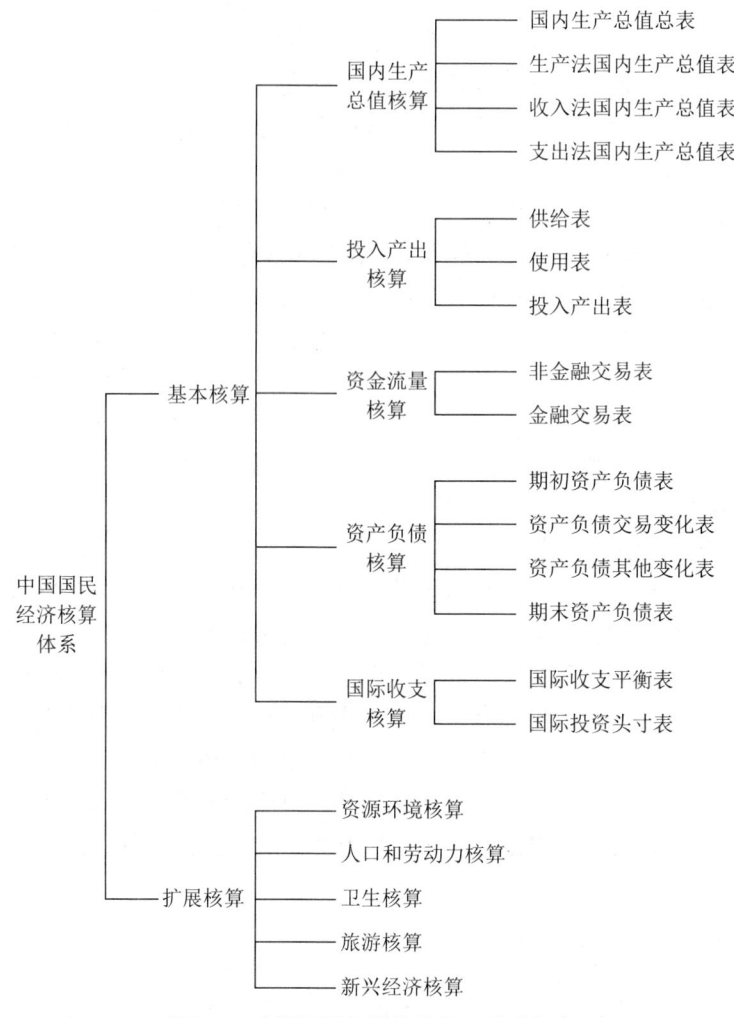

图5.1　中国国民经济核算体系基本框架

（一）基本核算

基本核算是国民经济核算体系的核心内容，目的在于对国民经济运行过程进行系统描述。基本核算系统地描述我国国民经济运行全过程，其中的每一部分从某些环节或某些侧面描述经济运行过程。包括国内生产总值核算、投入产出核算、资金流量核算、资产负债核算、国际收支核算等内容。

国内生产总值核算描述生产活动最终成果的形成和使用过程，是国民经济核算体系的核心内容。

投入产出核算是国内生产总值核算的整合和扩展，描述国民经济各部门在一定时期内生产活动的投入来源和产出使用去向，揭示国民经济各部门间相互联系、相互依存的数量关系。

资金流量核算是国内生产总值核算的延伸，以收入分配和资金运动为核算对象，描述一定时期各机构部门收入的分配和使用，资金的筹集和运用情况。

资产负债核算描述特定时点的资产负债存量和结构情况，以及资产负债从期初到期末之间发生的变化。

国际收支核算全面描述我国常住单位与非常住单位之间的经济往来关系，一方面反映一定时期内发生的对外经济收支往来，另一方面反映对外资产负债存量及其变动状况。

（二）扩展核算

扩展核算是在国民经济核算基本概念和基本分类的基础上，通过对某些基本概念的扩展和某些基本分类的重新组合，以及改变处理方法等，对国民经济中某些领域的活动或与国民经济有密切关系的领域进行详细的描述，以满足特定类型分析和专门领域管理的需要。

扩展核算是对核心内容的补充与扩展，重点对国民经济中的某些特殊领域的活动进行描述。扩展核算包括资源环境核算、人口和劳动力核算、卫生核算、旅游核算、新兴经济核算。扩展核算体现了国民经济核算体系的开放性和灵活性。

三、国民经济分类

（一）机构单位和机构部门分类

机构单位指能够以自己的名义拥有资产和承担负债，能够独立地从事经济活动并与其他主体进行交易的经济主体。机构单位具有以下特点：一是独立拥有货物和资产，能够与其他机构单位交换货物或资产的所有权；二是能够直接作出经济决定，从事经济活动，并能以自己的名义承担法律责任；三是能够以自己的名义签订合同，承担负债、其他义务或未来的承诺；四是能够编制包括资产负债表在内的在经济和法律上有意义的完整的会计报表。

机构部门由同类机构单位构成。我国将常住机构单位划分为五个机构部门，即非金融企业部门、金融机构部门、广义政府部门、为住户服务的非营利机构部门和住户部门，它们构成我国的经济总体。与我国常住单位发生交易的所有非常住单位称为国外。

（二）产业活动单位和产业部门分类

产业活动单位指在一个地点从事一种或主要从事一种类型的生产活动，并具有收入和支出会计核算资料的生产单位。产业活动单位是为生产核算设立的，其目的在于比较准确地反映各种类型产业活动的生产规模、结构等。

产业部门分类是按照主产品同质性原则对产业活动单位进行的部门分类。我国国民经济核算体系根据国民经济行业分类标准和统计基础情况确定具体的产业部门分类。

1. 国民经济行业分类标准

我国现行国民经济行业分类标准为《国民经济行业分类》（GB/T 4754—2017）。国民经济行业包括20个门类，即：

（1）农林牧渔业

（2）采矿业

（3）制造业

（4）电力、热力、燃气及水生产和供应业

（5）建筑业

（6）批发和零售业

（7）交通运输、仓储和邮政业

（8）住宿和餐饮业

（9）信息传输、软件和信息技术服务业

（10）金融业

（11）房地产业

（12）租赁和商务服务业

（13）科学研究和技术服务业

（14）水利、环境和公共设施管理业

（15）居民服务、修理和其他服务业

（16）教育

（17）卫生和社会工作

（18）文化、体育和娱乐业

（19）公共管理、社会保障和社会组织

（20）国际组织

在上述20个门类下划分出97个大类、473个中类、1380个小类。

2. 三次产业分类

三次产业分类是根据社会生产活动历史发展的顺序划分的，产品直接取自自然界的部门称为第一产业；对初级产品进行再加工的部门称为第二产业；为生产和消费提供各种服务的部门称为第三产业。它是世界上通用的产业结构分类,但各国的划分不尽一致。

我国对三次产业的划分为:

(1)第一产业:农业(农、林、牧、渔业)。

(2)第二产业:工业(采矿业,制造业,电力、热力、燃气及水生产和供应业)和建筑业。

(3)第三产业:第一、二产业以外的其他各行业。

四、国内生产总值核算

国内生产总值(Gross Domestic Product,GDP)是一国所有常住单位在一定时期内(通常为一年)生产活动的最终成果,它一方面体现为所有常住单位在生产过程中创造的增加值的总和,另一方面体现为所有常住单位所使用的最终产品价值和净出口的总和。GDP是衡量一个国家或地区经济发展水平的重要总量指标。通过国内生产总值核算,可以综合描述经济活动从产品生产到收入形成、最终使用的整个过程。

(一)现价国内生产总值核算

国内生产总值核算包括现价核算和不变价核算。现价核算方法分为生产法、收入法和支出法。

1. 生产法

生产法是从生产过程创造新增价值的角度,衡量生产活动最终成果的方法。即从生产过程中创造的货物和服务价值中,扣除生产过程中投入的中间货物和服务价值,得到增加值。将国民经济各行业生产法增加值相加,得到生产法国内生产总值。

$$生产法国内生产总值 = 总产出 - 中间投入 \\
= \sum(产业部门总产出 - 该部门中间投入) \quad (5.1) \\
= \sum 产业部门增加值$$

(1)总产出:指常住单位在一定时期内生产的所有货物和服务的价值,但不包括其中用于自身生产过程中的固定资产以外的货物和服务,反映常住单位生产活动的总规模。总产出分为市场总产出、为自身最终使用的总产出和非市场总产出。

(2)中间投入:也称中间消耗,指常住单位在生产过程中消耗和使用的货物和服务的价值,但不包括消耗的固定资产价值。中间投入反映用于生产过程中的转移价值,一般按购买者价格计算。

核算中间投入应注意以下两个原则：一是应与总产出的核算范围保持一致，是总产出中包含的中间投入；二是应属于本期一次性使用的货物和服务，不包括购置的固定资产，也不包括固定资产折旧。能够为所有者带来经济利益的研究与开发支出不作为中间投入，而应计入固定资本形成。

（3）增加值（added value）：指常住单位生产过程创造的新增价值和固定资产的转移价值。它可以按生产法计算，也可以按收入法计算。按生产法计算，它等于总产出减去中间投入后的差额；按收入法计算，它等于劳动者报酬、生产税净额、固定资产折旧和营业盈余之和。

2. 收入法

收入法，又称分配法，是从生产过程形成收入（收入初次分配）的角度，反映生产活动最终成果的方法。按照这种核算方法，增加值由劳动者报酬、生产税净额、固定资产折旧和营业盈余四个部分组成。国民经济各行业收入法增加值之和等于收入法国内生产总值。

$$\text{收入法国内生产总值} = \text{劳动者报酬} + \text{生产税净额} + \text{固定资产折旧} + \text{营业盈余} \quad (5.2)$$

劳动者报酬：指劳动者从事生产活动应获得的全部报酬，既包括货币形式的报酬，也包括实物形式的报酬。主要包括工资、奖金、津贴和补贴，单位为其员工交纳的社会保险费、补充社会保险费和住房公积金、行政事业单位职工的离退休金、单位为其员工提供的雇员股票期权及其他各种形式的报酬和福利等。

生产税净额：指生产税减生产补贴后的差额。生产税指政府对生产单位从事生产、销售和经营活动，以及因从事生产活动使用某些生产要素（如固定资产和土地等）所征收的各种税收、附加费和其他规费，主要有：增值税、消费税、进口关税、出口税、房产税、车船使用税、城镇土地使用税等。生产补贴是政府为影响生产单位的生产、销售及定价等生产活动而对其提供的无偿支付，包括农业生产补贴、政策亏损补贴、进口补贴等。

固定资产折旧：指由于自然退化、正常淘汰或损耗而导致的固定资产价值下降，用以代表固定资产通过生产过程被转移到其产出中的价值。各类企业和执行企业会计准则的事业单位的固定资产折旧，一般按当期计提的折旧费核算；不计提折旧的单位，如政府机关、不执行企业会计准则的事业单位以及居民住房的固定资产折旧，应按照统一规定虚拟计算。

营业盈余：指常住单位创造的增加值扣除劳动者报酬、生产税净额和固定资产折旧后的余额。

3. 支出法

支出法又称使用法，是从货物和服务最终使用的角度，计算生产活动最终成果的方法。最终使用包括最终消费支出、资本形成总额、货物和服务净出口三部分。

$$支出法国内生产总值 = 最终消费支出 + 资本形成总额 + 货物和服务净出口 \quad (5.3)$$

最终消费支出：指常住单位为了直接满足个人或公共消费需求而对货物和服务的支出总额。最终消费支出按支出主体分为居民消费支出、政府消费支出和为住户服务的非营利机构消费支出。

资本形成总额：是通过交易形成的生产资产积累，包括固定资本形成总额、存货变动和贵重物品获得减处置。

货物和服务净出口：指货物和服务出口减货物和服务进口的差额。出口指常住单位向非常住单位出售或无偿转让的货物和服务的价值；进口指常住单位从非常住单位购买或无偿得到的货物和服务的价值。货物的出口和进口都按离岸价格计算。

上述生产法、收入法、支出法分别从生产、分配、消费和积累各环节对国内生产总值进行核算，这种从生产、收入、支出三个方面核算国内生产总值的原理就是三方等价原则。其中，生产法和收入法是基于生产方的核算，支出法是基于使用方的核算，两方面的核算结果具有相互校验作用。按照国民经济核算平衡原则，从生产方和使用方的核算结果都应该是相等的。但由于资料来源不同、数据加工换算方法不同，以及资料收集中存在重复、遗漏和其他误差，因此从生产方和使用方进行核算的结果难以完全一致，存在一定误差。我国2015年国内生产总值核算结果如表5.1所示，从生产方和使用方核算的结果还是有很大差异的。

表 5.1 2015 年国内生产总值总表

生产	金额（亿元）	使用	金额（亿元）
1. 生产法国内生产总值	680254.1	1. 支出法国内生产总值	699109.4
总产出	2081446.5	最终消费支出	362266.5
中间投入（一）	1401192.4	居民消费支出	265980.1
2. 收入法国内生产总值	680254.1	政府消费支出	96286.4
劳动者报酬	354110.0	资本形成总额	312835.7
生产税净额	82274.8	固定资本形成总额	301503.0
生产税		存货变动	11332.7

续表

生产	金额（亿元）	使用	金额（亿元）
生产补贴（－）		货物和服务净出口	24007.2
固定资产折旧	86508.9	货物和服务出口	
营业盈余	157360.4	货物和服务进口（－）	
		2.统计误差	－18855.3

（二）不变价国内生产总值核算

不变价国内生产总值是按基期价格计算的国内生产总值。由于消除了价格变动因素，两个不同时期的不变价国内生产总值相比较，可以反映我国所有常住单位生产活动最终成果的实际变动。不变价国内生产总值可分别按分行业增加值和最终使用进行核算。

1. 分行业不变价增加值核算

分行业不变价增加值核算主要采用价格指数缩减法和物量指数外推法。将各行业不变价增加值加总，得到分行业计算的不变价国内生产总值。

（1）价格指数缩减法（简称缩减法）。是利用价值量等于物量乘以价格这样一种数量关系，用价格指数对按现价核算的价值量进行价格缩减，得到按不变价核算的价值量。缩减法分为双缩法和单缩法，双缩法是利用总产出价格指数和中间投入价格指数分别缩减现价总产出和现价中间投入，得到不变价总产出和不变价中间投入，再以不变价总产出减去不变价中间投入得到不变价增加值。单缩法假定总产出与中间投入保持相同的价格变化幅度，一般是直接利用总产出价格指数缩减现价增加值，求得不变价增加值。

不同行业不变价增加值根据可以获得的基础资料，选择适当的核算方法。例如，工业不变价增加值利用工业生产者出厂价格指数缩减工业现价增加值得到；建筑业不变价增加值利用建筑安装工程价格指数缩减建筑业现价增加值得到；居民服务、修理和其他服务业不变价增加值利用居民消费价格指数中的服务项目价格指数缩减其现价增加值得到；教育不变价增加值利用居民消费价格指数中的教育类价格指数缩减其现价增加值得到。

（2）物量指数外推法（简称外推法）是在基期价值量的基础上，利用物量指数推算出按基期价格计算的核算期价值量，即不变价价值量。外推法分为双外推法和单外推法。双外推法是在基期价格计算的总产出和中间投入的基础上，分别采用总产出和中间投入的物量指数推算出核算期不变价总产出和不变价中间投入，然后以不变价总产出减不变价中间投入得到不变价增加值。单外推法假定总产出与中间投入保持相同的物量变化幅度，一般是利用按基期价格计算的增加值和产出物量指数,直接推算出核算期不变价增加值。例如,交通运输行业和邮政业不变价增加值主要利用客货运周转量和邮政业务总量等物量指数外推基期增加值得到。

2. 不变价最终使用核算

不变价最终使用核算主要采用价格指数缩减法,即利用相应的价格指数缩减现价居民消费支出、政府消费支出、固定资本形成总额、存货变动、货物和服务进出口等支出项,得到各项不变价支出,再将各项不变价支出加总得到不变价支出法国内生产总值。例如,不变价居民消费支出主要利用居民消费价格指数及其分类指数缩减;不变价政府消费支出综合利用人均工资指数、居民消费价格指数和固定资产投资价格指数缩减;不变价固定资本形成总额主要利用固定资产投资价格指数等缩减;不变价货物和服务净出口利用出口和进口价格指数分别缩减出口和进口总额,然后求差得到。

现价国内生产总值与不变价国内生产总值之比,称为国内生产总值缩减指数。国内生产总值缩减指数本质上是一种隐含的价格指数,反映国内生产总值内在的价格变化。国内生产总值缩减指数的公式为:

$$\text{GDP缩减价格指数} = \frac{\text{名义GDP}}{\text{实际GDP}} \times 100\% \quad (5.4)$$

式中,名义国内生产总值是现价国内生产总值,包含了价格变动因素;实际国内生产总值是采用固定价格、可比价格计算的,是剔除价格变动影响后的国内生产总值。

(三)基于国内生产总值的常用分析指标

1. 经济增长速度

为了消除价格变动因素的影响,经济增长速度应该用报告期实际 GDP 与基期实际 GDP 相比而求得,即

$$\text{经济增长速度} = \frac{\text{报告期实际GDP}}{\text{基期实际GDP}} - 100\% \quad (5.5)$$

2. 产业增加值率

产业增加值率是指在一定时期内某产业增加值占同期该产业总产出的比重,其公式为:

$$\text{增加值率} = \frac{\text{增加值}}{\text{总产出}} \times 100\% \quad (5.6)$$

3. 产业结构

产业结构是各产业部门增加值占 GDP 比重之比,它反映了各产业部门在国

民经济生产中的地位和变动趋势。各产业部门增加值占 GDP 比重是按现价计算的。例如，2014—2018 年我国三次产业结构（表 5.2）表现出第一、第二次产业比重下降，第三次产业比重上升的发展趋势。

表 5.2　2014—2018 年我国三次产业结构

年份	国内生产总值（%）	第一产业（%）	第二产业（%）	第三产业（%）
2014	100	8.7	43.3	48.0
2015	100	8.4	41.1	50.5
2016	100	8.1	40.1	51.8
2017	100	7.6	40.5	51.9
2018	100	7.2	40.7	52.2

4. 社会劳动生产率

社会劳动生产率是每个社会劳动者提供的国民经济最终产品数量。它是反映国民经济活动效率指标之一，其公式为：

$$社会劳动生产率 = \frac{GDP}{社会劳动者人数} \tag{5.7}$$

5. 产业部门对经济增长贡献率和拉动

各产业部门对 GDP 增长的贡献率是指产业部门增加值增量与 GDP 增量之比，它反映了各部门对经济增长的直接贡献份额，其计算公式为：

$$某部门对经济增长贡献率 = \frac{该部门增加值增量}{GDP 增量} \times 100\% \tag{5.8}$$

产业部门对经济增长的拉动指 GDP 增长速度与各产业部门贡献率之积，它反映各部门拉动经济增长的百分点。其计算公式为：

$$某部门对经济增长的拉动 = GDP 增长率 \times 该部门对经济增长贡献率 \tag{5.9}$$

例如，2014—2018 年我国三次产业对 GDP 增长的贡献率和拉动百分点如表 5.3 所示。第三次产业对 GDP 增长贡献率高于第一和第二次产业；第三次产业对 GDP 增长的拉动作用高于第一和第二次产业。

表 5.3　2014—2018 年我国三次产业贡献率和拉动经济增长百分点

年份	产业贡献率（%）				GDP增长（百分点）	产业拉动（百分点）		
	三次产业	第一产业	第二产业	第三产业		第一产业	第二产业	第三产业
2014	100	4.6	47.9	47.5	7.3	0.3	3.5	3.5
2015	100	4.5	42.5	53.0	6.9	0.3	2.9	3.7
2016	100	4.1	38.2	57.7	6.7	0.3	2.6	3.9
2017	100	4.8	35.7	59.6	6.8	0.3	2.4	4.0
2018	100	4.2	36.1	59.7	6.6	0.3	2.4	3.9

6. 最终消费率与资本形成率

最终消费率是指在国内生产总值中最终消费支出所占的比重。其公式为

$$最终消费率 = \frac{最终消费}{GDP} \times 100\% \quad (5.10)$$

资本形成率是指资本形成总额占国内生产总值的比重，其公式为：

$$资本形成率 = \frac{资本形成总额}{GDP} \times 100\% \quad (5.11)$$

7. 消费、投资与净出口对经济增长贡献率和拉动

消费、投资与净出口是最终需求的重要组成部分，是影响 GDP 增长的重要因素。消费、投资与净出口对经济增长贡献率和拉动百分点的计算公式为：

$$消费（投资或净出口）贡献率 = \frac{消费（投资或净出口）增量}{GDP增量} \times 100\% \quad (5.12)$$

$$消费（投资或净出口）拉动 = GDP增长率 \times 消费（投资或净出口）贡献率 \quad (5.13)$$

8. 人均国内生产总值

人均国内生产总值是指一个国家或地区在核算期内（通常为一年）实现的生产总值与所属范围内的常住人口之比，是反映一个国家或地区经济发展水平的重要指标之一。

五、国民收入核算

（一）国民总收入

国民总收入（gross national income，GNI）是核算期内所有常住单位取得的初次分配收入的总和。

收入初次分配指生产活动创造的价值在参与生产活动的生产要素所有者及政府之间的分配。生产要素主要包括劳动力、资本和自然资源。劳动力所有者因提供劳动而获得劳动者报酬；资本所有者因提供资本而获得不同形式的收入，如借贷资本所有者获得利息收入，股权所有者获得红利或参与利润分配；自然资源所有者因出让自然资源使用权而获得地租。政府因国家管理需要对生产活动或生产要素征收生产税，同时也因扶持有关生产活动而支付生产补贴。

收入初次分配的结果形成国内各个机构部门的初次分配总收入，国内各部门的初次分配总收入之和等于国民总收入。其公式为：

$$\begin{aligned}国民总收入 &= \sum 国内各机构部门初次分配总收入\\ &= 国内生产总值 + 来自国外的初次分配收入\\ &\quad - 付给国外的初次分配收入\end{aligned} \quad (5.14)$$

国民总收入与国内生产总值是两个不同的概念。国内生产总值是一个生产概念，从生产角度反映一个国家或地区的经济总量。国民总收入是一个收入概念，从收入角度衡量一个国家或地区的经济总量。两者核算口径不同，国内生产总值按经济领土原则核算，凡是在本国经济领土创造的价值，无论是否为本国国民创造都计入本国 GDP。国民总收入则是按照国民原则进行核算，凡是由本国国民创造的收入，不论是否在本国经济领土都应记为本国国民收入。两者使用目的不同，一般在分析国家或地区经济增长时往往使用 GDP，而在分析国家或地区的贫富差异程度时往往使用 GNI 或人均 GNI。

人均国国民总收入是一个国家或地区在核算期内（通常为一年）实现的国民总收入与所属范围内的平均人口之比。它是反映一个国家或地区国民收入水平的重要指标之一。

（二）国民可支配总收入

国民可支配总收入（national disposable income），指国内各机构部门经过收入再分配之后所获得的收入总和。国民可支配总收入计算公式如下：

$$\begin{aligned}机构部门可支配总收入 &= 该部门初次分配总收入\\ &\quad + 该部门经常转移收入\\ &\quad - 该部门经常转移支出\end{aligned} \quad (5.15)$$

$$\begin{aligned}国民可支配总收入 &= \sum 国内机构部门可支配总收入\\ &= 国民总收入 + 来自国外的经常转移收入\\ &\quad - 付给国外的经常转移支出\end{aligned} \quad (5.16)$$

收入再分配指在初次分配总收入基础上通过经常转移对收入进行的再次分

配。再分配的结果形成国内各机构部门的可支配总收入。国内各机构部门的可支配总收入之和称为国民可支配总收入。

(三) 收入使用

收入使用指可支配总收入用于最终消费和总储蓄。

最终消费包括住户部门、广义政府部门和为住户服务的非营利机构部门的最终消费。

总储蓄，指可支配总收入减去最终消费之后的余额，是可用于非金融投资的资金来源。非金融企业部门和金融机构部门没有消费，其总储蓄等于其可支配总收入。国内各机构部门的总储蓄之和为国民总储蓄。计算公式为：

$$机构部门总储蓄 = 该部门可支配总收入 - 该部门最终消费支出 \quad (5.17)$$

$$国民总储蓄 = \sum 国内机构部门总储蓄 = 国民可支配总收入 - \sum 最终消费支出 \quad (5.18)$$

(四) 消费率与储蓄率

消费率反映国民可支配总收入中用于消费的比重。其公式为：

$$消费率 = \frac{最终消费总额}{国民可支配总收入} \times 100\% \quad (5.19)$$

储蓄率反映国民可支配总收入中用于储蓄的比重。其公式为：

$$储蓄率 = \frac{储蓄总额}{国民可支配总收入} \times 100\% = 1 - 消费率 \quad (5.20)$$

上式中，总储蓄指可支配总收入减去最终消费之后的余额，国内各机构部门的总储蓄之和为国民总储蓄。

第二节　旅游核算体系

一、旅游核算含义

旅游核算是以旅游经济活动为核心的扩展核算，国际上通常称为旅游卫星账户或旅游附属账户。

尽管旅游产业活动已经包含在产业分类之中，但依据基本核算框架核算的结果并不能反映出旅游产业对于国民经济的贡献和影响。因此需要建立扩展核算框架,以全面系统地统计与分析旅游活动的作用和意义。联合国世界旅游组织制定的《2008年旅游附属账户:建议的方法框架》(TSA),是推荐各国使用的旅游核算的标准文本。TSA对旅游的消费和供给、相关产业的生产和资本形成,以及与旅游有关的各种非货币信息,实行综合测量,反映旅游活动的供求关系及与其他部门的联系。

我国旅游核算遵循TSA的基本原则和编制方法,结合我国的具体情况,精简了账户内容和指标设置。

二、旅游核算基本概念与指标

(一) 旅游与游客

1. 旅游

旅游(tourism)指个人出于游览观光、休闲娱乐、探亲访友、文化体育、健康医疗、短期教育(培训)、宗教朝拜,或公务、商务等目的,在惯常环境以外进行的,连续停留时间不超过1年,并且不是为了在所访问的地方获取报酬的经济活动。惯常环境指个人经常居住或频繁出入的生活、工作、学习的住所或场所。

2. 游客

游客(vistor)是旅游活动的实施者,指出于个人休闲、或商业及政府事务等目的到惯常环境以外的地方旅行,并且在访问地连续停留时间或预期连续停留时间不超过1年的个人。游客不包括主要目的是在访问地谋生的旅行者,也不包括在其公务地点和家庭所在国之间旅行的外交和军事人员。

3. 旅游类型

(1) 从国家层面考虑,旅游与游客的关系体现为以下几方面:

①本国旅游(domestic tourism),即我国常住居民在国内的旅游;

②入境旅游(inbound tourism),即外国居民在我国及港澳台游客到内陆的旅游;

③出境旅游(outbound tourism),即我国常住居民在外国和港澳台地区的旅游。

(2) 将旅游与游客关系的三个方面对应组合起来,得到两个旅游总量概念:

①国民旅游(national tourism),指我国常住居民完成的旅游活动,无论发生在国内还是国外;

②境内旅游(internal tourism),即发生在我国的旅游活动,无论游客是否为我国常住居民。

(二) 旅游支出与旅游消费

1. 旅游支出

旅游支出(tourism expenditure)指在准备旅游出行和在旅游出行期间,供自己使用或馈赠而购买消费性货物和服务（以及贵重物品）所发生的所有支付。包括游客自己支付的部分，以及由他人支付或报销的部分。

2.旅游消费

旅游消费（tourism consumption）是与国民经济核算衔接的概念，指游客为满足旅游需求而获取的货物和服务总额。所有的旅游支出都属于旅游消费。此外，旅游消费还包括在自有度假住宅居住而虚拟计算的住宿服务以及其他虚拟消费。

（三）旅游产品与旅游产业

1.旅游产品

旅游产品（tourism product）指为满足旅游需求被游客在旅游中实际消费的各种货物和服务。从产品与旅游的对应程度看，旅游产品包括旅游特征产品和旅游相关产品两个类别。

（1）旅游特征产品：指主要供游客购买的产品。

（2）旅游相关产品：指游客有可能购买但不是主要供游客购买的产品。

2.旅游产业

旅游产业（tourism industry）由提供旅游产品的生产活动组成。与旅游产品对应，旅游产业包括旅游特征产业和旅游关联产业。

（1）旅游特征产业：指其产出主要用于满足旅游需求的生产单位，即提供旅游特征产品的生产单位的集合。

（2）旅游关联产业：指生产旅游相关产品的生产单位的集合。

三、旅游核算分类

旅游核算分类包括两种：旅游产品分类和旅游产业分类。

（一）旅游产品分类

联合国世界旅游组织《2008年国际旅游统计建议》将旅游产品分为消费品和非消费品。其中，消费品包括旅游特征产品和其他消费品，非消费品包括贵重物品和其他非消费品。

（二）旅游及相关产业分类

2015年，我国在国民经济行业分类基础上编制了《国家旅游及相关产业统计分类（2015）》，这是我国第一个旅游产业分类标准。2018年，依据《国民经济行业分类》（GB/T 4754—2017），对《国家旅游及相关产业统计分类（2015）》进行了修订，延续了2015版的分类原则、方法和结构框架，形成《国家旅游及相关产业统计分类（2018）》（见附录二）。根据该分类标准，将旅游及相关产业划分为三层，包括9个大类、27个中类和65个小类。其中，大类和中类如表5.4所示。

表 5.4 我国旅游及相关产业分类

产业	大类	中类
旅游业	旅游出行	旅游铁路运输、旅游道路运输、旅游水上运输、旅游空中运输、其他旅游出行服务
	旅游住宿	一般旅游住宿服务、休养旅游住宿服务
	旅游餐饮	旅游正餐服务、旅游快餐服务、旅游饮料服务、旅游小吃服务、旅游餐饮配送服务
	旅游游览	公园景区游览、其他旅游游览
	旅游购物	旅游出行工具及燃料购物、旅游商品购物
	旅游娱乐	旅游文化娱乐、旅游健身娱乐、旅游休闲娱乐
	旅游综合服务	旅行社及相关服务、其他旅游综合服务
旅游相关产业	旅游辅助服务	游客出行辅助服务、旅游金融服务、旅游教育服务、其他旅游辅助服务
	政府旅游管理服务	政府旅游事务管理、涉外旅游事务管理

我国旅游及相关产业分类指在国民经济活动中为游客直接提供行、住、食、游、购、娱等旅游服务，以及为旅游提供相关服务的产业。

按照《国家旅游及相关产业统计分类》，我国旅游及相关产业分为旅游业和旅游相关产业两大部分。

（1）旅游业：指直接为游客提供出行、住宿、餐饮、游览、购物、娱乐等服务活动的集合，包括：旅游出行、旅游住宿、旅游餐饮、旅游游览、旅游购物、旅游娱乐和旅游综合服务。

（2）旅游相关产业：指为游客出行提供旅游辅助服务和政府旅游管理服务等活动的集合，包括：旅游辅助服务，政府旅游管理服务。

我国在《国家旅游及相关产业统计分类》基础上核算旅游及相关产业增加值。我国旅游及相关产业增加值是从旅游及相关产业角度沿用国内生产总值核算概念而形成的，反映我国旅游及相关产业在当期生产活动中创造的与游客旅游需求有直接联系的那部分最终产品价值，包括新增价值和固定资产转移价值。

四、旅游核算基本结构

旅游核算即编制旅游生产核算表（表5.5）。旅游生产核算表反映旅游产业和其他产业生产和消费旅游产品的情况。主栏为按产品类别分列的旅游产品，宾栏为按产业类别分列的旅游产业和其他产业。从行向看，反映旅游产品由哪些产业部门提供,各提供多少,行合计反映了某一种旅游产品的国内产出合计;从列向看,不仅反映各产业的产出情况,而且体现各产业产出中用于旅游消费的各部分。

表5.5 旅游生产核算表

产品＼产业	旅游产业								其他产业		国内总产出	
	行业1		行业2		…	行业n		合计				
	总产出	旅游	总产出	旅游	…	总产出	游旅	总产出	旅游	总产出	旅游	总产出	旅游
1.消费品												
旅游特征产品												
产品1												
产品2												
…												
产品n												
其他消费品												
2.非消费品												
贵重物品												
其他非消费品												
总产出												

五、旅游增加值核算方法

(一) 旅游及相关产业增加值含义

旅游及相关产业增加值,指一个国家或地区所有常住单位一定时期内进行旅游及相关产业生产活动而创造的新增价值。它是一国所有常住单位在一定时期内旅游及相关产业生产活动的最终成果,包括新增价值和固定资产转移价值。

常住单位指在我国的经济领土上具有经济利益中心的经济单位。生产是指在机构单位的控制和组织下,利用劳动、资本、货物和服务投入,创造新的货物和服务产出的活动。

(二) 数据来源

旅游及相关产业增加值核算所需的数据来源于全国经济普查数据、国民经济核算数据和旅游及相关产业消费结构调查数据等资料。

(三) 核算方法

在国家层面，我国旅游及相关产业增加值核算开始于 2015 年。国家统计局以《国家旅游及相关产业统计分类（2015）》为分类依据，制定《旅游及相关产业增加值核算方法》。2019 年，《国家旅游及相关产业统计分类（2018）》对旅游及相关产业统计分类进行了调整。根据国家统计局的统计结果，2018 年我国旅游及相关产业增加值核算结果如表 5.6 所示。

表 5.6 2018 年我国旅游及相关产业增加值核算结果

行业分类	增加值（亿元）	构成（%）	占 GDP 比重（%）
旅游及相关产业	41478	100	4.51
旅游业	37501	90.4	4.08
旅游出行	11173	26.9	1.22
旅游住宿	3262	7.9	0.35
旅游餐饮	5659	13.6	0.62
旅游游览	2011	4.8	0.22
旅游购物	13005	31.4	1.41
旅游娱乐	1667	4.0	0.18
旅游综合服务	723	1.7	0.08
旅游相关产业	3976	9.6	0.43

资料旅游：国家统计局网站。

2018 年全国旅游及相关产业增加值为 41478 亿元，占国内生产总值（GDP）的比重为 4.51%，比上年提高了 0.05 个百分点。从旅游及相关产业内部结构看，旅游业增加值为 37501 亿元，占旅游及相关产业增加值的比重为 90.4%；旅游相关产业增加值 3976 亿元，占旅游及相关产业增加值的比重为 9.6%。从旅游行业看，增加值所占比例最大的是旅游购物，增加值为 13005 亿元，占全部旅游及相关产业比重为 31.4%；其次是旅游出行，增加值为 11173 亿元，占全部旅游及相关产业比重为 26.9%；再次是餐饮，增加值为 5659 亿元，占全部旅游及相关产业比重为 13.6%；而住宿、游览、娱乐综合服务所占比例较小。

根据国家统计局的统计，2014—2018年我国旅游及相关产业增加值占GDP比重情况如表5.7所示。旅游需求的增长拉动了旅游产业的快速增长，旅游及相关产业增加值占GDP的比重达到了4.5%左右，旅游产业对经济的贡献可以通过增加值指标反映出来。

表5.7　2014—2018年我国旅游及相关产业增加值占GDP比重

年份	增加值（亿元）	占GDP比重（%）
2014	27524	4.33
2015	30017	4.36
2016	32979	4.44
2017	37210	4.53
2018	41478	4.51

资料来源：国家统计局网站。

总结国家层面和地方层面对旅游增加值核算方法，其步骤如下：

（1）旅游增加值核算采用两级核算分类。第一级分类按照活动特点分为旅游出行、旅游住宿、旅游餐饮、旅游游览、旅游购物、旅游娱乐、旅游综合服务、旅游辅助服务和政府旅游管理服务九大类。第二级分类是在第一级分类的基础上，细化为65个国民经济行业小类（中类）。

（2）按生产法或收入法对65个国民经济行业小类（中类）进行增加值核算。

（3）计算旅游及相关产业行业小类（中类）增加值。

根据旅游及相关产业消费结构一次性调查资料、相关普查和核算资料计算各行业旅游及相关产业增加值核算系数（旅游及相关产业占该行业的比例），核算行业小类（中类）增加值中属于旅游及相关产业的部分，最终得到旅游及相关产业行业小类（中类）增加值。计算方法如下：

行业小类（中类）旅游增加值 = 该行业小类（中类）增加值 × 核算系数　（5.21）

如果某行业小类（中类）全部内容属于旅游及相关产业，则核算系数为1。

（4）将旅游及相关产业行业小类（中类）增加值加总，得到旅游及相关产业增加值。计算方法如下：

旅游及相关产业增加值 = $\sum$ 旅游及相关产业行业小类（中类）增加值　（5.22）

第三节　游客及其旅游消费统计

一、游客统计

(一) 游客定义

在我国旅游业统计中，游客是指任何为休闲、娱乐、观光、度假、探亲访友、就医疗养、购物、参加会议或从事经济、文化、体育、宗教活动，离开常住国（或常住地）到其他国家（或地方），其连续停留时间不超过 12 个月，并且在其他国家（或地方）的主要目的不是通过所从事的活动获取报酬的人。游客不包括因工作或学习在两地有规律往返的人。

这里的常住国是指一个人在近一年的大部分时间所居住的国家（或地区）或在这个国家（或地区）只居住了较短的时间，但在 12 个月内仍将返回的这个国家（或地区）。常住地是指一个常住国的居民，在近一年的大部分时间所居住的城镇（乡村）或在这个城镇（乡村）只居住了较短的时期，但在 12 个月内仍将返回的这个城镇（乡村）。

(二) 游客分类

游客按出游地分为国际游客（包括入境游客和出境游客，目前在我国旅游业统计中主要指入境游客）和国内游客；按出游时间分为过夜游客和一日游游客（不过夜游客）。

判定一个游客是国际游客还是国内游客不是根据这个游客的国籍而是根据他的常住国或常住地而定。这里，国籍是指给游客颁发护照（或其他身份文件）的政府所在的国家。

1. 入境游客

入境游客指报告期内来我国观光、度假、探亲访友、就医疗养、购物、参加会议或从事经济、文化、体育、宗教活动的外国人、港澳台同胞等游客。

（1）入境过夜游客。指入境游客中，在我国旅游住宿设施内至少停留一夜的外国人、华侨、港澳台同胞。

入境过夜游客不包括下列人员：①应邀来华访问的政府部长以上官员及其随行人员；②外国驻华使领馆官员、外交人员以及随行的家庭服务人员和受赡养者；③常驻我国一年以上的外国专家、留学生、记者、商务机构人员等；④乘坐国际航班过境不需要通过护照检查进入我国口岸的中转旅客；⑤边境地区往来的边民；⑥回内地（大陆）定居的港澳台同胞；⑦已在我国定居的外国人和原已出境又返回在我国定居的外国侨民；⑧归国的我国出国人员。

（2）入境一日游游客。指入境游客中，未在我国旅游住宿设施内过夜的外国人、华侨、港澳台同胞。入境一日游游客应包括乘坐游船、游艇、火车、汽车来华旅游，在车（船）上过夜的游客和机、车、船上乘务人员，但不包括在境外（内）居住而在境内（外）工作，当天往返的港澳同胞和周边国家的边民。

这里，外国人指属外国国籍的人，加入外国国籍的中国血统华人也计入外国人；港澳台同胞指居住在我国香港特别行政区、澳门特别行政区和台湾省的中国同胞。

旅游住宿设施（旅馆业）指任何定期（或临时）为旅游者提供住宿条件的设施。旅游住宿设施包括星级饭店、宾馆、公寓、旅店、招待所、江河及海洋游船、培训中心、疗养院、度假村、假日营地、私人寓所、家庭住宅的出租客房及亲友提供的免费住宿设施等。

2. 出境游客

出境游客是指我国（大陆）公民因公或因私出境前往其他国家或地区、港澳台观光、度假、探亲访友、就医疗养、购物、参加会议或从事经济、文化、体育、宗教活动的游客。

（1）出境过夜游客。指我国大陆居民出境旅游，并在境外其他国家或地区的旅游住宿设施至少停留一夜的游客。

（2）出境一日游游客。指我国大陆居民出境旅游，在境外停留时间不超过24小时，并未在境外其他国家或地区的旅游住宿设施内过夜的游客。

3. 国内游客

国内游客是指报告期内在国内观光游览、度假、探亲访友、就医疗养、购物、参加会议或从事经济、文化、体育、宗教活动的本国居民，其出游的目的不是通过所从事的活动谋取报酬。国内游客包括国内过夜游客和国内一日游游客。

（1）国内过夜游客。指国内居民离开惯常居住地在境内其他地方的旅游住宿设施内至少停留一夜，最长不超过12个月的国内游客。国内旅游者应包括在我国境内常住一年以上的外国人、港澳台同胞。但不包括到各地巡视工作的部级以上领导、驻外地办事机构的临时工作人员、调遣的武装人员、到外地学习的学生、到基层锻炼的干部、到境内其他地区定居的人员和无固定居住地的无业游民。

（2）国内一日游游客。指国内居民离开惯常居住地10千米以上，出游时间超过6小时，不足24小时，并未在境内其他地方的旅游住宿设施过夜的国内游客。

(三）游客人数统计

游客人数指报告期内到某一目的地国家或地区旅游的人数总量，它反映了游客流一定时期内在空间上形成的旅游规模。作为旅游业总量指标之一，其可以反映旅游产品需求数量及变化情况，因此也是衡量一个国家或地区旅游发展水平的指标之一。

旅游人数统计常用的计量单位为人次。游客人次是指一定时期内到某一旅游目的地的游客人数与平均旅游次数的乘积。出入境游客人数根据公安边检部门的出入境登记资料统计，入境游客按每入境一次统计1人次；出境游客按每出境一次统计1人次。国内游客人数统计根据统计报表和抽样调查估算，国内游客按每出游一次统计1人次。

利用游客人次指标可以计算出游率指标。出游率是一个国家（或地区）出游（出境或国内）人数占该国（或地区）人口总数的比重。出游率是客源地产客能力指标，其公式为：

$$出游率 = \frac{某国（地区）出游人数}{该国（地区）总人口数} \times 100\% \quad (5.23)$$

（四）游客构成统计

1. 入境游客构成统计

在游客构成统计中，主要有下列分组方式：

（1）按客源地类型分组。将入境游客分为外国人、华侨、港澳台同胞。

（2）按入境交通方式分组。将入境游客分为乘坐船舶入境、乘坐飞机入境、乘坐火车入境、乘坐汽车入境、徒步入境等类型。

（3）按照国籍分组。对外国游客按照国籍分组。

（4）按照旅游目的分组。将游客分为会议/商务、观光休闲、探亲访友、服务员工、其他等类型。

（5）按照年龄、性别分组。年龄分组为14岁及以下、15~24岁、25~44岁、45~64岁、65岁及以上。

（6）按时间分组，包括按年、月分组。

2. 国内游客构成统计

（1）按居民类型分组。将国内游客分为城镇居民和农村居民两类。

（2）按受教育程度分组。将国内游客分为初中及以下、高中（中专/职高/技校）、大学本科（专科）、研究生及以上等类别。

（3）按旅游目的分组。将国内游客分为观光游览、度假休闲、商务出差、探亲访友、文娱体育健身、健康疗养、其他等类型。

此外，还有按照性别、年龄、季度的分组方式。

（五）游客停留时间统计

游客旅游停留时间指标包括旅游人天数和游客平均停留天数指标。

1. 旅游人天数

旅游人天数也称游客停留天数，是报告期内游客人数与人均过夜天数的乘积。旅游人天数从时间角度反映了旅游需求状况，同时也反映了旅游目的地吸引力的大小。

2. 人均停留天数

人均停留天数是报告期内游客停留天数与游客人数之比。它从平均的角度反映了旅游需求状况及其变化趋势。

（六）游客流空间流向统计

1. 客流集中率（目的地）

客流集中率，指报告期内目的地前 3 位客源市场游客数量占该地游客总量的比重，它反映了目的地游客的集中程度，同时也反映了不同客源地游客流向目的地的情况即客源地结构。

2. 客流流向率（客源地）

客流流向率，是报告期内某客源地游客在各目的地分布的比例。

3. 地理集中指数

地理集中指数，是报告期内某目的地的客源集中程度。其公式为：

$$G = 100 \times \sqrt{\sum_{i=1}^{n} \left(\frac{X_i}{T} \right)^2} \quad (5.24)$$

式中，G 为地理集中指数，X_i 为目的地接待的第 i 客源地游客数量，T 为目的地接待的游客总量，n 为客源地总数量。G 值越接近于 100，表明游客来源地越集中，从而市场的抗波动性就较差；G 值越远离 100，表明游客来源地越分散，从而市场稳定性就较好，但过于分散则不利于主体客源市场的确定。该指标为适度指标，但并没有一个明确的标准，可以结合客流集中率来使用。

4. 游客集中度系数

该指标是对地理集中指数的一种改进[①]，其公式为：

---

① 朱沁夫，李昭，杨樨. 用地理集中指数衡量游客集中程度方法的一个改进 [J]. 旅游学刊，2011，26（4）.

$$G' = \frac{G - \overline{G}}{\overline{G}} \times 100 \qquad (5.25)$$

式中，G' 为游客集中度系数，$\overline{G} = 100 \times \sqrt{\sum_{i=1}^{n}(1/n)^2}$ 为假定游客完全平均分布于 n 个客源地时的 G 值。游客集中度系数越大，表明游客越集中；游客集中度系数越小，表明游客越分散。

（七）游客流时序变动统计

1. 季节变动指数

游客流的季节变动指数，指报告期内连续多年第 j 季（月）平均客流量与各季（月）总平均客流量的比率，它反映了游客流的季节性波动情况。其计算公式为

$$R_j = \frac{\frac{1}{n}\sum_{i=1}^{n}x_{ij}}{\frac{1}{nL}\sum_{i=1}^{n}\sum_{j=1}^{L}x_{ij}} \times 100\% \quad (i = 1, 2, \cdots, n) \qquad (5.26)$$

式中，R_j 季节（月）变动指数，x_{ij} 为第 i 年第 j 季（月）客流量，n 为年度数，L 为季节周期（取 4 或 12）。该指标可参看第 11 章第二节季节变动分析的相关内容。

2. 季（月）集中指数

季（月）集中指数，指游客流在年度内各季（月）集中分布的状况。其计算公式为：

$$r = \sqrt{\frac{1}{L}\sum_{i=1}^{L}(x_i - \overline{m})^2} \quad (i = 1, 2, \cdots, L) \qquad (5.27)$$

式中，r 为季（月）集中指数，x_i 为第 i 季（月）客流量占全年客流量百分比的分子值，L 为季节周期（取 4 或 12），$\overline{m}$ 为各季（月）数量指标均匀分布时的百分比分子值，即 $\frac{1}{L} \times 100\%$ 的分子值（取 25 或 8.33）。r 值越大，游客流集中性越强，旅游淡旺季差异越大；r 值越接近于 0，旅游淡旺季差异越小。

二、旅游消费统计

（一）旅游消费指标

旅游消费是指游客为满足旅游需求而获取的货物和服务总额，是报告期内游客在旅游过程中支付的一切旅游支出。旅游支出包括过夜游客和一日游游客在整个游程中行、游、住、食、购、娱，以及为亲友、家人购买纪念品、礼品等方面

的旅游支出,但不包括为商业目的购物、购买房、地、车、船等资本性或交易性的投资、馈赠亲友的现金及给公共机构的捐赠。旅游消费情况需要通过抽样调查获得。

1. 游客消费总额

游客消费总额,是指报告期内在旅游目的地国家或地区,游客为购买所需商品和服务支付的全部支出总额。该指标从旅游需求方面反映了旅游目的地国家或地区一定时期内旅游经济发展规模,是衡量旅游需求的重要指标之一。从供给方角度看,游客消费总额就构成同期内目的地国家或地区的旅游收入。

入境游客的旅途运输费用中,支付给我国客运机构的计入旅游消费支出;支付给国际运输机构的费用不计入在我国的旅游消费支出。

入境游客离境时携带的出口货物费用,按照国际旅游统计规定不计入旅游消费支出总额,因为在海关将其登记为出口商品,其销售收入被列为贸易收入。

2. 游客人均消费额

游客人均消费额是报告期内目的地国家或地区游客消费总额与旅游人数(或人天)之比。该指标是游客消费的一般水平,可以反映旅游产品需求情况。其公式为:

$$人均天消费额 = \frac{游客消费总额}{旅游人天数} \qquad (5.28)$$

$$人均每次消费额 = \frac{游客消费总额}{旅游人数} \qquad (5.29)$$

3. 旅游消费率

旅游消费率是某个旅游客源地国家或地区在报告期内旅游消费支出总额与该国家或地区居民消费总额之比。它反映了一个国家或地区居民在一定时期内的旅游需求强度和水平。其公式为:

$$旅游消费率 = \frac{旅游消费总额}{居民消费总额} \times 100\% \qquad (5.30)$$

(二)旅游消费构成统计

旅游消费构成即游客消费结构,是游客在旅游消费中各项消费额(或各项平均消费)占消费总额(或平均消费总额)的比重。

1. 入境旅游消费构成统计

入境旅游消费构成统计包括按地区(客源地)、消费用途(或旅游要素)、年龄、性别、职业等进行分组,统计人均天花费情况。其中,按用途分组包括长途交通、游览、住宿、餐饮、购物、娱乐、邮电通信、室内交通、其他服务等组别。

2. 国内旅游消费构成统计

国内旅游消费构成统计包括按旅游目的、旅游方式、年龄、性别、职业等进行分组，统计人均每次旅游花费情况。

第四节　旅游价格与收入统计

一、旅游价格统计

（一）旅游价格含义与构成

旅游价格是游客为满足旅游活动需求所购买的单位旅游产品所支付的货币量，即单位旅游产品价值的货币表现形式。

旅游价格构成包括成本和盈利两部分。成本是生产单位旅游产品所需费用总和，包括旅游接待设备、工具、建筑、原材料、能源等耗费成本；旅游企业从业人员的工资，即劳动价值补偿的成本；企业生产经营管理费用。盈利是旅游产品价格扣除成本的剩余部分，包括税金、贷款利息、保险费用、企业营业利润。

（二）旅游价格的种类和特征

1. 旅游产品价格种类

旅游产品价格有多种类型，通常根据购买方式、旅游活动范围、旅游企业营销方式等对旅游产品价格进行分类。

（1）统包价格、小包价格和单项旅游产品价格。从购买方式来看，旅游产品价格分为统包价格、小包价格和单项旅游产品价格。统包价格和小包价格为旅行社价格，由旅行社出售给游客。游客一次性购买旅行社推出的某条线路的价格称为统包价格；游客仅一次性购买某旅游线路中部分产品的价格称为小包价格。单项旅游产品价格是不通过中介机构以零星购买的方式购买的旅游产品价格。

（2）国内旅游价格和国际旅游价格。根据旅游活动范围，旅游价格分为国内旅游价格和国际旅游价格。国际旅游价格包括入境旅游价格和出境旅游价格。

（3）旅游差价和旅游优惠价格。从旅游企业营销方式上，旅游价格分为旅游差价和旅游优惠价格。

旅游差价是指同种旅游产品因时间、空间、质量和销售环节的差异导致的价格差额；旅游差价主要有批零差价、地区差价、季节差价和质量差价。旅游产品差价率等于旅游产品差价额与基价水平之比，即

$$差价率 = \frac{差价额}{基价水平} \times 100\% \tag{5.31}$$

例如,某景区旺季每张门票 75 元,淡季时每张门票 40 元,淡旺季差价额为 35 元,差价率为 35/40=87.5%。

旅游优惠价格是指在明码公布的价格基础上,给予产品购买者一定折扣或优惠的价格,包括销量优惠、同业优惠、老客户优惠、现金优惠等形式。

(4)旅游产品比价。旅游产品比价是指同一市场、同一时期内,不同旅游产品价格之间的比率。商品比价体现着价格运动的横向关系,反映各部门、各行业之间的经济联系。旅游产品比价是分析旅游价格总体结构是否合理的重要依据。

2. 旅游产品价格特征

首先,旅游产品由综合要素构成,且涉及较多部门和行业,因此旅游价格具有综合性;其次,旅游产品及旅游活动具有较强季节性,易受内外部因素干扰,需求弹性较大,导致旅游价格具有波动性强的特征;最后,旅游价格具有垄断性。旅游资源具有独特性和价值的不可替代性,使得价格因为资源的稀缺性和经营的独占性而具有了垄断的特点。

(三)旅游消费价格指数

旅游消费价格指数(tourism price index,TPI),是度量旅游消费产品和服务项目价格变动趋势和程度的相对数,反映游客购买的旅游消费品和服务价格水平的变动情况。

在我国的居民消费价格指数统计中,旅游类消费价格指数包含在教育文化和娱乐类中,一般认为该统计范围过窄,不能反映旅游价格实际变动情况。

中国社会科学院旅游研究中心自 2011 年开始研究编制中国旅游消费价格指数(TPI)。选取 50 个样本城市各月的门票价格、住宿价格、交通价格,参考居民消费价格指数,编制中国旅游消费价格指数及相关指标。数据来源于 50 座城市共计 658 个 5A 级、4A 级景区,600 家宾馆的数据采集点,同时监控各城市间航班价格、火车价格、内部交通价格,每月收集两次价格数据,形成全年 24 次数据采集。该指数涵盖居民旅游消费所需要的基本服务价格。

海南省以食、住、行、游、购、娱六大旅游要素作为指数主体框架结构,根据海南旅游特色,将 113 种具有海南旅游代表性的服务和商品作为代表品纳入监测,建立覆盖全省旅游市场的消费价格监测体系。通过采用国际相匹配的指标体系把纷繁复杂、动态变化的旅游要素价格信息指数化,能够及时、准确地反映食、住、行、游、购、娱六大旅游要素的价格走势。

二、旅游收入统计

(一) 旅游收入含义

旅游收入,指旅游目的地国家或地区在报告期内向游客提供旅游产品和服务所获得的货币收入总和。换句话说,游客(入境游客和国内游客)在旅游过程中支付的一切旅游支出就是国家(省、区、市)的旅游收入。

旅游支出应包括(过夜)游客和一日游游客在整个游程中行、游、住、食、购、娱,以及为亲友、家人购买纪念品、礼品等方面的旅游支出,不包括为商业目的购物、购买房、地、车、船等资本性或交易性的投资、馈赠亲友的现金及给公共机构的捐赠。

旅游收入包括国际旅游(外汇)收入和国内旅游收入。

(二) 旅游收入额统计

1. 旅游收入总量指标

(1) 国际旅游(外汇)收入。入境游客在中国(大陆)境内旅行、游览过程中用于交通、参观游览、住宿、餐饮、购物、娱乐等全部花费。它是人均天消费支出、人均停留天数与入境游客人数之积。

(2) 国内旅游收入。指国内游客在国内旅行、游览过程中用于交通、参观游览、住宿、餐饮、购物、娱乐等全部花费。

(3) 旅游总收入。是国内旅游收入与国际旅游(外汇)收入之和,反映了目的地国家或地区一定时期的旅游及相关产业总体规模。旅游总收入一般用本国货币单位表示,国际旅游(外汇)收入按当年外汇汇率折算成本国货币收入。

2. 旅游收入平均指标

(1) 平均每人次旅游(外汇)收入。报告期内旅游目的地国家或地区每接待游客(入境)一人次所获得的旅游(外汇)收入。它是旅游总(外汇)收入和入境旅游总人数之比,反映了报告期内该目的地国家或地区游客平均支出水平,可以反映出旅游业的经营效率。其公式为:

$$平均每人次旅游(外汇)收入 = \frac{旅游总(外汇)收入}{入境旅游总人数} \quad (5.32)$$

(2) 人均天旅游(外汇)收入。指报告期内旅游目的地国家或地区平均每天从接待的每位游客(入境)所获得的旅游(外汇)收入。它是旅游总(外汇)收入和旅游停留总天数之比,或平均每人次旅游(外汇)收入与人均停留天数之比,反映了报告期内该目的地国家或地区游客平均每人每天的支出趋势,可以用来衡量旅游目的地国家或地区在旅游市场(或国际旅游市场)的竞争地位。其公式为:

$$人均天旅游（外汇）收入 = \frac{旅游总（外汇）收入}{游客停留总天数} \quad (5.33)$$
$$= \frac{平均每人次旅游（外汇）收入}{人均停留天数}$$

3. 旅游创汇率

旅游创汇率指旅游目的地国家或地区在报告期内非基本旅游外汇收入与基本旅游外汇收入之比。该指标反映了旅游目的地国家或地区旅游创汇能力，也反映了旅游业的发展水平。其公式为：

$$旅游创汇率 = \frac{非基本旅游外汇收入}{基本旅游外汇收入} \times 100\% \quad (5.34)$$

基本旅游收入是旅游目的地国家或地区向游客提供的必需的基本旅游产品和服务（交通、餐饮住宿、游览等）所获得的货币收入；非基本旅游收入是旅游目的地国家或地区向游客提供的非必需的旅游产品和服务（如医疗保健、购物、娱乐等）所获得的货币收入。

（三）旅游收入构成统计

旅游收入的构成即旅游收入结构，包括区域构成、时间构成、用途构成、旅游方式构成等，分组统计方式与旅游消费统计类似。

第五节　旅游接待业企业经营统计

一、旅游接待业经营基本情况统计

（一）旅行社经营基本情况统计

1. 旅行社数量统计

旅行社是为旅游者代办出境、入境和签证手续，招徕、接待旅游者，为旅游者安排食宿等有偿服务的企业。旅行社数量统计主要是按地区进行分组统计。

2. 旅行社外联与接待统计

（1）旅行社外联（组团）人数。指报告期内旅行社自组外联的入境游客人数，反映旅行社对外招徕的能力。旅行社按以下要求统计外联人数：①国际游客入境后不论其停留时间多少、旅游线路长短，只统计一次；②旅行社只统计本社自组外联团的实到人数，非本社外联，仅由本社接受委托办理签证的人数不包括在内。

（2）旅行社接待入境游客人数。指报告期内旅行社实际接待的团队及零散入境过夜游客和入境一日游游客人数，以反映旅行社的接待工作量。旅行社接待入境游客的人数，既包括本社外联并接待的团队游客，也包括接受其他旅行社委托接待的团队游客。

这里的团体入境游客（简称"团队"），指参加旅游团（通常采用综合包价、小包价、国际会议、海洋邮轮、应邀来访及临时组织的旅游团等形式）来中国大陆旅游的入境过夜游客及入境一日游游客。

（3）旅行社外联入境游客人天数。指报告期内旅行社外联的每个入境游客在境内实际停留的天数之和。仅委托办理有关手续或提供单项服务的零散入境游客不计算人天。外联一日游游客超过6小时的按1人天统计。

（4）旅行社接待入境游客人天数。指报告期内旅行社接待的每个入境游客在本省、市实际停留的天数之和。仅委托办理有关手续或提供单项服务的零散入境游客不计算人天。

3.国内旅游组团与接待统计

（1）国内旅游组团人数（人天数）。指报告期内旅行社招徕组织国内团队游客人数（人天数）。组团人数包括国内过夜游客人数和国内一日游游客人数。

（2）国内旅游接待人数（人天数）。指报告期内旅行社接待国内团队游客人数（人天数）。接待人数（人天数）包括本社组团本社接待和外社组团本社接待的国内游客人数（人天数）。

（二）住宿与餐饮业经营基本情况统计

1.饭店与住宿业经营基本情况统计

饭店经营基本情况主要包括饭店数、客房数、床位数、客房出租率、客房实际平均价格等指标。

（1）饭店数、客房数和床位数统计。饭店数、客房数和床位数是反映饭店旅游接待能力的指标。在统计饭店数量时，主要从地区、饭店类型进行分组统计。从类型上，将饭店按照投资类型划分为内资企业、港澳台商投资企业、外商投资企业三大类型；从星级上将饭店划分为一星级饭店、二星级饭店、三星级饭店、四星级饭店、五星级饭店，以及非星级饭店。

（2）客房出租率。客房出租率，指报告期内客房实际出租间天数与客房可出租的间天数之比。该指标反映了饭店的利用情况。其公式为：

$$客房出租率 = \frac{\sum 客房实际出租间天数}{\sum 客房核定出租间天数} \times 100\% \qquad (5.35)$$

（3）客房实际平均价格。客房实际平均价格，指报告期内旅游饭店（宾馆）、公寓、涉外游船实际出租客房、公寓的平均价格。其计算公式为：

$$客房实际平均价格（元/间天）= \frac{客房收入（元）}{客房实际出租间天数（间天）} \quad (5.36)$$

2. 餐饮业经营基本情况统计

餐饮业经营基本情况包括餐饮企业类型及数量、连锁餐饮总店与门店数、营业面积、餐位数等。

（三）旅游景区经营基本情况统计

1. 旅游景区类型及数量统计

旅游景区是以旅游及其相关活动为主要功能或主要功能之一的空间或地域。包括风景区、文博院馆、寺庙观堂、旅游度假区、自然保护区、主题公园、森林公园、地质公园、游乐园、动物园、植物园及工业、农业、经贸、科教、军事、体育、文化艺术等各类旅游景区。根据《旅游景区质量等级的划分与评定》（GB/T 17775—2003），我国A级旅游景区包括5个等级，是对旅游景区的经营管理、服务水平和接待游客能力的综合评定。A级旅游景区以外的为非A级旅游景区。

旅游景区数量是报告期内旅游目的地国家或地区拥有旅游景区的总量，它属于时点指标，可以反映目的地国家或地区旅游吸引物的规模。旅游景区数量统计一般按地区、A级旅游景区类型进行分组统计。

2. 旅游景区接待游客人数统计

旅游景区接待游客人数指标以人次为计量单位。接待人数，是报告期内旅游景区接待游客人数总和。

（四）旅游出行基本情况统计

1. 旅游出行方式

旅游出行方式包括铁路客运、航空客运、公路客运（包括自驾）、城市旅游公交、水上客运等方式。

2. 旅游交通运输规模统计

包括民用航班机场个数、飞机数量、航线数量、航线里程，公路和铁路客运线路数量和营运里程，水上巡游航线及里程、游轮载客量，城市车队、公交运输规模，等等。

3. 客运量、客运周转量统计

客运量，指在报告期内某种运输工具实际运送的旅客数量。它是反映运输业发展规模的重要指标。

客运周转量，指在报告期内某种运输工具运送的旅客数量与其相应运输距离的乘积。其计算公式为：

$$客运周转量 = 客运量 \times 运输距离 \qquad (5.37)$$

二、旅游接待业固定资产投资统计

（一）固定资产投资含义

旅游业固定资产指为生产产品、提供劳务、出租或者经营管理而持有的、使用年限超过12个月的非货币性资产，包括房屋、建筑、机器、机械、运输工具和其他与生产经营有关的设备、器具、工具等。固定资产投资是将资金投放于固定资产以期未来获取收益的经济行为。旅游业固定资产投资是旅游业发展的物质基础。

（二）固定资产投资额统计

固定资产投资额，指以货币形式表现的在一定时期内建造和购置固定资产的工作量以及与此有关的费用的总称。

1. 固定资产投资计价形式

（1）固定资产原价。固定资产原价指企业在建造、购置、安装、改进、扩建、技术改造某项固定资产时所支出的全部货币总额。

（2）固定资产净值。固定资产净值，是企业固定资产原价扣除累计折旧后的余额。

2. 固定资产投资额分组方式

（1）按控股情况。根据投资项目建设单位实收资本中某种经济成分的出资人的实际投资情况，或出资人对投资项目建设单位资产的实际控制、支配程度进行分类。具体分为国有控股、集体控股、私人控股、港澳台商控股、外商控股和其他六类。

（2）按资金来源。包括国家预算资金、国内贷款、债券、利用外资、自筹资金、其他资金来源。

（3）按构成。包括建筑安装工程、设备工器具购置、其他费用。

三、旅游接待业就业与教育培训统计

（一）就业统计

1. 年末从业人员数量统计

年末从业人员，指年度末由企业支付工资的各类职工（包括正式职工、合同制职工、临时工、计划外用工等）的人数。

2. 从业人员构成统计

从业人员构成一般按年龄、性别、受教育程度分组统计。

（二）旅游教育与培训统计

1. 旅游院校基本情况统计

旅游院校基本情况统计，主要包括院校数量和招生人数统计，按照学校类型分为高等院校和中等职业学校两类进行统计。

旅游高等院校，指国家承认学历、开设旅游学院（系、专业）的普通高等院校和成人高等院校。

旅游中等职业学校，指国家承认学历的旅游中等专业学校、旅游职业中学（高中）及开设旅游专业班的技校和普通中学。

2. 旅游系统职工教育培训统计

旅游系统职工教育培训分为岗位培训和成人学历教育两大类，按此分类统计教育培训人数。

四、旅游接待业营业收入与经济效益统计

（一）营业收入统计

1. 营业收入

营业收入是企业经营活动中向消费者提供劳务或销售商品而获得的收入，是企业业务经营活动的直接成果，包括基本业务收入和其他业务收入。基本业务收入又称主营业务收入，它是营业收入的主要部分；其他业务收入指企业主营业务以外不单独核算的或附属经营业务所带来的收入，它属于营业收入的次要部分。

饭店（宾馆）、写字楼、公寓、旅店的营业收入（总额），包括客房收入、餐饮收入、商品部收入、车队收入、其他收入等。旅游饭店营业收入不包括本单位直属其他独立核算企业的营业收入。

旅行社的营业收入（总额），包括综合服务收入、组团外联收入、零星服务收入、劳务收入、票务收入、旅游及加项收入、其他收入等。旅行社营业收入不包括本单位直属其他独立核算企业的营业收入。

酒楼、餐馆等饮食企业的营业收入包括餐费收入、冷热饮收入、服务收入、其他收入等。

2. 营业外收入

营业外收入指与企业业务经营无直接关系的各项收入，主要包括固定资产盘点盈余、处理固定资产净收益、罚款收入、确定无法支付的应付账款。

（二）成本与利税统计

1. 经营成本

旅游企业经营成本，指旅游企业从事旅游经营活动所耗费的全部成本费用之和，包括营业成本、营业费用、管理费用和财务费用。

2. 税金及附加

税金及附加，指企业与营业收入有关的，应由各项经营业务负担的税金及附加，包括增值税、城市维护建设税及教育费附加等。饭店（宾馆）、公寓、旅店、酒楼、餐馆等企业应按营业收入的一定比例计算缴纳税金。

3. 利润总额

（1）经营利润。企业经营取得的收入，也可理解是一种毛利润，经营利润等于营业收入减去营业成本、营业费用、税金及附加。

（2）营业利润。是利润总额的主要组成部分。指企业经营利润减去管理费用、财务费用后的差额。

（3）利润总额。指企业在一定时期内实现的盈亏总额，反映企业的最终财务成果。利润总额如果小于零，表示企业经营亏损。利润总额计算公式为：

$$利润总额 = 营业利润 + 补贴收入 + 投资收益 + 营业外收入 - 营业外支出 \quad (5.38)$$

（4）净利润。指企业当期利润总额减去所得税后的利润额，即企业的税后利润。

（三）经济效益分析指标

旅游企业经济效益是指旅游企业及部门在旅游经济活动中投入与产出的比较。旅游企业经济效益指标主要有资金利润率、成本利润率、营业收入利润率、资本负责率等指标。

1. 资金利润率

资金利润率，是报告期内企业获得利润总额与占用资金（固定资金和流动资金）总额的比率。它反映了旅游企业全部资金的使用效果，综合反映了劳动成果和劳动消耗之间的关系，以及劳动成果与劳动占用之间的关系。其公式为：

$$资金利润率 = \frac{利润总额}{占用资金总额} \times 100\% \quad (5.39)$$

2. 成本利润率

成本利润率，是报告期内企业获得利润总额与耗费的成本总额的比率。它反映了旅游企业的经济效益、盈利能力和成长性。其公式为：

$$成本利润率 = \frac{利润总额}{成本总额} \times 100\% \qquad (5.40)$$

3. 营业收入利润率

营业收入利润率，是报告期内企业获得利润总额与营业收入总额的比率。它反映了营业收入的利润水平。其公式为：

$$营业额利润率 = \frac{利润总额}{营业收入总额} \times 100\% \qquad (5.41)$$

4. 资产负债率

资产负债率，指报告期内企业负债总额与资产总额之比，它反映了企业负债水平，表明企业举债筹资能力和偿还债务能力。该指标属于适度指标，一般认为在低于50%的资产负债率是合适的。其公式为：

$$资产负债率 = \frac{负债总额}{资产总额} \times 100\% \qquad (5.42)$$

5. 人均占用固定资产原价

人均占用固定资产原价，是指报告期内企业固定资产原价与企业从业人员总量之比。它反映了企业的投入情况，反映了企业生产力水平。

6. 百元固定资产创营业收入

百元固定资产创营业收入，指报告期内以元为单位计的营业收入与以百元为单位计固定资产原值之比。该指标反映了固定资产投资的效益。

7. 劳动生产率

（1）全员劳动生产率。指企业每一位职工在单位时间内平均实现的营业收入，它是报告期内营业收入总额与企业从业人员总数之比。该指标反映了劳动力要素的投入产出效率。其公式为：

$$全员劳动生产率 = \frac{营业收入总额}{从业人员总数} \times 100\% \qquad (5.43)$$

（2）人均实现利润（利税）。人均实现利润（利税），指报告期内企业利润（利税）总额与从业人员总数之比。它表示报告期内每人平均实现的利润（利税）额。

本章小结

1. 国民经济核算是对一个国家或地区在一定时期内国民经济总体运行过程和结果所进行的系统性描述。国民经济核算的结果是经济分析的重要依据，是推进国家治理体系和治理能力现代化的重要基础。

2. 国民经济核算体系是为了规范国民经济核算而制定的核算制度，包括基本分类、核算原则、核算框架、基本指标和基本核算方法。我国现行国民经济核算体系为《中国国民经济核算体系（2016）》，该体系主要由基本核算和扩展核算组成。

3. 国民经济核算基本分类主要有机构单位和机构部门分类、产业活动单位和产业部门分类。产业部门分类是按照主产品同质性原则对产业活动单位进行的部门分类。我国现行国民经济行业分类标准为《国民经济行业分类》（GB/T 4754—2017）。国民经济行业包括20个门类。

4. 国内生产总值核算包括现价核算和不变价核算。现价核算方法分为生产法、收入法和支出法。不变价国内生产总值是按基期价格计算的国内生产总值。不变价国内生产总值可分别按分行业增加值和最终使用进行核算。

5. 基于国内生产总值的常用分析指标主要有经济增长速度、产业增加值率、产业结构、社会劳动生产率、产业部门对经济增长贡献率和拉动、最终消费率与资本形成率、人均国内生产总值等。

6. 国民收入核算额主要指标有国民总收入、人均国民总收入、国民净收入、国民可支配总收入、调整后可支配总收入、消费率与储蓄率等。

7. 旅游核算是以旅游经济活动为核心的扩展核算，国际上通常称为旅游卫星账户（或附属账户）。我国旅游核算遵循TSA的基本原则和编制方法，结合我国的具体情况，精简了账户内容和指标设置。

8. 旅游核算基本概念与指标包括旅游与游客、旅游类型、旅游支出与旅游消费、旅游产品与旅游产业。

9. 我国旅游及相关产业分类指在国民经济活动中为游客直接提供行、住、食、游、购、娱等旅游服务，以及为旅游提供相关服务的产业。按照《国家旅游及相关产业统计分类》，我国旅游及相关产业分为旅游业和旅游相关产业两大部分。

10. 旅游及相关产业增加值，指一个国家（或地区）所有常住单位一定时期内进行旅游及相关产业生产活动的最终成果。

11. 我国旅游及相关产业增加值核算按照国家统计局制定的《旅游及相关产业增加值核算方法》进行，核算所需的数据来源于国民经济核算数据和旅游及相关产业消费结构调查数据等资料。旅游及相关产业增加值核算采用两级核算分类。第一级分类按照活动特点分为旅游出行、旅游住宿、旅游餐饮、旅游游览、旅游购物、旅游娱乐、旅游综合服务、旅游辅助服务和政府旅游管理服务九大类。第二级分类是在第一级分类的基础上，细化为65个国民经济行业小类（中类）。旅游及相关产业增加值采用生产法和收入法进行核算。

12. 旅游消费是指游客为满足旅游需求而获取的货物和服务总额，是报告期内游客在旅游过程中支付的一切旅游支出。

13. 旅游收入，指旅游目的地国家或地区在报告期内向游客提供旅游产品和服务所获得的货币收入总和。游客（入境游客和国内游客）在旅游过程中支付的一切旅游支出就是国家（省、区、市）的旅游收入。

关键术语

国民经济核算	国民经济核算体系	基本核算	扩展核算
常住机构单位	机构部门	产业部门分类	三次产业分类
国内生产总值	增加值	国民总收入	国民可支配总收入
最终消费	总储蓄	旅游核算	旅游
游客	旅游支出	旅游消费	旅游产品
旅游产业	旅游特征产业	旅游关联产业	旅游增加值

思考与练习

一、思考题

1. 什么是国民经济核算？如何理解国民经济核算的对象？
2. 我国现行国民经济核算体系由哪些内容组成？
3. 国民经济核算基本分类主要有哪几种？
4. 现价国内生产总值核算方法有哪几种？
5. 不变价国内生产总值核算有哪些方法？
6. 基于国内生产总值的常用分析指标有哪些？基于国民总收入的常用分析指标有哪些？
7. 什么是旅游核算？旅游核算基本概念与指标有哪些？
8. 我国旅游及相关产业是如何分类的？
9. 什么是旅游及相关产业增加值？我国目前怎样核算旅游及相关产业增加值？
10. 游客统计有哪些常用指标？
11. 旅游消费统计有哪些常用指标？
12. 旅游价格与收入统计有哪些常用指标？

13. 旅游企业经营统计有哪些常用指标?

二、选择题

1. 国民经济核算体系中,(　　)属于扩展核算。
   A. 投入产出核算　　　　　　　　B. 国内生产总值核算
   C. 资金流量核算　　　　　　　　D. 旅游核算
2. 现价国内生产总值核算方法有(　　)。
   A. 生产法、收入法和缩减法　　　B. 生产法、收入法和外推法
   C. 生产法、收入法和支出法　　　D. 缩减法、外推法和支出法
3. 下列属于国民收入分析指标的是(　　)。
   A. 国民总收入　　　　　　　　　B. 国内生产总值
   C. 产业增加值率　　　　　　　　D. 经济增长速度
4. 旅游产业活动已经包含在产业分类之中,依据(　　)核算的结果能够反映出旅游产业对于国民经济的贡献和影响。
   A. 基本核算框架　　　　　　　　B. 扩展核算框架
   C. 资金产出核算框架　　　　　　D. 投入产出核算框架

三、计算分析题

1. 2015—2018 年支出法国内生产总值构成如表 5.8 所示。要求:
（1）计算 2015—2018 年最终消费、资本形成总额和支出法国内生产总值。
（2）计算 2015—2018 年最终消费和资本形成率。
（3）分析 2015—2018 年消费、需求和净出口三大需求的结构变动情况。

表 5.8　2015—2018 年支出法国内生产总值统计

指标	2015 年	2016 年	2017 年	2018 年
居民消费（亿元）	265980.1	293443.1	317963.5	348209.6
政府消费（亿元）	96286.4	106467.0	119188.0	132131
固定资本形成总额（亿元）	301503.0	318083.7	349368.5	380771.8
存货变动（亿元）	11332.7	11053.9	14586.0	15873.1
货物和服务净出口（亿元）	24007.2	16584.7	14154.0	7440.5

资料来源:国家统计局网站数据库。

2. 2017年国内生产总值生产方核算情况如表5.9所示。

表5.9 2017年国内生产总值核算

生产	金额（万元）
1. 生产法国内生产总值	
总产出	22577335292.36
中间投入（-）	—
2. 收入法国内生产总值	—
劳动者报酬	4232680280.27
生产税净额	949786044.07
固定资产折旧	1103253277.16
营业盈余	1946437462.90

要求：
（1）计算生产法和收入法国内生产总值。
（2）计算中间投入和增加值率。

3. 甲乙两个旅游企业的营业收入与成本情况如表5.10所示。

表5.10 甲乙两个旅游企业营业收入与成本情况

项目	甲企业	乙企业
（1）营业收入（万元）	380.6	455.2
（2）总成本	—	—
营业成本（万元）	135.1	162.8
营业费用（万元）	156.3	178.9
管理费用（万元）	7.8	6.8
财务费用（万元）	5.7	7.6
（3）税金及附加（万元）	2.1	2.4
（4）营业利润（万元）		
营业外收支净额（万元）	0.2	0.3
（5）利润总额（万元）	—	—

要求：

（1）分别计算甲乙两个旅游企业的经营总成本。

（2）分别计算甲乙两个旅游企业的营业利润。

（3）分别计算甲乙两个旅游企业的利润总额。

（4）分别计算甲乙两个旅游企业的成本利润率和营业收入利润率，比较两个企业的经济效益。

四、实践题

利用政府统计部门、文化与旅游部门以及其他社会组织网站，或利用统计年鉴收集数据，了解某地区旅游发展情况，以描述性方法为主撰写一篇分析报告。

第六章

抽样估计

【学习目标】
1. 理解抽样分布的基本概念；掌握样本均值、比例和方差的抽样分布。
2. 理解参数估计的基本概念与原理。
3. 掌握总体均值、总体比例和总体方差区间估计的方法。
4. 掌握估计总体均值和总体比例时样本容量确定的方法。

本章主要讲述参数估计的原理与方法。第一节介绍抽样分布的基本概念和原理，这是参数估计和假设检验的理论基础；第二节介绍点估计与区间估计的原理；第三节介绍简单随机抽样的参数估计，包括总体均值、总体比例和总体方差的区间估计，以及样本容量的确定。关于两个总体参数的区间估计放在下一章第三节两个总体假设检验的内容中讲解；第四节介绍其他抽样组织方式下的参数估计。

第一节 抽样分布

一、抽样分布的基本概念

（一）总体分布与总体参数

总体分布（population distribution）就是总体中所有个体关于某个变量（特征）的取值所形成的概率分布。对于总体，我们所关心的不是总体本身，而是其某项特征，也即某个变量，因此，我们可以把总体看作某个随机变量 X 可能取值的全体构成的集合。比如游客总体中年龄、旅游花费、旅游停留时间、旅游满意度等都是随机变量,这些随机变量各有其取值及其相应的概率,这样就形成了这些变量的概率分布。由于这些分布是针对总体而言的,因此称为总体分布。

总体分布具有很多不同的类型,如正态分布、二项分布、均匀分布等,而不同的分布会有不同的特征。在统计学中,用总体参数作为反映总体分布特征的指标。参数(parameter)就是对总体分布特征的概括性数字描述,一般用 θ 表示。常用总体参数有总体平均数 μ,总体标准差 σ,总体比例 π,等等。

一般地说,总体分布是未知的,而有时虽然知道其分布类型但总体参数仍是未知的,这时就需要用样本观测结果对总体参数进行推断。

(二)样本分布与样本统计量

样本分布(sample distribution)就是样本中所有个体关于某个变量(特征)的取值所形成的概率分布。比如,我们研究游客总体关于年龄、旅游花费、旅游停留时间、旅游满意度等变量的分布情况,就从总体中抽取 n 个游客作为一个样本,对样本中的每个个体进行调查,就获得了这些随机变量的观测结果。对样本中每个个体进行观测的结果是随机的,可将其看成是一个随机变量的取值,这样就将样本观测结果与一个随机变量的取值对应起来。在理论上,对于来自总体 X 的一个简单随机样本 $X_1, X_2, \cdots, X_n$,由于每个个体是独立随机地抽自总体,因此具有与总体相同的分布,被看成是 n 个独立同分布的随机变量。而一次具体的抽样结果就是 n 个数值,称为 n 个观测值,记为 $x_1, x_2, \cdots, x_n$。根据观测结果,就可以计算出变量取值的相应概率,这样就得到了样本分布。

样本累积频率分布函数称为经验分布函数。从理论上,当样本容量 n 趋于无穷大时,经验分布函数以概率 1 收敛于总体分布函数。因此,在实际应用中,当 n 充分大时,样本分布函数可以作为总体分布的很好近似,即可以用样本分布来推断总体分布。当样本容量 n 逐渐增大时,样本分布就会越来越接近总体分布;但如果样本容量 n 过小时,推断结果可能会存在较大偏差。

反映样本分布特征的指标为样本统计量,一般用 T 表示。样本统计量(sample statistic)是对样本分布特征的概括性数字描述。统计量是用样本数据计算出来的,是样本的函数,它不包含任何未知参数。常用的样本统计量有样本平均数 $\bar{x}$,样本标准差 s,样本比例 p,等等,此外还有中位数、分位数等次序统计量。

(三)抽样分布

1.抽样分布的含义

有了样本分布和由样本数据计算的统计量,就可以对总体做出一个基本估计了,那么为什么还需要抽样分布呢?这是因为,样本统计量是一个随机变量,其取值随着样本不同而存在差异,而每一次抽样估计都是从所有可能的样本中获得其中一个估计值,那么,不同估计值之间的差异有多大?不同的估计值出现的概率有多大？这个估计值的代表性有多大？用这个估计值估计总体参数可靠吗？这一系列问题需要我们做出回答。用样本统计量对总体参数只能作出点估计，不能给出估计的区间，因此对上述问题并不能给以解答，只有通过抽样分布才能回答上述问题。

那么，什么是抽样分布呢？抽样分布（sampling distribution）就是样本统计量的概率分布，它由样本统计量的所有可能取值和相应的概率组成。例如，从某班 30 个同学中不重复地随机抽取 10 个同学组成一个样本，计算旅游统计学考试成绩的样本均值。所有可能的样本共计有 C_{30}^{10} = 30045015 个，每个样本都有一个均值，所有可能样本的均值共有 30045015 个，由这 30045015 个样本均值形成的频率分布，就是考试成绩样本均值的抽样分布。

2. 抽样分布的数学期望和方差

抽样分布的数学期望和方差即样本统计量的数学期望和方差是反映抽样分布的重要数字特征。对于一个简单随机样本，若总体 X 不论服从何种分布，只要均值与方差存在，且其均值为 μ，方差为 σ^2，来自总体 X 的样本均值为 $\bar{x}$，方差为 s^2，则总有

$$E(\bar{x}) = E(\frac{1}{n}\sum_{i=1}^{n}X_i) = \frac{1}{n}E(\sum_{i=1}^{n}X_i) = \frac{1}{n}\sum_{i=1}^{n}E(X_i) = \frac{1}{n}\sum_{i=1}^{n}\mu = \mu \qquad (6.1)$$

$$D(\bar{x}) = D(\frac{1}{n}\sum_{i=1}^{n}X_i) = \frac{1}{n^2}D(\sum_{i=1}^{n}X_i) = \frac{1}{n^2}\sum_{i=1}^{n}D(X_i) = \frac{1}{n^2}\sum_{i=1}^{n}\sigma^2 = \frac{\sigma^2}{n} \qquad (6.2)$$

即样本均值的数学期望就等于总体均值，样本均值的方差就等于总体方差的 $1/n$。

【例 6-1】为了计算方便，我们假设一个游客总体共有 4 名游客，他们到某地旅游停留的天数分别为 1，2，3，4 天。现在，用重复抽样方法从总体中随机抽取容量为 2 的所有可能的样本。要求：(1) 分别对总体和样本计算均值与方差；(2) 计算样本均值抽样分布的期望与方差。(3) 对比样本均值的抽样分布与总体分布形态的不同。

解：(1) 设总体为 X，其取值分别为 $x_1=1$，$x_2=2$，$x_3=3$，$x_4=4$。则总体均值和方差分别为：

$$\mu = \frac{\sum_{i=1}^{N}x_i}{N} = \frac{1+2+3+4}{4} = \frac{10}{4} = 2.5$$

$$\sigma^2 = \frac{\sum_{i=1}^{N}(x_i-\mu)^2}{N} = \frac{(1-2.5)^2+(2-2.5)^2+\cdots+(4-2.5)^2}{4} = \frac{5}{4} = 1.25$$

从总体中抽取容量为 2 的样本,可以看成是两步试验,由于是重复地抽取,因此第二步抽取时总体中的元素仍保持不变。利用乘法原理,可能抽取的样本数为:

$$n = C_4^1 C_4^1 = 16$$

下面将 16 个样本的均值与方差用表 6.1 列出。从表中可以看到,由样本计算出的均值范围在 1 到 4 之间,最小为 1,最大为 4;样本方差最小为 0,最大为 4.5,在 0 至 4.5 之间波动。

表 6.1 样本的均值与方差

样本编号	抽取结果	样本均值 $\bar{x}$	样本方差 s^2	样本编号	抽取结果	样本均值 $\bar{x}$	样本方差 s^2
1	1, 1	1	0	9	3, 1	2	2
2	1, 2	1.5	0.5	10	3, 2	2.5	0.5
3	1, 3	2	2	11	3, 3	3	0
4	1, 4	2.5	4.5	12	3, 4	3.5	0.5
5	2, 1	1.5	0.5	13	4, 1	2.5	4.5
6	2, 2	2	0	14	4, 2	3	2
7	2, 3	2.5	0.5	15	4, 3	3.5	0.5
8	2, 4	3	2	16	4, 4	4	0

(2)将每个样本的均值、频数及其频率列成表格(表 6.2),便形成了样本均值的抽样分布。

表 6.2 样本均值的分布

$\bar{x}$ 的取值	$\bar{x}$ 的个数	$\bar{x}$ 取值的频率	$\bar{x}$ 的取值	$\bar{x}$ 的个数	$\bar{x}$ 取值的频率
1.0	1	1/16	3.0	3	3/16
1.5	2	2/16	3.5	2	2/16
2.0	3	3/16	4.0	1	1/16
2.5	4	4/16			

将表 6.2 的数据代入式(6.1)和式(6.2),则可计算出样本均值的期望(均值)与方差分别为:

$$E(\bar{x}) = \mu_{\bar{x}} = \sum_{i=1}^{n} x_i p_i = 1 \times \frac{1}{16} + 1.5 \times \frac{2}{16} + \cdots 4 \times \frac{1}{16} = \frac{40}{16} = 2.5 \text{ (天)}$$

$$D(\bar{x}) = \sigma_{\bar{x}}^2 = \sum_{i=1}^{n}(x_i - \mu_{\bar{x}})^2 p_i = (1-2.5)^2 \times \frac{1}{16} + (1.5-2.5)^2 \times \frac{2}{16} + \cdots + (4-2.5)^2 \times \frac{1}{16} = 0.625$$

显然，$\mu_{\bar{x}} = \mu$；$\sigma_{\bar{x}}^2 = \frac{\sigma^2}{n}$。

（3）由于 X 取每个值的概率都是 1/4，因此总体为离散型均匀分布，其分布形态图如图 6.1（a）所示。

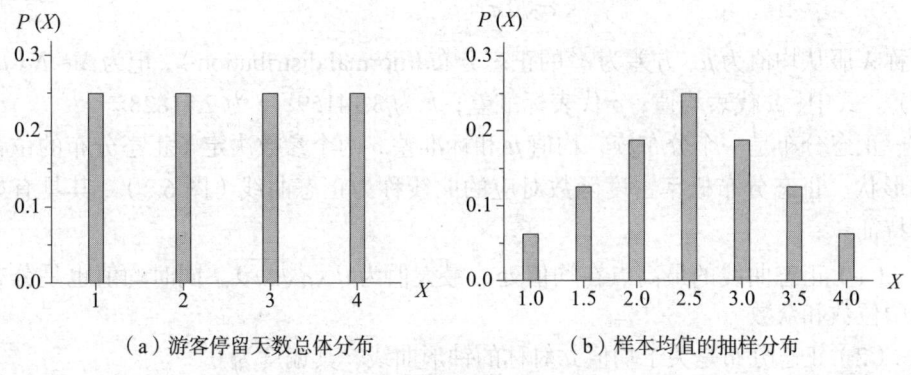

（a）游客停留天数总体分布　　　　（b）样本均值的抽样分布

图 6.1　样本均值的抽样分布与总体分布的比较

将表 6.2 样本均值的分布绘制成分布图 6.1（b），与总体分布进行比较，样本均值的抽样分布不是均匀分布，而是钟形对称分布。

通过上面的例子说明了抽样分布与总体分布之间的关系，但需要说明的是，抽样分布是一种理论分布，我们用不着每次抽取所有可能的样本来构造一个抽样分布，研究抽样分布的目的是掌握统计量分布的规律及其与总体参数的内在联系，建立抽样推断的理论基础。

3. 精确分布与渐近分布

精确分布是能够用数学表达式精确地描述的抽样分布，对于任意自然数 n，其抽样分布公式都能精确成立。精确分布也称有限样本分布，它对样本容量较小时的统计推断十分有用。

渐近分布是一种极限分布。抽样分布理论中，导出精确抽样分布往往十分复杂。统计学家利用极限工具，寻求在样本量 n 无限增大时统计量的极限分布却相对容易。在实际应用中，当 n 较大时，常用统计量的极限分布作为抽样分布的一种近似，这种极限分布常称为渐近分布。所谓"渐近的"，在当 $n \to \infty$ 时，这种近似是精确的。渐近分布在大样本推断中非常有用。

二、样本均值的抽样分布

(一) 正态总体均值的抽样分布：正态分布再生定理

1. 正态分布曲线及其特征

正态概率分布是描述连续型随机变量最重要的概率分布，具有广泛的应用。正态概率分布可以用概率密度函数来描述。如果连续型随机变量 X 的概率密度函数为

$$f(x)=\frac{1}{\sigma\sqrt{2\pi}}e^{-(x-\mu)^2/2\sigma^2} \quad (-\infty < x < +\infty) \qquad (6.3)$$

则称 X 服从均值为 μ、方差为 σ^2 的正态分布 (normal distribution)，记为 $X \sim N(\mu, \sigma^2)$。式中，μ 代表均值；σ 代表标准差；π 为 3.14159；e 为 2.71828。

正态分布是一个分布族，均值 μ 和标准差 σ 两个参数决定了正态分布的位置和形状。正态分布概率密度函数对应的曲线称为正态曲线（图 6.2），其具有如下特征：

(1) 正态曲线的最高点在均值处，最大值为 $1/(\sigma\sqrt{2\pi})$。同时均值也是分布的中位数和众数。

(2) 正态分布是关于均值 μ 对称的钟形曲线，其偏度为 0。

(3) 均值 μ 决定了正态曲线的具体位置。均值可以是任意数值。

(4) 标准差决定了曲线的宽度和平坦（或陡峭）程度。标准差越大则分布曲线越宽，也越平坦。

(5) 正态曲线以横轴为渐近线，曲线尾端向两侧无限延伸，且理论上永远不会与横轴相交。

(6) 正态随机变量在特定区间上取值的概率由正态曲线下的面积给出，而且其曲线下的总面积等于 1。

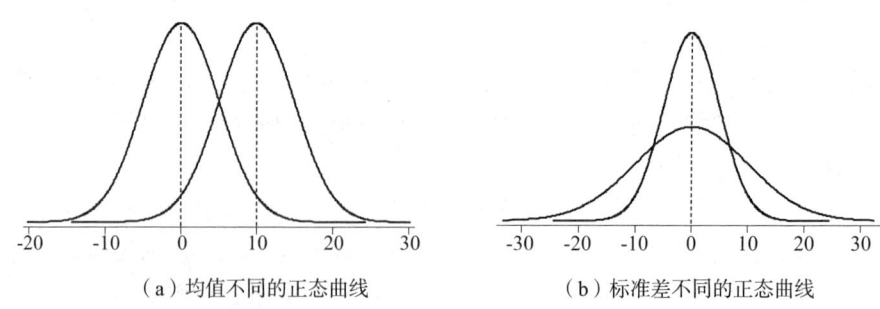

(a) 均值不同的正态曲线　　　　(b) 标准差不同的正态曲线

图 6.2　正态分布曲线

2. 标准正态分布

均值为0，标准差为1的正态分布称为标准正态分布（standard normal distribution），记为 $Z \sim N(0, 1)$。标准正态分布的密度函数记为 $\varphi(z)$，即

$$\varphi(z) = \frac{1}{\sqrt{2\pi}} e^{-z^2/2} \quad (-\infty < x < +\infty) \tag{6.4}$$

标准正态分布的密度函数图形，如图6.3所示。

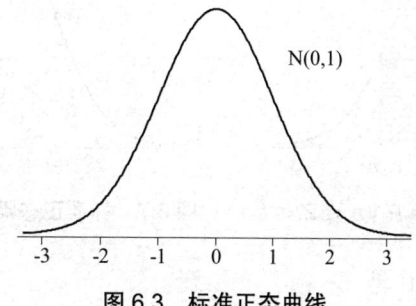

图6.3　标准正态曲线

标准正态分布的累积分布函数用 $\Phi(z)$ 表示，则

$$\Phi(z) = P(Z \leqslant z) = \int_{-\infty}^{z} \varphi(t) dt = \int_{-\infty}^{z} \frac{1}{\sqrt{2\pi}} e^{-\frac{t^2}{2}} dt \tag{6.5}$$

标准正态累积分布图形如图6.4所示。标准正态随机变量的累积概率 $P(Z \leqslant z)$ 是标准正态概率密度曲线下小于 z 值区域的面积（图6.5）。

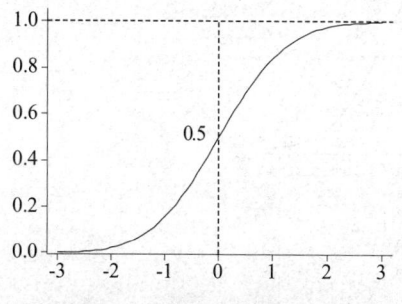
图6.4　标准正态累积分布函数

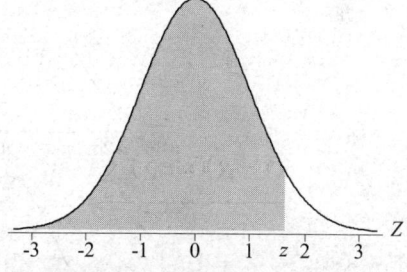
图6.5　标准正态累积概率 $P(Z \leqslant z)$

根据标准正态累积分布函数（图6.6）的性质，不难得出：

$$P(a \leqslant Z \leqslant b) = \int_{a}^{b} \frac{1}{\sqrt{2\pi}} e^{-\frac{t^2}{2}} dt = \Phi(b) - \Phi(a) \tag{6.6}$$

由于 $\varphi(x)$ 为偶函数（图6.7），因此有

$$\Phi(-z) = 1 - \Phi(z) = 1 - \Phi(-z) \tag{6.7}$$

由于 $P(Z \geqslant z) + P(Z \leqslant z) = 1$，因此有

$$P(Z \geqslant z) = 1 - P(Z \leqslant z) = 1 - \Phi(z) \tag{6.8}$$

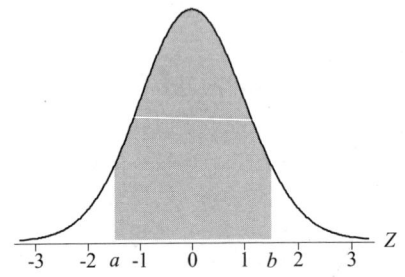 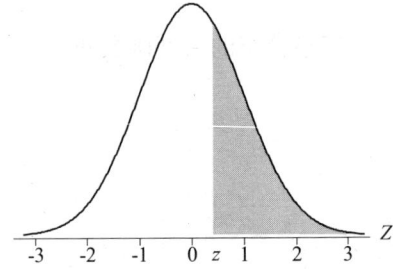

图 6.6　标准正态累积概率 $P(a \leqslant Z \leqslant b)$　　图 6.7　标准正态累积概率 $P(Z \geqslant z)$

3. 正态分布概率的计算

对于具有任意均值 m 和标准差 σ 的正态随机变量，在计算概率时，首先将其转换为标准正态随机变量，之后再利用标准正态分布表计算其概率。如果随机变量 $X \sim N(\mu, \sigma^2)$，则

$$Z = (X - \mu)/\sigma \sim N(0,1) \tag{6.9}$$

利用式（6.9）可以将正态随机变量转化为标准正态随机变量（图6.8）。

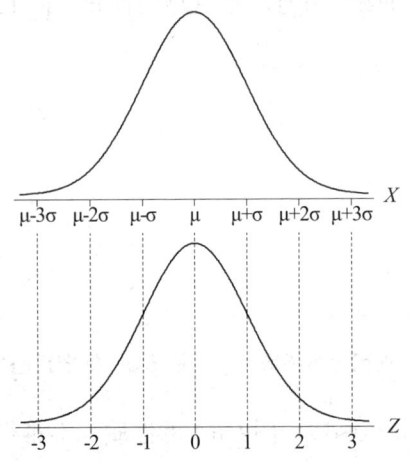

图 6.8　正态分布与标准正态分布的转换

（1）在 $z \geqslant 0$ 时求 $P(Z \leqslant z)$。可直接查标准正态分布表（表6.3）。在

标准正态分布表中，累积概率 $P(Z \leqslant z)$ 由 z 对应表格中的数值给出。z 的值分解为两个值（两个值相加之和就是 z 值），第一个值位于表格的第一列，第二个值位于表格的第一行。首先，分别在第一列与第一行找到 z 的对应值；其次，找到第一个值所在行与第二个值所在列的交汇点，交汇点的值就是所求概率 $P(Z \leqslant z)$。

例如，计算 $P(Z \leqslant 0.45)$。首先在第一列找到 0.4，在第一行找到 0.05；其次，找到 0.4 所在行与 0.05 所在列的交汇点，这一点处的值为 0.6736。这样就得到了 $Z \leqslant 0.45$ 的概率，即 $P(Z \leqslant 0.45) = \Phi(0.45) = 0.6736$。

表6.3　标准正态分布表（部分）

z	0.00	0.01	0.02	0.03	0.04	0.05	0.06	0.07	0.08	0.09
0.0	0.5000	0.5040	0.5080	0.5120	0.5160	0.5199	0.5239	0.5279	0.5319	0.5359
0.1	0.5398	0.5438	0.5478	0.5517	0.5557	0.5596	0.5636	0.5675	0.5714	0.5753
0.2	0.5793	0.5832	0.5871	0.5910	0.5948	0.5987	0.6026	0.6064	0.6103	0.6141
0.3	0.6179	0.6217	0.6255	0.6293	0.6331	0.6368	0.6406	0.6443	0.6480	0.6517
0.4	0.6554	0.6591	0.6628	0.6664	0.6700	**0.6736**	0.6772	0.6808	0.6844	0.6879
0.5	0.6915	0.6950	0.6985	0.7019	0.7054	0.7088	0.7123	0.7157	0.7190	0.7224
0.6	0.7257	0.7291	0.7324	0.7357	0.7389	0.7422	0.7454	0.7486	0.7517	0.7549

（2）在 z 小于 0 时求 $P(Z \leqslant z)$。可以利用式（6.7）进行变换后，再查表计算。

（3）求 $P(a \leqslant Z \leqslant b)$。利用式（6.6）进行变换后，再查表计算。

（4）求 $P(Z \geqslant z)$。利用式（6.8）进行变换后，再查表计算。

4. 标准正态分布分位数

前面介绍了利用标准正态分布表计算正态随机变量给定 z 值时的概率，反过来在给定某个概率值的情况下也可以计算相应正态随机变量的值。这里我们用分位数来度量正态随机变量分布的位置。

（1）上侧分位数

在使用标准正态分布 $Z \sim N(0, 1)$ 时，常用 z_α 表示满足条件 $P(Z > z_\alpha) = \alpha$（$0 < \alpha < 1$）的点，称为标准正态分布的 α 上分位数。α 为分位点上侧面积或概率 [图6.9（a）]。

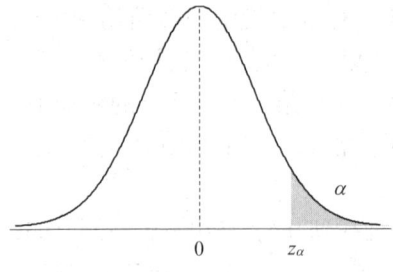 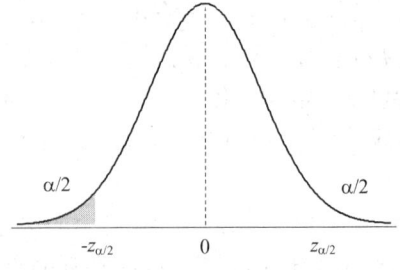

(a)标准正态分布的 α 上分位数　　　　(b)标准正态分布的 α 双侧分位数

图 6.9　标准正态分位数

（2）双侧分位数

对于标准正态分布 $Z \sim N(0,1)$，若 $z_{\alpha/2}$ 满足 $P(|Z|>z_{\alpha/2})=\alpha$（$0<\alpha<1$），则称 $z_{\alpha/2}$ 为标准正态分布的 α 双侧分位数（图 6.9b）。此时，$-z_{\alpha/2}$ 的下侧面积与 $z_{\alpha/2}$ 的上侧面积各为 α/2，α 为上下侧面积之和。

根据标准正态分布的对称性，我们很容易得到：

$$z_{1-\alpha} = -z_\alpha;\ z_{1-\alpha/2} = -z_{\alpha/2}$$

计算标准正态分布的 α 分位数同样利用标准正态分布表，只是它与给定 z 值求概率的过程正好相反，因此，反查标准正态分布表就可以了。

5. 正态分布再生定理

如果总体变量 X 服从正态分布 $N(\mu, \sigma^2)$，从这个总体中抽取容量为 n 的样本，则样本均值 $\bar{x}$ 也服从于正态分布，样本均值的期望 $\mu_{\bar{x}} = \mu$，样本均值的标准差 $\sigma_{\bar{x}} = \dfrac{\sigma}{\sqrt{n}}$，即

$$\bar{x} \sim N\left(\mu, \dfrac{\sigma^2}{n}\right) \tag{6.10}$$

而统计量 $\bar{x}$ 标准化后服从标准正态分布，即

$$z = \dfrac{\bar{x}-\mu}{\sigma/\sqrt{n}} \sim N(0,1) \tag{6.11}$$

（二）正态总体下样本均值的抽样分布：t 分布定理

1. t 分布及其特征

如果 $X \sim N(0,1)$，$Y \sim \chi^2(n)$，且 X 与 Y 相互独立，则随机变量 $t = \dfrac{X}{\sqrt{Y/n}}$ 服从自由度为 n 的 t 分布，记为 $T \sim t(n)$。

t 分布是戈赛特（W.S.Gosset）于 1908 年以 "Student" 为笔名首次提出的，因此被称为 "学生 t 分布"。t 分布具有如下特征：

（1）t 分布概率密度函数曲线如图 6.10 所示，它是关于 $x=0$ 对称的，即 t 分布的均值为 0。

（2）当样本容量 n 较小时，t 分布的方差大于 1；当 n 很大时（一般地 $n>30$），t 分布的方差趋近于 1，t 分布近似于标准正态分布。

（3）与标准正态分布相比，t 分布的中心部分低于标准正态分布，两侧尾部高于标准正态分布。

（4）t 分布的期望与方差：

当 $n \geqslant 2$ 时，t 分布的数学期望 $E(t)=0$。

当 $n \geqslant 3$ 时，t 分布的方差 $D(t)=n/(n-2)$。

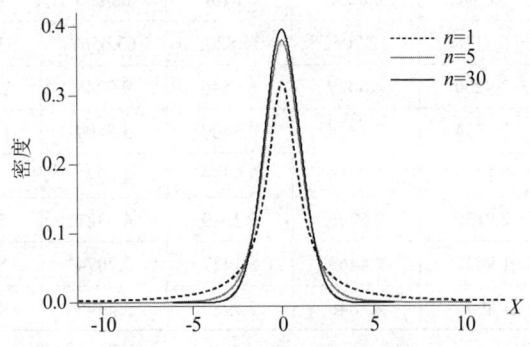

图 6.10　t 分布概率密度函数

2. t 分布的上侧分位数与 t 分布表的使用

在使用 t 分布 $T \sim t(n)$ 时，常用 $t_\alpha(n)$ 表示满足 $P\{T>t(n)\}=\alpha$（$0<\alpha<1$）的点，称为 t 分布的 α 上分位数（图 6.11），其中，α 为分位点上侧面积或概率。例如，$t_{0.05}(5)$ 表示自由度为 5 的 t 分布上侧面积为 0.05 的 t 值。$t_{\alpha/2}(n)$ 就表示自由度为 n 的 t 分布的上侧面积为 $\alpha/2$ 的 t 值。

在计算 t 分布的分位数时，可以利用 t 分布表。在 t 分布表中，第一列给出了自由度 df，第一行给出了 α 值。自由度所在行与 α 值所在列的交汇处的值，就是对应的 α 上分位数。例如，当自由度为 5，α 为 0.05 时，计算 $t_\alpha(n)$。在 t 分布表中（表 6.4），自由度 5 所在的行与 α 值 0.05 所在列的交汇处的值为 2.0150，即 $t_{0.05}(5)=2.0150$。

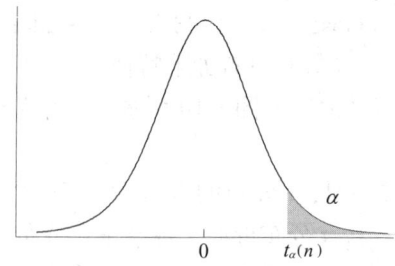

图 6.11 t 分布的 α 上分位数

表 6.4 t 分布表（部分）

df/a	0.1000	0.0500	0.0250	0.0100	0.0050	0.0010	0.0005
1	3.0777	6.3138	12.7062	31.8205	63.6567	318.3088	636.6192
2	1.8856	2.9200	4.3027	6.9646	9.9248	22.3271	31.5991
3	1.6377	2.3534	3.1824	4.5407	5.8409	10.2145	12.9240
4	1.5332	2.1318	2.7764	3.7469	4.6041	7.1732	8.6103
5	1.4759	2.0150	2.5706	3.3649	4.0321	5.8934	6.8688
6	1.4398	1.9432	2.4469	3.1427	3.7074	5.2076	5.9588
7	1.4149	1.8946	2.3646	2.9980	3.4995	4.7853	5.4079

3. t 分布定理

如果总体变量 X 服从正态分布 $N(\mu, \sigma^2)$，从这个总体中抽取容量为 n 的样本，则样本均值 $\bar{x}$ 也服从于正态分布。但当总体方差未知时，可以用样本方差 s^2 代替总体方差（用 s^2 估计 σ^2），经过标准化变换后则服从自由度为 $n-1$ 的 t 分布，即

$$t = \frac{\bar{x} - \mu}{s/\sqrt{n}} \sim t(n-1) \tag{6.12}$$

（三）非正态总体下样本均值的抽样分布：中心极限定理

独立同分布中心极限定理（又称列维-林德伯格定理）认为，若 X_1, X_2, $\cdots$, X_n 是独立同分布随机变量，且存在有限的数学期望 $E(X_i)=\mu$ 和方差 $D(X_i) = \sigma^2$ ($i=1, 2, \cdots, n$)，则当 $n \to \infty$ 时，则

$$\sum_{i=1}^{n} X_i \sim N(n\mu, n\sigma^2) \text{ 或 } \bar{X} = \frac{1}{n}\sum_{i=1}^{n} X_i \sim N(\mu, \frac{\sigma^2}{n}) \tag{6.13}$$

根据中心极限定理可以得出如下结论:从均值为 μ,方差为 σ^2 的一个任意总体中抽取样本量为 n 的样本,当 n 充分大时,样本均值 $\bar{x}$ 的分布总是近似地服从均值为 μ,方差为 σ^2/n 的正态分布,经标准化后服从标准正态分布。

中心极限定理要求 n 充分大,实际应用中,一般地要求 $n \geq 30$。如果总体分布严重偏斜,则需要较大的样本容量。

(四)样本均值的标准误差及有限总体修正系数

为了与样本标准差相区别,将样本统计量分布的标准差称为统计量的标准误差(standard error)或标准差。它反映统计量的离散程度,在统计推断中,它是用来衡量样本统计量与总体参数之间差距的一个重要尺度。

1. 样本均值的标准误差及估计标准误差

样本均值的标准差称为样本均值的标准误差,记为 SE 或 $\sigma_{\bar{x}}$,即

$$\sigma_{\bar{x}} = \frac{\sigma}{\sqrt{n}} \quad (6.14)$$

在实际应用中一般总体方差 σ^2 是未知的,我们可以用样本方差 s^2 替代 σ^2,这时计算的标准误差称为估计标准误差(standard error of estimation),记为 $S_{\bar{x}}$,即

$$s_{\bar{x}} = \frac{s}{\sqrt{n}} \quad (6.15)$$

2. 有限总体修正系数

使用上述公式时应该注意两个条件:(1)无限总体;(2)有限总体,但样本容量应小于等于总体容量的 5%,即 $n/N \leq 0.05$。

样本容量与总体容量的比例称为抽样比,一般用 f 表示,即

$$f = \frac{n}{N} \quad (6.16)$$

当抽样比 f 大于 0.05(或 5%)时,需要对标准差进行修正。在不重复抽样的情况下,样本平均数的标准误为:

$$\sigma_{\bar{x}} = \sqrt{\frac{\sigma^2}{n}\left(\frac{N-n}{N-1}\right)} = \sqrt{\frac{(1-f)\sigma^2}{n}} \quad (6.17)$$

与放回抽样相比,这里多了一个系数 $\sqrt{\frac{N-n}{N-1}} \approx \sqrt{1-\frac{n}{N}} = \sqrt{1-f}$,这个系数称为不重复抽样的修正系数。由于该系数在 0 与 1 之间,一般地,不重复抽样的标准误差比重复抽样的标准误差小,这也意味着不重复抽样比重复抽样有更高的

精度。在 $n/N \leqslant 0.05$ 时，修正与否影响不大，这时不必修正，可以按放回抽样处理。

三、样本比例的抽样分布

（一）样本比例的数学期望与标准差

我们用 π 表示总体比例，它是指总体中"成功"的百分比。用 p 表示样本比例，X 表示"成功"的次数，n 表示样本容量，则样本比例定义为 $p = X/n$。

从 0-1 分布总体中，抽取容量为 n 的样本，其样本比例 p 的概率分布，称为样本比例 p 的抽样分布。样本比例 p 的期望（均值）为总体比例 π，方差为总体方差的 $1/n$，即

$$E(p) = E(\frac{X}{n}) = \frac{1}{n}E(X) = \frac{1}{n}n\pi = \pi \quad (6.18)$$

$$\sigma_p^2 = D(p) = D(\frac{X}{n}) = \frac{1}{n^2}D(X) = \frac{n\pi(1-\pi)}{n^2} = \frac{\pi(1-\pi)}{n} \quad (6.19)$$

样本比例的标准差称为样本比例的标准误差，记为 σ_p，即

$$\sigma_p = \sqrt{\frac{\pi(1-\pi)}{n}} \quad (6.20)$$

在不放回抽样条件下，有关结论与样本平均数相类似，即

$$\sigma_p = \sqrt{\frac{\pi(1-\pi)}{n} \times \frac{N-n}{N-1}} = \sqrt{\frac{(1-f)\pi(1-\pi)}{n}} \quad (6.21)$$

当 N 很大，而抽样比 $n/N \leqslant 5\%$ 时，其修正系数 $\frac{N-n}{N-1}$ 趋于 1，这时样本比例的方差可不必修正。在应用中一般总体比例 π 是未知的，这时可以用样本比例 p 代替。

（二）样本比例的分布形态

一般地，如果 X 是一个随机变量，C 为常数，则 CX 与 X 有相同的分布形态。设 $E(X) = \mu$，$D(X) = \sigma^2$，则 $E(CX) = C\mu$，$D(CX) = C^2\sigma^2$。

样本比例 $p = X/n$，即样本比例 p 是随机变量 X 的函数。X 表示"成功"次数，是一个服从二项分布的随机变量。由于 n 是一个常数，因此 $p = X/n$ 也服从二项分布。

根据二项分布中心极限定理（棣莫弗—拉普拉斯中心极限定理），若一个随机变量 X 服从二项分布 $B(n, p)$，则当 $n \to \infty$ 时，X 渐进服从均值为 np，方差

为 $np(1-p)$ 的正态分布即

$$X \sim N(np, np(1-p)) \quad 或 \quad \frac{X-np}{\sqrt{np(1-p)}} \sim N(0,1) \quad (6.22)$$

根据中心极限定理,当样本容量 n 足够大时二项分布近似于正态分布。n 足够大的条件是 $np \geqslant 5$,$n(1-p) \geqslant 5$。

对于样本比例 p 的抽样分布来讲,当 $n\pi \geqslant 5$,$n(1-\pi) \geqslant 5$ 时,样本比例 p 近似服从均值为 π,方差为 $\pi(1-\pi)/n$ 的正态分布,即 $p \sim N(\pi, \frac{\pi(1-\pi)}{n})$,经标准化后服从标准正态分布,即

$$z = \frac{p-\pi}{\sqrt{\frac{\pi(1-\pi)}{n}}} \sim N(0,1) \quad (6.23)$$

四、卡方分布与样本方差的抽样分布

(一)χ^2 分布

1. χ^2 分布及其特征

χ^2 分布是赫尔墨特(Hermert)与卡尔·皮尔逊(K.Pearson)分别于 1875 年和 1900 年推导出来的,在总体方差的估计与检验,以及非参数检验中都具有广泛的应用。

设随机变量 X_1,X_2,$\cdots$,X_n 相互独立,且 X_i($i=1$,2,$\cdots$,n)服从标准正态分布 $Z(0,1)$,则他们的平方和 $\sum_{i=1}^{n} X_i^2$ 服从自由度为 n 的 χ^2 分布,记为 $X \sim \chi^2(n)$。

χ^2 分布的密度函数曲线如图 6.12 所示,其分布具有如下特征:

(1)χ^2 分布与自由度 n 有关,自由度 n 决定了分布的形状。

(2)χ^2 分布为非对称分布,但当 n 很大时($n > 45$),χ^2 分布近似地服从正态分布。当自由度 $n>45$ 时,有 $\chi_\alpha^2(n) = \frac{1}{2}(z_\alpha + \sqrt{2n-1})^2$。当 $n \to \infty$ 时,χ^2 分布的极限分布为正态分布。

(3)χ^2 分布具有可加性。若两个独立随机变量 $\chi_1^2 \sim \chi^2(n_1)$,$\chi_2^2 \sim \chi^2(n_2)$,则 $\chi_1^2 + \chi_2^2 \sim \chi^2(n_1 + n_2)$。

(4)χ^2 分布的期望与方差分别为:

$E(\chi^2) = n$

$D(\chi^2) = 2n$（n 为自由度）

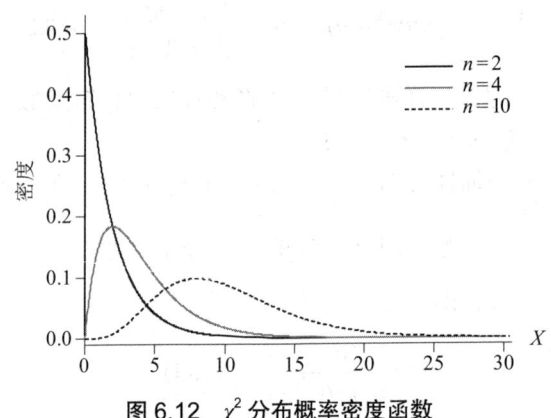

图 6.12　χ^2 分布概率密度函数

2. χ^2 分布的上侧分位数与 χ^2 分布表的使用

在使用 χ^2 分布时，常用 $\chi^2_\alpha(n)$ 表示满足 $P\{\chi^2 > \chi^2_\alpha(n)\} = \alpha$（$0<\alpha<1$）的点，称为 χ^2 分布的 α 上分位数（图 6.13），其中，α 为分位点上侧面积或概率。例如，$\chi^2_{0.05}(7)$ 表示自由度为 7 的 χ^2 分布上侧面积为 0.05 的分位数值。$\chi^2_{\alpha/2}(n)$ 就表示自由度为 n 的 χ^2 分布的上侧面积为 $\alpha/2$ 的分位数值。

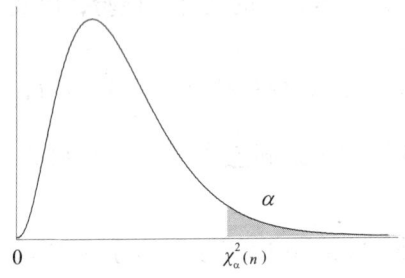

图 6.13　χ^2 分布的 α 上分位数

在计算 χ^2 分布的分位数时，可以利用 χ^2 分布表。在 χ^2 分布表中，第一列给出了自由度 df，第一行给出了 α 值，即 χ^2 分布的上侧面积。自由度所在行与 α 值所在列的交汇处的值，就是对应的 α 上分位数。例如，当自由度为 3，α 为 0.05 时，计算 $\chi^2_\alpha(n)$。在 χ^2 分布表中（表 6.5），自由度 3 所在的行与 α 值 0.05 所在列的交汇处的值为 7.8147，即 $\chi^2_{0.05}(3) = 7.8147$。

表 6.5 χ^2 分布表（部分）

df/a	0.995	0.990	0.975	0.950	0.900	0.100	0.050	0.025	0.010	0.005
1	0.0000	0.0002	0.0010	0.0039	0.0158	2.7055	3.8415	5.0239	6.6349	7.8794
2	0.0100	0.0201	0.0506	0.1026	0.2107	4.6052	5.9915	7.3778	9.2103	10.5966
3	0.0717	0.1148	0.2158	0.3518	0.5844	6.2514	**7.8147**	9.3484	11.3449	12.8382
4	0.2070	0.2971	0.4844	0.7107	1.0636	7.7794	9.4877	11.1433	13.2767	14.8603
5	0.4117	0.5543	0.8312	1.1455	1.6103	9.2364	11.0705	12.8325	15.0863	16.7496

（二）样本方差的抽样分布

样本方差的抽样分布是样本方差所有可能取值形成的概率分布。这里给出正态总体条件下样本方差的抽样分布。

设 X_1，X_2，…，X_n 是来自正态总体 $X \sim N(\mu, \sigma^2)$ 的简单随机样本，样本方差为 s^2，则 $(n-1)s^2/\sigma^2$ 服从自由度为 $n-1$ 的 χ^2 分布，即

$$\chi^2 = \frac{(n-1)s^2}{\sigma^2} \sim \chi^2(n-1) \tag{6.24}$$

第二节　点估计与区间估计

一、参数估计

参数估计（parameter estimation）是统计推断的重要内容之一，它以抽样及抽样分布为基础，用样本统计量来估计未知的总体参数。在参数估计中，用于估计总体参数的统计量称为估计量（estimator）。例如样本均值、样本比例和样本方差就是总体均值、总体比例和总体方差的一个估计量。一般地，总体参数用 q 表示，估计量用 $\hat{\theta}$ 表示。

估计参数时根据一个具体的样本计算出来的估计量的数值称为估计值（estimated value）。例如，对某高校大学生旅游消费进行抽样调查，用以估计该校大学生旅游人均年消费情况，根据调查数据计算出人均消费为 210 元，即样本均值为 210 元，这就是估计值。

二、点估计

点估计（point estimate）就是用样本统计量的某个取值直接作为总体参数的估计值。比如我们希望知道来某市旅游的游客平均停留的天数，从游客总体中随机抽取了一个样本，并根据样本计算出人均停留天数为 3.6 天，那么我们就用这个样本均值 3.6 天作为来某市旅游的游客总体平均停留天数的一个估计值，这就是点估计。

在参数估计中，用于估计总体参数的统计量称为点估计量。例如用样本均值 $\bar{x}$ 估计总体均值 μ，则称样本均值 $\bar{x}$ 为总体均值 μ 的点估计量。同样，样本比例 p 是总体比例 π 的点估计量，样本方差 S^2 是总体方差 σ^2 的点估计量。顺序统计量也可以作为总体参数的估计量，如中位数 M_e 可以作为总体均值 μ 的点估计量。

三、评价估计量的准则

样本统计量可以作为相应总体参数的点估计量，但对于同一个总体参数来讲，可以构造出多个统计量作为估计量，那么我们用哪一个统计量来估计总体参数会更好呢？在一个统计量成为点估计量之前，需要进行检验评价。一个好的点估计量应该具有三个性质，即无偏性、有效性和一致性，这也是评价统计量的三个基本准则。

（一）无偏性

无偏性（unbiasedness）是指估计量抽样分布的数学期望等于被估计的总体参数。如果 $E(\hat{\theta}) = \theta$，则称 $\hat{\theta}$ 为 θ 的无偏估计量。$\hat{\theta}$ 的偏差 $= E(\hat{\theta}) - \theta$，无偏就是估计量在平均的意义上没有偏差。估计量的值有的大于总体参数 θ，有的小于 θ，在无偏的情况下，估计误差正负抵消，抽样分布的均值等于总体参数值，如图 6.14a。而在有偏的情况下，估计误差正负不能相抵，致使抽样分布的均值大于或者小于总体参数值。在图 6.14b 中，由于 $E(\hat{\theta})$ 大于 θ，从而样本统计量会以较大的概率高估总体参数值；相反在图 6.14c 中，由于 $E(\hat{\theta})$ 小于 θ，从而样本统计量会以较大的概率低估总体参数值。

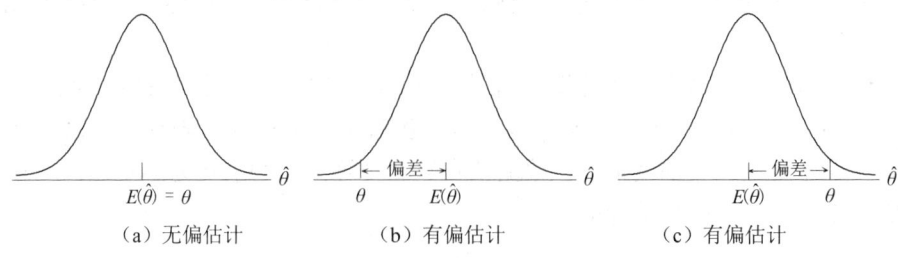

图 6.14　估计的无偏性比较

由于 $E(\bar{x})=\mu$,$E(p)=\pi$,因此样本均值和样本比例分别是总体均值和总体比例的无偏估计量。同样可以证明,$E(s^2)=\sigma^2$,因此样本方差是总体方差的无偏估计量。但样本标准差不是总体标准差的无偏估计量。

(二)有效性

有效性(efficiency)是指对同一总体参数的两个无偏点估计量,有更小方差的估计量更有效。如果 $E(\hat{\theta}_1)=\theta$,$E(\hat{\theta}_2)=\theta$,而 $D(\hat{\theta}_1)<D(\hat{\theta}_2)$,那么,就称 $\hat{\theta}_1$ 是比 $\hat{\theta}_2$ 更有效的一个估计量。在无偏估计的条件下,估计量的方差越小,估计就越有效。

图 6.15 给出了两个无偏点估计量 $\hat{\theta}_1$ 和 $\hat{\theta}_2$ 的抽样分布。$\hat{\theta}_1$ 比 $\hat{\theta}_2$ 具有更小的方差,意味着 $\hat{\theta}_1$ 比 $\hat{\theta}_2$ 具有更小的标准误差,具有更大的概率接近于总体参数 θ,因此,$\hat{\theta}_1$ 比 $\hat{\theta}_2$ 更有效,是更好的点估计量。

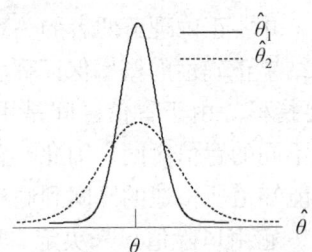

图 6.15　两个无偏估计量有效性的比较

(三)一致性

一致性(consistency)是指随着样本容量的增大,估计量的值越来越接近被估计的总体参数,即 $\lim_{n\to\infty}\hat{\theta}_n=\theta$。随着样本容量的增大,估计的标准误差会越来越小,因此一个大样本给出的估计量比一个小样本给出的估计量具有更大的概率接近于总体参数。样本均值、样本比例和样本方差分别是总体均值、总体比例和总体方差的一致估计量。样本标准差是总体标准差的一致估计量。

四、区间估计原理

点估计给出了一个明确的估计值,这是点估计的优点。但由于样本是随机的,由一个具体样本得到的估计值很可能与总体真值存在较大的偏差,因此在估计总体参数时应该给出估计的误差范围和可靠程度。但是,点估计本身并不能给出估计的误差范围和可靠程度,这正是点估计的不足,而要解决这一问题还需要区间估计。

(一) 置信区间

所谓区间估计 (interval estmate) 就是利用抽样分布, 以点估计值为基础构造总体参数 θ 的一个区间, 用一个具有一定可靠程度的区间范围来估计总体参数。总体参数的估计区间称为置信区间 (confidence interval), 置信区间的下限为 $\hat{\theta}_1$, 上限为 $\hat{\theta}_2$, 要求区间 $(\hat{\theta}_1, \hat{\theta}_2)$ 包含总体参数 θ 的概率为 $1-\alpha$, 即

$$P(\hat{\theta}_1 < \theta < \hat{\theta}_2) = 1-\alpha \qquad (6.25)$$

式中, α 是事先所确定的一个概率值, 也被称为风险值, 它是总体参数 θ 落在置信区间以外的概率; $1-\alpha$ 称为置信水平, 也称置信度或置信系数, 是置信区间包含总体参数 θ 的概率。

(二) 区间长度与置信水平

构造置信区间时, 应注意区间估计的两个基本要求: 一是估计的可靠性要求, 二是估计的精确度要求, 并要正确理解两者的关系。

估计的可靠性就是估计结果正确性的概率保证程度。在区间估计中, 置信水平是反映估计可靠性的重要指标。由于置信区间是用样本估计量来构造的, 抽取不同的样本, 就可以得到不同的置信区间, 因此, 置信区间也具有随机性, 是随机区间。那么我们怎样才能知道所构造的区间到底有多大的把握程度呢? 实际上, 置信水平是事先给定的, 它由风险值 α 来决定。例如, 确定 $\alpha = 0.05$, 则置信度为 $1-\alpha = 95\%$, 它意味着, 如果重复抽样得到 100 个样本, 构造了 100 个置信区间, 那么就会有 95 个区间包含了总体真值, 而有 5 个区间未包含总体真值。如果你的样本是这 100 个之中的一个, 那么你有 95% 的把握认为, 这个样本所构造的置信区间包含了总体真值。

置信区间的长度 $\hat{\theta}_2 - \hat{\theta}_1$ 反映了区间估计的精确程度。较长的区间意味着较大的误差, 较低的精度; 较短的区间意味着较小的误差, 较高的精度。区间估计的精度要求就是要把误差控制在一定的范围之内, 根据研究对象的性质和估计的要求确定合理的误差范围。

能不能要求同时既提高了置信水平又缩短了置信区间呢? 这需要弄清楚二者之间的关系。首先, 在样本容量确定的条件下, 置信区间的长度随着置信系数的增大而增大, 随着置信系数的减小而减小。也就是说, 这是一对矛盾。若置信水平提高, 置信区间就会拉长, 估计精度就会下降; 反过来, 若提高估计精度, 则置信水平就会下降。其次, 当置信水平固定时, 置信区间的长度随样本量的增大而减小, 从而提高估计精度。因此, 如果要解决上述矛盾, 必须增加样本容量。一般准则是: 在保证置信度条件下, 尽可能提高估计精度。

(三)求置信区间的一般步骤

构造置信区间的一般步骤可概括为:

(1)确定研究的问题,明确所要估计的总体参数。
(2)根据估计的总体参数选择适合的统计量,得到统计量的抽样分布。
(3)根据估计的可靠性要求,确定一个合适的置信水平 $1-\alpha$。
(4)抽取一个随机样本,计算点估计值。
(5)利用统计量的抽样分布,以点估计为基础,建立总体参数在 $1-\alpha$ 置信水平下的置信区间。

第三节 简单随机抽样的参数估计

一、总体均值的区间估计

参数的区间估计是利用样本统计量的抽样分布来构造的,而抽样分布会受到总体分布、总体方差是否已知、样本容量大小等因素的影响。为了讨论的方便,在进行区间估计时会提出若干基本假定。比如,对总体均值进行区间估计时,我们一般有一个基本假定,即正态总体假定。在正态总体前提下,样本均值的抽样分布服从正态分布,经标准化后服从标准正态分布,这样就可以利用标准正态分布建立估计区间了。而当这个假定不能满足时,则需要利用大样本来对总体参数做区间估计,根据中心极限定理,在样本容量较大时样本均值的抽样分布近似服从正态分布,依然满足区间估计的条件。当然,假定只是一种假设的前提,它本身也是需要检验的。比如,对正态性的检验,我们可以利用直方图、正态概率图等工具来检验。下面对正态总体假定下和该假定不能满足时的区间估计分别给以讨论。

(一)正态总体均值的区间估计

1.正态总体方差已知

当总体服从正态分布且 σ^2 已知时,样本均值 $\bar{x}$ 服从均值为 μ,方差为 σ^2/n 的正态分布[图6.16(a)],即 $\bar{x} \sim N(\mu, \dfrac{\sigma^2}{n})$。而 $\bar{x}$ 经过标准化后则服从标准正态分布[图6.16(b)],即 $z = \dfrac{\bar{x} - \mu}{\sigma/\sqrt{n}} \sim N(0,1)$。

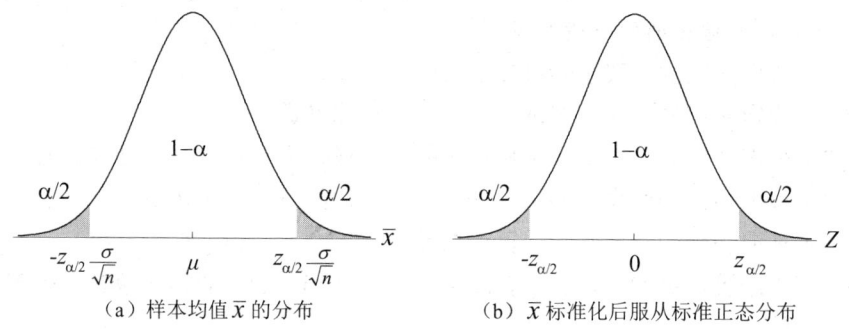

（a）样本均值$\bar{x}$的分布　　　　（b）$\bar{x}$标准化后服从标准正态分布

图 6.16　样本均值的抽样分布

对于给定的置信度 $1-\alpha$，计算标准正态分位数 $z_{\alpha/2}$，使得

$$P(|Z| < z_{\alpha/2}) = 1-\alpha，\text{或}\ \ P(-z_{\alpha/2} < Z < z_{\alpha/2}) = 1-\alpha$$

将 $z = \dfrac{\bar{x} - \mu}{\sigma/\sqrt{n}}$ 代入上式得

$$P\left(-z_{\alpha/2} < \frac{\bar{x} - \mu}{\sigma/\sqrt{n}} < z_{\alpha/2}\right) = 1-\alpha$$

对上式括号内不等式进行变换得

$$P\left(\bar{x} - z_{\alpha/2}\frac{\sigma}{\sqrt{n}} < \mu < \bar{x} + z_{\alpha/2}\frac{\sigma}{\sqrt{n}}\right) = 1-\alpha$$

从而，得到总体均值 μ 在 $1-\alpha$ 的置信水平下的置信区间：

$$\left(\bar{x} - z_{\alpha/2}\frac{\sigma}{\sqrt{n}},\ \bar{x} + z_{\alpha/2}\frac{\sigma}{\sqrt{n}}\right) \tag{6.26}$$

式中，$\bar{x} - z_{\alpha/2}\dfrac{\sigma}{\sqrt{n}}$ 为置信下限，$\bar{x} + z_{\alpha/2}\dfrac{\sigma}{\sqrt{n}}$ 为置信上限；$z_{\alpha/2}$ 为标准正态分布上侧面积为 $\alpha/2$ 时的分位数值，可以查表得出，一般常用的置信水平和标准正态分布曲线下右侧面积为 $\alpha/2$，z 值如表 6.6 所示；$\dfrac{\sigma}{\sqrt{n}}$ 为抽样标准误差 $\sigma_{\bar{x}}$，也称平均误差；$z_{\alpha/2}\dfrac{\sigma}{\sqrt{n}}$ 为估计误差（estimate error），也称为极限误差（limit error）、边际误差或最大允许误差，用字母 E 表示。极限误差反映了估计的精度，它取决于两个因素，一个是抽样标准误差，一个是置信水平。

表6.6 常用置信水平的 z 值（$z_{\alpha/2}$）

置信水平	α	$\alpha/2$	$Z_{\alpha/2}$
90%	0.1	0.05	1.645
95%	0.05	0.025	1.96
99%	0.01	0.005	2.58

总结上述过程，总体均值区间估计的一般形式可以概括为：点估计值 $\bar{x}\pm$ 极限误差 E，即：

$$\bar{x}\pm z_{\alpha/2}\sigma_{\bar{x}}=\bar{x}\pm z_{\alpha/2}\frac{\sigma}{\sqrt{n}} \qquad (6.27)$$

从上式可以看到，为了估计总体均值 μ 的置信区间，必须利用总体方差 σ^2 计算极限误差 E。在一般情况下 σ^2 是未知的，但我们可以利用历史数据估计 σ^2，所谓总体方差已知就是指此而言的。比如，调查旅游平均消费情况，可以用上年或最近调查对总体方差估计的结果作为总体方差。再比如，在质量控制中规定了总体方差指标，若假定生产过程是正常运行，则可以认为总体方差已知。

当有限总体不重复抽样的抽样比大于5%，则可用 $\sqrt{1-f}$ 对抽样标准误进行修正。

【例6-2】 为了估计5秒钟旅游电视广告的平均费用，从某地区64家电视台抽取了16家电视台组成一个样本，样本均值为25000元。根据以往的调查数据显示，该类广告平均费用服从正态分布，标准差为10000元。试建立5秒钟旅游广告费用总体均值95%的置信区间。

解： 已知总体服从正态分布，σ 已知，虽为小样本，但仍可用 z 分布建立总体均值的置信区间。由题意知，总体容量 $N=64$ 家，样本量 $n=16$ 家，抽样比 $f=0.25>0.05$；样本均值 $\bar{x}=25000$ 元，总体标准差 $\sigma=10000$ 元。

由于置信水平 $1-\alpha=95\%$，因此，$\alpha=0.05$，查表得 $z_{\alpha/2}=z_{0.05}=1.96$。

因此，总体均值 μ 在 $1-\alpha$ 置信水平下的置信区间为：

$$\bar{x}\pm z_{\alpha/2}\frac{\sigma}{\sqrt{n}}\sqrt{1-f}=25000\pm 1.96\times\frac{10000}{\sqrt{16}}\sqrt{1-0.25}=25000\pm 4244$$
$$=(20756, 29244)$$

因此，在95%的置信水平下，5秒钟旅游广告费用总体均值的置信区间为 20756~29244 元之间。

2. 正态总体方差未知

如果总体服从正态分布，从这个总体中抽取容量为 n 的样本，则样本均值 $\bar{x}$

也服从于正态分布。由于总体方差未知，这时可以用样本方差 s^2 代替 σ^2（即用 s^2 估计 σ^2），样本均值 $\bar{x}$ 经过标准化后则服从自由度为 $n-1$ 的 t 分布，即

$$t = \frac{\bar{x} - \mu}{s/\sqrt{n}} \sim t(n-1)$$

根据 t 分布构造总体均值 μ 在 $1-\alpha$ 的置信水平下的置信区间为：

$$\bar{x} \pm t_{\alpha/2}(n-1)s_{\bar{x}} = \bar{x} \pm t_{\alpha/2}(n-1)\frac{s}{\sqrt{n}} \quad (6.28)$$

式中，$t_{\alpha/2}(n-1)$ 是自由度为 $n-1$ 时 t 分布右侧面积为 $\alpha/2$ 的 t 值，该值可以由 t 分布表查得。当有限总体不重复抽样的抽样比大于 5%，可用 $\sqrt{1-f}$ 对抽样标准误进行修正。

【例 6-3】对某地 625 家餐馆抽取 25 家进行早餐价格调查，结果如表 6.7 所示。假定早餐价格近似服从正态分布，在 95% 的置信水平下，估计该类早餐总体平均价格的置信区间。

表 6.7　早餐价格

（单位：元）

编号	价格	编号	价格	编号	价格	编号	价格	编号	价格
1	15	6	7	11	6	16	14	21	13
2	8	7	10	12	17	17	12	22	8
3	11	8	11	13	9	18	7	23	6
4	12	9	24	14	7	19	11	24	10
5	18	10	12	15	13	20	9	25	11

解：已知总体近似服从正态分布，但总体标准差未知，因此选择 t 分布建立总体均值的置信区间。

根据表 6.7 的数据，计算样本均值和标准差分别为：

$$\bar{x} = \frac{x_1 + x_2 + \cdots + x_n}{n} = \frac{15 + 8 + \cdots + 11}{25} = \frac{281}{25} = 11.24 \text{（元）}$$

$$s = \sqrt{\frac{\sum_{i=1}^{n}(x_i - \bar{x})^2}{n-1}} = \sqrt{\frac{(15-11.24)^2 + (8-11.24)^2 + \cdots + (11-11.24)^2}{25-1}}$$

$$= \sqrt{\frac{414.56}{24}} = 4.156 \text{（元）}$$

由于 $1-\alpha = 95\%$，因此，$\alpha = 0.05$，查 t 分布表得 $t_{\alpha/2}(25-1) = 2.0639$。

由于抽样比 $f = 25/625 = 0.04 < 0.05$，因此可以不必对抽样标准误进行修正。根据式（6.28）得

$$\bar{x} \pm t_{\alpha/2} \frac{s}{\sqrt{n}} = 11.24 \pm 2.0639 \times \frac{4.156}{\sqrt{25}} = 11.24 \pm 1.72 = (9.52, 12.96)$$

因此，该类早餐总体平均价格95%的置信区间为9.52元至12.96元。

（二）非正态总体均值的区间估计：大样本

前面讨论了当总体服从正态分布时，利用 $\bar{x}$ 的精确分布构造总体均值置信区间的方法。下面讨论当总体不服从正态分布或总体分布未知时利用 $\bar{x}$ 的渐进分布构造总体均值置信区间的方法。

在总体不服从正态分布情况下，一般要求样本容量应较大。当总体为非正态分布，但样本容量 $n \geq 30$ 时，根据中心极限定理，样本均值 $\bar{x}$ 的抽样分布近似正态分布，其数学期望为总体均值 μ，方差为 σ^2/n。而样本均值经过标准化以后服从标准正态分布，即 $z = \frac{\bar{x} - \mu}{\sigma/\sqrt{n}} \sim N(0,1)$。从而，总体均值 μ 在 $1-\alpha$ 的置信水平下的置信区间为 $\bar{x} \pm z_{\alpha/2} \frac{\sigma}{\sqrt{n}}$。

如果总体方差 σ^2 未知，可以用样本方差 s^2 代替，此时 $\bar{x}$ 的抽样分布为 t 分布，μ 在 $1-\alpha$ 的置信水平下的置信区间为：$\bar{x} \pm t_{\alpha/2}(n-1) \frac{s}{\sqrt{n}}$。但由于样本容量较大，可以用正态分布近似，在这种情况下，既可以利用正态分布也可以利用 t 分布构造总体均值 μ 的置信区间。

当有限总体不重复抽样的抽样比大于5%时，可用 $\sqrt{1-f}$ 对抽样标准误进行修正。

【例6-4】 对到某市旅游的游客平均停留天数进行调查，抽取了400名游客作为样本。根据样本计算的平均停留天数为4.7天，标准差为5天。要求计算到该市旅游的游客平均停留天数95%的置信区间。

解： 本例的总体可以认为是无限总体。总体分布未知，但样本量 $n=400$，为大样本，因此可按正态分布构造总体均值的置信区间。由于总体标准差未知，可用样本标准差 $s=5$ 代替。置信水平 $1-\alpha = 95\%$，因此，$z_{\alpha/2} = 1.96$。

游客平均停留天数 μ 在95%置信水平下的置信区间为：

$$\bar{x} \pm z_{\alpha/2} \frac{\sigma}{\sqrt{n}} = 4.7 \pm 1.96 \times \frac{5}{\sqrt{400}} = 4.7 \pm 0.49 = (4.21, 5.19)$$

因此，游客平均停留天数 95% 的置信区间为 4.21~5.19 天。

前面分别讨论了在不同假定条件下构造总体均值置信区间的方法，下面对总体均值的区间估计做一个简要总结（表 6.8）：

表 6.8　不同条件下总体均值的区间估计

总体分布	样本容量	$\bar{x}$ 的抽样分布	σ 已知	σ 未知
正态分布	大样本（$n \geq 30$）	正态分布	$\bar{x} \pm z_{\alpha/2} \dfrac{\sigma}{\sqrt{n}}$	$\bar{x} \pm z_{\alpha/2} \dfrac{s}{\sqrt{n}}$ 或 $\bar{x} \pm t_{\alpha/2} \dfrac{s}{\sqrt{n}}$
正态分布	小样本（$n < 30$）	正态分布	$\bar{x} \pm z_{\alpha/2} \dfrac{\sigma}{\sqrt{n}}$	$\bar{x} \pm t_{\alpha/2} \dfrac{s}{\sqrt{n}}$
非正态分布	大样本（$n \geq 30$）	近似正态分布	$\bar{x} \pm z_{\alpha/2} \dfrac{\sigma}{\sqrt{n}}$	$\bar{x} \pm z_{\alpha/2} \dfrac{s}{\sqrt{n}}$ 或 $\bar{x} \pm t_{\alpha/2} \dfrac{s}{\sqrt{n}}$

注：对于有限总体不重复抽样，若抽样比大于 5%，可用有限总体修正系数对抽样标准误进行修正。

二、总体比例的区间估计

由样本比例 p 的抽样分布可知，当样本容量 n 足够大，一般地，当 $n\pi \geq 5$，$n(1-\pi) \geq 5$ 时，样本比例 p 近似地服从数学期望为 π，方差为 $\dfrac{\pi(1-\pi)}{n}$ 的正态分布；当样本比例 p 经过标准化之后服从标准正态分布，即 $z = \dfrac{p - \pi}{\sqrt{\pi(1-\pi)/n}} \sim N(0,1)$。因此，可以根据正态分布构造样本比例的置信区间。与总体均值区间估计的一般形式相同，样本比例的置信区间为：点估计值 $p \pm$ 极限误差 E。

样本比例的标准误差为 $\sigma_p = \sqrt{\dfrac{\pi(1-\pi)}{n}}$，极限误差为 $E = z_{\alpha/2} \sigma_p = z_{\alpha/2} \sqrt{\dfrac{\pi(1-\pi)}{n}}$，因此，总体比例 π 在 $1-\alpha$ 置信水平下的置信区间为：

$$p \pm z_{\alpha/2} \sqrt{\dfrac{\pi(1-\pi)}{n}}$$

由于总体比例 π 正是需要估计的未知参数，因此需要用样本比例 p 来代替，这时的置信区间为：

$$p \pm z_{\alpha/2} \sqrt{\dfrac{p(1-p)}{n}} \tag{6.29}$$

当有限总体不重复抽样的抽样比大于 5%，可用 $\sqrt{1-f}$ 对抽样标准误进行修正。

【例 6-5】 某次旅游抽样调查中,抽取了 400 名游客,其中 240 人为自驾游游客。试以 95% 的置信水平估计自驾游总体比例的置信区间。

解: 已知 $n = 400$ 人,$x = 240$ 人,因此,样本比例 $p = x/n = 240/400 = 0.6$。

由 $1-\alpha = 95\%$,得 $\alpha = 0.05$,查表得 $z_{\alpha/2} = 1.96$。

因此,总体比例 95% 的置信区间为:

$$p \pm z_{\alpha/2}\sqrt{\frac{p(1-p)}{n}} = 0.6 \pm 1.96 \times \sqrt{\frac{0.6(1-0.6)}{400}} = 0.6 \pm 0.048 = (0.552, 0.648)$$

即在 95% 的置信水平下,自驾游总体比例的置信区间为 55.20%~64.80%。

三、总体方差的区间估计

在对总体方差进行区间估计时,假定总体服从正态分布。在正态总体条件下,则有 $(n-1)s^2/\sigma^2$ 服从自由度 $n-1$ 的 χ^2 分布(图 6.17),即 $(n-1)s^2/\sigma^2 \sim \chi^2(n-1)$。因此,我们可以利用 χ^2 分布建立总体方差 σ^2 的置信区间。

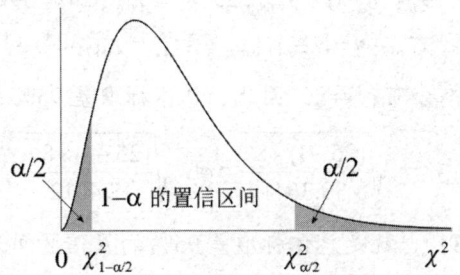

图 6.17 $(n-1)s^2/\sigma^2$ 的分布(自由度为 $n-1$ 的 χ^2 分布)

在图 6.17 中,χ^2_α 表示右侧面积或概率为 α 的 χ^2 值。由于 χ^2 分布不具有对称性,构造置信区间通常采用使得概率对称的区间。在置信水平取 $1-a$ 时,χ^2 分布双侧分位数分别为 $\chi^2_{1-\alpha/2}$ 与 $\chi^2_{\alpha/2}$,此时左右两侧面积相等,也即左尾概率与右尾概率相等,各为 $\alpha/2$。因此,$\chi^2_{1-\alpha/2}$ 与 $\chi^2_{\alpha/2}$ 之间的面积为 $1-\alpha$,即

$$P\{\chi^2_{1-\alpha/2} < \chi^2 < \chi^2_{\alpha/2}\} = 1-\alpha$$

由于 $(n-1)s^2/\sigma^2 \sim \chi^2(n-1)$,因此有

$$P\left\{\chi^2_{1-\alpha/2} < \frac{(n-1)s^2}{\sigma^2} < \chi^2_{\alpha/2}\right\} = 1-\alpha$$

对上式进行变换得

$$P\left\{\frac{(n-1)s^2}{\chi_{\alpha/2}^2} < \sigma^2 < \frac{(n-1)s^2}{\chi_{1-\alpha/2}^2}\right\} = 1-\alpha$$

由此得到总体方差 σ^2 在 $1-a$ 置信水平下的置信区间：

$$\frac{(n-1)s^2}{\chi_{\alpha/2}^2} < \sigma^2 < \frac{(n-1)s^2}{\chi_{1-\alpha/2}^2} \quad (6.30)$$

对式（6.30）开方变换，就得到总体标准差 σ 在 $1-a$ 置信水平下的置信区间：

$$\sqrt{\frac{(n-1)s^2}{\chi_{\alpha/2}^2}} < \sigma < \sqrt{\frac{(n-1)s^2}{\chi_{1-\alpha/2}^2}} \quad (6.31)$$

【例6-6】 根据一个由25辆旅游客车组成的样本，得到每辆客车实际乘坐游客人数的标准差为8人。假设总体为正态分布，计算总体标准差 σ 的95%的置信区间。

解：由 $1-\alpha=95\%$，得 $\alpha=0.05$；样本容量 $n=25$。查 χ^2 分布表得

$$\chi_{\alpha/2}^2(n-1) = \chi_{0.05/2}^2(25-1) = \chi_{0.025}^2(24) = 39.3641$$
$$\chi_{1-\alpha/2}^2(n-1) = \chi_{1-0.05/2}^2(25-1) = \chi_{0.975}^2(24) = 12.4012$$

因为总体服从正态分布，$s=8$，因此，总体标准差95%的置信区间为：

$$\sqrt{\frac{(25-1)\times 8^2}{39.3641}} < \sigma < \sqrt{\frac{(25-1)\times 8^2}{12.4012}}$$

即 $6.25 < \sigma < 11.13$，也就是总体标准差95%的置信区间为6.25~11.13名乘客。

四、样本容量的确定

（一）估计总体均值时样本容量的确定

总体均值的置信区间是由样本均值和极限误差两部分组成的，即总体均值 μ 的置信水平为 $1-\alpha$ 的置信区间为：$\bar{x} \pm E = \bar{x} \pm z_{\alpha/2}\frac{\sigma}{\sqrt{n}}$。我们可以根据极限误差的公式 $E = z_{\alpha/2}\frac{\sigma}{\sqrt{n}}$ 导出样本容量计算公式，即

$$n = \frac{z_{\alpha/2}^2 \sigma^2}{E^2} \quad (6.32)$$

从上式可以看出，样本容量受三个因素的影响：

（1）估计的置信水平。它决定了标准正态分布的分位数 $z_{\alpha/2}$ 的大小。置信水平的确定应该建立在对所估计变量的深刻了解基础之上。一般常用的置信水平为

95%；如果想提高置信度可以选择 99%；如果更低的置信度也可以接受，选择 90% 就够了。

（2）可接受的极限误差 E。这取决于对最大误差的容许度，即容许多大的误差才可以从样本数据中得出可接受的结论。

（3）总体方差 σ^2。确定样本容量必须知道总体方差，但总体方差一般是未知的，我们可以利用以前的数据估计总体方差；也可以用试调查的方法，选取一个初始样本，用该样本的方差作为总体方差的估计值。

以上讨论的是重复抽样或无限总体抽样时样本容量的计算。如果采用不重复抽样，且抽样比大于 5%，则需要对抽样标准误进行修正。这时，不重复抽样的极限误差为：

$$E = z_{\alpha/2} \frac{\sigma}{\sqrt{n}} \sqrt{\frac{N-n}{N-1}} \qquad (6.33)$$

由此可推导出不重复抽样时样本容量计算公式为：

$$n = \frac{Nz_{\alpha/2}^2 \sigma^2}{(N-1)E^2 + z_{\alpha/2}^2 \sigma^2} \qquad (6.34)$$

当计算出的样本容量不是整数时，将小数点后面的数值一律进位成整数，如计算结果为 285.2，则取为 286。需要说明的是，因为所计算的样本容量 n 为满足所希望的极限误差所需要的最小样本容量，在实际调查时考虑到回收率等其他因素，应选择一个大于 n 的样本容量。

【例 6-7】某市进行游客人均旅游花费调查，根据以往的经验，人均旅游花费的标准差大约为 400 元，假定想要估计人均旅游花费 95% 的置信区间，希望估计误差为 80 元，应抽取多大的样本量？

解：已知 $s=400$；$E=80$；由 $1-\alpha=95\%$，得 $z_{\alpha/2}=1.96$。游客总体可视为无限总体，根据式（6.25）得

$$n = \frac{z_{\alpha/2}^2 \sigma^2}{E^2} = \frac{1.96^2 \times 400^2}{80^2} = 96.04 \approx 97（人）$$

即应抽取 97 人作为样本。

（二）估计总体比例时样本容量的确定

总体比例区间估计确定样本容量的原理与总体均值区间估计确定样本容量的原理是相同的。在重复抽样或无限总体抽样时，样本比例区间估计的极限误差为 $E = z_{\alpha/2} \sqrt{\frac{\pi(1-\pi)}{n}}$，由此可推导出样本容量计算公式：

$$n = \frac{z_{\alpha/2}^2 \pi (1-\pi)}{E^2} \qquad (6.35)$$

如果采用不重复抽样，且抽样比大于5%时，则需要对抽样标准误进行修正。这时，不重复抽样的极限误差为 $E = z_{\alpha/2} \sqrt{\frac{\pi(1-\pi)}{n}} \sqrt{\frac{N-n}{N-1}}$，由此可推导出不重复抽样时样本容量计算公式为：

$$n = \frac{N z_{\alpha/2}^2 \pi(1-\pi)}{(N-1)E^2 + z_{\alpha/2}^2 \pi(1-\pi)} \qquad (6.36)$$

估计总体比例时，样本容量受三个因素的影响：

（1）估计的置信水平。它决定了标准正态分布的分位数 $z_{\alpha/2}$ 的大小。

（2）可接受的极限误差 E。要求的极限误差越小，需要的样本容量越大，估计的精度也会越高。

（3）总体比例 π。一般地，总体比例 π 是未知的，我们可以利用以前的调查数据估计总体比例；也可以用试调查的方法，选取一个初始样本，用该样本的比例作为总体比例的估计值；还可以将总体比例 π 确定为0.5，这时 π 与 $1-\pi$ 均达到最大值，即 $\pi(1-\pi)$ 最大，计算的样本容量达到最大值。在没有现成资料可供参考的情况下，建议使用最大样本容量。

【例6-8】某旅行社想知道游客选择旅行社组团方式出游的比例，现要求估计的误差为5%，在95%的置信水平下，应抽取多少位游客作为样本？

解：已知 $E=5\%$；$1-\alpha=95\%$，因此，$\alpha=0.05$，$z_{\alpha/2}=1.96$。由于总体比例未知，因而采用保守的方法，取 $\pi=0.5$。根据式（6.36）得

$$n = \frac{z_{\alpha/2}^2 \pi(1-\pi)}{E^2} = \frac{1.96^2 \times 0.5 \times (1-0.5)}{0.05^2} = 384.16 \approx 385$$

即应抽取385名游客作为样本。

第四节　其他抽样方式的参数估计

常用的随机抽样组织方式有简单随机抽样、分层抽样（分类抽样）、等距抽样、整群抽样和多阶段抽样等（见第二章），前面讨论了简单随机抽样的参数估计方法，然而在实际应用中，如果总体容量很大，那么简单随机抽样则很不方便

使用，这时就得运用其他的几种抽样组织方式。

不同的抽样组织方式的抽样标准误有所不同，区间估计效果也具有一定差异，但是其抽样估计的原理是相同的，构造置信区间的一般形式也是相同的。对于总体均值和总体比例的区间估计而言，构造置信区间的一般形式为：

点估计值 ± 极限误差

在简单随机抽样估计的基础上，很容易将这些方法运用到其他几种抽样估计中去，本节进一步对其他几种抽样估计做一些简要介绍，更深入的内容请读者参考抽样调查的相关文献。

一、分层抽样的区间估计

（一）总体均值的估计

设总体由 N 个个体组成，将总体分为 h 层（或类），N_i 为第 i 层的个体数，$w_i = N_i/N$ 为第 i 层个体数占总体 N 的比例，即第 i 层的层权。

从总体各层中分别随机抽取样本容量为 n_1，n_2，$\cdots$，n_h 的样本，总样本容量为 n。总体抽样比 $f = n/N$；各层抽样比 $f_i = n_i/N_i$。如果总体抽样比等于各层抽样比，则称等比例抽样，否则为非等比例抽样。

当进行等比例分层抽样时，$n_i/n = N_i/N = w_i$（$i = 1$，2，$\cdots$，h），因此，各层样本容量 $n_i = n w_i$。这里仅介绍这种等比例分层抽样。

1. 计算总体平均数的点估计量

设 x_{ij} 为第 i 层第 j 个观测值，则第 i 层样本平均数 $\overline{x}_i$ 为：

$$\overline{x}_i = \frac{1}{n_i} \sum_{j=1}^{n_i} x_{ij} \quad (6.37)$$

对各层样本平均数进行加权平均，得到总体平均数的点估计量：

$$\overline{x} = \frac{1}{n} \sum_{i=1}^{h} n_i \overline{x}_i = \sum_{i=1}^{h} w_i \overline{x}_i \quad (6.38)$$

2. 计算抽样标准误差

设 σ_i^2 为总体第 i 层的方差，则各层方差的平均数 $\overline{\sigma_i^2}$ 为：

$$\overline{\sigma_i^2} = \frac{1}{n} \sum_{i=1}^{h} n_i \sigma_i^2 = \sum_{i=1}^{h} w_i \sigma_i^2 \quad (6.39)$$

因此，分层抽样平均数的抽样标准误 $\sigma_{\overline{x}}$ 的公式为：

$$\sigma_{\overline{x}} = \sqrt{\frac{\overline{\sigma_i^2}}{n}} = \sqrt{\frac{1}{n} \sum_{i=1}^{h} w_i \sigma_i^2} = \sqrt{\sum_{i=1}^{h} \frac{w_i^2 \sigma_i^2}{n_i}} \text{（重复抽样）} \quad (6.40)$$

$$\sigma_{\bar{x}} = \sqrt{\frac{\sigma_i^2}{n}(1-f)} = \sqrt{\frac{1-f}{n}\sum_{i=1}^{h}w_i\sigma_i^2} = \sqrt{\sum_{i=1}^{h}\frac{(1-f_i)w_i^2\sigma_i^2}{n_i}} \quad （无重复抽样）\quad （6.41）$$

在实际应用中一般总体各层内方差是未知的，因此可以用样本各层内方差 s_i^2 替代 σ_i^2 得到估计标准误差 $s_{\bar{x}}$。

3. 建立总体平均数的置信区间

建立置信区间的规则与简单随机抽样的区间估计相同（见表 6.8），在总体各层内方差已知时，我们可以建立总体平均数在 $1-\alpha$ 置信水平下的置信区间：

$$\bar{x} \pm z_{\alpha/2}\sigma_{\bar{x}} \quad （6.42）$$

当总体各层内方差未知时，用样本各层内方差估计总体各层内方差，这时总体均值在 $1-\alpha$ 置信水平下的置信区间为：

$$\bar{x} \pm z_{\alpha/2}s_{\bar{x}} \quad （6.43）$$

【例 6-9】 某高校在校生有 16000 人，其中，男生为 9000 人，女生为 7000 人。按照男女生比例随机抽取了 400 人作为一个样本，调查该校大学生人均旅游花费，调查结果如表 6.9 所示。要求以 95.45% 的置信水平，建立该校大学生人均旅游花费的置信区间。

表 6.9 某高校大学生人均旅游花费样本数据

性别分层	各层学生数（人）N_i	比例（层权）w_i	各层样本量（人）n_i	各层旅游花费的样本均值（元）$\bar{x}_i$	各层旅游花费的样本标准差（元）S_i
男生	8800	0.55	220	400	120
女生	7200	0.45	180	300	80
合计	16000	1.00	400	—	—

解：由题意知，总体容量 $N=16000$，总体分层 $h=2$，$w_1=0.55$，$w_2=0.45$；样本容量 $n=400$，抽样比 $f_1=f_2=f=0.025$；由 $1-\alpha=95.45\%$ 得 $z_{\alpha/2}=2$。

首先，计算样本均值作为总体人均旅游花费的点估计值，由式（6.38）可得

$$\bar{x} = \sum_{i=1}^{h}w_i\bar{x}_i = 0.55\times400 + 0.45\times300 = 355（元）$$

其次，计算抽样标准误：

$$s_{\bar{x}} = \sqrt{\sum_{i=1}^{h}\frac{(1-f_i)w_i^2 s_i^2}{n_i}} = \sqrt{(1-0.025)\times\left(\frac{0.55^2\times120^2}{220} + \frac{0.45^2\times80^2}{180}\right)}$$

$$= \sqrt{0.975\times27} = 5.13（元）$$

最后，建立总体人均旅游花费 95.45% 的置信区间：

$$\bar{x} \pm z_{\alpha/2} s_{\bar{x}} = 355 \pm 2 \times 5.13 = 355 \pm 10.26 = (344.74, 365.26) 元$$

即在 95.45% 的置信水平下该市人均旅游花费在 344.74~365.26 元。

在上例中，抽样比小于 5%，进行有效总体修正的抽样标准误为 5.13 元，如果不进行修正，抽样标准误为 5.20 元，可见影响并不大，可以忽略不计。

（二）总体比例的估计

设第 i 层具有某一特征的样本比例为 p_i，则样本比例 p 即总体比例的点估计量为：

$$p = \frac{1}{n} \sum_{i=1}^{h} n_i p_i = \sum_{i=1}^{h} w_i p_i \quad (6.44)$$

由于各层方差的平均数 $\overline{\sigma_i^2} = \sum_{i=1}^{h} n_i \pi_i (1-\pi_i) \Big/ n = \sum_{i=1}^{h} w_i \pi_i (1-\pi_i)$，则分层抽样样本比例的抽样标准误为：

$$\sigma_p = \sqrt{\frac{\overline{\sigma_i^2}}{n}} = \sqrt{\frac{1}{n}\sum_{i=1}^{h} w_i \pi_i (1-\pi_i)} = \sqrt{\sum_{i=1}^{h} \frac{1}{n_i} w_i^2 \pi_i (1-\pi_i)} \quad (重复抽样) \quad (6.45)$$

$$\sigma_p = \sqrt{\frac{\overline{\sigma_i^2}}{n}} = \sqrt{\frac{1-f}{n}\sum_{i=1}^{h} w_i \pi_i (1-\pi_i)} = \sqrt{\sum_{i=1}^{h} \frac{1-f_i}{n_i} w_i^2 \pi_i (1-\pi_i)} \quad (不重复抽样) \quad (6.46)$$

总体比例在 $1-\alpha$ 置信水平下的置信区间为：

$$p \pm z_{\alpha/2} \sigma_p \quad (6.47)$$

由于总体各层具有某一特征的比例也是需要估计的未知参数，因此需要用样本各层比例 p_i 来代替总体比例 π_i，这样，总体比例在 $1-\alpha$ 置信水平下的置信区间为：

$$p \pm z_{\alpha/2} s_p \quad (6.48)$$

【例 6-10】某镇有 10000 户居民，按城镇和乡村人口比例抽取 1000 户。现调查该镇居民拥有家庭汽车情况，调查结果如表 6.10 所示。要求以 95.4% 的置信水平建立该镇居民户拥有家庭汽车比例的置信区间。

表 6.10 某镇居民户拥有家庭汽车样本数据

分层	居民户（户）N_i	层比例（层权）w_i	各层样本量（户）n_i	拥有家庭汽车比例 p（%）
城镇	3000	0.3	300	60
乡村	7000	0.7	700	20

续表

分层	居民户（户）N_i	层比例（层权）w_i	各层样本量（户）n_i	拥有家庭汽车比例 p（%）
合计	10000	1.0	1000	—

解：由题意知，总体容量 $N=10000$，总体分层 $k=2$，$w_1=0.3$，$w_2=0.7$；样本容量 $n=1000$，抽样比 $f_1=f_2=f=0.1$；$p_1=0.6$，$p_2=0.2$；由 $1-\alpha=95.45\%$ 得 $z_{\alpha/2}=2$。

该镇居民户拥有家庭汽车的样本比例为：

$$p = \sum_{i=1}^{h} w_i p_i = 0.3 \times 0.6 + 0.7 \times 0.2 = 0.32 = 32\%$$

样本比例的抽样标准误为：

$$s_p = \sqrt{\frac{1-f}{n} \sum_{i=1}^{h} w_i p_i (1-p_i)}$$

$$= \sqrt{\frac{1-0.1}{1000}(0.3 \times 0.6 \times (1-0.6) + 0.7 \times 0.2 \times (1-0.2))}$$

$$= 0.0129 = 1.29(\%)$$

该镇居民户拥有家庭汽车的 95.4% 的置信区间为：

$$p \pm z_{\alpha/2} s_p = 32\% \pm 2 \times 1.29\% = 32\% \pm 2.58\% = (29.42\%，34.58\%)$$

即在 95.45% 的置信水平下该镇居民户拥有家庭汽车的比例在 29.42%~34.58%。

（三）样本容量的确定

1. 估计总体均值时样本容量的确定

在重复抽样条件下，样本容量的计算公式为：

$$n = \frac{z_{\alpha/2}^2 \overline{\sigma_i^2}}{E^2} \tag{6.49}$$

式中，$\overline{\sigma_i^2}$ 为总体各层方差以层权做权重的加权平均，可以利用以前的调查数据或用试调查的样本估计各层方差。

在不重复抽样条件下，样本容量的计算公式为：

$$n = \frac{N z_{\alpha/2}^2 \overline{\sigma_i^2}}{(N-1)E^2 + z_{\alpha/2}^2 \overline{\sigma_i^2}} \tag{6.50}$$

2. 估计总体比例时样本容量的确定

在重复抽样条件下，样本容量的计算公式为：

$$n = \frac{z_{\alpha/2}^2 \overline{\pi_i(1-\pi_i)}}{E^2} \tag{6.51}$$

式中，$\overline{\pi_i(1-\pi_i)}$ 为总体各层方差以层权做权重的加权平均数，可以利用以前的调查数据或用试调查的样本估计总体各层方差。

在不重复抽样条件下，样本容量的计算公式为：

$$n = \frac{N z_{\alpha/2}^2 \overline{\pi_i(1-\pi_i)}}{(N-1)E^2 + z_{\alpha/2}^2 \overline{\pi_i(1-\pi_i)}} \tag{6.52}$$

二、整群抽样的区间估计

（一）总体均值的估计

设总体被划分为 N 群，每群含有 m 个个体。采用无重复抽样从 N 群中随机抽取 n 群，构成一个包含 nm 个个体的样本。用 x_{ij} 表示第 i 群第 j 个观测值，则第 i 群样本均值 $\bar{x}_i$ 为：

$$\bar{x}_i = \frac{1}{m}\sum_{j=1}^{m} x_{ij} \tag{6.53}$$

则样本均值 $\bar{x}$ 即总体均值的点估计量为：

$$\bar{x} = \frac{1}{n}\sum_{i=1}^{n} \bar{x}_i \tag{6.54}$$

样本均值的抽样标准误为：

$$\sigma_{\bar{x}} = \sqrt{\left(\frac{N-n}{N-1}\right)\frac{\sigma_b^2}{n}} = \sqrt{\left(1-\frac{n}{N}\right)\frac{\sigma_b^2}{n}} = \sqrt{\frac{1-f}{n}\sigma_b^2} \tag{6.55}$$

式中，$f = n/N$ 为群抽样比；σ_b^2 是总体群间方差，其公式为 $\sigma_b^2 = \frac{1}{N}\sum_{i=1}^{N}(\mu_i - \mu)^2$。但由于总体群间方差一般是未知的，因此可用样本群间方差 $s_b^2 = \frac{1}{n-1}\sum_{i=1}^{n}(\bar{x}_i - \bar{x})^2$ 来估计。

因此，总体均值在 $1-\alpha$ 置信水平下的置信区间为：

$$\bar{x} \pm z_{\alpha/2} s_{\bar{x}} = \bar{x} \pm z_{\alpha/2}\sqrt{\left(1-\frac{n}{N}\right)\frac{s_b^2}{n}} \tag{6.56}$$

【例 6-11】某旅游高校大一学生 3000 人，分为 100 个班，每班 30 人。从中抽取 6 个班进行图书馆利用调查。每天（周一至周五）利用图书馆时间情况如表

6.11 所示。要求：以 95.45% 的置信水平建立该校大一学生平均每天利用图书馆时间的置信区间。

表 6.11　某高校利用图书馆项目调查样本数据

样本群编号	利用图书馆平均时间 $\bar{x}_i$（小时）	样本群编号	利用图书馆平均时间 $\bar{x}_i$（小时）
1	2	4	1.8
2	1.9	5	2.5
3	2.3	6	2.1

解：由题意知，$N=100$，$n=6$，$f=n/N=0.06$；由 $1-\alpha=95.45\%$ 得 $z_{\alpha/2}=2$。

计算样本均值作为总体均值的点估计：

$$\bar{x} = \frac{1}{n}\sum_{i=1}^{n}\bar{x}_i = \frac{2+1.9+\cdots+2.1}{6} = \frac{12.6}{6} = 2.1（小时）$$

样本群间方差为：

$$s_b^2 = \frac{1}{n-1}\sum_{i=1}^{n}(\bar{x}_i-\bar{x})^2 = \frac{(2-2.1)^2+(1.9-2.1)^2+\cdots(2.1-2.1)^2}{6-1}$$

$$= \frac{0.34}{5} = 0.068$$

计算样本均值的抽样标准误：

$$s_{\bar{x}} = \sqrt{\left(1-\frac{n}{N}\right)\frac{s_b^2}{n}} = \sqrt{\left(1-\frac{6}{100}\right)\times\frac{0.068}{6}} = 0.10（小时）$$

在 95.45% 的置信水平下该校大一学生平均每天利用图书馆时间的置信区间为：

$$\bar{x} \pm z_{\alpha/2}s_{\bar{x}} = 2.1 \pm 2\times 0.10 = 2.1 \pm 0.2 = (1.9, 2.3)$$

即该校大一学生平均每天利用图书馆时间在 1.9~2.3 小时。

（二）总体比例的估计

设第 i 群样本比例为 p_i，则样本比例 p 即总体比例的点估计量为：

$$p = \frac{1}{n}\sum_{i=1}^{n}p_i \qquad (6.57)$$

样本比例的抽样标准误为：

$$\sigma_p = \sqrt{\left(\frac{N-n}{N-1}\right)\frac{\sigma_{pb}^2}{n}} = \sqrt{\left(1-\frac{n}{N}\right)\frac{\sigma_{pb}^2}{n}} \qquad (6.58)$$

式中，σ_{pb}^2 是总体群间方差，可用样本群间方差 $s_{pb}^2 = \frac{1}{n-1}\sum_{i=1}^{n}(p_i - p)^2$ 估计。

因此，总体比例在 $1-\alpha$ 置信水平下的置信区间为：

$$p \pm z_{\alpha/2}\sqrt{\left(1-\frac{n}{N}\right)\frac{s_{pb}^2}{n}} \qquad (6.59)$$

【例 6-12】某旅游学院有学生 2000 人，分为 80 个班，每班 25 人。从中抽取 8 个班进行旅游扶贫项目参与情况调查，调查结果如表 6.12 所示。要求：以 95.45% 的置信水平建立该院学生参与旅游扶贫项目比例的置信区间。

表 6.12 某旅游学院学生参与旅游扶贫项目调查样本数据

样本群编号	参与项目比例 p_i（%）	样本群编号	参与项目比例 p_i（%）
1	70	5	70
2	65	6	60
3	75	7	64
4	78	8	80

解： 由题意知，$N=80$，$n=8$，$f=n/N=0.1$；由 $1-\alpha=95.45\%$ 得 $z_{\alpha/2}=2$。
计算样本比例作为总体比例的点估计：

$$p = \frac{1}{n}\sum_{i=1}^{n}p_i = \frac{0.7+0.65+\cdots+0.80}{8} = 0.7025 = 70.25\%$$

计算样本群间方差：

$$s_{pb}^2 = \frac{1}{n-1}\sum_{i=1}^{n}(p_i-p)^2$$

$$= \frac{(0.7-0.7025)^2+(0.65-0.7025)^2+\cdots+(0.80-0.7025)^2}{8-1} = 0.0050$$

样本比例的抽样标准误为：

$$s_p = \sqrt{\left(1-\frac{n}{N}\right)\frac{s_{pb}^2}{n}} = \sqrt{\left(1-\frac{8}{80}\right)\times\frac{0.005}{8}} = 0.0237$$

在 95.45% 的置信水平下该院学生参与旅游扶贫项目比例的置信区间为：

$$p \pm z_{\alpha/2}s_p = 0.7025 \pm 2\times 0.0237 = 0.7025 \pm 0.0474$$

$$= (0.6551, 0.7499) = (65.51\%, 74.99\%)$$

即该院学生参与旅游扶贫项目比例在 65.51%~74.99%。

（三）样本容量的确定

估计总体均值时的样本容量为：

$$n = \frac{Nz_{\alpha/2}^2 \sigma_b^2}{(N-1)E^2 + z_{\alpha/2}^2 \sigma_b^2} \qquad (6.60)$$

估计总体比例时的样本容量为：

$$n = \frac{Nz_{\alpha/2}^2 \pi(1-\pi)}{(N-1)E^2 + z_{\alpha/2}^2 \pi(1-\pi)} \qquad (6.61)$$

以上介绍了在群规模相等时对总体均值和比例的区间估计以及样本容量的确定，在实际运用中只要群规模接近就可以认为群规模相等。

三、系统抽样的区间估计

系统抽样将总体中的所有单位按一定顺序排列后进行抽样，如果采用有关标志排序，则系统抽样接近于分层抽样。但由于系统抽样每层只抽取一个单位，直接估计抽样标准误存在困难，一般需要以间接方式进行近似估计。可以将两个间距合并为一层，这样就可以按照分层随机抽样来估计了。

如果采用无标志排序，则系统抽样更接近于简单随机抽样，这时可以用无重复简单随机抽样的公式估计总体参数置信区间和计算样本容量。当总体容量较大时，可以用系统抽样代替简单随机抽样。

四、多阶抽样的区间估计

（一）总体均值的估计

多阶抽样的情形比较复杂，这里仅介绍初级单元规模相等的二阶抽样。

设总体由 N 个初级单元（可视为群或组）组成，每个初级单元含有 M 个二级单元。第一阶段，采用无重复抽样从 N 个初级单元随机抽取 n 个初级单元；第二阶段，在每个被抽中的初级单元无重复地随机抽取 m 个次级单元。两个阶段的抽样比分别为 $f_1 = n/N$；$f_2 = m/M$。

用 x_{ij} 表示第 i 个初级单元中第 j 个次级单元观测值（$i=1, 2, \cdots, N$；$j=1, 2, \cdots, M$）。则第 i 个初级单元样本均值 $\bar{x}_i$ 为：

$$\bar{x}_i = \frac{1}{m}\sum_{j=1}^{m} x_j \qquad (6.62)$$

那么，样本均值 $\bar{x}$ 即总体均值的点估计量为：

$$\bar{x} = \frac{1}{n}\sum_{i=1}^{n}\bar{x}_i = \frac{1}{nm}\sum_{j=1}^{m}x_{ij} \tag{6.63}$$

对于两阶段抽样调查，可以看作整群抽样与分层抽样方式的结合，因此，估计量的抽样标准误受两个方面影响，一方面是第一阶段的初级单元间方差影响，另一方面受第二阶段的初级单元内方差的影响。在无重复抽样情况下，样本均值的抽样标准误为：

$$\sigma_{\bar{x}} = \sqrt{\frac{(1-f_1)\sigma_b^2}{n} + \frac{(1-f_2)\overline{\sigma_i^2}}{nm}} \tag{6.64}$$

式中，σ_b^2 为初级单元间方差，$\overline{\sigma_i^2}$ 为初级单元内方差的平均数。

总体初级单元间方差和初级单元内方差一般无法得到，可用样本初级单元间方差和初级单元内方差代替，但是，此时估计的抽样标准误并不是无偏估计量，还需要加以修正，其公式为：

$$s_{\bar{x}} = \sqrt{\frac{(1-f_1)s_b^2}{n} + \frac{f_2(1-f_2)\overline{s_i^2}}{nm}} \tag{6.65}$$

式中，样本初级单元间方差 $s_b^2 = \frac{1}{n-1}\sum_{i=1}^{n}(\bar{x}_i - \bar{x})^2$，样本初级单元内方差的平均数 $\overline{s_i^2} = \frac{1}{n}\sum_{i=1}^{n}s_i^2$。

总体均值在 $1-\alpha$ 置信水平下的置信区间为：

$$\bar{x} \pm z_{\alpha/2}\sigma_{\bar{x}} = \bar{x} \pm z_{\alpha/2}s_{\bar{x}} \tag{6.66}$$

【例6-13】某居民区有500个楼层，每个楼层有40户居民。进行晚间户外休闲娱乐调查，在第一阶段以楼层为初级单元进行简单随机抽样，从500个楼层中抽取10个楼层。第二阶段从抽中楼层每层随机抽取6户，组成一个样本。调查结果如表6.13所示。要求：以95.45%的置信水平建立该居民区居民平均晚间休闲娱乐时间的置信区间。

表6.13 居民区晚间户外休闲娱乐调查结果

样本楼层	二级单元样本观测值 x_{ij}						第 i 初级单元样本均值 $\bar{x}_i$	第 i 初级单元样本方差 s_i^2
1	2.2	1.5	0.5	1.6	2.8	2.5	1.85	0.691
2	3.1	2.3	3.2	4	2.6	2.2	2.9	0.456
3	1.1	3.6	2.2	2.7	3.4	2.9	2.65	0.827

续表

样本楼层	二级单元样本观测值 x_{ij}						第 i 初级单元样本均值 $\bar{x}_i$	第 i 初级单元样本方差 s_i^2
4	1.8	2.1	2.1	3.2	4.1	2	2.55	0.819
5	2.5	0.8	1.4	3.4	2.2	3.2	2.25	1.023
6	2.8	1.6	2.5	2	3	3.1	2.5	0.352
7	3.2	2	2.9	2.6	3	2.5	2.7	0.184
8	1.5	2.1	3.3	3	2.9	1.6	2.4	0.592
9	1	1.7	1	3.6	3.1	1	1.9	1.36
10	0.5	2.6	2.3	3.5	2.3	2	2.2	0.96

解: 由题意知:$N=500, n=10, f_1=n/N=0.02; M=40, m=6, f_2=m/M=0.15$;由 $1-\alpha=95.45\%$ 得 $z_{\alpha/2}=2$。

样本均值 $\bar{x}$ 为:

$$\bar{x} = \frac{1}{n}\sum_{i=1}^{n}\bar{x}_i = \frac{1}{10}(1.85+2.9+\cdots+2.2) = 2.39(小时)$$

样本初级单元间方差为:

$$s_b^2 = \frac{1}{n-1}\sum_{i=1}^{n}(\bar{x}_i-\bar{x})^2$$

$$= \frac{(1.82-2.39)^2+(2.9-2.39)^2+\cdots+(2.2-2.39)^2}{10-1} = \frac{1.049}{9} = 0.117$$

样本初级单元内方差的平均数为:

$$\overline{s_i^2} = \frac{1}{n}\sum_{i=1}^{n}s_i^2 = \frac{0.691+0.456+\cdots+0.96}{10} = 0.726$$

估计的样本均值抽样标准误为:

$$s_{\bar{x}} = \sqrt{\frac{(1-f_1)s_b^2}{n}+\frac{f_2(1-f_2)\overline{s_i^2}}{nm}}$$

$$= \sqrt{\frac{(1-0.02)\times 0.117}{10}+\frac{0.02\times(1-0.15)\times 0.726}{10\times 6}} = 0.108(小时)$$

总体均值在 95.45% 的置信水平下的置信区间为:

$$\bar{x}\pm z_{\alpha/2}s_{\bar{x}} = 2.39\pm 2\times 0.108 = 2.39\pm 0.22 = (2.2, 2.6)$$

即在 95.45% 的置信水下,该居民区居民平均晚间休闲娱乐时间为 2.2~2.6 小时。

（二）总体比例的估计

设第 i 个初级单元中具有某种特征的样本比例为 p_i，则样本比例 p 为：

$$p = \frac{1}{n}\sum_{i=1}^{n} p_i \qquad (6.67)$$

样本比例的抽样标准误为：

$$\sigma_p = \sqrt{\frac{(1-f_1)\sigma_{pb}^2}{n} + \frac{(1-f_2)\overline{\sigma_i^2}}{rm}} \qquad (6.68)$$

总体初级单元间方差和初级单元内方差未知时，可用样本初级单元间方差和初级单元内方差代替，但是，此时估计的抽样标准误并不是无偏估计量，还需要加以修正，其公式为：

$$s_p = \sqrt{\frac{(1-f_1)s_{pb}^2}{n} + \frac{f_1(1-f_2)\overline{\sigma_i^2}}{nm}} \qquad (6.69)$$

式中，$\overline{s_i^2} = \frac{1}{n}\sum_{i=1}^{n} p_i(1-p_i)$；$s_{pb}^2 = \frac{1}{n-1}\sum_{i=1}^{n}(p_i - p)^2$。

总体比例在 $1-\alpha$ 置信水平下的置信区间为：

$$p \pm z_{\alpha/2} s_p \qquad (6.70)$$

五、总体总值的估计

前面介绍了总体均值与总体比例的区间估计，对于有限总体，还可以在总体均值置信区间的基础上构造总体总值的置信区间。

设有限总体总值为 X，则 X 的点估计量为 $\hat{X}$，其估计值为样本均值 $\bar{x}$ 与总体容量 N 的乘积，即

$$\hat{X} = N\bar{x} \qquad (6.71)$$

总体总值 X 的标准误差 $\sigma_X = N\sigma_{\bar{x}}$，因此，$X$ 在 $1-\alpha$ 置信水平下的置信区间为：

$$N\bar{x} \pm z_{\alpha/2} N\sigma_{\bar{x}} \qquad (6.72)$$

在实际应用中，σ_X 一般用其估计量 $s_{\hat{X}} = Ns_{\bar{x}}$ 代替。从式（6.71）可以看出，总体总值的置信区间就是总体均值置信区间乘以总体容量 N。

六、全面调查结果的修正

利用抽样调查结果除了对总体进行推断外，还可以用来对全面调查结果进行修正。首先，用抽样调查资料与全面调查资料进行对比计算差错比率，其公式为：

$$差错比率 = \frac{抽样复查数 - 全面调查数}{全面调查数} \times 100\% \qquad (6.73)$$

其次，用差错比率对全面调查结果进行修正，其公式为：

$$修正后全面调查数 = 全面调查数 \times (1 + 差错比率) \qquad (6.74)$$

第五节 利用软件做参数估计

一、利用 Excel 做参数估计

使用 Excel 描述统计功能可以利用原始数据进行参数估计，其操作与计算描述统计量的操作方法相同。现以例 6-3 的数据建立总体均值 95% 的置信区间，操作步骤如下：

第一步：选择【数据】—【数据分析】—【描述统计】—【确定】，打开描述统计对话框。

第二步：在【输入区域】编辑框中输入数据所在的单元格区域。在选择输出选项，勾选【汇总统计】和【平均数置信度】，置信度默认为 95%，可根据需要修改。

第三步：单击【确定】，输出结果如图 6.18 所示。注意，置信度一栏的数值是在该置信水平下的估计误差，因此建立置信区间时，还应用均值减去该值作为置信下限，用均值加上该值作为置信上限。

	A	B	C	D	E	F	G
1	编号	价格				价格	
2	1	15					
3	2	8				平均	11.24
4	3	11				标准误差	0.831223997
5	4	12				中位数	11
6	5	18				众数	11
7	6	7				标准差	4.156119985
8	7	10				方差	17.27333333
9	8	11				峰度	2.456357654
10	9	24				偏度	1.295274644
11	10	12				区域	18
12	11	6				最小值	6
13	12	17				最大值	24
14	13	9				求和	281
15	14	7				观测数	25
16	15	13				置信度(95.0%)	1.715562012
17	16	14					

图 6.18 Excel 参数估计结果输出

二、利用 SPSS 做参数估计

SPSS 描述统计中的探索功能提供了参数估计的功能，现以例 6-3 的数据（原始数据形式）建立总体均值 95% 的置信区间，操作步骤如下：

第一步：在【分析】下拉菜单，选择【描述统计】—【探索】，打开探索对话框。

第二步：在【探索】对话框中，将"价格"变量选入右边的变量框内。

第三步：单击【统计】，勾选【描述】，在【平均值的置信区间】输入置信水平值，默认为 95%。单击【继续】，回到【探索】对话框。单击【确定】，输出结果（图 6.19）。

描述

			统计量	标准误
早餐价格	均值		11.2400	.83122
	均值的 95% 置信区间	下限	9.5244	
		上限	12.9556	
	5% 修整均值		10.8889	
	中值		11.0000	
	方差		17.273	
	标准差		4.15612	
	极小值		6.00	
	极大值		24.00	
	范围		18.00	
	四分位距		5.00	
	偏度		1.295	.464
	峰度		2.456	.902

图 6.19　利用 SPSS 探索程序的参数估计结果输出

另外，也可以利用比较均值功能进行参数估计，实际上使用的是假设检验程序，其操作步骤如下：

第一步：在【分析】下拉菜单，选择【比较平均值】—【单样本 T 检验】，打开单样本 T 检验对话框。

第二步：将"价格"变量选入右边的【检验变量】框内；在【检验值】中输入"0"。

第三步：点击【选项】，在【置信区间百分比】输入置信水平值，默认为 95%。单击【继续】返回主对话框，单击【确定】，输出结果如表 6.14 所示。

表 6.14　SPSS 单样本检验程序建立的置信区间

	检验值 = 0				差值95% 置信区间	
	t	自由度	Sig.（双尾）	平均值差值	下限	上限
早餐价格	13.522	24	0	11.24	9.5244	12.9556

本章小结

1. 总体分布就是总体中所有个体关于某个变量（特征）的取值所形成的概率分布。总体参数就是对总体分布特征的概括性数字描述。

2. 样本分布就是样本中所有个体关于某个变量（特征）的取值所形成的概率分布。样本统计量是对样本分布特征的概括性数字描述，它是用样本数据计算出来的，是不包含任何未知参数的样本的函数。

3. 抽样分布是样本统计量的概率分布，它由样本统计量的所有可能取值和相应的概率组成。对于一个简单随机样本，样本均值的数学期望就等于总体均值，样本均值的方差就等于总体方差的 $1/n$。

4. 如果总体变量 X 服从正态分布 $N(\mu, \sigma^2)$，从这个总体中抽取容量为 n 的样本，则样本均值 $\bar{x}$ 也服从于正态分布。从均值为 μ，方差为 σ^2 的一个任意总体中抽取样本量为 n 的样本，当 n 充分大时，样本均值 $\bar{x}$ 的分布总是近似地服从均值为 μ，方差为 σ^2/n 的正态分布。

5. 样本统计量分布的标准差，称为统计量的标准误差（standard error）或标准误。它反映统计量的离散程度，在统计推断中，它是用来衡量样本统计量与总体参数之间差距的一个重要尺度。

6. 参数估计是统计推断的重要内容之一，它以抽样及抽样分布为基础，用样本统计量来估计未知的总体参数。点估计就是用样本统计量的某个取值直接作为总体参数的估计值。评价点估计量的三个基本准则为无偏性、有效性和一致性。

7. 区间估计就是利用抽样分布，以点估计值为基础构造总体参数的一个区间，用一个具有一定可靠程度的区间范围来估计总体参数。在区间估计中，置信水平是反映估计可靠性的重要指标，它表示估计结果正确性的概率保证程度。置信区间的长度反映了区间估计的精确程度。较长的区间意味着较大的误差，较低的精度；较短的区间意味着较小的误差，较高的精度。

8. 构造置信区间的一般步骤可概括为：（1）确定研究的问题，明确所要估计的总体参数；（2）根据估计的总体参数选择适合的统计量，得到统计量的抽样分布;(3)根据估计的可靠性要求,确定一个合适的置信水平 $1-\alpha$;(4)抽取一个随机样本,计算点估计值;(5)利用统计量的抽样分布,在点估计的基础上建立总体参数的置信水平为 $1-\alpha$ 的置信区间。

9. 总体均值与总体比例区间估计的一般形式为:点估计值 $\bar{x} \pm$ 极限误差 E。

10. 样本容量的确定主要受三个因素的影响:(1)估计的置信水平;(2)可接受的极限误差;(3)总体方差。除了这三点之外,在实际抽样调查中还会受到其他因素的制约,比如调查经费、成本等问题。

关键术语

总体参数	样本统计量	总体分布	样本分布
抽样分布	正态分布再生定理	t 分布定理	中心极限定理
标准误差	估计标准误差	有限总体修正系数	抽样比
参数估计	点估计	无偏性	有效性
一致性	区间估计	置信区间	置信水平
估计误差			

思考与练习

一、思考题

1. 什么是总体参数?什么是统计量?统计量中是否包含未知参数?
2. 什么是抽样分布?抽样分布有何作用?
3. 中心极限定理的内容是什么?它有何意义?
4. 判断点估计量好坏的标准是什么?
5. 什么是置信区间?置信区间的可靠性和精确性用什么指标来反映?
6. 如何理解95%的置信区间?
7. 在正态总体假定不能满足时,如何建立总体均值的置信区间?
8. 在对总体方差进行区间估计时,对总体分布有何假定条件?
9. 确定样本容量时必须知道总体方差,但总体方差一般是未知的,这时我们应该怎么办?
10. 如何利用总体均值的置信区间估计总体总值的置信区间?
11. 分析简单随机抽样、分层抽样和整群抽样的误差来源。

二、选择题

1. 抽样分布是指（　　）。
   A. 总体分布　　　　　　　　　　B. 样本分布
   C. 总体参数的分布　　　　　　　D. 样本统计量的分布

2. 从均匀分布的总体中抽取容量为 35 的样本，则样本均值的分布服从（　　）。
   A. 近似正态分布　　　　　　　　B. 近似 t 分布
   C. 标准正态分布　　　　　　　　D. 均匀分布

3. 置信水平一定时，置信区间的长度（　　）。
   A. 随样本量的增大而增大
   B. 随样本量的增大而减小
   C. 与样本量的大小无关
   D. 与样本量的平方根成正比

4. 在总体均值的区间估计中，极限误差由（　　）确定。
   A. 置信水平
   B. 样本均值的抽样标准误
   C. 置信水平和样本均值的抽样标准误
   D. 样本标准差

三、软件操作

以例 6-3 的数据建立总体均值 95% 的置信区间。利用 Excel、SPSS 软件进行操作练习。

四、计算分析题

1. 总体均值为 500，标准差为 100。从总体中抽取一个容量为 100 的简单随机样本。要求：
   （1）计算样本均值的数学期望。
   （2）计算样本均值的标准差。
   （3）样本均值的抽样分布服从何种分布？

2. 总体容量为 1000，总体标准差为 120，当样本容量分别为 36 和 225 时样本均值的标准误差是多少？比较二者的计算方法有何区别。

3. 某高校对学生每月网络消费进行调查，从全校 10000 名在校生中随机抽取了 100 名学生作为样本对上月份人均网络消费水平进行调查。样本资料显示，学生平均网络消费为 80 元，标准差为 50 元。要求：

（1）分别以 90%、95%、99% 的置信水平建立上月份学生平均网络消费的置信区间。

（2）参考本次调查结果，若要在 95% 的置信水平下使极限误差控制在 7 元以内，则需要的样本容量为多少？

4. 对某航空公司服务质量调查中，随机抽取 100 名旅客进行调查，其中有 80 人表示满意。要求：

（1）以 95% 的置信水平建立旅客对航空公司服务质量满意率的置信区间。

（2）以本次调查结果为参考，若要在 95% 的置信水平下使极限误差控制在 5% 以内，则需要的样本容量为多少？

（3）假定无法得到总体比例的信息，若要在 95% 的置信水平下使极限误差控制在 5% 以内，则需要的样本容量为多少？

5. 对某市 25 家非 A 级旅游景区门票价格调查数据如表 6.15 所示。

表 6.15　旅游景区门票价格调查数据

单位：元

景区	价格	景区	价格	景区	价格	景区	价格	景区	价格
1	20	6	70	11	60	16	75	21	80
2	65	7	60	12	45	17	40	22	40
3	90	8	50	13	35	18	65	23	55
4	45	9	65	14	50	19	50	24	65
5	70	10	80	15	65	20	40	25	30

假定门票价格服从正态分布。要求：

（1）以 95% 的置信水平建立景区门票平均价格的置信区间。

（2）以 95% 的置信水平建立景区门票方差的置信区间。

6. 某旅游集团公司有四个下属分公司，共有员工 10000 人。该集团拟实行一项制度改革，对员工进行调查摸底，了解对改革的支持情况，调查结果如表 6.16 所示。要求以 95.45% 的置信水平建立该集团公司员工支持比例的置信区间。

表 6.16　某旅游集团公司调查样本数据

分层	员工（人）N_i	层比例（层权）w_i	各层样本量（人）n_i	支持比例（%）
一分公司	3000	0.3	120	60
二分公司	1000	0.1	40	65

续表

分层	员工（人）N_i	层比例（层权）w_i	各层样本量（人）n_i	支持比例（%）
三分公司	4000	0.4	160	75
四分公司	2000	0.2	80	50
合计	10000	1.0	400	—

五、实践题

对第二章的自选调查项目，在描述统计的基础上计算总体参数（平均数、比例等）95%的置信区间。

第七章

假设检验

【学习目标】
1. 理解假设检验的原理。
2. 理解假设检验的两类错误与检验功效。
3. 掌握总体均值、比例和方差检验的方法。
4. 掌握两个总体均值之差、比例之差、方差比的假设检验。

本章主要讲述总体参数的假设检验原理和基本方法。第一节介绍假设检验的原理和步骤;第二节介绍一个总体参数的假设检验,包括总体均值、总体比例和总体方差检验的方法;第三节介绍两个总体参数的假设检验,包括两个总体均值之差、两个总体比例之差、两个总体方差比的置信区间和假设检验方法;第四节介绍假设检验功效与第二类错误的控制;第五节介绍假设检验的软件操作。

第一节 假设检验的基本原理

总体分布常常是未知的,我们可以用参数估计的方法对总体进行推断,也可以用假设检验的方法对总体进行推断。参数估计是利用样本统计量估计总体参数的统计推断方法;而假设检验(hypothesis testing)是先对总体的参数或总体分布形式做出一个假设,然后利用样本信息来判断这个假设(原假设)是否合理的一种统计推断方法。

我们把关于总体的分布、特征或相互关系等的论断称为统计假设。一般将统计假设分为参数假设和非参数假设两种。参数假设是在总体分布类型已知的情况下关于未知参数的假设。非参数假设是在总体分布类型未知的情况下关于总体的各种假设。本章主要介绍参数假设检验。

一、原假设与备择假设

（一）假设检验问题的提出

为什么要进行假设检验呢？下面举例加以说明。

【例7-1】某旅游装备制造企业生产的某种零部件标准长度为20厘米。该企业质检部从当日生产的零件中随机抽取36个零部件作为样本进行检测。样本零部件均值为19.7厘米，标准差为1.8厘米。那么该旅游装备制造企业生产的零部件长度符合标准要求吗？

从检测结果看，抽检的零部件平均长度没达到标准长度，即与标准长度存在差异。造成这一差异有两种可能的情况：一种情况是差异仅仅是由抽样的随机性造成的，表明当天生产的零部件平均长度与标准长度无显著差异；另一种情况是，这种差异并不是由抽样随机性完全解释得了的，也即除了抽样随机性引起的差异外，还存在着某种系统性差异。那么到底是系统性差异还是随机性差异呢？这就需要假设检验来予以解决了。下面以此为例，介绍假设检验的基本原理。

（二）假设的表述形式

在进行假设检验时，首先需要提出两个相互对立的假设，即原假设和备择假设。原假设也称零假设或虚无假设（null hypothesis），它是待检验的假设，记为H_0。零假设总是假定总体参数没有显著性差异，所有差异都是由随机原因引起的，因此等号"="总是放在原假设上。原假设通过检验可能被拒绝，也可能不被拒绝。备择假设（alternative hypothesis）是与原假设对立的假设，记为H_1。原假设与备择假设是相互对立的命题，如果原假设被拒绝就意味着接受备择假设。同样，接受原假设意味着拒绝备择假设。

假设的表述形式主要有如下三种：

1. 双侧检验

当要检验的问题没有特定方向，即备择假设中含有"≠"时，所作检验为双侧检验或双尾检验（two-tailed test）。例如，在例7-1中，设该企业生产的零部件平均长度为μ，检验值为$\mu_0=20$（厘米），则双侧检验的假设形式为：

H_0：$\mu=\mu_0=20$（厘米）（生产的零部件平均长度与标准长度无显著差异）

H_1：$\mu \neq \mu_0=20$（厘米）（生产的零部件平均长度与标准长度有显著差异）

2. 单侧检验

当要检验的问题有特定方向，即备择假设中含有"<"或">"时，所作检验为单侧检验或单尾检验（one-tailed test）。

（1）左侧检验。备择假设中含有"<"时，称为左侧检验或左尾检验。如，

$H_0: \mu \geq \mu_0 = 20$（厘米）（生产的零部件平均长度与标准长度无显著差异）

$H_1: \mu < \mu_0 = 20$（厘米）（生产的零部件平均长度与标准长度有显著差异）

（2）右侧检验。备择假设中含有">"时，称为右侧检验或右尾检验。如，

$H_0: \mu \leq \mu_0 = 20$（厘米）（生产的零部件平均长度与标准长度无显著差异）

$H_1: \mu > \mu_0 = 20$（厘米）（生产的零部件平均长度与标准长度有显著差异）

以总体均值检验为例（μ 为总体均值，μ_0 为检验值），假设检验的基本形式如表7.1所示。

表7.1 假设检验的基本形式

假设	双侧检验	左侧检验	右侧检验
原假设	$H_0: \mu = \mu_0$	$H_0: \mu \geq \mu_0$	$H_0: \mu \leq \mu_0$
备择假设	$H_1: \mu \neq \mu_0$	$H_1: \mu < \mu_0$	$H_1: \mu > \mu_0$

（三）确定原假设和备择假设的方法

1. 关于以哪个命题作为原假设的问题

在假设检验中，应该以哪个命题作为原假设，哪个命题作为备择假设呢？要弄清这个问题应首先明了假设检验的逻辑。假设检验的逻辑是：在给定的显著性水平下，如果推翻原假设，则证明了备择假设为真；如果未推翻原假设，则不能证明备择假设为真，但也不能证明原假设为真。这里原假设与备择假设的逻辑地位并不相同。原假设是被检验的假设，并且等号放在原假设上，这是一个基本原则。原假设可能被证明为假，但不能被证明为真。备择假设可能被证明为真，也可能得不到证明。在实际应用中，有的问题侧重于对已有命题提出质疑；有的问题则没有明确否定的命题，而侧重点在于证实一个命题。下面分别予以讨论。

（1）对已有命题提出质疑：将已有命题作为原假设。

这时所关心的是，已有命题能否被证伪，即能否被推翻。产品的质量控制与检验的问题，一般属于这种情况，例如：

问题1：饮料生产企业在瓶装产品标签中标明净含量550毫升。现在检验该饮料净含量与企业声明有无显著性差异，如何确立检验假设呢？

瓶装产品净含量为550毫升，这是一个已有的命题。如果接受了这个命题，当然也就不用检验。如果对这个命题提出疑问，那就需要检验了。这个命题的对立命题是：瓶装产品净含量不是550毫升。现在我们所关心的是"瓶装产品净含量为550毫升"这个命题能否被推翻，将它作为原假设，如果被推翻了，那就证明这个命题为假；如果没有被推翻，也不能证明这个命题为真，仅仅说明了还没

有足够的证据推翻原假设。在这种情况下，可以维持原状，或有待进一步检验。

（2）证实一个新的命题：将这个命题作为备择假设。

在这种情况下，并没有一个明确质疑的命题，所关心的仅是：一个新的命题能否被证实。一项研究、一项新技术的检验等一般属于这种情况，例如：

问题2：某农业观光园，试验一种新的蔬菜栽培技术。未采用该技术的同类蔬菜平均产量为每亩2000千克。检验采用该技术与未采用该技术是否具有显著性差异，如何确立检验假设呢？

在这个检验中，不是要质疑或否定某一个命题，所关心的是：采用该技术的蔬菜平均产量是否大于2000千克，换句话说，"采用该技术的蔬菜平均产量大于2000千克"这一命题能否得到证明。因此，将这一命题作为备择假设，那么，原假设就是"采用该技术的蔬菜平均产量小于等于2000千克"。备择假设一旦确定，原假设也自然明确了。经检验，如果拒绝了原假设，就得到备择假设为真的结论；如果未能拒绝原假设，则不能得到这一结论，这时，可以继续进行研究，并再次进行检验。

2. 关于采用双侧检验还是单侧检验问题

紧接着的另一个问题是采用双侧检验还是单侧检验，这需要根据检验者所关心的问题和检验的目的来判断，下面举例予以说明。

问题3：饮料生产企业在瓶装产品标签中标明净含量550毫升。该企业质检部门检验瓶装饮料是否合乎标准，会考虑哪些因素呢？采取何种检验形式呢？

如果低于标准，可能会被消费者投诉或被政府监管部门处罚；如果高于标准，企业会增高成本，蒙受损失。基于上述两方面因素，企业质检部门会做双侧检验：首先，假设产品平均净含量符合标准，即 $H_0: \mu=550$ 毫升，那么备择假设就是 $H_1: \mu \neq 550$ 毫升。其次，抽取部分产品作为样本进行检验。最后，进行决策。如果拒绝原假设，则进行生产调整；如果不拒绝原假设，则不用采取任何措施。

问题4：饮料生产企业在瓶装产品标签中标明净含量550毫升。如果是政府监督部门会考虑哪些因素呢？采取何种检验形式呢？

考虑的因素主要为产品是否低于标准。基于此，可以选择单侧检验：首先，假定产品合乎标准，至少不低于标准，即 $H_0: \mu \geq 550$ 毫升。对这个假定提出怀疑，确定备择假设 $H_1: \mu \neq 550$ 毫升。其次，抽取部分产品作为样本进行检验。最后，进行决策。如果拒绝原假设，则采取措施促使该企业达到标准；如果不拒绝原假设，则不采取任何措施。

对于例7-1，该企业质检部门应该做双侧检验，其假设形式为：

$H_0: \mu=20$（厘米）

$H_1: \mu \neq 20$（厘米）

二、检验统计量

与参数估计一样,假设检验也要借助于样本统计量 T 进行推断。所谓检验统计量(test statistic)就是假设检验中根据样本计算的用以对假设做出决策的统计量。检验统计量是样本统计量的标准化形式,这样才能度量其与原假设参数值 θ_0 之间的差异程度。

假设检验中,需要根据研究问题的性质、总体分布、样本容量以及原假设等因素构造适当的检验统计量,这与参数估计中确定统计量的方法相同。常用的检验统计量有 z 统计量、t 统计量、χ^2 统计量、F 统计量等。

检验统计量确定后,就可根据检验统计量的分布和样本数据计算检验统计量值。在例 7–1 中,虽然总体分布未知,但因为是大样本,因此样本均值的抽样分布近似正态分布,标准化后服则从标准正态分布。由于总体方差未知,这里可以用样本方差代替,但仍可采用 z 检验统计量,因此有:

$$z = \frac{\bar{x} - \mu_0}{s/\sqrt{n}} = \frac{19.7 - 20}{1.8/\sqrt{36}} = -1$$

在上式中,$\bar{x} - \mu_0$ 为样本统计量 $\bar{x}$ 与检验值 μ_0 的差异,其差值为 19.7–20 = –0.3,样本统计量经标准化后转化为 z 值 –1,即由样本给出的统计量值与假设的总体参数值相比相差 1 个标准差。

三、两类错误与显著性水平

(一)两类错误

在假设检验中,原假设与备择假设不能同时成立,要么原假设为真,要么备择假设为真。但决策是建立在样本信息的基础上的,由于样本具有随机性,因此决策就有可能犯错误。所犯的错误有两种类型,第一类错误是原假设 H_0 为真却被拒绝了,犯这种错误的概率用 α 表示,所以也称 α 错误(α error)或弃真错误;第二类错误是原假设为伪却没有被拒绝,犯这种错误的概率用 β 表示,所以也称 β 错误(β error)或取伪错误。

表 7.2 假设检验中正确与错误的结论

决策结论	实际情况	
	H_0 为真	H_0 为伪
接受 H_0	$1-\alpha$(正确决策)	β(取伪错误)
拒绝 H_0(接受 H_1)	α(弃真错误)	$1-\beta$(正确决策)

在样本容量一定的条件下，犯两类错误的概率常常呈反向变动，即当 α 减小时，β 会增大；当 β 减小时，α 会增大。要想使 α 与 β 同时变小，只能增加样本容量。根据奈曼和皮尔逊提出的原则，控制犯第一类错误概率的前提下，使犯第二类错误的概率尽量小。

(二) 显著性水平与小概率原理

假设检验中，犯第一类错误的概率 α 称为显著性水平（level of significance），它是假定原假设成立的条件下，样本统计量 T 和原假设参数值 θ_0 之间存在差异的显著程度。α 值越小，显著性水平就越高。

在概率论中我们把发生概率小到接近于零的事件称为小概率事件（即在大量重复试验中出现的频率非常低）。在统计学上，把小概率事件看成在一次特定的试验中不可能发生的事件，称为"小概率事件实际不可能原理"。根据小概率事件原理，若某事件在理论上被认为在原假设成立的情况下是个小概率事件，即它不会在一次特定的试验中出现；然而在实际中它出现了，所以我们就推翻原假设，认为原假设不成立。一般来说，α 取值越小，在原假设 H_0 成立时这一事件越不易发生，因此，一旦这一事件发生了，就有理由怀疑原假设 H_0 的正确性。

在实际应用中，概率 α 取值多少为"小"呢？对此没有绝对标准，一般选择 0.05、0.01 或 0.10 等。通过选择 α 控制了发生第一类错误的概率，如果犯第一类错误的概率很高，可选较小的 α 值；如果犯第一类错误的概率不高，可选较大的 α 值。在应用中，将只控制第一类错误的假设检验称为显著性检验（significance test），许多假设检验的应用都属于这种类型。

在例 7-1 中，我们可以选取 α 为 0.05 的显著性水平，这就意味着犯第一类错误即弃真错误的概率为 5%。

四、检验决策

(一) 决策准则

确定了显著性水平后，如何进行决策呢？一般地，进行检验决策有三种方法，即临界值法、p 值法和置信区间法。

1. 临界值法

在假设检验中，临界值（critical value）就是当给定显著性水平 α（概率密度曲线尾部面积）时，检验统计量分布的 α 分位数值，其可以通过查统计量分布的临界值表得到。

临界值将检验统计量的分布区域划分成两个部分，也就是把检验统计量的取值分成两个区域。检验统计量值落入其中则拒绝原假设的区域称为拒绝域（rejection region），用 R_α 表示；检验统计量值落入其中则不拒绝原假设的区域称为非拒绝域，用 $\overline{R}_a$ 表示。

对于总体均值检验来说，$|\bar{x} - \mu_0|$ 度量了样本统计量 $\bar{x}$ 与原假设参数值 μ_0 的差异，如果原假设成立，这个差异就应该较小；如果这个差异太大了，就可以认为原假设不应该成立。那么"差异太大"由什么来决定呢？由显著性水平 α 来决定。对于一个常数 λ，如果使得

$$P(|\bar{x} - \mu_0| \geq \lambda) = \alpha \tag{7.1}$$

则 λ 为样本统计量 $\bar{x}$ 与原假设参数值 μ_0 是否具有显著差异的分界点。如果 $|\bar{x} - \mu_0| \geq \lambda$，就拒绝 H_0；如果 $|\bar{x} - \mu_0| < \lambda$，则不拒绝 H_0。

将式（7.1）括号内不等式两边分别除以 $\sigma/\sqrt{n}$，则有

$$P\left(\frac{\bar{x} - \mu_0}{\sigma/\sqrt{n}} \geq \frac{\lambda}{\sigma/\sqrt{n}}\right) = \alpha$$

因此有

$$P\left(|Z| < \frac{\lambda}{\sigma/\sqrt{n}}\right) = P(|Z| < z_c) = 1 - \alpha \tag{7.2}$$

式中 z_c 为标准正态分布的临界值。

在双侧检验的情况下（图 7.1），$z_c = z_{\alpha/2}$ 为标准正态分布的上侧临界值，下侧临界值为 $-z_c = -z_{\alpha/2}$。临界值 $z_{\alpha/2}$ 可以通过查标准正态分布表得到。比如，在 α 取 0.05 时，则 $z_{\alpha/2} = z_{0.025} = 1.96$，$-z_{\alpha/2} = -1.96$。在图 7.1 中，大于等于上侧临界值和小于等于下侧临界值的区域为拒绝域，上侧临界值和下侧临界值之间的区域为非拒绝域。

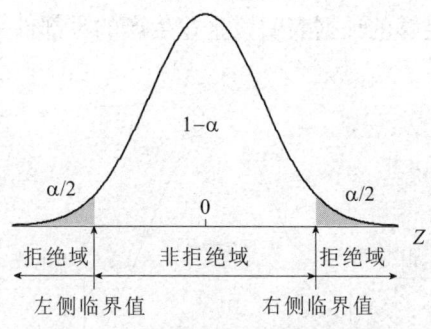

图 7.1 双侧检验的临界值与拒绝域

在单侧检验的情况下（图 7.2），$z_c = z_\alpha$。左单侧检验的临界值为 $-z_\alpha$，拒绝域为小于等于临界值的区域；右单侧检验的临界值为 z_α，拒绝域为大于等于临界值

的区域。

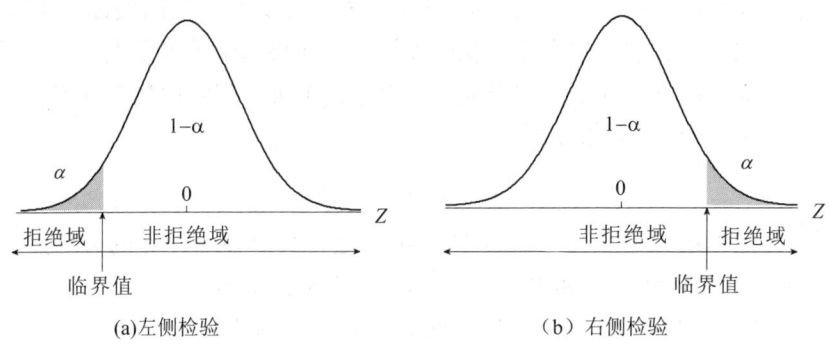

(a)左侧检验　　　　　　　　　(b)右侧检验

图 7.2　单侧检验临界值与拒绝域

临界值决策就是用由样本给出的检验统计量值与临界值作比较，对是否拒绝原假设作出判断，其判断的准则为：如果统计量的值落在拒绝域内，就拒绝原假设，从而接受备择假设；否则就不拒绝原假设（图 7.1、图 7.2）。

双侧检验：当统计量值≥右侧临界值，或统计量值≤左侧临界值时，则拒绝原假设；当左侧临界值<统计量值<右侧临界值时，则不拒绝原假设。

左侧检验：当统计量值≤临界值时，拒绝原假设；当统计量值>临界值时，则不拒绝原假设。

右侧检验：当统计量值≥临界值时，拒绝原假设；当统计量值<临界值时，则不拒绝原假设。

在例 7-1 的检验中，进行的是双侧检验，z 统计量值为 -1；临界值 $z_{\alpha/2}=1.96$。由于 $-1.96 < z < 1.96$，即检验统计量值落入了非拒绝域（图 7.3），因此，不能拒绝原假设，即没有足够的证据表明该企业生产的零部件平均长度与标准长度存在显著差异。

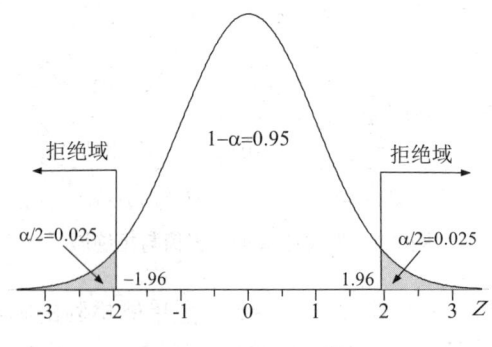

图 7.3　临界值决策

2. p 值法

p 值是犯第一类错误的实际概率,也称为显著性概率(significance probability)。也可以说,p 值是在假定原假设为真的条件下,检验统计量与原假设参数值的差距至少等于(即大于等于)由样本给出的统计量值与原假设参数值的差距的概率。

对于总体均值检验来讲,$p 值 = P(|\bar{x} - \mu_0| \geq |\bar{x}_0 - \mu_0|)$,经标准化变换后,$p 值 = P(|Z| \geq |z_0|)$。对于双侧检验,$p 值 = P(|Z| \geq |z_0|) = P(Z \leq -z_0) + P(Z \geq z_0)$,也就是说,p 值是检验统计量的绝对值大于或等于由样本给出的检验统计量值的绝对值的概率,即左右侧概率之和,就是检验统计量两侧尾端面积之和。

对于左侧检验,$p 值 = P(Z \leq -z_0)$,p 值是检验统计量小于或等于由样本给出的检验统计量值的概率,即检验统计量值左侧尾端的面积;对于右侧检验,$p 值 = P(Z \geq -z_0)$,p 值是检验统计量大于或等于由样本给出的检验统计量值的概率,即检验统计量值右侧尾端的面积。

p 值决策就是用样本观测结果的概率与显著性水平比较(图 7.4),如果 p 值小于等于所给定的显著性水平,则认为原假设不太可能成立;如果 p 值大于所给定的显著性水平,则认为没有充分的证据否定原假设。因此,p 值决策准则为:

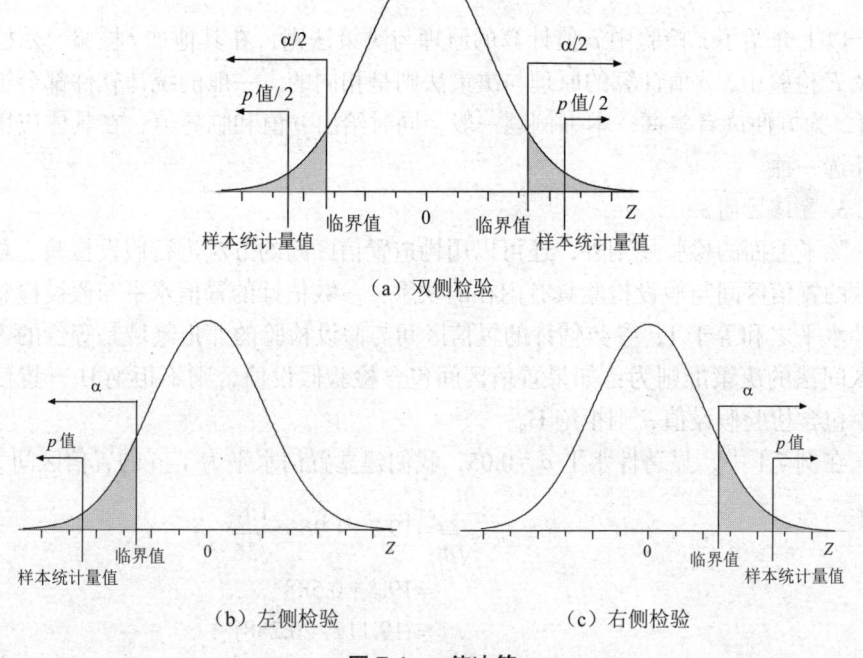

图 7.4 p 值决策

如果 p 值 $\leqslant \alpha$，拒绝 H_0，从而接受备择假设 H_1；如果 p 值 $> \alpha$，则不拒绝 H_0。

p 值决策与临界值决策是等价的，但 p 值反映了观察到的实际数据与原假设之间存在显著差异的概率值，与临界值规则仅仅提供一个区域范围相比，p 值规则在检验结论中，对于犯第一类错误的概率的表述更加精确。由于 p 值是犯第一类错误的实际概率，因此可以直接使用 p 值进行决策。

在例 7-1 中，由于是双侧检验，因此，p 值 $= P(Z \leqslant -1) + P(Z \geqslant 1) = 0.3174$。因为 p 值 $= 0.3174 > \alpha = 0.05$，因此不能拒绝原假设 H_0，这与临界值决策的结果是一致的（图 7.5）。

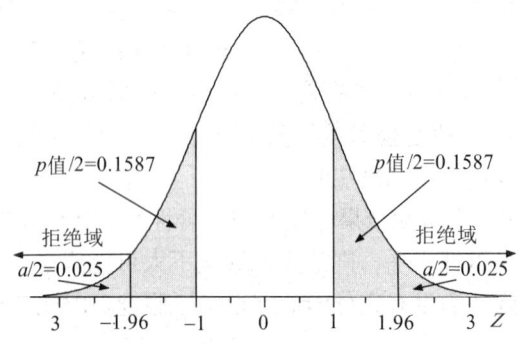

图 7.5　p 值决策与临界值决策比较

以上介绍了 z 检验中 p 值计算的原理与决策法则，在其他如 t 检验、χ^2 检验以及 F 检验中，p 值计算的原理与决策法则是相同的。一般的统计软件都会给出 p 值，为方便读者掌握，本书例题一般会同时给出 p 值和临界值，在具体应用中可任选一种。

3. 置信区间法

除了上面的检验规则外，还可以用构造置信区间的方法进行假设检验。总体参数的置信区间与假设检验具有内在的联系：参数估计的置信水平与假设检验显著性水平之和等于 1；参数估计的置信区间与假设检验的非拒绝域是等价的。置信区间法的决策准则为：如果置信区间包含检验假设值，则不拒绝 H_0；置信区间不包含检验假设值，则拒绝 H_0。

在例 7.1 中，显著性水平 $\alpha = 0.05$，我们建立置信水平为 $1-\alpha$ 的置信区间为：

$$\bar{x} \pm z_{\alpha/2} \frac{s}{\sqrt{n}} = 19.7 \pm 1.96 \times \frac{1.8}{\sqrt{36}}$$

$$= 19.7 \pm 0.588$$

$$= (19.112, 20.288)$$

即在95%，置信水平下，该企业生产的零部件平均长度在19.112~20.288厘米。由于总体均值的假设值$\mu_0=20$厘米落入该区间，所以不能拒绝H_0，没有足够的证据认为该企业生产的零部件平均长度与标准长度存在显著差异。

置信区间法不仅适用于总体参数的双侧检验，也可以用于总体参数的单侧检验。在实践中，单侧置信区间很少使用，这里仅给出正态总体均值在$1-\alpha$置信水平下的单侧置信区间。

总体均值单侧置信下限为：$\bar{x}-z_\alpha\dfrac{\sigma}{\sqrt{n}}$；单侧置信上限为$\bar{x}+z_\alpha\dfrac{\sigma}{\sqrt{n}}$。

对于左单侧检验，如果检验假设值落入置信区间$(\bar{x}-z_\alpha\dfrac{\sigma}{\sqrt{n}},\infty)$则不拒绝$H_0$；如果检验假设值未落入该置信区间，则拒绝$H_0$。

对于右单侧检验，如果检验假设值落入置信区间$(-\infty,\bar{x}+z_\alpha\dfrac{\sigma}{\sqrt{n}})$则不拒绝原假设；如果检验假设值未落入该置信区间，则拒绝H_0。

（二）关于显著性检验的结论

1. 拒绝原假设

假设检验的结论就是确定是否拒绝原假设：第一种情况是拒绝原假设；第二种情况是不能拒绝原假设。

先说第一种情况。如果拒绝原假设，则必然接受备择假设。接受备择假设时可能犯第一类错误，犯这类错误的概率为α，这是可以事先控制的。相应地，这时备择假设为真的概率为$1-\alpha$。

2. 不能拒绝原假设

对于第二种情况，我们首先应清楚不能拒绝H_0的含义。在统计证据上来讲，这是个非结论性的判断，它表示还没有足够的证据推翻H_0，当然也不等于证明了H_0，此时，可以维持原状，所以说"不能拒绝H_0"，而不说"接受H_0"。如果接受H_0，会冒着犯第二类错误的风险。在未对β错误进行控制的前提下，"不能拒绝H_0"表述的合理性在于不必承担犯β错误的风险。在一般情况下，犯第二类错误的概率是未知的，但也不是不能控制的。在控制了第二类错误的条件下则可以做出接受原假设的结论。

第二节 一个总体参数的检验

一、总体均值的检验

（一）正态总体均值的检验

1. 正态总体方差已知：z 检验

当总体服从正态分布且 σ^2 已知时，样本均值 $\bar{x}$ 的抽样分布为正态分布。样本均值标准化后则服从标准正态分布。因此，可以用标准正态随机变量 z 作为检验统计量来检验 $\bar{x}$ 与 μ_0 是否存在显著差异，这种检验称为 z 检验。z 检验统计量为：

$$z = \frac{\bar{x} - \mu_0}{\sigma/\sqrt{n}} \sim N(0,1) \tag{7.3}$$

总体均值 z 检验的形式与决策规则如表 7.3 所示。

表 7.3 总体均值检验（方差已知）

检验形式	双侧检验	左侧检验	右侧检验
检验假设	$H_0: \mu = \mu_0$；$H_1: \mu \neq \mu_0$	$H_0: \mu \geq \mu_0$；$H_1: \mu < \mu_0$	$H_0: \mu \leq \mu_0$；$H_1: \mu > \mu_0$
检验统计量		$z = \dfrac{\bar{x} - \mu_0}{\sigma/\sqrt{n}}$	
p 值法	如果 p 值 $\leq \alpha$，则拒绝 H_0	如果 p 值 $\leq \alpha$，则拒绝 H_0	如果 p 值 $\leq \alpha$，则拒绝 H_0
临界值法	如果 $|z| \geq z_{\alpha/2}$，则拒绝 H_0	如果 $z \leq -z_\alpha$，则拒绝 H_0	如果 $z \geq z_\alpha$，则拒绝 H_0

【例 7-2】 某旅游公司餐饮部欲从某饮料制品企业购进一批罐装饮料。饮料制品企业生产标准为平均每罐容量 255 毫升，标准差为 5 毫升，且总体服从正态分布。旅游公司从该批饮料中随机抽取 36 罐进行检验，经测量平均每罐容量为 254 毫升。在 $\alpha=0.05$ 的显著性水平下，检验每罐容量是否符合标准要求。

解： 在本例中，旅游公司关心的是该批饮料平均每罐容量是否低于 255 毫升。如果低于 255 毫升就不购买，如果不低于 255 毫升就购买。因此，可以采用左侧检验。根据题意，提出假设为：

$H_0: \mu \geq 255$（毫升）；$H_1: \mu < 255$（毫升）。

已知，$\mu_0 = 255$，$\sigma = 5$，$\bar{x} = 254$，$n = 36$。由于总体服从正态分布，因此采用 z 检验，检验统计量值为：

$$z = \frac{\bar{x} - \mu_0}{\sigma/\sqrt{n}} = \frac{254 - 255}{5/\sqrt{36}} = -1.20$$

左单侧检验拒绝域在左侧，当 $\alpha = 0.05$ 时，临界值为 $-z_\alpha = -z_{\alpha 0.05} = -1.645$。由于检验统计量 $z = -1.2 > -1.645$，因此，不能拒绝原假设，即没有足够证据显示该批饮料不符合标准。

也可使用 p 值法决策，由于 p 值 $= P(Z \leq -1.20) = 0.115 > 0.05$，因此不能拒绝原假设。

如果使用置信区间进行决策，则可以建立相应的置信区间。当 $\alpha = 0.05$ 时，总体均值 m 在 95% 的置信水平下的置信下限为：

$$\bar{x} - z_\alpha \frac{\sigma}{\sqrt{n}} = 254 - 1.645 \times \frac{5}{\sqrt{36}} = 252.629$$

即 95% 的置信区间为：（252.629，∞）。因为检验值 255 落入了该置信区间，所以不能拒绝原假设，这与 p 值决策、临界值决策结果是一致的。

在实际应用中，使用其中一种决策方法就可以了。一般统计软件都给出了 p 值，有的还同时给出了置信区间，使用起来比较方便。

2. 正态总体方差未知：t 检验

总体为正态总体但方差 σ^2 未知时，我们通常用样本标准差 s 替代总体标准差 σ 构造一个检验统计量，即

$$t = \frac{\bar{x} - \mu_0}{s/\sqrt{n}} \sim t(n-1) \tag{7.4}$$

由于检验统计量服从自由度为 $n-1$ 的 t 分布，这种检验也称为 t 检验。t 检验的决策规则与 z 检验相同，表 7.4 给出了总体均值 t 检验的形式与决策规则。

表 7.4 总体均值检验（方差未知）

检验形式	双侧检验	左侧检验	右侧检验
检验假设	$H_0: \mu = \mu_0$；$H_1: \mu \neq \mu_0$	$H_0: \mu \geq \mu_0$；$H_1: \mu < \mu_0$	$H_0: \mu \leq \mu_0$；$H_1: \mu > \mu_0$
检验统计量		$t = \dfrac{\bar{x} - \mu_0}{s/\sqrt{n}}$	
p 值法	如果 p 值 $\leq \alpha$，则拒绝 H_0	如果 p 值 $\leq \alpha$，则拒绝 H_0	如果 p 值 $\leq \alpha$，则拒绝 H_0
临界值法	如果 $|t| \geq t_{\alpha/2}$，则拒绝 H_0	如果 $t \leq -t_\alpha$，则拒绝 H_0	如果 $t \geq t_\alpha$，则拒绝 H_0

【例 7-3】某快餐公司承诺，快餐送达时间平均在 15 分钟以内。有消费者认为该公司承诺不实，消费者协会从订餐者中抽取 16 人组成一个简单随机样本进

行调查。样本数据如表 7.5 所示。

表 7.5 送餐时间样本数据（单位：分钟）

编号	时间	编号	时间	编号	时间	编号	时间
1	15	5	24	9	15	13	17
2	21	6	13	10	16	14	20
3	14	7	18	11	21	15	16
4	18	8	12	12	15	16	14

假定送餐时间服从正态分布，以 0.05 的显著性水平检验该快餐公司是否与承诺的相同。

解： 对于本例，消费者对快餐公司的承诺提出了质疑，认为送餐时间超出了承诺。因此，消协所关心的是快餐公司送达时间是否大于 15 分钟，因此应以快餐公司的承诺作为原假设进行右单侧检验，若拒绝 H_0 则说明快餐公司承诺不实，若不能拒绝 H_0 则没有足够证据说快餐公司承诺不实。

根据题意，提出如下假设：

$H_0: \mu \leq 15$（分钟）；$H_1: \mu > 15$（分钟）。

根据样本数据计算的均值和标准差分别为：

$$\bar{x} = \frac{1}{n}\sum_{i=1}^{n}\bar{x}_i = \frac{15+19+\cdots+14}{16} = 16.81;$$

$$s = \sqrt{\frac{1}{n-1}\sum_{i=1}^{n}(x_i-\bar{x})^2} = \sqrt{\frac{(15-16.81)^2+(19-16.81)^2+\cdots+(14-16.81)^2}{16-1}} = 3.31$$

由于总体标准差未知，因此用样本标准差代替，采用 t 检验。根据样本数据计算的检验统计量值为：

$$t = \frac{\bar{x}-\mu_0}{s/\sqrt{n}} = \frac{16.81-15}{3.31/\sqrt{16}} = 2.190$$

在 0.05 的显著性水平下，t 检验的临界值 $t_\alpha(n-1) = t_{0.05}(15) = 1.753$。

由于 $t = 2.190 > 1.753$，因此，拒绝原假设，即在 0.05 的显著性水平下，该快餐公司送餐时间超过 15 分钟，与承诺的不相符。

如果使用 p 值决策，由于是右单侧检验，p 值 $= P(t \geq 2.19) = 0.022 < \alpha = 0.05$，因此，拒绝原假设。

（二）非正态总体均值的检验：大样本

当总体不服从正态分布或分布未知但为大样本时，样本均值 $\bar{x}$ 的抽样分布近似服从正态分布，因此可以使用 z 检验。如果总体方差未知，可以用样本方差代替，这时既可以用 z 检验，也可用 t 检验。

【例7-4】 2016年全国城镇居民人均旅游花费1009.1元。某城市进行抽样调查了解该城市2016年城镇居民国内旅游人均消费情况，随机抽取容量为400的样本，调查结果为人均花费985.7元，标准差为360元。要求检验该城市城镇居民国内旅游人均花费是否显著低于全国水平（$\alpha = 0.05$）。

解： 根据题意，本例应采用左侧检验，检验假设为：

$H_0: \mu \geq 1009.1$（元）；$H_1: \mu < 1009.1$（元）

由于总体方差未知，因此用样本方差代替。但为大样本，可以采用 z 检验或 t 检验。

（1）z 检验

计算 z 检验统计量：

$$z = \frac{\bar{x} - \mu_0}{s/\sqrt{n}} = \frac{985.7 - 1009.1}{360/\sqrt{400}} = \frac{-23.4}{18} = -1.3$$

在 $\alpha = 0.05$ 时，临界值为 $-z_\alpha = -1.645$。

由于 $z = -1.3 > -1.645$，因此，不能拒绝原假设，即在0.05的显著性水平下，不能认为该城市城镇居民国内旅游人均花费显著低于全国水平。

作为左单侧检验，p 值 $= P(Z \leq -1.3) = 0.0968 > \alpha = 0.05$，同样不能拒绝原假设，即没有充分证据认为该城市城镇居民国内旅游人均花费显著低于全国水平。

（2）t 检验

计算 t 检验统计量：

$$t = \frac{\bar{x} - \mu_0}{s/\sqrt{n}} = \frac{985.7 - 1009.1}{360/\sqrt{400}} = -1.3$$

$\alpha = 0.05$，t 检验的临界值为 $-t_\alpha(n-1) = -t_{0.05}(400-1) = -1.649$。

由于 $t = -1.3 > 1.649$，因此，不能拒绝原假设，检验结果与 z 检验的结果相同。

如果使用 p 值决策，由于 p 值 $= P(t \leq -1.3) = 0.0972 > \alpha = 0.05$，因此不能拒绝 H_0。

在大样本情况下，z 检验与 t 检验的差异非常小，检验者可以根据使用习惯任选其一。如果总体分布严重偏斜，则需要增加样本容量，一般到45即可。但在小样本的情况下，如果总体大致呈对称分布，样本容量达到 15 以上，也可以使用 t 检验。

二、总体比例的检验

由样本比例 p 的抽样分布可知，当样本容量 n 足够大时，样本比例 p 的分布近似地服从正态分布，经标准化后服从标准正态分布。在有关比例的抽样推断中一般使用大样本，因为小样本量的结果极不稳定。因此，在比例检验中一般使用 z 检验，其检验统计量为：

$$z = \frac{p - \pi_0}{\sqrt{\pi_0(1-\pi_0)/n}} \quad (7.5)$$

式中，p 为样本比例，π_0 为总体比例 π 的假设值，n 为样本容量。表 7.6 给出了总体比例 z 检验的形式与决策规则。

表 7.6 总体比例检验（z 检验）

检验形式	双侧检验	左侧检验	右侧检验
检验假设	$H_0: \pi = \pi_0$；$H_1: \pi \neq \pi_0$	$H_0: \pi \geq \pi_0$；$H_1: \pi < \pi_0$	$H_0: \pi \leq \pi_0$；$H_1: \pi > \pi_0$
检验统计量	$z = \dfrac{p - \pi_0}{\sqrt{\pi_0(1-\pi_0)/n}}$		
p 值法	如果 p 值 $\leq \alpha$，则拒绝 H_0	如果 p 值 $\leq \alpha$，则拒绝 H_0	如果 p 值 $\leq \alpha$，则拒绝 H_0
临界值法	如果 $|z| \geq z_{\alpha/2}$，则拒绝 H_0	如果 $z \leq -z_\alpha$，则拒绝 H_0	如果 $z \geq z_\alpha$，则拒绝 H_0

【例 7-5】某旅行社想了解某地区的游客参加旅行社组团旅游的比例是否超过了 50%，随机抽取了 400 个游客进行调查，其中有 218 人选择了组团旅游。根据调查结果，分别以 0.05 和 0.01 的显著性水平进行检验。

解：根据题意，建立假设如下：

$H_0: \pi \leq \pi_0 = 50\%$；$H_1: \pi > 50\%$。

由 $n = 400$，$x = 218$，得样本比例 $p = \dfrac{x}{n} = \dfrac{218}{400} = 0.545$。

检验统计量值为：

$$z = \frac{p - \pi_0}{\sqrt{\pi_0(1-\pi_0)/n}} = \frac{0.545 - 0.5}{\sqrt{0.5(1-0.5)/400}} = 1.80$$

（1）当 $\alpha = 0.05$ 时，$z_\alpha = z_{0.05} = 1.645$。

由于 $z = 1.80 > 1.645$，因此，拒绝原假设，接受备择假设。在 0.05 的显著性水平下,有充分的理由认为游客参加旅行社组团旅游的比例超过了50%。

p 值法决策:作为右单侧检验,p 值 $=P(Z \geq 1.80) = 0.036 < \alpha = 0.05$,因此拒绝原假设,接受备择假设。

(2)当 $\alpha = 0.01$ 时,$z_\alpha = z_{0.01} = 2.326$。

由于 $z = 1.80 < 2.326$,因此,不能拒绝原假设,即在 0.01 的显著性水平下,没有充分的理由认为游客参加旅行社组团旅游的比例超过了50%。

p 值法决策:因为 p 值 $=0.036 > 0.01$,因此,不能拒绝原假设。

上例检验结果表明,对于同一个问题,如果选择不同的显著性水平,可能会得到不同的结论,因为检验的结论是建立在概率的基础上的。另外,不拒绝原假设 H_0,并不意味着 H_0 一定为真,它仅表示在给定的显著性水平下还没有足够的证据拒绝 H_0。通过对比,可以进一步理解显著性水平和检验结果的含义。

三、总体方差的检验

根据样本方差的抽样分布,在正态总体条件下,有 $(n-1)s^2/\sigma^2$ 服从自由度 $n-1$ 的 χ^2 分布。因此,正态总体方差检验使用 χ^2 检验,检验统计量为:

$$\chi^2 = \frac{(n-1)s^2}{\sigma_0^2} \sim \chi^2(n-1) \tag{7.6}$$

总体方差检验的形式与决策规则见表 7.7,总体方差检验的拒绝域如图 7.6 所示。

表 7.7 总体方差检验

检验形式	双侧检验	左侧检验	右侧检验
检验假设	$H_0: \sigma^2 = \sigma_0^2$;$H_1: \sigma^2 \neq \sigma_0^2$	$H_0: \sigma^2 \geq \sigma_0^2$;$H_1: \sigma^2 < \sigma_0^2$	$H_0: \sigma^2 \leq \sigma_0^2$;$H_1: \sigma^2 > \sigma_0^2$
检验统计量	$\chi^2 = \dfrac{(n-1)s^2}{\sigma_0^2}$		
p 值法	p 值 $=2P\{\chi^2(n-1) \geq \chi^2$ 值$\}$ 或 p 值 $=2P\{\chi^2(n-1) \leq \chi^2$ 值$\}$ 如果 p 值 $\leq \alpha$,则拒绝 H_0	p 值 $=P\{\chi^2(n-1) \leq \chi^2$ 值$\}$ 如果 p 值 $\leq \alpha$,则拒绝 H_0	p 值 $=P\{\chi^2(n-1) \geq \chi^2$ 值$\}$ 如果 p 值 $\leq \alpha$,则拒绝 H_0
临界值法	如果 $\chi^2 \leq \chi^2_{1-\alpha/2}$;或 $\chi^2 \geq \chi^2_{\alpha/2}$,则拒绝 H_0	如果 $\chi^2 \leq \chi^2_{1-\alpha}$,则拒绝 H_0	如果 $\chi^2 \geq \chi^2_\alpha$,则拒绝 H_0

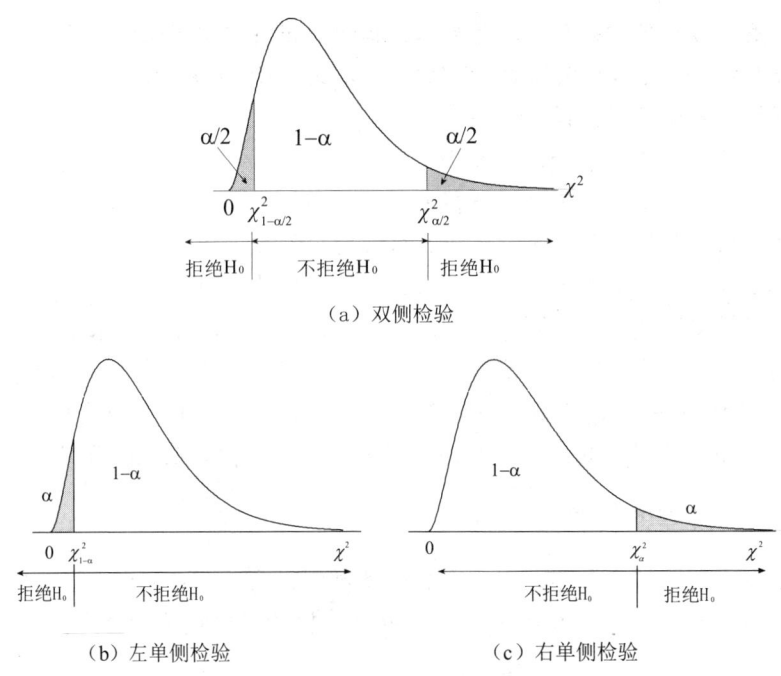

图 7.6 总体方差检验拒绝域

【例 7-6】某饮料企业生产的瓶装饮料,按生产标准每瓶饮料的容量服从标准差为 5 毫升的正态分布。为了检验每瓶容量是否符合标准要求,质检人员从某天生产的饮料中随机抽取 10 瓶进行检验,经测量得到样本标准差为 5.1 毫升。试以 0.05 的显著性水平检验该天饮料填装量的标准差是否符合标准要求。

解:质检部门所关心的问题是标准差是否未超过 5 毫升。如果标准差未超过 5 毫升则符合标准要求;如果超过 5 毫升,就会出现填装量过大或过小的情况,这样就需要采取措施予以修正。因此本例采用右侧检验。根据题意,提出如下假设:

$H_0: \sigma \leqslant 5$;$H_1: \sigma > 5$。

已知 $n=10$,$s=5.1$,因此,检验统计量为:

$$\chi^2 = \frac{(n-1)s^2}{\sigma_0^2} = \frac{(10-1) \times 5.1^2}{5^2} = 9.36$$

当 $\alpha = 0.05$ 时,$\chi_\alpha^2(n-1) = \chi_{0.05}^2(9) = 16.919$。

因为 $\chi^2 = 9.36 < \chi_{0.05}^2(9) = 16.919$,所以不能拒绝原假设,即没有充分的证据认为该天饮料填装量的标准差不符合标准要求。

p 值决策:作为右单侧检验,p 值 $=P\{\chi^2(9) \geqslant 9.36\} = 0.404 > \alpha = 0.05$,所以不能拒绝原假设。

第三节　两个总体参数的估计与检验

一、两个总体均值之差估计与检验

两总体均值比较常采用两均值之差的形式进行统计推断。有时我们采用独立样本设计，从总体1中抽取一个容量为 n_1 的简单随机样本，从总体2中抽取一个容量为 n_2 的简单随机样本，两个样本是相互独立的，因此称为独立简单随机样本。有时我们采用匹配样本设计，两个样本不是相互独立的。两种设计的结果是有差异的，因此，我们对这两种情况分别予以讨论。

（一）两样本均值之差的抽样分布

设总体 X_1 和 X_2 的均值分别为 μ_1 和 μ_2，方差分别为 σ_1^2 与 σ_2^2。分别从总体 X_1 和 X_2 独立地抽取一个容量为 n_1 和 n_2 的样本，两个样本的均值分别为 $\bar{x}_1$ 和 $\bar{x}_2$。

如果两个总体均为正态分布，则 $(\bar{x}_1 - \bar{x}_2)$ 的抽样分布也服从正态分布，即

$$(\bar{x}_1 - \bar{x}_2) \sim N(u_1 - u_2, \frac{\sigma_1^2}{n_1} + \frac{\sigma_2^2}{n_2}) \tag{7.7}$$

当 n_1 和 n_2 比较大时，一般要求 $n_1 \geq 30$，$n_2 \geq 30$，则无论总体为何种分布，$(\bar{x}_1 - \bar{x}_2)$ 的抽样分布均近似正态分布。

（二）均值比较：独立样本

1. 两正态总体方差已知，或两个独立大样本：z 检验

（1）两总体均值之差的置信区间

当两个总体服从正态分布，且方差 σ_1^2 与 σ_2^2 已知时，由两个独立样本计算的均值之差 $(\bar{x}_1 - \bar{x}_2)$ 的抽样分布为正态分布，其期望和抽样标准误分别为：

$$\mu_{\bar{x}_1 - \bar{x}_2} = \mu_1 - \mu_2; \quad \sigma_{\bar{x}_1 - \bar{x}_2} = \sqrt{\frac{\sigma_1^2}{n_1} + \frac{\sigma_2^2}{n_2}} \tag{7.8}$$

两总体均值之差 $D_0 = \mu_1 - \mu_2$，它在置信水平 $1 - \alpha$ 下的置信区间为：

$$(\bar{x}_1 - \bar{x}_2) \pm z_{\alpha/2} \sqrt{\frac{\sigma_1^2}{n_1} + \frac{\sigma_2^2}{n_2}} \tag{7.9}$$

（2）两总体均值之差的假设检验

对两总体均值之差 $D_0 = \mu_1 - \mu_2$ 进行假设检验的步骤方法、决策法则与一个总体均值检验相同。其假设形式为：

双侧检验：$H_0 = \mu_1 - \mu_2 = D_0$；$H_1 = \mu_1 - \mu_2 \neq D_0$。

左侧检验：$H_0 = \mu_1 - \mu_2 \geq D_0$；$H_1 = \mu_1 - \mu_2 < D_0$。

右侧检验：$H_0 = \mu_1 - \mu_2 \leq D_0$；$H_1 = \mu_1 - \mu_2 > D_0$。

两总体均值之差 $D_0 = \mu_1 - \mu_2$ 检验使用 Z 检验，检验统计量为：

$$z = \frac{(\bar{x}_1 - \bar{x}_2) - D_0}{\sqrt{\dfrac{\sigma_1^2}{n_1} + \dfrac{\sigma_2^2}{n_2}}} \sim N(0,1) \tag{7.10}$$

如果两个总体不服从正态分布，或总体无论为何种分布但只要为大样本，则两总体均值之差 $D_0 = \mu_1 - \mu_2$ 近似服从正态分布。在总体方差 σ_1^2 与 σ_2^2 已知时，按照式（7.10）使用 z 检验；如果总体方差 σ_1^2 与 σ_2^2 未知，可以用样本方差 s_1^2 与 s_2^2 代替，仍可使用 z 检验。

【例 7-7】 考察在市区和郊区公园休闲娱乐的游客年龄，在市区和郊区公园独立地抽取了两个随机样本。市区公园样本量为 40 人，样本均值为 45 岁；郊区公园样本量为 50 人，样本均值为 40 岁。根据已知资料，市区和郊区公园休闲的游客年龄的标准差分别为 10 和 8。那么，市区和郊区公园休闲的游客年龄是否有差异（$\alpha = 0.05$）?

解： 已知 $n_1 = 40$, $n_2 = 50$；$\bar{x}_1 - \bar{x}_2 = 45 - 40 = 5$；$\sigma_1 = 10$, $\sigma_2 = 8$；$\alpha = 0.05$。

根据题意，建立假设为：

H_0：$\mu_1 - \mu_2 = D_0 = 0$；H_1：$\mu_1 - \mu_2 \neq 0$。

总体为大样本且方差已知，因此采用 z 检验。检验统计量值为：

$$z = \frac{(\bar{x}_1 - \bar{x}_2) - D_0}{\sqrt{\dfrac{\sigma_1^2}{n_1} + \dfrac{\sigma_2^2}{n_2}}} = \frac{45 - 40 - 0}{\sqrt{\dfrac{10^2}{40} + \dfrac{8^2}{50}}} = 2.57$$

当 $\alpha = 0.05$ 时，临界值 $z_{\alpha/2} = 1.96$。因为 $z = 2.57 > 1.96$，即检验统计量值落入了拒绝域，因此拒绝原假设 H_0，接受备择假设 H_1。检验结果表明，在 0.05 的显著性水平下，市区和郊区公园休闲游客的年龄具有显著差异。

同样，可以利用 p 值决策。双侧检验的 p 值 $= 2P(Z \geq 2.57) = 2 \times 0.005 = 0.01$，由于 p 值 < 0.05，因此拒绝原假设，接受备择假设。

当然，我们也可以运用置信区间法来检验。当 $\alpha = 0.05$ 时，$(\mu_1 - \mu_2)$ 95% 的置信区间为：

$$(\bar{x}_1 - \bar{x}_2) \pm z_{\alpha/2} \sqrt{\frac{\sigma_1^2}{n_1} + \frac{\sigma_2^2}{n_2}} = (45 - 40) \pm 1.96 \sqrt{\frac{10^2}{40} + \frac{8^2}{50}}$$

$$= 5 \pm 3.81 = (1.19, 8.81)$$

由于假设值 $D_0 = 0$ 未落在这个区间，因此，拒绝原假设 H_0，接受备择假设 H_1。这与上述检验结果是一致的。

2. 两正态总体方差未知，且为独立小样本：t 检验

当两个总体服从正态分布但方差 σ_1^2 与 σ_2^2 未知，且为独立小样本时，进行两个总体均值之差的检验时，要用样本方差 s_1^2 与 s_2^2 替代总体方差，并且使用 t 检验统计量。这里分两种情况讨论。

（1）假定两总体方差相等：用两样本合并数据估计总体方差，计算检验统计量。

当总体方差未知时，σ_1^2 与 σ_2^2 是否相等也是需要进行检验的，检验方法就是本节将要介绍的两样本方差比检验。

当 $\sigma_1^2 = \sigma_2^2$ 相等时，可将两个样本数据合并计算总体方差的合并估计量 s_w^2，即以每个样本自由度占总自由度的比重为权重系数的加权均值，其计算公式为：

$$s_w^2 = \frac{(n_1-1)s_1^2 + (n_2-1)s_2^2}{n_1 + n_2 - 2} \tag{7.11}$$

因此，样本均值之差 $(\bar{x}_1 - \bar{x}_2)$ 的抽样标准误 $\sigma_{\bar{x}_1-\bar{x}_2}$ 的估计量为：

$$\hat{\sigma}_{\bar{x}_1-\bar{x}_2} = \sqrt{s_w^2\left(\frac{1}{n_1} + \frac{1}{n_2}\right)} \tag{7.12}$$

这时，两个样本均值之差 $(\bar{x}_1 - \bar{x}_2)$ 经过标准化后服从自由度为 $f = n_1+n_2-2$ 的 t 分布，即

$$t = \frac{(\bar{x}_1 - \bar{x}_2) - D_0}{\sqrt{s_w^2\left(\frac{1}{n_1} + \frac{1}{n_2}\right)}} \sim t(n_1 + n_2 - 2) \tag{7.13}$$

因此，可以用式（7.13）构造两总体均值之差的置信区间为：

$$(\bar{x}_1 - \bar{x}_2) \pm t_{\alpha/2}(n_1 + n_2 - 2)\sqrt{s_w^2\left(\frac{1}{n_1} + \frac{1}{n_2}\right)} \tag{7.14}$$

同样，利用式（7.13）可以进行均值之差的 t 检验。但也应注意，关于两总体方差相等的假定通常难以实现，经常遇到的却是方差不等的情形。

【例7-8】为检验游客在 AB 两个景区旅游消费差异，从两个景区分别抽取了容量为 16 和 15 的样本，消费情况如表 7.8 所示。假定游客消费服从正态分布，且方差相等，检验两个景区消费水平有无显著差异（$\alpha = 0.05$）。

表7.8 AB两个景区消费样本

（单位：元）

编号	A景区消费	B景区消费	编号	A景区消费	B景区消费
1	140	178	9	128	148
2	135	125	10	175	105
3	180	125	11	138	125
4	142	120	12	160	180
5	114	108	13	192	130
6	156	140	14	170	100
7	100	150	15	148	124
8	165	110	16	158	

解：根据题意，本例应采用双侧检验。由于总体正态分布且方差相等，但两个样本容量均低于30，且总体方差未知，因此应该采用 t 检验。

建立检验假设为：

H_0：$\mu_1 - \mu_2 = 0$；H_1：$\mu_1 - \mu_2 \neq 0$。

根据调查数据计算的两样本均值与方差分别为：

$$\bar{x}_1 = 150.06, \quad \bar{x}_2 = 131.2; \quad s_1^2 = 595.4, \quad s_2^2 = 587.6$$

因此，总体方差合并估计量为

$$s_w^2 = \frac{(n_1-1)s_1^2 + (n_2-1)s_2^2}{n_1+n_2-2} = \frac{(16-1)\times 595.4 + (15-1)\times 587.6}{16+15-2} = 591.63$$

检验统计量 t 值为：

$$t = \frac{(\bar{x}_1 - \bar{x}_2) - D_0}{\sqrt{s_w^2 \left(\frac{1}{n_1} + \frac{1}{n_2}\right)}} = \frac{(150.06 - 131.2) - 0}{\sqrt{591.63 \times \left(\frac{1}{16} + \frac{1}{15}\right)}} = 2.1577$$

显著性水平 $\alpha = 0.05$，自由度 $f = 16+15-2 = 29$，此时 t 检验的双侧检验临界值为：$t_{\alpha/2}(f) = t_{0.05/2}(29) = 2.0484$。

由于 $t = 2.1577 > 2.0484$，检验统计量值落入了拒绝域，因此，拒绝原假设，即在0.05的显著性水平下，两个景区的游客消费具有显著差异。

p 值决策：p 值 $= 2P(t \geq 2.1577) = 0.039 > \alpha = 0.05$，因此，拒绝原假设，接受备择假设。

置信区间法：当 $\alpha = 0.05$ 时，$(\mu_1 - \mu_2)$ 95%的置信区间为：

$$(\bar{x}_1 - \bar{x}_2) \pm t_{\alpha/2}(n_1 + n_2 - 2)\sqrt{s_w^2\left(\frac{1}{n_1} + \frac{1}{n_2}\right)}$$

$$= 18.86 \pm 2.0484 \times 8.7418 = (0.953, 36.767)$$

由于假设值 $D_0 = 0$ 未落在这个区间，因此，拒绝原假设 H_0，接受备择假设 H_1。

（2）假定两总体方差不等：用两个样本数据分别估计两个总体方差，计算检验统计量。

由于 $\sigma_1^2 \neq \sigma_2^2$，这时用样本方差 s_1^2 与 s_2^2 分别估计 σ_1^2 与 σ_2^2，样本均值之差（$\bar{x}_1 - \bar{x}_2$）的抽样标准误 $\sigma_{\bar{x}_1 - \bar{x}_2}$ 的估计量为：

$$\hat{\sigma}_{\bar{x}_1 - \bar{x}_2} = \sqrt{\frac{s_1^2}{n_1} + \frac{s_2^2}{n_2}} \tag{7.15}$$

此时，两个样本均值之差（$\bar{x}_1 - \bar{x}_2$）经标准化后近似服从自由度为 v 的 t 分布。自由度 v 的计算公式为：

$$v = \frac{\left(s_1^2/n_1 + s_2^2/n_2\right)^2}{\frac{\left(s_1^2/n_1\right)^2}{n_1 - 1} + \frac{\left(s_2^2/n_2\right)^2}{n_2 - 1}} \tag{7.16}$$

对非整数自由度可取整数部分。

因此，在 σ_1^2 与 σ_2^2 未知的情况下，两总体均值之差 $\mu_1 - \mu_2$ 在置信水平 $1-\alpha$ 下的置信区间为：

$$(\bar{x}_1 - \bar{x}_2) \pm t_{\alpha/2}(v)\sqrt{\frac{\sigma_1^2}{n_1} + \frac{\sigma_2^2}{n_2}} \tag{7.17}$$

两总体均值之差 $D_0 = \mu_1 - \mu_2$ 检验使用 t 检验，检验统计量为：

$$t = \frac{(\bar{x}_1 - \bar{x}_2) - D_0}{\sqrt{\frac{s_1^2}{n_1} + \frac{s_2^2}{n_2}}} \sim t(v) \tag{7.18}$$

利用式（7.18）构造检验统计量的方法不仅适用于两总体方差不相等的情况，也适用于两总体方差相等的情况，是更为一般的方法。

【例7-9】调查游客对景区的满意度情况，从 A 景区抽取了一个容量为 28 的样本，从 B 景区抽取了一个容量为 25 的样本。按照百分制评价，A 景区平均得分为 87.36，标准差为 4.63；B 景区平均得分为 85.27，标准差为 2.97。那么，游客对两个景区的评价有无显著差异（$\alpha = 0.05$）？

解：根据题意，本例应采用双侧检验。由于两个样本容量均低于30，且总体方差未知，也无法判断是否相等，因此按照两总体方差不等来处理。根据分析，我们应该采用 t 检验。

建立假设为：

$H_0: \mu_1 - \mu_2 = 0$；$H_1: \mu_1 - \mu_2 \neq 0$。

检验统计量 t 值为：

$$t = \frac{(\bar{x}_1 - \bar{x}_2) - (\mu_1 - \mu_2)}{\sqrt{\frac{s_1^2}{n_1} + \frac{s_2^2}{n_2}}} = \frac{(87.36 - 85.27) - 0}{\sqrt{\frac{4.63^2}{28} + \frac{2.97^2}{25}}} = \frac{2.09}{1.056} = 1.98$$

t 分布的自由度为：

$$v = \frac{\left(\frac{s_1^2}{n_1} + \frac{s_2^2}{n_2}\right)^2}{\frac{(s_1^2/n_1)^2}{n_1 - 1} + \frac{(s_2^2/n_2)^2}{n_2 - 1}} = \frac{\left(\frac{4.63^2}{28} + \frac{2.97^2}{25}\right)^2}{\frac{(4.63^2/28)^2}{28 - 1} + \frac{(2.97^2/25)^2}{25 - 1}} = 46.6$$

因此，自由度取为46。

临界值为：$t_{a/2}(v) = t_{0.05/2}(46) = 2.014$。

由于 $t = 1.98 < 2.014$，检验统计量值落入了非拒绝域，因此，不能拒绝原假设，即在0.05的显著性水平下，没有足够的证据显示游客对两个景区的评价具有显著差异。

双侧检验的 p 值为：p 值 $= 2P(t \geq 1.98) = 2 \times 0.027 = 0.054 > \alpha = 0.05$，因此，不能拒绝原假设。

（三）均值比较：匹配样本

匹配样本即一个样本中的观测值与另一个样本中的观测值是对应的。根据这种对应关系，就可以计算每一组对应观测值的差值，形成一个新的差值变量。这样就可以将两个总体均值的推断简化为一个总体均值推断问题。

设 μ_d 为两个总体对应数据差值的均值，它等于两个总体均值之差 $\mu_1 - \mu_2$，σ_d 为总体差值的标准差；d_i 为两样本对应观测值的差值，$\bar{d}$ 为配对样本差值的均值，s_d 为配对样本差值的标准差。

1. 大样本：z 检验

在大样本情况下，两个总体均值之差 $\mu_d = \mu_1 - \mu_2$ 在 $1-a$ 的置信水平下的置信区间为：

$$\bar{d} \pm z_{\alpha/2} \frac{\sigma_d}{\sqrt{n}} \qquad (7.19)$$

当总体 σ_d 未知时可用样本差值的标准差 s_d 代替，即 $\bar{d} \pm z_{\alpha/2} \frac{s_d}{\sqrt{n}}$。

对两总体均值之差进行假设检验时，选择 z 检验，检验统计量为：

$$z = \frac{\bar{d} - \mu_d}{\sigma_d / \sqrt{n}} \sim N(0,1) \qquad (7.20)$$

当总体 σ_d 未知时可用样本差值的标准差 s_d 代替，即

$$z = \frac{\bar{d} - \mu_d}{s_d / \sqrt{n}} \sim N(0,1) \qquad (7.21)$$

2. 小样本：t 检验

在小样本情况下，如果两个总体各观测值的配对差服从正态分布，则两个总体均值之差 $\mu_d = \mu_1 - \mu_2$ 在 $1-\alpha$ 置信水平下的置信区间为：

$$\bar{d} \pm t_{\alpha/2}(n-1) \frac{s_d}{\sqrt{n}} \qquad (7.22)$$

对 $\mu_d = \mu_1 - \mu_2$ 进行假设检验时，则应该选择 t 检验，自由度为 $n-1$，检验统计量为：

$$t = \frac{\bar{d} - \mu_d}{s_d / \sqrt{n}} \sim t(n-1) \qquad (7.23)$$

与独立样本设计相比，使用匹配样本设计，起到了控制观测变量影响因素的作用，使得抽样分布的标准差变小，因而可以得到更精确的推断结果。

【例 7-10】旅游纪念品制造商设计开发一种新的产品，为比较游客对新老产品的偏好程度，制造商随机选择 10 名游客对两种产品评分，分值为 0~10 分，评分结果如表 7.9 所示。在 0.05 显著性水平下，游客对新老产品的偏好是否存在显著差异？

表7.9 新老产品评分及差值

编号	新产品（分）	老产品（分）	d_i	编号	新产品（分）	老产品（分）	d_i
1	6	4	2	6	9	7	2
2	5	5	0	7	8	5	3
3	8	7	1	8	8	6	2

续表

编号	新产品（分）	老产品（分）	d_i	编号	新产品（分）	老产品（分）	d_i
4	7	6	1	9	6	4	2
5	8	4	4	10	8	5	3

解： 根据题意建立如下假设：

H_0: $\mu_1 - \mu_2 = \mu_d = 0$；$H_1$: $\mu_1 - \mu_2 \neq 0$。

配对样本数据差值的均值和标准差分别为：

$$\bar{d} = \frac{\sum_{i=1}^{n} d_i}{n} = \frac{2+0+\cdots+3}{10} = \frac{20}{10} = 2$$

$$s_d = \sqrt{\frac{\sum_{i=1}^{n}(d_i - \bar{d})^2}{n-1}} = \sqrt{\frac{(2-2)^2 + (0-2)^2 + \cdots + (3-2)^2}{10-1}} = \sqrt{\frac{12}{9}} = 1.155$$

根据样本差值数据计算 μ_d 的检验统计量值为：

$$t = \frac{\bar{d} - \mu_d}{s_d / \sqrt{n}} = \frac{2-0}{1.155/\sqrt{10}} = 5.48$$

当 $\alpha = 0.05$ 时，临界值为 $t_{\alpha/2}(n-1) = t_{0.05/2}(9) = 2.26$。

由于 $t = 5.48 > 2.26$，因此，拒绝原假设，接受备择假设，即在 0.05 的显著性水平下，游客对新老产品的偏好存在显著差异。

双侧检验的 p 值 $= 2P(t \geq 5.48) = 0.0004 < \alpha = 0.05$，因此，拒绝 H_0，接受 H_1。

二、两个总体比例之差的估计与检验

（一）两个总体比例之差的抽样分布

设分别从具有参数为 π_1 和 π_2 的两个二项总体中抽取容量为 n_1 和 n_2 的独立样本，当样本量足够大，即 $n_1\pi_1 \geq 5$，$n_1(1-\pi_1) \geq 5$，$n_2\pi_2 \geq 5$，$n_2(1-\pi_2) \geq 5$ 时，则两个样本比例之差的抽样分布服从正态分布，即

$$p_1 - p_2 \sim N\left(\pi_1 - \pi_2, \frac{\pi_1(1-\pi_1)}{n_1} + \frac{\pi_2(1-\pi_2)}{n_2}\right) \quad （7.24）$$

上式经标准化后则服从标准正态分布，即，

$$z = \frac{(p_1 - p_2) - (\pi_1 - \pi_2)}{\sqrt{\frac{\pi_1(1-\pi_1)}{n_1} + \frac{\pi_2(1-\pi_2)}{n_2}}} \sim N(0,1) \qquad (7.25)$$

（二）两个总体比例的估计与比较

1. 两个总体比例之差置信区间

当总体比例 π_1 和 π_2 未知时，可用样本比例 p_1 和 p_2 替代。因此，两个总体比例之差 p_1-p_2 在 $1-\alpha$ 置信水平下的置信区间为：

$$(p_1 - p_2) \pm z_{\alpha/2} \sqrt{\frac{p_1(1-p_1)}{n_1} + \frac{p_2(1-p_2)}{n_2}} \qquad (7.26)$$

2. 两个总体比例之差的检验

两个总体比例之差 $D_0 = (p_1-p_2)$ 的检验统计量为：

$$z = \frac{(p_1 - p_2) - D_0}{\sqrt{\frac{p_1(1-p_1)}{n_1} + \frac{p_2(1-p_2)}{n_2}}} \qquad (7.27)$$

两个总体比例之差的检验方法及决策规则与一个总体比例检验相同。两个总体比例之差检验的假设形式为：

双侧检验：$H_0: \pi_1 - \pi_2 = D_0$；$H_1: \pi_1 - \pi_2 \neq D_0$

左侧检验：$H_0: \pi_1 - \pi_2 \geq D_0$；$H_1: \pi_1 - \pi_2 < D_0$

右侧检验：$H_0: \pi_1 - \pi_2 \leq D_0$；$H_1: \pi_1 - \pi_2 > D_0$

（1）$D_0 \neq 0$ 时的检验

在假设检验值 $D_0 \neq 0$ 的情况下，将检验值 D_0 代入式（7.27）即可，这时的检验统计量为：

$$z = \frac{(p_1 - p_2) - D_0}{\sqrt{\frac{p_1(1-p_1)}{n_1} + \frac{p_2(1-p_2)}{n_2}}} \qquad (7.28)$$

（2）$D_0 = 0$ 时的检验

当 $D_0 = 0$ 时，在原假设成立的条件下，$p_1 = p_2 = p$ 的最佳估计量是将两个样本合并后得到的比例 $\hat{p}$，即

$$\hat{p} = \frac{x_1 + x_2}{n_1 + n_2} = \frac{p_1 n_1 + p_2 n_2}{n_1 + n_2} \qquad (7.29)$$

这时，$p_1 - p_2$ 抽样分布的标准差的最佳估计量为

$$\sqrt{\frac{p_1(1-p_1)}{n_1}+\frac{p_2(1-p_2)}{n_2}}=\sqrt{\hat{p}(1-\hat{p})\left(\frac{1}{n_1}+\frac{1}{n_2}\right)}$$

因此,当 $D_0 = 0$ 时,(p_1-p_2) 的检验统计量为:

$$z=\frac{\bar{p}_1-\bar{p}_2}{\sqrt{\hat{p}(1-\hat{p})\left(\frac{1}{n_1}+\frac{1}{n_2}\right)}} \qquad (7.30)$$

【例7-11】对某市A、B两个景区的调查数据显示,A景区200个游客中有120人是通过互联网了解到景区信息,B景区200个游客中有85人是通过互联网了解到景区信息的。在0.05的显著性水平下,检验A、B两个景区游客通过互联网了解景区信息的比例是否相同。

解:根据题意,提出原假设和备择假设如下:
H_0: $\pi_1 - \pi_2 = 0$; H_1: $\pi_1 - \pi_2 \neq 0$。
由 $n_1 = n_2 = 200$,$x_1 = 105$,$x_2 = 85$,得两个样本的比例为:

$$p_1 = x_1/n_1 = 105/200 = 0.525,\quad p_2 = x_2/n_2 = 85/200 = 0.425$$

将两个样本合并后的比例为:

$$\hat{p}=\frac{x_1+x_2}{n_1+n_2}=\frac{105+85}{200+200}=0.475$$

p_1-p_2 的检验统计量值为:

$$z=\frac{p_1-p_2}{\sqrt{\hat{p}(1-\hat{p})\left(\frac{1}{n_1}+\frac{1}{n_2}\right)}}=\frac{0.525-0.425}{\sqrt{0.475(1-0.475)\left(\frac{1}{200}+\frac{1}{200}\right)}}=2.00$$

当 $\alpha = 0.05$ 时,临界值 $z_{\alpha/2} = 1.96$。由于 $z = 2.00 > 1.96$,因此拒绝原假设,接受备择假设,即在0.05显著性水平下,两个景区游客通过互联网了解景区信息比例不同。

双侧检验的 p 值 $=2P(Z \geq 2.0) = 0.045 < \alpha = 0.05$,因此拒绝原假设。

三、两个总体方差比的估计与检验

(一)两个总体方差比的抽样分布:F 分布

1. F 分布及其特征

F 分布是费希尔(R.A.Fisher)提出来的,因此以他姓氏的第一个字母而命名,F 分布在方差齐性检验、方差分析及回归方程显著性检验中都有重要应用。

如果 $X_1 \sim \chi^2(n_1)$，$X_2 \sim \chi^2(n_2)$，且 X_1 与 X_2 相互独立，则随机变量 $F = \dfrac{X_1/n_1}{X_2/n_2}$ 服从第一自由度为 n_1，第二自由度为 n_2 的 F 分布，记为 $F \sim F(n_1, n_2)$。

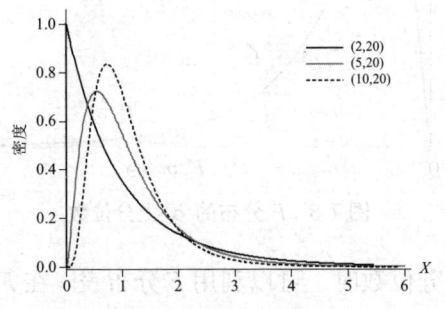

图 7.7　F 分布概率密度函数

F 分布概率密度函数曲线如图 7.7 所示，其有如下分布特征：

（1）F 分布呈非对称的右偏分布。

（2）F 分布的期望与方差为：

$$E(X) = \frac{n_2}{n_2 - 2}, \qquad (n > 2)$$

$$D(X) = \frac{2n_2^2(n_1 + n_2)}{n_1(n_2 - 2)(n_2 - 4)}, \qquad (n > 4)$$

（3）F 分布的两个自由度位置不可交换，并且 F 分布的分位数具有如下关系：

$$F_\alpha(n_1, n_2) = \frac{1}{F_{1-\alpha}(n_2, n_1)}$$

这一性质在计算 F 分布的分位数时非常有用。

（4）F 分布与 t 分布存在如下关系：

如果随机变量 $X \sim t(n)$，则 $X^2 \sim F(1, n)$。这一关系在回归分析的回归系数检验中可以应用。

2. F 分布的上侧分位数与 F 分布表的使用

在使用 F 分布时，常用 $F_\alpha(n_1, n_2)$ 表示满足 $P\{F > F(n_1, n_2)\} = \alpha$ 的点，称为 F 分布的 α 上分位数（图 7.8），其中，α 为分位点上侧面积或概率。例如，$F_{0.05}(5, 12)$ 表示第一自由度为 5，第二自由度为 12 的 F 分布上侧面积为 0.05 的值。$F_{\alpha/2}(n_1, n_2)$ 就表示第一自由度为 n_1，第二自由度为 n_2 的 F 分布的上侧面积为 $\alpha/2$ 的值。

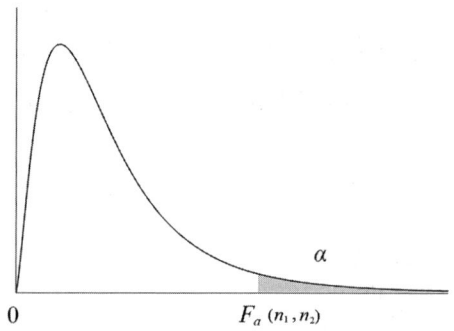

图 7.8 F 分布的 α 上分位数

在计算 F 分布的分位数时，可以利用 F 分布表。在 F 分布表中，一般在表头处标明 α 值，第一行给出第一自由度，第一列给出第二自由度。第一自由度所在列与第二自由度所在行的交汇处的值，就是对应的 α 上分位数。例如，当 α 为 0.05，第一自由度为 5，第二自由度为 7 时，计算 $F_\alpha(n_1, n_2)$。在 F 分布表中（表7.10），自由度 5 所在的行与 α 值 0.05 所在列的交汇处的值为 3.9715，即 $F_{0.05}(5, 7) = 3.9715$。

表 7.10 F 分布表（$\alpha = 0.05$）

df2/df1	1	2	3	4	5	6	7	8	9	10
1	161.4476	199.5000	215.7073	224.5832	230.1619	233.9860	236.7684	238.8827	240.5433	241.8817
2	18.5128	19.0000	19.1643	19.2468	19.2964	19.3295	19.3532	19.3710	19.3848	19.3959
3	10.1280	9.5521	9.2766	9.1172	9.0135	8.9406	8.8867	8.8452	8.8123	8.7855
4	7.7086	6.9443	6.5914	6.3882	6.2561	6.1631	6.0942	6.0410	5.9988	5.9644
5	6.6079	5.7861	5.4095	5.1922	5.0503	4.9503	4.8759	4.8183	4.7725	4.7351
6	5.9874	5.1433	4.7571	4.5337	4.3874	4.2839	4.2067	4.1468	4.0990	4.0600
7	5.5914	4.7374	4.3468	4.1203	**3.9715**	3.8660	3.7870	3.7257	3.6767	3.6365
8	5.3177	4.4590	4.0662	3.8379	3.6875	3.5806	3.5005	3.4381	3.3881	3.3472
9	5.1174	4.2565	3.8625	3.6331	3.4817	3.3738	3.2927	3.2296	3.1789	3.1373

3. 两个总体方差比的抽样分布

如果 $X_1, X_2, \cdots, X_n$ 是来自正态总体 $X \sim N(\mu_1, \sigma_1^2)$ 的随机样本，$Y_1, Y_2, \cdots, Y_n$ 是来自正态总体 $Y \sim N(\mu_2, \sigma_2^2)$ 的随机样本，且 X 与 Y 相互独立，

那么两样本方差比的分布服从第一自由度为 n_1-1，第二自由度为 n_2-1 的 F 分布，即

$$F = \frac{s_1^2/\sigma_1^2}{s_2^2/\sigma_2^2} \sim F(n_1-1, n_2-1) \tag{7.31}$$

（二）两个总体方差比的估计与检验

1. 两总体方差比的置信区间

根据两总体方差比的分布式（7.31），可以构造总体方差比 s_1^2/s_2^2 在 $1-a$ 置信水平下的置信区间：

$$\frac{S_1^2/S_2^2}{F_{\alpha/2}} \leq \frac{\sigma_1^2}{\sigma_2^2} \leq \frac{S_1^2/S_2^2}{F_{1-\alpha/2}} \tag{7.32}$$

2. 两总体方差比的检验

检验两个总体方差是否相等，可以通过两个方差之比是否等于 1 来检验。来自正态总体的两个独立样本方差分别为 s_1 和 s_2，则检验统计量 $F=s_1^2/s_2^2$ 服从分子自由度为 n_1-1，分母自由度为 n_2-1 的 F 分布，即

$$F = \frac{s_1^2}{s_2^2} \sim F(n_1-1, n_2-1) \tag{7.33}$$

因此，这种检验也称 F 检验。两总体方差比 F 检验的假设形式和检验规则如表 7.11 所示。

表 7.11 两个总体方差检验（s1 > s2）

检验形式	双侧检验	右侧检验
检验假设	$H_0: \sigma_1^2 = \sigma_2^2$；$H_1: \sigma_1^2 \neq \sigma_2^2$	$H_0: \sigma_1^2 \leq \sigma_2^2$；$H_1: \sigma_1^2 > \sigma_2^2$
检验统计量	$F = s_1^2/s_2^2$	
p 值法	p 值 $=2P\{F(n_1-1, n_2-1) \geq F$ 值$\}$ 如果 p 值 $\leq a$，则拒绝 H_0	p 值 $=P\{F(n_1-1, n_2-1) \geq F$ 值$\}$ 如果 p 值 $\leq a$，则拒绝 H_0
临界值法	如果 $F \geq F_{\alpha/2}$，则拒绝 H_0	如果 $F \geq F_\alpha$，则拒绝 H_0

为了计算方便，在检验中，无论双侧还是单侧检验，一般把较大的方差放在分子的位置，即 $s_1 > s_2$，此时 $F > 1$，检验统计量值落于 F 分布的右侧（图 7.9）。

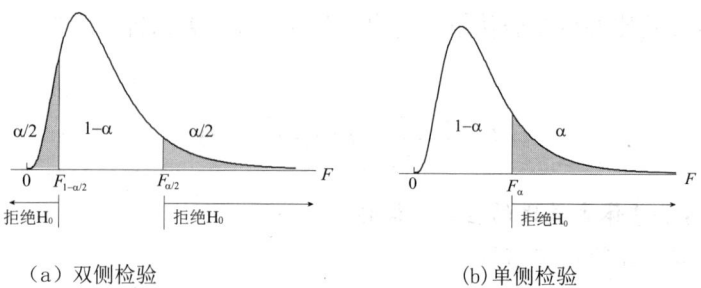

（a）双侧检验　　　　　　　　（b）单侧检验

图 7.9　两总体方差比检验的拒绝域

【例 7-12】为了研究男女大学生在旅游消费支出上的差异，在某大学随机抽取男女大学生各 30 名进行调查。得到男大学生和女大学生旅游消费支出的样本标准差分别为：$s_1=15$ 元，$s_2=13$。假定总体服从正态分布，要求：（1）以 0.05 的显著性水平检验该所大学男女大学生旅游消费支出的方差是否相等。（2）以 95% 置信水平建立男女大学生旅游支出方差比的置信区间，该结果是否支持检验结论？

解： 已知 $n_1=30$，$n_2=30$；$s_1=15$，$s_2=13$；$\alpha=0.05$。

（1）根据题意，建立如下检验假设：

$H_0: \sigma_1^2 = \sigma_2^2$；$H_1: \sigma_1^2 \neq \sigma_2^2$。

根据样本数据计算 F 检验统计量值为：

$$F = \frac{s_1^2}{s_2^2} = \frac{15^2}{13^2} = 1.331$$

当 $\alpha=0.05$ 时，双侧临界值为：

$$F_{\alpha/2}(n_1-1, n_2-1) = F_{0.025}(29,29) = 2.101$$
$$F_{1-\alpha/2}(n_1-1, n_2-1) = F_{0.975}(29,29) = 0.476$$

由于 $F_{1-\alpha/2} < F < F_{\alpha/2}$，因此不能拒绝 H_0，即没有足够理由认为男女大学生旅游消费支出的方差不相等。

双侧检验 p 值 $= 2P(F>1.331) = 0.446 > \alpha = 0.05$，因此不能拒绝 H_0。

（2）在 95% 的置信水平下，男女大学生旅游支出方差比 σ_1^2/σ_2^2 的置信区间为：

$$\frac{15^2/13^2}{2.101} \leq \frac{\sigma_1^2}{\sigma_2^2} \leq \frac{15^2/13^2}{0.476}, \quad 即 \ 0.634 \leq \frac{\sigma_1^2}{\sigma_2^2} \leq 2.797$$

由于 $F=1.331$ 落入了方差比 σ_1^2/σ_2^2 的置信区间（0.634, 2.797），因此不能拒绝原假设 H_0，该结果支持检验的结论。

第四节　检验功效与第二类错误的控制

在显著性检验中，只控制了犯第一类错误的概率而没有控制犯第二类错误的概率。因此，在不能拒绝原假设 H_0 时，一般也并未表示接受 H_0，因为接受 H_0 就要冒着犯第二类错误的风险。然而在一些检验活动中，有时不论检验结果是拒绝 H_0 还是不能拒绝 H_0，都要做出决策，即要么拒绝 H_0，要么接受 H_0。这时不仅需要控制发生第一类错误的概率，同时也需要控制发生第二类错误的概率。

一、第二类错误概率的计算及其控制

（一）第二类错误概率的计算

1. 双侧检验第二类错误的概率

在假设检验中，第一类错误是原假设 H_0 为真却被拒绝，发生这种错误的概率为 α；第二类错误是原假设为伪却没有被拒绝，发生这种错误的概率为 β。以总体均值检验为例，设原假设 H_0：$\mu=\mu_0$，备择假设 H_1：$\mu=\mu_1$，则双侧检验犯两类错误的概率如图 7.10 所示。

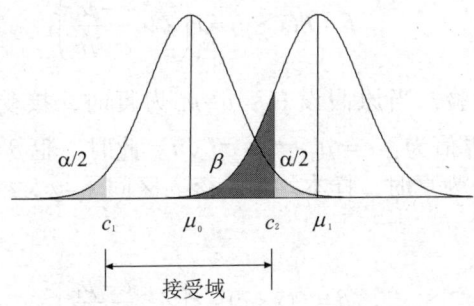

图 7.10　双侧检验发生第二类错误的概率

当原假设 H_0：$\mu=\mu_0$ 为真时，接受域为区间（c_1，c_2），两侧临界值为：

$$c_1 = \mu_0 - z_{\alpha/2}\frac{\sigma}{\sqrt{n}}\ ;\quad c_2 = \mu_0 + z_{\alpha/2}\frac{\sigma}{\sqrt{n}}$$

然而，接受 H_0 时会犯第二类错误，即 H_0 为伪 H_1 为真时却接受了 H_0 拒绝了 H_1。因此，犯 β 错误的概率，就是当备择假设 H_1：$\mu=\mu_1$ 为真时，样本均值 $\bar{x}$ 落入区间（c_1，c_2）的概率，其计算公式为：

$$\beta = P(c_1 < \bar{x} < c_2) = P\left(\frac{c_1 - \mu_1}{\sigma/\sqrt{n}} < Z < \frac{c_2 - \mu_1}{\sigma/\sqrt{n}}\right) \quad (7.34)$$

2. 单侧检验第二类错误的概率

单侧检验犯两类错误的概率如图 7.11 所示。

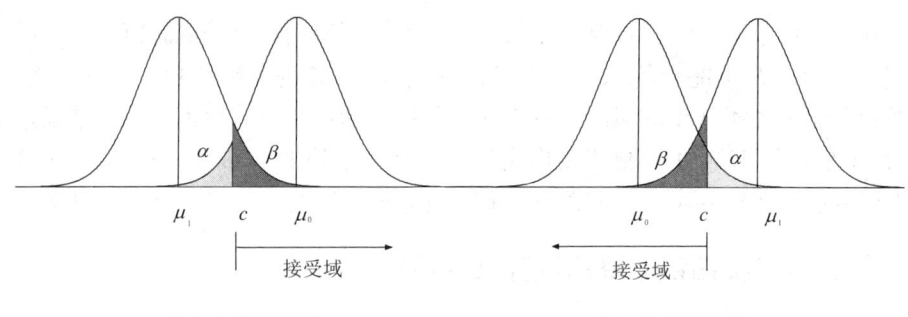

(a) 左单侧检验　　　　　　　　(b) 右单侧检验

图 7.11　单侧检验发生第二类错误的概率

对于左单侧检验，当原假设 H_0：$\mu=\mu_0$ 为真时，接受 H_0，接受域为区间（c，∞），左侧临界值为：$c=\mu_0-z_\alpha\times\sigma/\sqrt{n}$。此时，犯 β 错误的概率，就是当备择假设 H_1：$\mu=\mu_1$ 为真时，样本均值 $\bar{x}$ 落入区间（c，∞）的概率，其计算公式为：

$$\beta = P(\bar{x} > c) = P\left(Z > \frac{c-\mu_1}{\sigma/\sqrt{n}}\right) \tag{7.35}$$

对于右单侧检验，当原假设 H_0：$\mu=\mu_0$ 为真时，接受 H_0，接受域为区间（$-\infty$，c），右侧临界值为：$c=\mu_0+z_\alpha\times\sigma/\sqrt{n}$。此时，犯 β 错误的概率，就是当备择假设 H_1：$\mu=\mu_1$ 为真时，样本均值 $\bar{x}$ 落入区间（$-\infty$，c）的概率，其计算公式为：

$$\beta = P(\bar{x} < c) = P\left(Z < \frac{c-\mu_1}{\sigma/\sqrt{n}}\right) \tag{7.36}$$

【例 7-13】供货方与销售方进行一批永久性索道承载索的交易，双方进行货物验收，抽取 16 条承载索进行检验。供货方声称承载索抗拉安全系数不低于 3.0，总体呈正态分布，标准差为 0.4。当 $\alpha=0.05$ 时，承载索抗拉安全系数分别为 2.99、2.95、2.90、2.85、2.80、2.75、2.70、2.65、2.60 时，计算发生第二类错误的概率 β。

解：根据题意，可进行左单侧检验，建立如下假设：

H_0：$\mu \geq 3.0$；H_1：$\mu < 3.0$。

左侧临界值为：

$$c = \mu_0 - z_\alpha \frac{\sigma}{\sqrt{n}} = 3.0 - 1.645 \times \frac{0.4}{\sqrt{16}} = 2.8355$$

当 $H_1: \mu_1 = 2.99$ 为真时,接受 H_0 犯第二类错误的概率为

$$\beta = P(\bar{x} > c) = P\left(Z > \frac{c - \mu_1}{\sigma/\sqrt{n}}\right) = P\left(Z > \frac{2.8355 - 2.99}{0.4/\sqrt{16}}\right)$$
$$= P(Z > -1.545) = 0.9388$$

用同样的方法,可以计算出当 $H_1: \mu_1 = 2.99$, 2.95, 2.90, 2.85, 2.80, 2.75, 2.70, 2.65, 2.60 为真时,发生第二类错误的概率分别为:0.9388, 0.8740, 0.7405, 0.5058, 0.3613, 0.1963, 0.0877, 0.0318, 0.0093。

发生第二类错误的概率 β 为原假设不正确时却接受了它的概率,在样本容量一定的条件下,β 的大小取决于检验值 μ_0 与真实值 μ_1 的差距。检验值 μ_0 与真实值 μ_1 的差距越小,β 值越大;检验值 μ_0 与真实值 μ_1 的差距越大,β 值越小。在相同的条件下,单侧检验发生第二类错误的概率小于双侧检验发生第二类错误的概率。

(二)样本容量与 β 错误概率的控制

在假设检验中,当接受了原假设 H_0 时,我们所关心的是犯 β 错误的大小。要想同时使 α 与 β 都很小,就必须增加样本容量。通过控制样本容量可以控制发生第二类错误的概率。下面以样本均值的假设检验为例,来说明在给定 α 和 β 水平条件下如何计算样本容量。

1. 双侧检验计算样本容量

从图 7.10 可知,当 $H_0: \mu = \mu_0$ 为真时的上置信限,就是 $H_1: \mu = \mu_1$ 为真时的下置信限,即

$$\mu_0 + z_{\alpha/2} \frac{\sigma}{\sqrt{n}} = \mu_1 - z_\beta \frac{\sigma}{\sqrt{n}}$$

因此有

$$n = \frac{(z_{\alpha/2} + z_\beta)^2 \sigma^2}{(\mu_1 - \mu_0)^2} \tag{7.37}$$

2. 单侧检验计算样本容量

从图 7.11 可知,对于左单侧检验,当 $H_0: \mu = \mu_0$ 为真时的下置信限,就是 $H_1: \mu = \mu_1$ 为真时的上置信限,即

$$\mu_0 - z_\alpha \frac{\sigma}{\sqrt{n}} = \mu_1 + z_\beta \frac{\sigma}{\sqrt{n}}$$

因此有

$$n = \frac{(z_\alpha + z_\beta)^2 \sigma^2}{(\mu_0 - \mu_1)^2} \qquad (7.38)$$

对于右单侧检验，当 $H_0: \mu=\mu_0$ 为真时的上置信限，就是 $H_1: \mu=\mu_1$ 为真时的下置信限，即

$$\mu_0 + z_\alpha \frac{\sigma}{\sqrt{n}} = \mu_1 - z_\beta \frac{\sigma}{\sqrt{n}}$$

样本容量计算公式同于式（7.38）。

【例7-14】供货方与销售方进行的承载索交易，承载索抗拉安全系数大于等于3.2为优质品，小于3.0为不合格品，3.0与3.2之间为合格品。供货方要求以小于等于0.05的概率拒绝优质品，销售方则要求以小于等于0.04的概率接受不合格品。假定承载索抗拉安全系数服从正态分布，标准差为0.2，试计算符合双方检验要求的样本容量 n。若样本均值为3.18，销售方是否接受这批货。

解：已知 $s=0.2$，$\alpha=0.05$，$\beta=0.04$，查表得 $z_\alpha=1.645$，$z_\beta=1.7507$。
建立假设为：$H_0: \mu=\mu_0=3.2$；$H_1: \mu=\mu_1=3.0$。
根据题意，采用左单侧检验，由式（7.38）得样本容量为：

$$n = \frac{(z_\alpha + z_\beta)^2 \sigma^2}{(\mu_0 - \mu_1)^2} = \frac{(1.645 + 1.7507)^2 \times 0.2^2}{(3.2 - 3.0)^2} = 11.5 \approx 12$$

即符合双方检验要求的样本容量为12条。
样本均值为3.18时，检验统计量为：

$$z = \frac{\bar{x} - \mu_0}{\sigma/\sqrt{n}} = \frac{3.18 - 3.2}{0.2/\sqrt{12}} = -0.346 > -z_\alpha = -1.645$$

即检验统计量落入接受域，因此接受这批货物为优质品，接受这批货物为不合格品的概率不超过0.04。

二、检验功效与效应量

在假设检验中，当拒绝了原假设 H_0 时，会犯 α 错误，但犯 α 错误的概率已经被控制在可接受的范围了。因此，这时我们所关心的是原假设为假时，拒绝原假设的统计检验效力。

（一）检验功效

检验功效（power）也称统计检验力，它是当原假设 H_0 为假时，做出拒绝 H_0 的概率。由于当 H_0 为假时却接受了它的概率为 β，所以检验功效为 $1-\beta$，即

拒绝不真的 H_0 而接受真的 H_1 的概率。$1-\beta$ 越接近于 1，检验功效越好；$1-\beta$ 越接近于 0，检验功效越差。

【例 7-15】例 7-13 中，供货方与销售方在索道承载索交易货物验收中，抽取 16 条承载索进行检验。供货方声称承载索抗拉安全系数不低于 3.0，总体呈正态分布，标准差为 0.4。当 $\alpha = 0.05$ 时，承载索抗拉安全系数分别为 2.99，2.95，2.90，2.85，2.80，2.75，2.70，2.65，2.60 时，计算检验功效。

解：根据例 7-13 计算的 β 错误概率，得到检验功效如表 7.12 所示。

表 7.12 β 错误与检验功效

μ 值	μ 与 μ_0 差值	$z = \dfrac{2.8355 - \mu}{0.4/\sqrt{16}}$	β 错误的概率	功效（$1-\beta$）
2.60	0.40	2.355	0.0093	0.9907
2.65	0.35	1.855	0.0318	0.9682
2.70	0.30	1.355	0.0877	0.9123
2.75	0.25	0.855	0.1963	0.8037
2.80	0.20	0.355	0.3613	0.6387
2.85	0.15	−0.145	0.5058	0.4942
2.90	0.10	−0.645	0.7405	0.2595
2.95	0.05	−1.145	0.8740	0.1260
2.99	0.01	−1.545	0.9388	0.0612

根据表 7.12，将与每一个 μ 值对应的功效值绘制成曲线，称为功效曲线（power curve）（图 7.12）。功效曲线渐近于原假设为假时 μ 值即 μ_0。

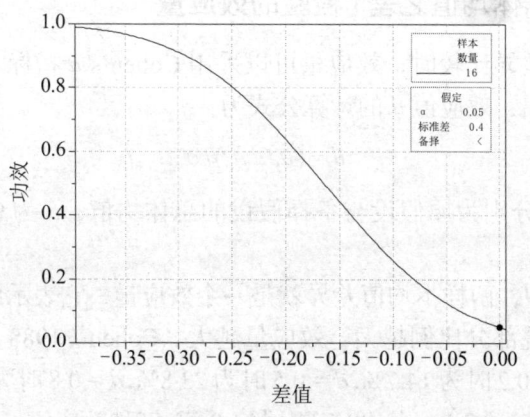

图 7.12 功效曲线

影响检验功效的因素很多，如样本容量、显著性水平、检验方向（单侧或双侧）、检验方法等。在假设检验中，我们希望发生两类错误的概率都很小，但在样本容量一定的条件下，减小 α 就会使 β 增大，从而降低检验功效。反之，如果要使 β 减小从而提高检验功效，就必须以增大 α 为代价。因此在假设检验中需要对两类错误发生概率进行平衡，即哪类错误发生造成的损失更严重，就应使哪类错误发生的概率更小些。

（二）检验效应量

检验功效与样本容量有关，随着样本容量的增加，即便很小的差异也会被识别出来，也就是在样本容量足够大时几乎总能拒绝原假设。因此，在假设检验中不仅应关注统计上是否显著，而且也应注意是否具有实际意义。

效应量（effect size）是对检验效应大小的度量。在显著性检验中，拒绝原假设只意味着差异是由系统性因素引起的，但它并不能说明因素影响程度的大小，也不能说明这种统计的显著性是否具有实际意义。因此，拒绝原假设后，我们还应进一步进行效应量检验，它有助于判断统计上的显著差异是否具有实际意义。在假设检验中，统计意义显著并不等同于实际意义也是显著的。因此，在拒绝原假设 H_0 时，我们除了关心检验功效外，还会关心检验的效应量（或称效应值）。效应量与检验功效具有正相关关系；但效应量不受样本容量大小的影响，因此具有更优良的性质。

效应量指标很多，对于各种检验方法来说也并不唯一。比如两总体均值差异比较中常用 Cohen's d 指标，方差分析中组间平方和占总平方和的比例 η^2 指标、相关分析中的相关系数指标，回归分析中的判定系数指标，χ^2 检验中的克莱默 v 系数指标等等。

三、两个总体均值之差 t 检验的效应量

两总体均值差异比较时，效应量可以采用 Cohen's d 指标。该指标由心理统计学家 Cohen 提出，效应值 d 的计算公式为：

$$d = (\mu_1 - \mu_0)/\sigma \tag{7.39}$$

上式中，μ_0 与 μ_1 分别为原假设与备择假设的总体均值；σ 为总体标准差，可以用样本方差代替。

在均值比较中，两样本均值差异就是一个效应量，它表示两个总体分布不重叠的程度，不重叠部分比例越大，效应量越大。Cohen（1988）根据两正态分布的不重叠度在 $d = 0.2$ 时为 14.7%，$d = 0.5$ 时为 23.8%，$d = 0.8$ 时为 47.4% 这一特征，将效应量划分为小（0.2）、中（0.5）、大（0.8）三种效应值。

在显著性检验中，可结合效应量大小进行决策：(1) 统计显著且具有大效应量，表明结论是可以接受的；(2) 统计显著但具有小效应量，表明结论的可靠性低；(3) 统计不显著但具有大效应量，表明可能样本量不够大；(4) 统计不显著且具有小效应量，表明接受 H_0 犯第二类错误的概率会很小。

(一) 独立样本 t 检验效应量计算

独立样本 t 检验效应量计算公式为：

$$d = \frac{\bar{x}_1 - \bar{x}_2}{s_w}, \quad \left(s_w = \sqrt{\frac{(n_1-1)s_1^2 + (n_2-1)s_2^2}{n_1 + n_2 - 2}} \right) \qquad (7.40)$$

式中，d 为效应量，$\bar{x}_1 - \bar{x}_2$ 为两样本均值之差，s_w 为两样本合成方差的算术平方根。

此外，还可以假设检验的 t 值和样本容量来计算 d 值，其计算公式为：

$$d = \frac{t}{\sqrt{\frac{n_1 n_2}{n_1 + n_2}}} \qquad (7.41)$$

式中，t 为假设检验的 t 值，n_1 和 n_2 分别为两样本的容量。

【例 7-16】 以例 7-8 为基础，计算两均值之差 t 检验的效应量。

解： 根据例 7-8 的结果，

$$\bar{x}_1 = 150.06, \quad \bar{x}_2 = 131.2; \quad s_1^2 = 595.4, \quad s_2^2 = 587.6$$

因此，总体方差合并估计量为

$$s_w^2 = \frac{(n_1-1)s_1^2 + (n_2-1)s_2^2}{n_1 + n_2 - 2} = \frac{(16-1) \times 595.4 + (15-1) \times 587.6}{16 + 15 - 2} = 591.63$$

因此，$s_w = 24.32$。从而，根据式（7.40），得

$$d = \frac{\bar{x}_1 - \bar{x}_2}{s_w} = \frac{150.06 - 131.2}{24.32} = 0.775$$

本例也可以使用式（7.41）来计算。由 $n_1 = 16$，$n_2 = 15$，$t = 2.1577$，得

$$d = \frac{t}{\sqrt{\frac{n_1 n_2}{n_1 + n_2}}} = \frac{2.1577}{\sqrt{\frac{16 \times 15}{16 + 15}}} = 0.775$$

例 7-8 检验的效应量 0.775 属于中效应量，但比较接近 0.8 的大效应量，例 7-8 的检验结果拒绝原假设接受备择假设，表明该结果还是比较可靠的。

(二) 配对样本 t 检验效应量计算

配对样本 t 检验效应量计算公式为：

$$d = \frac{\bar{d}}{s_d} \tag{7.42}$$

式中，d 为效应量，$\bar{d}$ 为两样本配对差值的均值，s_d 为两样本配对差值的标准差。

配对样本 t 检验效应量还可以利用以下公式：

$$d = \frac{t}{\sqrt{n}} \tag{7.43}$$

式中，t 为假设检验的 t 值，n 为两样本配对差值个数。

【例 7-17】以例 7-10 为基础，计算两配对样本均值之差 t 检验的效应量。

解：根据例 7-10 的结果，

$$\bar{d} = 2, \ s_d = 1.155, \ n = 10, \ t = 5.48$$

根据式（7.42），得

$$d = \frac{2}{1.155} = 1.732$$

本例也可以使用式（7.43）来计算，即

$$d = \frac{t}{\sqrt{n}} = \frac{5.48}{\sqrt{10}} = 1.733$$

例 7-10 为配对样本均值之差的检验，效应量为 1.732 属于大效应量。例 7-10 的检验结果拒绝原假设接受备择假设，表明该结果是比较可靠的。

第五节 利用软件进行假设检验

一、利用 SPSS 进行假设检验

(一) 单样本 t 检验

以例 7-3 的送餐时间数据为例，操作步骤如下：

第一步：输入数据，变量名为"送餐时间"。

第二步：选择【分析】下拉菜单，并选择【比较均值】—【单样本 T 检验】

选项,进入主对话框。

第三步:将检验变量"送餐时间"选入【检验变量】框;在【检验值】框内输入假设值 15;

第四步:点击【选项】,输入置信区间的置信水平(默认值为 95%)。点击【继续】回到主对话框。单击【确定】,输出结果如表 7.13 所示。

单个样本统计量

	N	均值	标准差	均值的标准误
送餐时间	16	16.8125	3.31097	.82774

单个样本检验

	检验值 = 15					
					差分的 95% 置信区间	
	t	df	Sig.(双侧)	均值差值	下限	上限
送餐时间	2.190	15	.045	1.81250	.0482	3.5768

图 7.13　SPSS 软件单样本 t 检验结果输出

图 7.13 中的"Sig.(双尾)"表示双侧 p 值,如果进行单侧检验,单侧 p 值为双侧 p 值的二分之一,即单侧检验的 p 值为 0.028。

(二)独立样本 t 检验

在用 SPSS 中进行独立样本 t 检验时,需要把两个样本的观测值作为一个变量输入,然后设计另一个分组变量用于标记每个观测值所属的样本(比如用 1 表示变量 1,用 2 表示变量 2)。以例 7-8 数据为例,具体操作步骤如下:

第一步:选择【分析】—【比较均值】—【独立样本 T 检验】,进入主对话框。

第二步:将检验变量(时间变量)选入【检验变量】框,将分组变量(方法)选入【分组变量】,并点击【定义组】,在【组 1】框内输入 1,在【组 2】框内输入 2,单击【继续】回到主对话框。

第三步:点击【选项】,选择置信区间的置信水平(默认值为 95%)。点击【继续】回到主对话框。单击【确定】,输出结果如图 7.14 所示。

组统计量

	分组	N	均值	标准差	均值的标准误
景区消费	1.00000	16	150.06250	24.400734	6.100184
	2.00000	15	131.20000	24.240462	6.258860

独立样本检验

		方差相等的 Levene 检验		均值相等的 t 检验						
									差分的 95% 置信区间	
		F	Sig.	t	df	Sig.(双侧)	均值差值	标准误差值	下限	上限
景区消费	假设方差相等	.023	.881	2.158	29	.039	18.862500	8.741806	.983499	36.741501
	假设方差不相等			2.158	28.895	.039	18.862500	8.739884	.984617	36.740383

图 7.14　SPSS 软件独立样本 t 检验结果输出

说明：图7.14中"方差相等的levene检验""均值相等的t检验"在软件输出中显示为"方差方程的levene检验"和"均值方程的t检验"。

（三）成对样本t检验

以例7-10游客对新老产品的评分数据为例，操作步骤如下：

第一步：选择【分析】—【比较均值】—【配对样本T检验】，进入主对话框。

第二步：将两个变量分别选入Variables1（变量1）和Variables2（变量2）框内。

第三步：点击【选项】，选择置信区间的置信水平（默认值为95%）。点击【继续】回到主对话框。单击【确定】，输出结果（图7.15）。

成对样本统计量

		均值	N	标准差	均值的标准误
对1	新产品	7.3000	10	1.25167	.39581
	老产品	5.3000	10	1.15950	.36667

成对样本相关系数

		N	相关系数	Sig.
对1	新产品 & 老产品	10	.544	.104

成对样本检验

		成对差分					t	df	Sig.(双侧)
		均值	标准差	均值的标准误	差分的95%置信区间				
					下限	上限			
对1	新产品 - 老产品	2.00000	1.15470	.36515	1.17398	2.82602	5.477	9	.000

图7.15　SPSS配对样本t检验结果输出

二、利用Excel进行假设检验

（一）独立样本检验

1. 独立小样本t检验

第一步：将原始数据输入Excel工作表格中。

第二步：选择【数据】—【数据分析】选项。

第三步：在【数据分析】对话框中选择【t-检验：双样本等方差假设】（如果方差不等，则选择【t-检验：双样本异方差假设】），单击【确定】，打开对话框。

第四步：在【变量1的区域】方框中输入第1个样本的数据区域；在【变量2的区域】方框中输入第2个样本的数据区域；在【假设平均差】方框中输入假定的总体均值之差，假设无差异，则输入0；在【α】框中输入给定的显著性水平（默认为0.05）；在【输出选项】选择计算结果的输出位置，然后单击【确定】,输出结果。

2. 独立大样本 z 检验

第一步:将原始数据输入 Excel 工作表格中。

第二步:选择【数据】—【数据分析】选项。

第三步:在【数据分析】对话框中选择【z 检验:双样本平均差检验】,单击【确定】,打开对话框。

第四步:在【变量 1 的区域】方框中输入第 1 个样本的数据区域;在【变量 2 的区域】方框中输入第 2 个样本的数据区域;在【假设平均差】方框中输入假定的总体均值之差,假设无差异,则输入 0;在【变量 1 的方差】和【变量 2 的方差】框中输入相应的方差;在【α】框中输入给定的显著性水平(默认为 0.05);在【输出选项】选择计算结果的输出位置,然后单击【确定】,输出结果。

(二)成对样本 t 检验

以例 7-10 游客对新老产品的评分数据为例,操作步骤如下:

第一步:将原始数据输入 Excel 工作表格中。

第二步:选择【数据】—【数据分析】选项。

第三步:在分析工具中选择【t 检验:平均值成对二样本分析】,单击【确定】,打开对话框。

第四步:在【变量 1 的区域】方框内键入变量 1 的数据区域;在【变量 2 的区域】方框内键入变量 2 的数据区域;在【假设平均差】方框内键入假设的差值(这里为 0);在【α】框内键入给定的显著性水平(默认为 0.05),然后单击【确定】,输出结果如图 7.16 所示。

t-检验: 成对双样本均值分析		
	新产品	老产品
平均	7.3	5.3
方差	1.566666667	1.344444444
观测值	10	10
泊松相关系数	0.543570785	
假设平均差	0	
df	9	
t Stat	5.477225575	
P(T<=t) 单尾	0.000195785	
t 单尾临界	1.833112933	
P(T<=t) 双尾	0.000391571	
t 双尾临界	2.262157163	

图 7.16 Excel 成对样本 t 检验输出结果

(三)两个总体方差比的检验

第一步:将原始数据输入 Excel 工作表格中。

第二步：选择【数据】—【数据分析】选项。

第三步：在分析工具中选择【F检验—双样本方差】，单击【确定】，打开对话框。

第四步：在【变量1的区域】方框内键入变量1的数据区域；在【变量2的区域】方框内键入变量2的数据区域；在【α】框内键入给定的显著性水平；选择输出区域，单击【确定】。

本章小结

1. 假设检验是先对总体参数或总体分布形式做出一个假设，然后利用样本信息来判断这个假设（原假设）是否合理的一种统计推断方法。假设检验分为参数假设检验和非参数假设检验两种。

2. 假设包括原假设和备择假设。原假设也称零假设或虚无假设，它是待检验的假设。原假设总是假定总体参数没有显著性差异，所有差异都是由随机因素引起的，因此等号"="总是放在原假设上。备择假设是与原假设对立的假设。原假设与备择假设是相互对立的命题，如果原假设被拒绝就意味着接受备择假设。

3. 假设检验主要包括双侧检验和单侧检验。单侧检验分为左单侧检验和右单侧检验。备择假设中含有"<"时，称为左侧检验或左尾检验；备择假设中含有">"时，称为右侧检验或右尾检验。

4. 检验统计量是假设检验中根据样本计算的用以对假设做出决策的统计量，是样本统计量的标准化形式。常用的检验统计量有z统计量、t统计量、χ^2统计量、F统计量等。

5. 假设检验中所犯的错误有两种类型，第一类错误是原假设H0为真却被拒绝了，犯这种错误的概率用α表示，所以也称α错误或弃真错误；第二类错误是原假设为伪却没有拒绝，犯这种错误的概率用β表示，所以也称β错误或取伪错误。

6. 假设检验中，犯第一类错误的概率α称为显著性水平，它是假定原假设成立的条件下，样本统计量T和原假设参数值θ_0之间存在差异的显著程度。α值越小，显著性水平就越高。

7. 临界值是假设检验中当给定显著性水平α（概率密度曲线尾部面积）时，检验统计量分布的α分位数值。

8. 检验统计量值落入其中则拒绝原假设的区域称为拒绝域，检验统计量值落入其中则不拒绝原假设的区域称为非拒绝域。

9. p值是犯第一类错误的实际概率，也称为显著性概率。

10. 假设检验的步骤为：提出原假设和备择假设；选择检验统计量并根据样本数据及假设检验值计算检验统计量值；确定检验的显著性水平 α；利用显著性水平计算临界值；或利用检验统计量值计算 p 值；根据临界值决策规则或 p 值决策规则确定是否拒绝原假设，作出结论。

11. 当 H_0 为假时，做出拒绝 H_0 的结论的概率 $1-\beta$ 称为检验功效。$1-\beta$ 越接近 1，检验功效越好；$1-\beta$ 越接近 0，检验功效越差。在样本容量一定的条件下，减小 α 就会使 β 增大，从而降低检验功效。反之，如果要使 β 减小从而提高检验功效，就必须以增大 α 为代价。因此在假设检验中需要对两类错误发生概率进行平衡，即哪类错误发生造成的损失更严重，就应使哪类错误发生的概率更小些。要想同时使 α 与 β 都很小，就必须增加样本容量。通过控制样本容量可以控制发生第二类错误的概率。

12. 效应量是对检验效应大小的度量。在显著性检验中，拒绝原假设只意味着差异是由系统性因素引起的，但它并不能说明因素影响程度的大小，也不能说明这种统计的显著性是否具有实际意义。因此，拒绝原假设后，还应进一步进行效应量分析，它有助于判断统计上的显著差异是否具有实际意义。

关键术语

假设检验	原假设	备择假设	双侧检验
左单侧检验	右单侧检验	检验统计量	第一类错误
第二类错误	显著性水平	小概率原理	临界值
拒绝域	非拒绝域	显著性概率	检验功效
效应量			

思考与练习

一、思考题

1. 什么是假设检验？假设检验有哪几大类型？
2. 什么是原假设和备择假设？两者是什么关系？怎样确定原假设和备择假设？
3. 什么是检验统计量？常用检验统计量有哪些？
4. 两类错误的含义是什么？两类错误有何关系？

5. 什么是显著性水平？什么是小概率原理？如何利用小概率原理进行检验？
6. 什么是拒绝域？什么是临界值？如何利用临界值进行决策？
7. 什么是 p 值？如何利用 p 值进行决策？
8. 假设检验与置信区间有何关系？
9. 什么是检验功效？影响检验功效的因素有哪些？
10. 如何控制第二类错误？
11. 假设检验如何计算样本容量？
12. 什么是效应量？有何作用？

二、选择题

1. 在假设检验中，原假设与备择假设（　　）。
   A. 可能都成立　　　　　　　　B. 可能都不成立
   C. 有且只有一个成立　　　　　D. 备择假设一定成立

2. 在假设检验中，第二类错误是指（　　）。
   A. 原假设错误而未拒绝原假设
   B. 原假设正确却拒绝了原假设
   C. 备择假设错误而未拒绝备择假设
   D. 备择假设正确而接受了备择假设

3. 对于给定的显著性水平 α，根据 p 值拒绝原假设的法则是（　　）。
   A. p 值 $\geq \alpha$　　B. p 值 $\leq \alpha$　　C. p 值 $= \alpha$　　D. p 值 > 0

4. 正态总体的方差未知，利用小样本检验总体均值时应使用的统计量为（　　）。
   A. z 统计量　　B. F 统计量　　C. χ^2 统计量　　D. t 统计量

三、软件操作

利用 SPSS 和 Excel 以例 7-3、例 7-8、例 7-10 的数据进行假设检验操作练习。

四、计算分析题

1. 一个正态总体，标准差为 16。取 $\alpha = 0.05$，检验总体均值是否等于 85。抽取一个容量为 100 的样本，对下面的每种样本结果计算 p 值，并做出结论。
   （1）样本均值为 80；
   （2）样本均值为 82；
   （3）样本均值为 84；

（4）样本均值为 87；

（5）样本均值为 89。

2. 从某城市接待的入境过夜游客中随机抽取了 400 人进行调查，结果显示，入境过夜游客平均停留 5.8 天，标准差为 3.6 天。根据上年的资料，该城市接待的入境过夜游客平均停留 6.1 天。要求：

（1）在 0.05 的显著性水平下，检验该城市接待的入境过夜游客平均停留天数是否显著低于上一年。

（2）计算该城市接待的入境过夜游客平均停留天数的置信区间。

3. 假定统计学考试成绩服从正态分布，从中抽取 16 人的成绩作为样本，样本数据如表 7.13 所示。要求：检验总体平均成绩是否为 80 分（$\alpha = 0.05$）。

表 7.13 考试成绩样本

编号	成绩（分）	编号	成绩（分）	编号	成绩（分）	编号	成绩（分）
1	67	5	86	9	81	13	90
2	88	6	89	10	68	14	84
3	78	7	73	11	85	15	75
4	66	8	78	12	70	16	79

4. 某城市公园管理者声称到该公园参加休闲活动的老年人占 56%。现从该公园随机抽取 400 人，其中有 232 人为老年人。要求：检验调查结果是否支持公园管理者的结论（$\alpha = 0.05$）。

5. 某航空公司在聘用本地代理时，要求在顾客满意度超过 85% 时才能继续聘用。在一个由 320 名顾客组成的样本中有 280 人表示对服务满意。要求：检验本地代理服务是否达到了继续聘用的要求（$\alpha = 0.05$）。

6. 某种旅游设备零部件直径标准差要求不超过 1.5cm，企业质检部门随机抽取 16 个零部件的直径数据如表 7.14 所示。假定总体服从正态分布，要求检验产品是否到达了标准要求（$\alpha = 0.05$）。

表 7.14 零件抽检样本

编号	标准差（cm）	编号	标准差（cm）	编号	标准差（cm）	编号	标准差（cm）
1	35.4	5	34.5	9	35.4	13	35.8
2	36.1	6	35.3	10	36.2	14	35.9

续表

编号	标准差（cm）	编号	标准差（cm）	编号	标准差（cm）	编号	标准差（cm）
3	34.8	7	35.0	11	35.7	15	34.8
4	35.1	8	36.3	12	34.8	16	36.0

7. 从某地旅行社和旅游饭店行业分别抽取 36 个职工，调查他们的月收入情况。旅行社行业平均月收入为 6500 元，标准差为 400 元；旅游饭店行业平均月收入为 5900 元，标准差为 500 元。要求：

（1）检验旅行社和旅游饭店行业平均月收入是否有具显著差异（$\alpha = 0.05$）。

（2）检验旅行社和旅游饭店行业月收入的标准差是否具有显著差异（$\alpha = 0.05$）。

8. 某旅游企业准备对员工培训，先采用方法一和方法二分别对 9 名员工进行培训，培训结束后的测试分数如表 7.15 所示。

表 7.15 测试分数样本数据

编号	方法 1 测试（分）	方法 2 测试（分）	编号	方法 1 测试（分）	方法 2 测试（分）
1	75	67	6	82	77
2	63	76	7	76	62
3	85	69	8	90	79
4	78	85	9	84	80
5	87	56			

假定测试成绩呈正态分布，要求：

（1）检验测试成绩的方差是否相同（$\alpha = 0.05$）。

（2）检验两种培训的效果是否具有显著差异（$\alpha = 0.05$）。

9. 某旅游用品商店为检验促销活动效果，选择了促销活动前后一周的日销售量（单位：件）数据进行比较。该商店销售量数据如表 7.16 所示。

表 7.16 促销前后销售样本

编号	促销前销售量（件）	促销后销售量（件）
1	23	30
2	31	37
3	18	40

续表

编号	促销前销售量（件）	促销后销售量（件）
4	25	49
5	17	42
6	28	45
7	24	36

假定日销售量差值总体呈正态分布，要求：检验该商店促销活动是否有显著效果（$\alpha = 0.05$）。

10. 在两个城市对居民未来6个月度假计划调查中，城市A的500名受调查者中有412名选择乘坐高铁出行；城市B的450名受调查者中有400名选择乘坐高铁出行。要求：检验两个城市居民选择乘坐高铁出游的比例是否具有显著差异（$\alpha = 0.05$）。

五、实践题

在第二章的自选调查项目中，如果有需要进行一个总体均值（或比例）检验、以及两个总体均值比较的问题，利用SPSS或Excel软件进行假设检验。

第八章

分类数据的卡方检验

【学习目标】
1. 理解多项分布，掌握分类数据的拟合优度检验方法。
2. 掌握独立性检验方法。
3. 了解一致性检验方法。

本章主要介绍分类数据卡方检验的基本方法。第一节主要介绍多个总体比例差异检验的方法，第二节介绍分类变量列联表独立性检验的方法，第三节介绍多个独立总体一致性检验，第四节介绍分类数据卡方检验的软件操作。

第一节 多项分布与卡方拟合优度检验

一、多项分布

在第七章介绍了两个总体比例之差的参数检验方法，现在我们将检验拓展到多个比例差异检验的问题。

多项分布（multinomial distribution）是二项分布的推广，可以看作由多项试验形成的分布。多项试验有如下性质：

（1）由 n 个相同的试验组成。

（2）每个试验的结果落在 k 组中的一组中。

（3）每次实验的结果落在某一特定组 i 中的概率 p_i（$i=1, 2, \cdots, k$）保持不变，

且 $\sum_{i=1}^{k} p_i = 1$。

（4）每个试验是独立的。

属性数据一般按品质特征分类，形成 k 个组（或类），其概率分布可以看作是多项分布，例如在市场调查中，游客对产品类型偏好的频率分布、满意度频率分布、不同旅游企业占有市场份额的等。

多项分布当 $k=2$ 时，即为二项分布。

二、拟合优度检验

设有一个容量为 n 的随机样本，其个体来自具有 k 个组（类别）的多项分布总体。n_i 为第 i 组（$i=1, 2, \cdots, k$）的样本容量，它是第 i 组实际观察到的频数，称为观察频数（observed frequency），记为 O_i；总观察频数 O 即样本容量 n。π_i 为多项总体第 i 组的频率（比例），可以看作 k 个可能结果的概率 p_i。因为 π_i 是未知的，正是我们要检验的，因此称为理论频率或期望频率。我们的问题是，如何检验总体 k 个组的比例 π_i 是否存在显著差异呢？

为了解决上述问题，我们假定样本 k 个组的比例按照理论频率分布，则样本第 i 组的频数就应为 $n\pi_i$，其被称为理论频数（theoretical frequency）或期望频数（expected frequency），记为 E_i。如果总体 k 个组的比例 π_i 不存在显著差异，也就是总体比例都相等，那么观察频数就应该等于期望频数，否则总体比例就不相等。这样问题就转化为检验各组观察频数与期望频数是否一致的问题，也就是关于某种理论分布与观测数据拟合程度优劣的检验，这种检验称为拟合优度检验（goodness of fit test）。下面介绍多项分布拟合优度检验的具体步骤。

（一）提出检验假设

原假设 H_0：观察频数与期望频数没有显著差异；

备择假设 H_1：观察频数与期望频数有显著差异。

（二）计算 χ^2 检验统计量

χ^2 拟合优度检验统计量为：

$$\chi^2 = \sum_{i=1}^{k} \frac{(O_i - E_i)^2}{E_i} = \sum_{i=1}^{k} \frac{(n_i - n\pi_i)^2}{n\pi_i} \qquad (8.1)$$

式中，$O_i = n_i$，为第 i 组的观察频数；$E_i = n\pi_i$，为第 i 组的期望频数。

根据 Pearson 定理，当 n 足够大，即 $E_i = n\pi_i \geq 5$，也就是每一类中的期望频数不少于 5 时，统计量 χ^2 服从自由度为 $k-1$ 的卡方分布。当观察总频数确定后，只有 $k-1$ 个组能够自由取值，所以自由度为 $k-1$。

χ^2 值表示观察频数与期望频数的偏离程度。两者越接近，χ^2 值越小；两者偏离程度越大，χ^2 值越大。当观察频数与期望频数偏离达到一定程度时，就表明两者具有显著差异。

（三）统计决策

（1）临界值决策。如果 χ^2 值很大，则有理由拒绝 H_0，因此拒绝域为：$\chi^2 > c$。根据假设检验的原理，c 值可根据给定的显著性水平 α 来确定，即 c 满足 $P(\chi^2 > c) = \alpha$。由 χ^2 分布可知，$c = \chi^2_\alpha (k-1)$。因此，临界值决策法则为：

当 $\chi^2 \geq \chi^2_\alpha (k-1)$ 时，拒绝原假设 H_0，接受备择假设 H_1；当 $\chi^2 < \chi^2_\alpha (k-1)$ 时，则不拒绝原假设 H_0（图 8.1）。

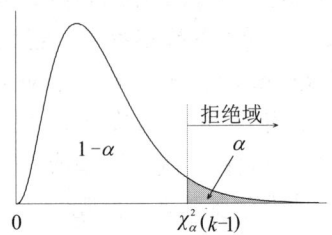

图 8.1　卡方检验临界值

（2）p 值决策。由于是右单侧检验，因此 p 值就是 χ^2 统计量取值大于等于由样本给出的卡方统计量值的概率。p 值决策法则为：

当 p 值 $=P\{\chi^2 (k-1) \geq \chi^2$ 值 $\} \leq \alpha$ 时，拒绝原假设，接受备择假设；当 p 值 $> \alpha$ 时，则不拒绝原假设。

在拒绝原假设的情况下，如果想了解是哪一组的观察频数与期望频数的差异较大，导致了 χ^2 统计量值超过了临界值，可以用第 i 组的 $(O_i - E_i)^2 / E_i$ 值与 α 水平下自由度为 1 的 χ^2 临界值进行比较，若该值大于临界值则表明该组的观察频数与期望频数差异较大。

【例 8-1】一项调查显示，旅游行业服务质量评价结果为：优秀为 10%，良好为 32%，一般为 50%，较差为 8%。由 400 个游客组成一个随机样本，他们对旅行社的服务质量评价结果是：认为优秀的有 34 人，认为良好的有 120 人，认为一般的有 198 人，认为较差的有 48 人。要求在 0.05 的显著性水平下，检验旅行社服务质量评价结果与旅游行业服务质量评价结果是否相同。

解：由题意知，样本容量 $n=400$，观察频数 $n_1=34$，$n_2=120$，$n_3=198$，$n_4=48$；总体组别 $k=4$，每组期望频率为 $\pi_1=0.1$，$\pi_2=0.32$，$\pi_3=0.5$，$\pi_4=0.08$。

根据题意，提出如下假设：

H_0：$\pi_1=0.1$，$\pi_2=0.32$，$\pi_3=0.50$，$\pi_4=0.08$（评价结果相同）；

H₁：并非 $\pi_1=0.1$，$\pi_2=0.32$，$\pi_3=0.50$，$\pi_4=0.08$（评价结果不相同）

根据样本数据计算 χ^2 值：

$$\chi^2 = \sum_{i=1}^{k}\frac{(O_i-E_i)^2}{E_i} = \sum_{i=1}^{k}\frac{(n_i-n\pi_i)^2}{n\pi_i}$$

$$= \frac{(34-400\times 0.1)^2}{400\times 0.1} + \cdots + \frac{(48-400\times 0.08)^2}{400\times 0.08}$$

$$= 9.42$$

χ^2 值的计算过程也可以用表 8.1 的形式给出。通过计算我们得到 χ^2 检验统计量值为 9.42。

表 8.1　旅行社服务质量评价结果 χ2 检验统计量计算过程

组别 k	期望频率 π_i	观察频数 O_i	期望频数 E_i	残差 O_i-E_i	$(O_i-E_i)^2$	$(O_i-E_i)^2/E_i$
优秀	0.1	34	40	−6	36	0.9
良好	0.32	120	128	−8	64	0.5
一般	0.5	198	200	−2	4	0.02
较差	0.08	48	32	16	256	8
总计	1	400	—	—	—	9.42

当 $\alpha=0.05$ 时，$\chi_\alpha^2(k-1) = \chi_{0.05}^2(4-1) = \chi_{0.05}^2(3) = 7.8147$。

由于 $\chi^2 = 9.42 > 7.8147$，因此拒绝原假设，接受备择假设，即旅行社服务质量评价结果与旅游行业服务质量评价结果不相同。

如果使用 p 值法，由于 p 值 $= 0.024 < \alpha = 0.05$

因此拒绝原假设，接受备择假设。检验结论与临界值决策的结果相同。

【例 8-2】某旅行社通过抽样调查，了解游客对旅游线路的选择情况。500 名游客对 4 条旅游线路的选择结果如表 8.2 所示。在 0.05 的显著性水平下，检验游客对旅游线路的选择是否存在显著性差异。

表 8.2　旅游线路选择与游客人数

旅游线路	线路 1	线路 2	线路 3	线路 4
游客人数（人次）	100	152	132	116

解：由题意知，样本容量 $n=500$，$n_1=100$，$n_2=152$，$n_3=132$，$n_4=116$；总体组别 $k=4$，每组期望频率为 π_i（$i=1, 2, \cdots, k$）。如果游客对旅游线路的选择无显著性差异，则期望频率 $\pi_1=\pi_2=\pi_3=\pi_4=1/4=0.25$。因此，提出如下假设：

H₀：$\pi_1=\pi_2=\pi_3=\pi_4=1/4=0.25$（游客对线路的选择无显著性差异）；

H_1：π_1，π_2，π_3，π_4 至少有一个不等于 1/4（游客对线路选择具有显著性差异）

根据样本数据计算 χ^2 值（表 8.3 给出了计算过程）：

$$\chi^2 = \sum_{i=1}^{k} \frac{(O_i - E_i)^2}{E_i} = \sum_{i=1}^{k} \frac{(n_i - n\pi_i)^2}{n\pi_i}$$

$$= \frac{(100 - 500 \times 0.25)^2 + \cdots + (116 - 500 \times 0.25)^2}{500 \times 0.25}$$

$$= 11.872$$

当 $\alpha = 0.05$ 时，$\chi_\alpha^2(k-1) = \chi_{0.05}^2(4-1) = \chi_{0.05}^2(3) = 7.8147$。

由于 $\chi^2 = 11.872 > 7.8147$，因此拒绝原假设，接受备择假设，即游客对旅游线路的选择具有显著性差异。

若使用 p 值决策，p 值 $= P(\chi^2 \geq 11.872) = 0.0078 < \alpha = 0.05$，因此拒绝原假设，接受备择假设，即游客对旅游线路的选择具有显著性差异。

表 8.3 游客对旅游线路选择偏好 χ^2 检验统计量的计算

组别 k	期望频率 π_i	观察频数 O_i	期望频数 E_i	残差 $O_i - E_i$	$(O_i - E_i)^2$	$(O_i - E_i)^2 / E_i$
线路 1	0.25	100	125	−25	625	5
线路 2	0.25	152	125	27	729	5.832
线路 3	0.25	132	125	7	49	0.392
线路 4	0.25	116	125	−9	81	0.648
总计	1	500	—	—	—	11.872

第二节 独立性检验

一、两个分类变量的列联表分布

研究两个分类变量时，每个变量有多个类别，通常将两个变量多个类别的频数分布用列联表的形式表现出来。

在列联表中，一个变量放在行（row）的位置，称为行变量 R，其类别数（行数）用 r 表示。另一个变量放在列（column）的位置，称为列变量 C，其类别数（列数）用 c 表示。第 i 行的行和为 R_i（$i=1$，2，$\cdots$，r）；第 j 列的列和为 C_j（$j=1$，2，$\cdots$，c）。样本容量即总观察频数为 n。O_{ij} 表示第 i 行第 j 列的观察频数。

一个由 r 行和 c 列组成的列联表也称为 $r×c$ 列联表（表 8.4）。

表 8.4　$r×c$　列联表

		列变量 C				行合计
		1	**2**	…	**c**	
行变量 R	1	O_{11}	O_{12}	…	O_{1c}	R_1
	2	O_{21}	O_{22}	…	O_{2j}	R_2
	…	…	…	…	…	…
	r	O_{r1}	O_{r2}	…	O_{rc}	R_r
列合计		C_1	C_2	…	C_c	n

假定行变量和列变量是相互独立的，则根据独立事件乘法公式，一个观察值落入第 i 行和第 j 列单元格的联合概率为：

$$P\{R_iC_j\} = P\{R_i\}P\{C_j\} = \left(\frac{R_i}{n}\right) \times \left(\frac{C_j}{n}\right) = \frac{R_iC_j}{n^2} \quad (8.2)$$

第 i 行第 j 列观察频数 O_{ij} 的期望频数 E_{ij}，就等于总观察频数 n 乘以该观察结果落入第 i 行和第 j 列单元格的概率，即

$$E_{ij} = n \times \frac{R_iC_j}{n^2} = \frac{R_iC_j}{n} \quad (8.3)$$

式中，n 为总观察频数，R_i 为第 i 行观察频数之和，C_j 为第 j 列观察频数之和。

二、独立性检验的方法

独立性检验（test of independence）是检验列联表中的行变量与列变量之间是否独立的检验方法，其具体步骤如下。

（一）提出假设

原假设 H_0：行变量与列变量独立；备择假设 H_1：行变量与列变量不独立。

（二）计算检验统计量值

对于 $r×c$ 列联表，两个属性变量独立性检验的检验统计量为：

$$\chi^2 = \sum_{i=1}^{r}\sum_{j=1}^{c}\frac{(O_{ij}-E_{ij})^2}{E_{ij}} \quad (8.4)$$

式中，r 和 c 分别为行变量与列变量的类别数；O_{ij} 表示第 i 行第 j 列的观察频数，E_{ij} 为第 i 行第 j 列的期望频数。当 n 足够大，即 $E_{ij} \geq 5$，也就是每个单元的期望频数不少于 5 时，统计量 χ^2 服从自由度 $df = (r-1)(c-1)$ 的 χ^2 分布。当行合

计频数与列合计频数确定后，则只有（$r-1$）（$c-1$）个单元格能够自由取值，因此自由度为（$r-1$）（$c-1$）。

（三）进行决策

（1）临界值法。根据显著性水平 α 和自由度（$r-1$）（$c-1$）查出临界值 χ_α^2，其决策规则为：

若 $\chi^2 \geqslant \chi_\alpha^2$，拒绝 H_0，接受 H_1；若 $\chi^2 < \chi_\alpha^2$，则不拒绝 H_0。

（2）p 值法：若 p 值 $=P\{\chi^2[(r-1)(c-1)] \geqslant \chi^2$ 值 $\} \leqslant \alpha$，拒绝 H_0，接受 H_1。

【例 8-3】 一份关于游客对旅游满意度的调查结果如表 8.5 所示。在 0.05 的显著性水平下，检验游客性别与旅游满意度是否独立。

表 8.5　旅游满意度的调查

（单位：人）

游客性别	满意	一般	不满意	合计
男性	58	72	30	160
女性	32	81	27	140
合计	90	153	57	300

解： 根据题意，提出如下检验假设：

H_0：游客性别与旅游满意度之间相互独立；

H_1：游客性别与旅游满意度之间不独立。

已知观察总频数 $n=300$；行频数合计分别为 $R_1=160$，$R_2=140$；列频数合计分别为 $C_1=90$，$C_2=153$，$C_3=57$。因此有：

$$E_{11}=\frac{R_1C_1}{n}=\frac{160\times 90}{300}=48;\quad E_{12}=\frac{R_1C_2}{n}=\frac{160\times 153}{300}=81.6;$$

$$E_{13}=\frac{R_1C_3}{n}=\frac{160\times 57}{300}=30.4;\quad E_{21}=\frac{R_2C_1}{n}=\frac{140\times 90}{300}=42;$$

$$E_{22}=\frac{R_2C_2}{n}=\frac{140\times 153}{300}=71.4;\quad E_{23}=\frac{R_2C_3}{n}=\frac{140\times 57}{300}=26.6。$$

根据观察频数和期望频数计算 χ^2 检验统计量值：

$$\chi^2=\sum_{i=1}^{r}\sum_{j=1}^{c}\frac{(O_{ij}-E_{ij})^2}{E_{ij}}$$

$$=\frac{(58-48)^2}{48}+\frac{(72-81.6)^2}{81.6}+\cdots+\frac{(27-26.6)^2}{26.6}=6.8957$$

上述计算过程,可以由表8.6给出。

表8.6 游客性别与旅游满意度独立性 χ^2 检验统计量的计算

行	列	观察频数 O_{ij}	期望频数 E_{ij}	残差 $O_{ij}-E_{ij}$	$(O_{ij}-E_{ij})^2$	$(O_{ij}-E_{ij})^2/E_{ij}$
1	1	58	48	10	100	2.0833
1	2	72	81.6	−9.6	92.16	1.1294
1	3	30	30.4	−0.4	0.16	0.0053
2	1	32	42	−10	100	2.3810
2	2	81	71.4	9.6	92.16	1.2908
2	3	27	26.6	0.4	0.16	0.0060
合计		n=300	—	—		χ^2=6.8957

自由度 $df=(r-1)(c-1)=(2-1)(3-1)=2$。当 $\alpha=0.05$ 时,$\chi_\alpha^2(2)=\chi_{0.05}^2(2)=5.9915$。

由于 $\chi^2=6.8957>5.9915$,因此拒绝原假设,接受备择假设,即游客性别与旅游满意度之间不独立。

若使用 p 值决策,p 值 $=P(\chi^2 \geq 6.8957)=0.0318<0.05$。因此拒绝原假设,接受备择假设。

三、分类型变量相关性分析

如果两个分类型变量不独立,则表明他们之间存在相关关系。利用列联表可以测度分类变量和有序变量的相关系数,这里主要介绍几种分类数据的相关系数,主要有 φ 相关系数、列联相关系数、V 相关系数。

(一) φ 相关系数

φ 相关系数 (φ coefficient) 是测度 2×2 列联表中变量相关程度的一种常用相关系数。对于 2×2 列联表,φ 系数的值在 0~1 之间,$\varphi=0$ 表明列联表中的两个变量相互独立;$\varphi=1$ 表明列联表中的两个变量完全相关。φ 相关系数计算的公式为:

$$\varphi=\sqrt{\frac{\chi^2}{n}} \tag{8.5}$$

式中,χ^2 为检验行变量与列变量独立性的 χ^2 检验统计量值,其计算公式见式 (8.4);n 为总观察频数,即样本容量。

当列联表的行数或列数大于 2 时,φ 系数随着行数或列数的增大而增大,且 φ 值无上限,因此不便于使用,这时可以用列联系数测量变量的相关程度。

（二）列联系数

列联相关系数（coefficient of contingency）简称 C 系数，用于测度大于 2×2 列联表中变量的相关程度。其计算公式为

$$C = \sqrt{\frac{\chi^2}{\chi^2 + n}} \tag{8.6}$$

C 的取值范围是：$0 \leq C < 1$。从式（8.6）可以看出，C 系数是不会大于 1 的。当 $C = 0$ 时，表明列联表中的两个变量相互独立。C 的数值大小取决于列联表的行数和列数，并随行数和列数的增大而增大。因此，根据不同行数和列数的列联表计算的列联系数不便于比较。

（三）V 相关系数

针对 φ 系数和 C 系数的缺点，克莱默（Gramer）提出了 V 相关系数。克莱默 V 系数（Gramer's V coefficient）的计算公式为：

$$V = \sqrt{\frac{\chi^2}{n \times \min[(r-1),(c-1)]}} \tag{8.7}$$

式中，$\min[(r-1),(c-1)]$ 表示在 $(r-1)$ 和 $(c-1)$ 中取较小的一个。

V 系数的取值范围是：$0 \leq V \leq 1$。当 $V = 0$ 时，表明列联表中的两个变量独立；当 $V = 1$ 时表明列联表中的两个变量完全相关。

当列联表中有一维为 2 时，$\min[(r-1),(c-1)] = 1$，此时 $V = \varphi$。

【8-4】利用例 8-3 的数据，计算游客性别与旅游满意度两个变量的相关系数。

解：本例为 2×3 列联表，可以计算 C 系数与 V 系数。已知 $n=300$，$\chi^2 = 6.8957$，因此，相关系数为：

$$C = \sqrt{\frac{\chi^2}{\chi^2 + n}} = \sqrt{\frac{6.8957}{6.8957 + 300}} = 0.150;$$

渐进显著性 p 值 $= 0.032$。

$$V = \sqrt{\frac{\chi^2}{n \times \min[(r-1),(c-1)]}} = \sqrt{\frac{6.8957}{300 \times (2-1)}} = 0.152;$$

渐进显著性 p 值 $= 0.032$。

上述相关系数检验 p 值表明，在 0.05 的显著性水平下拒绝相关系数为 0 的原假设，游客性别与旅游满意度两个变量显著相关，但从相关系数值来看，相关程度较低。

第三节　多个独立总体一致性检验

一、多个独立总体一致性检验原理

多个总体一致性检验（test of homogeneity），也称齐一性或同质性检验，是检验不同总体之间就同一变量的分布情况是否具有显著差异的假设检验方法。它是一个多项分布总体拟合优度检验的推广，可以用来检验多个总体的分布是否相同。

多个总体一致性检验原理同于一个多项分布总体拟合优度检验，下面主要介绍期望频数的计算。

设有 c 个多项分布总体，每个总体有 r 个组（类别）。现在分别从 c 个总体中随机抽取 c 个样本，样本观察频数列联表分布如表8.7所示。表中，每个样本分别有 r 个类别。在每个类别中，O_{ij} 表示第 i 行第 j 列的观察频数。R_i 为第 i 行观察频数之和，$i=1, 2, \cdots, r$；C_j 为第 j 列观察频数之和，即第 j 个样本的样本容量，$j=1, 2, \cdots, c$。n 为样本总容量即观察总频数。

表8.7　样本观察频数列联表分布

类别	样本1	样本2	…	样本 c	行合计
类别1	O_{11}	O_{12}	…	O_{1c}	R_1
类别2	O_{21}	O_{22}	…	O_{2c}	R_2
…					
类别 r	O_{r1}	O_{r2}	…	O_{rc}	R_r
列合计	C_1	C_2	…	C_c	n

如果 c 个总体的分布是相同的，那么就可以将 c 个样本合并视为来自同一总体的一个样本。根据合并后样本的信息就可以计算每一类别的期望比例，第 i 类别的期望比例 $\pi_i = R_i/n$。第 j 个样本第 i 类别的观察频数 O_{ij} 的期望频数，就等于第 j 列观察频数之和（第 j 个样本的样本容量）与第 i 类别的期望比例的乘积，即

$$E_{ij} = C_j \times \frac{R_i}{n} = \frac{R_i C_j}{n} \tag{8.8}$$

上式计算结果与独立性检验中期望频数的计算方法类似。但应注意它们的抽样程序是不同的，多个总体一致性检验分别从不同总体抽取多个样本；而独立性检

则仅从一个总体抽取一个样本。另外它们计算期望频数的原理是不同的。

二、多个总体一致性检验的步骤

（一）提出假设

原假设 H_0：多个总体分布相同；
备择假设 H_1：多个总体分布不同。

（二）计算检验统计量

多个总体一致性检验的检验统计量为：

$$\chi^2 = \sum_{i=1}^{r}\sum_{j=1}^{c}\frac{(O_{ij}-E_{ij})^2}{E_{ij}}$$

式中，c 为样本个数，r 为样本数据分组类别；O_{ij} 为观察频数，E_{ij} 为期望频数。当 n 足够大，即 $E_{ij} \geq 5$，也就是每个单元的期望频数不少于 5 时，χ^2 统计量服从自由度 $df=(r-1)(c-1)$ 的 χ^2 分布。

（三）进行决策

（1）临界值法。根据显著性水平 α 和自由度 $(r-1)(c-1)$ 查出临界值 χ^2_α，其决策规则为：

若 $\chi^2 \geq \chi^2_\alpha$，拒绝 H_0，接受 H_1；若 $\chi^2 < \chi^2_\alpha$，则不拒绝 H_0。

（2）p 值法：若 p 值 $=P\{\chi^2(r-1)(c-1) \geq \chi^2$ 值$\} \leq \alpha$，拒绝 H_0，接受 H_1；若 p 值 $> \alpha$，则不拒绝 H_0。

【例 8-5】在某次旅游调查中，随机抽取男性游客 135 人，女性游客 177 人。游客旅游方式分为单独旅行、结伴出行、旅行社组团、单位组织和其他 5 个类别，调查汇总数据如表 8.8 所示。要求：在 0.05 的显著性水平下，检验男性游客与女性游客旅游方式选择是否具有显著差异。

表 8.8 旅游方式调查数据

旅游方式类别	男性游客（人）	女性游客（人）	合计
单独旅行	14	21	35
结伴出行	53	72	125
旅行社组团	34	50	84
单位组织	23	24	47
其他	11	10	21
合计	135	177	312

解：根据题意，提出如下检验假设：

H_0：男性游客与女性游客旅游方式选择没有显著差异；

H_1：男性游客与女性游客旅游方式选择具有显著差异。

已知样本个数为 2，样本数据分为 5 个类别。观察总频数 $n=312$；行频数合计分别为 $R_1=35$，$R_2=125$，$R_3=84$，$R_4=47$，$R_5=21$；列频数合计分别为 $C_1=135$，$C_2=177$。因此有：

$$E_{11}=\frac{R_1 C_1}{n}=\frac{35\times 135}{312}=15.1442; \quad E_{12}=\frac{R_1 C_2}{n}=\frac{35\times 177}{312}=19.7293;$$

$$E_{21}=\frac{R_2 C_1}{n}=\frac{125\times 135}{312}=54.0865; \quad E_{22}=\frac{R_2 C_2}{n}=\frac{125\times 177}{312}=70.9135;$$

$$E_{31}=\frac{R_3 C_1}{n}=\frac{84\times 135}{312}=36.3462; \quad E_{32}=\frac{R_3 C_2}{n}=\frac{84\times 177}{312}=47.6538;$$

$$E_{41}=\frac{R_4 C_1}{n}=\frac{47\times 135}{312}=20.3365; \quad E_{42}=\frac{R_4 C_2}{n}=\frac{47\times 177}{312}=26.6635;$$

$$E_{51}=\frac{R_5 C_1}{n}=\frac{21\times 135}{312}=9.0865; \quad E_{52}=\frac{R_5 C_2}{n}=\frac{21\times 177}{312}=11.9135。$$

根据观察频数和期望频数计算 χ^2 检验统计量值：

$$\chi^2=\sum_{i=1}^{5}\sum_{j=1}^{2}\frac{(O_{ij}-E_{ij})^2}{E_{ij}}$$

$$=\frac{(14-15.1442)^2}{15.1442}+\frac{(21-19.7293)^2}{19.7293}+\cdots+\frac{(10-11.9735)^2}{11.9735}=1.7989$$

上述计算过程，可以由表 8.9 给出。

表 8.9 游客旅游方式选择一致性检验 χ^2 统计量的计算

类别 r	样本 c	观察频数 O_{ij}	期望频数 E_{ij}	残差 $O_{ij}-E_{ij}$	$(O_{ij}-E_{ij})^2$	$(O_{ij}-E_{ij})^2/E_{ij}$
1	1	14	15.1442	-1.1442	1.3092	0.0864
1	2	21	19.7293	1.2707	1.6147	0.0818
2	1	53	54.0865	-1.0865	1.1805	0.0218
2	2	72	70.9135	1.0865	1.1805	0.0166
3	1	34	36.3462	-2.3462	5.5047	0.1515
3	2	50	47.6538	2.3462	5.5047	0.1155
4	1	23	20.3365	2.6635	7.0942	0.3488
4	2	24	26.6635	-2.6635	7.0942	0.2661

续表

类别 r	样本 c	观察频数 O_{ij}	期望频数 E_{ij}	残差 $O_{ij}-E_{ij}$	$(O_{ij}-E_{ij})^2$	$(O_{ij}-E_{ij})^2/E_{ij}$
5	1	11	9.0865	1.9135	3.6615	0.4030
5	2	10	11.9135	−1.9135	3.6615	0.3073
合计		312	—	—	—	1.7989

自由度 $df=(r-1)(c-1)=(5-1)(2-1)=4$。当 $\alpha=0.05$ 时，$\chi_\alpha^2(4)=\chi_{0.05}^2(4)=9.4877$。

由于 $\chi^2=1.7989<9.4877$，因此不能拒绝原假设，即没有充分证据表明男性游客与女性游客旅游方式选择具有显著差异。

若使用 p 值决策，p 值 $=P(\chi^2\geq 1.7989)=0.7727>0.05$，因此不能拒绝原假设，即男性游客与女性游客旅游方式选择尚未表现出显著差异。

第四节 分类数据卡方检验应注意的问题

一、关于样本量与期望频数

对于分类数据的 χ^2 检验，要求每个类别的期望频数不小于 5，如果期望频数过小，就会造成对 χ^2 检验统计量的高估，从而导致不适当地拒绝原假设。

一般的原则为，如果期望频数小于 5 的类别（或单元格）数不超过 20% 则可以进行 χ^2 检验，否则不能进行 χ^2 检验。处理的方法通常是将相邻类别合并，这样使每一类别的期望频数都大于或等于 5。

另外，若样本量 n 小于 40，单元格期望频数小于 1 或大于 1 小于 5 的期望频数较多时，也可以采用 Fisher 精确检验，其服从超几何分布。

二、关于检验效应量

由于 χ^2 检验结果会受样本容量的影响，即随着样本容量的增加，即使样本结构没有发生变化，原假设被拒绝的可能性也会随之增加。Gramer V 系数能够反映样本分布结构与期望分布结构的差异。根据 Cohen 准则，卡方检验的效应值如表 8.10 所示。

表 8.10　Gramer V 系数效应值

自由度	效应值		
	小	中	大
1	0.1	0.3	0.5
2	0.07	0.21	0.35
3	0.06	0.17	0.29

在拒绝原假设时，若效应量为大效应值则表明样本分布和期望分布结构确实存在差异，拒绝原假设不是由于样本容量增加而导致的；若效应量为小效应值则表明样本分布和期望分布结构没有显著差异，拒绝原假设是由于样本容量增加而导致的。

第五节　分类数据卡方检验的软件操作

一、拟合优度检验的操作

以例 8-1 的数据为例，在期望频数不相等时 SPSS 操作如下：

第一步：输入类别和"观察频数"变量。

第二步：先对"频数"变量进行升序排列，再对"频数"变量进行加权处理。点击【数据】—【加权个案】，打开【加权个案】对话框，将"观察频数"选入【频数变量】，单击【确定】。

第三步：选择【分析】—【非参数检验】—【卡方】，打开卡方检验对话框。将观察频数变量选入【检验变量列表】；在【期望值】选项中选择【值】，并将相应的期望比例依次输入到框内并点击【添加】（每次只能输入 1 个，点击【添加】后，再输入另一个，再点击【添加】，直至完成）。

第四步：单击【确定】，输出结果，见表 8.11。

表 8.11　卡方检验结果

类别	实测个案数	期望个案数	残差	卡方检验
1	34	40	−6	$\chi^2 = 9.420^a$
2	48	32	16	自由度 $df = 3$

续表

类别	实测个案数	期望个案数	残差	卡方检验
3	120	128	−8	渐进显著性 p 值 = 0.024
4	198	200	−2	
总计	400	—	—	

a. 0 个单元格（0.0%）的期望频率低于 5。期望的最低单元格频率为 32.0。

当期望频数相等时，操作方法与期望频数不相等时的操作相似，仅在第三步中，选择【所有类别相等】，不用输入期望比例。

说明：对于原始数据，则不需要第一步和第二步的操作。但对于多选题的卡方检验则不能直接使用原始数据，需要进行频数统计后按照上述步骤进行操作。

二、独立性检验与一致性检验

按照表 8.6 的数据形式，定义行变量、列变量和观察频数并输入数值。对"观察频数"进行【加权个案】处理（对于原始数据则不需要）。之后进行如下操作：

第一步：选择【分析】—【描述统计】—【交叉表】，打开交叉表对话框。

第二步：将行变量选入【行】，将列变量选入【列】（行列可以互换）。

第三步：点击【统计量】并选中【卡方】；在【名义】下勾选【相依系数】、【Phi 和 Gramer 变量】；单击【继续】返回主对话框；点击【单元格】，在【计数】下选中【观察值】（默认）、【期望值】；单击【继续】返回主对话框。

第四步：单击【确定】，输出结果。

说明：对于多选题进行独立性检验，需要先汇总计算观察频数并进行个案加权，之后按照上述步骤操作。

多个独立总体齐一性检验可参照独立性检验进行操作。

本章小结

1. 分类数据一般按品质特征分类，形成 k 个组（或类），其概率分布可以看作是多项分布。χ^2 拟合优度检验就是对分类数据的多个总体比例是否存在差异的非参数检验方法。根据 Pearson 定理，当 n 足够大，即 $E_i = n\pi_i \geq 5$，也就是每一类中的期望频数不少于 5 时，统计量 χ^2 服从自由度为 $k-1$ 的卡方分布，因此可以利用 χ^2 统计量进行检验。

2. 研究两个分类变量时，每个变量有多个类别，通常将两个变量多个类别的频数分布用列联表的形式表现出来。在列联表中，一个变量放在行的位置，称为行变量；另一个变量放在列的位置，称为列变量。利用列联表可以进行两个变量的相关性检验或独立性检验。若两个分类变量不独立，可以进一步计算 φ 相关系数、列联系数和克莱默 V 系数。

3. 多个总体一致性检验是检验不同总体之间就同一变量的分布情况是否具有显著差异的假设检验方法。它可以看作一个多项分布总体拟合优度检验向多个多项分布的推广，可以用来检验多个总体的分布是否相同。

关键术语

多项分布　　　　拟合优度检验　　　　观察频数　　　　期望频数

独立性检验　　　φ 相关系数　　　　列联系数　　　　克莱默 V 系数

一致性检验

思考与练习

一、思考题

1. 分类变量的常用检验方法主要有哪些？它们的用途是什么？
2. χ^2 检验对每个类别的期望频数有何要求？
3. 度量分类变量相关性的统计量有哪些？它们有何特点？
4. 如何进行多个独立变量的一致性检验？

二、选择题

1. 分类数据一般按品质特征分类，形成 k 个组（或类），其概率分布可以看作是（　　）。
   A. 多项分布　　　B. 二项分布　　　C. 均匀分布　　　D. 正态分布
2. 多个比例差异性检验使用的检验统计量为（　　）。
   A. t 统计量　　　B. z 统计量　　　C. χ^2 统计量　　　D. F 统计量
3. 在 R×C 列联表中进行两变量独立性检验时，检验统计量服从 χ^2 分布，其自由度为（　　）。
   A. R
   B. $R-1$
   C. $R \times C$
   D. $(R-1) \times (C-1)$

4. 独立性检验与一致性检验利用列联表计算期望频数的方法（　　）。
A. 形式相同，原理相同
B. 形式相同，原理不同
C. 形式不同，原理相同
D. 形式不同，原理不同

三、软件操作

使用 SPSS 软件，以本章例题数据进行分类数据的 χ^2 检验的操作练习。

四、计算分析题

1. 某旅游纪念品制造企业希望了解游客对产品颜色是否有偏好，以便产品的后续改进。通过抽样调查，600 名游客对产品的颜色偏好情况如表 8.12 所示。要求：在 0.05 的显著性水平下，检验游客对该产品颜色的偏好是否相同。

表 8.12　游客对产品颜色偏好调查结果

产品颜色	游客人数（人）
红色	105
褐色	84
绿色	120
黄色	80
蓝色	95
橙色	116

2. 根据某次旅游抽样调查整理的旅游次数与旅游信息渠道交叉频数如表 8.13 所示。要求：

（1）在 0.05 的显著性水平下，检验旅游次数与旅游信息渠道是否显著相关。

（2）计算旅游次数与旅游信息渠道相关性的 V 系数。

表 8.13　旅游次数与旅游信息渠道交叉频数

信息渠道	旅游次数				总计
	1 次	2 次	3 次	4 次及以上	
熟人介绍	43	18	13	11	85
电视	7	27	6	2	42
网络	49	24	19	4	96

续表

信息渠道	旅游次数				总计
	1次	2次	3次	4次及以上	
旅行社	33	10	4	17	64
其他	13	13	18	13	57
总计	145	92	60	47	344

3. 为研究不同学历人群对某种旅游产品的喜好程度是否相同，分别从不同的学历人群中抽取4个样本（表8.14）。要求检验不同学历人群对该旅游产品的喜好程度是否相同（a=0.05）。

表8.14 学历水平与喜好程度交叉频数

喜好程度	学历水平				总计
	硕士及以上	本专科	高中及中专	高中以下	
喜好	86	70	58	40	254
不喜好	32	43	52	75	202
总计	118	113	110	115	456

五、实践题

第二章的自选调查项目，如果有需要进行分类数据 χ^2 检验的问题，利用SPSS进行 χ^2 检验。

第九章

方差分析

【学习目标】
1. 理解方差分析概念及其基本假定。
2. 掌握单因素方差分析的原理与方法。
3. 了解双因素方差分析方法。
4. 掌握方差分析软件操作。

本章主要讲述方差分析基本原理和方法。第一节主要介绍单因素方差分析,第二节介绍双因素方差分析,第三节介绍方差分析的软件操作。

第一节 单因素方差分析

一、方差分析及其基本假定

在第七章第三节讨论了两个总体均值比较的方法,如果对多个总体均值进行比较,应该怎么办呢?如果仍然采用两两比较的方法则面临两个难题:第一个问题是虽然能够进行两两比较,但无法得到综合结论;第二个问题是进行两两比较不仅烦琐,而且还会增加犯 α 错误的概率。比如进行四个总体均值的比较,α 取值为 0.05,两两比较需要进行 6 次,犯 α 错误的概率为 $1-(1-0.05)^6=0.2649$。为此,英国统计学家费希尔在 20 世纪 20 年代提出了方差分析的方法。

(一)方差分析

方差分析(analysis of variance,ANOVA)是检验多个总体(组)均值是否相等的统计方法。它通过比较组内方差和组间方差的方法来检验多个总体均值是否相等，因此称方差分析。

例如，有会计、导游、营养师三种职业，现在研究会计、导游、营养师三种职业的平均收入是否相同。这个问题，可以看作职业（分类型变量）对收入（数值型变量）是否有显著影响的问题。如果职业对收入不具有显著影响，那么会计、导游、营养师三种职业的平均收入则应该相同；如果职业对收入具有显著影响，那么三种职业的平均收入就应该不相同。可以说，方差分析研究的就是分类型自变量与数值型因变量的关系问题。若多个总体均值相等，则表明分类型自变量对数值型因变量不具有显著影响；若多个总体均值不相等，则表明分类型自变量对数值型因变量具有显著影响。因此，方差分析的本质是研究一个或多个分类型自变量对一个数值型因变量的影响。

影响因变量的分类型变量称为因素或因子（factor）。分类型变量的不同取值（类别）称为因素的不同水平（level）或处理（treatment）。例如，职业是影响收入的一个因素，其取值会计、导游和营养师就是因素的三个水平或处理。

如果仅研究一个分类型自变量对一个数值型因变量的影响，称为单因素方差分析（one-way analysis of variance）；如果研究多个分类型自变量对一个数值型因变量的影响，则称为多因素方差分析（multi-way analysis of variance）。

（二）方差分析的基本假定

每一种统计方法都有自己的适用条件，因此，我们在运用这些方法和模型处理实际问题时就应该注意这些条件是否得到满足。对于方差分析来说，需要满足以下三个条件。

1. 正态性：每个总体（组）都应服从正态分布

对于因素的每一个水平，其观测值是来自服从正态分布总体的简单随机样本。比如，研究会计、导游、营养师三种职业的平均收入是否相同，每个职业的收入必须服从正态分布。对于正态性假定，只要分布不是明显偏态，分析结果就不会受到太大的影响。

2. 方差齐性：各个总体（组）的方差都相同

方差分析要求各个总体（组）具有相同的方差，也就意味着每一个水平的观测数据是来自具有相同方差的总体。比如，会计、导游、营养师三种职业的收入即三个总体的方差都相等。对于方差齐性，如果每一组的样本容量相等，异方差将不会严重影响检验结果。因此，应尽量采用使各组样本容量相等的设计。

3. 随机性与独立性：样本数据是随机、独立地抽取的

随机性与独立性要求每个样本数据是从因素的不同水平随机、独立地抽取的，否则方差分析的结果将会受到严重影响。

二、单因素方差分析模型

在单因素方差分析中,只有一个因素 A,设其具有 k 个水平。每个水平的均值分别用 $\mu_1, \mu_2, \cdots, \mu_k$ 表示。在水平 A_i ($i=1, 2, \cdots, k$) 下,进行 n_i 次独立观测,水平 A_i 下的第 j 次观测结果用 x_{ij} 表示,形成数据结构如表 9.1 所示。k 组样本总容量 $n = \sum_{i=1}^{k} n_i$,从每个水平抽取的样本容量 n_i 可以相同也可以不相同。

表 9.1 单因素方差分析数据结构

观测编号(j)	因素 A 的水平(i)			
	A_1	A_2	$\cdots$	A_k
1	x_{11}	x_{21}	$\cdots$	x_{k1}
2	x_{12}	x_{22}	$\cdots$	x_{k2}
$\cdots$	$\cdots$	$\cdots$	$\cdots$	$\cdots$
n_i	x_{1n1}	x_{2n2}	$\cdots$	x_{knk}

在数据表 9.1 中,每一次的观测值 x_{ij} 与第 i 个水平的总体均值 μ_i 之间有一个随机误差 ε_{ij},因此单因素方差分析模型可表示为:

$$x_{ij} = \mu_i + \varepsilon_{ij} \quad (i = 1, 2, \cdots, k; j = 1, 2, \cdots, n_i) \tag{9.1}$$

式中,x_{ij} 为第 i 个水平的第 j 个观测值;μ_i 表示第 i 个水平的总体均值;ε_{ij} 为第 i 个水平的第 j 个观测值的随机误差,ε_{ij} 相互独立且服从相同的正态分布 $N(0, \sigma^2)$。

设 k 个水平即 k 个总体的总均值为 μ,则第 i 个水平的均值 μ_i 与总均值 μ 的差异称为第 i 个水平的效应(effect),记为 α_i,即 $\alpha_i = \mu_i - \mu$,它反映了水平 A_i 对总体的影响。于是,第 i 个水平的均值 μ_i 可以分解为总均值与水平效应之和,即 $\mu_i = \mu + \alpha_i$,这样,单因素方差分析模型(式 9.1)就可以表达为:

$$x_{ij} = \mu + \alpha_i + \varepsilon_{ij} \quad (i = 1, 2, \cdots, k; j = 1, 2, \cdots, n_i) \tag{9.2}$$

式中,第 i 个水平的第 j 个观测值 x_{ij} 被分解为各总体的总均值 μ、水平效应 α_i 与随机误差 ε_{ij} 三部分之和。

三、单因素方差分析的方法

(一)提出检验假设

由式(9.2)可以看出,如果因素 A 的不同水平 A_i 对观测结果的影响不显著,则各水平效应 α_i 都为 0,此时各水平下的均值 μ_i 都相等;反之,如果水平 A_i 对总体具有显著影响，则各水平效应 α_i 至少有一个不为 0，从而各水平下的均值 μ_i 不会全相等。因此，单因素方差分析可以提出如下检验假设：

H_0：$\mu_1 = \mu_2 = \cdots = \mu_k$；

H_1：$\mu_1, \mu_2, \cdots, \mu_k$ 不全相等。

这一检验假设可以等价地表述为：

H_0：$\alpha_1 = \alpha_2 = \cdots = \alpha_k = 0$；

H_1：$\alpha_1, \alpha_2, \cdots, \alpha_k$ 至少有一个不为 0。

（二）计算样本均值

从表 9.1 可知，第 i 组样本的均值为：

$$\bar{x}_i = \frac{1}{n_i}\sum_{j=1}^{n_i} x_{ij} \quad (i=1,2,\cdots,k) \tag{9.3}$$

所有 k 组样本的总均值为：

$$\bar{x} = \frac{1}{n}\sum_{i=1}^{k}\sum_{j=1}^{n_i} x_{ij} = \frac{1}{n}\sum_{i=1}^{k} n_i \bar{x}_i \tag{9.4}$$

式中，$\bar{x}$，$\bar{x}_i$ 与 $(\bar{x}_i - \bar{x})$ 分别是 μ，μ_i 与 α_i 的无偏估计量。

（三）变异分解

1. 变异类型与来源

进行方差分析时，需要考察数据变异，数据变异有两个来源，一个是组内变异，另一个是组间变异。

（1）组内变异：随机变异。这是因素的同一水平（总体）下，样本各观测值之间的差异。比如，同一职业下不同个体的收入是不同的。这种差异是随机因素影响造成的，称为随机变异。组内变异仅含有随机变异。

（2）组间变异：随机变异 + 系统性变异。这是因素的不同水平（不同总体）下，各观测值之间的差异。比如，不同职业的收入之间的差异。这种差异可能是由于抽样的随机性所造成的，也可能是由于因素本身的影响所造成的。相对随机变异而言，由因素本身造成的变异，称为系统性变异。

2. 变异的分解

数据的变异用变量观测值与均值离差的平方和（sum of squares）表示，记为 SS。总平方和可以分解为组间平方和与组内平方和两部分，即：

总离差平方和 = 组间平方和 + 组内平方和

（1）总平方和（sum of squares for total），记为 SST，它是全部观察值与总平均值的离差平方和，反映全部观测值的离散状况。其计算公式为：

$$SST = \sum_{i=1}^{k}\sum_{j=1}^{n_i}(x_{ij} - \overline{x})^2 \qquad (9.5)$$

（2）组间平方和（between-group sum of squares），也称因素平方和（sum of squares for fact A），记为 SSA，它是各组均值与总平均值的离差平方和，反映各总体的样本均值之间的差异程度。其计算公式为：

$$SSA = \sum_{i=1}^{k} n_i (\overline{x}_i - \overline{x})^2 \qquad (9.6)$$

（3）组内平方和（within-group sum of squares），也称误差平方和（sum of squares of error），记为 SSE，它是每个水平或组的各样本观测值与其组平均值的离差平方和，反映每个样本分布的离散状况，其计算公式为：

$$SSE = \sum_{i=1}^{k}\sum_{j=1}^{n_i}(x_{ij} - \overline{x}_i)^2 \qquad (9.7)$$

总离差平方和（SST）、因素平方和（SSA）、误差平方和（SSE）之间具有如下关系：

$$\sum_{i=1}^{k}\sum_{j=1}^{n_i}(x_{ij} - \overline{x})^2 = \sum_{i=1}^{k} n_i(\overline{x}_i - \overline{x})^2 + \sum_{i=1}^{k}\sum_{j=1}^{n_i}(x_{ij} - \overline{x}_i)^2 \qquad (9.8)$$

（四）变异的比较：F 检验

1. 组间均方与组内均方

方差分析是比较组间变异与组内变异，以检验均值是否相等。组间平方和与组内平方和的大小与观测值的多少有关，为消除观测值多少的影响，需要将组间平方和与组内平方和分别除以各自的自由度，结果称为均方（mean square）。组间平方和与组内平方和除以自由度后的值分别称为组间均方 MSA 和组内均方 MSE。

SST 的自由度为 $n-1$，其中 n 为全部观测值的个数；SSA 的自由度为 $k-1$，其中 k 为因素水平的个数；SSE 的自由度为 $n-k$。因此，组间均方 MSA 和组内均方 MSE 的计算公式为：

$$MSA = \frac{SSA}{k-1} \qquad (9.9)$$

$$MSE = \frac{SSE}{n-k} \qquad (9.10)$$

2. 检验统计量：组间均方与组内均方之比

用 MSA 比 MSE，得到检验统计量 F。统计量 F 服从分子自由度为 $k-1$，分

母自由度为 $n-k$ 的 F 分布，即

$$F = \frac{MSA}{MSE} = \frac{SSA/(k-1)}{SSE/(n-k)} \sim F(k-1, n-k) \qquad (9.11)$$

如果没有系统（水平）变异，有的仅是随机误差，则组间均方与组内均方应该很接近，它们的比值就会接近1，表明因素的不同水平之间不存在显著差异；如果组间存在系统（水平）变异，那么它们的比值就会大于1，大到某种程度，就可以认为因素的不同水平之间存在显著差异，这就意味着各总体均值是不相等的。

3. 统计决策

（1）临界值法。根据给定的显著性水平 α，在 F 分布表中查找与第一自由度 $df_1 = k-1$，第二自由度 $df_2 = n-k$ 相应的临界值 F_α；将 F 统计量的值与给定的显著性水平 α 的临界值 F_α 进行比较（图9.1），并作出决策。对原假设 H_0 的拒绝法则为：

若 $F > F_\alpha$，则拒绝原假设 H_0，接受备择假设 H_1。表明总体均值之间存在显著差异，所检验的因素对因变量具有显著影响。

若 $F < F_\alpha$，则不拒绝原假设 H_0，没有充分的证据表明总体均值之间存在显著差异，即没有充分的理由认为所检验的因素对因变量具有显著影响。

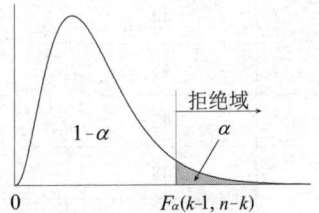

图9.1 F 检验临界值

（2）p 值法。用 p 值与显著性水平 α 进行比较，对原假设 H_0 的拒绝法则为：

若 p 值 $=P\{F(k-1, n-k) \geq F$ 值$\} \leq \alpha$，则拒绝原假设 H_0，接受备择假设 H_1；若 p 值 $> \alpha$，则不拒绝原假设 H_0，没有充分的理由认为所检验的因素对因变量具有显著影响。

（五）方差分析表

在方差分析中，方差分析的过程和结果可以用一张表格来呈现，这张表称为方差分析表（ANOVA table）（表9.2）。通过方差分析表可以直观地反映分析的过程和各种关系。注意，$SST = SSA + SSE$，相对应地，自由度 $n-1 = (k-1) + (n-k)$。

表 9.2 方差分析表

方差来源	平方和 SS	自由度 df	均方 MS	F 统计量	P 值	临界值
组间	SSA	$k-1$	$MSA = \dfrac{SSA}{k-1}$	$F = \dfrac{MSA}{MSE}$	$P\{F(k-1, n-k) \geq F\text{值}\}$	$F_a(k-1, n-k)$
组内	SSE	$n-k$	$MSE = \dfrac{SSE}{n-k}$			
总和	SST	$n-1$				

【例 9-1】为考察旅游线路是否对游客组团规模具有显著影响，旅行社对"十一"黄金周的四条旅游线路的游客组团情况进行抽样，组成一个随机样本。样本数据如表 9.3 所示。在 0.05 的显著性水平下，检验旅游线路因素是否对游客组团人数具有显著影响。

表 9.3 "十一"黄金周各旅游线路游客组团人数

观测编号	线路 A	线路 B	线路 C	线路 D
1	51	45	16	35
2	50	51	28	41
3	42	44	17	32
4	46	41	27	29
5	38	42	24	40
6	49	48	29	38
7	39	37	20	37

解：已知旅游线路因素具有 4 个水平，即 $k=4$；4 个水平的观测值个数相同，即 $n_1 = n_2 = n_3 = n_4 = 7$，$n = 28$。

设旅游线路对组团人数的影响效应为 α_1（线路 A）、α_2（线路 B）、α_3（线路 C）、α_4（线路 D）。根据题意，提出如下假设：

$H_0: \alpha_1 = \alpha_2 = \alpha_3 = \alpha_4 = 0$；$H_1: \alpha_1, \alpha_2, \alpha_3, \alpha_4$ 至少有一个不为 0。

我们首先对 4 个水平的数据描绘散点图（图 9.2）。

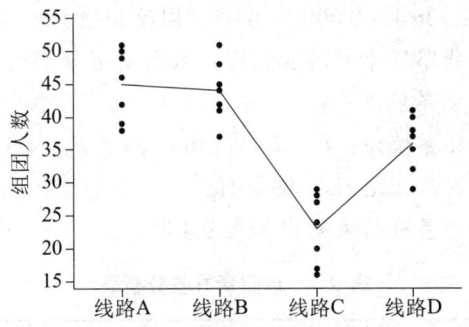

图9.2 游客组团人数散点图

从散点图可以看出，不同旅游线路的游客组团人数的均值是有差异的，旅游线路与游客组团人数之间有一定的关系。如果它们之间没有关系，那么游客组团人数应该差不多相同，在散点图上所呈现的模式也就应该很接近。从散点图虽然能够直观地看到旅游线路与游客组团人数之间关系的模式，但这种关系是否达到显著的程度，还需进行更为精确的检验。

根据样本数据，计算各水平的样本均值与4个水平的总样本均值：

$$\bar{x}_1 = \frac{1}{n_1}\sum_{j=1}^{n_1} x_{1j} = \frac{51+50+\cdots+47}{7} = 45; \quad \bar{x}_2 = \frac{1}{n_2}\sum_{j=1}^{n_2} x_{2j} = \frac{45+51+\cdots+37}{7} = 44$$

$$\bar{x}_3 = \frac{1}{n_3}\sum_{j=1}^{n_3} x_{3j} = \frac{16+28+\cdots+20}{7} = 23; \quad \bar{x}_4 = \frac{1}{n_4}\sum_{j=1}^{n_4} x_{4j} = \frac{35+41+\cdots+37}{7} = 36$$

$$\bar{x} = \frac{1}{n}\sum_{i=1}^{k} n_i \bar{x}_i = \frac{7\times(45+44+23+36)}{28} = 37$$

计算总离差平方和、组间平方和与组内平方和：

$$SST = \sum_{i=1}^{k}\sum_{j=1}^{n_i}(x_{ij}-\bar{x})^2 = (51-37)^2 + (50-37)^2 \cdots + (37-37)^2 = 2754$$

$$SSA = \sum_{i=1}^{k} n_i(\bar{x}_i-\bar{x})^2 = 7\times(45-37)^2 + \cdots + 7\times(36-37)^2 = 2170$$

$$SSE = \sum_{i=1}^{k}\sum_{j=1}^{n_i}(x_{ij}-\bar{x}_i)^2 = \sum_{j=1}^{7}(x_{1j}-\bar{x}_1)^2 + \sum_{j=1}^{7}(x_{2j}-\bar{x}_2)^2 + \cdots + \sum_{j=1}^{7}(x_{4j}-\bar{x}_4)^2$$

$$= (51-45)^5 + (50-45)^5 + \cdots + (37-36)^2$$

$$= 584$$

计算F检验统计量值：

$$F = \frac{MSA}{MSE} = \frac{SSA/(k-1)}{SSE/(n-k)} = \frac{2170/(4-1)}{584/(28-4)} = \frac{723.333}{24.333} = 29.726$$

p 值 $=P(F \geqslant 29.726) = 0.000 > 0.05$，因此拒绝 H_0，接受 H_1。即在 0.05 的显著性水平下，旅游线路因素对游客组团人数具有显著影响。

我们也可以利用临界值决策：

当 $\alpha = 0.05$ 时，临界值为：$F_\alpha(k-1, n-k) = F_{0.05}(3, 24) = 3.009$。由于 $F = 29.726 > 3.009$，因此拒绝 H_0，接受 H_1。

上述检验结果用方差分析表列出如表 9.4 所示。

表 9.4　单因素方差分析表

方差来源	平方和 SS	自由度 df	均方 MS	F 统计量	P 值	临界值
组间	2170	3	723.333	29.726	0.000	3.009
组内	584	24	24.333			
总和	2754	27				

四、因素的影响效应和关系强度的测量

在方差分析中，如果拒绝原假设，则表明因素即自变量对因变量具有显著的影响。那么这个影响到底有多大呢？我们可以通过组间平方和（SSA）占总平方和（SST）的比例大小来度量自变量对因变量的影响效应。

我们将组间平方和占总平方和的比例记为 R^2，即

$$R^2 = \frac{SSA}{SST} \tag{9.12}$$

它反映了自变量在影响因变量的所有因素中所占的比例，即对因变量的解释程度。

R^2 的平方根 R 称为相关系数，它度量了两个变量之间的关系强度。

在例 9-1 中，经检验旅游线路因素对游客组团人数具有显著影响，我们可以计算因素的影响效应和关系强度。根据表 9.4 的数据计算得：

$$R^2 = \frac{SSA}{SST} = \frac{2170}{2754} = 0.7879 = 78.79\%$$

$$R = 0.89$$

旅游线路（自变量）对游客组团人数（因变量）的影响效应占总效应的 78.79%，即旅游线路因素对游客组团人数差异解释的比例达到近 78.79%，而其他因素（残差）所解释的比例仅为 21.21%。

$R = 0.89$，表明旅游线路与游客组团人数之间具有高度相关关系。

在统计检验中，组间平方和占总平方和的比例作为单因素方差分析的效应量指标之一，记为 η^2。其参考标准为 0.01 为小效应；0.06 为中效应；0.14 为大效应。

五、方差分析中的多重比较

方差分析虽然可以检验多个总体均值是否具有显著差异，但它并不能告诉我们到底是在哪些组之间存在显著差异。因此，需要通过对总体均值进行两两比较来进一步检验到底哪些组的均值之间存在差异。

多重比较的方法很多，这里仅介绍由 Fisher 提出的最小显著差异方法，简写为 LSD。

LSD 方法是对检验两个总体均值是否相等的 t 检验的修正，其方法是用组内均方 MSE 作为总体方差的估计。下面介绍 LSD 方法的步骤。

1. 基于 t 统计量检验

（1）提出假设

H_0: $\mu_i - \mu_j = 0$（第 i 个总体的均值等于第 j 个总体的均值）

H_1: $\mu_i - \mu_j \neq 0$（第 i 个总体的均值不等于第 j 个总体的均值）

（2）计算检验统计量

$$t = \frac{\bar{x}_i - \bar{x}_j}{\sqrt{MSE\left(\dfrac{1}{n_i} + \dfrac{1}{n_j}\right)}} \sim t(n-k) \tag{9.13}$$

$\bar{x}_i$ 和 $\bar{x}_j$ 分别为第 i 和 j 个样本的均值；n_i 和 n_j 分别为第 i 和 j 个样本的容量。MSE 为组内均方。

（3）统计决策

临界值法：如果 $t \geq t_{\alpha/2}(n-k)$ 或 $t \leq t_{\alpha/2}(n-k)$，则拒绝 H_0，接受 H_1。

p 值法：若 p 值 $\leq \alpha$，则拒绝原假设 H_0，接受 H_1。

2. 基于 $\bar{x}_i - \bar{x}_j$ 统计量检验

LSD 法还可以使用 $\bar{x}_i - \bar{x}_j$ 统计量，也更容易。其步骤为：

（1）提出假设：H_0: $\mu_1 - \mu_2 = 0$；H_1: $\mu_1 - \mu_2 \neq 0$。

（2）计算检验统计量 $\bar{x}_i - \bar{x}_j$。

（3）计算 LSD。计算公式为：

$$LSD = t_{\alpha/2}(n-k)\sqrt{MSE\left(\dfrac{1}{n_i} + \dfrac{1}{n_j}\right)} \tag{9.14}$$

$t_{\alpha/2}(n-k)$ 是自由度为 $n-k$ 的 t 分布的临界值；当每个总体样本容量相等时，则仅有一个 LSD 值。MSE 为组内均方。

（4）决策。若 $|\bar{x}_i - \bar{x}_j| > LSD$，则拒绝 H_0，接受 H_1；若 $|\bar{x}_i - \bar{x}_j| < LSD$，则不拒绝 H_0。

利用 LSD 方法计算两个总体均值之差的置信区间为：$\bar{x}_i - \bar{x}_j \pm LSD$。如果假设值 0 落入该区间则不拒绝 H_0；如果假设值 0 未落入该区间则拒绝 H_0。

下面对例 9-1 做多重比较分析如下：

第一步：提出假设：

检验 1：H_0：$\mu_1 = \mu_2$，H_1：$\mu_1 \neq \mu_2$。

检验 2：H_0：$\mu_1 = \mu_3$，H_1：$\mu_1 \neq \mu_3$。

检验 3：H_0：$\mu_1 = \mu_4$，H_1：$\mu_1 \neq \mu_4$。

检验 4：H_0：$\mu_2 = \mu_3$，H_1：$\mu_2 \neq \mu_3$。

检验 5：H_0：$\mu_2 = \mu_4$，H_1：$\mu_2 \neq \mu_4$。

检验 6：H_0：$\mu_3 = \mu_4$，H_1：$\mu_3 \neq \mu_4$。

第二步：计算检验统计量值。

检验 1：$|\bar{x}_1 - \bar{x}_2| = |45 - 44| = 1$

检验 2：$|\bar{x}_1 - \bar{x}_3| = |45 - 23| = 2$

检验 3：$|\bar{x}_1 - \bar{x}_4| = |45 - 36| = 9$

检验 4：$|\bar{x}_2 - \bar{x}_3| = |44 - 23| = 21$

检验 5：$|\bar{x}_2 - \bar{x}_4| = |44 - 36| = 8$

检验 6：$|\bar{x}_3 - \bar{x}_4| = |23 - 36| = 13$

第三步：计算 LSD 值。因为本例中 4 个样本的容量相等，因此每个检验的 LSD 值都相等，即只有一个 LSD 值：

$$LSD = 2.064 \times \sqrt{24.333 \times (\frac{1}{7} + \frac{1}{7})} = 5.44$$

第四步：作出决策：

$|\bar{x}_1 - \bar{x}_2| = 1 < 5.44$，不拒绝 H_0，没有充分理由认为线路 1 与线路 2 之间有显著差异。

$|\bar{x}_1 - \bar{x}_3| = 22 > 5.44$，拒绝 H_0，线路 1 与线路 3 之间具有显著差异。

$|\bar{x}_1 - \bar{x}_4| = 9 > 5.44$，拒绝 H_0，线路 1 与线路 4 之间具有显著差异。

$|\bar{x}_2 - \bar{x}_3| = 21 > 5.44$，拒绝 H_0，线路 2 与线路 3 之间具有显著差异。

$|\bar{x}_2 - \bar{x}_4| = 8 > 5.44$，拒绝 H_0，线路 2 与线路 4 之间具有显著差异。

$|\bar{x}_3 - \bar{x}_4| = 13 > 5.44$，拒绝 H_0，线路 3 与线路 4 之间具有显著差异。

第二节 双因素方差分析

方差分析有时涉及两个分类型自变量，称为双因素方差分析（two-way analysis of variance）。一个因素处在行的位置称为行因素，另一个因素处在列的位置称为列因素。

如果两个因素对试验或观测结果的影响是相互独立的，分别判断行因素和列因素对试验观测结果的影响，这时的双因素方差分析称为无交互作用的双因素方差分析，也称无重复双因素方差分析（two-factor without replication）

如果除了行因素和列因素对试验或观测结果的单独影响外，两个因素的搭配还会对结果产生一种新的影响，这种影响称为交互效应（interaction effect）。这时的双因素方差分析称为有交互作用的双因素方差分析，也称可重复双因素方差分析（two-factor with replication）

一、无重复双因素方差分析：无交互作用

（一）无重复双因素方差分析的数据结构及模型

设有 A、B 两个因素影响试验或观测结果，行因素 A 有 k 个水平，列因素 B 有 r 个水平。因素 A 与因素 B 各水平的每种组合只进行一次试验或观测，每个观测结果为 x_{ij}（$i=1, 2, \cdots, k$；$j=1, 2, \cdots, r$）。在这种没有重复试验或观测条件下，因素 A 与因素 B 之间交互作用无法分解出来，即无法进行交互作用分析，其数据结构如表 9.5 所示。

表9.5 无重复双因素方差分析数据结构

行因素 A（i）	列因素 B（j）				行均值 $\bar{x}_{i.}$
	B_1	B_2	$\cdots$	B_r	
A_1	x_{11}	x_{12}	$\cdots$	x_{1r}	$\bar{x}_{1.}$
A_2	x_{21}	x_{22}	$\cdots$	x_{2r}	$\bar{x}_{2.}$
$\cdots$	$\cdots$	$\cdots$	$\cdots$	$\cdots$	$\cdots$
A_k	x_{k1}	x_{k2}	$\cdots$	x_{kr}	$\bar{x}_{k.}$
列均值 $\bar{x}_{.j}$	$\bar{x}_{.1}$	$\bar{x}_{.2}$	$\cdots$	$\bar{x}_{.r}$	$\bar{x}$

设 x_{ij}（$i=1, 2, \cdots, k$；$j=1, 2, \cdots, r$）相互独立且服从具有相同方差的正态分布，即 $x_{ij} \sim N(\mu_{ij}, \sigma^2)$。

各总体均值的总均值为：

$$\mu = \frac{1}{kr}\sum_{i=1}^{k}\sum_{j=1}^{r}x_{ij} = \frac{1}{k}\sum_{i=1}^{k}\mu_{i\cdot} = \frac{1}{r}\sum_{j=1}^{r}\mu_{\cdot j}$$

设 $\alpha_i = \mu_{i\cdot} - \mu$，$\beta_j = \mu_{\cdot j} - \mu$，则无重复双因素方差分析模型可表达为：

$$x_{ij} = \mu + \alpha_i + \beta_j + \varepsilon_{ij} \quad (i=1,2,\cdots,k; j=1,2,\cdots,r) \quad (9.15)$$

式中，μ 为各总体的总均值；α_i 为水平 A_i 的影响效应，β_j 为水平 B_j 的影响效应；$\varepsilon_{ij} \sim N(0, \sigma^2)$ 为随机误差。

（二）检验假设

双因素方差分析需要对两个因素分别提出假设。

1. 对行因素 A 提出的假设

H_{01}：$\alpha_i = 0$（$i=1, 2, \cdots, k$）（因素 A 没有影响效应）

H_{11}：α_i 至少有一个不等于 0（因素 A 有影响效应）

2. 对列因素 B 提出的假设

H_{02}：$\beta_j = 0$（$j=1, 2, \cdots, r$）（因素 B 没有影响效应）

H_{12}：β_j 至少有一个不等于 0（因素 B 有影响效应）

（三）计算样本均值

在表 9.5 中，$\bar{x}_{i\cdot}$ 为行因素的第 i 个水平下各观测值的平均数，计算公式为：

$$\bar{x}_{i\cdot} = \frac{1}{r}\sum_{j=1}^{r}x_{ij} \quad (i=1,2,\cdots,k) \quad (9.16)$$

$\bar{x}_{\cdot j}$ 为列因素的第 j 个水平下各观测值的平均数，计算公式为：

$$\bar{x}_{\cdot j} = \frac{1}{k}\sum_{i=1}^{k}x_{ij} \quad (j=1,2,\cdots,r) \quad (9.17)$$

$\bar{x}$ 为样本 kr 个观测值的总平均数，计算公式为：

$$\bar{x} = \frac{1}{kr}\sum_{i=1}^{k}\sum_{j=1}^{r}x_{ij} \quad (9.18)$$

（四）变异分解与 F 检验

1. 变异分解

对于无重复双因素方差分析，根据模型式（9.15），数据的总变异可以分解为因素 A 导致的变异、因素 B 导致的变异与随机变异，用变量观测值与均值离差的平方和表示数据的变异，则有

$$SST = SSA + SSB + SSE$$

式中，SST 为总离差平方和，SSA 为因素 A 的离差平方和，SSB 为因素 B 的离差

平方和，SSE 为随机误差项平方和。各项平方和的计算公式为：

总离差平方和 SST：

$$SST = \sum_{i=1}^{k}\sum_{j=1}^{r}(x_{ij}-\bar{x})^2 \tag{9.19}$$

行因素 A 的离差平方和 SSA：

$$SSA = \sum_{i=1}^{k}\sum_{j=1}^{r}(\bar{x}_{i\cdot}-\bar{x})^2 \tag{9.20}$$

列因素 B 的离差平方和 SSB：

$$SSB = \sum_{i=1}^{k}\sum_{j=1}^{r}(\bar{x}_{\cdot j}-\bar{x})^2 \tag{9.21}$$

随机误差项平方和 SSE：

$$SSE = \sum_{i=1}^{k}\sum_{j=1}^{r}(x_{ij}-\bar{x}_{i\cdot}-\bar{x}_{\cdot j}+\bar{x})^2 \tag{9.22}$$

式中，$x_{ij}-\bar{x}_{i\cdot}-\bar{x}_{\cdot j}+\bar{x}$ 为残差项 ε_{ij}，可由式（9.15）推出。

2. 计算均方（MS）

因素 A 的均方，记为 MSA，计算公式为：

$$MSA = \frac{SSA}{k-1} \tag{9.23}$$

式中，$k-1$ 为因素 A 的离差平方和 SSA 的自由度。

因素 B 的均方，记为 MSB，计算公式为：

$$MSB = \frac{SSB}{r-1} \tag{9.24}$$

式中，$r-1$ 为因素 B 的离差平方和 SSB 的自由度。

随机误差项的均方，记为 MSE，计算公式为

$$MSE = \frac{SSE}{(k-1)(r-1)} \tag{9.25}$$

式中，$(k-1)(r-1)$ 为随机误差项平方和 SSE 的自由度。

3. 计算检验统计量

因素 A 的检验统计量为：

$$F_A = \frac{MSA}{MSE} \sim F\{k-1,(k-1)(r-1)\} \tag{9.26}$$

因素 B 的检验统计量为:

$$F_B = \frac{MSB}{MSE} \sim F\{r-1,(k-1)(r-1)\} \qquad (9.27)$$

4. 统计决策

（1）临界值决策。根据给定的显著性水平 α 在 F 分布表中查找相应的临界值 F_α；将检验统计量值与临界值 F_α 进行比较并作出决策。对原假设 H_0 的拒绝法则为：

若 $F_A > F_\alpha\{k-1,(k-1)(r-1)\}$，则拒绝原假设 H_{01}，表明因素 A 具有影响效应，各总体均值具有显著差异，所检验的因素 A 对因变量具有显著影响。

若 $F_B > F_\alpha\{r-1,(k-1)(r-1)\}$，则拒绝原假设 H_{02}，表明因素 B 具有影响效应，各总体均值具有显著差异，所检验的因素 B 对因变量具有显著影响。

（2）p 值决策。用 p 值与显著性水平 α 进行比较，并作出决策。对原假设 H_0 的拒绝法则为：若 p 值 $\leq \alpha$，则拒绝原假设 H_0，接受备择假设 H_1；若 p 值 $> \alpha$，则不拒绝原假设 H_0。

如果结果显示有一个因素不显著，则可以对另一个因素做单因素方差分析。

对于无重复双因素方差分析，上述检验计算过程可以通过双因素方差分析表直观地呈现出来（表9.6）。

表9.6　无重复双因素方差分析表

方差来源	平方和	自由度 df	均方 MS	F 统计量	P 值	临界值
因素 A	SSA	$k-1$	$MSA = \dfrac{SSA}{k-1}$	$F_A = \dfrac{MSA}{MSE}$	$P\{F(k-1,(k-1)(r-1)) \geq F_A\}$	$F_\alpha\{k-1,(k-1)(r-1)\}$
因素 B	SSB	$r-1$	$MSB = \dfrac{SSB}{r-1}$	$F_B = \dfrac{MSB}{MSE}$	$P\{F(r-1,(k-1)(r-1)) \geq F_B\}$	$F_\alpha\{r-1,(k-1)(r-1)\}$
误差	SSE	$(k-1)(r-1)$	$MSE = \dfrac{SSE}{(k-1)(r-1)}$			
总和	SST	$kr-1$				

（五）关系强度的测量

因素 A 的离差平方和（SSA）度量了自变量 A 对因变量的影响效应；因素 B 的离差平方和（SSB）度量了自变量 B 对因变量的影响效应。这两个平方和加在一起则度量了两个自变量对因变量的联合效应。

与单因素方差分析类似，我们可以用因素 A 的离差平方和（SSA）与因素 B 的离差平方和（SSB）占总平方和（SST）的比例大小来度量自变量对因变量的影响效应。我们将因素 A 与因素 B 联合效应占总平方和的比例用 R^2 表示，即

$$R^2 = \frac{SSA + SSB}{SST} \tag{9.28}$$

R^2 反映了自变量在影响因变量的所有因素中所占的比例，即对因变量的解释程度。其平方根 R 则反映了两个自变量合起来与因变量之间的关系强度。

【例9-2】有3个品牌的旅游服装在5个地区的销售量（单位：套）数据如表9.7所示。要求：

1. 分析品牌因素和地区因素对旅游服装销售量是否有显著影响。（$\alpha = 0.05$）。
2. 分析品牌因素和地区因素对旅游服装销售量的影响效应。

表9.7 不同品牌旅游服装在不同地区的销售量数据

品牌因素	地区因素				
	地区1	地区2	地区3	地区4	地区5
品牌1	430	385	398	388	560
品牌2	365	354	361	376	478
品牌3	305	329	270	320	410

解： 1. 品牌和地区两个因素对旅游服装销售量影响的显著性检验

（1）检验的假设

由于因素 A 与因素 B 各水平的每种组合没有重复观测，因此可以使用无重复双因素方差分析。

设品牌对销售量的影响效应为 α_i（$i=1$，2，3），对品牌因素提出的假设为：

H_{01}：$\alpha_1 = \alpha_2 = \alpha_3 = 0$ （品牌对销售量没有影响）

H_{11}：α_i（$i=1$，2，3）不全为0 （品牌对销售量有影响）

设地区对销售量的影响效应为 β_j（$j=1$，2，…，5），对地区因素提出的假设为：

H_{02}：$\beta_1 = \beta_2 = \beta_3 = \beta_4 = \beta_5 = 0$ （地区对销售量没有影响））

H_{12}：β_j（$j=1$，2，…，5）不全为0 （地区对销售量有影响）

（2）方差分析结果

这里省略检验统计量的计算过程，直接给出方差分析的结果（表9.8）。

表 9.8 无重复双因素方差分析结果

差异源	SS	df	MS	F	P-value	F crit
行因素 A	27950.53	2	13975.27	27.7049	0.0003	4.4590
列因素 B	38978.93	4	9744.73	19.3182	0.0004	3.8379
误差	4035.47	8	504.43			
总计	70964.93	14				

（3）结论

对于品牌因素，在 0.05 的显著性水平下，$F_a(k-1,(k-1)(r-1))=F_a(2,8)=4.4590$，$F_A=27.7049>F_a(2,8)$，因此，拒绝原假设 H_{01}，接受备择假设 H_{11}，即品牌对销售量具有显著影响。

对于地区因素，在 0.05 的显著性水平下，$F_a(r-1,(k-1)(r-1))=F_a(4,8)=3.8379$，$F_B=193182>F_a(4,8)$，因此，拒绝原假设 H_{02}，接受备择假设 H_{12}，即地区对销售量具有显著影响。

若使用 p 值决策，其方法为：

对于品牌因素，p 值 $=P\{F(2,8)\geq 27.7049\}=0.0003<0.05$，因此，拒绝原假设 H_{01}，接受备择假设 H_{11}。

对于地区因素，p 值 $=P\{F(4,8)\geq 193182\}=0.0004<0.05$，因此，拒绝原假设 H_{02}，接受备择假设 H_{12}。

2. 品牌和地区两个因素对旅游服装销售量影响效应分析

$$R^2=\frac{SSA+SSB}{SST}=\frac{27950.53+38978.93}{70964.93}=0.9431=94.31\%$$

$$R=0.9711$$

$R^2=94.31\%$，表明品牌因素和地区因素合起来总共解释了销售量差异的 94.31%。而其他因素（随机因素）只解释了销售量差异的 5.69%。$R=0.9711$，表明品牌和地区两个因素与销售量之间有较强的关系。

二、可重复双因素方差分析：有交互作用

（一）可重复双因素方差分析的数据结构及模型

设行因素 A 有 k 个水平，列因素 B 有 r 个水平。与无重复双因素方差分析不同的是，因素 A 与因素 B 各水平的每种组合都进行 $m(m\geq 2)$ 次重复试验或观测，每个观测结果为 x_{ijl}（$i=1,2,\cdots,k$；$j=1,2,\cdots,r$；$l=1,2,\cdots,m$）。在这种重复试验或观测条件下，因素 A 与因素 B 之间具有交互作用，数据结构

如表 9.9 所示。

表 9.9 可重复双因素方差分析的数据结构

行因素 $A(i)$	列因素 $B(j)$				行均值 $\bar{x}_{i..}$
	B_1	B_2	⋯	B_r	
A_1	$x_{111}\ x_{112}\cdots x_{11m}$	$x_{121}\ x_{122}\cdots x_{12m}$	⋯	$x_{1r1}\ x_{1r2}\cdots x_{1rm}$	$\bar{x}_{1..}$
A_2	$x_{211}\ x_{212}\cdots x_{21m}$	$x_{221}\ x_{222}\cdots x_{22m}$	⋯	$x_{2r1}\ x_{2r2}\cdots x_{2rm}$	$\bar{x}_{2..}$
⋯	⋯	⋯	⋯	⋯	⋯
A_k	$x_{k11}\ x_{k12}\cdots x_{k1m}$	$x_{k21}\ x_{k22}\cdots x_{k2m}$	⋯	$x_{kr1}\ x_{kr2}\cdots x_{krm}$	$\bar{x}_{k..}$
列均值 $\bar{x}_{.j.}$	$\bar{x}_{.1.}$	$\bar{x}_{.2.}$	⋯	$\bar{x}_{.r.}$	$\bar{x}$

表 9.9 中，x_{ijl}（i=1，2，⋯，k；j=1，2，⋯，r；l=1，2，⋯，m）为因素 A 在第 i 个水平与因素 B 在第 j 个水平下的第 l 个观测值。

设 x_{ijl} 相互独立，且服从具有相同方差的正态分布，即 $x_{ijl} \sim N(\mu_{ij}, \sigma^2)$。则可重复双因素方差分析模型在无重复双因素方差分析模型式（9.15）的基础上增加了一个交互项，即

$$x_{ijl} = \mu + \alpha_i + \beta_j + \gamma_{ij} + \varepsilon_{ijl} \quad (i=1,2,\cdots,k; j=1,2,\cdots,r; l=1,2,\cdots m) \quad (9.29)$$

式中，μ 为各总体的总均值；α_i 为水平 A_i 的影响效应，β_j 为水平 B_j 的影响效应，也称为主效应；γ_{ij} 为 A_i 与 B_j 的交互作用产生的影响效应，也称为交互效应；$\varepsilon_{ij} \sim N(0, \sigma^2)$ 为随机误差。

（二）检验假设

可重复双因素方差分析需要提出如下假设。

1. 对行因素 A 提出的假设

H_{01}：$\alpha_i = 0$（$i=1$，2，⋯，k） （因素 A 没有影响效应）

H_{11}：α_i 至少有一个不等于 0 （因素 A 具有影响效应）

2. 对列因素 B 提出的假设

H_{02}：$\beta_j = 0$（$j=1$，2，⋯，r） （因素 B 没有影响效应）

H_{12}：β_j 至少有一个不等于 0 （因素 B 具有影响效应）

3. 对交互效应提出的假设

H_{03}：$\gamma_{ij} = 0$（$i=1$，2，⋯，k；$j=1$，2，⋯，r） （没有交互效应）

H_{13}：γ_{ij} 至少有一个不等于 0 （具有交互效应）

（三）计算样本均值

进行可重复双因素方差分析时，为了对数据进行变异分解，需要首先计算如

下几个样本均值。

（1）行因素 A 的第 i 个水平下的样本均值为 $\bar{x}_{i\cdot\cdot}$，计算公式为：

$$\bar{x}_{i\cdot\cdot} = \frac{1}{rm}\sum_{j=1}^{r}\sum_{l=1}^{m}x_{ijl} \qquad (i=1,2,\cdots,k) \qquad (9.30)$$

（2）列因素 B 的第 j 个水平下的样本均值为 $\bar{x}_{\cdot j\cdot}$，计算公式为：

$$\bar{x}_{\cdot j\cdot} = \frac{1}{km}\sum_{i=1}^{k}\sum_{l=1}^{m}x_{ijl} \qquad (j=1,2,\cdots,r) \qquad (9.31)$$

（3）行因素 A 的第 i 个水平与列因素 B 的第 j 个水平交互下的样本均值为 $\bar{x}_{ij\cdot}$，计算公式为：

$$\bar{x}_{ij\cdot} = \frac{1}{m}\sum_{l=1}^{m}x_{ijl} \qquad (i=1,2,\cdots,k; j=1,2,\cdots,r) \qquad (9.32)$$

（4）总平均值 $\bar{x}$，为样本 krm 个观测值的总平均值，计算公式为：

$$\bar{x} = \frac{1}{krm}\sum_{i=1}^{k}\sum_{j=1}^{r}\sum_{l=1}^{m}x_{ijl} \qquad (9.33)$$

（四）变异分解与 F 检验

1. 变异分解

对于可重复双因素方差分析，数据的总变异可以分解为：

$SST = SSA + SSB + SSAB + SSE$

上式中，SST 为总离差平方和，SSA 为因素 A 的离差平方和，SSB 为因素 B 的离差平方和，$SSAB$ 为交互作用平方和，SSE 为随机误差项平方和。各项平方和的计算公式为：

总离差平方和 SST：

$$SST = \sum_{i=1}^{k}\sum_{j=1}^{r}\sum_{l=1}^{m}(x_{ijl} - \bar{x})^2 \qquad (9.34)$$

因素 A 的离差平方和 SSA：

$$SSA = rm\sum_{i=1}^{k}(\bar{x}_{i\cdot\cdot} - \bar{x})^2 \qquad (9.35)$$

因素 B 的离差平方和 SSB：

$$SSB = km\sum_{j=1}^{r}(\bar{x}_{\cdot j\cdot} - \bar{x})^2 \qquad (9.36)$$

交互作用平方和 $SSAB$：

$$SSAB = m\sum_{i=1}^{k}\sum_{j=1}^{r}(\bar{x}_{ij\cdot} - \bar{x}_{i\cdot\cdot} - \bar{x}_{\cdot j\cdot} + \bar{x})$$ （9.37）

随机误差项平方和 SSE：

$$SSE = \sum_{i=1}^{k}\sum_{j=1}^{r}\sum_{l=1}^{m}(x_{ijl} - \bar{x}_{ij\cdot})^2$$ （9.38）

2. 计算均方 MS

因素 A 的均方，记为 MSA，计算公式为：

$$MSA = \frac{SSA}{k-1}$$ （9.39）

式中，$k-1$ 为因素 A 的离差平方和 SSA 的自由度。

因素 B 的均方，记为 MSB，计算公式为：

$$MSB = \frac{SSB}{r-1}$$ （9.40）

式中，$r-1$ 为因素 B 的离差平方和 SSB 的自由度。

交互作用的均方，记为 $MSAB$，计算公式为：

$$MSAB = \frac{SSAB}{(k-1)(r-1)}$$

式中，$(k-1)(r-1)$ 为交互作用平方和 $SSAB$ 的自由度。

随机误差项的均方，记为 MSE，计算公式为

$$MSE = \frac{SSE}{kr(m-1)}$$ （9.41）

式中，$kr(m-1)$ 为随机误差项平方和 SSE 的自由度。

3. 计算检验统计量

因素 A 的检验统计量为：

$$F_A = \frac{MSA}{MSE} \sim F\{k-1, kr(m-1)\}$$ （9.42）

因素 B 的检验统计量为：

$$F_B = \frac{MSB}{MSE} \sim F\{r-1, kr(m-1)\}$$ （9.43）

交互作用的检验统计量为：

$$F_{A\times B} = \frac{MSAB}{MSE} \sim F\{(k-1)(r-1), kr(m-1)\} \quad (9.44)$$

4. 统计决策

（1）临界值决策。根据给定的显著性水平 α 在 F 分布表中查找相应的临界值 F_α；将检验统计量值与临界值 F_α 进行比较并作出决策。对原假设 H_0 的拒绝法则为：

若 $F_A > F_\alpha\{k-1, kr(m-1)\}$，则拒绝原假设 H_{01}，表明因素 A 具有影响效应。

若 $F_B > F_\alpha\{r-1, kr(m-1)\}$，则拒绝原假设 H_{02}，表明因素 B 具有影响效应。

若 $F_{A\times B} > F_\alpha\{(k-1)(r-1), kr(m-1)\}$，则拒绝原假设 H_{03}，表明因素 A 与 B 具有交互效应。

（2）p 值决策。用 p 值与显著性水平 α 进行比较，并作出决策。对原假设 H_0 的拒绝法则为：若 p 值 $\leq \alpha$，则拒绝原假设 H_0，接受备择假设 H_1；若 p 值 $> \alpha$，则不拒绝原假设 H_0。

如果结果显示交互作用不显著，则可以做无交互作用的双因素方差分析。

对于可重复双因素方差分析，上述检验计算过程也可以通过双因素方差分析表直观地呈现出来（表9.10）。

表 9.10　可重复双因素方差分析表

方差来源	平方和	自由度 df	均方 MS	F 统计量	P 值	临界值
因素 A	SSA	$k-1$	$MSA = \dfrac{SSA}{k-1}$	$F_A = \dfrac{MSA}{MSE}$	$P\{F[k-1, kr(m-1)] \geq F_A\}$	$F_\alpha\{k-1, kr(m-1)\}$
因素 B	SSB	$r-1$	$MSB = \dfrac{SSB}{r-1}$	$F_B = \dfrac{MSB}{MSE}$	$P\{F[r-1, kr(m-1)] \geq F_B\}$	$F_\alpha\{r-1, kr(m-1)\}$
交互作用	SSAB	$(k-1)(r-1)$	$MSAB = \dfrac{SSAB}{(k-1)(r-1)}$	$F_{A\times B} = \dfrac{MSAB}{MSE}$	$P\{F[(k-1)(r-1), kr(m-1)] \geq F_{A\times B}\}$	$F_\alpha\{(k-1)(r-1), kr(m-1)\}$
误差	SSE	$kr(m-1)$	$MSE = \dfrac{SSE}{kr(m-1)}$			
总和	SST	$krm-1$				

【例 9-3】 某旅游商品销售商店分别在自选店和网上销售三个品牌的某种旅游商品。现在随机抽取 3 天的销售量数据（单位：件）如表 9.11 所示。要求：

1. 分析品牌因素和销售方式因素对旅游商品销售量是否有显著影响。（$\alpha =$

0.05）。

2. 分析品牌因素和销售方式因素对旅游商品销售量的影响程度。

表9.11　不同品牌旅游商品在不同销售方式下的销售量数据

品牌因素（A）	销售方式因素（B）	
	自选商店	网络销售
品牌1	7	12
	8	11
	9	13
品牌2	8	22
	10	20
	6	15
品牌3	3	6
	5	7
	4	5

解：1. 品牌和销售方式两个因素对旅游商品销售量影响的显著性检验

（1）提出检验假设

由于因素 A 与因素 B 各水平的每种组合具有重复观测，因此可以使用可重复双因素方差分析，此时可能存在因素 A 与因素 B 各水平的交互效应。

设品牌对销售量的影响效应为 α_i（$i=1, 2, 3$），对品牌因素提出的假设为：

H_{01}：$\alpha_1 = \alpha_2 = \alpha_3 = 0$　　　　（品牌对销售量没有影响）

H_{11}：α_i（$i=1, 2, 3$）不全为 0　　（品牌对销售量有影响）

设销售方式对销售量的影响效应为 β_j（$j=1, 2$），对地区因素提出的假设为：

H_{02}：$\beta_1 = \beta_2 = 0$　　　　　　　（品牌对销售量没有影响）

H_{12}：β_j（$j=1, 2$）不全为 0　　　（销售方式对销售量有影响）

设交互作用对销售量的影响效应为 γ_{ij}（$i=1, 2, 3$；$j=1, 2$），对交互作用提出的假设：

H_{03}：$\gamma_{ij} = 0$　　　　　　　　　　（没有交互效应）

H_{13}：$\gamma_{ij} \neq 0$　　　　　　　　　　（具有交互效应）

（2）方差分析结果

这里省略检验统计量的计算过程，直接给出方差分析的结果（表9.12）。

表9.12 可重复方差分析结果

差异源	SS	df	MS	F	P-value	F crit
行因素 A	219	2	109.5	31.2857	0.000	3.8853
列因素 B	144.5	1	144.5	41.2857	0.000	4.7472
交互作用 AB	67	2	33.5	9.5714	0.003	3.8853
误差	42	12	3.5			
总计	472.5	17				

（3）结论

对于品牌因素，在0.05的显著性水平下，$F_A = 31.2857 > F_\alpha(2, 12) = 3.8853$，因此，拒绝原假设 H_{01}，接受备择假设 H_{11}，即品牌对销售量具有显著影响。

对于销售方式因素，在0.05的显著性水平下，$F_B = 41.2857 > F_\alpha(1, 12) = 4.7472$，因此，拒绝原假设 H_{02}，接受备择假设 H_{12}，即销售方式对销售量具有显著影响。

对于交互作用，在0.05的显著性水平下，$F_{A \times B} = 9.5714 > F_\alpha(2, 12) = 3.8853$，因此，拒绝原假设 H_{03}，接受备择假设 H_{13}，即交互作用对销售量具有显著影响。

若使用 p 值决策，其方法为：

对于品牌因素，p 值 $= P\{F(2, 12) \geq 31.2857\} = 0.000 < 0.05$，因此，拒绝原假设 H_{01}，接受备择假设 H_{11}。

对于销售方式因素，p 值 $= P\{F(1, 12) \geq 41.2857\} = 0.000 < 0.05$，因此，拒绝原假设 H_{02}，接受备择假设 H_{12}。

对于交互作用，p 值 $= P\{F(2, 12) \geq 9.5714\} = 0.003 < 0.05$，因此，拒绝原假设 H_{03}，接受备择假设 H_{13}。

2. 品牌和销售方式两个因素对旅游商品销售量影响效应分析

$$R^2 = \frac{SSA + SSB + SSAB}{SST} = \frac{219 + 144.5 + 67}{472.5} = 0.9111 = 91.11\%$$

$R = 0.9545$

$R^2 = 91.11\%$，表明品牌因素、销售方式因素以及两者的交互作用合起来总共解释了销售量差异的91.11%。而其他因素（随机因素）只解释了销售量差异的8.89%。$R = 0.9545$，表明品牌因素、销售方式因素以及两者的交互作用与销售量之间有较强的关系。

三、双因素方差分析效应量

对于双因素方差分析，可以使用各因素平方和占总平方和的比重作为各因素效应量大小的指标，即

$$\eta^2 = \frac{某因素平方和}{总平方和} \tag{9.45}$$

另外，也可以使用偏 η^2 指标，用 η_p^2 表示，该指标的公式为

$$\eta_p^2 = \frac{某因素平方和}{某因素平方和 + 误差平方和} \tag{9.46}$$

这样各因素的效应量就可以用如下公式计算：

$$\eta_{p-A}^2 = \frac{SSA}{SSA + SSE}$$

$$\eta_{p-B}^2 = \frac{SSB}{SSB + SSE}$$

$$\eta_{p-AB}^2 = \frac{SSAB}{SSAB + SSE}$$

SPSS 软件提供了 η_p^2 指标。

第三节　利用软件进行方差分析

一、用 Excel 进行方差分析

（一）单因素方差分析

1. 数据格式

Excel 单因素方差分析数据格式如图 9.3 所示。

	A	B	C	D
1	数据格式1			
2	线路A	线路B	线路C	线路D
3	51	45	16	35
4	50	51	28	41
5	42	44	17	32
6	46	41	27	29
7	38	42	24	40
8	49	48	29	38
9	39	37	20	37

	A	B	C	D	E	F	G	H
1	数据格式2							
2	线路A	51	50	42	46	38	49	39
3	线路B	45	51	44	41	42	48	37
4	线路C	16	28	17	27	24	29	20
5	线路D	35	41	32	29	40	38	37
6								

图 9.3　Excel 单因素方差分析数据格式

2. 操作步骤

以例 9-1 为例，操作步骤如下：

第一步：选择【数据】—【数据分析】，打开数据分析对话框。

第二步：在分析工具中选择【方差分析：单因素方差分析】，单击【确定】，弹出单因素方差分析对话框。

第三步：在【输入区域】方框内输入数据单元格区域；在【分组方式】选择【列】或【行】（对于数据格式 1 选择列，对于数据格式 2 选择行；在输入区域如果选择了变量名，则勾选【标志位于第一行】或【标志位于第一列】；在【α】方框内默认为 0.05（可根据需要确定）；在【输出选项】中选择输出区域。点击确定后，显示输出结果（图 9.4）。

	A	B	C	D	E	F	G	H	I	J	K	L
1	线路A	线路B	线路C	线路D		方差分析：单因素方差分析						
2	51	45	16	35								
3	50	51	28	41		SUMMARY						
4	42	44	17	32		组	观测数	求和	平均	方差		
5	46	41	27	29		线路A	7	315	45	28.66667		
6	38	42	24	40		线路B	7	308	44	21.33333		
7	49	48	29	38		线路C	7	161	23	28.66667		
8	39	37	20	37		线路D	7	252	36	18.66667		
9												
10												
11						方差分析						
12						差异源	SS	df	MS	F	P-value	F crit
13						组间	2170	3	723.3333	29.72603	2.99E-08	3.008787
14						组内	584	24	24.33333			
15												
16						总计	2754	27				

图 9.4　Excel 单因素方差分析结果

（二）双因素无重复方差分析：无交互作用

以例 9-2 为例，操作步骤如下：

第一步：选择【数据】—【数据分析】。

第二步：在分析工具中选择【方差分析：无重复双因素分析】，单击【确定】，弹出对话框。

第三步：在【输入区域】方框内输入数据单元格区域；在输入区域如果选择了变量名，则勾选【标志】；在【α】框内，默认 0.05（可根据需要确定）；在【输出选项】中选择输出区域。单击【确定】后，显示输出结果。数据格式与输出结果见图 9.5。

数据格式

	地区1	地区2	地区3	地区4	地区5
品牌1	430	385	398	388	560
品牌2	365	354	361	376	478
品牌3	305	329	270	320	410

方差分析：无重复双因素分析

SUMMARY	观测数	求和	平均	方差
品牌1	5	2161	432.2	5422.2
品牌2	5	1934	386.8	2662.7
品牌3	5	1634	326.8	2668.7
地区1	3	1100	366.6666667	3908.33333
地区2	3	1068	356	787
地区3	3	1029	343	4339
地区4	3	1084	361.3333333	1317.33333
地区5	3	1448	482.6666667	5641.33333

方差分析

差异源	SS	df	MS	F	P-value	F crit
行	27950.53	2	13975.26667	27.7048834	0.000253	4.45897
列	38978.93	4	9744.733333	19.3181788	0.000358	3.837853
误差	4035.467	8	504.4333333			
总计	70964.93	14				

图 9.5　Excel 无重复双因素方差分析数据格式与输出结果

（三）双因素可重复方差分析：有交互作用

以例 9–3 为例，操作步骤如下：

第一步：选择【数据】—【数据分析】选项。

第二步：在分析工具中选择【方差分析：可重复双因素分析】，然后选择【确定】，弹出对话框。

第三步：在【输入区域】方框内输入数据单元格区域 A2：C11；在【每一样本的行数】方框内键入重复试验或观测次数，此例为 3；在【α】方框内默认 0.05（可根据需要确定）；在【输出选项】中选择输出区域。单击【确定】后，显示输出结果。数据格式与输出结果见图 9.6。

数据格式

	自选商店	网络销售
品牌1	7	12
	8	11
	9	13
品牌2	8	22
	10	20
	6	15
品牌3	3	6
	5	7
	4	5

方差分析：可重复双因素分析

SUMMARY	自选商店	网络销售	总计
品牌1			
观测数	3	3	6
求和	24	36	60
平均	8	12	10
方差	1	1	5.6
品牌2			
观测数	3	3	6
求和	24	57	81
平均	8	19	13.5
方差	4	13	43.1
品牌3			
观测数	3	3	6
求和	12	18	30
平均	4	6	5
方差	1	1	2
总计			
观测数	9	9	
求和	60	111	
平均	6.66666667	12.3333333	
方差	5.5	35.5	

方差分析

差异源	SS	df	MS	F	P-value	F crit
样本	219	2	109.5	31.285714	1.736E-05	3.88529383
列	144.5	1	144.5	41.285714	3.277E-05	4.74722535
交互	67	2	33.5	9.5714286	0.0032729	3.88529383
内部	42	12	3.5			
总计	472.5	17				

图 9.6　Excel 可重复双因素方差分析数据格式与输出结果

Excel 方差分析的输出结果包括两个部分，第一部分 SUMMARY 是摘要统计量。第二部分是方差分析表。方差分析表中，SS 为平方和，df 为自由度，MS 为均方差；F 为 F 统计量，P-value 为显著性概率值，F crit 为临界值。

在图 9.5 的方差分析表中，差异源包括样本、列、交互和内部四部分，样本指的是行因素 A，列指的是列因素 B，交互指的是行因素 A 与列因素 B 的交互作用，内部指的是随机误差项；总计指的是总平方和。

二、用 SPSS 进行方差分析

（一）数据格式

用 SPSS 进行方差分析，需要把多个样本的观测值作为一个变量（因变量），把因素作为另一个变量（自变量）。单因素方差分析有一个自变量，双因素方差分析有两个自变量。以例 9-1 的数据输入为例，其格式如图 9.7 所示。

	组团人数	旅游线路	变量	变量	变量
1	51.00	1			
2	50.00	1			
3	42.00	1			
4	46.00	1			
5	38.00	1			
6	49.00	1			
7	39.00	1			
8	45.00	2			
9	51.00	2			
10	44.00	2			
11	41.00	2			
12	42.00	2			
13	48.00	2			
14	37.00	2			
15	16.00	3			

图 9.7 SPSS 方差分析的数据格式

SPSS 方差分析主要利用一般线性模型程序，在输入数据时，因素变量可以定义为数值型也可以定义为字符串。单因素方差分析还可以使用【比较均值】程序中的【单因素 ANOVA 检验】，该程序则要求将因素变量定义为数值型。

（二）单因素方差分析

以例 9-1 为例，利用一般线性模型程序的操作步骤如下：

第一步：选择【分析】—【一般线性模型】—【单变量】，打开单变量对话框。

第二步：将"组团人数"变量选入【因变量】框中，将"旅游线路"变量选入【固定因子】框中。

第三步：单击【绘制】，打开单变量轮廓图对话框，将左面【因子】框中的

"旅游线路"变量选入【水平轴】框中；单击【添加】。单击【继续】返回主对话框。

第四步：如果需要多重比较，单击【两两比较】，在打开的对话框中，将左面【因子】框中的"旅游线路"变量选入【两两比较检验】框中。勾选【LSD】，点击【继续】返回主对话框。

第五步：单击【选项】，在【输出】下选中【描述统计】、【功效估计】、【方差齐性检验】，点击【继续】回到主对话框。

第六步：单击【确定】，输出结果。

上述操作输出的结果有主体间因子、描述统计、方差齐性检验、主体间效应检验、多重比较与轮廓图等内容，部分输出结果如图9.8~图9.10、表9.13所示。

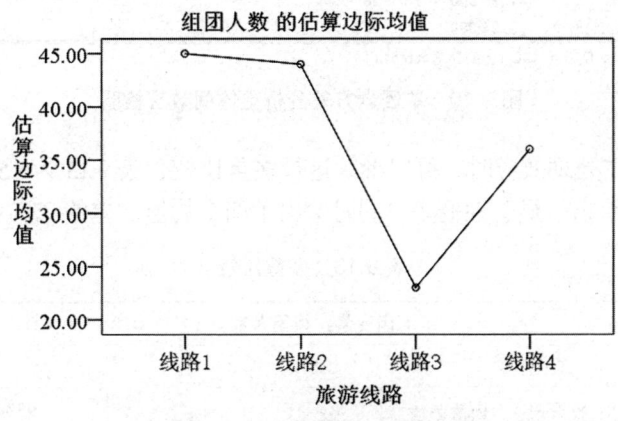

图9.8 单因素方差分析轮廓图

轮廓图（图9.7）可以辅助观察因素各水平均值的大小及差异状况。

接下来是方差齐性经验，SPSS提供了进行多个方差是否相等的莱文检验（图9.9）。检验结果给出了F统计量、自由度和显著性概率即p值。由于p值0.636很大，不能拒绝多个总体方差相等的原假设，即可以认为方差齐性假定成立。

误差方差等同性的Levene检验[a]

因变量：组团人数

F	df1	df2	Sig.
.577	3	24	.636

检验零假设，即在所有组中因变量的误差方差均相等。

a. 设计：截距 + 旅游线路

图9.9 方差齐性的莱文检验

方差分析模型及因素效应的检验如图9.10所示。校正模型指的是方差分析模型，对模型的检验就是检验模型中所有因素是否全无效应。由于单因素方差分析模型只有一个因素，因此，对模型的检验与对因素的检验是相同的。截距项没有实际意义，不必对它予以解释。偏 Eta 为效应量偏 η^2，由于单因素方差分析仅有一个因素，所以与 η^2 相同。

主体间效应的检验

因变量：组团人数

源	III 型平方和	df	均方	F	Sig.	偏 Eta 方
校正模型	2170.000a	3	723.333	29.726	.000	.788
截距	38332.000	1	38332.000	1575.288	.000	.985
旅游线路	2170.000	3	723.333	29.726	.000	.788
误差	584.000	24	24.333			
总计	41086.000	28				
校正的总计	2754.000	27				

a. R 方 = .788（调整 R 方 = .761）

图9.10　单因素方差分析主体间效应检验

在因素存在处理效应时，可以继续进行多重比较，表9.13为LSD法的多重比较。表9.13中给出了显著性概率，同时给出了两个均值之差的95%的置信区间。

表9.13　多重比较

因变量：组团人数

LSD

（I）旅游线路	（J）旅游线路	均值差值（I-J）	标准误差	显著性	95% 置信区间	
					下限	上限
1	2	1.0000	2.63674	0.708	-4.442	6.442
	3	22.0000*	2.63674	0.000	16.558	27.442
	4	9.0000*	2.63674	0.002	3.558	14.442
2	1	-1.0000	2.63674	0.708	-6.442	4.442
	3	21.0000*	2.63674	0.000	15.558	26.442
	4	8.0000*	2.63674	0.006	2.558	13.442
3	1	-22.0000*	2.63674	0.000	-27.442	-16.558
	2	-21.0000*	2.63674	0.000	-26.442	-15.558
	4	-13.0000*	2.63674	0.000	-18.442	-7.558
4	1	-9.0000*	2.63674	0.002	-14.442	-3.558
	2	-8.0000*	2.63674	0.006	-13.442	-2.558
	3	13.0000*	2.63674	0.000	7.558	18.442

*. 均值差值在 0.05 的水平上显著。

(三) 双因素方差分析

1. 无交互作用双因素方差分析

双因素方差分析的操作与单因素方差分析基本类似。下面以例 9-2 为例，介绍无交互作用双因素方差分析的操作方法。

第一步：选择【分析】—【一般线性模型】—【单变量】，打开单变量对话框。

第二步：将"销售量"变量选入【因变量】框中，将"品牌"和"地区"变量选入【固定因子】。

第三步：单击【模型】打开模型对话框，单击【设定】，在【构建项类型】下拉菜单选择【主效应】，将"品牌"和"地区"选入【模型】中。点击【继续】返回主对话框。

第四步：单击【选项】，在【显示】下选中【描述统计】、【功效估计】，点击【继续】返回主对话框。

第五步：单击【确定】，输出结果。

这里只给出主体间效应检验结果（图 9.11），我们可以看到各因素检验 p 值都很小，方差分析模型以及因素的水平效应都通过了显著性检验。

主体间效应的检验

因变量: 销售量

源	III 型平方和	df	均方	F	Sig.	偏 Eta 方
校正模型	66929.467a	6	11154.911	22.114	.000	.943
截距	2188096.067	1	2188096.067	4337.731	.000	.998
品牌	27950.533	2	13975.267	27.705	.000	.874
地区	38978.933	4	9744.733	19.318	.000	.906
误差	4035.467	8	504.433			
总计	2259061.000	15				
校正的总计	70964.933	14				

a. R 方 = .943（调整 R 方 = .900）

图 9.11　无交互双因素方差分析主体间效应检验

2. 有交互作用的双因素方差分析

有交互作用的双因素方差分析与无交互作用双因素方差分析的操作除了第三步外，其他都相同。第三步：单击【模型】，选择【全因子】（此为默认）。点击【继续】回到主对话框。

本章小结

1. 方差分析是通过比较组间方差和组内方差来检验多个总体均值是否相等的分析方法。方差分析的本质是研究一个或多个分类型自变量对一个数值型因变量的影响。影响因变量的分类型变量称为因素或因子。分类型变量的不同取值（类别）称为因素的不同水平或处理。

2.方差分析的基本假定条件：正态性，即每个总体（组）都应服从正态分布；方差齐性，即各个总体（组）的方差都相同；随机性与独立性，即样本数据是随机地、独立地抽取的。

3.方差分析的基本原理是变异分解与均方比较。进行方差分析时，将数据变异按照来源分解为组内变异和组间变异。组内变异属于随机变异，是因素的同一水平（总体）下，样本各观测值之间的差异。组间变异是因素的不同水平（不同总体）下，各观测值之间的差异，它既包括随机变异，也可能包括系统变异。数据的变异用变量观测值与均值离差的平方和表示，总平方和可以分解为组间平方和与组内平方和两部分，即总离差平方和＝组间平方和＋组内平方和。组间平方和与组内平方和除以自由度后的值分别称为组间均方 MSA 和组内均方 MSE。用 MSA 比 MSE，得到 F 检验统计量。如果没有系统（处理）变异，则组间均方与组内均方应该很接近，它们的比值就会接近1，表明因素的不同水平之间不存在显著差异；如果组间存在系统（处理）变异，那么它们的比值就会大于1，大到某种程度，就可以认为因素的不同水平之间存在显著差异，这就意味着各总体均值是不相等的。

4.如果仅研究一个分类型自变量对一个数值型因变量的影响，称为单因素方差分析；如果研究两个分类型自变量对一个数值型因变量的影响，则称为双因素方差分析。

5.在双因素方差分析中，如果因素A与因素B各水平的每种组合只进行一次试验或观测，则因素A与因素B之间没有交互作用，这种方差分析称为无重复双因素方差分析。如果因素A与因素B各水平的每种组合都进行m（m≥2）次重复试验或观测，则因素A与因素B之间可能具有交互效应，这种方差分析称为可重复双因素方差分析。

关键术语

因素	水平（处理）	水平效应	总离差平方和
组间平方和	组内平方和	误差平方和	系统变异
随机变异	均方	组间均方	组内均方
交互效应			

思考与练习

一、思考题

1. 什么是方差分析?方差分析的本质是什么?
2. 检验多个总体均值是否相等为什么不使用均值两两比较的检验方法而选择方差分析方法?
3. 方差分析有哪些基本假定?
4. 方差分析的基本原理是什么?
5. 什么是组间均方和组内均方?
6. 方差分析表中变异的各项平方和有何种关系?各项自由度有何种关系?
7. 比较有交互作用与无交互作用方差分析的数据结构、模型的区别。
8. 方差分析中为什么要做多重比较?
9. R^2 的含义与作用是什么?

二、选择题

1. 在方差分析中,数据的变异是用离差平方和来表示的,其中反映各组均值之间变异的平方和称为( )。
   A. 组内平方和　　B. 总平方和　　C. 误差项平方和　　D. 组间平方和

2. 方差分析的检验统计量 F 的计算方法是( )。
   A. 组间平方和除以组内平方和　　B. 组内平方和除以组间平方和
   C. 组间均方除以组内均方　　　　D. 组内均方除以组间均方

3. 方差分析中,组内变异( )。
   A. 只有随机变异　　　　　　　　B. 只有系统变异
   C. 有时有随机变异　　　　　　　D. 有时有系统变异

4. 在单因素方差分析中,用来度量自变量对因变量影响效应的统计量 R^2 的计算方法是( )。
   A. 组内平方和除以总平方和　　　B. 组间平方和除以总平方和
   C. 组内平方和除以组间平方和　　D. 组间平方和除以组内平方和

三、软件操作

以例 9-1、例 9-2 和例 9-3 的数据,使用 Excel、SPSS 软件进行方差分析操作练习。

四、计算分析题

1. 为了解旅游行业被消费者投诉情况，某市消费者协会分别从餐饮业、住宿业、旅行社业和旅游交通业随机抽取 5 家企业进行调查，受调查企业最近一年中被投诉次数如表 9.14 所示。要求：在 0.05 的显著性水平下，检验 4 个行业被投诉次数是否具有显著差异。

表 9.14　旅游企业被投诉次数调查数据

观测编号	餐饮业（次）	住宿业（次）	旅行社业（次）	旅游交通业（次）
1	50	47	65	24
2	48	45	50	40
3	54	58	53	38
4	35	52	46	42
5	62	30	49	30

2. 某旅游城市有 4 个区，为了了解各区旅游饭店的住宿价格是否具有差别，从每个区的旅游饭店中随机抽取 1 个样本，所抽取的饭店标准间的住宿价格（单位：元）如表 9.15 所示。要求：在 0.05 的显著性水平下，检验 4 个区旅游饭店的住宿价格是否具有显著差异。

表 9.18　旅游饭店的住宿价格调查数据（单位：元）

观测编号	区 1	区 2	区 3	区 4
1	450	260	320	240
2	360	310	360	270
3	380	290	280	230
4	420	295	300	230
5	470	300	325	220
6	400	240	340	210

3. 从东、中、西部地区分别抽取 10 个城市，调查人均旅游花费情况。对调查数据进行方差分析的结果如表 9.16 所示。要求：检验东、中、西部城市人均旅游花费是否存在差异（$\alpha = 0.05$）。

表 9.16　方差分析表

差异源	SS	df	MS	F	P-value	F crit
组间		2			0.000	3.3541
组内	280530			—	—	—
总计	1505936	29	—	—	—	—

（1）提出原假设与备择假设。
（2）完成方差分析表。
（3）运用 p 值或临界值做出结论。

4.某休闲农业园区利用3种种植方法试种4个蔬菜品种，产量（单位：千克）数据如表9.17所示。要求：在0.05的显著性水平下，检验种植方法与蔬菜品种对蔬菜产量的影响是否显著。

表 9.17　蔬菜种植产量数据（单位：千克）

品种	方法 1	方法 2	方法 3
品种 1	383	437	500
品种 2	368	412	487
品种 3	376	389	420
品种 4	390	386	409

5.在旅游区某家超市，将一种商品用三种不同包装并分别放在3个不同的货架位置销售。收集了3天的销售量数据（单位：件）如表9.18所示。在0.05的显著性水平下，检验包装与货架对销售量的影响是否显著。

表 9.18　商品销售量数据（单位：件）

货架	包装 1	包装 2	包装 3
货架 1	9 12 10	11 13 15	14 15 13
货架 2	8 10 9	9 8 11	20 19 17

续表

货架	包装 1	包装 2	包装 3
货架 3	7 5 3	8 7 7	10 8 11

五、实践题

第二章的自选调查项目，如果有适合并需要进行方差分析的问题，利用 SPSS 或 Excel 进行方差分析。

第十章

相关与回归分析

【学习目标】
1. 理解相关分析的原理,掌握相关系数测度及检验的方法。
2. 掌握一元线性回归模型及其最小二乘估计,掌握回归模型的拟合优度检验、模型线性关系显著性检验、回归系数显著性检验;掌握残差分析的方法。
3. 了解多元线性回归分析与虚拟自变量回归分析方法。
4. 掌握相关与回归分析的软件操作。

在统计分析中,我们经常会遇到两个或多个变量间相互作用、相互影响的问题,这时,我们可以考虑运用相关分析及回归分析的方法来解决。

本章第一节主要介绍相关分析的原理和方法,第二节主要介绍一元线性回归分析原理与方法,第三节介绍多元线性回归及虚拟自变量回归分析方法,第四节介绍相关与回归分析的软件操作。

第一节 相关分析

在第九章第一节,讲述了两个分类变量的相关性测度及检验方法,下面介绍数值型变量间相关关系与顺序变量间相关关系的测度及检验方法。

一、变量间的函数关系与相关关系

1. 函数关系

设有两个变量 x 和 y，若变量 y 的变化完全依赖于 x，即当变量 x 取某个数值时，y 依确定的关系取相应的值，则称 y 是 x 的函数，记为

$$y = f(x) \tag{10.1}$$

式中 x 称为自变量，y 称为因变量。函数关系表明自变量 x 与因变量 y 是一一对应的确定性关系。

例如，某景区门票价格为 p，门票销售量为 x，门票销售收入为 y，则门票销售量与门票销售收入之间的关系可以用 $y = px$ 来表示。该函数式表明，在门票价格不变的条件下，门票销售收入完全由门票销售量决定，二者之间的关系是一种线性函数关系。

2. 相关关系

在很多时候，两个变量 x 和 y 虽然具有依存关系，但变量间关系存在不确定性，即不能用函数关系精确表达，这种变量关系称为相关关系（correlation）。例如，旅游产品价格与旅游需求之间存在数量上的依存关系，即旅游需求与旅游产品价格成反向变动。但价格不是影响需求的唯一因素，除了价格因素外，旅游需求还会受到收入、闲暇、偏好、目的地可达性等多种因素的影响，因此，旅游需求不能仅由旅游产品价格唯一确定。

相关关系是变量间非确定性的依存关系，它表明了变量 y 除了受变量 x 的影响之外，还受到其他因素影响，我们把其他影响因素可看成随机因素，则相关关系可以表达为：

$$y = f(x) + \varepsilon \tag{10.2}$$

式中，ε 为随机干扰项或称随机误差项，表示随机因素对变量 y 的影响。

二、相关关系的类型与图形描述

（一）相关关系的类型

1. 单相关、复相关与偏相关

根据变量的多少，我们将两个变量间的相关关系称为单相关，也称为一元相关；将三个或三个以上变量间的相关关系（一个变量对两个或两个以上变量的相关关系），称为复相关。

在复相关中，若假定其他变量不变而仅考察其中两个变量的相关关系，则称这种相关关系为偏相关。

2. 线性相关与非线性相关

从变量相关的表现形式看,如果变量之间的关系大致呈现一条直线关系时,则称为线性相关;如果变量之间的关系呈现非直线关系而是近似某种曲线关系时,则称为非线性相关。

3. 正相关与负相关

按照变量相关的方向,如果一个变量增加(或减少),另一个变量也增加(或减少),这种相关关系称为正相关;如果一个变量增加(或减少),另一个变量呈现减少(或增加),这种相关关系称为负相关。

4. 完全相关、不完全相关与不相关

按照相关程度不同,如果一个变量的变化完全由另一个变量的变化所决定,这种相关关系称为完全相关;如果两个变量的变化互不影响,这种相关关系称为不相关;如果两个变量的相关关系介于完全相关与不相关之间,则称为不完全相关。

(二)相关关系的图形描述

变量的相关关系可以用散点图与拟合趋势线做大致的描述。下面是对两个变量相关关系的散点图描述(图 10.1),从相关图可以直观地表现出变量相关的类型。

图 10.1(a)与图 10.1(b)中,各观测点完全落在一条直线上,分别为完全正相关和完全负相关,其实就是一种线性函数关系。图 10.1(c)与图 10.1(d)中,各观测点落在一条直线附近,变量之间的关系近似呈现一条直线,因此是线性相关关系,分别为不完全正相关和不完全负相关。图 10.1(e)中,各观测点落在一条曲线附近,是一种曲线相关关系。图 10.1(f)中,各观测点的分布很分散,没有明显的分布规律,变量之间的关系为不相关关系。

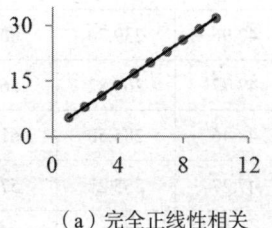

(a)完全正线性相关

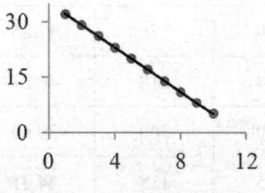

(b)完全负线性相关

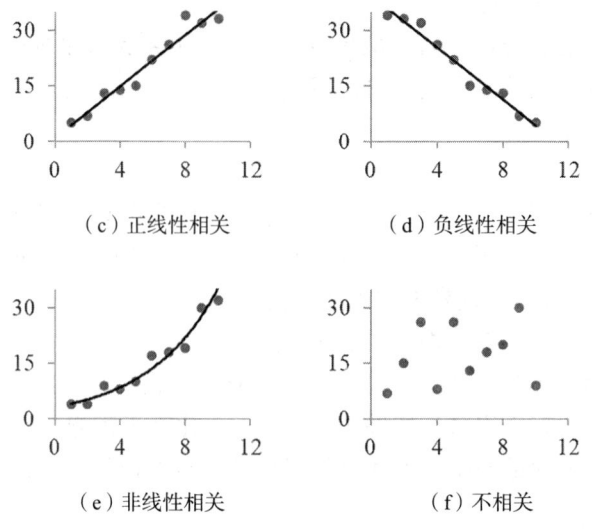

(c) 正线性相关　　　　　　(d) 负线性相关

(e) 非线性相关　　　　　　(f) 不相关

图 10.1　变量相关关系散点图

【例 10-1】2018 年第三季度全国各地区星级饭店经营情况统计结果如表 10.1 所示。试分析影响营业收入的相关因素。

表 10.1　2018 年第三季度全国各地区星级饭店经营情况

地区	营业收入（亿元）	饭店数量（家）	餐饮收入比重（%）	客房收入比重（%）	平均房价（元/间夜）	平均出租率（%）	可供出租客房收入（元/间夜）
北京	57.24	496	25.25	50.51	573.10	73.38	347.18
天津	6.51	79	33.61	50.91	401.73	59.12	237.52
河北	12.92	264	45.72	42.34	294.61	54.95	161.90
山西	6.59	176	47.85	42.96	239.76	60.13	144.17
内蒙古	7.24	218	46.21	47.77	265.82	56.94	151.36
辽宁	13.28	300	39.60	48.46	285.50	61.60	175.87
吉林	3.75	118	44.31	47.27	255.27	57.78	147.49
黑龙江	4.66	176	35.19	51.63	267.18	51.27	136.98
上海	48.97	217	29.87	52.56	706.48	69.37	490.07
江苏	38.88	506	48.17	38.60	354.40	60.37	213.94
浙江	42.78	574	43.88	42.98	355.14	60.68	215.49

续表

地区	营业收入（亿元）	饭店数量（家）	餐饮收入比重(%)	客房收入比重(%)	平均房价（元/间夜）	平均出租率(%)	可供出租客房收入（元/间夜）
安徽	13.49	283	46.21	44.45	281.72	57.69	162.52
福建	21.06	302	43.24	48.45	346.49	63.54	220.17
江西	8.51	282	39.25	52.47	228.79	55.82	127.71
山东	34.06	559	46.71	44.64	338.33	63.14	213.63
河南	14.37	382	45.26	41.19	234.70	55.58	130.44
湖北	13.13	360	37.13	54.46	272.58	63.34	172.65
湖南	13.99	356	40.80	46.01	242.25	64.06	155.19
广东	56.01	635	38.05	45.63	428.46	58.33	249.93
广西	11.08	385	34.03	49.48	213.65	59.11	126.30
海南	7.81	115	28.66	61.97	419.24	54.18	227.16
重庆	7.97	177	36.40	51.19	337.11	52.73	177.77
四川	16.71	335	36.51	49.52	319.51	60.97	194.80
贵州	6.69	201	31.77	58.72	275.55	69.23	190.75
云南	9.12	538	28.17	61.71	219.65	51.78	113.74
西藏	2.89	68	15.39	76.97	461.25	73.70	339.97
陕西	12.44	302	46.09	47.57	270.52	58.47	158.18
甘肃	7.15	291	34.08	57.58	253.32	58.38	147.88
青海	3.88	179	21.79	75.57	305.44	65.10	198.84
宁夏	2.20	90	42.26	47.98	210.35	54.72	115.10
新疆	8.53	229	37.33	55.11	275.00	62.50	171.86
兵团	1.29	37	27.19	65.08	257.09	68.64	176.45

资料来源：文化和旅游部网站，http://zwgk.mct.gov.cn/auto255/201902/t20190202_837197.html?keywords=。

解：在表10.1中，除了星级饭店营业收入外，还有饭店数量、餐饮收入比重、客房收入比重、平均房价、平均出租率、每间可供出租客房收入等变量。现在，我们想知道，营业收入是否与饭店数量、餐饮收入比重、客房收入比重、平均房价、平均出租率、每间可供出租客房收入等因素有关呢？如果有关，它们的关系是哪一种相关类型？关系程度如何？要解决这些问题，可以绘制散点图来观察营业收入与其他变量间的关系。

下面绘制营业收入与饭店数量、餐饮收入比重、客房收入比重、平均房价、平均出租率、每间可供出租客房收入等变量的散点图（图10.2）。

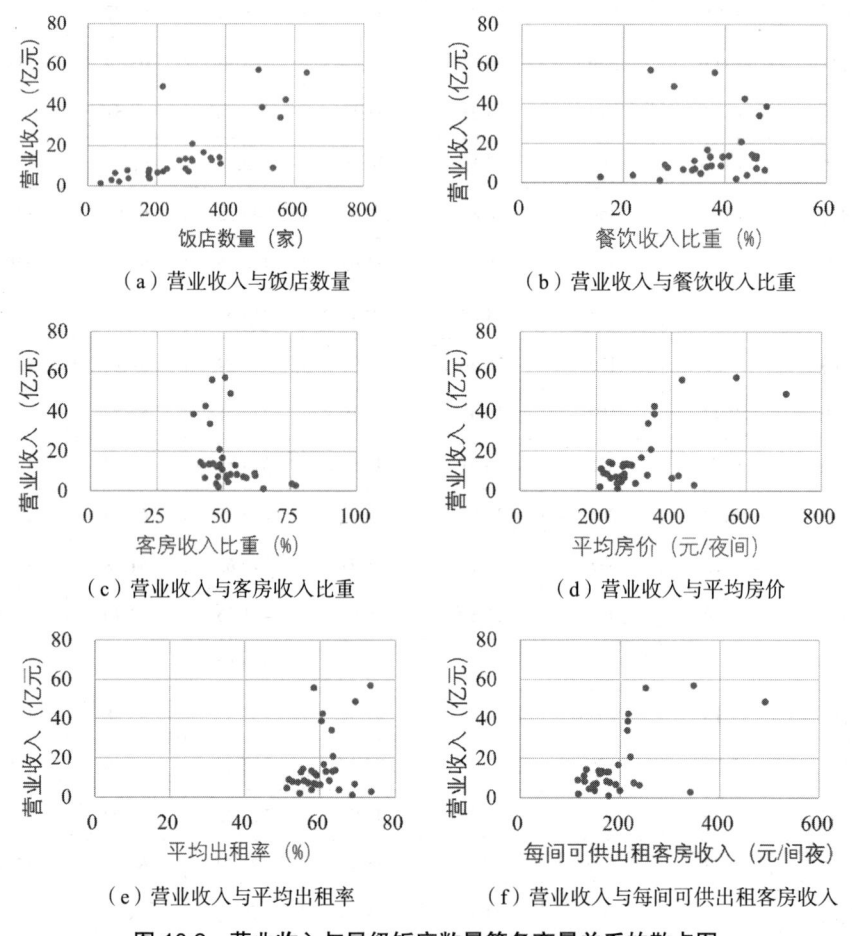

图 10.2　营业收入与星级饭店数量等各变量关系的散点图

从图10.2可以看出，营业收入与饭店数量、餐饮收入比重、客房收入比重、平均房价、平均出租率、每间可供出租客房收入等变量间具有一定的线性关系；但与餐饮收入比重和平均出租率的线性关系并不明显。其中，营业收入与客房收入比重呈负相关，而与其他变量间呈正相关。

三、简单线性相关的测度与检验

（一）协方差与相关系数

1. 协方差

协方差（covariance）是两个随机变量离差之积的平均数，是度量两个随机变量相关程度的指标之一。对于样本容量为 n 的二维变量 (x, y)，其观测值为 $(x_i, y_i)(i=1, 2, \cdots, n)$，其样本协方差 s_{xy} 的为公式为：

$$s_{xy} = \frac{\sum_{i=1}^{n}(x_i - \bar{x})(y_i - \bar{y})}{n-1} \quad (10.3)$$

当协方差为正值时，表示变量正相关；当协方差为负值时，表示变量负相关；当协方差为 0 时，表示变量不相关。

虽然协方差能够很好地度量变量的相关程度，但是协方差的值依赖于变量的计量单位，当变量取不同的计量单位时协方差就会得到不同的值，这给使用带来了不便。因此，在实际运用中主要使用相关系数来测度变量的相关程度。

2. 相关系数

简单线性相关系数简称相关系数（correlation coefficient），也称皮尔逊（Pearson）积矩相关系数，它是两个随机变量的协方差除以它们的标准差之积。简单线性相关系数是度量两个数值型变量线性相关程度的指标。样本相关系数用 r 表示，其公式为：

$$r = \frac{s_{xy}}{s_x s_y} = \frac{\sum_{i=1}^{n}(x_i - \bar{x})(y_i - \bar{y})}{\sqrt{\sum_{i=1}^{n}(x_i - \bar{x})^2 \sum_{i=1}^{n}(y_i - \bar{y})^2}} \quad (10.4)$$

式中，s_{xy} 为样本协方差，s_x 为变量 x 的标准差，s_y 为变量 y 的标准差。

（二）相关系数的性质

1. 取值范围

皮尔逊相关系数 r 的取值范围在 –1 与 1 之间，即 r 在 [–1, 1] 区间。

2. 正负号的含义

r 值的正负号表示相关的方向，正号表示正相关，负号表示负相关，即 $-1 \leq r < 0$ 表示负相关，$0 < r \leq 1$ 表示正相关。

3. 相关关系程度

相关程度取决于 $|r|$，与正负号无关。$|r|$ 越趋于 1 表示关系越密切，$|r|$ 越趋于

0 表示关系越微弱。$|r|=1$ 表示变量之间完全相关,即变量为函数关系。$r = 0$ 表示不存在线性相关关系(但并不意味不存在非线性相关)。

根据经验,可将相关程度大概分为如下类别:

(1)$|r| \geq 0.8$ 时,为高度相关。

(2)$0.5 \leq |r| < 0.8$ 时,为中度相关。

(3)$0.3 \leq |r| < 0.5$ 时,为低度相关。

(4)$|r| < 0.3$ 时,为微弱相关,或不相关。

4. 相关关系的对称性

变量 x 与变量 y 相关,则意味着变量 y 与变量 x 相关,它们的相关系数相等,即 r_{xy} 等于 r_{yx}。

5. 与原点和计量单位的关系

相关系数 r 值不受变量 (x, y) 原点和计量单位的影响,在变量 (x, y) 原点或计量尺度发生变化时,相关系数 r 值并不随之改变。

6. 相关与因果

相关关系并不表示变量间具有因果关系,它仅是变量间具有因果关系的必要条件,因此不能仅仅根据相关关系来判断因果关系存在。

(三)相关系数的检验

样本相关系数 r 是对总体相关系数 ρ 的估计。样本是随机的,相关系数 r 值是真实体现了变量 x 与 y 的真实线性关系,还是由于样本的偶然性导致的结果?如果变量 x 与 y 不存在线性相关,则总体相关系数 ρ 就应该等于 0。因此,需要对 ρ 是否为 0 进行检验。

假定随机变量 (x, y) 服从正态分布,在 $\rho = 0$ 成立的情况下,则有

$$t = \frac{r - \rho}{s_r} = \frac{r}{\sqrt{(1 - r^2)/(n - 2)}} \sim t(n - 2) \tag{10.5}$$

因此,对于 ρ 是否为 0 的检验可以采用 t 检验法。式中,s_r 为相关系数 r 的抽样标准误差。

相关系数检验的假设为:

H_0: $\rho = 0$(变量间不具有线性关系)

H_1: $\rho \neq 0$(变量间具有线性关系)

在给定的显著性水平下,当 $|t| \geq t_{\alpha/2}(n - 2)$ 时拒绝原假设 H_0,接受备择假设 H_1,表明总体相关系数 r 显著不为 0,也就是总体存在线性相关关系。若 $|t| < t_{\alpha/2}(n - 2)$,则不能拒绝原假设,即没有充分证据表明总体存在线性相关关系。

利用统计软件可以直接给出显著性概率即 p 值,若 p 值 $\leq \alpha$,则拒绝原假设 H_0,接受备择假设 H_1。

【例 10-2】利用例 10-1 的数据,计算营业收入与饭店数量、餐饮收入比重、客房收入比重、平均房价、平均出租率、每间可供出租客房收入等变量间的相关系数,并对线性关系的显著性进行检验($\alpha = 0.05$)。

解:利用式(10.5)计算的 t 统计量值,SPSS 软件输出结果整理如表 10.2 所示。

表 10.2 营业收入与饭店数量等变量的相关性及其检验

变量	饭店数量	餐饮收入比重	客房收入比重	平均房价	平均出租率	每间可供出租客房收入
皮尔逊相关系数	0.721**	0.094	−0.392*	0.673**	0.309	0.615**
t 检验统计量	5.702	0.516	−2.334	4.990	1.779	4.272
显著性概率(双尾)	0.000	0.610	0.027	0.000	0.086	0.000

注:**.在 0.01 级别(双尾),相关性显著;*.在 0.05 级别(双尾),相关性显著。

从表 10.2 可以看出,营业收入与饭店数量、餐饮收入比重、客房收入比重、平均房价、平均出租率、每间可供出租客房收入等变量间的相关系数分别为 0.721,0.094,−0.392,0.673,0.309,0.615。其中,与饭店数量、平均房价和每间可供出租客房收入之间的相关性较高;而与其他变量的相关性较低;另外,与客房收入比重负相关。

从显著性检验结果看,在 0.05 的显著性水平下,营业收入与餐饮收入比重之间、与平均出租率之间的线性关系不显著。

与例 10-1 的散点图(图 10.2)相比较,两者是一致的,但功能各有侧重,应结合起来使用。

四、等级相关的测度与检验

皮尔逊相关系数是对两个数值型变量的线性相关的度量,并且要求总体服从正态分布。但在实际中,线性与正态性这两个条件并不一定都能满足,这时我们还可以考虑用等级相关的方法研究变量的相关关系。等级相关法适用于顺序数据,它利用变量的秩来计算两个变量间的相关程度,属于非参数方法,对数据分布形态没有要求。并且它即可用于线性相关,也可以用于非线性相关的度量。下面主要介绍斯皮尔曼等级相关系数的测度与检验。

斯皮尔曼等级相关系数（Spearman rank-correlation coefficient）也称秩相关系数，是测度两个顺序变量相关程度的指标，用 r_s 表示。

秩（Rank）是一组数据按照升序排列之后，每一个观测值所在的位次。若观测值相同，则取它们位次的平均值为秩。

设有样本容量为 n 的二维顺序变量 (x, y)，其观测值为 (x_i, y_i)（$i=1, 2, \cdots, n$），观测值的秩为 (R_{xi}, R_{yi})（$i=1, 2, \cdots, n$），秩差 $d_i = R_{xi} - R_{yi}$，则斯皮尔曼等级相关系数的公式为：

$$r_s = 1 - \frac{6 \sum_{i=1}^{n} d_i^2}{n(n^2 - 1)} \tag{10.6}$$

斯皮尔曼等级相关系数的取值在区间 [-1, 1]。当 $0 < r_s < 1$ 时，表示两个变量正相关，即两个变量是单调增加的关系，一个变量增加，同时另一个变量也增加；当 $-1 < r_s < 0$ 时，表示两个变量负相关，即两个变量是单调减少的关系，一个变量增加，同时另一个变量减少；当 $r_s = 0$ 时，表示两个变量不相关；$|r_s|=1$ 时，表示两个变量完全相关。

当用样本秩相关系数 r_s 推断总体秩相关系数 r_s 时，应当对 r_s 是否为 0 进行检验。检验的假设为：

$H_0: r_s = 0$；$H_1: r_s \neq 0$

在 H_0 成立的情况下，当 $n \geq 10$ 时，则有 t 统计量：

$$t = \frac{r_s}{\sqrt{(1 - r_s^2)/(n-2)}} \sim t(n-2) \tag{10.7}$$

即 t 统计量服从自由度 $df = n-2$ 的 t 分布。在给定的显著性水平下，当 $|t| \geq t_{\alpha/2}(n-2)$ 时拒绝原假设 H_0，接受备择假设 H_1，表明两个变量具有相关关系。

【例 10-3】某城市旅游部门分别向外地游客和本地居民做了一项旅游调查，其中一个调查项目是对该市 12 家 A 级景区的综合印象进行评价排序，评价结果如表 10.3 所示。试分析外地游客和本地居民的评价是否相关并进行检验。

表 10.3　外地游客和本地居民对 A 级景区综合印象评价结果

A 级景区编号	外地游客评价名次 x_i	本地居民评价名次 y_i	A 级景区编号	外地游客评价名次 x_i	本地居民评价名次 y_i
1	3	5	7	1	1
2	8	9	8	3	2

续表

A级景区编号	外地游客评价名次 x_i	本地居民评价名次 y_i	A级景区编号	外地游客评价名次 x_i	本地居民评价名次 y_i
3	5	4	9	4	3
4	7	8	10	6	6
5	11	10	11	9	7
6	2	2	12	10	11

解：首先对评价名次变量 x 与 y 进行排秩，计算秩差平方和。计算结果如表10.4所示。

表10.4 外地游客和本地居民对A级景区综合印象评价排秩及秩差

A级景区编号	x_i	y_i	R_{xi}	R_{yi}	d	d^2
1	3	5	3	6	−3	9
2	8	9	9	10	−1	1
3	5	4	6	5	1	1
4	7	8	8	9	−1	1
5	11	10	12	11	1	1
6	2	2	2	2	0	0
7	1	1	1	1	0	0
8	3	2	3	2	1	1
9	4	3	5	4	1	1
10	6	6	7	7	0	0
11	9	7	10	8	2	4
12	10	11	11	12	−1	1
合计	—	—	—	—	0	20

由式（10.6）得

$$r_s = 1 - \frac{6\sum_{i=1}^{n} d_i^2}{n(n^2-1)} = 1 - \frac{6 \times 20}{12 \times (12^2-1)} = 0.9301$$

相关系数为0.9301，说明外地游客和本地居民的评价是高度相关的，表明评价结果具有较高的一致性。

上述相关系数是利用样本计算的，对于总体相关系数是否为 0 需要进一步进行检验。利用 SPSS 软件对相关系数显著性的检验结果如表 10.5 所示。

表 10.5　相关性检验结果

变量			R_{xi}	R_{yi}
斯皮尔曼 Rho	R_{xi}	相关系数	1.000	0.939**
		显著性（双尾）		0.000
		个案数	12	12
	R_{yi}	相关系数	0.939**	1.000
		显著性（双尾）	0.000	
		个案数	12	12

**.在 0.01 级别（双尾），相关性显著。

从表 10.5 可以看出，外地游客和本地居民对 A 级景区的综合印象评价相关程度很高，显著性检验的 p 值为 0.000，表明在 0.01 的显著性水平下，总体相关系数显著不为 0，支持上述分析结果。

第二节　一元线性回归

一、回归分析的含义与种类

（一）回归分析的含义

当变量间存在相关关系时，可以进一步通过回归分析来研究一个变量的变化对另一个变量的影响程度。

回归分析就是用一个或多个变量的变化解释、估计或预测另一个变量平均变化程度的一种统计分析方法。

在回归分析中，将被解释、被估计或被预测的变量称为因变量（deendent variable），用 y 来表示；将用来解释、估计或预测的变量称为自变量（indeendent variable），用 x 来表示。

因变量与自变量存在相关关系是进行回归分析的前提，但回归分析与相关分析又有很大的不同。在回归分析中，因变量与自变量的关系并不是对称的，它研究的是自变量对因变量的影响程度；因变量是随机的，但自变量既可以是随机的，也可以是给定的；回归分析的主要功能在于通过由回归方程估计的变量关系，来推断自变量对因变量影响的具体程度，还可以由回归方程进行预测和控制。

（二）回归分析的种类

回归分析具有多种类型，根据自变量的个数可分为一元回归与多元回归。一个因变量对一个自变量的回归称为一元回归；一个因变量对两个及其以上自变量的回归称为多元回归。

根据因变量与自变量的关系形态，可分为线性回归与非线性回归。若因变量与自变量的关系呈直线趋势，此种回归称为线性回归。若因变量与自变量的关系呈曲线趋势，此种回归称为非线性回归。

根据变量数据类型，可分为横截面数据回归与时间序列回归。与截面数据相比，时间序列数据有其自身特点和一些特殊的处理方法，已超出本教材的范围，本章为回归分析入门的基础知识，因此主要介绍截面数据回归。

二、一元线性回归模型及其基本假定

（一）总体回归模型

我们将仅包括一个因变量 y 和一个自变量 x 的线性回归称为一元线性回归，也称简单线性回归（simple linear regression）。

对于一元回归而言，描述因变量 y 和自变量 x 之间关系的回归模型的一般形式为：

$$y = f(x) + \varepsilon$$

在该模型中，因变量 y 被分解为两个部分：一个是确定性部分（也称系统部分）$f(x)$，它描述了 y 对 x 的函数关系，称为总体回归函数；另一个是随机扰动部分 ε，称为随机扰动项或随机误差项，表示除 y 对 x 的函数关系之外的随机因素对 y 的影响。这种描述因变量如何依赖于自变量与随机误差项的方程称为总体回归模型（population regression modle）。

如果将总体回归模型中的 $f(x)$ 设定为线性函数 $f(x) = \beta_0 + \beta_1 x$ 的形式，则得到一元线性回归模型：

$$y = \beta_0 + \beta_1 x + \varepsilon \tag{10.8}$$

式（10.8）描述了因变量 y 受自变量 x 和随机扰动项 ε 影响的线性关系。$\beta_0 + \beta_1 x$ 称为总体回归函数（population regression function）或总体回归线，表示 x 对 y 的线性影响。β_0 与 β_1 为未知参数，称为回归系数（regression coeffiicients），

其中，β_0 为总体回归线的截距（intercept），β_1 为总体回归线的斜率系数（slop coeffiicients）。在实际应用中，人们主要关心的是 β_1，而 β_0 虽然也有其作用，但并非分析的核心所在。随机扰动项 ε 表示除 x 和 y 之间的线性关系之外的随机因素对 y 的影响，是不能由 x 和 y 之间的线性关系所解释的变异性。

对于式（10.8），若 ε 中的其他因素保持不变，则 ε 的变化为 0，即 $\Delta\varepsilon = 0$。此时，y 与 x 的变化关系为：

$$\Delta y = \beta_1 \Delta x$$

该式表明，在 ε 中的其他因素保持不变的条件下，y 的变化量等于 β_1 与 x 的变化量的乘积，由此可知，x 变化 1 个单位，y 变化 β_1 个单位。

一元线性回归模型式（10.8）也可以写成随机样本形式：

$$y_i = \beta_0 + \beta_1 x_i + \varepsilon_i \quad (i=1, 2, \cdots, n) \tag{10.9}$$

式中 y_i 和 x_i 分别为变量 y 和 x 的观测值；ε_i 为第 i 次观测的随机干扰项（stochastic disturbance）或随机误差项（stochastic error）。式（10.19）为总体回归模型的随机样本形式或随机设定形式。

（二）模型的基本假定

1. 关于模型与变量的假定

假定 1：回归模型对参数而言是线性的模型。对于变量而言，回归模型既可以是线性的，如 $y = \beta_0 + \beta_1 x + \varepsilon$；也可以是非线性的，如 $y = \beta_0 + \beta_1 x^2 + \varepsilon$，但其对参数而言仍然是线性的。

假定 2：自变量外生性，即自变量独立于随机干扰项。在这一假定下，自变量 x 与随机干扰项 ε 不相关，协方差为 0，即 $\text{Cov}(x_i, \varepsilon_i) = 0$。

2. 关于随机干扰项的假定

假定 3：零条件均值假定。对给定的 x 值，随机干扰项 ε 关于自变量 x 的条件期望为 0，即 $E(\varepsilon_i|x_i) = 0$。

由这一假定可以得出，y 对 x 回归的确定性部分就是 y 对 x 的条件期望。即以 x 为条件对式（10.9）取期望，便得到：

$$E(y|x_i) = \beta_0 + \beta_1 x_i \tag{10.10}$$

我们把上述描述因变量 y 的平均值或期望值如何依赖于自变量 x 的方程称为总体回归函数，也称总体回归直线。

β_0 是回归直线在 y 轴上的截距，也称常数项，即当 $x = 0$ 时，y 的期望值，是总体回归线与 y 轴相交点的纵坐标值。虽然在模型中一般都要求设置截距项，但在实际应用中，当 $x = 0$ 时截距项一般没有实际解释意义。从数学的角度来看，它就是确定回归直线水平的系数。

β_1 是直线的斜率，称为回归系数，表示当自变量 x 每变动一个单位时，因变量 y 的平均变动值，也就是 x 变化 1 个单位，y 平均变化 β_1 个单位。

由式（10.9）和（10.10）可知，随机扰动项 ε_i 为 y_i 的观测值与其期望值 $E(y|x_i)$ 的离差，即

$$\varepsilon_i = y_i - E(y|x_i) \tag{10.11}$$

从零条件均值假定，可以推导随机干扰项 ε_i 无条件期望为 0，即 $E(\varepsilon_i) = 0$。这一点，对于有无常数项的模型具有不同的意义。按照一般的原则，除非理论上要求模型无常数项外，都应在设定模型时包含常数项。零均值假定还要求，对于随机干扰项的非零均值应该纳入到模型的确定性部分，而随机干扰项中仅保留那些未知的因素。

假定 4：同方差性。即对于所有的 x 值，ε 的方差 σ^2 都相同，即 $\text{Var}(\varepsilon_i|x_i) = \sigma^2$。违背该假定，则说明存在异方差。例如，一个基于截面数据的旅游消费支出对居民可支配收入的回归模型，一般会存在异方差问题。这是因为可支配收入较低的居民旅游消费支出的波动也会较小，即方差较小；而可支配收入较高的居民旅游消费支出的波动也会较大，即方差较大。

假定 5：无自相关，也称无序列相关。对于任意给定的两个 x 值，对应的随机干扰项之间是相互独立的，即

$\text{Cov}(\varepsilon_i, \varepsilon_j|x_i, x_j) = 0$ （$i \neq j$）

$\text{Cov}(\varepsilon_i, \varepsilon_j) = 0$ （$i \neq j$，x 为非随机变量）

该假定对于截面数据的回归一般都能满足，而对于时间序列回归而言则往往存在自相关问题。

假定 6：正态性假定。随机干扰项 ε 是一个服从正态分布的随机变量，且相互独立，即 $\varepsilon_I \sim N(0, \sigma^2 I)$。

以上假定为线性回归的经典假定（也称高斯假定），满足上述假定的线性回归模型称为经典线性回归模型（classical linear regression modle）。

三、一元线性回归模型参数的估计

（一）样本回归模型与估计的回归方程

总体回归函数描述了总体因变量与自变量之间的变化关系，但总体信息往往无法全部获得，因此，总体回归函数实际上往往是未知的。但我们可以利用总体的随机样本来估计总体回归函数。我们用 $\hat{\beta}_0$ 和 $\hat{\beta}_1$ 估计总体参数 β_0 和 β_1，可以得到如下回归方程：

$$\hat{y} = \hat{\beta}_0 + \hat{\beta}_1 x \tag{10.12}$$

式（10.12）称为样本回归直线或样本回归函数（sample regression function），也称为估计的回归方程（estitmated regression equation）。式中的 $\hat{y}$ 是 $E(y|x)$ 的估计量，$\hat{\beta}_0$ 是 β_0 的估计量，$\hat{\beta}_1$ 是 β_1 的估计量。

对总体进行随机抽样，得到样本 $(x_i, y_i)(i=1, 2, \cdots, n)$，根据式（10.12）可以利用 x 的样本观测值得到 y 估计值：

$$\hat{y}_i = \hat{\beta}_0 + \hat{\beta}_1 x_i \quad (i=1, 2, \cdots, n)$$

其被称为 $x=x_i$ 时 y 的回归值或预测值。

对于样本回归函数，引入随机项 $\hat{\varepsilon}_i$ 后就可以写成其随机形式，即

$$y_i = \hat{y}_i + \hat{\varepsilon}_i = \hat{\beta}_0 + \hat{\beta}_1 x_i + \hat{\varepsilon}_i \quad （10.13）$$

该方程引入了随机项，也称为样本回归模型（sample regression modle）。式中，$\hat{\varepsilon}_i$ 为（样本）残差（residul），是 ε_i 的估计量，代表自变量以外其他影响 y_i 的随机因素。

（二）模型参数的最小二乘估计

1. 最小二乘估计

在利用样本观测值 $(x_i, y_i)(i=1, 2, \cdots, n)$ 建立估计的回归方程时，根据不同的准则就会得到不同的回归方程。我们根据什么来选择估计的回归方程呢？一个直观的想法，就是估计的回归直线上的点 $\hat{y}_i$ 与实际观测点 y_i 的误差尽可能地小，也就是 y 的估计值与观测值在总体上应该最为接近。

根据样本回归模型式（10.13），可以得到：

$$\hat{\varepsilon}_i = y_i - \hat{y}_i = y_i - (\hat{\beta}_0 + \hat{\beta}_1 x_i) \quad （10.14）$$

该式表明，残差 $\hat{\varepsilon}_i$ 就是 y 的实际值与估计值之差。据此，高斯提出了最小二乘准则，即 y 的实际值与估计值之差最小化准则，该准则如图 10.3 所示。

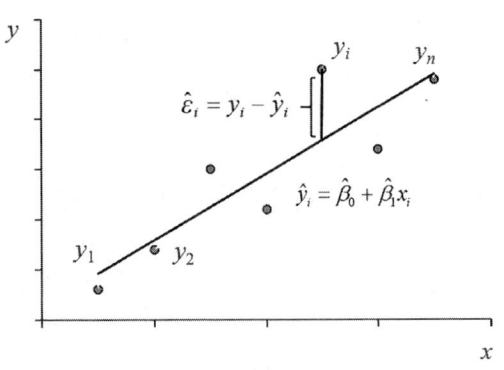

图 10.3　最小二乘准则示意图

利用样本数据,根据最小二乘准则使因变量的观测值与估计值之间的离差平方和达到最小来求得回归模型参数估计值的方法,称为普通最小二乘法(ordinary least squares)。

设 $Q(\beta_0, \beta_1) = \sum_{i=1}^{n} \hat{\varepsilon}_i^2 = \sum_{i=1}^{n} (y_i - \hat{\beta}_0 - \hat{\beta}_1 x_i)^2$,因为 Q 是关于 $\hat{\beta}_0$ 和 $\hat{\beta}_1$ 的非负二次函数,因而存在最小值。

根据微积分求极值原理对 Q 求相应的 $\hat{\beta}_0$ 和 $\hat{\beta}_1$ 的一阶偏导数,并令其等于 0,即

$$\begin{cases} \dfrac{\partial Q}{\partial \hat{\beta}_0} = -2\sum_{i=1}^{n}(y_i - \hat{\beta}_0 - \hat{\beta}_1 x_i) = 0 \\ \dfrac{\partial Q}{\partial \hat{\beta}_1} = -2\sum_{i=1}^{n} x_i (y_i - \hat{\beta}_0 - \hat{\beta}_1 x_i) = 0 \end{cases}$$

经整理得正规方程组:

$$\begin{cases} n\hat{\beta}_0 + \hat{\beta}_1 \sum_{i=1}^{n} x_i = \sum_{i=1}^{n} y_i \\ \hat{\beta}_0 \sum_{i=1}^{n} x_i + \hat{\beta}_1 \sum_{i=1}^{n} x_i^2 = \sum_{i=1}^{n} x_i y_i \end{cases}$$

由于 $\sum_{i=1}^{n} x_i = n\bar{x}$,$\sum_{i=1}^{n} y_i = n\bar{y}$,该方程组化为

$$\begin{cases} \hat{\beta}_0 + \hat{\beta}_1 \bar{x} = \bar{y} \\ n\hat{\beta}_0 \bar{x} + \hat{\beta}_1 \sum_{i=1}^{n} x_i^2 = \sum_{i=1}^{n} x_i y_i \end{cases}$$

解上述方程组得

$$\begin{cases} \hat{\beta}_1 = \dfrac{n\sum_{i=1}^{n} x_i y_i - \sum_{i=1}^{n} x_i \sum_{i=1}^{n} y_i}{n\sum_{i=1}^{n} x_i^2 - \left(\sum_{i=1}^{n} x_i\right)^2} = \dfrac{\sum_{i=1}^{n} x_i y_i - n\bar{x}\bar{y}}{\sum_{i=1}^{n} x_i^2 - n\bar{x}^2} = \dfrac{\sum_{i=1}^{n}(x_i - \bar{x})(y_i - \bar{y})}{\sum_{i=1}^{n}(x_i - \bar{x})^2} = \dfrac{s_{xy}}{s_x^2} \\ \hat{\beta}_0 = \bar{y} - \hat{\beta}_1 \bar{x} \end{cases} \quad (10.15)$$

2. 最小二乘估计量的性质

在经典线性回归模型假定下,最小二乘估计量 $\hat{\beta}_0$ 和 $\hat{\beta}_1$ 具有一些优良性质如下:

(1)线性的。最小二乘估计量 $\hat{\beta}_0$ 和 $\hat{\beta}_1$ 是因变量 y 的线性函数。

（2）无偏性。最小二乘估计量 $\hat{\beta}_0$ 和 $\hat{\beta}_1$ 的期望等于总体参数的真值 β_0 和 β_1。

（3）有效性。在所有线性无偏估计量中，最小二乘估计量 $\hat{\beta}_0$ 和 $\hat{\beta}_1$ 具有最小方差。

高斯-马尔科夫定理阐述这一性质，即：在给定经典线性回归模型的假定下，最小二乘估计量是最优线性无偏估计量（best linear unbiasedness estimator, BLUE）。

上述三个性质也称估计量的有限样本性质或精确性质，这些性质的成立与样本容量无关。但这些性质必须在经典假定都满足的前提下才能成立。

除了有限样本性质，最小二乘估计量 $\hat{\beta}_0$ 和 $\hat{\beta}_1$ 还具有大样本性质或说渐近性质，即：

（1）渐近无偏性。样本容量趋于无穷大时，最小二乘估计量 $\hat{\beta}_0$ 和 $\hat{\beta}_1$ 的期望趋于总体参数的真值 β_0 和 β_1。

（2）一致性。样本容量趋于无穷大时，最小二乘估计量依概率收敛于总体参数的真值。

（3）渐近有效性。样本容量趋于无穷大时，最小二乘估计量在所有一致估计量中具有最小渐近方差。

因此，当正态性不能满足时，可利用大样本性质进行推断。

（三）关于样本容量问题

尽管最小二乘估计量的最优线性无偏性质与样本容量无关，但对于样本容量也应该有一个基本的要求。

回归分析的样本容量 n 必须至少大于回归模型中参数自变量与常数项的总个数，即 $n \geq k+1$（k 为自变量个数），这是可以得到参数估计量的最小样本容量。然而，如果样本容量过小，虽然可以得到参数估计量，但后续的一些统计检验可能无法进行。因此，根据一般的经验，至少当 $n \geq 3(k+1)$ 时，才能满足估计的基本要求。

【例10-4】 在例10-1相关分析的基础上，对2018年第三季度全国各地区星级饭店营业收入（亿元）与星级饭店数量（家）进行回归，利用例10-1的数据估计营业收入对饭店数量的回归方程。

解： 从散点图10.2（a）可以观察到营业收入与饭店数量具有比较明显的线性关系。为了更直观地看到这种线性关系，利用最小二乘准则在散点图中拟合一条直线（图10.4），该直线就是样本回归直线。据此，建立总体回归模型如下：

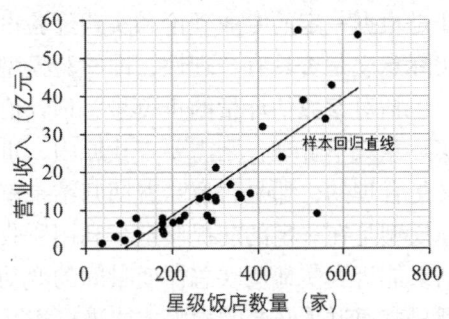

图 10.4 营业收入对饭店数量的散点图与拟合的回归直线

$$y = \beta_0 + \beta_1 x + \varepsilon$$

将样本观测值带入式（10.15）计算参数估计值的过程如表 10.6 所示。

表 10.6 回归方程参数估计的计算过程

地区	x_i	y_i	$x_i - \bar{x}$	$y_i - \bar{y}$	$(x_i - \bar{x})(y_i - \bar{y})$	$(x_i - \bar{x})^2$
北京	496	57.24	207.5625	41.14425	8540.0033	43082.1914
天津	79	6.51	−209.4375	−9.58624	2007.7192	43864.0664
河北	264	12.92	−24.4375	−3.18398	77.8084	597.1914
山西	176	6.59	−112.4375	−9.5118	1069.4860	12642.1914
…	…	…	…	…	…	…
兵团	37	1.29	−251.4375	−14.8061	3722.8083	63220.8164
合计	9230	515	−	−	56287.0349	783767.8750
平均	288.4375	16.1005	−	−	−	−

将 10.6 的计算结果代入式（10.15）得到参数的估结果：

$$\begin{cases} \hat{\beta}_1 = \dfrac{\sum_{i=1}^{n}(x_i - \bar{x})(y_i - \bar{y})}{\sum_{i=1}^{n}(x_i - \bar{x})^2} = \dfrac{56287.0349}{783767.8750} = 0.0718 \\ \hat{\beta}_0 = \bar{y} - \hat{\beta}_1 \bar{x} = 16.1005 - 0.0718 \times 288.4375 = -4.6139 \end{cases}$$

因此，估计的回归方程为：

$$\hat{y} = -4.6139 + 0.0718x$$

从回归结果看，星级饭店数量每增加一家，营业收入将平均增加 0.0718 亿元。

一个回归模型往往是根据一定的专业理论和实践经验设定的,在获得估计结果后,还应观察模型实际意义是否具有合理性,即检验模型参数估计量是否符合理论预期或实践经验,包括对参数估计量的正负号、估计值大小、取值范围等的检验分析。如果模型实际意义不合理,则需要查找原因,重新建立模型或进行修改。如果模型实际意义是合理的,那是否意味着回归结果就可以应用了呢?回答是否定的。因为,回归模型是在一定的前提假定下利用所收集的样本数据对总体参数进行估计,回归结果能否真实地反映总体变量间的变动关系,还需要进行一系列的检验。回归模型只有通过了必要的检验才能进行实际应用。

四、一元线性回归模型的统计检验

一元线性回归模型的统计检验主要包括回归直线拟合优度检验、回归方程显著性检验和回归系数显著性检验等内容。

(一)回归直线拟合优度检验

样本回归直线是对样本观测值拟合的结果,而拟合优度就是回归直线对样本观测值拟合的程度。判断回归直线拟合程度的常用指标是判定系数。

1. 判定系数

为了说明判定系数的含义,首先应该对因变量 y 的变异进行分解。y 的变异有两个来源(图10.5),一个是来自自变量 x 变动的影响,另一个是随机干扰因素的影响。y 的第 i 个观测值与样本均值的离差为 $y_i - \bar{y}$,其可分解为:

$$y_i - \bar{y} = (\hat{y}_i - \bar{y}) + (y_i - \hat{y}_i)$$

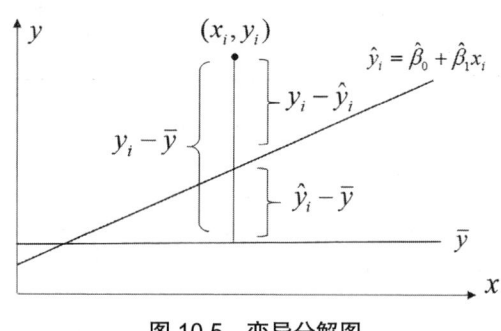

图10.5 变异分解图

数据的变异用变量观测值与均值离差的平方和来表示,则 y 的变异平方和为:

$$\sum_{i=1}^{n}(y_i - \bar{y})^2 = \sum_{i=1}^{n}(\hat{y}_i - \bar{y})^2 + \sum_{i=1}^{n}(y_i - \hat{y}_i)^2 + 2\sum_{i=1}^{n}(\hat{y}_i - \bar{y})(y_i - \hat{y}_i)$$

由于 $\sum_{i=1}^{n}(\hat{y}_i - \bar{y})(y_i - \hat{y}_i) = 0$，因此

$$\sum_{i=1}^{n}(y_i - \bar{y})^2 = \sum_{i=1}^{n}(\hat{y}_i - \bar{y})^2 + \sum_{i=1}^{n}(y_i - \hat{y}_i)^2 \qquad (10.16)$$

式中，$\sum_{i=1}^{n}(y_i - \hat{y}_i)^2$ 是 y 的总变异，称为总平方和，用 SST 表示；$\sum_{i=1}^{n}(\hat{y}_i - \bar{y})^2$ 是自变量 x 变动引起的变异，或者说是由于 x 与 y 之间的线性关系引起的 y 值的变化，称为回归平方和，用 SSR 表示；$\sum_{i=1}^{n}(y_i - \hat{y}_i)^2$ 是随机因素引起的 y 值的变化，称为残差平方和，用 SSE 表示。三个平方和的关系为：

总平方和（SST）= 回归平方和（SSR）+ 残差平方和（SSE）（10.17）

我们把回归平方和 SSR 占总离差平方和 SST 的比例称为判定系数（coefficient of determination），用 R^2 表示。判定系数度量了在因变量 y 的变异中能够用自变量 x 变化解释的比例，其公式为：

$$R^2 = \frac{SSR}{SST} = \frac{\sum_{i=1}^{n}(\hat{y}_i - \bar{y})^2}{\sum_{i=1}^{n}(y_i - \bar{y})^2} \qquad (10.18)$$

根据式（10.17），判定系数也可以有如下公式：

$$R^2 = 1 - \frac{SSE}{SST} = 1 - \frac{\sum_{i=1}^{n}(y_i - \hat{y}_i)^2}{\sum_{i=1}^{n}(y_i - \bar{y})^2}$$

判定系数取值范围在 [0, 1] 之间。R^2 越接近 1，说明回归方程拟合越好；R^2 越接近 0，说明回归方程拟合越差。但这并不是绝对的，还应该参考对回归方程总体显著性的检验结果。

皮尔逊相关系数是对简单线性相关关系的度量，它与简单线性回归判定系数具有内在联系，判定系数等于相关系数的平方，即 $R^2 = r^2$。相关系数的正负号与回归系数 β_0 的正负号是一致的。

2. 回归标准误差

回归残差平方和是对观测值 y_i 与回归估计值 $\hat{y}_i$ 之间差异程度的度量。残差平方和与自由度 $n-k-1$（k 为自变量个数）之比，称为残差均方 MSE，用 s_e^2 表示，它是随机误差项 ε 的方差 s^2 的无偏估计量。

对于具有 n 次观测和 1 个自变量的一元线性回归,在计算 SSE 之前需要先得到截距与斜率参数的估计值 $\hat{\beta}_0$ 和 $\hat{\beta}_1$,对 SSE 附加了两个约束,因此减少了两个自由度。对于具有 n 次观测和 k 个自变量的线性回归,SSE 的自由度为 $n-(k+1)$。所以,自由度可以理解为:观测次数 – 估计参数个数(约束个数)。

残差均方的平方根,即实际观测值与回归估计值离差平方和的均方根称为回归标准误差(standard error regression),用 s_e 表示,其公式为

$$s_e = \sqrt{MSE} = \sqrt{\frac{SSE}{n-k-1}} = \sqrt{\frac{\sum_{i=1}^{n}(y_i-\hat{y}_i)^2}{n-2}} \qquad (10.19)$$

回归标准误差是对随机误差项 e 的标准差 s 的估计量,估计标准误差值越小,回归模型的拟合程度越好。

【例 10-5】根据例 10-4 的结果,对回归方程进行拟合优度检验,计算判定系数和估计标准误差。

解:根据式(10.18)计算判定系数为:

$$R^2 = \frac{\sum_{i=1}^{n}(\hat{y}_i-\bar{y})^2}{\sum_{i=1}^{n}(y_i-\bar{y})^2} = \frac{4042.3069}{7771.8849} = 0.5201$$

根据式(10.19)计算估计标准误差为:

$$s_e = \sqrt{\sum_{i=1}^{n}(y_i-\hat{y}_i)^2 \Big/ (n-2)} = \sqrt{3729.5780/30} = 11.1499$$

判定系数 R^2 值为 0.5199,表明在星级饭店营业收入的变动中,有 51.99% 可以由星级饭店营业收入与星级饭店数量之间的线性关系来解释,即在星级饭店营业收入的变动中,有 51.99% 是由星级饭店数量所决定的。

(二)回归方程总体显著性检验

1. 检验原理

就线性回归而言,回归方程总体显著性检验就是检验自变量与因变量之间的线性关系是否显著。对于一元线性回归,若回归直线的斜率系数 b_1 不为 0,则自变量与因变量之间存在线性关系;否则不存在线性关系。

根据总平方和(SST)与回归平方和(SSR)、残差平方和(SSE)的关系,回归平方和 SSR 占总变异的比例越大则残差平方和 SSE 占总变异的比例越小,线性拟合效果越好;反之则效果越差。这样,我们就可以利用这一关系构造检验

统计量。在正态性假定下，当 $b_1=0$ 成立时，则有

$$F = \frac{SSR/k}{SSE/(n-k-1)} = \frac{MSR}{MSE} \sim F(k, n-k-1) \quad (10.20)$$

式（10.20）中，回归平方和 SSR 除以相应的自由度 k（SSR 的自由度为自变量的个数 k，一元线性回归的自变量只有 1 个），称为回归均方（MSR）；残差平方和 SSE 除以相应的自由度 $n-k-1$（SSE 的自由度为 $n-k-1$，n 为样本容量），即为残差均方（MSE）。

当 MSR 接近 MSE 时，F 值接近于 1，表明由自变量引起的变异接近于随机误差项引起的变异，也就是因变量 y 的变异可完全由随机因素来解释，而由 x 与 y 之间的线性关系来解释的效应为 0。当 MSR 接大于 MSE 时，表明因变量 y 的变异除了可由随机因素来解释外，还包括了由 x 与 y 之间的线性关系来解释的部分。F 值越大，表明由 x 与 y 之间的线性关系来解释的比例就越高，线性关系越强。当 F 值较大时，就可以认为回归方程总体存在线性关系。利用 F 统计量也可以对判定系数进行显著性检验，两者是等价的。

2. 检验方法

第一，根据总体回归方程，提出假设：

H_0：$\beta_1=0$（回归方程线性关系不显著）

H_1：$\beta_1 \neq 0$（回归方程线性关系显著）

第二，计算检验统计量 F 值。

$$F = \frac{SSR/k}{SSE/(n-k-1)} = \frac{SSR/1}{SSE/(n-2)}$$

第三，根据显著性水平 α，计算临界值 $F_\alpha(1, n-2)$。通过查 F 分布表，可得到临界值 F_α。

第四，作出决策。若 $F \geq F_\alpha(1, n-2)$，拒绝 H_0，接受 H_1；若 $F < F_\alpha(1, n-2)$，则不能拒绝 H_0。

也可以用 p 值法决策，即 p 值 $=P\{F(1, n-2) > F$ 值$\} \leq \alpha$ 时拒绝 H_0，接受 H_1。

【例 10-6】根据例 10-4 的结果，对回归方程总体显著性进行检验（$\alpha = 0.05$）。

解：第一，提出假设如下：

H_0：$\beta_1=0$（营业收入与饭店数量之间的线性关系不显著）

H_1：$\beta_1 \neq 0$（营业收入与饭店数量之间的线性关系显著）

第二，计算检验统计量 F 值：

$$F = \frac{SSR/1}{SSE/(n-2)} = \frac{4042.3069/1}{3729.5780/(32-2)} = 32.5155$$

第三，在显著性水平 $\alpha=0.05$ 时，根据分子自由度1和分母由度30查表得到临界值 $F_{0.05} = 4.171$。也可以计算显著性概率，即 p 值 $=P\{F(1, 30) >32.5155\}=0.000$。

第四，作出决策：由于 $F=32.515 \geq F_{0.05} = 4.171$，（或者 p 值 $=0.000<\alpha = 0.05$），因此拒绝 H_0，接受 H_1，表明回归方程总体线性关系显著。

（三）回归系数显著性检验

回归系数显著性检验是检验单个自变量对因变量的影响是否显著。回归系数显著性检验可以采用 t 经验法。

在随机干扰项正态性假定下，一元线性回归方程的回归系数 $\hat{\beta}_1$ 服从正态分布，即

$$\hat{\beta}_1 \sim N\left(\beta_1, \frac{\sigma^2}{\sum(x_i - \bar{x})^2}\right)$$

式中 β_1 为 $\hat{\beta}_1$ 抽样分布的均值。由于真实的 σ^2 是未知的，此时可以用它的无偏估计量 s_e^2 来代替，得到 $\hat{\beta}_1$ 的估计标准差：

$$s_{\hat{\beta}_1} = \frac{s_e}{\sqrt{\sum(x_i - \bar{x})^2}} \quad (10.21)$$

此时，可以构造如下检验统计量：

$$t = \frac{\hat{\beta}_1 - \beta_1}{s_{\hat{\beta}_1}} \sim t(n-k-1) \quad (10.22)$$

该检验统计量服从自由度为 $n-k-1$ 的 t 分布。

回归系数显著性检验的原假设与备择假设分别为：

H_0：$\beta_1=0$（自变量 x 对因变量 y 没有显著影响）

H_1：$\beta_1 \neq 0$（自变量 x 对因变量 y 具有显著影响）

在给定 α 显著性水平下，临界值决策规则为：若 $|t| \geq t_{\alpha/2}$，则拒绝 H_0，接受 H_1；若 $|t| < t_{\alpha/2}$，则不能拒绝 H_0。

也可以用 p 值法决策，即 p 值 $=\{t(n-2)>|t\text{值}|\} \leq \alpha$ 时拒绝 H_0。

【例10-7】根据例10-4的结果，对回归系数显著性进行检验（$\alpha = 0.05$）。

解： 第一，提出假设如下：

H_0：$\beta_1=0$（饭店数量对营业收入没有显著影响）

$H_1: \beta_1 \neq 0$（饭店数量对营业收入具有显著影响）

第二，计算检验统计量 t 值：

$$t = \frac{\hat{\beta}_1 - \beta_1}{s_{\hat{\beta}_1}} = \frac{\hat{\beta}_1}{s_{\hat{\beta}_1}} = \frac{0.071816}{0.012594} = 5.702$$

第三，在显著性水平 α =0.05 时，根据自由度 30 查表得到临界值 $t_{\alpha/2}$ =1.6991。

第四，作出决策：由于 t =5.6984> $t_{\alpha/2}$ =1.6991，因此拒绝 H_0，接受 H_1。或者使用 p 值决策，p 值 = 0.000< α = 0.05，因此拒绝 H_0，接受 H_1。表明自变量 x 对因变量 y 具有显著影响。

对于一元线性回归而言，模型中仅有一个自变量，因此，相关系数显著性 t 检验、回归系数显著性 t 检验和线性关系显著性的 F 检验都是等价的。式（10.20）的 F 统计量则是 t 统计量的平方。因此对一元线性回归进行其中一种检验就可以了。但在多元线性回归中，三种检验意义不同，不具有等价性，不可以相互替代。

（四）回归方程估计与显著性检验的软件输出

上述回归方程的估计与检验过程比较复杂，计算工作量也比较大，为了提高工作效率，我们可以利用统计软件进行回归分析的操作，表 10.7 为利用 Excel 软件对例 10-4 进行回归分析的输出结果。

表 10.7 Excel 输出的回归分析结果

SUMMARY OUTPUT							
回归统计							
Multiple R	0.721192933						
R Square	0.520119247						
Adjusted R Square	0.504123222						
标准误差	11.14985496						
观测值	32						
方差分析							
	df	SS	MS	F	Significance F		
回归分析	1	4042.306911	4042.306911	32.51553081	3.21319E-06		
残差	30	3729.577968	124.3192656				
总计	31	7771.88488					
	Coefficients	标准误差	t Stat	P-value	Lower 95%	Upper 95%	
Intercept	-4.613894895	4.132958407	-1.116366157	0.273127481	-13.05452201	3.826732223	
x	0.07181595	0.012594342	5.702239105	3.21319E-06	0.046094872	0.097537029	

在 Excel 输出的回归分析结果（表 10.7）中的 "回归统计" 部分，给出了回归方程拟合程度的指标，第一行为相关系数；第二行为判定系数，在一元线性回

归中主要使用该指标来检验回归方程拟合情况;第三行为调整的判定系数,在多元回归中,主要使用该指标;第四行为回归方程估计的标准误差。

第二部分为方差分析部分,就是对回归方程总体显著性检验。方差分析表第一列为影响因变量变化的线性部分和残差部分;第二列为自由度,回归平方和 SSR 的自由度为 k,残差平方和 SSE 的自由度为 $n-k-1$,总平方和 SST 的自由度为 $n-k$,其中 k 为自变量个数;第三列为平方和,$SSR+SSE=SST$;第四列为回归均方与残差均方;第五列为 F 检验统计量值;第六列为 F 检验统计量值的显著性概率,即 p 值。"3.21319E-06"为科学计数法形式,表示 3.21319×10^{-6}。

第三部分为回归系数的估计与检验。第一列为截距项与自变量 x;第二列为截距项与自变量 x 的系数估计值;第三列为截距项与自变量 x 的标准误差;第四列为截距项与自变量 x 的 t 检验统计量值,它是截距项与自变量 x 相应的系数与标准误差的比值;第五列为截距项与自变量检验的 p 值;第六列与第七列为截距项与自变量系数真值95%的置信区间,其中,第六列为置信区间下限值,第七列为置信区间上限值。可以利用置信区间对回归系数进行显著性检验,如果回归系数检验假设值0未落在置信区间内,则拒绝原假设,说明回归系数在95%的置信水平下显著不为0。

表10.8为利用 SPSS 软件对例10-4进行回归分析的输出结果。内容与表10.7的内容相似,可参照上述解释。

表10.8 SPSS 输出的回归分析结果

模型摘要				
模型	R	R 方	调整后 R 方	标准误差
1	0.721a	0.520	0.504	11.1498

ANOVA						
模型		平方和	自由度	均方	F	显著性
1	回归	4042.016	1	4042.016	32.514	0.000b
	残差	3729.541	30	124.318		
	总计	7771.557	31			

系数 a

模型		未标准化系数		标准化系数	t	显著性	B 的 95.0% 置信区间	
		B	标准错误	β			下限	上限
1	（常量）	−4.614	4.133		−1.116	0.273	−13.054	3.827
	星级饭店数量	0.072	0.013	0.721	5.702	0.00	0.046	0.098

a. 因变量：营业收入

SPSS 软件在给出回归系数的同时还给出了标准化回归系数，也称 β 系数，用 β_1^* 表示。标准化回归系数是因变量与自变量标准化后回归的结果，其含义是自变量 x 变化一单位标准差则因变量 $\hat{y}$ 变化 β_1^* 个单位标准差。在本例中，x 提高一单位标准差，因变量 $\hat{y}$ 提高 0.721 个单位标准差。

五、残差分析与基本假定检验

在进行一元线性回归分析时，对回归模型的随机误差项 ε 提出了一系列假定，而残差是随机误差项 ε 的估计，可通过残差分析来检验模型假定是否满足。如果基本假定不成立，则会影响回归方程的推断结果。

（一）残差图与模型假定

1. 残差图

残差（residual）为因变量的观测值 y_i 与回归估计值（预测值）$\hat{y}_i$ 之差，用 $\hat{\varepsilon}_i$ 表示。

描述残差的散点图称为残差图。做残差图可以用横轴表示自变量值，用纵轴表示残差值，这是关于 x 的残差图；也可以用横轴表示因变量估计值（预测值），用纵轴表示残差值，这是关于 $\hat{y}$ 的残差图。例 10-4 中饭店营业额与星级饭店数量回归残差图如图 10.6 所示。

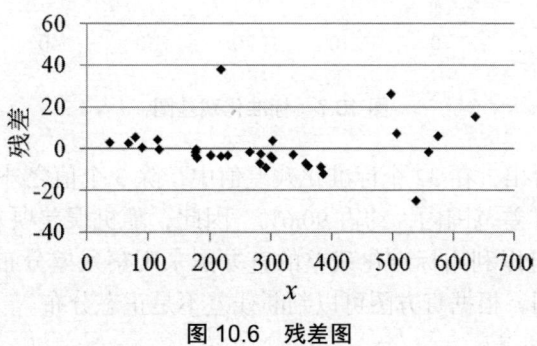

图 10.6 残差图

如果回归模型满足基本假定,那么所有残差都应在 $\hat{\varepsilon}=0$ 附近随机分布,也就是残差图中所有残差点在一条变化幅度不太大的水平带内。如果随机误差项假定不能满足,则残差图会形成某种模式。如果残差表现出某种曲线模式,说明模型不适合线性形式,而应设定为某种曲线形式;如果残差图表现出随着 x 的变化残差点波动范围变宽或变窄,即表明可能存在异方差性。

从图 10.6 的残差图可以看出,所有残差点基本在一条水平带内,分布模式不是很明显,由此可以粗略判断回归模型大概满足基本假定。

2. 标准化残差图与正态性检验

对随机误差项 ε 正态性假定的检验可以使用标准化残差图。标准化残差(standardized residual)就是残差标准化的结果,即用残差除以其标准差后得到的数值,用 z_e 或 ZRE 表示,计算公式为:

$$z_{e_i} = \frac{\hat{\varepsilon}_i}{s_e} = \frac{y_i - \hat{y}_i}{s_e} \qquad (10.23)$$

式中,s_e 为残差标准差的估计。

如果随机误差项 ε 正态性假定成立,则标准化残差应服从标准正态分布;那么,在标准化残差图中,会有大约 95% 的标准化残差值在 –2 到 +2 之间。一般地,如果标准化残差值大于 2 或 3,则相应的观测值可认为是异常值。

根据标准化残差图可以直观地判断误差项服从正态分布这一假定是否成立。例 10-4 中饭店营业额与星级饭店数量回归标准化残差图如图 10.7 所示。

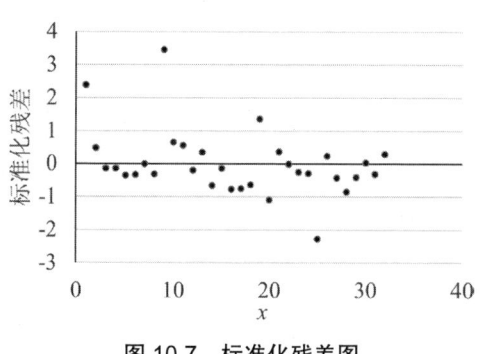

图 10.7　标准化残差图

从图中可以看出,在 32 个标准化残差值中,除 3 个值之外,其余 29 个值分布在正负两个标准差范围内,约占 90.6%。因此,随机误差项 ε 正态性假定值得怀疑。此外,还可以利用标准化残差的直方图来观察残差分布形态,图 10.8 为标准化残差直方图,根据直方图可以判断残差不是正态分布。

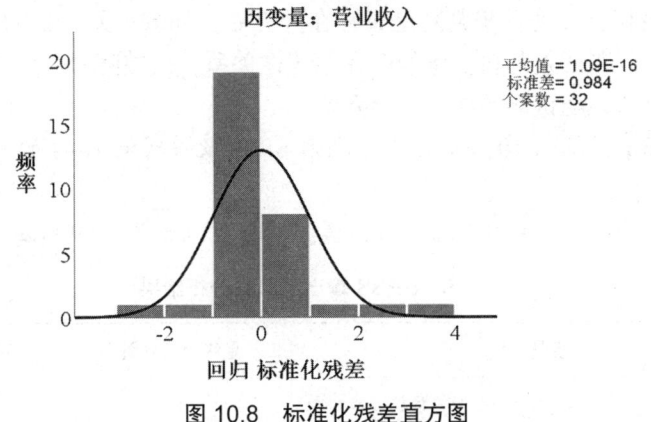

图 10.8　标准化残差直方图

如果要做精确的检验，可以使用 K-S 检验、Shapiro-Wilk 检验、Anderson-Daling 检验等更为精确的检验方法。利用 SPSS 进行 K-S 检验，$D = 0.175$；p 值 = 0.014，因此在 0.05 的显著性水平下拒绝残差正态分布的原假设。如果残差分布不是很偏，则对回归分析中应用的统计推断影响不会很大。

（二）异方差检验与修正

1. 异方差的后果

同方差假定要求对于所有的 x 值，ε 的方差 σ^2 都相同，即 Var$(\varepsilon_i|x_i) = \sigma^2$，违背该假定说明存在异方差问题。时间序列与横截面数据回归都有可能存在异方差问题，但截面数据更容易出现异方差性。

在回归分析中，如果存在异方差性，则普通最小二乘估计会产生以下问题：

（1）参数估计量非有效。也就是参数估计量虽然为线性无偏估计量，但不具有最小方差性，因此不是有效估计量。在大样本情况下，参数估计量虽然具有一致性，但不具有渐进有效性。

（2）变量显著性检验无效。变量显著性 t 检验是建立在随机误差项具有相同方差基础上的，如果出现异方差性，则估计的 $s_{\hat{\beta}_1}$ 偏大或偏小，造成 t 检验失去意义。

（3）模型预测失效。异方差性造成模型不具有良好统计性质，同时由于 $s_{\hat{\beta}_1}$ 的偏误会导致预测区间偏大或偏小。

2. 异方差检验方法

异方差检验可以用残差图检验法、等级相关系数法、怀特检验等方法。这里主要介绍等级相关系数法。

等级相关系数法就是计算取绝对值后的残差 $|\hat{\varepsilon}|$ 与自变量 x（对于多元线性回归则分别计算与多个自变量的等级相关系数）的斯皮尔曼等级相关系数，并

通过检验等级相关显著性来判断是否存在异方差。如果残差$|\hat{\varepsilon}|$与自变量x的等级相关显著，表明残差与自变量间存在系统性关系，残差随着自变量的变化而变化，因此可以认为随机误差项存在异方差。

【例10-8】 根据例10-4的结果，利用SPSS软件对例10-4的回归结果进行异方差检验。

解： 利用等级相关系数法进行异方差检验，结果如表10.9所示。

表10.9　SPSS输出的回归分析结果

	变量		星级饭店数量	残差绝对值
斯皮尔曼Rho	星级饭店数量	相关系数	1	0.552**
		Sig.（双尾）		0.001
		N	32	32
	残差绝对值	相关系数	0.552**	1
		Sig.（双尾）	0.001	
		N	32	32

**. 在0.01级别（双尾），相关性显著。

表10.9显示，残差绝对值与自变量的等级相关系数$r_s = 0.552$，p值$=0.001$，在0.01的显著性水平下，残差与自变量显著相关，因此，可以认为存在异方差。结合残差图可以看出，虽然存在异方差性，但并不是很严重。

3. 异方差修正

异方差产生的原因主要有遗漏重要解释变量、测量误差、截面数据个体差异、模型设定形式错误或存在异常值等。如果随机误差项存在异方差性，可根据查找到的原因进行修正。异方差修正常用方法有加权最小二乘法、异方差稳健标准误、改变模型设定形式等方法。

（1）异方差稳健标准误

由于异方差性导致了估计的$s_{\hat{\beta}_1}$偏大或偏小，造成t检验失效。因此，处理异方差的关键是如何改进对$\hat{\beta}_1$标准误的估计，使t检验仍然是有效的。

利用最小二乘法估计回归系数，$\hat{\beta}_1$的方差$D(\hat{\beta}_1)$为：

$$D(\hat{\beta}_1)=\frac{\sum(x_i-\bar{x})^2\sigma_i^2}{[\sum(x_i-\bar{x})^2]^2}$$

由于 σ_i^2 未知，White（1980）利用残差平方 $\hat{\varepsilon}_i^2$ 代替 σ_i^2，得到 Var（$\hat{\beta}_1$）的一个恰当估计量：

$$D(\hat{\beta}_1) = \frac{\sum (x_i - \bar{x})^2 \hat{\varepsilon}_i^2}{[\sum (x_i - \bar{x})^2]^2} \quad (10.24)$$

式（10.24）是 $\hat{\beta}_1$ 方差的一致估计量，其算术平方根 $s_{\hat{\beta}_1}$ 为有效统计量，称为异方差稳健标准误（heteroscedasticity–robust standard error）。

对例 10-4 的回归结果进行异方差修正，EViews 软件输出结果如表 10.10 所示。这里仅给出了回归系数的标准误及其 t 检验统计量与显著性概率的计算结果，其他与普通最小二乘估计结果相同。

表 10.10 White 异方差稳健标准误估计结果

Variable	Coefficient	Std. Error	t–Statistic	Prob.
x	0.071813	0.014094	5.095452	0.0000
c	−4.613668	3.595413	−1.283210	0.2092

（2）改变模型设定形式

在设定模型时，为了消除或弱化异方差性，有时可以采用对数模型，就是对变量水平值进行对数化处理。这样做，可以使变量的变化波动范围缩小，达到消除或弱化异方差的目的，同时，这样处理并不改变模型的理论逻辑。此时，斜率系数 β_1 表示因变量 y 对自变量 x 的弹性，即对应于 x 的 1% 的变化引起 y 的百分比变化。

对于例 10-4，对变量 x 和 y 取自然对数，可以设定对数模型如下：

$$\ln y = \beta_0 + \beta_1 \ln x + \varepsilon \quad (10.25)$$

对该模型进行最小二乘估计，得到如下估计结果：

$$\ln y = -3.867 + 1.138 \ln x \quad (10.26)$$

$t = (-4.941)(8.028)$

$R^2 = 0.682$，$s_e = 0.53$，$F = 64.448$，$n = 32$

式（10.26）中，回归系数 1.138 表示因变量 y 对自变量 x 的弹性，其含义是 x 变化 1%，则 y 变化 1.138%。

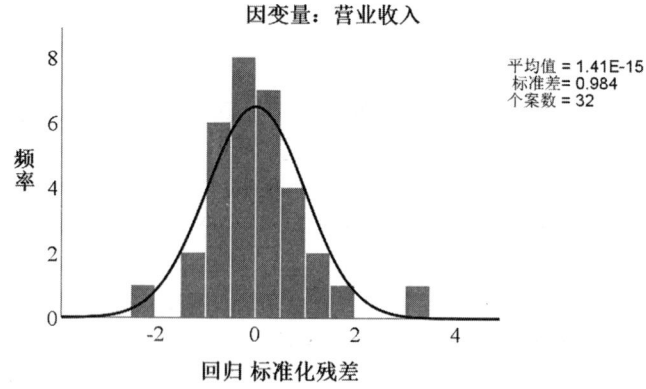

图 10.9 对数变换后标准化残差直方图

对数变换后的标准化残差直方图如图 10.9 所示,残差基本呈正态分布。利用 SPSS 进行 K–S 检验,$D = 0.127$;p 值 $= 0.2$,因此在 0.05 的显著性水平下不拒绝残差正态分布的原假设。

利用等级相关系数法检验随机误差项异方差性,残差绝对值与自变量的等级相关系数 $r_s = 0.149$,p 值 $= 0.414$,在 0.05 的显著性水平下,残差与自变量无显著相关,因此,可以认为不存在异方差。

(3)加权最小二乘法

对于一元线性回归,在等方差假定下,每个残差平方在平方和中的权数是相同的。在异方差条件下,残差平方大的项作用就会偏大,因而普通最小二乘法估计的回归线就被拉向残差平方大的项。加权最小二乘估计(weighted least squares estimate)就是对残差平方和施以适宜的权数,以消除异方差的影响。

当随机误差项方差 σ_i^2 已知时,对于一元线性模型 $y_i = \beta_0 + \beta_1 x_i + \varepsilon_i$,两边同乘以随机误差项标准差的倒数即 $w_i = 1/\sigma_i$,得到如下模型:

$$y_i/\sigma_i = \beta_0/\sigma_i + \beta_1(x_i/\sigma_i) + \varepsilon_i/\sigma_i \quad (10.27)$$

也可以将该式写成

$$y_i^* = \beta_0 w_i + \beta_1 x_i^* + \varepsilon_i^* \quad (10.28)$$

式中,y_i^*,x_i^* 为加权后的变量。

由于 $D(\varepsilon_i^*) = D(\varepsilon_i/\sigma_i) = D(\varepsilon_i)/\sigma_i^2 = 1$,因此,式(10.27)和式(10.28)不存在异方差,可以采用 OLS 估计。根据最小二乘准则,有

$$\sum_{i=1}^{n}(w_i\varepsilon_i)^2 = \sum_{i=1}^{n}w_i^2(y_i - \beta_0 - \beta_1 x_i)^2 = \min \quad (10.29)$$

经估计得到参数 β_0 和 β_1 的估计量 β_0^*，β_1^*。将原始变量转换成满足经典模型假定的变量后再使用最小二乘估计，得到的估计量为最佳线性无偏估计量。β_1^* 就是对原模型参数 β_1 的无偏估计。

对于加权最小二乘估计结果进行解释时，应注意将式（10.28）的估计结果按照原模型变量进行解释。但是，回归方程的拟合优度对原模型来讲没有意义，因为它反映的是加权后变量关系的拟合程度。

在实际应用中，随机误差项方差一般是未知的。但是，当随机误差项随自变量以系统的形式变化时，就可以利用这种相关关系。根据经验，一种常见的权数形式为误差项方差与自变量 x 的幂函数 x^m 成比例。令 $w_i = 1/\sqrt{x_i^m}$，在模型 $y_i = \beta_0 + \beta_1 x_i + \varepsilon_i$ 两边同乘以 w_i，则有

$$y_i \Big/ \sqrt{x_i^m} = \beta_0 \Big/ \sqrt{x_i^m} + \beta_1 (x_i \Big/ \sqrt{x_i^m}) + \varepsilon_i \Big/ \sqrt{x_i^m} \qquad (10.30)$$

变换后的模型（式 10.30）满足同方差假定，可以用最小二乘估计。对该式进行最小二乘估计得到如下回归方程：

$$\hat{y}_i \Big/ \sqrt{x_i^m} = \hat{\beta}_0 \Big/ \sqrt{x_i^m} + \hat{\beta}_1 x_i \Big/ \sqrt{x_i^m}$$

对上式两侧同乘以 $\sqrt{x_i^m}$，得到

$$\hat{y}_i = \hat{\beta}_0 + \hat{\beta}_1 x_i \qquad (10.31)$$

可以利用 SPSS 软件确定式（10.30）幂指数 m 的最优值，进行加权最小二乘估计。SPSS 软件在加权最小二乘估计中使用的权函数为 $w_i = 1/x_i^m$。

此外，还可以用随机误差项的近似估计量 $\tilde{\varepsilon}_i$ 的倒数为权数，可利用最小二乘法估计原模型得到残差序列 $\hat{\varepsilon}_i$ 作为随机误差项的近似估计，则权数为 $w_i = 1/|\hat{\varepsilon}_i|$，建立如下模型：

$$y_i \Big/ |\hat{\varepsilon}_i| = \beta_0 \Big/ |\hat{\varepsilon}_i| + \beta_1 (x_i \Big/ |\hat{\varepsilon}_i|) + \varepsilon_i \Big/ |\hat{\varepsilon}_i|$$

对上式，运用最小二乘估计，得到回归方程：

$$\hat{y}_i \Big/ |\hat{\varepsilon}_i| = \hat{\beta}_0 \Big/ |\hat{\varepsilon}_i| + \hat{\beta}_1 (x_i \Big/ |\hat{\varepsilon}_i|)$$

【例 10-9】利用加权最小二乘法对例 10-4 的回归结果进行异方差修正。

解：1. 用 SPSS 估算的幂指数 m 的最优值为 2，以 $w_i = 1/x_i^2$ 为权数，加权最小二乘估计结果为：

$$\hat{y}_i^* = -0.823 + 0.057 x_i^*$$
$$se = (-1.380) \quad (0.010)$$

$t = (-0.596) \quad (5.591)$

$n = 32, R^2 = 0.510, F = 31.258, s_e = 0.039$

与普通最小二乘回归相比,加权最小二乘估计的回归系数精度有所提高,星级饭店数量每增加一家,营业收入将平均增加 0.057 亿元,比普通最小二乘估计结果 0.0718 亿元略低一些。

2. 用随机误差项的近似估计量的倒数为权数,令 $w_i = 1/|\hat{\varepsilon}_i|$,加权最小二乘估计结果为:

$$\hat{y}_i^* = -4.211 + 0.067 x_i^*$$

$se = (1.021) \quad (0.005)$

$t = (-4.124) \quad (13.35)$

$n = 32, R^2 = 0.856, F = 178.218, s_e = 2.681$

从回归结果可以看出,回归系数估计精度有较大提高。另外,从拟合优度、F 值来看,后一个模型也优于前一个模型。

从例 10-9 回归结果看,加权最小二乘回归结果好于普通最小二乘回归。

(三)序列自相关检验

回归模型假定无序列相关,即对于任意给定的两个 x 值,对应的随机误差项之间是相互独立的。然而由于时间序列变量的惯性作用,使得许多时间变量前后期之间往往是相互关联的,这就造成时间序列回归往往会出现序列自相关。误差项序列 ε_t 与滞后一期序列 ε_{t-1} 之间的相关称为一阶自相关;如果误差项序列 ε_t 不仅与滞后一期序列存在自相关,而且与滞后若干期序列之间都相关则称为高阶阶自相关。

出现误差项自相关,虽然参数估计量仍是无偏的,但估计量方差的估计是有偏的,导致变量显著性检验失去意义,模型预测精度下降等问题。

序列自相关检验的方法有多种,这里介绍杜宾—瓦森检验(D-W test)。该方法为一阶自相关检验;要求自变量为严格外生的,不存在滞后因变量;模型中包含截距项。

D-W 检验的假设为:

$H_0: \rho = 0$(误差项无一阶自相关);$H_1: \rho \neq 0$(误差项存在一阶自相关)

D-W 检验的统计量为:

$$DW = \sum_{t=2}^{n}(\hat{\varepsilon}_t - \hat{\varepsilon}_{t-1})^2 \Big/ \sum_{t=2}^{n} \hat{\varepsilon}_t^2 \quad (10.32)$$

式中,$\hat{\varepsilon}_t$ 为第 t 期残差,$\hat{\varepsilon}_{t-1}$ 为第 t–1 期残差;n 为观测个数。

ρ 为自相关系数，其取值范围是 $[-1, 1]$。由于 $DW \approx 2(1-\hat{\rho})$，所以，$0 \leq DW \leq 4$。杜宾—瓦森检验是根据样本容量和估计参数个数，在给定显著性水平下，利用上、下限两个临界值 d_U 和 d_L 进行判断，检验规则为：

（1）$0 < DW < d_L$，拒绝原假设，存在正自相关。

（2）$4-d_L < DW < 4$，拒绝原假设，存在负自相关。

（3）$d_U < DW < 4-d_U$，不拒绝原假设，不存在自相关。

（4）$d_L < DW < d_U$ 或 $4-d_U < DW < 4-d_L$，属于不确定区，无法根据 DW 统计量作出判断。

当存在自相关时，可以采用广义差分法，引入自回归项进行修正。相关内容可以参考时间序列分析、计量经济学等教程。

六、一元线性回归模型的应用

在实际意义检验、回归方程显著性检验和模型基本假定检验通过后，一个回归模型就可以进行实际应用了。回归模型可以用来进行预测、因素分析和政策评价等。

（一）预测

利用回归模型进行预测是指根据已知或预先测定的自变量 x 的取值估计因变量 y 的取值。预测包总体均值预测和总体各别值预测。

1. 总体均值预测

利用估计的回归方程，对于自变量 x 的一个给定值 x_0，代入估计的回归方程得到因变量 y 的平均值的一个估计值 $\hat{y}_0$，它是总体均值 $E(y|x_0)$ 的无偏估计，这就是对总体均值的点估计（或点预测）。

点估计值与实际值之间是有误差的，由于点估计不能给出估计的精度，因此需要进行区间估计。利用估计的回归方程，对于自变量 x 的一个给定值 x_0，求出因变量 y 的均值的置信区间，称为总体均值的区间估计（或区间预测）。

根据回归模型可知，$\hat{y}_0$ 的期望与方差分别为

$$E(\hat{y}_0) = E(y|x_0) = \beta_0 + \beta_1 x_0$$

$$D(\hat{y}_0) = \sigma^2 \left(\frac{1}{n} + \frac{(x_0 - \bar{x})^2}{\sum_{1}^{n}(x_i - \bar{x})^2} \right)$$

在随机误差项正态性假定下有

$$\hat{y}_0 \sim N\left\{\beta_0 + \beta_1 x_0, \sigma^2\left(\frac{1}{n} + \frac{(x_0 - \bar{x})^2}{\sum_{1}^{n}(x_i - \bar{x})^2}\right)\right\}$$

由于 σ^2 未知，可以用无偏估计量 s_e^2 代替，构造 t 统计量

$$t = \frac{\hat{y}_0 - y_0}{s_{\hat{y}_0}} \sim t(n-2)$$

因此，$E(y|x_0)$ 在 $1-\alpha$ 置信水平下的置信区间为：

$$\hat{y}_0 \pm t_{\alpha/2} s_{\hat{y}_0} = \hat{y}_0 \pm t_{\alpha/2} s_e \sqrt{\frac{1}{n} + \frac{(x_0 - \bar{x})^2}{\sum_{i=1}^{n}(x_i - \bar{x})^2}} \qquad (10.33)$$

式中，$s_{\hat{y}_0}$ 为 $\hat{y}_0$ 的估计的标准差；s_e 为回归方程估计标准误差。

2. 总体个别值预测

利用估计的回归方程，对于自变量 x 的一个给定值 x_0，求出因变量 y 的一个个别值的估计值 $\hat{y}_0$，就是对总体个别值的点估计（或点预测）。在点估计条件下，总体均值的点估计和总体个别值的点估计是一样的，但在区间估计中则是不同的。

利用估计的回归方程，对于自变量 x 的一个给定值 x_0，求出因变量 y 的一个个别值的估计区间，称为总体个别值的区间预测。总体个别值 y_0 在 $1-\alpha$ 置信水平下的预测区间为：

$$\hat{y}_0 \pm t_{\alpha/2} s_{ind} = \hat{y}_0 \pm t_{\alpha/2} s_e \sqrt{1 + \frac{1}{n} + \frac{(x_0 - \bar{x})^2}{\sum_{i=1}^{n}(x_i - \bar{x})^2}} \qquad (10.34)$$

式中，s_{ind} 为 y_0 估计的标准差，$t_{\alpha/2}$ 为自由度为 $n-2$ 时的 t 值。

对预测结果应进行评价，检验预测效果。这部分内容在下一章时间序列预测中进行介绍。

【例 10-10】对例 10-4，分别利用普通最小二乘法和加权最小二乘法估计的模型进行预测。当星级饭店数量取 300 家时，在 95% 的置信水平下，建立星级饭店平均营业收入的预测区间。

解：1. 利用普通最小二乘法估计的模型进行预测

首先，根据估计的回归方程计算总体均值的估计值 $\hat{y}_0$：

$$\hat{y}_0 = -4.6137 + 0.0718 \times 300 = 12.9263（亿元）$$

其次，利用式（10.33）计算 $\hat{y}_0$ 95%的估计区间：

$$12.9263 \pm 2.0424 \times 11.1498 \times \sqrt{\frac{1}{32} + \frac{(300-288.4375)^2}{783767.375}}$$
$$= 12.9263 \pm 4.0366$$
$$= (8.8897, 16.9629)$$

即在 95%的置信水平下，当星级饭店数量为 300 家时，星级饭店平均营业收入为 8.8897 亿~16.9629 亿元。

2. 利用加权最小二乘法估计的模型进行预测

首先，根据估计的回归方程计算总体均值的估计值 $\hat{y}_0$ 为

$$\hat{y}_0 = -4.211 + 0.067 \times 300 = 15.889（亿元）$$

其次，计算 $\hat{y}_0$ 95%的估计区间。由于需要加权处理，这里只给出由 SPSS 软件计算的最终结果：(14.3426, 17.6741)。因此，在 95%的置信水平下，当星级饭店数量为 300 家时，星级饭店平均营业收入为 14.3426 亿元到 17.6741 亿元之间。

从预测结果来看，利用加权最小二乘法估计的模型在预测精度上要高于利用普通最小二乘法估计的模型。

（二）因素分析

运用线性回归模型可以发现变量间的依存关系，根据变量依存关系可进行边际分析，包括乘数分析和弹性分析等。乘数也称倍数，是某一变量的绝对变化引起另一变量绝对变化的度量，是变量绝对变化量之比。弹性是对某一变量的相对变化引起另一变量相对变化的度量，即变量的变化率之比。因素分析是回归模型实际应用的重要方面之一，特别是利用多元线性回归模型，可以用来分析各因素对因变量影响的方向和影响程度。

七、变量计量单位与函数形式

（一）变量计量单位

在回归分析中，变量 y 与 x 的计量单位可以改变，但不影响分析结果，不影响因变量与自变量的关系。

1. 非标准化变量回归

在因变量与自变量为非标准化变量情况下，一般地，若自变量计量单位保持不变，因变量乘以常数 c，则截距估计值及其标准误、斜率的估计值及其标准误都扩大为原来的 c 倍；若因变量计量单位保持不变，自变量乘以常数 c，则斜率的估计值及其标准误都变为原来的 c 分之一，但不会影响截距的估计值及其标准误。

由于相关系数 r 不受计量单位影响，因此计量单位改变不影响相关系数的大小。同样，计量单位改变不影响拟合优度 R^2 的大小。

2. 标准化变量回归

如果对因变量与自变量进行标准化处理（对一个变量减去其均值除以其标准差），则它们就避免了计量单位的影响。此时，截距为 0；斜率系数 β_1^* 称为 β 系数（beta coefficients），它表示自变量增加一个单位标准差，因变量增加 β_1^* 个单位标准差。

在多元回归分析中，为了比较自变量 x_i 对因变量 y 的影响程度大小，可以利用标准化偏回归系数。

（二）函数形式

1. 函数形式的选择

所谓线性回归模型是指参数是线性的模型。对于变量而言，既可以是线性的，也可以是非线性的，在实际应用中，会遇到一些非线性的问题，其中一些是可以转化为参数线性模型来处理的，比如对数模型、半对数模型、倒数模型、指数模型等。对模型函数形式的选择可以参考散点图来确定。

2. 非线性模型的线性变换

有一些非线性模型经变量代换后可以转化为线性模型进行估计。由于函数形式不同，对 β_1 的解释也会有所不同。下面将几种常用模型与线性模型进行比较。

（1）线性模型：$y = \beta_0 + \beta_1 x + \varepsilon$

在其他条件不变情况下，有 $\Delta y = \beta_1 \Delta x$。$\beta_1$ 为 y 对 x 的乘数，即 x 变化一个单位，y 变化 β_1 个单位。

（2）双对数模型：$\ln y = \beta_0 + \beta_1 \ln x + \varepsilon$

设 $y' = \ln y$，$x' = \ln x$，则有

$$y' = \beta_0 + \beta_1 x' + \varepsilon$$

对数模型经变量代换后可以转化为线性模型。由于变量对数的差分近似地等于各变量的变化率，因此双对数模型的斜率系数 β_1 就表示 y 对 x 的弹性，即

$$\beta_1 = \frac{d(\ln y)}{d(\ln x)} = \frac{dy/y}{dx/x} = \frac{y \text{的相对变化}}{x \text{的相对变化}}$$

β_1 的含义就是给定 x 变化的百分比引起 y 变化的百分比，或者说 x 变化 1% 则 y 变化 β_1%，即

$$\%\Delta y = \beta_1 \times \%\Delta x \quad (\%\Delta \text{ 表示变量的百分比变化})$$

或者说 x 变化 1% 则 y 变化 β_1%。

（3）半对数模型：$y = \beta_0 + \beta_1 \ln x + \varepsilon$ 和 $\ln y = \beta_0 + \beta_1 x + \varepsilon$

第一种形式：$y=\beta_0+\beta_1\ln x+\varepsilon$

$$\beta_1=\frac{dy}{d(\ln x)}=\frac{dy}{dx/x}=\frac{y\text{的绝对变化}}{x\text{的相对变化}}$$

$$\Delta y=\left(\frac{\beta_1}{100}\right)\%\Delta x$$

因此，β_1 的含义就是给定 x 变化的百分比引起 y 变化的绝对量，即 x 变化 1% 则 y 变化 $\beta_1\%$ 个单位。

第二种形式：$\ln y=\beta_0+\beta_1 x+\varepsilon$

$$\beta_1=\frac{d(\ln y)}{dx}=\frac{dy/y}{dx}=\frac{y\text{的相对变化}}{x\text{的绝对变化}}$$

$$\%\Delta y=100\beta_1\Delta x$$

此时，β_1 称为 y 对 x 的半弹性，其含义为给定 x 的绝对变化引起 y 百分比变化，即 x 变化 1 个单位则 y 变化 $100\beta_1\%$。

（4）倒数模型：$y=\beta_0+\beta_1\dfrac{1}{x}+\varepsilon$

倒数模型描述了 y 与 x 的反向变动关系，随着 x 的无限增大，因变量 y 趋近于渐进值 β_0。

设 $x'=1/x$，则倒数模型可化为线性模型：

$$y=\beta_0+\beta_1 x'+\varepsilon$$

（5）幂函数模型：$y=\beta_0 x^{\beta_1}e^\varepsilon$

幂函数模型的参数 β_1 为变量 y 对 x 的弹性。可以将幂函数两边取对数再进行估计，对数变换后模型为：

$$\ln y=\ln\beta_0+\beta_1\ln x+\varepsilon$$

（5）指数模型：$y=\beta_0\beta_1^x e^\varepsilon$

对模型两边取对数得

$$\ln y=\ln\beta_0+x\ln\beta_1+\varepsilon$$

估计回归模型得到 $\ln\beta_0$ 和 $\ln\beta_1$，再对 $\ln\beta_0$ 和 $\ln\beta_1$ 取反对数，就得到指数模型参数 β_0 和 β_1。

八、回归结果的报告

关于对回归结果的表达，一般地，应给出估计的回归方程，判定系数（可决系数）、回归方程显著性及变量显著性检验统计量等，如：

$$\hat{y} = -0.8259 + 0.0379x$$
$$se\ (0.7230)\ (0.0050)$$
$$t\ (-1.147)\ (7.534)$$
$$n=25;\ R^2 = 0.7116;\ F = 56.75$$

在估计的回归方程系数下面用括号表明标准误或 t 统计量值。

当模型较多时,可以用列表法给出回归结果。要标明因变量和自变量,并把标准误或 t 统计量值用括号注明在系数下方。此外,还有观测次数、拟合优度等应在表格中报告。

第三节 多元线性回归

在实际应用中,一个变量往往受到多个变量的影响,这时就需要用一个因变量对多个自变量进行回归。就线性回归而言,多元线性回归的原理与一元线性回归基本相同,一元线性回归就是多元线性回归的特例。因此,我们可以将一元线性回归推广到多元线性回归。

一、多元线性回归模型及其参数估计

(一) 多元线性回归模型及其基本假定

1. 多元线性回归模型

对于多元回归而言,描述因变量 y 和 k 个自变量 x_1, x_2, $\cdots$, x_k 之间关系的总体回归模型的一般形式为:

$$y = f(x_1, x_2, \cdots, x_k) + \varepsilon$$

如果将总体回归模型中的 $f(x)$ 设定为线性函数,则得到多元线性回归模型 (multi factor linear regression model) 为:

$$y = \beta_0 + \beta_1 x_1 + \beta_2 x_2 + \cdots + \beta_k x_k + \varepsilon \quad (10.35)$$

式(10.35)描述了因变量 y 受自变量 x_1, x_2, $\cdots$, x_k 和随机扰动项 ε 影响的线性关系。k 为自变量个数;β_1, β_2, $\cdots$, β_k 为偏回归系数 (partial regression coefficients);β_0 为截距项,它是偏回归系数均为 0 时 y 的均值;ε 为随机误差项或随机扰动项。

多元线性回归模型写成随机样本形式为:

$$y_i = \beta_0 + \beta_1 x_{1i} + \beta_2 x_{2i} + \cdots + \beta_k x_{ki} + \varepsilon_i \quad (i=1, 2, \cdots, n) \quad (10.36)$$

2. 模型的基本假定

多元线性回归模型在一元线性回归模型 6 条假定的基础上再加上一条新假定。

假定 1：回归模型对参数而言是线性的模型。

假定 2：自变量外生性，即自变量独立于随机干扰项。在这一假定下，每个自变量 x 与随机扰动项 ε 不相关，协方差为 0，即 Cov（x_{ji}，ε_i）= 0（j=1，2，…，k；i=1，2，…，n）。

假定 3：零条件均值假定。随机扰动项 ε 条件均值为 0，即 E（ε_i| x_{1i}, x_{2i}，…，x_{ki}）= 0。

假定 4：同方差假定。对于所有自变量值，随机扰动项 ε 的方差 σ^2 都相同，即
Var（ε_i| x_{1i}, x_{2i}，…，x_{ki}）=σ^2。

假定 5：无自相关假定。对于任意给定的两个 x 值，对应的随机干扰项之间是相互独立的，即

Cov（ε_i，ε_j|x_i，x_j）= 0（$i \neq j$）

Cov（ε_i，ε_j）= 0（$i \neq j$，x 为非随机变量）

假定 6：正态性假定。随机干扰项 ε 是一个服从正态分布的随机变量，且相互独立，即 $\varepsilon_i \sim N$（0，$\sigma^2 I$）。

假定 7：自变量间不存在完全共线性。这一假定要求自变量之间不存在完全线性关系。也就是说，自变量之间可以存在相关关系，但不能完全相关。

3. 总体回归函数

根据假定 3 可以得到总体回归函数：

$$E(y|x_{ji}) = \beta_0 + \beta_1 x_{1i} + \beta_2 x_{2i} + \cdots + \beta_k x_{ki} \qquad (10.37)$$

对于多元线性回归，应注意对偏回归系数 β_j（j=1，2，…，k）的理解。每个回归系数的含义为，在其他因素（变量）保持不变的条件下，自变量 x_j 每变动一个单位，因变量 y 的平均变动，也就是 x_j 变化 1 个单位，y 平均变化 β_j 个单位。所谓其他因素（变量）保持不变就是控制了其他因素的变化。如果考察不止一个变量同时变动的影响，比如 x_1 与 x_2 同时变动的影响，就是在其他因素（变量）保持不变的条件下，自变量 x_1 与 x_2 同时各变动一个单位，因变量 y 平均变动（$\beta_1+\beta_2$）个单位。

（二）模型参数的最小二乘估计

1. 样本回归模型与估计的回归方程

利用样本数据估计总体回归模型，得到估计的回归方程，也称样本回归函数：

$$\hat{y}_i = \hat{\beta}_0 + \hat{\beta}_1 x_{1i} + \hat{\beta}_2 x_{2i} + \cdots + \hat{\beta}_k x_{ki} \quad (i=1,2,\cdots,n) \quad （10.38）$$

其随机表达式为：

$$y_i = \hat{\beta}_0 + \hat{\beta}_1 x_{1i} + \hat{\beta}_2 x_{2i} + \cdots + \hat{\beta}_k x_{ki} + \hat{\varepsilon}_i \quad (i=1,2,\cdots,n) \quad （10.39）$$

式中，$\hat{\varepsilon}_i$ 为（样本）残差，是 ε_i 的估计量，代表了自变量以外其他影响 y_i 的随机因素。

2. 参数的最小二乘估计

根据最小二乘准则，令

$$Q = \sum_{i=1}^{n} \hat{\varepsilon}_i^2 = \sum_{i=1}^{n}(y_i - \hat{y}_i)^2 = \min \sum_{i=1}^{n}\left[y_i - (\hat{\beta}_0 + \hat{\beta}_1 x_{1i} + \hat{\beta}_2 x_{2i} + \cdots + \hat{\beta}_k x_{ki})\right]^2$$

根据微积分求极值原理，Q 对 $\hat{\beta}_0, \hat{\beta}_1, \cdots, \hat{\beta}_k$ 求一阶偏导，并令其等于 0 得

$$\begin{cases} \left.\dfrac{\partial Q}{\partial \hat{\beta}_0}\right|_{\beta_0 = \hat{\beta}_0} = 0 \\ \left.\dfrac{\partial Q}{\partial \hat{\beta}_j}\right|_{\beta_j = \hat{\beta}_j} = 0 \quad (j=1,2,\cdots,k) \end{cases}$$

解该方程组得到参数估计值。

在满足基本假定条件下，多元线性回归模型参数的最小二乘估计量具有线性、无偏和有效性。同时，当样本容量趋于无穷大时，参数最小二乘估计量具有渐近无偏性、一致性和渐近有效性。

【例 10-11】利用例 10-1 的数据，以星级饭店营业收入为因变量，以星级饭店数量、餐饮收入比重、客房收入比重、平均房价、平均出租率、每间可供出租客房收入为自变量，估计回归方程。

解： 营业收入用 y 表示；星级饭店数量、餐饮收入比重、客房收入比重、平均房价、平均出租率、每间可供出租客房收入分别用 $x_1, x_2, x_3, x_4, x_5, x_6$ 表示，将回归模型设定为线性形式：

$$y = \beta_0 + \beta_1 x_1 + \beta_2 x_2 + \cdots + \beta_6 x_6 + \varepsilon$$

利用样本观测值进行最小二乘估计，Excel 输出结果如表 10.11 所示。

表 10.11　Excel 输出多元线性回归结果

SUMMARY OUTPUT					
回归统计					
Multiple R	0.9755182				
R Square	0.9516358				
Adjusted R Square	0.9400284				
标准误差	3.8775288				
观测值	32				

方差分析					
	df	SS	MS	F	Significance F
回归分析	6	7396.0041	1232.6674	81.9853	0.0000
残差	25	375.8807	15.0352		
总计	31	7771.8849			

	Coefficients	标准误差	t Stat	P-value	Lower 95%	Upper 95%
Intercept	-48.790582	30.574605	-1.595788	0.123101	-111.760158	14.178995
星级饭店数量（家）	0.055310	0.005138	10.764086	0.000000	0.044728	0.065893
餐饮收入比重（%）	0.104402	0.256549	0.406946	0.687511	-0.423971	0.632775
客房收入比重（%）	-0.362894	0.235032	-1.544020	0.135149	-0.846951	0.121163
平均房价(元/间夜)	0.145664	0.049706	2.930526	0.007131	0.043293	0.248034
平均出租率（%）	0.568932	0.250072	2.275070	0.031738	0.053898	1.083965
每间可供出租客房收入(元/间夜)	-0.088091	0.074835	-1.177139	0.250226	-0.242217	0.066034

估计的回归方程为：

$$\hat{y} = -48.7906 + 0.0553x_1 + 0.1044x_2 - 0.3629x_3 + 0.1457x_4 + 0.5689x_5 - 0.0881x_6$$

星级饭店数量的系数 β_1=0.0553，表示在餐饮收入比重、客房收入比重、平均房价、平均出租率、每间可供出租客房收入等变量不变的条件下，星级饭店数量每增加 1 家，营业收入平均增加 0.0553 亿元。

在其他因素不变的条件下，餐饮收入比重每增加 1 个百分点，营业收入平均增加 0.1044 亿元；

在其他因素不变的条件下，客房收入比重每增加 1 个百分点，营业收入平均减少 0.3629 亿元；

在其他因素不变的条件下，房价每增加 1 元，营业收入平均增加 0.1457 亿元；

在其他因素不变的条件下，平均出租率每增加 1 个百分点，营业收入平均增加 0.5689 亿元；

在其他因素不变的条件下，每间可供出租客房收入每增加 1 元，营业收入平均减少 0.0881 亿元。

例 10-11 仅仅是估计结果，还没有进行检验，因此还不能直接应用，需要进行相关检验后才能应用于对实际问题的分析。

二、多元线性回归模型的统计检验

(一) 回归直线拟合优度

1. 多重判定系数与调整的判定系数

一元线性回归用判定系数 R^2 度量回归直线的拟合程度。判定系数反映了在 y 的变异中由估计的回归方程所解释的比例。与一元线性回归相同,多元线性回归也可以利用判定系数 R^2 度量回归直线的拟合程度,称为多重判定系数(multiple coefficient of determination),其公式为:

$$R^2 = \frac{SSR}{SST} = 1 - \frac{SSE}{SST} \qquad (10.40)$$

然而,在多元线性回归中,判定系数会受到自变量个数的影响,因为随着自变量个数增加,残差平方和 SSE 会随之减少(至少不会增加),导致 R^2 随之增大,即使增加的自变量在统计上不显著,R^2 也会增大。因此,对于多元线性回归,R^2 还需要进行修正。

在样本容量一定的条件下,增加自变量个数会使残差平方和自由度减少,将式(10.40)中残差平方和 SSE 与总离差平方和 SST 除以各自的自由度后,就消除了自变量个数对判定系数的影响。消除自变量个数影响后的判定系数称为调整的判定系数(adjusted coefficient of determination)用 $\bar{R}^2$ 或 R_a^2 表示,其公式为:

$$\bar{R}^2 = 1 - \frac{SSE/(n-k-1)}{SST/(n-1)} \qquad (10.41)$$

式中,$n-k-1$ 为残差平方和 SSE 的自由度,k 为自变量个数;$n-1$ 为总离差平方和 SST 的自由度。

调整的判定系数真实地反映了在 y 的变异中由估计的回归方程所解释的比例。$\bar{R}^2$ 与判定系数 R^2 之间具有如下关系:

$$\bar{R}^2 = 1 - (1-R^2)\frac{n-1}{n-k-1}$$

在多元线性回归中,通常使用调整的判定系数作为拟合优度的测度指标。

2. 复相关系数

多重判定系数的算术平方根称为复相关系数(multiple correlation coefficient),用 R 表示,它衡量的是一个变量与作为一个整体的多个变量之间的相关程度。在多元线性回归中,复相关系数度量了因变量 y 与作为一个整体的 k 个自变量之间的线性相关程度大小,其取值范围是区间 [0,1],没有负值。

3. 回归标准误差

回归标准误差是均方残差的算术平方根,即实际观察值与回归估计值离差平方和的均方根,是根据自变量 x_1, x_2, $\cdots$, x_k 预测因变量时的平均预测误差,用 s_e 表示,其公式为:

$$s_e = \sqrt{MSE} = \sqrt{\frac{SSE}{n-k-1}} \quad (10.42)$$

$n-k-1$ 为残差平方和 SSE 的自由度。

(二)回归方程显著性检验

回归方程显著性检验就是检验因变量与自变量之间的线性关系是否显著,其检验原理与一元线性回归相同,采用 F 检验。

第一,提出检验假设。

H_0: $\beta_1 = \beta_2 = \beta_k = \cdots = 0$(回归方程线性关系不显著)

H_1: β_1, β_2, $\cdots$, β_k 不全为 0(回归方程线性关系显著)

第二,计算检验统计量 F 值。

$$F = \frac{SSR/k}{SSE/(n-k-1)} \sim F(k, n-k-1) \quad (10.43)$$

第三,根据显著性水平 α,计算临界值 $F_\alpha(k, n-k-1)$。通过查 F 分布表,可得到临界值 $F_\alpha(k, n-k-1)$。

第四,作出决策。若 $F \geq F_\alpha(1, n-k-1)$,拒绝 H_0,接受 H_1;若 $F < F_\alpha(k, n-k-1)$,则不能拒绝 H_0。

也可以用 p 值法决策,即 p 值 $= P\{F(k, n-k-1) \geq F 值\} \leq \alpha$ 时拒绝 H_0。

(三)偏回归系数显著性检验

偏回归系数显著性检验是检验单个自变量对因变量的影响是否显著。对于多元线性回归,线性关系显著性通过 F 检验,仅表明回归系数不全为 0,因此不能代替单个回归系数显著性检验。

在随机干扰项正态性假定下,线性回归方程的回归系数 $\hat{\beta}_j$($j = 1$, 2, $\cdots$, k)服从正态分布。在满足基本假定条件下 $\hat{\beta}_j$ 是最佳线性无偏估计量。$\hat{\beta}_j$ 的期望等于 β_j,方差为:

$$D(\hat{\beta}_j) = \frac{\sigma^2}{SST_j(1-R_j^2)} = \frac{\sigma^2}{\sum(x_{ji} - \bar{x}_j)^2(1-R_j^2)} \quad (10.44)$$

式中,SST_j 为 x_j 的总样本变异平方和,R_j^2 是 x_j 对所有其他($k-1$)个自变量进行回归而得到的判定系数。由于真实的 s^2 是未知的,此时可以用它的无偏估计量

s_e^2 来代替，得到 $\hat{\beta}_j$ 的估计标准差：

$$s_{\hat{\beta}_j} = \frac{s_e}{\sqrt{\sum(x_{ji}-\bar{x}_j)^2(1-R_j^2)}}$$

此时，可以构造如下检验统计量：

$$t = \frac{\hat{\beta}_j - \beta_j}{s_{\hat{\beta}_j}} \sim t(n-k-1) \quad (10.45)$$

因此，可以采用 t 统计量检验回归系数显著性，其步骤如下：

第一，建立假设。回归系数显著性检验的原假设与备择假设分别为：

H_0：$\beta_j = 0$（自变量 x_j 对因变量 y 没有显著影响）

H_1：β_j 不全为 0（自变量 x_j 对因变量 y 具有显著影响）

第二，计算 t 检验统计量。计算公式如式（10.45）。

第三，进行决策。在给定 α 显著性水平下，临界值决策规则为：若 $|t| \geq t_{\alpha/2}(n-k-1)$，则拒绝 H_0，接受 H_1；若 $|t| < t_{\alpha/2}(n-k-1)$，则不能拒绝 H_0。

也可以用 p 值法决策，即 p 值 $= \{t(n-k-1) \geq |t\text{值}|\} \leq \alpha$ 时拒绝 H_0。

【例 10-12】利用例 10-11 的估计结果（表 10.11），对回归方程进行拟合优度检验、回归方程显著性检验和回归系数显著性检验（$\alpha = 0.05$）。

解： 首先，检验回归方程拟合优度。调整的判定系数为 0.94，表明在 y 的变异中由估计的回归方程所解释的比例占 94%，说明回归方程拟合得还是非常好的。

其次，对线性关系进行检验。F 统计量值为 81.985，显著性概率值为 0.000，表明线性关系在 0.01 的显著性水平下非常显著。

最后，对偏回归系数进行检验。

根据统计量值和显著性概率，星级饭店数量、平均房价两个自变量在 0.01 的显著性水平下通过检验；平均出租率在 0.05 的显著性水平下通过检验；餐饮收入比重、客房收入比重、每间可供出租客房收入在 0.05 的显著性水平下未通过显著性检验。

三、多重共线性检验与处理

（一）多重共线性及其影响

多元线性回归假定之一要求自变量之间不存在完全线性关系。所谓多重共线性（multicollinearity）也就是说自变量之间存在完全线性关系或较强的线性关系。当自变量之间不存在完全线性关系或者线性关系较弱时，就可以认为符合多元线性回归关于自变量间不存在完全共线性的基本假定了。

当存在完全共线性时，参数的 OLS 估计量不存在。在不完全共线性下，最小二乘法参数估计量的方差变大；参数估计量的意义可能不合理；变量显著性检验和模型预测功能失去意义。

（二）多重共线性的检验

多重共线性表现为自变量之间具有较强的相关关系，检验方法多从这方面入手。这里主要介绍相关系数检验法、方差膨胀因子检验法和回归结果判断法。

1. 相关系数检验法

采用相关系数检验法，就是计算模型中每两个自变量之间的简单相关系数，并对相关系数进行显著性检验。若相关系数绝对值较大且统计显著，表明自变量之间具有较强的线性关系，也就意味着可能存在多重共线性。

【例 10-13】对例 10-11 的回归结果（表 10.11），利用相关系数经验法进行多重共线性检验（$\alpha = 0.05$）。

解： 计算自变量间的简单相关系数并进行显著性检验，结果如表 10.12 所示。

表 10.12　自变量间的简单相关系及其显著性检验结果

变量		星级饭店数量	餐饮收入比重	客房收入比重	平均房价	平均出租率	每间可供出租客房收入
星级饭店数量	皮尔逊相关性	1	0.283	−0.445	0.079	−0.043	0.024
	显著性（双尾）		0.116	0.011	0.668	0.815	0.898
餐饮收入比重	皮尔逊相关性	0.283	1	−0.886	−0.400	−0.472	−0.450
	显著性（双尾）	0.116		0.000	0.023	0.006	0.010
客房收入比重	皮尔逊相关性	−0.445	−0.886	1	0.123	0.375	0.212
	显著性（双尾）	0.011	0.000		0.501	0.034	0.245
平均房价	皮尔逊相关性	0.079	−0.400	0.123	1	0.516	0.974
	显著性（双尾）	0.668	0.023	0.501		0.003	0.000
平均出租率	皮尔逊相关性	−0.043	−0.472	0.375	0.516	1	0.657
	显著性（双尾）	0.815	0.006	0.034	0.003		0.000
每间可供出租	皮尔逊相关性	0.024	−0.450	0.212	0.974	0.657	1
	显著性（双尾）	0.898	0.010	0.245	0.000	0.000	

在表 10.12 中，餐饮收入比重与客房收入比重之间相关系数为 −0.886，平均房价与每间可供出租客房收入之间相关系数为 0.974，且均在 0.01 的显著水平下显著。这表明回归模型可能存在多重共线性。

2. 方差膨胀因子（VIF）检验法

以自变量 x_j 对所有其他 $k-1$ 个自变量进行回归而得到判定系数 R_j^2，度量了 x_j 对其他 $k-1$ 个自变量之间的线性相关程度。由式（10.44）可知估计的回归系数 $\hat{\beta}_j$ 的方差为：

$$D(\hat{\beta}_j) = \frac{\sigma^2}{\sum (x_{ji} - \bar{x}_j)^2} \times \frac{1}{1 - R_j^2}$$

随着共线性的加剧，R_j^2 随之变大，使得 $\hat{\beta}_j$ 的方差也不断扩大；当出现完全共线性时，$R_j^2 = 1$，此时 $\hat{\beta}_j$ 的方差变得无穷大。式中，$1 - R_j^2$ 称为容忍度（tolerance）；$1/(1 - R_j^2)$ 称为方差膨胀因子（variance-inflating factor，VIF），即

$$\text{VIF} = \frac{1}{1 - R_j^2} \tag{10.46}$$

在不存在共线性时，VIF=1；VIF 值越大，多重共线性就越严重；当 VIF ≥ 10 时，表明存在严重共线性。因此，在 VIF 值小于 10 的情况下是可以接受的。

【例 10-14】对例 10-11 的回归结果（表 10.11），利用方差膨胀因子检验法进行多重共线性检验。

解： 以自变量 x_j（$j=1, 2, \cdots, 6$）对所有其他 5 个自变量进行回归，得到判定系数 R_j^2，代入式（10.46）可计算出方差膨胀因子。利用 SPSS 软件计算的方差膨胀因子如表 10.13。

表 10.13　方差膨胀因子检验结果

变量	星级饭店数量	餐饮收入比重	客房收入比重	平均房价	平均出租率	每间可供出租客房收入
R_j^2	0.273	0.892	0.891	0.983	0.769	0.985
VIF	1.376	9.246	9.137	58.719	4.333	68.797

从表 10.13 可以看出，平均房价与每间可供出租客房收入的方差膨胀因子非常大，结合例 10-13 的相关分析结果，可知平均房价与每间可供出租客房收入高度相关，导致了严重的多重共线性。

此外餐饮收入比重与客房收入比重的方差膨胀因子也较大，也存在多重共线

性。主要是因为餐饮收入比重与客房收入比重不过是从不同的角度来反映营业收入的结构，两者同时进入模型，因此会出现多重共线性问题。

3. 回归结果判断法

除了上述两种方法外，还可以根据回归结果的矛盾特征对多重共线性存在的可能性做出判断。首先，若回归方程判定系数 R^2 很高或方程总体显著（F 检验显著），但解释变量的回归系数标准误较大而 t 检验不显著，这表明可能存在严重的多重共线性。其次，如果有些解释变量回归系数的符号与理论或实际意义相违背，这表明可能存在严重的多重共线性。

（三）多重共线性问题的处理

回归模型若存在严重的多重共线性，可以采用剔除变量法进行处理。就是结合回归系数的 t 检验、理论或实际意义检验，根据方差膨胀因子检验将方差膨胀因子较大一个或多个自变量从模型中剔除，以消除或减小多重共线性。也可以采用逐步回归的方法确定剔除和保留的自变量（见例 10-13）。还可以采用增加样本容量的方法以消除或减小多重共线性。

此外，如果回归模型的多重共线性不是很严重，也可以不做处理。

四、变量选择与逐步回归

在建立多元线性回归模型时，我们一般会参照某种理论来确定应包括哪些自变量。但同时还会受到样本和数据等因素的制约，因此，就会面临变量选择的问题。对于变量选择取舍，主要根据是看是否提高了回归方程拟合效果，也就是是否使残差平方和显著减小。因此，一般选择 F 统计量、调整的判定系数以及 t 统计量作为衡量标准。变量选择的方法主要有向前选择、先后剔除和逐步回归等。

（一）向前选择

向前选择（forward selection）是从一元线性回归模型开始，逐步增加自变量进入模型。被加入模型的自变量就不会再被剔除。

第一步，用因变量分别与 k 个自变量拟合一元线性回归模型，根据 F 统计量标准，选择 F 统计量值最大的模型作为基础模型。

第二步，将剩下的（$k-1$）个自变量分别加入基础模型，根据 F 统计量标准，确定进入模型的第二个自变量。

第三步，在第二步获得的模型（包含两个自变量）基础上，按同样的方法选择确定进入模型的第三个自变量。

反复上述过程，直到模型外的自变量均无统计显著性为止。

（二）向后剔除

向后剔除（backward elimination）与向前选择法相反，首先将全部自变量引入模型,之后再逐个剔除效果最差的自变量。如果一个自变量被剔除模型将不再重新引入模型。

第一步,用因变量与 k 个自变量拟合多元线性回归模型。分别从模型中去掉一个自变量后,比较 k 个模型的 F 值,使得模型 F 值最小的自变量被剔出模型。

第二步,对包含 $k–1$ 个自变量的模型,采用同样的方法剔除第二个自变量。

反复上述过程,直到剔除 1 个自变量不会提高拟合效果(可利用 F 检验)为止。

(三)逐步回归

逐步回归(stepwise regression)是将向前选择与向后剔除结合起来使用,该方法在引进一个自变量后,还要考察每个自变量对模型贡献大小,以此确定剔除某个变得不显著的自变量。反复上述过程,直到增加 1 个自变量不会提高拟合效果(可利用 F 检验)为止。

【例 10-15】利用例 10-11 的数据,以营业收入为因变量,以星级饭店数量、餐饮收入比重、客房收入比重、平均房价、平均出租率与每间可供出租客房收入为自变量进行逐步回归。

解: 利用 SPSS 软件进行逐步回归,得到如下结果。

表 10.14 为模型摘要统计量,包括复相关系数、判定系数、调整的判定系数和估计标准误差。从调整的判定系数看,模型 3 与模型 4 拟合程度较好。但模型 4 增加了一个变量后,调整的判定系数改变并不大,仅增加 0.008。

表 10.14 模型摘要统计量

模型	R	R 方	调整后 R 方	估计标准误差
1	.721[a]	.520	.504	11.14980
2	.950[b]	.903	.896	5.10812
3	.969[c]	.939	.933	4.09850
4	.974[d]	.949	.941	3.83327

a. 预测变量:(常量),星级饭店数量
b. 预测变量:(常量),星级饭店数量,平均房价
c. 预测变量:(常量),星级饭店数量,平均房价,客房收入比重
d. 预测变量:(常量),星级饭店数量,平均房价,客房收入比重,平均出租率

表 10.15 为方差分析表。从 F 统计量及其显著性概率看,4 个模型均通过了 F 检验,其中,模型 3 的 F 值最大。

表 10.15　方差分析表

模型		平方和	自由度	均方	F	显著性
1	回归	4042.016	1	4042.016	32.514	0.000[b]
	残差	3729.541	30	124.318		
	总计	7771.557	31			
2	回归	7014.862	2	3507.431	134.421	0.000[c]
	残差	756.695	29	26.093		
	总计	7771.557	31			
3	回归	7301.221	3	2433.74	144.885	0.000[d]
	残差	470.336	28	16.798		
	总计	7771.557	31			
4	回归	7374.82	4	1843.705	125.474	0.000[e]
	残差	396.737	27	14.694		
	总计	7771.557	31			

a. 因变量：营业收入
b. 预测变量：（常量），星级饭店数量
c. 预测变量：（常量），星级饭店数量，平均房价
d. 预测变量：（常量），星级饭店数量，平均房价，客房收入比重
e. 预测变量：（常量），星级饭店数量，平均房价，客房收入比重，平均出租率

表 10.16 为回归系数估计及其检验结果。从 t 统计量及其显著性概率看，4 个模型的回归系数均通过了 t 检验。

从方差膨胀因子看，各变量的方差膨胀因子都较低，表明通过逐步回归已经消除了多重共线性。

表 10.16　回归系数及其检验

模型		未标准化系数		标准化系数	t	显著性	共线性统计	
		B	标准误差	Beta			容差	VIF
1	（常量）	−4.614	4.133		−1.116	0.273		
	星级饭店数量	0.072	0.013	0.721	5.702	0	1	1
2	（常量）	−32.344	3.215		−10.061	0		
	星级饭店数量	0.067	0.006	0.672	11.566	0	0.994	1.006
	平均房价	0.091	0.009	0.62	10.674	0	0.994	1.006

续表

模型		未标准化系数		标准化系数	t	显著性	共线性统计	
		B	标准误差	Beta			容差	VIF
3	（常量）	−11.245	5.724		−1.964	0.059		
	星级饭店数量	0.057	0.005	0.573	10.901	0	0.784	1.276
	平均房价	0.097	0.007	0.655	13.825	0	0.962	1.039
	客房收入比重	−0.385	0.093	−0.218	−4.129	0	0.776	1.288
4	（常量）	−24.609	8.02		−3.068	0.005		
	星级饭店数量	0.056	0.005	0.563	11.421	0	0.778	1.286
	平均房价	0.088	0.008	0.598	11.694	0	0.723	1.383
	客房收入比重	−0.461	0.094	−0.261	−4.926	0	0.674	1.484
	平均出租率	0.335	0.149	0.123	2.238	0.034	0.631	1.585

a. 因变量：营业收入

综合上述分析结果，可以选择模型 3，其估计的回归方程为：

$$\hat{y} = -11.245 + 0.057x_1 - 0.385x_3 + 0.097x_4$$

在本例中，也可以选择模型 4。

五、虚拟自变量回归

回归模型中的自变量既可以是数值型变量，也可以是分类型变量。对于分类变量，可以引入虚拟自变量进入模型。为了避免多重共线性，如果一个分类型自变量具有 k 个水平，就引入（k−1）个 0-1 型自变量，称为虚拟自变量（dummy variable）或哑变量。这（k−1）个虚拟自变量的取值如下：

$$x_1 = \begin{cases} 1, & \text{水平1} \\ 0, & \text{其他水平} \end{cases}, \quad x_2 = \begin{cases} 1, & \text{水平2} \\ 0, & \text{其他水平} \end{cases}, \cdots, x_{k-1} = \begin{cases} 1, & \text{水平}k-1 \\ 0, & \text{其他水平} \end{cases}$$

其中，第 k 个水平为基础水平或参照水平。在建立回归模型时，可根据需要将任一水平设为参照水平。

根据上述虚拟变量建立线性回归模型如下：

$$y = \beta_0 + \beta_1 x_1 + \beta_2 x_2 + \cdots + \beta_{k-1} x_{k-1} + \varepsilon \qquad (10.47)$$

对该模型进行最小二乘估计，得到回归方程：

$$\hat{y} = \hat{\beta}_0 + \hat{\beta}_1 x_1 + \hat{\beta}_2 x_2 + \cdots + \hat{\beta}_{k-1} x_{k-1} \qquad (10.48)$$

式中，各虚拟自变量的系数 $\hat{\beta}_1, \hat{\beta}_2, \cdots \hat{\beta}_{k-1}$，表示各水平与参照水平的均值之差；当各虚拟自变量取值为 0 时的 $\hat{y}$ 值就是参照水平的均值。

【例 10-16】为了研究性别对高校在校生旅游消费的影响，对某高校在校生进行了抽样调查。随机调查了 15 名男生和 17 名女生的一学期旅游消费水平和月可支配收入水平，结果如表 10.17 所示。要求分析性别对旅游消费的影响。

表 10.17　高校在校生旅游消费调查情况

编号	旅游消费（元）	收入（元）	性别	编号	旅游消费（元）	收入（元）	性别
1	853	1000	1	17	680	740	0
2	725	800	0	18	900	1100	1
3	570	720	0	19	678	879	0
4	655	800	0	20	765	800	1
5	589	700	0	21	579	730	0
6	600	700	0	22	890	1000	0
7	790	958	1	23	1000	1200	1
8	1000	1190	1	24	675	810	0
9	876	885	1	25	645	750	0
10	632	773	0	26	800	1200	1
11	754	870	1	27	875	1000	1
12	830	980	1	28	680	810	1
13	895	1000	1	29	670	825	0
14	945	1120	1	30	654	885	0
15	760	800	0	31	780	900	0
16	650	800	0	32	600	750	0

解：设学期旅游消费为因变量，用 y 表示；月可支配收入、性别为自变量，分别用 x_1 和 x_2 表示。性别变量为虚拟变量，设 $x_2 = \begin{cases} 1, & 男性 \\ 0, & 女性 \end{cases}$，变量取值见表 10.14。

建立 y 对 x_1 和 x_2 的线性回归模型如下：

$$y = \beta_0 + \beta_1 x_1 + \beta_2 x_2 + \varepsilon$$

利用最小二乘法对模型进行估计，得到如下回归方程：

$$\hat{y} = 230.50 + 0.54x_1 + 81.69x_2$$

$$(3.071) \quad (5.744) \quad (2.927)$$

$$n = 32, \quad \overline{R}^2 = 0.828, \quad F = 75.463, \quad s_e = 52.366$$

回归方程拟合较好，自变量 x_1 与 x_2 回归系数显著。

回归结果表明，性别对在校生旅游消费具有显著影响。在控制了可支配收入变量的条件下，男性在校生每学期旅游消费额平均高于女性在校生 81.69 元。

在旅游消费影响因素中，可支配收入是一个重要的因素之一。一般地，可支配收入水平越高，旅游消费水平也会越高。因此，在研究性别对消费的影响时，应该引入可支配收入变量，即在控制了可支配收入变量后，所得到的性别变量的影响才更具有真实性。

在例 10-16 中，如果不考虑可支配收入这个因素，我们可以直接利用样本计算在校生在旅游消费上的差异。15 个男性在校生的每学期旅游消费额平均为 856.87 元，女性在校生消费额平均为 655.41 元，男性在校生消费额平均比女性在校生高 201.46 元。这个结果正好是不引入可支配收入自变量时的回归结果，然而这一结果并没有反映出性别对旅游消费的真实影响，因为在 201.46 元旅游消费差异中包含了可支配收入的影响在内。通过本例，我们可以进一步理解多元线性回归的意义。

在多元线性回归模型中，自变量可以同时包含数值型变量和虚拟变量，对回归结果的解释，应注意数值型自变量和虚拟自变量系数的含义有所不同。

六、偏相关分析

在简单相关分析中，考察的是两个变量的相关性。在实际中，两个变量的相关关系往往会受到其他变量的影响，但在简单相关分析中并没有对其他因素的影响进行控制。因此，通过简单相关分析得到的相关系数并不表示两个变量的净相关关系，而是包含了其他变量影响在内的一种相关关系。要想测量两个变量的净相关关系则需要控制第三方变量，也就是进行偏相关分析。

偏相关分析是指控制了其他变量影响条件下分析两个变量的相关程度。它的目的是排除其他因素的影响而得到两个变量的净相关关系。我们可以用偏相关系数度量两个变量的净相关关系。

（一）偏相关系数的计算

偏相关系数（partial correlation cofficient）是在控制了其他变量影响条件下度量两个变量相关程度和方向的统计量。如果控制变量为 k 个，则称为 k 阶偏相关系数。0阶相关系数即简单相关系数。

设有三个变量 x, y, z，控制变量 z 后，变量 x 与 y 的一阶偏相关系数 $r_{xy \cdot z}$ 为：

$$r_{xy \cdot z} = \frac{r_{xy} - r_{xz} r_{yz}}{\sqrt{(1 - r_{xz}^2)(1 - r_{yz}^2)}} \quad (10.49)$$

式中，r_{xy}，r_{xz}，r_{yz} 分别为 x 与 y，x 与 z，y 与 z 的简单相关系数。一阶偏相关系数是以简单相关系数为基础计算的。

设有四个变量 x，y，z，w，控制变量 z，w 后，变量 x 与 y 的二阶偏相关系数 $r_{xy \cdot zw}$ 为：

$$r_{xy \cdot zw} = \frac{r_{xy \cdot z} - r_{xw \cdot z} r_{yw \cdot z}}{\sqrt{(1 - r_{xw \cdot z}^2)(1 - r_{yw \cdot z}^2)}} \quad (10.50)$$

二阶偏相关系数是以一阶偏相关系数为基础计算的。

计算 x 和 y 之间的偏相关性系数，可以利用回归分析得到的残差序列来计算相关系数。设有三个变量 x，y，z，其中 z 为控制变量。首先，以 y 为因变量和 z 进行线性回归得到的残差为 R_y；以 x 为因变量和 z 做线性回归得到的残差为 R_x。其次，计算残差 R_y 与 R_x 之间的简单相关系数，即为 x 和 y 之间的偏相关性系数。

（二）偏相关系数的检验

对于样本偏相关系数应该进行显著性检验。检验方法与简单相关系数检验类似，同样采用 t 检验。检验步骤如下：

（1）提出检验假设。原假设与备择假设为：

H_0：$\rho = 0$（变量间不具有线性相关关系）

H_1：$\rho \neq 0$（变量间具有线性相关关系）

（2）计算检验统计量。t 检验统计量公式为：

$$t = r_p \sqrt{\frac{n - k - 2}{1 - r_p^2}} \quad (10.51)$$

式中，r_p 为偏相关系数，n 为样本容量，k 为阶数，$n-k-2$ 为自由度。

（3）进行决策。在给定的显著性水平下，当 $|t| \geq t_{\alpha/2}(n - k - 2)$ 时拒绝原假设 H_0，接受备择假设 H_1，表明两总体偏相关关系显著。若 $|t| < t_{\alpha/2}(n - k - 2)$，则不能拒绝原假设，即没有充分证据表明两总体具有显著的偏相关关系。

利用统计软件计算偏相关系数，可采用 p 值决策。若 p 值 $\leq \alpha$，则拒绝原假设 H_0，接受备择假设 H_1。

【例 10-17】在例 10-15 中，利用逐步回归建立了以营业收入为因变量，以星级饭店数量、客房收入比重、平均房价为自变量的回归模型。试以客房收入比重、平均房价为控制变量，分析营业收入与星级饭店数量的偏相关关系。

解： 利用 SPSS 软件计算营业收入与星级饭店数量、客房收入比重、平均房价的相关系数，如表 10.18 所示。

表 10.18　变量相关系数

变量		营业收入	星级饭店数量	平均房价	客房收入比重
营业收入	皮尔逊相关性	1	0.721**	0.673**	−0.392*
	Sig.（双尾）		0	0	0.027
	个案数	32	32	32	32
星级饭店数量	皮尔逊相关性	0.721**	1	0.079	−0.445*
	Sig.（双尾）	0		0.668	0.011
	个案数	32	32	32	32
平均房价	皮尔逊相关性	0.673**	0.079	1	0.123
	Sig.（双尾）	0	0.668		0.501
	个案数	32	32	32	32
客房收入比重	皮尔逊相关性	−0.392*	−0.445*	0.123	1
	Sig.（双尾）	0.027	0.011	0.501	
	个案数	32	32	32	32

**.在 0.01 级别（双尾），相关性显著。*.在 0.05 级别（双尾），相关性显著。

以客房收入比重、平均房价为控制变量，利用 SPSS 软件计算营业收入与星级饭店数量变量的偏相关系数，结果如表 10.19 所示。

表 10.19　营业收入与星级饭店数量偏相关系数

控制变量	变量	相关性经验	营业收入	星级饭店数量
平均房价 & 客房收入比重	营业收入	相关性	1.000	0.900
		显著性（双尾）		0.000
		自由度	0	28
	星级饭店数量	相关性	0.900	1.000
		显著性（双尾）	0.000	
		自由度	28	0

在未对其他变量进行控制前，营业收入与星级饭店数量的相关系数为 0.721，属于中度相关。显著性概率值为 0.000，说明相关关系是非常显著的。

在对其他变量进行控制后,营业收入与星级饭店数量的相关系数为 0.9,显著性概率值为 0.000,说明控制了其他因素影响后两个变量表现出高度相关。

第四节 相关与回归分析的软件操作

一、利用 SPSS 进行相关与回归分析

(一)相关分析的操作

1. 简单相关分析操作

以例 10-1 的数据为例,SPSS 操作步骤如下:

第一步:选择【分析】—【相关】—【双变量】,进入双变量相关对话框。

第二步:将待计算的变量(营业收入等 7 个变量)选入【变量】框内;在【相关系数】下勾选【Pearson】(默认);在【显著性检验】下选择【双侧检验】(默认)。

第三步:单击【确定】,输出结果,如图 10.10 所示。

相关性

		营业收入	饭店数量	餐饮收入比重	客房收入比重	平均房价	平均出租率	每间可供出租客房收入
营业收入	Pearson 相关性	1	.721**	.094	-.392*	.673**	.309	.615**
	显著性(双侧)		.000	.610	.027	.000	.086	.000
	N	32	32	32	32	32	32	32
饭店数量	Pearson 相关性	.721**	1	.283	-.445*	.079	-.043	.024
	显著性(双侧)	.000		.116	.011	.668	.815	.898
	N	32	32	32	32	32	32	32
餐饮收入比重	Pearson 相关性	.094	.283	1	-.886**	-.400*	-.472**	-.450**
	显著性(双侧)	.610	.116		.000	.023	.006	.010
	N	32	32	32	32	32	32	32
客房收入比重	Pearson 相关性	-.392*	-.445*	-.886**	1	.123	.375*	.212
	显著性(双侧)	.027	.011	.000		.501	.034	.245
	N	32	32	32	32	32	32	32
平均房价	Pearson 相关性	.673**	.079	-.400*	.123	1	.516**	.974**
	显著性(双侧)	.000	.668	.023	.501		.003	.000
	N	32	32	32	32	32	32	32
平均出租率	Pearson 相关性	.309	-.043	-.472**	.375*	.516**	1	.657**
	显著性(双侧)	.086	.815	.006	.034	.003		.000
	N	32	32	32	32	32	32	32
每间可供出租客房收入	Pearson 相关性	.615**	.024	-.450**	.212	.974**	.657**	1
	显著性(双侧)	.000	.898	.010	.245	.000	.000	
	N	32	32	32	32	32	32	32

**. 在 .01 水平(双侧)上显著相关。
*. 在 0.05 水平(双侧)上显著相关。

图 10.10 SPSS 相关分析输出结果

如果计算秩相关系数,在第二步操作中,在【相关系数】下勾选【Spearman】。

2. 偏相关分析操作

第一步:选择【分析】—【相关】—【偏相关】,进入偏相关对话框。

第二步:将待计算相关系数的变量选入【变量】框内,将控制变量选入【控制】框内;在【显著性检验】下选择【双侧检验】(默认);勾选【显示实际显著性水平】(默认)。

第三步:单击【项选】,在【统计量】下勾选【零阶相关系数】(可以同时输出简单相关系数),单击【继续】返回主对话框。单击【确定】,输出结果。

(二)一元线性回归分析的操作

1. 回归方程估计与检验操作

以例10-4的数据为例,操作过程如下:

第一步:选择【分析】—【回归】—【线性】,进入线性回归对话框。

第二步:将因变量(营业收入)选入【因变量】框,将自变量(星级饭店数量)选入【自变量】框。

第三步:单击【统计量】打开统计量对话框。在【回归系数】下勾选【估计】、【置信区间】(置信水平默认为95%);在右侧的选项中勾选【模型拟合度】;【残差】下勾选【个案诊断】。单击【继续】,回到主对话框。

第四步:单击【保存】,打开保存对话框。在【预测值】下选中【未标准化】(输出点预测值);在【预测区间】下选择【均值】和【单值】(输出置信区间和预测区间);在【置信区间】中选择所要求的置信水平(默认值95%)。在【残差】下选中【未标准化】和【标准化】(输出残差和标准化残差)。单击【继续】,回到主对话框。

第五步:单击【确定】,输出回归结果(回归方程估计与检验见图10.11,预测值与残差见图10.12)。

2. 异方差检验操作

以例10-8的数据为例,利用等级相关系数法进行异方差检验操作如下:

第一步:计算残差绝对值。选择【转换】—【计算变量】打开计算变量对话框,在【目标变量】框输入目标变量名(我们给残差绝对值命名为ABSE),在等号右侧【数字表达式】框内输入abs(RES_1)。点击【确定】,在数据视图中显示残差绝对值变量ABSE。

模型汇总[b]

模型	R	R方	调整R方	估计标准误差
1	.721[a]	.520	.504	11.14980

a. 预测变量：(常量)，星级饭店数量
b. 因变量：星级饭店营业收入

Anova[a]

模型		平方和	df	均方	F	Sig.
1	回归	4042.016	1	4042.016	32.514	.000[b]
	残差	3729.541	30	124.318		
	总计	7771.557	31			

a. 因变量：星级饭店营业收入
b. 预测变量：(常量)，星级饭店数量

系数[a]

模型		非标准化系数		标准系数	t	Sig.	B 的 95.0% 置信区间	
		B	标准误差	Beta			下限	上限
1	(常量)	-4.614	4.133		-1.116	.273	-13.054	3.827
	星级饭店数量	.072	.013	.721	5.702	.000	.046	.098

a. 因变量：星级饭店营业收入

图 10.11　SPSS 回归方程估计与检验

说明：图 10.11 中"估计标准误差"与"Beta"在软件输出结果中为"标准估计的误差"和"试用版"。

	地区	星级饭店营业收入	星级饭店数量	PRE_1	RES_1	ZPR_1	ZRE_1	LMCI_1	UMCI_1	LICI_1	UICI_1
1	北京	57.24	496.00	31.00576	26.23...	1.30538	2.35289	24.3196	37.69197	7.27349	54.73803
2	天津	6.51	79.00	1.05959	5.45041	-1.31717	.48883	-5.66519	7.78437	-22.68358	24.80275
3	河北	12.92	264.00	14.34506	-1.42506	-.15369	-.12781	10.2709	18.41921	-8.78747	37.47759
4	山西	6.59	176.00	8.02548	-1.43548	-.70713	-.12875	3.06895	12.98202	-15.27864	31.32961
5	内蒙古	7.24	218.00	11.04165	-3.80165	-.44299	-.34096	6.62736	15.45593	-12.15321	34.23650
6	辽宁	13.28	300.00	16.93034	-3.65034	.07272	-.32739	12.8940	20.96668	-6.19556	40.05624
7	吉林	3.75	118.00	3.86031	-.11031	-1.07190	-.00989	-2.09128	9.81190	-19.67555	27.39617
8	黑龙江	4.66	176.00	8.02548	-3.36548	-.70713	-.30184	3.06895	12.98202	-15.27864	31.32961
9	上海	48.97	217.00	10.96983	38.00...	-.44928	3.40815	6.54493	15.39474	-12.22704	34.16671
10	江苏	38.88	506.00	31.72390	7.15610	1.36827	.64181	24.8306	38.61722	7.93405	55.51534

图 10.12　SPSS 一元回归分析预测值与残差

说明：RES 为残差，ZRE 为标准化残差；PRE 为点预测值，LMCI 与 UMCI 为均值预测区间的下限与上限，LICI 与 UICI 为个别值预测区间的下限与上限。

第二步：计算等级相关系数。选择【分析】—【相关】—【双变量】，进入双变量相关对话框；将变量 ABSE 与星级饭店数量两个变量选入【变量】框内；在【相关系数】下勾选【斯皮尔曼】。

第三步：单击【确定】，输出结果，如表 10.9 所示。

3. 加权最小二乘估计操作

以例 10-9 为例，加权最小二乘估计操作如下：

(1) 权重估算与加权最小二乘估计

当权重并不明确时，需要对权重进行估算，SPSS 提供了权重估算程序，为加权最小二乘估计提供了便利。

第一步：选择【分析】—【回归】—【权重估算】，打开权重估算对话框。

第二步：将营业收入（y）选入【因变量】框，将星级饭店数量（x）选入【自变量】框，将星级饭店数量（x）选入【权重变量】框（作为权重的变量根据实际情况而定）。

第三步：输入幂的范围。SPSS 按照 $w_i = 1/$ 权重变量^m 对观测值进行加权，幂的范围默认为 –2 到 2 的范围，步长为 0.5，可以进行更改。

第四步：点击【选项】打开对话框，勾选【将最佳权重保存为新变量】。单击【继续】，返回主对话框。

第五步：单击【确定】，输出结果。

(2) 若权重已经明确，则利用线性回归程序

第一步：确定权重变量。本例以残差绝对值的倒数为权重。首先，进行最小二乘回归，得到残差项 RES_1。其次，选择【转换】—【计算变量】打开计算变量对话框。在【目标变量】框输入权重变量名（本例输入 w），在【数字表达式】框输入 1/abs（RES_1）。单击【确定】。

第二步：选择【分析】—【回归】—【线性】，打开线性回归对话框。将营业收入（y）选入【因变量】框，将星级饭店数量（x）选入【自变量】框，将权重变量 w 选入【权重变量】框。其他设置与回归方程估计与检验操作相同。

第三步：单击【确定】，输出结果。

(三) 多元线性回归分析的操作

1. 多元线性回归估计与检验

操作步骤与一元线性回归的操作步骤相同，仅在第二步输入自变量时输入多个自变量。在第三步勾选【共线性诊断】。

2. 逐步回归

操作同于多元线性回归的操作步骤，仅在第二步输入因变量与自变量后，单击自变量框下【方法】按钮，选择【逐步】。

3. 虚拟自变量回归

与数值型自变量回归操作相同。以例 10-16 为例，选择【分析】—【回归】—【线性】，打开线性回归对话框。将"旅游花费"变量选入【因变量】框；将"收入"与"性别"变量选入【自变量】框。点击【确定】，输出结果（图 10.13）。

模型汇总

模型	R	R方	调整 R方	估计标准误差
1	.916[a]	.839	.828	52.36575

a. 预测变量：(常量)，性别，收入

Anova[a]

模型		平方和	df	均方	F	Sig.
1	回归	413863.248	2	206931.624	75.463	.000[b]
	残差	79522.971	29	2742.171		
	总计	493386.219	31			

a. 因变量：旅游花费
b. 预测变量：(常量)，性别，收入

系数[a]

模型		非标准化系数		标准系数	t	Sig.
		B	标准 误差	Beta		
1	(常量)	230.499	75.063		3.071	.005
	收入	.541	.094	.644	5.744	.000
	性别	81.694	27.909	.328	2.927	.007

a. 因变量：旅游花费

图 10.13　SPSS 虚拟自变量回归结果输出

二、利用 Excel 进行相关与回归分析

（一）相关分析操作

第一步：选择【数据】—【数据分析】，打开数据分析对话框。

第二步：在分析工具中选择【相关系数】—【确定】，打开相关系数对话框。

第三步：在【输入区域】框内输入变量数据区域；在【输出选项】中选择输出区域；单击【确定】，输出结果。

（二）回归分析操作

第一步：选择【数据】—【数据分析】，打开数据分析对话框。

第二步：在分析工具中选择【回归】—【确定】，打开回归对话框。

第三步：在【Y值输入区域】框内输入因变量的数据区域；在【X值输入区域】框内输入自变量的数据区域；在【输出选项】中选择输出区域；在【残差】选项中勾选所需的选项。单击【确定】，输出回归结果。

本章小结

1. 相关关系是变量间非确定性的依存关系，根据变量的多少，将两个变量间

的相关关系称为单相关,也称为一元相关;将三个或三个以上变量间的相关关系,称为复相关。在复相关中,若假定其他变量不变而仅考察其中两个变量的相关关系,则称这种相关关系为偏相关。

2. 在相关分析中,用相关系数测量变量的相关程度。常用的相关系数有皮尔逊相关系数、斯皮尔曼相关系数。

3. 如果变量间存在相关关系,则可以进一步进行回归分析。回归分析是用一个或多个变量的变化解释、估计或预测另一个变量平均变化程度的一种统计分析方法。在回归分析中,被解释、被估计或被预测的变量称为因变量,用来解释、估计或预测的变量称为自变量。根据自变量的个数回归类型可分为一元回归与多元回归;根据因变量与自变量的关系形态,可分为线性回归与非线性回归。

4. 对于线性回归模型可运用普通最小二乘法进行估计。利用样本数据,根据最小二乘准则使因变量的观测值与估计值之间的离差平方和达到最小来求得回归模型参数估计值的方法,称为普通最小二乘估计。在经典线性回归模型假定下,最小二乘估计量具有线性、无偏性和有效性的优良性质。

5. 线性回归模型检验包括实际意义检验、模型统计检验和模型基本假定检验。线性回归模型的统计检验主要包括回归直线拟合优度检验、回归方程显著性检验(F检验)和回归系数显著性检验(t检验)。模型基本假定检验主要包括正态性检验、异方差检验、自相关检验和多重共线性检验等。

6. 多元线性回归自变量选择方法主要有向前选择、向后剔除和逐步回归等方法。

7. 一些非线性模型经变量代换后可以转化为线性模型进行估计。但应注意,由于函数形式不同,对回归系数的解释也会有所不同。

关键术语

相关	简单相关	复相关	偏相关
相关系数	回归分析	因变量	自变量
总体回归模型	样本回归模型	估计的回归方程	最小二乘估计
判定系数	回归系数	残差	复相关系数
偏相关系数	预测值	异方差	自相关
多重共线性	逐步回归		

思考与练习

一、思考题

1. 相关关系的含义是什么？相关关系有哪些类型？
2. 相关关系测度指标有哪些？
3. 相关系数有哪些性质？
4. 相关关系检验的原理是什么？
5. 什么是回归分析？回归分析有哪些种类？
6. 什么是总体回归模型、样本回归模型和估计的回归方程？
7. 一元线性回归模型与多元线性回归模型有哪些基本假定？
8. 最小二乘估计的基本原理是什么？
9. 解释总平方和与回归平方和、残差平方和的关系。
10. 判定系数的含义是什么？
11. 回归方程总体显著性与回归系数显著性检验使用什么统计量？如何进行检验？
12. 为什么要对回归模型进行统计检验和残差分析？
13. 多元线性回归如何选择自变量？如何进行多重共线性检验？

二、选择题

1. 关于简单线性相关关系表述不正确的是（　　）。
   A. 相关系数 r 值不受变量原点和计量单位的影响
   B. 相关系数 r 为 0 表示不存在相关关系
   C. 相关系数 r 的取值范围在 $[-1, 1]$ 区间
   D. 相关程度取决于 $|r|$，与正负号无关

2. 在回归分析中，因变量是（　　）。
   A. 被解释变量
   B. 解释变量
   C. 估计变量
   D. 预测变量

3. 判断回归直线拟合程度的常用指标是（　　）。
   A. 截距系数
   B. 回归系数
   C. 判定系数
   D. 方差膨胀因子

4. 多元线性回归选择自变量的方法不包括（　　）。
   A. 逐步回归
   B. 向前选择
   C. 向后剔除
   D. 加权回归

三、软件操作

以本章例题数据，使用 Excel、SPSS 软件进行相关与回归分析操作练习。

四、计算分析题

1. 根据表 10.20 的数据，计算国内旅游人均花费与国内游客人数、人均国内生产总值的相关系数，并进行显著性检验（$\alpha=0.05$）。

表 10.20　2009—2018 年国内旅游与人均国内生产总值

年份	国内游客（百万人次）	国内旅游人均花费（元）	人均国内生产总值（元）
2009	1902	535.4	26180
2010	2103	598.2	30808
2011	2641	731	36302
2012	2957	767.9	39874
2013	3262	805.5	43684
2014	3611	839.7	47173
2015	4000	857	50237
2016	4440	888.2	54139
2017	5001	913	60014
2018	5539	925.8	66006

资料来源：国家统计局网站数据库。

2. 对游客进行重游意愿调查，意愿程度采用李克特五级量表计分。一个容量为 30 的样本，游客重游意愿与推荐意愿调查情况如表 10.21 所示。要求：计算游客重游意愿与推荐意愿变量的秩相关系数，并进行显著性检验（$\alpha=0.05$）。

表 10.21　游客重游意愿与推荐意愿调查情况

编号	重游意愿	推荐意愿	编号	重游意愿	推荐意愿	编号	重游意愿	推荐意愿
1	2	3	8	3	5	15	3	4
2	3	4	9	4	5	16	2	3
3	2	4	10	3	3	17	5	5
4	3	4	11	4	5	18	4	4
5	4	4	12	4	4	19	3	4

续表

编号	重游意愿	推荐意愿	编号	重游意愿	推荐意愿	编号	重游意愿	推荐意愿
6	4	5	13	2	3	20	4	4
7	5	4	14	4	5	21	3	4

3. 2018 年我国部分省份接待入境过夜游客人数和国际旅游收入情况如表 10.22 所示。

表 10.22　2018 年我国部分地区接待入境旅游情况

地区	入境过夜游客（万人次）	国际旅游收入（百万美元）	地区	入境过夜游客（万人次）	国际旅游收入（百万美元）
北京	400.41	5516.39	上海	742.04	7261.39
天津	58.96	1109.85	江苏	400.85	4648.36
河北	98.86	646.67	浙江	456.76	2595.79
山西	71.36	377.98	安徽	370.75	3187.57
内蒙古	188.08	1272.10	福建	513.56	2828.21
辽宁	287.70	1739.58	江西	191.78	745.38
吉林	143.75	685.85	山东	422.00	3292.82
黑龙江	109.16	537.06	河南	167.25	723.23

资料来源：中国统计年鉴 2019。

要求：

（1）绘制入境过夜游客人数和国际旅游收入两个变量关系散点图。

（2）计算入境过夜游客人数和国际旅游收入两个变量的简单相关系数并进行显著性检验，说明两个变量相关的强度。

（3）以国际旅游收入为因变量，入境过夜游客人数为自变量，建立回归模型，利用最小二乘法估计回归方程，并解释回归系数的含义。

（4）计算判定系数，并解释其意义。

（5）对回归方程线性关系进行显著性检验（$\alpha=0.05$）。

4. 为分析广告费用（x）对营业额（y）的影响，随机抽取 10 家旅游企业，收集其最近一年的广告费用（万元）和营业额（万元）数据进行回归分析，结果如表 10.23。要求：

（1）计算方差分析表中未给出的项目。

（2）计算判定系数并解释其意义。

（3）检验回归方程的线性关系是否显著。
（4）写出估计的回归方程，解释回归系数的实际含义。
（5）如果广告费用为10万元，估计企业的营业额是多少。

表10.23 回归分析结果

方差分析（F检验）

变异分解项	df	SS	MS	F	Significance F
回归	1	884647	—	—	0.0007
残差	—	244333			
总计	9	1128980			

参数估计与检验（t检验）

待估参数	Coefficients	标准误差	t-Stat	P-value
Intercept	−28.0307	9.7495	−2.8751	0.0207
x	54.9949	10.2184	5.3819	0.0007

5. 2018年我国各地区星级饭店营业收入总额（亿元）、固定资产原值（亿元）和从业人员年平均人数（万人）统计情况如表10.24所示。

表10.24 2018年我国各地区星级饭店经营情况

地区	营业收入（亿元）	固定资产原值（亿元）	从业人数（万人）	地区	营业收入（亿元）	固定资产原值（亿元）	从业人数（万人）
北京	219.76	524.41	6.21	湖北	56.91	122.29	3.31
天津	22.56	67.87	1.18	湖南	56.31	142.99	3.43
河北	58.35	152.36	3.79	广东	215.78	386.80	9.23
山西	25.63	80.64	2.16	广西	44.50	95.89	2.86
内蒙古	24.28	102.07	1.84	海南	43.16	98.02	1.90
辽宁	54.91	169.10	3.06	重庆	47.08	118.17	2.26
吉林	11.77	38.24	0.85	四川	70.31	261.58	4.14
黑龙江	14.78	51.91	1.11	贵州	24.41	60.43	1.46

续表

地区	营业收入（亿元）	固定资产原值（亿元）	从业人数（万人）	地区	营业收入（亿元）	固定资产原值（亿元）	从业人数（万人）
上海	200.66	314.08	4.72	云南	54.94	183.92	3.84
江苏	162.16	337.79	6.89	西藏	17.00	33.09	0.69
浙江	187.46	427.91	8.04	陕西	48.92	102.88	3.05
安徽	53.34	136.46	3.18	甘肃	23.91	72.47	1.99
福建	91.38	163.62	4.74	青海	9.47	47.98	0.89
江西	35.85	78.08	2.41	宁夏	7.17	23.73	0.58
山东	117.44	296.44	6.77	新疆	29.57	86.55	1.92
河南	57.23	134.78	3.80	新疆兵团	3.97	14.83	0.26

资料来源：文化与旅游部网站。

要求：

（1）建立营业收入对固定资产原值和从业人数的多元线性回归模型，采用最小二乘法估计回归方程，解释回归方程拟合效果。

（2）进行回归方程总体显著性检验。

（3）进行偏回归系数显著性检验。

（4）进行多重共线性检验。

（5）解释回归系数的含义。

6. 工资水平一般会与工龄和受教育程度有关。在某市导游行业随机抽取20名导游人员，他们的工资、工龄和受教育程度如表10.25所示。

表10.25 导游工资、工龄及受教育程度调查表

编号	工资（元）	工龄（年）	学历程度	编号	工资（元）	工龄（年）	学历程度
1	4500	5	高中级以下	11	3380	2	高中级以下
2	4260	4	高中级以下	12	3700	4	高中级以下
3	5400	2	本科及以上	13	4500	6	高中级以下
4	6300	7	专科	14	5480	7	专科
5	6520	8	专科	15	5170	5	专科

续表

编号	工资(元)	工龄(年)	学历程度	编号	工资(元)	工龄(年)	学历程度
6	3100	2	高中级以下	16	4980	4	专科
7	3800	6	高中级以下	17	5790	6	专科
8	6850	5	本科及以上	18	5210	8	高中级以下
9	7200	4	本科及以上	19	6500	5	专科
10	5540	6	专科	20	7000	5	本科及以上

要求：

（1）建立工资水平对工龄和受教育程度的多元线性回归模型，采用最小二乘法估计回归方程，解释回归方程拟合效果。

（2）进行回归方程总体显著性检验。

（3）进行偏回归系数显著性检验。

（4）解释回归系数的含义。

五、实践题

1.对第二章的自选调查项目，如果有适合并需要进行相关与回归分析的问题，利用 SPSS 或 Excel 进行相关与回归分析。

2.通过政府统计或旅游部门网站搜集全国各省份或某省各市的旅游收入、接待游客人次、星级景区数量、星级饭店数量、高铁客运里程等截面数据，分析各接待因素对旅游收入的影响。

第十一章

时间序列分析与预测

> 【学习目标】
> 1. 理解时间序列概念，掌握时间序列水平和速度分析方法。
> 2. 掌握平稳序列和趋势序列预测的方法。
> 3. 熟悉复合型序列分解预测方法。

本章主要介绍时间序列分析与预测基本知识。第一节介绍时间序列的概念、类型，以及时间序列水平和速度分析方法；第二节介绍时间序列分解及其成分测定方法；第三节介绍时间序列预测方法。第四节介绍时间序列分析软件操作。

第一节 时间序列及其动态分析

一、时间序列的含义及其类型

（一）时间序列概念

时间序列（time series）是某一统计指标的观测值按照时间先后顺序排列而成的数列，它描述现象发展的动态过程，也称为动态数列。

由上述定义可以看出，时间序列由两个基本要素构成：一是现象所属的时间，即时间变量，它可以是年份、季度、月份或其他任何时间形式；二是现象在不同时间上的观测值。例如，2010—2018年国内人口与游客旅游花费时间序列如表11.1所示。

表 11.1 国内人口与游客旅游花费时间序列

年份	年末总人口（万人）	城镇人口占总人口比例（%）	国内游客人数（百万人次）	国内旅游总花费（亿元）	国内旅游人均花费（元）
2010	134091	49.95	2103	12579.80	598.2
2011	134735	51.27	2641	19305.40	731.0
2012	135404	52.57	2957	22706.20	767.9
2013	136072	53.73	3262	26276.12	805.5
2014	136782	54.77	3611	30311.90	839.7
2015	137462	56.10	4000	34195.05	857.0
2016	138271	57.35	4440	39390.00	888.2
2017	139008	58.52	5000	45660.70	913.0
2018	139538	59.58	5539	51278.29	925.8

资料来源：国家统计局网站数据库。

时间序列分析主要用于了解社会现象总体的动态变化过程，认识现象发展的水平和速度；认识和把握事物发展的趋势与规律性；根据时间序列发展变化趋势对未来进行预测。

（二）时间序列分类

时间序列按照指标性质，可分为绝对数时间序列、相对数时间序列和平均数时间序列3种类型。

1. 绝对数时间序列

绝对数时间序列由一系列绝对数按时间顺序排列而成，是总量指标形成的时间序列，又称总量指标时间序列。它反映现象在不同时间上所达到的绝对水平，是时间序列中最基本的表现形式。

绝对数时间序列按时间属性，又可分为时期序列和时点序列两种类型。

（1）时期序列

时期序列是时期指标按照时间先后顺序排列而成的数列，反映现象在一定时期内发展的水平。时期序列指标数值可以累计，如表11.1中的国内旅游总花费是可以累计的。

（2）时点序列

时点序列是时点指标按照时间先后顺序排列而成的数列，它反映现象在某一瞬间时点的水平。不同时点上的指标数值不可以累计，如表 11.1 中的年末总人口时间序列，再比如库存量序列，都不能直接相加。

2. 相对数时间序列

相对数时间序列由一系列相对数按时间顺序排列而成，它反映现象发展达到的相对水平。表 11.1 中城镇人口占总人口比例序列属于相对数时间序列。再如旅游产业结构比例的时间序列、国内旅游收入或入境旅游收入占旅游总收入比例的时间序列等，都属于相对数时间序列。相对数时间序列是由绝对数时间序列派生的。相对数时间序列不具有可加性，不能直接进行加减运算。

3. 平均数时间序列

平均数时间序列是由一系列平均数按时间顺序排列而成，它反映现象发展达到的平均水平。表 11.1 中国内旅游人均花费序列属于平均数时间序列。再比如职工平均工资、游客平均停留天数的时间序列等。平均数时间序列也是由绝对数时间序列派生的。平均数时间序列不具有可加性。

如果从平稳性角度分类，时间序列还可以分为平稳序列和非平稳序列两大类型，这部分内容在本章第二节中讲述。

二、时间序列水平分析

对于时间序列，我们首先可以从水平与速度方面进行描述性动态分析，从而了解所研究现象发展的规模与速度。水平指标主要有发展水平、增长水平、平均发展水平与平均增长水平等常用指标；速度指标主要有发展速度、增长速度、平均发展速度与平均增长速度等常用指标。在考察现象的水平与速度时，需要进行比较，一般将作为比较基础的那个时期称为基期，将所考察的那个时期称为报告期。

（一）发展水平

发展水平（development level）是指现象在不同时间上的观测值，反映现象在某一时间上所达到的规模程度。例如，在表 11.1 中，2018 年国内旅游花费达到 51278.29 亿元，描述了我国国内旅游花费的总体规模。

发展水平一般用 x_i 或 y_i（$i=1, 2, \cdots, n$）表示，其中，x 或 y 表示指标观测值，下标 i 表示时间，也可用 t 表示。比如，我们把表 11.1 中的国内旅游总花费指标从 2010 年到 2018 年的观测值分别记为 $y_1, y_2, \cdots, y_9$。如果以 2010 年为基础考察 2018 年的发展水平，则 y_1 为基期水平，y_9 为报告期水平。有时为了方便，还常用 y_0 表示基期水平。

（二）平均发展水平

平均发展水平（average level of development）是指现象在不同时间上观测值的平均数，反映现象在一段时期内所达到的一般水平，又称序时平均数。

不同类型的时间序列有不同的计算方法，下面分别介绍。

1. 绝对数序列序时平均数

（1）时期序列的序时平均数。时期序列指标的各期观测值具有可加性，因此可以用简单算数平均法计算序时平均数。设时期序列各期发展水平为 $y_1, y_2, \cdots, y_n$，则其序时平均数 $\hat{y}$ 为：

$$\bar{y} = \frac{y_1 + y_2 + \cdots + y_n}{n} = \frac{1}{n}\sum_{i=1}^{n} y_i \qquad (11.1)$$

【例 11-1】利用表 11.1 的数据，计算 2010 年到 2018 年期间我国年均国内旅游总花费。

解：根据公式（11.1），得

$$\bar{y} = \frac{y_1 + y_2 + \cdots + y_n}{n} = \frac{12579.8 + 19305.4 + \cdots + 51278.29}{9}$$

$$= \frac{281703.46}{9} = 31300.38(亿元)$$

即 2010 年到 2018 年，我国年均国内旅游花费为 31300.38 亿元。

（2）时点序列的序时平均数。时点序列的序时平均数计算方法与资料的记录方式有关，应根据不同的实际情况进行计算。下面分为连续时点资料和间断时点资料两大类来讨论。

首先，连续时点资料的序时平均数计算。

连续时点资料即以最小时间单位连续记录的资料。这种情况下的序时平均数计算方法与时期序列的方法相同，可参考式（11.1）。

连续时点资料的另一种情况是当现象发生变动时记录一次的时点资料，这种资料虽然是间断时点记录的，但在一次记录到下一次记录之间的数据并没有发生变化，其实质就是连续时点资料。其序时平均数可用各时点之间的间隔期为权数对时点数据进行加权平均。设备时点发展水平为 $y_1, y_2, \cdots, y_n$，每次记录到下次记录之前的时点数为 $t_1, t_2, \cdots, t_n$，其公式为：

$$\bar{y} = \frac{y_1 t_1 + y_2 t_2 + \cdots + y_n t_n}{t_1 + t_2 + \cdots + t_n} = \frac{1}{\sum_{i=1}^{n} t_i}\sum_{i=1}^{n} y_i t_i \qquad (11.2)$$

【例 11-2】某旅游商店 6 月某种商品库存量变动记录如表 11.2 所示。要求计算该商品平均每天库存量。

表 11.2　某旅游商店 6 月份商品库存记录

日期	1~5 日	6~11 日	12~19 日	20~24 日	25~30 日
库存量（件）	56	45	52	48	49

解：根据公式（11.2），得

$$\bar{y} = \frac{y_1 t_1 + y_2 t_2 + \cdots + y_n t_n}{t_1 + t_2 + \cdots + t_n} = \frac{56 \times 5 + 45 \times 6 + \cdots + 49 \times 6}{5 + 6 + \cdots + 6} = 50(件)$$

即该商品平均每天库存量为 50 件。

其次，间隔时点资料的序时平均数计算。

设时点序列各时点发展水平为 $y_1, y_2, \cdots, y_n$，时点间隔为 $t_1, t_2, \cdots, t_{n-1}$。当间隔长度不等时，首先计算出每个间隔的平均数；其次用间隔时期长度 t_i 加权计算序时平均数。其序时平均数计算公式为：

$$\bar{y} = \frac{1}{\sum_{i=1}^{n-1} t_i} \left[\left(\frac{y_1 + y_2}{2} \right) t_1 + \left(\frac{y_2 + y_3}{2} \right) t_2 + \cdots + \left(\frac{y_{n-1} + y_n}{2} \right) t_{n-1} \right]$$

$$= \frac{1}{\sum_{i=1}^{n-1} t_i} (\bar{y}_1 t_1 + \bar{y}_2 t_2 + \cdots + \bar{y}_{n-1} t_{n-1}) \tag{11.3}$$

式中，$\bar{y}_{n-1} = (y_{n-1} + y_n)/2$ 为每个时间间隔的平均数，这是假定现象在两个相邻时点的变动是均匀的，因此用期初与期末观测值的平均数表示相邻时点间隔期内的平均水平，这种方法称为"首尾折半法"。当间隔相等时，计算公式简化为：

$$\bar{y} = \frac{1}{n-1} \left(\frac{y_1}{2} + y_2 + \cdots + y_{n-1} + \frac{y_n}{2} \right) \tag{11.4}$$

式（11.4）为式（11.3）的特例。

【例 11-3】某旅游企业 2018 年职工统计如表 11.3 所示。要求计算该企业平均每月职工人数。

表 11.3　某旅游企业 2018 年职工人数统计

日期	1 月 1 日	5 月 1 日	7 月 1 日	11 月 1 日	12 月 31 日
职工（人）	184	220	330	224	190

解：本例为间隔不等的时点资料，时点间隔长度分别为 $t_1=4$，$t_2=2$，$t_3=4$，$t_4=2$。每个间隔的平均数分别为：

$$\bar{y}_1 = (184+220)/2 = 202 ; \quad \bar{y}_2 = (220+330)/2 = 275$$
$$\bar{y}_3 = (330+224)/2 = 277 ; \quad \bar{y}_4 = (224+190)/2 = 207$$

根据式（11.3）得

$$\bar{y} = \frac{1}{\sum_{i=1}^{n-1} t_i}(\bar{y}_1 t_1 + \bar{y}_2 t_2 + \cdots + \bar{y}_{n-1} t_{n-1}) = \frac{202 \times 4 + 275 \times 2 + \cdots + 207 \times 2}{4+2+\cdots+2} = 240(人)$$

即该企业平均每月职工人数为 240 人。

2. 相对数或平均数序列的序时平均数

计算相对数或平均数序列的序时平均数时，首先应分别求出构成相对数或平均数的分子平均数和分母的平均数；其次再进行对比，得到相对数或平均数序列的序时平均数。其基本公式为：

$$\bar{y} = \frac{\bar{a}}{\bar{b}} \tag{11.5}$$

【例 11-4】某旅游企业 2018 年第三季度计划营业额完成情况如表 11.4 所示。要求计算该企业第三季度月平均计划完成程度。

表 11.4　某旅游企业 2018 年第三季度计划营业额完成情况

月份	计划营业额（万元）	实际营业额（万元）	计划完成（%）
7	750	680	90.67
8	800	810	101.25
9	700	652	93.14
合计	2250	2142	—

解：计划完成程度为实际完成数与计划任务数之比。注意月平均计划完成程度不应直接对每月计划完成百分比进行简单算术平均。

由式（11.4）得

$$\bar{y} = \frac{\bar{a}}{\bar{b}} = \frac{\sum a/n}{\sum b/n} = \frac{\sum a}{\sum b} = \frac{2142}{2250} = 0.9520 = 95.20\%$$

即该企第三季度月平均计划完成 95.20%。

【例 11-5】某旅游商店 2018 年第二季度商品销售额与月末商品库存额统计情况如表 11.5 所示。要求计算该商店第二季度月平均商品流转次数。

表 11.5　某旅游商店 2018 年第二季度商品流转情况

月份	3	4	5	6
商品销售额（万元）	—	156	238	260
月末商品库存额（万元）	54	76	60	70

解： 平均商品流转次数等于平均商品销售额与平均商品库存额之比。本例在计算时应注意商品销售额为时期序列，而月末商品库存额为时点序列，计算方法有所不同。

根据式（11.4），有

$$\bar{y} = \frac{\bar{a}}{\bar{b}} = \frac{(156+238+260)/3}{\left(\dfrac{54}{2}+76+60+\dfrac{70}{2}\right)/3} = 3.3（次/月）$$

由计算结果可知，第二季度月平均商品流转次数为 3.3 次。

上述计算结果可以由表 11.6 的过程给出。如果计算第二季度全季商品流转次数，则为 654/66 = 9.9 次。

表 11.6　某旅游商店 2018 年第二季度商品流转计算结果

月份	商品销售额（万元）	月末商品库存额（万元）	平均商品库存额（万元）	月商品流转次数（次）
3	—	54	—	—
4	156	76	65	2.4
5	238	60	68	3.5
6	260	70	65	4
合计	654	—	198	—
平均	218		66	3.3

（三）增长量（增长水平）

增长量（growth quantity）也称增长水平，是报告期发展水平与基期发展水平之差，反映现象在一定时期内增长的绝对数量。其计算公式为：

$$\text{增长量} = \text{报告期发展水平} - \text{基期发展水平} \tag{11.6}$$

1. 环比（逐期）增长量与定基（累计）增长量

根据基期确定方法的不同，增长量指标可分为环比增长量与定基增长量两种类型。

（1）环比增长量（chained growth quantity）。是报告期发展水平与前一期发展水平之差，反映报告期比前一期增长的绝对数量，也称为逐期增长量。其公式为：

$$环比增长量 = 报告期发展水平 - 前一期发展水平 \quad (11.7)$$

（2）定基增长量（fixed base growth quantity）。是报告期发展水平与某一固定时期发展水平之差，反映报告期比某一固定时期增长的绝对数量，也称为累计增长量。其公式为：

$$定基增长量 = 报告期发展水平 - 某一固定期发展水平 \quad (11.8)$$

（3）定基增长量与环比增长量的关系。定基（累计）增长量等于相应环比（逐期）增长量之和。设时间序列 y_i（$i = 0, 1, 2, \cdots, n$），则有

$$y_n - y_0 = (y_1 - y_0) + (y_2 - y_1) + \cdots + (y_n - y_{n-1}) \quad (11.9)$$

【例 11-6】利用表 11.1 中 2015—2018 年国内游客人数的数据，计算 2016—2018 年国内游客人数的定基增长量和环比增长量，并观察二者的关系。

解： 计算过程如表 11.7 所示。2016—2018 年国内游客人数的定基增长量为 15.39 亿人次，等于环比增长量之和。

表 11.7　2015—2018 年国内游客人数的定基增长量和环比增长量

年份	国内游客（百万人次）	定基增长量（百万人次）	环比增长量（百万人次）
2015	4000	—	—
2016	4440	440	440
2017	5000	1000	560
2018	5539	1539	539
合计	—	—	1539

2. 年距增长量

对于按月或季度编制的时间序列，有时为了消除季节波动的影响而使用年距增长量指标。年距增长量（year on year growth）是报告期某月（季）发展水平与上年同月（季）发展水平之差，反映报告期比上年同期增长的绝对数量，也称同比增长量。其公式为：

$$年距增长量 = 报告期某月(季)发展水平 - 上年同月(季)发展水平 \quad (11.10)$$

（四）平均增长量（平均增长水平）

平均增长量（average growth quantity）也称平均增长水平，是观察期内各环

比增长量的序时平均数。它描述了现象在一定时期内平均每期增长的数量。其计算公式为

$$\text{平均增长量} = \frac{\text{环比增长量之和}}{\text{环比增长量个数}} = \frac{\text{定基增长量}}{\text{时间序列项数} - 1} \quad (11.11)$$

【例 11-7】 利用 2015—2018 年国内游客人数的时间序列数据（表 11.7），计算 2016—2018 年国内游客人数年均增长量。

解：由式（11.10）得

$$\text{平均增长量} = \frac{440 + 560 + 539}{3} = \frac{1539}{4-1} = 513(\text{百万人次})$$

即 2016—2018 年国内游客人数年均增长 5.13 亿人次。

三、时间序列的速度分析

（一）发展速度

发展速度（speed of development）是报告期发展水平与基期发展水平之比，说明现象在一定时期内相对的发展变化程度。其公式为：

$$\text{发展速度} = \frac{\text{报告期发展水平}}{\text{基期发展水平}} \quad (11.12)$$

发展速度为相对数指标，用百分数或倍数表示，说明报告期发展水平是基期水平的百分之几或多少倍。当发展速度大于 1 或 100% 时，表示报告期发展水平较基期上升；当发展速度小于 1 或 100% 时，表示报告期发展水平较基期下降；当发展速度等于 1 或 100% 时，表示报告期发展水平与基期持平。

1. 环比发展速度与定基发展速度

根据所选基期不同，发展速度分为环比发展速度和定基发展速度。

（1）环比发展速度（chained speed of development）。是报告期水平与前一期水平之比，它表示报告期水平是前一期水平的百分之几或多少倍。其公式为：

$$R_i = \frac{y_i}{y_{i-1}} \quad (i = 1, 2, \cdots, n) \quad (11.13)$$

（2）定基发展速度（fixed base speed of development）。是报告期水平与某一固定时期水平之比，它表示报告期水平是某固定期水平的百分之几或多少倍。其公式为：

$$R_i = \frac{y_i}{y_0} \quad (i = 1, 2, \cdots, n) \quad (11.14)$$

（3）环比发展速度与定基发展速度的关系。

首先，定基发展速度等于各环比发展速度的连乘积。

$$\frac{y_n}{y_0} = \frac{y_1}{y_0} \times \frac{y_2}{y_1} \times \cdots \times \frac{y_n}{y_{n-1}} = \prod \frac{y_i}{y_{i-1}}$$

其次，相邻两个定基发展速度的商等于相应的环比发展速度。

$$\frac{y_i}{y_0} \div \frac{y_{i-1}}{y_0} = \frac{y_i}{y_{i-1}}$$

2. 年距发展速度

年距发展速度（year on year development speed）是报告期某月（季）发展水平与上年同月（季）发展水平之比，反映报告期水平是上年同期水平的百分之几或多少倍。使用该指标可消除季节因素影响，其公式为：

$$年距发展速度 = \frac{报告期某月(季)发展水平}{上年同月(季)发展水平} \qquad (11.15)$$

（二）平均发展速度

平均发展速度（average speed of development）是各环比发展速度的序时平均数，说明现象在一个时期内平均发展变化的程度。平均发展速度常用计算方法主要有水平法和累计法。

1. 几何平均法（水平法）

由于一个时期内现象的定基发展速度等于各环比发展速度的连乘积，因此可以用几何平均法计算平均发展速度。其计算公式为：

$$\overline{R} = \sqrt[n]{\prod \frac{y_i}{y_{i-1}}} = \sqrt[n]{\frac{y_1}{y_0} \times \frac{y_2}{y_1} \times \cdots \times \frac{y_n}{y_{n-1}}} = \sqrt[n]{\frac{y_n}{y_0}} \quad (i=1,2,\cdots,n) \qquad (11.16)$$

由式（11.15）可以看出，几何法实际上是由初期和末期的水平决定的，其着眼于最末期的发展水平，因此又称为水平法。几何平均法适合于时期序列，也适合于时点序列。

【例 11-8】利用 2015—2018 年国内游客人数的时间序列数据（表 11.7），计算 2016—2018 年国内游客人数的发展速度和年均发展速度。

解： 2016—2018 年国内游客人数的定基发展速度和环比发展速度如表 11.8 所示。

表 11.8　2016—2018 年国内游客人数的定基发展速度和环比发展速度

年份	国内游客（百万人次）	定基发展速度（%）	环比发展速度（%）
2015	4000	—	—
2016	4440	111.00	111.00
2017	5000	125.00	112.61
2018	5539	138.48	110.78

由式（11.15）得

$$\overline{R} = \sqrt[n]{\frac{y_n}{y_0}} = \sqrt[3]{\frac{5539}{4000}} = \sqrt[3]{1.3848} = 1.1146 = 111.46(\%)$$

即 2016—2018 年国内游客人次的年均发展速度为 111.46%。

2. 方程式法（累计法）

设时间序列 y_i（$i=0, 1, 2, \cdots, n$）的最初水平为 y_i，平均每期发展速度为 $\overline{R}$，经过 n 期后达到的理论总水平应该等于实际总水平，即

$$y_0\overline{R} + y_0\overline{R}^2 + y_0\overline{R}^3 + \cdots + y_0\overline{R}^n = y_1 + y_2 + \cdots + y_n$$

整理得

$$\overline{R} + \overline{R}^2 + \overline{R}^3 + \cdots + \overline{R}^n = \sum_{i=1}^{n} \frac{y_i}{y_0} \qquad (11.17)$$

解方程式（11.16），所得正根即为平均发展速度 $\overline{R}$。

累计法着眼于全期累积总量，累计法平均发展速度受各期发展水平的影响，它一般适合于时期序列。

（三）增长速度

增长速度（speed of growth）是报告期增长量与基期发展水平之比，又称增长率（growth rate），反映现象的相对增长程度。其计算公式为：

$$增长速度 = \frac{增长量}{基期发展水平}$$

$$= \frac{报告期发展水平 - 基期发展水平}{基期发展水平} \qquad (11.18)$$

$$= 发展速度 - 1$$

增长速度是反映现象增长程度的相对指标，用百分数或倍数表示。当发展速度大于 1 或 100% 时，则增长速度为正，表示现象的发展水平是递增的；当发展

速度小于 1 或 100% 时，则增长速度为负，表示现象的发展水平是递减的；当发展速度等于 1 或 100% 时，则增长速度为 0，表示现象的发展水平维持不变。

1. 环比增长速度与定基增长速度

（1）环比增长速度

环比增长速度（chained speed of growth）是报告期环比增长量与前一期发展水平之比，等于环比发展速度减 1。其计算公式为：

$$S_i = \frac{y_i - y_{i-1}}{y_{i-1}} = \frac{y_i}{y_{i-1}} - 1 \quad (i=1,2,\cdots,n) \tag{11.19}$$

（2）定基增长速度

定基增长速度（fixed base speed of growth）是报告期定基增长量与某一固定时期发展水平之比，等于定基发展速度减 1。其计算公式为：

$$S_i = \frac{y_i - y_0}{y_0} = \frac{y_i}{y_0} - 1 \quad (i=1,2,\cdots,n) \tag{11.20}$$

在使用增长速度时应注意，定基增长速度与环比增长速度之间不能直接进行推算；如果在二者之间进行推算，必须先转换为发展速度再进行推算。

2. 年距增长速度

年距增长速度（year on year growth speed）是报告期某月（季）增长量与上年同月（季）发展水平之比，反映报告期水平比上年同期水平增长（或降低）了多少倍或百分之几。其公式为：

$$年距增长速度 = \frac{报告期某月(季)发展水平 - 上年同月(季)发展水平}{上年同月(季)发展水平} \tag{11.21}$$
$$= 年距发展速度 - 1$$

3. 增长 1% 的水平值

在进行增长速度对比分析时，应注意增长速度的基础，如果基数不同则增长速度不具有可比性。为了进行比较就需要将增长速度与增长水平结合起来，一般可采用增长 1% 的水平值来弥补增长率指标的局限。

增长 1% 的水平值就是增长率每增加一个百分点对应的绝对增长量，其计算公式为：

$$增长1\%的水平值 = 基期发展水平 \times 1\% \tag{11.22}$$

【例 11-9】甲乙两家旅行社利润额如表 11.9 所示，试计算两家旅行社利润额增长率，比较两家企业的利润额增长情况。

表 11.9 甲乙旅行社利润额统计

年份	利润额（万元）	
	甲旅行社	甲旅行社
2017	750	120
2018	840	144

解：$S_{甲} = \dfrac{y_i}{y_0} - 1 = \dfrac{840}{750} - 1 = 0.12 = 12\%$；$S_{乙} = \dfrac{y_i}{y_0} - 1 = \dfrac{144}{120} - 1 = 0.20 = 20\%$

甲增长 1% 的水平值 =750×1%=7.5（万元）；乙增长 1% 的水平值 =120×1%=1.2（万元）

如果仅从增长率看，乙旅行社增长率更高。但参考基期水平，显然甲旅行社实力雄厚，甲增长 1% 的水平值远高于乙，甲企业的绝对增长量高于乙企业。

（四）平均增长速度

平均增长速度（average speed of growth）也称平均增长率（average growth rate），是各环比增长速度的序时平均数，说明现象在一个时期内平均增长变化的程度。其计算公式为：

$$平均增长速度 = 平均发展速度 - 1 \qquad (11.23)$$

平均发展速度可用几何平均法或方程式法求得。利用几何平均法计算平均增长率的公式为：

$$\overline{S} = \overline{R} - 1 = \sqrt[n]{\prod \dfrac{y_i}{y_{i-1}}} - 1 = \sqrt[n]{\dfrac{y_n}{y_0}} - 1 \quad (i=1,2,\cdots,n) \qquad (11.24)$$

【例 11-10】 利用 2015—2018 年国内游客人数的时间序列数据及其发展速度（表 11.8），计算 2016—2018 年国内游客人数的增长速度和年均增长速度。

解：2016—2018 年国内游客人数的定基增长速度和环比增长速度如表 11.10 所示。

表 11.10 国内游客人数的定基增长速度和环比增长速度

年份	国内游客（百万人次）	定基发展速度（%）	环比发展速度（%）	定基增长速度（%）	环比增长速度（%）
2015	4000	—	—	—	—
2016	4440	111.00	111.00	11.00	11.00
2017	5000	125.00	112.61	25.00	12.61
2018	5539	138.48	110.78	38.48	10.78

由式（11.23）得

$$\bar{S} = \bar{R} - 1 = \sqrt[n]{\frac{y_n}{y_0}} - 1 = \sqrt[3]{\frac{5539}{4000}} - 1 = 1.1146 - 1 = 0.1146 = 11.46(\%)$$

即 2016—2018 年国内游客人数年均增长 11.46%。

第二节　时间序列构成要素分析

一、时间序列构成要素及其分解模型

（一）平稳时间序列

平稳时间序列（stationary time series）是指其统计性质与时间 t 独立（无关）的时间序列。平稳时间序列的条件：

（1）数据生成过程有一个不变的均值，即均值 $E(X_t) = \mu$ 是一个与时间 t 无关的常数。

（2）序列的变异性随着时间的推移保持不变，即 $Var(X_t) = \sigma^2$ 是一个与时间 t 无关的常数。

（3）自协方差 $Cov(X_t, X_{t-k}) = \gamma_k$ 只与时间间隔 k 有关，是与时间 t 无关的常数。

平稳时间序列表现为观测值围绕一个不变的均值上下波动的模式。例如，2019 年 5 月 20 日—7 月 14 日海南五星级饭店客房（双标）价格周数据，均值为 549.60 元，客房价格序列观测值围绕均值 549.60 元上下波动（图 11.1），虽有波动，但这种波动是随机性的，并没有明显上式或下降的趋势，表现出平稳模式。

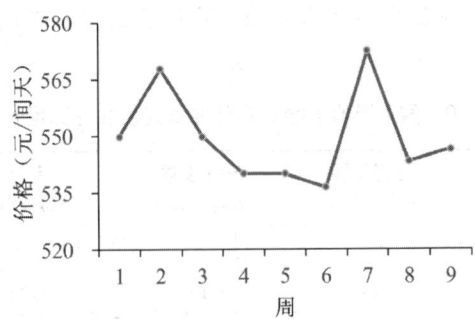

图 11.1　海南饭店客房价格时间序列图

资料来源：http://www.tourpi.org

（二）非平稳时间序列及其构成因素

非平稳时间序列（non-stationary time series）是不满足平稳性条件的时间序列，其随着时间的变化具有不同的均值或方差。非平稳时间序列的构成因素主要有趋势、季节变动、循环变动和不规则变动等。

1. 趋势

趋势（trend）时间序列在长期内呈现出某种持续向上或持续下降的状态，也称长期趋势。长期趋势是时间序列基本的构成要素，包括线性趋势和非线性趋势。通过趋势可以理解所研究的现象在长期内发展变化的趋向或规律。2005—2018 年我国国内旅游人数从 12.12 亿人次发展到 55.39 亿人次，发展趋势如图 11.2 所示，呈现持续向上的趋势，显示了国内旅游快速发展的态势。

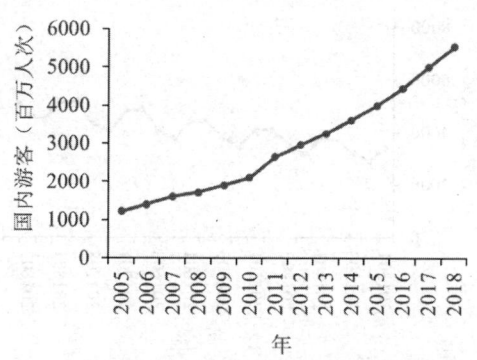

图 11.2　2005—2018 年国内游客人数趋势图

资料来源：国家统计局网站数据库。

2. 季节变动

季节变动（seasonal fluctuation）是时间序列在一年内重复出现的周期性波动。季节变动泛指一年之内有规律地按照季、月、周、日等重复出现的波动现象，不特指按季节的周期变化。旅游业受季节影响较强，旅游淡季与旅游旺季明显。2017 年 1—12 月我国铁路客运量月度数据如图 11.3 所示，由于受季节因素影响，铁路客运量随时间呈现出季节波动特征。

有时季节变动与趋势同时存在，呈现出趋势与季节模式。比如，2013 年第 1 季度到 2018 年第 4 季度，我国居民人均消费支出表现出增长的趋势，同时也显示出在每年的第 2 季度下降在第 3、第 4 季度上升的季节性波动（图 11.4）。

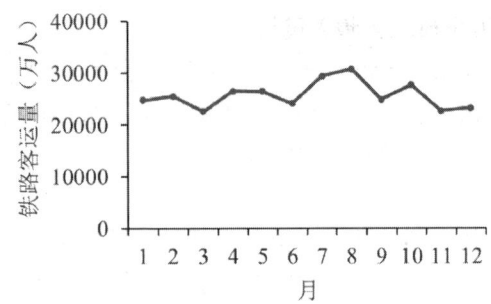

图 11.3　2017 年 1—12 月铁路客运量季节波动图

资料来源：国家统计局网站数据库。

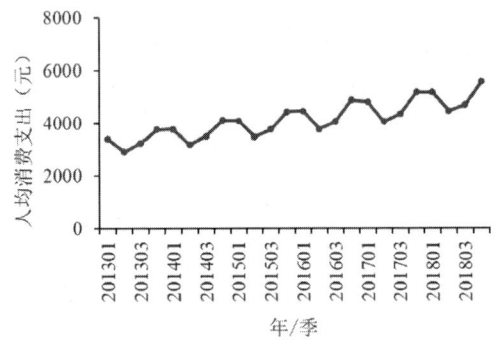

图 11.4　人均可支配收入时间序列含趋势季节波动

资料来源：国家统计局网站数据库。

3. 循环变动

循环变动（syclical fluctuation）是周期在一年以上的周期性波动。循环变动是随着长期趋势呈现的上下波动，类似于季节变动，但周期较长，无固定规律。

4. 不规则变动

不规则变动（irregular variations）是由一些偶然因素引起的随机性短期波动。不规则变动是长期趋势、季节变动和循环变动以外的剩余要素。

（三）时间序列分解模型

时间序列包括趋势（T）、季节变动（S）、循环变动（C）和不规则变动（I）4 种构成要素（成分），可以利用构成要素及其关系建立时间序列分解模型：加法模型和乘法模型。

加法模型：$Y_t = T_t + S_t + C_t + I_t$

乘法模型：$Y_t = T_t \times S_t \times C_t \times I_t$

加法模型假定构成时间序列的各因素是相互独立的，构成要素用绝对数形式；而乘法模型假定构成时间序列的各因素是相互影响的，构成要素中除了趋势（T）用绝对数形式外，而季节变动（S）、循环变动（C）和不规则变动（I）则用相对数形式。在应用中，乘法模型是较常用的形式。本章介绍的时间序列分解方法是基于乘法模型的。

在一个具体的时间序列中，4种成分不一定同时存在。一般地，长期趋势是经常存在的，而季节变动与循环变动不一定存在。为了认识现象构成要素的作用及其对未来进行预测，则需要对时间序列构成因素进行分解并做进一步分析。

二、趋势变动分析

时间序列趋势变动分析主要任务就是测定长期趋势 T，以便进一步认识现象发展的趋势并进行预测，或作为进一步分析的基础。趋势变动分析的主要方法是移动平均法和趋势模型法。

（一）移动平均法

移动平均法（moving average）是根据所确定的时距项数采用逐期递移的方式，按照相等的时距计算一系列序时平均数作为各时距中间项的趋势测定值。通过移动平均在一定程度上消除或削弱原序列中的随机波动和其他成分，对原序列具有修匀或平滑的效果，从而表现出时间序列的长期趋势。

移动平均的时距项数与计算方法如表 11.11 所示。

表 11.11　移动平均的时距项数与计算方法

时期	序列观测值 Y_t	三项移动平均 M_t	四项移动平均	
			四项平均 M_t	中心化平均 C_t
1	Y_1			
2	Y_2	$M_1=(Y_1+Y_2+Y_3)/3$	$M_1=(Y_1+Y_2+Y_3+Y_4)/4$	
3	Y_3	$M_2=(Y_2+Y_3+Y_4)/3$	$M_2=(Y_2+Y_3+Y_4+Y_5)/4$	$C_1=(M_1+M_2)/2$
4	Y_4	$M_3=(Y_3+Y_4+Y_5)/3$	$M_3=(Y_3+Y_4+Y_5+Y_6)/4$	$C_2=(M_2+M_3)/2$
5	Y_5	$M_4=(Y_4+Y_5+Y_6)/3$	$M_4=(Y_4+Y_5+Y_6+Y_7)/4$	$C_3=(M_3+M_4)/2$
6	Y_6	$M_5=(Y_5+Y_6+Y_7)/3$		
7	Y_7			

移动平均法具有如下特点：

（1）移动项数 k 越多，对时间数列的修匀或平滑的作用越强。

（2）移动平均会损失数据信息，移动项数 k 越多，使原序列失去的信息越多。当移动项数 k 为奇数时，新序列首尾各损失 $(k-1)/2$ 项；当 k 为偶数时，新序列首尾各损失 $k/2$ 项。因此，所取时距项数应适合，不要过大或过小。

（3）时间序列如存在周期性变动，时距项数 k 一般应与周期一致才能消除周期波动。一般地，对于季度数据可以取 4，月度数据取 12，等等。

（4）移动平均项数 k 为奇数时，只需一次就可以得到时距中项的趋势值；项数 k 为偶数时，计算的平均数所对应的时距中心不代表任何时期的趋势值，因此需做中心化移动平均，即再做一次两项移动平均，也称移正平均。

（5）必要时可以进行加权移动平均（weighted moving average）。按"厚今薄古"的原则，以各时距中间项为中心，中间项权重最大，离中心越远权重越小。例如三项平均可采用 1∶2∶1 的权重，五项平均采用 1∶2∶3∶2∶1 的权重。注意各期权数之和必须等于 1。

【例 11-11】利用 2013—2018 年国内居民人均消费支出季度数据进行趋势分析。

解： 对 2013—2018 年居民人均消费支出季度数据分别进行 3 项移动平均和 4 项移动平均，结果如表 11.12 所示。

表 11.12 居民人均消费支出季度数据移动平均结果

年份	季度	人均消费支出（元）	三项平均	四项平均	中心化平均
2013	1	3370	—	—	—
	2	2887	3159	3305	—
	3	3219	3283	3401	3353
	4	3744	3573	3470	3436
2014	1	3755	3553	3537	3503
	2	3161	3467	3623	3580
	3	3486	3579	3703	3663
	4	4089	3884	3780	3742
2015	1	4076	3878	3844	3812
	2	3470	3762	3928	3886
	3	3740	3879	4023	3975
	4	4426	4207	4094	4058
2016	1	4454	4212	4168	4131
	2	3757	4082	4278	4223
	3	4036	4219	4363	4321
	4	4864	4565	4434	4398

续表

年份	季度	人均消费支出（元）	三项平均	四项平均	中心化平均
2017	1	4796	4566	4507	4470
	2	4038	4387	4581	4544
	3	4328	4509	4672	4626
	4	5160	4883	4774	4723
2018	1	5162	4923	4860	4817
	2	4447	4760	4963	4912
	3	4672	4897	—	—
	4	5572	—	—	—

资料来源：国家统计局网站数据库。

对居民人均消费支出和移动平均结果绘制时间趋势图（图 11.5），从图中可以看出，经过三项移动平均后仍表现出一定的周期性波动，这是因为三项移动平均后的序列仍然受到季节因素的影响。为了消除季节性，应该对原序列进行四项移动平均。从图中可看出，经过四项移动平均后，时间序列的季节性波动和随机波动因素基本消除，表现出明显递增的线性趋势。

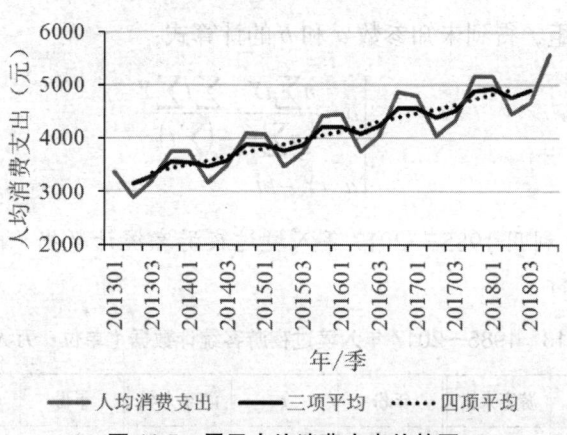

图 11.5 居民人均消费支出趋势图

（二）趋势模型法

趋势模型法是将所研究变量的条件均值看作时间变量 t 的某种确定性函数，用来描述时间序列的长期趋势。时间序列趋势包括线性趋势和非线性趋势。趋势模型是一种最简单的时间序列回归模型。

由于自变量时间 t 是非随机性变量，是严格外生的，因此不涉及非平稳序列的伪回归等问题。因此，对于趋势模型可以像横截面数据一样，直接使用经典线性回归模型的最小二乘估计。

1. 线性趋势模型

时间序列每期增长量的一阶差分（即环比增长量）大致相同时，就会近似地表现出线性趋势。线性趋势模型就是利用时间 t 作为自变量对时间序列拟合线性方程，以消除其他成分从而揭示长期趋势的方法。

线性趋势方程的一般形式为：

$$\hat{Y}_t = a + bt \quad (11.25)$$

式中，$\hat{Y}_t$ 是时间序列的趋势值；t 是时间标号（$t = 1, 2, \cdots, n$，也可以直接用年份作为取值，不会影响最终结果）；a 是趋势线在 Y 轴上的截距；b 是趋势线的斜率，表示时间 t 每变动一个单位时，趋势值 $\hat{Y}_t$ 的平均变动数量，其意义可解释为平均增长量。

利用最小二乘法估计回归方程（式 11.25），得到未知参数 a 和 b 的标准方程组：

$$\begin{cases} \sum Y = na + b \sum t \\ \sum tY = a \sum t + b \sum t^2 \end{cases}$$

解上述方程组，得到未知参数 a 和 b 的计算式：

$$\begin{cases} b = \dfrac{n \sum tY - \sum t \sum Y}{n \sum t^2 - \left(\sum t\right)^2} \\ a = \bar{Y} - b\bar{t} \end{cases}$$

【例 11-12】利用 1985—2017 年入境过夜游客统计数据（表 11.13），进行时间序列趋势分析。

表 11.13 1985—2017 年入境过夜游客统计数据（单位：万人次）

年份	t	游客人数	年份	t	游客人数	年份	t	游客人数
1985	1	713.30	1996	12	2276.50	2007	23	5471.98
1986	2	900.10	1997	13	2377.00	2008	24	5304.92
1987	3	1076.00	1998	14	2507.30	2009	25	5087.52
1988	4	1236.10	1999	15	2704.70	2010	26	5566.45

续表

年份	t	游客人数	年份	t	游客人数	年份	t	游客人数
1989	5	936.10	2000	16	3122.90	2011	27	5758.07
1990	6	1048.40	2001	17	3316.70	2012	28	5772.49
1991	7	1246.40	2002	18	3680.30	2013	29	5568.59
1992	8	1651.20	2003	19	3297.10	2014	30	5562.20
1993	9	1898.20	2004	20	4176.10	2015	31	5688.57
1994	10	2107.00	2005	21	4680.90	2016	32	5926.73
1995	11	2003.40	2006	22	4991.30	2017	33	6073.84

资料来源：国家统计局网站数据库。

解： 首先利用 1985—2017 年入境过夜游客数据做散点图和趋势线，结果如图 11.6 所示。从图中可观察到线性拟合效果较好，可以建立线性趋势模型。

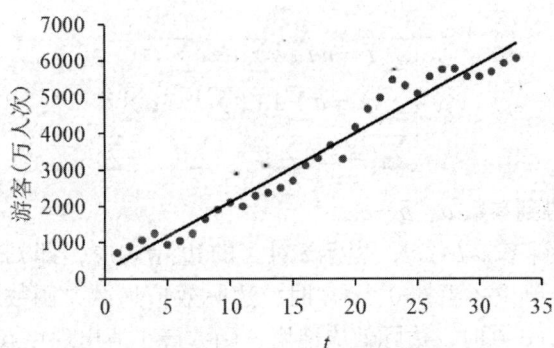

图 11.6 入境过夜游客人数散点图与趋势线

设线性趋势方程为：

$$\hat{Y}_t = a + bt$$

采用最小二乘法估计参数，得到估计的回归方程：

$$\hat{Y}_t = 218.24 + 189.887t$$

$$(1.682) \quad (28.521)$$

$$R^2 = 0.963,\ n = 33,\ s_e = 364.178$$

斜率系数 b 的 t 检验统计量值为 28.521，显著性概率 $p = 0.000$，表明线性关系显著；$R^2 = 0.963$，表明线性趋势拟合非常好。回归结果表明时间每增加 1 年，入境过夜游客平均增加 189.887 万人次。

2. 非线性趋势模型

时间序列非线性趋势常见的有二次曲线、指数曲线、修正指数曲线、龚珀兹曲线、生长曲线等类型。下面主要介绍二次曲线和指数曲线模型。

（1）二次曲线模型

时间序列各期观测值的二阶差分（环比增长量的环比增长量）大致相同时，就会大致表现出二次曲线趋势。这种趋势如果从图形观察，就是在趋势上升和下降过程中出现一个拐点。在这种情况下，就可以拟合二次曲线模型来描述长期趋势。如果出现 2 个拐点，则可拟合三次曲线。

二次曲线方程形式为：

$$\hat{Y}_t = a + bt + ct^2 \quad (11.26)$$

式中，$\hat{Y}_t$ 是时间序列的趋势值；t 是时间标号；a、b、c 为需要估计的参数。

将 t 和 t^2 作为两个自变量，进行多元回归。根据最小二乘法，得到标准方程组：

$$\begin{cases} \sum Y = na + b\sum t + c\sum t^2 \\ \sum tY = a\sum t + b\sum t^2 + c\sum t^3 \\ \sum t^2 Y = a\sum t^2 + b\sum t^3 + c\sum t^4 \end{cases}$$

解上述方程得到参数 a、b、c。

回归方程的斜率 $k \approx b+2ct$，表示 t 对 Y 的边际效应，即 t 改变一个单位则 Y 约改变 $b+2ct$ 个单位。当 $b>0$，$c<0$ 时，边际效应递减，函数最大值出现在点 $b/-2c$ 处；当 $b<0$，$c>0$ 时，边际效应递增，函数最小值出现在点 $-b/2c$ 处。

【例 11-13】利用 1994—2017 年港澳同胞入境游客统计数据（表 11.14）进行趋势分析。

表 11.14 1994—2017 年港澳同胞入境游客统计数据（单位：万人次）

年份	t	t^2	游客人数	年份	t	t^2	游客人数	年份	t	t^2	游客人数
1994	1	1	3699.7	2002	9	81	8080.82	2010	17	289	10249.48
1995	2	4	3885.17	2003	10	100	7752.73	2011	18	324	10304.85
1996	3	9	4249.47	2004	11	121	8842.05	2012	19	361	9987.35
1997	4	16	4794.33	2005	12	144	9592.79	2013	20	400	9762.5

续表

年份	t	t^2	游客人数	年份	t	t^2	游客人数	年份	t	t^2	游客人数
1998	5	25	5407.54	2006	13	169	9831.84	2014	21	441	9677.16
1999	6	36	6167.06	2007	14	196	10113.57	2015	22	484	10233.64
2000	7	49	7009.93	2008	15	225	10131.65	2016	23	529	10456.26
2001	8	64	7434.45	2009	16	256	10005.44	2017	24	576	10444.59

资料来源：国家统计局网站数据库。

解： 首先利用1994—2017年港澳同胞入境游客数据绘制散点图和趋势线，结果如图11.7所示。散点图与趋势线表现出抛物线形状，拟合曲线有一个比较明显的拐点，因此可以拟合二次曲线。

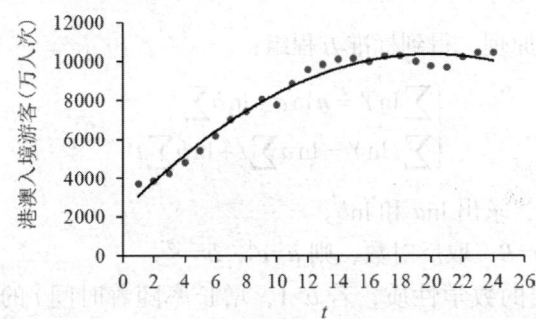

图11.7　港澳同胞入境游客人数散点图与趋势线

设二次曲线方程为：

$$\hat{Y}_t = a + bt + ct^2$$

采用最小二乘法估计参数，得到估计的回归方程：

$$\hat{Y}_t = 2274.418 + 809.926t - 20.296t^2$$
$$(8.713) \quad (16.835) \quad (-10.864)$$

调整的 $R^2 = 0.972$，$F = 402.829$，$n = 24$，$s_e = 391.235$

调整的 $R^2 = 0.972$，表明方程拟合非常好。回归方程一次项和二次项系数的 t 检验统计量值分别为16.835和-10.864，显著性概率都为0.000，表明拟合二次曲线趋势是非常显著的。

回归结果表明，当 t 接近20时，游客人数达到最大值，以后随着时间的增加,游客人数将会递减,这与实际基本吻合。2011年(t=18)游客人数达到10304.85万人次,之后连续4年低于2011年水平。但从2016年又有所增长,达到10456.26万人次,超过了2011年,2017年与2016年水平接近,今后的发展还有待进一步观察。

(2)指数曲线模型

时间序列每期增长率(即环比增长速度)大致相同时,就会近似地表现出指数曲线趋势。在这种情况下,就可以拟合指数曲线模型来描述长期趋势。

指数曲线方程一般形式为:

$$\hat{Y}_t = ab^t \qquad (11.27)$$

式中,$\hat{Y}_t$是时间序列的趋势值;t是时间标号;a、b为待估参数。

对指数方程两边取对数,将其化为线性形式:

$$\ln \hat{Y}_t = \ln a + t \ln b \qquad (11.28)$$

根据最小二乘原理,得到标准方程组:

$$\begin{cases} \sum \ln Y = n \ln a + \ln b \sum t \\ \sum t \ln Y = \ln a \sum t + \ln b \sum t^2 \end{cases}$$

解上述方程组,求出ln$a$和ln$b$。

设ln$a$=A,ln$b$=B,取反对数,则$a=e^A$,$b=e^B$。

根据指数曲线的数学性质,若b>1,增长率随着时间t的增加而增加;若b<1,增长率随着时间t的增加而降低;若a>0,b<1,趋势值逐渐降低到以0为极限。指数方程参数的含义是:b为平均发展速度;a则是最初的发展水平。

【例11-14】利用1994—2018年国内游客统计数据(表11.15)进行趋势分析。

表11.15　1994—2018年国内游客统计数据(单位:百万人次)

年份	t	游客人数	年份	t	游客人数	年份	t	游客人数
1994	1	524	2003	10	870	2012	19	2957
1995	2	629	2004	11	1102	2013	20	3262
1996	3	640	2005	12	1212	2014	21	3611
1997	4	644	2006	13	1394	2015	22	4000
1998	5	695	2007	14	1610	2016	23	4440
1999	6	719	2008	15	1712	2017	24	5000

续表

年份	t	游客人数	年份	t	游客人数	年份	t	游客人数
2000	7	744	2009	16	1902	2018	25	5539
2001	8	784	2010	17	2103			
2002	9	878	2011	18	2641			

资料来源：国家统计局网站数据库。

解： 首先利用 1994—2018 年国内游客数据做散点图和趋势性线，结果如图 11.8 所示。散点图与趋势线表现出指数曲线形状，因此可以拟合指数曲线方程。

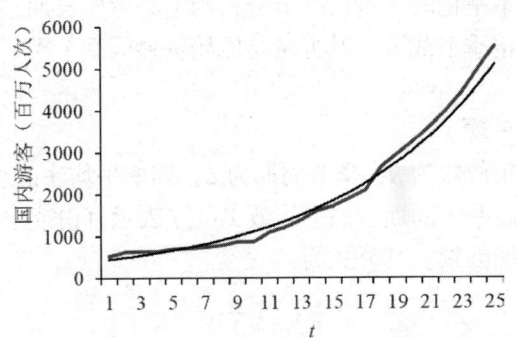

图 11.8　1994—2018 年国内游客人数散点图与趋势线

设指数曲线方程为：

$$\hat{Y}_t = ab^t$$

对方程两边取对数，将其化为线性形式：

$$\ln \hat{Y}_t = \ln a + t \ln b$$

采用最小二乘法估计参数，得到估计的回归方程：

$$\ln \hat{Y}_t = 6.016 + 0.1t$$

$$(119.005)\ (29.538)$$
$$R^2 = 0.974,\ n=25,\ s_e = 0.124$$

$R^2 = 0.974$，表明方程拟合非常好。回归方程斜率系数的 t 检验统计量值为 119.005，显著性概率为 0.000，表明拟合线性趋势是非常显著的。

对 $\ln a = 6.016$，$\ln b = 0.1$，取反对数，得到 $a = 409.934$，$b = 1.1052$。从而得到指数方程：

$$\hat{Y}_t = 409.934 \times 1.1052^t = 409.934 \times (1+0.1052)^t$$

回归结果表明，国内游客人数呈现出指数增长趋势，年均增长率为10.52%。

三、季节变动分析

时间序列除了受长期趋势影响外，有时会受到季节变动因素影响。季节变动分析可以了解时间序列受季节因素的影响和变动规律；对时间序列数据进行季节调整，剔除季节因素后，可以更好地研究长期趋势及其他因素的变动趋势；利用季节变动规律并结合长期趋势分析，还可以对未来季节变化进行预测。

（一）原始资料同季平均法

当时间序列基本平稳时，进行季节分析则不必考虑长期趋势的影响，直接利用原始时间序列测定季节成分，其方法是原始资料同季（季、月、周、日）平均法。

1. 水平值同季平均法

设时间序列的年份数为 n，季节周期为 L，同季平均法的步骤为：

（1）计算各年同季（同期）的平均数 $\bar{Y}_{\cdot j}$（j 表示月份或季度，$j=1, 2, \cdots, L$），从而消除不规则变动因素。其公式为：

$$\bar{Y}_{\cdot j} = \frac{1}{n} \sum_{i=1}^{n} Y_{ij} \tag{11.29}$$

（2）计算时间序列总平均数 $\bar{Y}$。可以根据全部观测值计算总平均数；也可根据各年的同季平均数或各年的季（季、月、周、日）平均数计算总平均数。其公式为：

$$\bar{Y} = \frac{1}{nL} \sum_{i=1}^{n} \sum_{j=1}^{L} Y_{ij} = \frac{1}{L} \sum_{j=1}^{L} \bar{Y}_{\cdot j} = \frac{1}{n} \sum_{i=1}^{n} \bar{Y}_{i \cdot} \tag{11.30}$$

（3）计算季节指数（季节比率）S_j。季节比率为各年同期平均数 $\bar{Y}_{\cdot j}$ 与时间序列总平均数 $\bar{Y}$ 之比，表示各年的同期平均水平相对于整个序列平均水平变动的程度，也称为季节指数（seasonal index），用相对比率或百分数表示。其公式为：

$$S_j = \frac{\bar{Y}_{\cdot j}}{\bar{Y}} \times 100\% \tag{11.31}$$

在乘法模型中，季节比率总和等于季节周期 L（12 或 4），因此，季节比率平均数等于 1 或 100%，即

$$\bar{S} = \sum S_j / L = 1 = 100\% \tag{11.32}$$

季节变动的程度是根据各季节指数与其平均数（100%）的偏差程度来测定的，如果现象的发展没有季节变动，则各期的季节指数应等于100%；如果时间序列有明显的季节变化，则各期的季节指数应大于或小于100%。

（4）绘制季节指数波动图。为了直观显示时间序列季节波动情况，可以用季节周期为横轴，季节指数为纵轴绘制季节指数波动图。

【例11-15】利用2016年1月—2018年12月我国旅客运输客运量统计数据（表11.16）进行季节分析。

表11.16　2016年1月—2018年12月客运量（单位：万人）

月份	2016年	2017年	2018年	月份	2016年	2017年	2018年
1	152065	158298	140457	7	165607	159482	155055
2	175722	169843	158733	8	167882	160568	159663
3	159371	150790	153760	9	162532	151328	150435
4	153500	151801	147988	10	168978	161350	159886
5	153512	154809	145737	11	145182	143222	138616
6	150600	147328	144472	12	164801	142152	137176

资料来源：国家统计局网站数据库。

解：利用2016年1月—2018年12月客运量数据计算的季节指数，结果如表11.7所示。

表11.17　2016年1月—2018年12月客运量季节指数（单位：万人）

月份	2016年	2017年	2018年	同期合计	同期平均	季节指数
1	152065	158298	140457	450820	150273.3	0.9725
2	175722	169843	158733	504298	168099.3	1.0879
3	159371	150790	153760	463921	154640.3	1.0008
4	153500	151801	147988	453289	151096.3	0.9778
5	153512	154809	145737	454058	151352.7	0.9795
6	150600	147328	144472	442400	147466.7	0.9544
7	165607	159482	155055	480144	160048.0	1.0358
8	167882	160568	159663	488113	162704.3	1.0530

续表

月份	2016 年	2017 年	2018 年	同期合计	同期平均	季节指数
9	162532	151328	150435	464295	154765.0	1.0016
10	168978	161350	159886	490214	163404.7	1.0575
11	145182	143222	138616	427020	142340.0	0.9212
12	164801	142152	137176	444129	148043.0	0.9581
合计	1919752	1850971	1791978	5562701	1854233.6	12.0000
平均	159979.3	154247.0	149331.5	463558.4	154519.5	1.0000

将 1—12 月的季节指数绘制成趋势图（图 11.9），表现出明显的季节变动。其中，3 月和 9 月与总平均水平持平，没有表现出季节的波动；1、4、5、6、11、12 月低于总平均水平，最低为 11 月；2、7、8、10 月高于总平均水平，此为春运、暑假、国庆节三个高峰期，最高为 2 月。

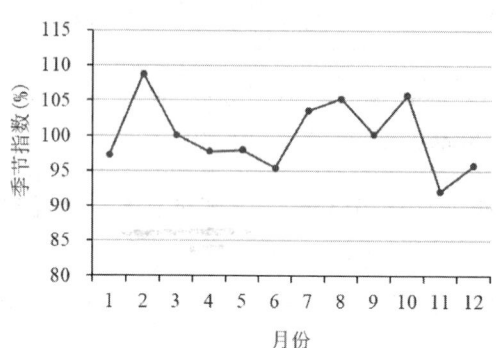

图 11.9　客运量季节指数波动图

2. 比率同季平均法

设时间序列的年份数为 n，季节周期为 L，比率同季平均法的步骤为：

（1）首先计算各年的季平均数。其公式为：

$$\overline{Y_{i\cdot}} = \frac{1}{L}\sum_{j=1}^{L} Y_{ij} \qquad (11.33)$$

式中，i 表示年份，$i=1, 2, \cdots, n$；j 表示季节（季、月、周、日等），$j=1, 2, \cdots, L$。

（2）计算各年的季节比率。用第 i 年第 j 季的观测值除以第 i 年的季平均数，其公式为：

$$S_{ij} = Y_{ij}/\overline{Y_{i.}} \qquad (11.34)$$

（3）计算同季平均季节比率，得到季节指数。其公式为：

$$S_j = \frac{1}{n}\sum_{i=1}^{n} S_{ij} \qquad (11.35)$$

例如，利用例 11-15 的数据，比率同季平均法计算的季节指数如表 11.18 所示。

表 11.18　2016 年 1 月—2018 年 12 月客运量季节指数

年＼月	1	2	3	4	5	6	7	8	9	10	11	12	平均
2016	0.951	1.098	0.996	0.959	0.960	0.941	1.035	1.049	1.016	1.056	0.908	1.030	1.000
2017	1.026	1.101	0.978	0.984	1.004	0.955	1.034	1.041	0.981	1.046	0.929	0.922	1.000
2018	0.941	1.063	1.030	0.991	0.976	0.967	1.038	1.069	1.007	1.071	0.928	0.919	1.000
同期平均	0.972	1.087	1.001	0.978	0.980	0.955	1.036	1.053	1.001	1.058	0.921	0.957	1.000

（二）趋势剔除法

在进行季节变动分析时，如果时间序列包含趋势（有时还包含循环变动）成分，则应先将其消除后再计算季节指数，此种方法为趋势剔除法。

1. 剔除趋势成分（包括循环波动）

测定趋势成分可以使用移动平均法或趋势方程拟合法，这里采用移动平均法。对原序列按照季节周期（季度数据采用 4 项移动平均，月份数据采用 12 项移动平均）进行中心化移动平均（CMA），消除季节因素 S 和不规则变动因素 I。

用原序列除以中心化移动平均序列，便剔除了长期趋势 T 和循环变动 C，即

$$Y/CMA = Y/(T \times C) = S \times I \qquad (11.36)$$

2. 计算季节比率

对剔除长期趋势和循环变动因素的序列，按照同期平均法计算季节比率。

各期季节指数的平均数应等于 1 或 100%，若计算的季节比率的平均值不等于 1 时，则需要进行标准化修正，其方法是将计算的每个季节比率除以季节比率平均值，即

$$S_j^* = S_j/\overline{S} \quad (j=1, 2, \cdots, L) \qquad (11.37)$$

【例 11-16】在例 11-11 的基础上，利用 2013 年第 1 季—2018 年第 4 季国内居民人均消费支出数据进行季节分析。

解：首先，对2013—2018年居民人均消费支出季度数据进行4项移动平均，并剔除趋势，计算结果如表11.19所示。

表 11.19　人均消费支出序列趋势剔除

（单位：元）

年份	季度	人均消费支出（Y）	四项中心化移动平均（CMA）	季节因素（Y/CMA）
2013	1	3370	—	—
	2	2887	—	—
	3	3219	3353	0.9600
	4	3744	3436	1.0898
2014	1	3755	3503	1.0719
	2	3161	3580	0.8831
	3	3486	3663	0.9517
	4	4089	3742	1.0928
2015	1	4076	3812	1.0693
	2	3470	3886	0.8930
	3	3740	3975	0.9408
	4	4426	4058	1.0906
2016	1	4454	4131	1.0781
	2	3757	4223	0.8897
	3	4036	4321	0.9342
	4	4864	4398	1.1059
2017	1	4796	4470	1.0729
	2	4038	4544	0.8887
	3	4328	4626	0.9355
	4	5160	4723	1.0925
2018	1	5162	4817	1.0716
	2	4447	4912	0.9054
	3	4672	—	—
	4	5572	—	—

其次，运用同季平均法计算季节指数，结果如表11.20所示。

表 11.20 人均消费支出季节指数

年份	季度				合计	平均
	1	2	3	4		
2013	—	—	0.9600	1.0898	2.0498	1.0249
2014	1.0719	0.8831	0.9517	1.0928	3.9995	0.9999
2015	1.0693	0.8930	0.9408	1.0906	3.9937	0.9984
2016	1.0781	0.8897	0.9342	1.1059	4.0079	1.0019
2017	1.0729	0.8886	0.9355	1.0925	3.9895	0.9974
2018	1.0716	0.9054	—	—	1.9770	0.9885
同期合计	5.3638	4.4598	4.7222	5.4716	20.0174	5.0043
同期平均（季节指数）	1.0728	0.8920	0.9444	1.0943	4.0035	1.0009
修正季节指数	1.0718	0.8912	0.9436	1.0934	4.0000	1.0000

将居民人均消费支出季节指数绘制成季节波动图（图11.10），图中显示了明显的季节波动。第一季度消费支出高于平均水平；第二季度消费支出显著下降，出现消费支出最低水平；第三季度有所上升，但仍低于平均水平；第四季度消费上升明显，消费支出为全年最高水平。

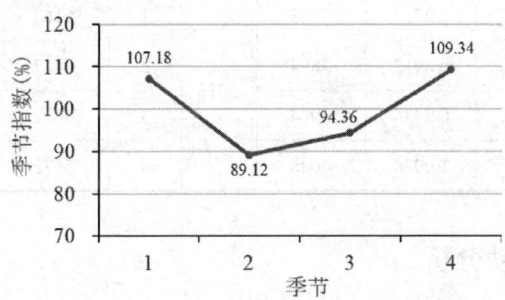

图 11.10 人均消费支出季节指数波动图

（三）季节调整

季节调整就是将季节因素从时间序列中分离出去，以便观察和分析时间序列的其他成分特征，其方法是将原时间序列除以相应的季节比率，即

$$\frac{Y}{S} = \frac{T \times S \times C \times I}{S} = T \times C \times I \qquad (11.38)$$

季节因素分离后的序列，反映了在没有季节因素影响的情况下时间序列的变化形态。

【例 11-17】 利用例 11-16 计算的季节指数，对 2013 年第 1 季—2018 年第 4 季国内居民人均消费支出数据进行季节调整，消除季节因素。

解： 根据式（11.38），用 2013—2018 年居民人均消费支出季度数据除以季节指数，从而消除季节因素，计算结果如表 11.21 所示。

表 11.21　人均消费支出数据季节调整计算结果

年份	季度	人均消费支出 Y	季节指数 S	消除季节 Y/S	年份	季度	人均消费支出 Y	季节指数 S	消除季节 Y/S
2013	1	3370	1.0718	3144	2016	1	4454	1.0718	4156
	2	2887	0.8912	3239		2	3757	0.8912	4216
	3	3219	0.9436	3411		3	4036	0.9436	4277
	4	3744	1.0934	3424		4	4864	1.0934	4449
2014	1	3755	1.0718	3503	2017	1	4796	1.0718	4475
	2	3161	0.8912	3547		2	4038	0.8912	4531
	3	3486	0.9436	3694		3	4328	0.9436	4587
	4	4089	1.0934	3740		4	5160	1.0934	4719
2015	1	4076	1.0718	3803	2018	1	5162	1.0718	4816
	2	3470	0.8912	3894		2	4447	0.8912	4990
	3	3740	0.9436	3964		3	4672	0.9436	4951
	4	4426	1.0934	4048		4	5572	1.0934	5096

四、循环波动分析

循环波动分析的目的是揭示现象循环波动的规律性，或者剔除循环波动因素的影响。循环波动既可能表现为绝对水平上升与下降的交替波动，也可能表现为增长率的波动而绝对水平波动并不明显。循环波动现象一般比较复杂，其变动周期长短、波动幅度大小并不固定，这给分析带来一定困难，常用的方法有直接法和剩余法。

（一）直接法

直接法是通过计算时间序列的年距发展速度或年距增长速度来消除或减弱趋势和季节波动的分析方法。这种方法简单易行，但也有不够准确的缺点。如果时间序列分析只是大体了解循环波动情况，可以采用直接法测定。直接法的公式为：

（1）年距发展速度

$$CI_{t,i} = \frac{Y_{t,i}}{Y_{t-1,i}} \tag{11.39}$$

式中，下标 t 表示年份，$t-1$ 表示上一年；i 表示季度或月份。CI 是消除或削弱了趋势和季节因素后的循环成分（含随机波动成分）。

（2）年距增长速度

$$CI_{t,i} = \frac{Y_{t,i} - Y_{t-1,i}}{Y_{t-1,i}} \tag{11.40}$$

式中，下标 t 表示年份，$t-1$ 表示上一年；i 表示季度或月份。

（二）剩余法

剩余法是利用时间序列分解原理，剔除趋势、季节和随机波动等因素，剩余的波动因素就是循环波动。根据乘法模型 $Y = T \times S \times C \times I$，其计算步骤为：

（1）测定并剔除季节变动因素 S，即

$$\frac{Y}{S} = T \times C \times I \tag{11.41}$$

（2）运用趋势方程法测定并剔除趋势 T，即

$$\frac{T \times C \times I}{T} = C \times I \tag{11.42}$$

（3）运用移动平均法剔除随机变动因素 I，即对 $C \times I$ 序列进行移动平均，便得到循环变动比率 C，也称为循环指数。

【例 11-18】在例 11-13 的基础上，利用 1994—2017 年港澳同胞入境游客统计数据进行循环变动分析。

解：本例为年度数据，不包含季节因素，即 $Y = T \times C \times I$，因此不必进行季节调整，只需剔除趋势 T 和随机波动因素 I 即可。

第一步，剔除长期趋势。例 11-13 估计的二次曲线方程为：

$$\hat{Y}_t = 2274.418 + 809.926t - 20.296t^2$$

根据该方程计算港澳同胞入境游客人数的趋势值 T，通过 Y/T，得到循环与随机变动序列 $C \times I$。计算结果见表 11.22。

第二步，对 $C \times I$ 序列进行三项移动平均，得到循环变动指数 C（表 11.22）。

表 11.22 港澳同胞入境游客人数循环变动分析（单位：万人次）

年份	游客 Y	趋势 T	循环与随机变动 $C \times I$	循环指数 C	年份	游客 Y	趋势 T	循环与随机变动 $C \times I$	循环指数 C
1994	3699.70	3064.05	1.2075	—	2006	9831.84	9373.43	1.0489	1.0520
1995	3885.17	3813.09	1.0189	1.0554	2007	10113.57	9635.37	1.0496	1.0421
1996	4249.47	4521.53	0.9398	0.9609	2008	10131.65	9856.71	1.0279	1.0248
1997	4794.33	5189.39	0.9239	0.9311	2009	10005.44	10037.46	0.9968	1.0106
1998	5407.54	5816.65	0.9297	0.9389	2010	10249.48	10177.62	1.0071	1.0022
1999	6167.06	6403.32	0.9631	0.9672	2011	10304.85	10277.18	1.0027	0.9920
2000	7009.93	6949.40	1.0087	0.9897	2012	9987.35	10336.16	0.9663	0.9706
2001	7434.45	7454.88	0.9973	1.0088	2013	9762.50	10354.54	0.9428	0.9486
2002	8080.82	7919.78	1.0203	0.9822	2014	9677.16	10332.33	0.9366	0.9586
2003	7752.73	8344.08	0.9291	0.9875	2015	10233.64	10269.53	0.9965	0.9872
2004	8842.05	8727.79	1.0131	0.9999	2016	10456.26	10166.13	1.0285	1.0224
2005	9592.79	9070.91	1.0575	1.0398	2017	10444.59	10022.15	1.0422	—

第三步，利用计算的循环变动指数绘制循环指数曲线（图 11.11）。从图中可以看出，存在循环波动，但波动幅度不大，循环波动比率在 0.9 和 1.1 之间，波动周期大概 11 年左右。

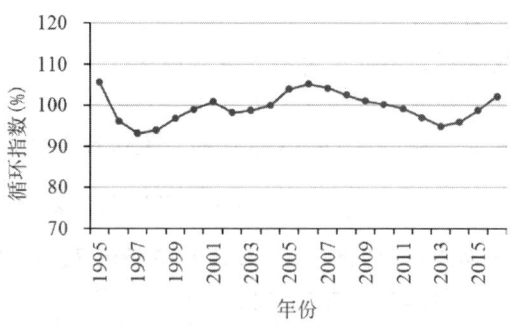

图 11.11 港澳同胞入境游客人数循环变动图

第三节　时间序列预测

一、时间序列预测概述

(一) 时间序列预测的含义

时间序列预测是利用现象发展的过去数据信息对其未来发展趋势和水平进行推断的统计方法。时间序列分析的一个主要目的就是根据所收集的历史数据对未来进行预测。

利用时间序列预测时，通常假定过去的变化趋势会延续到未来。这一假定具有其合理性，因为事物发展是有一定规律性的，我们可以认识并利用这种规律性，对未来发展做出判断。但时间序列预测利用的是现象与时间的相关关系，这种相关关系不同于因果关系，这种预测利用的是统计规律，而非因果规律。社会现象错综复杂，仅仅靠统计知识是不够的，还需要相关的专业理论知识与经验，否则，往往达不到理想的预测效果。

(二) 时间序列预测分类

1. 确定性预测与随机性预测

按照时间序列预测模型分为确定性预测和随机性预测。确定性预测方法包括移动平均法、指数平滑法、趋势模型法、分解预测法等传统时间序列预测方法。随机性预测模型包括自回归模型（AR）、自回归移动平均模型（ARMA）、向量自回归模型（VAR）等现代时间序列预测方法。本章介绍的预测方法为确定性预测方法。

2. 短期、中期与长期预测

根据预测时间长短可分为短期、中期与长期预测。时间长短是相对的，一般地，一年及以下的预测为短期预测；五年及以上的预测为长期预测；介于短期与长期之间的预测为中期预测。

(三) 时间序列预测程序

时间序列预测主要包括如下程序：

（1）确定时间序列类型。一般通过绘制时间序列趋势图的方法，判断时间序列包含的要素，确定序列的模式类型，如平稳序列、趋势序列、季节序列、趋势与季节复合序列等。

（2）选择预测方法。根据时间序列类型选择适合的预测方法。时间序列预测方法很多，已形成传统时间序列预测和现代时间序列预测两大体系。本章所讲为传统时间序列预测方法。对于平稳序列，可选择移动平均法、指数平滑法；对于趋势序列可使用趋势外推法；对于趋势与季节复合序列可使用分解预测法。

（3）进行预测评估。对所选择的预测方法进行准确性评价，从而确定最佳预测方案。

（4）利用最佳方案进行预测。预测方案确定后，利用相关模型及所搜集的数据进行预测，得到预测结果。

（四）预测方法评估

1. 预测评价指标

一种预测方法的预测效果好坏取决于预测误差的大小。预测误差 e_i 是实际值 Y_i 与预测值 F_i 之差，即 $e_i = Y_i - F_i$。

预测误差可以用均方误差来度量。均方误差（mean square error），是通过平方的方法消除误差的正负号后计算的平均误差，用 MSE 表示。其公式为：

$$MSE = \frac{1}{n}\sum_{i=1}^{n}(Y_i - F_i)^2 \qquad (11.43)$$

式中，Y_i 为第 i 个实际观测值，F_i 为相应的第 i 个预测值，n 为预测值的个数。

2. 预测效果检验

（1）内插检验

内插检验属于样本期内检验。在样本期内，预测变量与被预测变量的观测值都是可知的。这时可以利用样本观测值与通过预测模型计算的拟合值之间的误差检验模型的预测精度。预测误差越小，模型预测精度越高。

（2）外推检验

将用于预测的时间序列数据分为两部分，将其中的大部分数据作为样本用于建立预测模型，剩下的小部分数据用于预测检验，这种方法称为外推检验。用于建模的数据所代表的时期称为样本期，用于检验模型的数据所代表的时期称为事后期。用事后期预测值与事后期实际值的偏离程度衡量模型的预测能力，称为外推检验。

二、平稳序列预测

（一）移动平均法

移动平均法不仅可以用来测定时间序列成分，还可以作为平稳序列的预测方法。它通过对时间序列逐期递移的方式求得一系列平均数作为预测值，其方法是将最近的 k 期数据加以平均作为下一期的预测值。这一点是它与中心化移动平均的不同之处。

设移动时距为 k（$1<k<t$），则（$t+1$）期的移动平均预测值为：

$$F_{t+1} = \bar{Y}_t = \frac{Y_{t-k+1} + Y_{t-k+2} + \cdots + Y_{t-1} + Y_t}{k} \quad (11.44)$$

式中，$\bar{Y}_t$ 为第 t 期的移动平均值。

使用移动平均预测方法需要注意的问题：

(1) 对于同一个时间序列，采用不同的移动项数预测的准确性是不同的。移动项数选择，可通过试验比较，选择一个使均方误差较小的移动项数。

(2) 主要适合对平稳时间序列进行短期预测。

(3) 当时间序列的波动较大时，可进行加权移动平均。仍按"厚今薄古"的原则，最近期的观察值应赋予最大的权数，较远时期赋予的权数依次递减。例如，对于三项加权移动平均，由近而远可按3∶2∶1的比例加权，即权重分别为3/6，2/6，1/6。

【例 11-19】利用 2006—2017 年会议/商务外国入境游客数据，采用三项与五项移动平均法对 2018 年会议/商务外国入境游客人数进行预测。

解：采用三项与五项移动平均法对 2018 年会议/商务型外国入境游客人数进行预测，预测结果如表 11.23 所示。

表 11.23 会议/商务外国入境游客预测结果（单位：万人次）

年份	游客	三项平均	预测误差	误差平方	五项平均	预测误差	误差平方
2006	554.84	—					
2007	696.05	—					
2008	567.77						
2009	523.72	606.22	−82.50	6806.25			
2010	619.67	595.85	23.82	567.55			
2011	632.64	570.39	62.25	3875.48	592.41	40.23	1618.45
2012	628.02	592.01	36.01	1296.72	607.97	20.05	402.00
2013	619.4	626.78	−7.38	54.42	594.36	25.04	626.80
2014	539.57	626.69	−87.12	7589.31	604.69	−65.12	4240.61
2015	537.66	595.66	−58.00	3364.39	607.86	−70.20	4928.04
2016	579.74	565.54	14.20	201.55	591.46	−11.72	137.31
2017	569.68	552.32	17.36	301.25	580.88	−11.20	125.40
2018 预测	—	562.36	—	—	569.21		
均方误差				2672.99			1725.52

资料来源：国家统计局网站数据库。

从表中预测结果可以看出，五项平均预测的均方误差小于三项平均。五项平均法预测 2018 年会议 / 商务外国入境游客为 569.21 万人次。

（二）一次指数平滑法

指数平滑法（exponential smoothing）是对时间序列过去的观测值加权平均进行预测的一种方法，是加权平均的一种特殊形式。观测值时间越远，其权数越小，呈现指数趋势下降，因而称为指数平滑。该方法有一次指数平滑、二次指数平滑、三次指数平滑等，其中，一次指数平滑法适合平稳时间序列的短期预测。

设时间序列观测值为 $y_1, y_2, \cdots, y_t$；S_t 为第 t 期的指数平滑值。那么，一次指数平滑式为：

$$\begin{aligned} S_t &= \alpha Y_t + \alpha(1-\alpha)Y_{t-1} + \alpha(1-\alpha)^2 Y_{t-2} + \cdots + \alpha(1-\alpha)^{t-1} Y_1 \\ &= \alpha Y_t + (1-\alpha)[\alpha Y_{t-1} + \alpha(1-\alpha)Y_{t-2} + \cdots + \alpha(1-\alpha)^{t-2} Y_1] \\ &= \alpha Y_t + (1-\alpha) S_{t-1} \end{aligned} \quad （11.45）$$

上式中，$0 < \alpha < 1$；$\sum_{i=1}^{t} \alpha(1-\alpha)^{t-i} = 1$。平滑值 S_t 就是 t 期观测值的加权平均数，权数就是以 α 称为首项，$1-\alpha$ 为公比的递减等比数列，即权数以指数形式递减。

利用指数平滑法预测时，以第 t 期平滑值 S_t 做为第 $t+1$ 期的预测值 F_{t+1}，因此有预测模型：

$$F_{t+1} = \alpha Y_t + (1-\alpha) F_t \quad （11.46）$$

式中，Y_t 为第 t 期的实际观测值；F_t 为第 t 期的预测值；α 称为平滑系数，$1-\alpha$ 称为阻尼系数。一次指数平滑在开始计算时，没有第 1 个预测值 F_1，通常取第 1 期的观测值作为初始预测值，即 $F_1 = Y_1$。也可以取前几期的平均值作为初始预测值。

对式（11.46）变形可以得到：

$$F_{t+1} = F_t + \alpha(Y_t - F_t) \quad （11.47）$$

式中，F_{t+1} 是第 t 期的预测值 F_t 与用 α 调整的第 t 期预测误差（$Y_t - F_t$）之和，表明指数平滑模型具有误差修正机制，α 正是预测误差修正系数。

不同的 α 值会对预测结果产生不同的影响，因此应根据时间序列的特征来选择适合的 α。当时间序列波动较小时，宜选较小的 α，比如 0.1~0.4；当时间序列波动较大时，宜选较大的 α，比如 0.4~0.9，以便能很快跟上近期的变化。选择 α 时，还应考虑预测误差。确定 α 时，可选择几个 α 值进行试算，然后找出均方误差最小的作为最后的 α 值。

【例 11-20】利用 2005—2018 年居民消费价格指数（上年 =100）数据，选择适当的平滑系数 α，进行一次指数平滑预测。

解： 由于居民消费价格指数波动较小，因此平滑系数 α 取 0.1 和 0.3 进行比较。预测结果如表 11.24 所示。

表 11.24　居民消费价格指数预测

年份	CPI（%）	指数平滑 α = 0.1	预测误差	误差平方	指数平滑 α = 0.3	预测误差	误差平方
2005	101.8	—	—	—	—	—	—
2006	101.5	101.8	−0.30	0.09	101.80	−0.30	0.09
2007	104.8	101.8	3.03	9.18	101.71	3.09	9.55
2008	105.9	102.1	3.83	14.65	102.64	3.26	10.65
2009	99.3	102.5	−3.16	9.96	103.62	−4.32	18.63
2010	103.3	102.1	1.16	1.35	102.32	0.98	0.96
2011	105.4	102.3	3.14	9.88	102.61	2.79	7.76
2012	102.6	102.6	0.03	0.00	103.45	−0.85	0.72
2013	102.6	102.6	0.03	0.00	103.20	−0.60	0.35
2014	102.0	102.6	−0.58	0.33	103.02	−1.02	1.03
2015	101.4	102.5	−1.12	1.25	102.71	−1.31	1.72
2016	102.0	102.4	−0.41	0.17	102.32	−0.32	0.10
2017	101.6	102.4	−0.77	0.59	102.22	−0.62	0.39
2018	102.1	102.3	−0.19	0.04	102.04	0.06	0.00
2019 预测	—	102.3	—	—	102.06	—	—
均方误差	—	—	—	3.65	—	—	4.00

资料来源：国家统计局网站数据库。

从表 11.24 中预测结果可以看出，平滑系数 α 取 0.1 时预测的均方误差为 3.65，α 取 0.3 时预测的均方误差为 4.00，因此将 α 确定为 0.1。2019 年预测的居民消费价格指数为 102.3。

三、趋势序列预测

对于趋势序列，可以建立趋势模型，根据估计的趋势方程进行趋势预测，这种方法称为趋势外推法。趋势模型预测适合中短期预测。

趋势模型预测的主要步骤为：

首先，建立趋势模型。以趋势变量为因变量，以时间 t 为自变量，建立趋势模型。趋势模型包括线性趋势模型和非线性趋势模型。

其次，估计趋势回归方程。一般可采用最小二乘法估计趋势回归方程。

最后，利用趋势回归方程进行预测。将预测期时间 t 的取值代入估计的趋势方程，得到因变量的预测值。

关于趋势模型的建立、估计与检验的内容已在本章第二节讲述，这里不再讨论。

趋势预测的误差可以用回归中的估计标准误差（s_e）来衡量。该指标一般可以由软件直接给出。其公式为：

$$s_e = \sqrt{\frac{\sum_{i=1}^{n}(Y_i - \overline{Y}_i)^2}{n-m}} \qquad (11.48)$$

式中，n 为样本观测值个数，m 为趋势方程待估参数的个数。

【例11-21】在例11-12的基础上，利用1985—2017年入境过夜游客（万人次）统计数据（表11.13），预测2018—2022年入境过夜游客人数。

解：通过散点图（图11.6）观察，1985—2017年入境过夜游客人数呈现出明显的线性趋势，因此可以拟合线性趋势方程。在例11-12中，已得到线性趋势方程，即

$$\hat{Y}_t = 218.235 + 189.887t$$

$$(1.682) \quad (28.521)$$

$$R^2 = 0.963, \; n = 33, \; s_e = 364.178$$

该方程通过了显著性检验，拟合效果非常好，可以用于外推预测。将 $t = 34\sim38$ 代入上述方程，得到预测结果如表11.25所示。

表11.25 入境过夜游客人数预测结果

年份	t	预测值（万人次）
2018	34	6674.39
2019	35	6864.28
2020	36	7054.17
2021	37	7244.05
2022	38	7433.94

四、季节序列预测

（一）有趋势的季节序列分解预测

当时间序列包含多种成分时，可以先将各种成分分解出来再进行预测。采用

分解法预测,首先将季节因素分离出来,其次建立趋势模型进行预测,最后进行最终预测。

该方法包括如下主要步骤:

(1)计算季节指数。对于季节与趋势复合时间型序列可以用趋势剔除法计算出季节指数 S_j。

(2)剔除季节成分。利用计算出的季节指数对原序列进行季节调整,将季节成分剔除。

(3)进行趋势预测。利用剔除季节成分的时间序列建立线性或非线性趋势方程,进行趋势预测,得到不包含季节成分的预测值 $\hat{Y}_t$。

(4)进行季节预测。最后一步是将不包含季节成分的预测值乘以季节指数,得到包含季节因素的预测值 $\hat{Y}_t S_j$。

【例 11-22】在例 11-16 和例 11-17 的基础上,利用 2013 年第 1 季—2018 年第 4 季国内居民人均消费支出数据(表 11.13),对 2019 年 1—4 季度居民人均消费支出(元)进行预测。

解:第一步:计算季节指数。采用四项中心化移动平均剔除趋势,并利用同季平均消除随机波动因素,得到季节指数如表 11.26 所示。计算过程见例 11-16。

表 11.26 季节指数计算结果

季度	同季平均(季节比率)	修正季节指数
1	1.0728	1.0718
2	0.892	0.8912
3	0.9444	0.9436
4	1.0943	1.0934

第二步:剔除季节成分。利用季节指数,对 2013 年第 1 季度—2018 年第 4 季度居民人均消费支出序列进行季节调整,消除季节因素,结果如表 11.27 所示(计算过程见例 11-17)。

表 11.27 人均消费支出序列季节调整结果

年份	季度	消除季节 Y/S	年份	季度	消除季节 Y/S	年份	季度	消除季节 Y/S
2013	1	3144	2015	1	3803	2017	1	4475
	2	3239		2	3894		2	4531
	3	3411		3	3964		3	4587
	4	3424		4	4048		4	4719

续表

年份	季度	消除季节 Y/S	年份	季度	消除季节 Y/S	年份	季度	消除季节 Y/S
2014	1	3503	2016	1	4156	2018	1	4816
	2	3547		2	4216		2	4990
	3	3694		3	4277		3	4951
	4	3740		4	4449		4	5096

第三步：进行趋势预测。利用 2013 年第 1 季—2018 年第 4 季居民人均消费支出数据绘制散点图（图 11.12），显示出明显的线性趋势。因此可以拟合线性趋势方程。

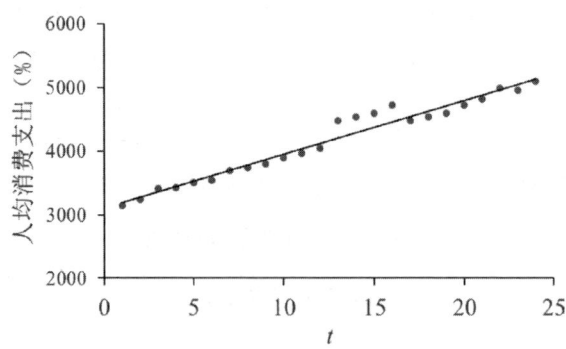

图 11.12　居民人均消费支出散点图

采用最小二乘估计法，得到如下回归方程：

$$\hat{Y}_t = 3107.309 + 84.391t$$

$$(60.446) \quad (23.459)$$

$$R^2 = 0.962，n = 24，s_e = 121.996$$

斜率系数 t 检验的显著性概率即 p 值 = 0.000，表明线性方程非常显著；R^2 = 0.962 说明拟合效果非常好。因此，模型可以用于外推预测。

将 t = 25~28 代入上述方程，得到不含季节因素影响的预测值见表 11.28。

第四步：进行季节预测。将不含季节因素影响的预测值乘以季节指数，得到含季节影响的预测结果（表 11.28）。

表 11.28　居民人均消费支出预测结果

年份	季度	t	不含季节因素预测值	季节指数	含季节因素预测值
2019	1	25	5217.08	1.0718	5591.67
	2	26	5301.48	0.8912	4724.67
	3	27	5385.87	0.9436	5082.10
	4	28	5470.26	1.0934	5981.18

（二）无趋势的季节序列预测

对没有趋势的季节序列进行预测，与含有趋势的季节序列预测方法类似，但计算步骤要简略得多。

首先，直接利用同季平均法计算季节指数 S_j。

其次，进行不含季节因素的预测。因为时间序列是平稳的，没有明显的上升或下降的趋势，因此可以用最后一个季节周期（比如 4 个季度或 12 个月）的平均数作为预测期的预测值 $\hat{Y}_t$，这是不包含季节因素的预测值（预测期内各季的预测值都相等）。

最后，进行季节预测。将不包含季节成分的预测值乘以季节指数，得到包含季节因素的预测值 $\hat{Y}_t S_j$。

第四节　时间序列预测的软件操作

一、利用 Excel 进行时间序列预测

（一）移动平均预测的操作

第一步：选择【数据】—【数据分析】，打开数据分析对话框。

第二步：在分析工具中选择【移动平均】，单击【确定】，弹出移动平均对话框。

第三步：在【输入区域】方框内输入数据单元格区域；在【间隔】框中输入移动平均的项数；在【输出区域】确定输出区域，可选择数据第二个数值对应的右侧单元格，这样可以使最后一个预测值对应预测期；在【图表输出】项打钩。单击【确定】，显示输出结果。

(二) 指数平滑预测的操作

第一步：选择【数据】—【数据分析】，打开数据分析对话框。

第二步：选择【指数平滑】，单击【确定】，打开指数平滑对话框。

第三步：在【输入区域】中输入数据区域；在【阻尼系数】输入阻尼系数值（阻尼系数 =1-α）；在【输出区域】确定输出区域，选择数据第一个数值对应的右侧单元格。（第 $t+1$ 期预测值需要根据最后一个预测值与最后一期观测值来计算，不会自动输出）；在【图表输出】项打钩。单击【确定】，输出结果。

二、利用 SPSS 进行时间序列预测

（一）趋势序列预测的操作

以例 11-21 为例，趋势序列预测的操作步骤如下：

第一步：选择【分析】—【回归】—【曲线估计】，进入曲线估计对话框。

第二步：将被预测变量（本例为过夜游客人数）选入【因变量】框；将自变量（本例为时间变量 t）选入【自变量】下的【变量】框；在【模型】下选择模型类型（默认为【线性】）；单击【保存】，在【保存变量】下选择【预测值】（输出点预测值）、【残差】、【预测区间】（选择置信度，默认为95%）。单击【继续】回到主对话框。

第三步：单击【确定】，输出结果。

（二）有趋势季节序列分解预测的操作

以例 11-22 为例，含有趋势季节序列分解预测的操作步骤如下：

第一步：定义时间序列变量。选择【数据】—【定义日期和时间】，在【个案为】下选择时间类型，本例选择"年，季度"；在【第一个个案为】下输入时间和日期的起始点。点击【确定】。

第二步：季节分解。选择【分析】—【预测】—【季节性分解】，打开季节性分解对话框。将需要分解的被预测变量（本例为人均消费支出）选入【因变量】框；在【模型类型】下选择【乘法】（默认）；在【移动平均值权重】下选择【所有点相等】（默认）；在【显示对象删除列表】前打钩；单击【保存】按钮，选择【保存到文件】（默认）。单击【继续】，返回主对话框。单击【确定】，输出结果，包括季节因子（季节指数 SAF）、季节性调整序列（季节调整后的序列 SAS）、趋势和周期序列（STC）和不规则（误差成分 ERR）序列等。

第三步：趋势预测。建立时间序列 t，本例 t =1，2，…，24。用季节性调整序列与时间序列 t 建立趋势预测模型，估计回归方程。根据回归方程可以得到不含季节因素的预测值（PRE）。此步参考趋势序列预测的操作。

第四步：最终预测。将趋势预测值乘以季节指数可得含季节因素的预测值。

本章小结

1. 时间序列是某一统计指标的观测值按照时间先后顺序排列而成的数列，它描述现象发展的动态过程，也称为动态数列。时间序列按照指标性质，可分为绝对数时间序列、相对数时间序列和平均数时间序列3种类型。从平稳性角度分类，时间序列还可以分为平稳序列和非平稳序列两大类型。

2. 时间序列描述分析主要有水平分析与速度分析。水平分析指标主要有发展水平、增长水平、平均发展水平与平均增长水平等；速度分析指标主要有发展速度、增长速度、平均发展速度与平均增长速度等。在考察现象的水平与速度时，需要进行比较，一般将作为比较基础的那个时期称为基期，将所考察的那个时期称为报告期。

3. 发展水平是指现象在不同时间上的观测值，反映现象在某一时间上所达到的规模程度。平均发展水平是指现象在不同时间上观测值的平均数，反映现象在一段时期内所达到的一般水平，又称序时平均数。增长水平也称增长量，是报告期发展水平与基期发展水平之差，反映现象在一定时期内增长的绝对数量，分为定基增长量和环比增长量。定基（累计）增长量等于相应环比（逐期）增长量之和。平均增长量也称平均增长水平，是观察期内各环比增长量的序时平均数，它描述了现象在一定时期内平均每期增长的数量。

4. 发展速度是报告期发展水平与基期发展水平之比，说明现象在一定时期内相对的发展变化程度，分为环比发展速度与定基发展速度。定基发展速度等于各环比发展速度的连乘积。相邻两个定基发展速度的商等于相应的环比发展速度。平均发展速度是各环比发展速度的序时平均数，说明现象在一个时期内平均发展变化的程度。平均发展速度常用计算方法主要有水平法和累计法。增长速度是报告期增长量与基期发展水平之比，又称增长率，反映现象的相对增长程度，分为环比增长速度与定基增长速度。平均增长速度也称平均增长率，是各环比增长速度的序时平均数，说明现象在一个时期内平均增长变化的程度。增长速度是发展速度减100%，因此在计算平均增长速度时应该以平均发展速度减100%来计算。

5. 平稳时间序列是指其统计性质与时间t独立（无关）的时间序列。平稳时间序列表现为观测值围绕一个不变的均值上下波动的模式。非平稳时间序列是不满足平稳性条件的时间序列，其随着时间的变化具有不同的均值或方差。非平稳时间序列的构成因素主要有趋势、季节变动、循环变动和不规则变动。

6. 时间序列趋势变动分析主要任务就是测定长期趋势T，以便进一步认识现象发展的趋势并进行预测，或作为进一步分析的基础。趋势变动分析的主要方法是移动平均法和趋势模型法。

7. 季节变动分析可以了解时间序列受季节因素的影响和变动规律。当时间序列基本平稳时，采用原始资料同季（季、月、周、日）平均法，直接利用原始时间序列测定季节成分。如果时间序列包含趋势（有时还包含循环变动）成分，采用趋势剔除法将趋势消除后计算季节指数。为便于观察和分析时间序列的其他成分特征，应将季节因素从时间序列中分离出去，此时采用节调整即将原时间序列除以相应的季节比率。

8. 时间序列预测是利用现象发展的过去数据信息对其未来发展趋势和水平进行推断的统计方法。对于平稳序列可采用移动平均法和一次指数平滑法。对于趋势序列，可以建立趋势模型，根据估计的趋势方程进行趋势预测，这种方法称为趋势外推法。当时间序列包含多种成分时，可以采用分解法预测，首先将季节因素分离出来，其次建立趋势模型进行预测，最后进行季节预测。

关键术语

时间序列　　　　发展水平　　　　增长量　　　　定基发展速度

环比发展速度　　定基增长率　　　环比增长率　　平均发展速度

平均增长率　　　平稳时间序列　　非平稳序列　　移动平均法

指数平滑法　　　趋势模型法　　　季节变动分析　趋势预测法

分解预测法

思考与练习

一、思考题

1. 什么是时间序列？它包括哪些类型？
2. 时间序列水平分析和速度分析主要有哪些指标？
3. 定基增长量与环比增长量有什么关系？
4. 环比发展速度与定基发展速度有何关系？环比增长速度与定基增长速度之间是否也有这种关系？
5. 平均发展速度计算方法有哪些？
6. 如何计算平均增长速度？
7. 什么是平稳时间序列？其有何特征？

8. 什么是非平稳时间序列？它主要由哪些成分构成？

9. 趋势分析主要有哪些方法？

10. 什么是季节指数？如何计算季节指数？

11. 平稳时间序列采用何种方法进行预测？趋势序列采用何种方法进行预测？多成分序列采用何种方法进行预测？

二、选择题

1. 下列属于时期序列的是（　　）。

A. 地区年末人口数时间序列

B. 地区接待旅游人数时间序列

C. 旅游纪念品库存量时间序列

D. 旅游企业月初存款账面余额时间序列

2. （　　）是报告期某月（季）增长量与上年同月（季）发展水平之比。

A. 环比增长速度　　　　　　　　B. 定基增长速度

C. 平均增长速度　　　　　　　　D. 年距增长速度

3. 移动平均法（　　）。

A. 既可用于趋势分析，也可用于平稳序列预测

B. 只能用于趋势分析，不能用于平稳序列预测

C. 不能用于趋势分析，能够用于平稳序列预测

D. 不能用于趋势分析，也不能用于平稳序列预测

4. 下列关于预测说法不正确的是（　　）。

A. 利用时间序列预测时，通常假定过去的变化趋势会延续到未来

B. 预测误差可以用均方误差来度量

C. 一次指数平滑法不适合平稳时间序列的短期预测

D. 进行趋势预测是多成分时间序列分解预测的程序之一

三、软件操作

以本章例题数据，使用 Excel、SPSS 软件进行时间序列分析与预测操作练习。

四、计算分析题

1. 2015—2018 年我国入境游客人数（万人次）与旅游外汇收入（亿美元）情况如表 11.29 所示。

表 11.29 2015—2018 年我国入境旅游人数与外汇收入

年份	入境游客人数（万人次）	旅游外汇收入（亿美元）
2015	13382.04	1136.50
2016	13844.38	1200.00
2017	13948.24	1234.17
2018	14119.83	1271.03

资料来源：国家统计局网站数据库。

要求以 2005 年为基期，以 2018 年为报告期，进行下列计算：
（1）入境游客与旅游外汇收入平均发展水平。
（2）入境游客与旅游外汇收入环比增长量、定基增长量和平均增长量。
（3）入境游客与旅游外汇收入环比发展速度、定基发展速度和平均发展速度。
（4）入境游客与旅游外汇收入环比增长率、定基增长率和平均增长率。

2. 2008-2018 年我国住宿业年末从业人数（人）与餐饮业年末从业人数（人）情况如表 11.30 所示。

表 11.30 2008—2018 年我国住宿与餐饮业从业人数

年份	住宿业年末从业人数（人）	餐饮业年末从业人数（人）
2008	1998667	2001699
2009	2000484	2006056
2010	2108179	2202988
2011	2156638	2277980
2012	2107502	2437088
2013	2094185	2467693
2014	1979000	2345000
2015	1911615	2220780
2016	1863303	2211112
2017	1820851	2232258
2018	1780363	2342218

资料来源：国家统计局网站数据库

要求：

（1）绘制时间序列图描述序列随时间变化的特征。

（2）计算住宿业与餐饮业年平均从业人数。

（3）计算住宿业与餐饮业年末从业人数平均增长率。

（4）利用移动平均法预测2019年住宿业与餐饮业年末从业人数。

（5）利用一次指数平滑法预测2019年住宿业与餐饮业年末从业人数。

3. 2008—2018年我国客运周转量（亿人千米）情况如表11.31所示。

表11.31　2008—2018年我国客运周转量

年份	客运周转量（亿人千米）	年份	客运周转量（亿人千米）
2008	23196.7	2014	28647.13
2009	24834.94	2015	30058.9
2010	27894.26	2016	31258.46
2011	30984.03	2017	32812.8
2012	33383.09	2018	34218.15
2013	27571.65		

资料来源：国家统计局网站数据库

要求：

（1）绘制客运周转量时间序列图，描述序列随时间变化的特征。

（2）计算客运周转量的环比增长率和平均增长率。

（3）选择趋势模型预测未来3年的客运周转量。

4. 2013—2018年我国居民人均教育文化娱乐消费支出（元）情况如表11.32所示。

要求：

（1）采用趋势剔除法进行季节变动分析。

（2）采用直接法和剩余法进行循环波动分析。

表11.32　2013—2018年我国居民人均教育文化娱乐消费支出（元）

年份	季度			
	1	2	3	4
2013	311	275	418	394
2014	311	275	418	394
2015	350	282	455	449

续表

年份	季度			
	1	2	3	4
2016	330	370	496	527
2017	423	367	561	564
2018	480	389	602	615

资料来源：国家统计局网站数据库。

5. 2015—2019年我国铁路客运运量季节数据如表11.33所示。

表11.33　2015—2019年我国铁路客运量（万人次）

年份	季度			
	1	2	3	4
2015	58694	62924	72117	59702
2016	66515	69986	78743	66178
2017	72905	76978	84954	73543
2018	78257	83561	94869	80808
2019	85314	92072	103327	85289

资料来源：国家统计局网站数据库，根据月度数据合并整理。

要求：

（1）绘制客运量时间序列图，描述序列随时间变化的特征。
（2）计算年距发展速度测定循环波动成分。
（3）剔除客运量时间序列的趋势成分。
（4）计算客运量时间序列季节指数。
（5）对客运量时间序列进行季节调整（剔除季节成分）。
（6）运用趋势模型预测2020年1—4季度客运量。
（7）利用季节指数预测包含季节因素的2020年1—4季度客运量。

五、实践题

通过政府统计或旅游部门网站收集全国、某省份或某市的旅游收入、接待游客人数、旅游企业（景区、饭店、旅行社）营业收入的年度时间序列数据，根据序列特点选择适合的方法进行未来5年的预测。

第十二章

统计指数

【学习目标】
1. 理解指数概念,了解指数的种类。
2. 掌握指数的编制方法。
3. 掌握指数体系及因素分析方法。

上一章介绍了时间序列分析与预测的方法,本章主要介绍统计指数的编制方法及主要应用。第一节介绍指数的概念与分类,第二节介绍指数的编制方法,第三节介绍指数体系与因素分析。

第一节 指数的概念与分类

统计指数是对社会经济现象动态变动程度的一种度量。在日常生活中,人们经常接触或使用各种指数,如居民消费价格指数、股票价格指数、消费者满意度指数等。了解统计指数编制原理有助于对统计指数的理解与应用。

一、指数的含义与作用

(一) 指数的含义

指数(index),也称统计指数,是反映现象在不同时间和空间条件下综合变动程度的相对数。指数分析是分析社会经济现象数量变化的一种重要的统计方法。

首先,指数是一种相对数,它是不同时间或空间两个总量对比的结果,表现为相对数,一般用百分数表示。比如,根据国家统计局发布的价格指数年度数据,2017年旅游类居民消费价格指数(上年=100)为103.5,它表明如果以2016年作为对比的基期,其旅游消费价格水平为100%,那么2017年的旅游消费价格水平为103.5%,也就是说2017年的旅游消费价格比2016年上涨了3.5%。

其次,指数是对现象综合变动程度的度量。指数虽然也研究单个现象的变化程度,但它更感兴趣的是不能直接加总对比的现象整体上的变动程度。例如,居民旅游消费价格的变动,不是指某一种旅游产品或服务价格的变动,而是一组旅游产品或服务价格的变动,是餐饮、住宿、交通、旅行社、景区、娱乐、购物等多个类别包括众多旅游产品与服务项目价格的综合变动。由于这一组旅游产品与服务的性质、计量单位等具有差异,不能直接加总进行对比,因此需要找到一种办法,使这组产品与服务的价格变得能够加总与对比,从而在整体上把握不可直接加总现象综合的变动程度,这便是指数研究需要解决的问题。

最后,指数所反映的是总体多个现象的平均变动水平。现象总体包含多个现象,其变化方向、变化程度往往不一致,甚至差异很大,指数反应的是多个现象变动的平均结果。

(二)指数的作用

作为分析社会经济现象数量变化的一种重要的统计方法,指数在社会经济生活中有着广泛的应用。

(1)现象综合变动分析。对于因性质不同、价格不同、计量单位不同等原因造成的不能直接进行加总比较的现象,利用统计指数法进行比较,可以综合反映现象整体的变化方向与程度。

(2)指数体系因素分析。现象总体的变动往往是各种因素综合影响的结果,而各种因素的影响方向、影响程度大小并不是直接可观察到的,因此需要利用指数体系进行因素分解,从而深入分析各种因素变动带来的影响方向与程度。

(3)现象长期变动趋势分析。利用连续编制的指数时间序列,可以对现象发展的过程进行分析,从而发现事物发展变化的趋势与规律。

(4)对现象进行综合评价。利用指数长于现象综合变动分析的优势,可以对所构建的一系列指标进行处理,形成综合性评价结果。

二、指数分类

(一)个体指数与总指数

按所分析对象的范围不同,可分为个体指数与总指数。

1. 个体指数

个体指数是反映单个现象变动的相对数。个体指数编制相对比较容易,将反应现象的某个指标报告期与基期直接对比,便可得到个体指数。例如,反映某景区门票的价格、销售量和销售额变动的指数(表12.1)。

表12.1 某景区门票销售变动情况

项目	计量单位	基期	报告期	指数(%)
价格 p	元/张	40	45	(45/40)×100=112.5
销售量 q	万张	20	24	(24/20)×100=120.0
销售额 pq	万元	800	1080	(1080/800)×100=135.0

从表12.1可知,某景区门票价格、销售量和销售额个体指数分别为112.5%、120.5%和135.0%,表明该景区门票价格报告期比基期增长12.5%;销售量增长20%;销售额增长35%。

2. 总指数

总指数是反映多个现象综合变动的相对数。例如,反映消费品价格综合变动的居民消费价格指数,反映旅游消费品价格综合变动的居民旅游消费价格指数等。

总指数编制一般需要采用加权的编制方法,根据加权形式的不同,总指数可分为加权综合指数和加权平均指数两类。

在总指数编制中,往往将总体分为大中小类,分别编制各类指数。类指数是介于个体指数与总指数之间的概念,其性质和分析方法与总指数相同。

(二)数量指标指数与质量指标指数

按所反映指标的性质可将指数分为数量指标指数和质量指标指数。

1. 数量指标指数

数量指标指数是反映数量指标综合变动的相对数,反映现象的绝对水平或总量水平的变动情况。例如,产品产量指数、商品销售量指数等都属于数量指标指数。

2. 质量指标指数

质量指标指数是反映质量指标综合变动的相对数,反映现象的相对水平或平均水平的变动情况。例如价格指数、产品成本指数等都属于质量指标指数。

(三)动态指数与静态指数

按照指数对比的性质不同,可分为动态指数与静态指数。

1. 动态指数

动态指数又称时间指数,是对同类现象在不同时间上进行对比的相对数,反映现象在时间上的变动程度。根据对比基期的不同,动态指数又分为环比指数与定基指数两种类型（表 12.2）。例如，居民消费价格指数、生产者价格指数、商品零售价格指数、固定资产投资价格指数、国内生产总值指数等都属于动态指数。

表 12.2　环比指数与定基指数

年份	居民消费价格指数（%）	
	环比指数（上年 =100）	定基指数（1978 年 =100）
2010	103.3	536.1
2011	105.4	565.0
2012	102.6	579.7
2013	102.6	594.8
2014	102.0	606.7
2015	101.4	615.2
2016	102.0	627.5
2017	101.6	637.5
2018	102.1	650.9

资料来源：国家统计局网站数据库。

2. 静态指数

静态指数包括空间指数和计划完成指数。空间指数是对同类现象在不同空间上进行对比的相对数，反映现象在空间上的变动程度，如购买力平价指数反映国与国之间货币购买力差异程度。计划完成指数是现象的实际水平与计划水平对比的相对数，反映计划目标的实现程度。

第二节　总指数的编制方法

总指数编制主要有加权综合法和加权平均法两种主要方法。采用加权综合法编制的总指数称为加权综合指数，简称综合指数；采用加权平均法编制的总指数称为加权平均指数，简称平均指数。下面对总指数编制原理和方法进行介绍。

一、加权综合指数

(一) 加权综合指数编制原理

为了说明加权综合指数编制原理,我们先看一个例子。

【例12-1】某景区商店甲、乙、丙三种商品2018年和2019年的资料如表12.3所示,如何根据这些资料编制商品的价格指数和销售量指数呢?

表12.3 某景区商店商品销售量与销售价格资料

商品	计量单位	销售量		价格(元)		销售额(元)			
						实际		假定	
		q_0	q_1	p_0	p_1	$p_0 q_0$	$p_1 q_1$	$p_0 q_1$	$p_1 q_0$
甲	个	300	280	10	20	3000	5600	2800	6000
乙	件	600	700	8	10	4800	7000	5600	6000
丙	套	400	550	35	30	14000	16500	19250	12000
合计	—					21800	29100	27650	24000

下面我们讨论这个问题。

设 p 为质量指标;q 为数量指标;I_p 为质量指标指数;I_q 为数量指标指数;下标1表示报告期;下标0表示基期。

编制甲、乙、丙三种商品的销售量指数或价格指数,我们不能将甲、乙、丙三种商品的销售量直接加总之后再进行报告期与基期的对比,也不能将甲、乙、丙三种商品的价格直接加总之后再进行报告期与基期的对比,这样加总和对比的结果缺乏实际意义。那么需要如何处理呢?这里需要解决三个问题:第一,选择何种同度量因素?第二,如何确定权重?第三,如何固定同度量因素,基期还是报告期?

首先,之所以不能直接加总对比,是因为缺少同度量因素(媒介因素)。如果是甲、乙、丙三种商品的销售额,那就可以直接加总并进行比较。销售额是销售价格与销售量的乘积,其变化恰好反映了销售价格与销售量两个因素的影响。

其次,在考察销售量变动时,价格可以用来衡量不同商品的重要性;反过来,在考察销售价格变动时,销售量可以用来衡量不同商品的重要性;因此销售量与销售价格不仅可以作为媒介,同时还起到了权数的作用。

引进一个同度量因素,以便使指标能够直接加总对比。一般地,质量指标指数的同度量因素是数量指标 q,数量指标指数的同度量因素是质量指标 p,质量指标指与数量指标指的乘积 pq 正好是一个价值总量指标。用价值总量指标对比具有明确的实际意义。据此,可以得到加权综合指数基本公式:

数量指标指数：$I_q = \dfrac{\sum q_1 p}{\sum q_0 p}$ （12.1）

质量指标指数：$I_p = \dfrac{\sum p_1 q}{\sum p_0 q}$ （12.2）

综合加权指数计算的特点是：先综合，后对比。

最后，引进同度量因素解决了多个现象不能直接加总对比的问题和权重确定的问题，接下来的另一个问题是如何将同度量因素（权数）固定起来，以便单纯反映被研究指标的变动。对于同度量因素时期的不同选择，便产生了不同的综合指数形式，如拉氏指数、帕氏指数、马—埃指数、理想指数、鲍莱指数、杨格指数等。其中，拉式指数和帕氏指数是最基本的综合指数，其他指数是在其基础上的改造。

（二）加权综合指数编制方法

1. 拉氏指数

拉氏指数是1864年由德国学者拉斯贝尔斯（E.Laspeyres）提出的一种综合指数计算方法。拉氏指数（Laspeyres index）是将作为权数的同度量因素固定在基期的一种综合指数。其计算公式为：

拉氏数量指标指数：$I_q = \dfrac{\sum q_1 p_0}{\sum q_0 p_0}$ （12.3）

拉氏质量指标指数：$I_p = \dfrac{\sum p_1 q_0}{\sum p_0 q_0}$ （12.4）

其中，I_q 表示数量指标指数，I_p 表示质量指标指数；q_0 和 q_1 分别表示数量指标基期和报告期水平，p_0 和 p_1 分别表示质量指标基期和报告期水平。

【例12-2】利用2018年和2019年某景区商店甲、乙、丙三种商品的资料（见表12.3），采用拉氏指数编制商品的价格指数和销售量指数。

解： 采用拉氏指数公式计算的结果为：

（1）商品销售量指数：

$$I_q = \dfrac{\sum q_1 p_0}{\sum q_0 p_0} = \dfrac{280 \times 10 + 700 \times 8 + 550 \times 35}{300 \times 10 + 600 \times 8 + 400 \times 35} = \dfrac{27650}{21800} = 1.268 = 126.8\%$$

（2）商品价格指数：

$$I_p = \frac{\sum p_1 q_0}{\sum p_0 q_0} = \frac{20 \times 300 + 10 \times 600 + 30 \times 400}{10 \times 300 + 8 \times 600 + 35 \times 400} = \frac{24000}{21800} = 1.101 = 110.1\%$$

例12-2计算结果表明，拉氏数量指数假定按照基期的商品价格计算，也就是假定价格不变，那么报告期商品销售量是基期销售量的126.8%，即商品销售量平均增长了26.8%。拉氏质量指数假定按照基期的商品结构和销售量计算，也就是假定商品结构和销售量不变，那么报告期商品价格是基期商品价格的110.1%，即商品价格平均增长了10.1%。

拉氏指数将同度量因素固定在基期期，假定同度量因素不变，能够单纯反映数量指标或质量指标的变动情况，实际意义明确。它既可以用于编制数量指标指数，也可以用于编制质量指标指数。

2. 帕氏指数

帕氏指数是1874年德国学者帕舍（H.Paasche）所提出的一种指数计算方法。帕氏指数（Paasche index）是将作为权数的同度量因素固定在报告期的一种综合指数。其计算公式为：

$$\text{帕氏数量指标指数：} I_q = \frac{\sum q_1 p_1}{\sum q_0 p_1} \qquad (12.5)$$

$$\text{帕氏质量指标指数：} I_p = \frac{\sum p_1 q_1}{\sum p_0 q_1} \qquad (12.6)$$

【例12-3】利用2018年和2019年某景区商店甲、乙、丙三种商品的资料（见表12.3），采用帕氏指数编制商品的价格指数和销售量指数。

解： 现在我们采用帕氏指数形式编制商品销售量和销售价格指数，计算结果为：

（1）商品销售量指数：

$$I_q = \frac{\sum q_1 p_1}{\sum q_0 p_1} = \frac{280 \times 20 + 700 \times 10 + 550 \times 30}{300 \times 20 + 600 \times 10 + 400 \times 30} = \frac{29100}{2400} = 1.213 = 121.3\%$$

（2）商品价格指数：

$$I_p = \frac{\sum p_1 q_1}{\sum p_0 q_1} = \frac{20 \times 280 + 10 \times 700 + 30 \times 550}{10 \times 280 + 8 \times 700 + 35 \times 550} = \frac{29100}{27650} = 1.052 = 105.2\%$$

例12-3计算结果表明，帕氏数量指数假定按照报告期商品价格计算，则报告期商品销售量是基期销售量的121.3%，即商品销售量平均增长了21.3%。需要注意的是，帕氏指数不仅反映了销售量的变化，同时包含了商品销售价格的实际变化。帕氏质量指数假定按照报告期的商品结构和销售量计算，那么报告期商品价格是基期商品价格的105.2%，即商品价格平均增长了5.2%。帕氏价格指数不仅反映了销售价格的变化，同时也包含了商品销售量的变化。

帕氏指数将同度量因素固定在报告期，同度量因素是变化的，因此不能够单纯反映数量指标或质量指标的变动情况，编制数量指标指数时，缺乏实际意义。但帕氏质量指标指数强调报告期商品结构下的价格变动情况，具有明确的现实意义。因此，帕氏指数主要用来编制质量指标指数。

二、加权平均指数

（一）加权平均指数编制原理

加权平均指数是以个体指数为基础，通过对个体指数计算加权平均数来编制的总指数。

设个体指数为 i，其数量指标指数与质量指标指数公式为：

$$个体数量指标指数：i_q = \frac{q_1}{q_0} \qquad (12.7)$$

$$个体质量指标指数：i_p = \frac{p_1}{p_0} \qquad (12.8)$$

总指数反映现象总体的平均变动状况，而总体是由众多个体现象组成的。如果先将每个个体的指数计算出来，之后进行加权平均，自然就可得到总指数了。那么，编制平均指数的关键依然是权重问题。联系综合指数引进同度量因素的方法，计算加权平均指数可以用同样的方法解决权数的问题，也就是用价值总量指标 pq 的绝对形式或相对数形式作为权数。其权数形式有基期权数、报告期权数和固定权数等几种基本类型。

平均指数除了与综合指数的计算方法不同之外，还有使用资料的不同。计算综合指数需要全面资料，比如计算产量指数。但计算平均指数则不必获得全面资料，而用样本资料就可以了。比如计算居民消费价格指数，无法获得全面资料，因此只能通过选取样本的方法，用代表规格品所代表的那类商品销售额占全部销售额的比重作为权数来计算加权平均指数。

平均指数计算的特点是：先对比，后平均。

（二）加权算术平均指数

加权算术平均指数是一种以基期总量为权数的加权平均指数。其计算过程为：首先，计算每个个体指数；其次，用价值量指标 $p_0 q_0$（产值或销售额）作为权数对个体指数进行加权，得到加权平均指数。加权算术平均指数可以看作拉氏综合指数的变形。其计算公式为：

加权算术平均数量指数：$I_q = \dfrac{\sum i_q p_0 q_0}{\sum p_0 q_0} = \dfrac{\sum \dfrac{q_1}{q_0} p_0 q_0}{\sum p_0 q_0} = \dfrac{\sum q_1 p_0}{\sum q_0 p_0}$　（12.9）

加权算术平均质量指数：$I_p = \dfrac{\sum i_p p_0 q_0}{\sum p_0 q_0} = \dfrac{\sum \dfrac{p_1}{p_0} p_0 q_0}{\sum p_0 q_0} = \dfrac{\sum p_1 q_0}{\sum p_0 q_0}$　（12.10）

【例 12-4】某景区商店甲、乙、丙三种商品 2018 年和 2019 年的资料如表 12.4 所示，根据这些资料编制商品的价格总指数，并与例 12-2 进行比较。

表 12.4　某景区商店商品销售价格与基期销售额

商品	计量单位	价格（元）		基期销售额（元）
		基期（2018）	报告期（2019）	$p_0 q_0$
甲	个	10	20	3000
乙	件	8	10	4800
丙	套	35	30	14000
合计	—			21800

解：根据加权算术平均质量指数公式，计算价格指数为：

$$I_p = \dfrac{\sum \dfrac{p_1}{p_0} p_0 q_0}{\sum p_0 q_0} = \dfrac{\dfrac{20}{10} \times 3000 + \dfrac{10}{8} \times 4800 + \dfrac{30}{35} \times 14000}{3000 + 4800 + 14000}$$

$$= \dfrac{24000}{21800} = 1.101 = 110.1\%$$

即三种商品价格平均增长 10.1%。与例 12-2 计算的拉氏综合价格指数相同。

(三) **加权调和平均指数**

加权调和平均指数是一种以报告期总量为权数的加权平均指数。其计算过程类似于加权算术平均指数。加权调和平均指数可以看做帕氏综合指数的变形。其计算公式为：

加权调和平均数量指数：$I_q = \dfrac{\sum p_1 q_1}{\sum i_p p_1 q_1} = \dfrac{\sum p_1 q_1}{\sum \dfrac{q_0}{q_1} p_1 q_1} = \dfrac{\sum q_1 p_1}{\sum q_0 p_1}$　（12.11）

加权调和平均质量指数:$I_p = \dfrac{\sum p_1 q_1}{\sum i_p p_1 q_1} = \dfrac{\sum p_1 q_1}{\sum \dfrac{p_0}{p_1} p_1 q_1} = \dfrac{\sum p_1 q_1}{\sum p_0 q_1}$ （12.12）

【例 12-5】某景区商店甲、乙、丙三种商品 2018 年和 2019 年的资料如表 12.5 所示，根据这些资料编制商品的价格总指数，并与例 12-3 进行比较。

表 12.5 某景区商店商品销售价格与报告期销售额

商品	计量单位	价格（元）		报告期销售额（元）
		基期（2018）	报告期（2019）	$p_1 q_1$
甲	个	10	20	5600
乙	件	8	10	7000
丙	套	35	30	16500
合计	—	—	—	29100

解：根据加权调和平均质量指数公式，计算价格指数为：

$$I_p = \dfrac{\sum p_1 q_1}{\sum \dfrac{p_0}{p_1} p_1 q_1} = \dfrac{5600+7000+16500}{\dfrac{10}{20}\times 5600 + \dfrac{8}{10}\times 7000 + \dfrac{35}{30}\times 16500}$$

$$= \dfrac{29100}{27650} = 1.052 = 105.2\%$$

即三种商品价格平均增长 5.2%。与例 12-3 计算的帕氏综合价格指数相同。

（四）固定权数平均指数

为了指数编制的便利，可以采用固定权数编制平均指数，这种方法多用于价格指数的编制。这种方法不再以总量绝对数形式 $p_0 q_0$ 为权数，而是采用占总量的比重即相对权数形式。为了简化指数编制工作，权数在一定时期内保持不变。固定权数平均指数即可用于全面资料，也可用于样本资料，在价格指数编制方面具有广泛的应用。固定权数平均指数计算多采用加权算术平均数形式，其公式为：

固定权数数量指数：$I_q = \dfrac{\sum i_q w}{\sum w} = \dfrac{\sum \dfrac{q_1}{q_0} w}{\sum w}$ （12.13）

固定权数质量指数：$I_p = \dfrac{\sum i_p w}{\sum w} = \dfrac{\sum \dfrac{p_1}{p_0} w}{\sum w}$ （12.14）

式中，i 为个体指数；w 为权数。

【例 12-6】某景区商店甲、乙、丙三种商品 2018 年和 2019 年的资料如表 12.6 所示，根据这些资料编制商品的价格总指数。

表 12.6 某景区商店商品销售价格及固定权数

商品	计量单位	价格（元）		固定权数 w（%）
		基期（2018）	报告期（2019）	
甲	个	10	20	15
乙	件	8	10	25
丙	套	35	30	60
合计	—			100

解：根据固定权数平均指数公式，商品价格指数为：

$$I_p = \frac{\sum \frac{p_1}{p_0} w}{\sum w} = \frac{\frac{20}{10} \times 15 + \frac{10}{8} \times 25 + \frac{30}{35} \times 60}{15 + 25 + 60} = \frac{112.7}{100} = 112.7\%$$

商品价格指数计算过程如表 12.7 所示。

表 12.7 商品价格指数计算过程与结果

商品	计量单位	价格（元）		个体指数 i（%）	固定权数 w（%）	$i_p w$（%）
		基期	报告期			
甲	个	10	20	200.0	15	30.0
乙	件	8	10	125.0	25	31.3
丙	套	35	30	85.7	60	51.4
合计	—	—	—		100	112.7

三、价格指数编制与应用

（一）居民消费价格指数编制与应用

居民消费价格指数（consumer price index，简称 CPI）也称生活费用指数，是度量居民消费品和服务项目价格变动趋势和程度的相对数，反映居民家庭购买的消费品和服务价格水平的变动情况。居民消费价格指数包括城市居民消费价格指数和农村居民消费价格指数。居民消费价格指数是分析经济形势走势、监测物价水平、衡量通货膨胀、进行国民经济核算的重要指标之一，在经济生活中有着十分重要的应用。

1. 居民消费价格指数编制

（1）选择代表规格品。代表规格品是消费量大、价格变动有代表性的商品。代表规格品选择原则：消费数量（金额）大；价格变动趋势有代表性；代表规格品之间性质差异大，价格变动特征的相关性低。

目前，居民消费价格调查按用途划分为八大类，包括食品烟酒类、衣着类、居住类、生活用品及服务类、交通和通信类、教育文化和娱乐类（其中包括旅游）、医疗保健类、其他用品和服务类；262 个基本分类。各调查市县每月调查 600 种以上的规格品价格。

按照统计制度，我国 CPI 每 5 年进行一次基期轮换。CPI 基期轮换是一项国际惯例，目的是使 CPI 调查所涉及的商品和服务更具有代表性，更及时准确反映居民消费结构的新变化和物价的实际变动。

（2）价格调查。调查地区按照经济区域和地区分布合理等原则，选出具有代表性的大、中、小城市和县作为国家的调查地区，在此基础上选定经营规模大、商品种类多的商场（包括集市和服务网点）作为调查点。目前，参加国家级数据汇总的调查市、县 500 个。

主要采用派员直接到调查点登记调查，同时全国聘请近万名辅助调查员协助登记调查。

（3）权数的确定。居民消费价格指数的权数主要根据城乡居民家庭消费支出构成确定。城乡居民家庭消费支出构成根据近 12 万户城乡居民家庭（城市近 5 万户，农村近 7 万户）的消费支出数据确定。CPI 采用固定权数编制，以 5 年为一个权数周期，每年根据实际对权数略作调整，以保证编制结果的准确性。

（4）指数计算。居民消费价格总指数采用加权算术平均法计算。其计算公式为：

$$I_p = \frac{\sum i_p w}{\sum w} \tag{12.15}$$

式中，i 为代表规格品个体指数或各层的类指数；w 为个体指数或各层类指数的权数，是个体项目或类项目的消费支出比重。

居民消费价格总指数计算步骤为：

首先，采用简单算术平均法分别计算出各代表规格品在基期和报告期的社会综合平均价。

其次，根据基期和报告期平均价格计算出各代表规格品的个体指数。

最后，采用加权算术平均法分层逐级计算小类、中类、大类和总指数。

2. 居民消费价格指数的应用

居民消费价格指数除了能够反映城乡居民消费品和服务项目价格变动情况外，还有其他方面的应用，下面做简要介绍。

（1）反映货币购买力水平。货币购买力是一定时期内单位货币购买到的商品和服务的数量。货币购买力水平用居民消费价格指数的倒数表示，即

$$货币购买力指数 = \frac{1}{居民消费价格指数} \times 100\% \quad （12.16）$$

上式表示，消费价格指数上涨，则货币购买力水平下降；反之，消费价格指数下降，则货币购买力水平上升。

（2）反映通货膨胀状况。通货膨胀是价格水平普遍的、持续的上升。通货膨胀程度用通货膨胀率表示，居民消费价格指数可以用来度量通货膨胀率，即

$$通货膨胀率 = \frac{报告期居民消费价格指数}{基期居民消费价格指数} \times 100\% - 100\% \quad （12.17）$$

（3）测定实际工资水平。在货币工资中，包含了价格升降因素的影响。因此，未消除价格变动影响的货币工资只是名义工资，而消除价格变动影响的货币工资才是实际工资。用名义工资除以消费价格指数便得到实际工资，即

$$实际工资 = \frac{名义工资}{居民消费价格指数} \quad （12.18）$$

【例12-7】某旅行社职工2017年月工资为6500元，2018年月工资为7500元。2018年的居民消费价格指数是103.7%（上年=100），该职工的月工资实际增长了多少？

解：该职工的实际工资为：

$$实际工资 = \frac{名义工资}{居民消费价格指数} = \frac{7500}{103.7\%} = 7232.4(元)$$

该职工的月工资实际增长量为：7232.4-6500=732.4（元）

即由于受价格上涨因素的影响，该职工的月工资虽然名义上增长了1000元，但实际上只增长了732.4元。

（二）**其他价格指数**

除了居民消费价格指数外，还有商品零售价格指数、工业生产者出厂价格指数、工业生产者购进价格指数、农业生产资料价格指数、农产品生产价格指数、固定资产投资价格指数等各类指数。每个类别还包括了细分的各类指数，以满足不同的使用需要。

各种价格指数综合反映了价格的动态变化，因此可以用价格指数缩减经济序列。用当年价计算的经济指标称为名义指标，其包含了价格变动因素。如果用价格指数作为缩减因子，可以消除经济时间序列所受的价格变动影响，从而反映经济序列实际的动态发展状况。缩减经济序列的方法就是用名义经济序列除以定基价格指数序列，即

$$实际指标 = \frac{名义指标}{相应的定基价格指数} \quad (12.19)$$

【例 12-8】2015—2018 年全国居民消费水平和居民消费价格指数如表 12.8 所示。利用消费价格指数缩减居民消费水平时间序列（以 2015 年的价格计算）。

表 12.8 2015—2018 年全国居民消费水平和居民消费价格指数

年份	居民消费水平（元）	CPI（1978 年=100）	CPI（上年=100）
2015	18929	615.2	101.4
2016	20877	627.5	102.0
2017	23070	637.5	101.6
2018	25378	650.9	102.1

资料来源：国家统计局网站数据库。

解：首先，将以 1978 年为 100 的居民消费价格指数转换为以 2015 年为 100 的居民消费价格指数。或者以上年为 100 的居民消费价格环比指数转换为以 2015 年为 100 的居民消费价格指数。

其次，用 2015—2018 年全国居民消费水平名义序列除以 2015 年为 100 的居民消费价格指数序列。计算结果如表 12.9 所示。

表 12.9 2015—2018 年实际居民消费价格水平计算结果

年份	名义消费水平（元）	CPI(2015 年=100)		实际消费水平（元）
2015	18929	（615.2/615.2）×100=100.0	100.0	$\frac{18929}{100.0} \times 100 = 18929$
2016	20877	（627.5/615.2）×100=102.0	100.0×（102.0/100）=102.0	$\frac{20877}{102.0} \times 100 = 20468$
2017	23070	（637.5/615.2）×100=103.6	102.0×（101.6/100）=103.6	$\frac{23070}{103.6} \times 100 = 22263$
2018	25378	（650.9/615.2）×100=105.8	103.6×（102.1/100）=105.8	$\frac{25378}{105.8} \times 100 = 23986$

第三节　指数体系与因素分析

统计指数不仅可以反映现象在不同时间和空间条件下综合变动方向与程度，而且利用指数体系还可以进行指数推导和因素分析。

一、指数体系

编制总指数时所用的总量指标是由多个因素构成的，例如，商品销售额由商品销售价格和销售量构成，总产值是由产品价格和产量构成，等等。因此，一个总量指标往往可以分解为若干个构成因素，其数量关系可以用指标体系的形式表现出来。例如：

$$销售额 = 销售量 \times 销售价格$$
$$总产值 = 产量 \times 产品价格$$
$$销售利润 = 销售量 \times 销售价格 \times 销售利润率$$

上述总量指标与构成因素之间的绝对数关系，也可以表现为相对数关系，即指数关系。例如：

$$销售额指数 = 销售量指数 \times 销售价格指数$$
$$总产值指数 = 产量指数 \times 产品价格指数$$
$$销售利润指数 = 销售量指数 \times 销售价格指数 \times 销售利润率指数$$

这些由总量指数及其若干个因素指数构成的数量关系式称为指数体系。包含两个因素的指数体系称为两因素指数体系；包含三个及其以上因素的指数体系称为多因素指数体系。多因素指数体系可以看做两因素指数体系的再分解，例如，销售利润指数可首先分解为销售额指数和销售利润率指数，进一步再将销售额指数分解为销售量指数和销售价格指数。指数体系分析可根据需要进行指数体系分解。

指数体系是建立在一定的经济联系基础上所结成的较为严密的数量关系式，具有实际的经济意义，因而我们可以用指数体系进行经济分析。指数体系分析主要包括两个方面：一是从绝对数和相对数两个角度进行因素分析，考察总量变动中各因素的变动方向和对总量的影响程度；二是利用指数体系间的数量关系，用已知的指数推算未知的指数。

二、总量指标变动因素分析

在总量指标指数体系中，往往包含一个数量指标指数和一个质量指标指数。

在建立指数体系时，为了使总量指数等于各因素指数的乘积，要求分解的两个因素指数中一个用基期权数加权，另一个用报告期权数加权。在实际应用中，一般对数量指标指数采用拉氏指数形式，对质量指标指数采用帕氏指数形式。这样，总量指标指数体系分析框架可表示为：

$$相对数分析：\frac{\sum q_1 p_1}{\sum q_0 p_0} = \frac{\sum q_1 p_0}{\sum q_0 p_0} \times \frac{\sum q_1 p_1}{\sum q_1 p_0} \quad (12.20)$$

$$绝对数分析：\sum q_1 p_1 - \sum q_0 p_0 = (\sum q_1 p_0 - \sum q_0 p_0) + (\sum q_1 p_1 - \sum q_1 p_0) \quad (12.21)$$

式中，$\sum q_1 p_1$ 表示报告期总量指标，$\sum q_0 p_0$ 为基期总量指标；q 为数量因素指标，p 为质量因素指标。

从总量指标指数体系分析框架可以看出，总量指标的相对变动等于因素相对变动的乘积；总量指标的绝对变动等于因素绝对变动之和。

总量指标变动因素分析假定总体指标变动先由数量指标因素变动开始，即先数量指标因素变动分析，再质量指标因素变动分析，最后对总量指标变动进行影响因素综合分析。

【例12-9】利用例12-1某景区商店甲、乙、丙三种商品2018年和2019年的资料（表12.3）采用指数体系对该商店商品销售额进行因素分析。

解：（1）商品销售额变动分析

$$销售额指数：I_{pq} = \frac{\sum q_1 p_1}{\sum q_0 p_0} = \frac{29100}{21800} = 1.335 = 133.5\%$$

$$\sum q_1 p_1 - \sum q_0 p_0 = 29100 - 21800 = 7300（元）$$

2019年与2018年相比，商品销售额增长了33.5%，商品销售额绝对增长7300元。

（2）商品销售量因素变动影响分析

$$销售量指数：I_q = \frac{\sum q_1 p_0}{\sum q_0 p_0} = \frac{27650}{21800} = 1.268 = 126.8\%$$

$$\sum q_1 p_0 - \sum q_0 p_0 = 27650 - 21800 = 5850（元）$$

2018年与2017年相比，商品销售量增长了26.8%，销售量的增长使商品销售额增长的绝对量为5850元。

(3)商品销售价格因素变动影响分析

$$销售价格指数：I_p = \frac{\sum q_1 p_1}{\sum q_1 p_0} = \frac{29100}{27650} = 1.052 = 105.2\%$$

$$\sum q_1 p_1 - \sum q_1 p_0 = 29100 - 27650 = 1450（元）$$

2018年与2017年相比，商品销售价格增长了5.2%，销售价格的增长使商品销售额增长的绝对量为1450元。

(4)商品销售影响因素综合分析

133.5% = 126.8% × 105.2%

7300元 = 5850元 + 1450元

表明商品销售额提高33.5%，增长了7300元，是销售量增长26.8%使商品销售额增长5850元和销售价格增长5.2%使商品销售额增长1450元的共同结果。

三、平均指标变动因素分析

平均指标指数是反映平均指标动态变动程度的相对数。编制平均指标指数不仅可以反映现象的平均水平变动情况，还可以对平均指标的变动进行因素分析。平均指标在数据分组情况下，采用加权算术平均法计算的公式为：

$$\bar{x} = \frac{\sum x_i f_i}{\sum f_i} \tag{12.22}$$

式中，x_i为各组变量的水平，f_i为权数，即各组的单位数。

由上式可知，平均指标的变动受两个因素的影响：一是各组变量的水平x_i；二是各组的结构，即$\frac{f_i}{\sum f_i}$。利用这种关系，可以建立平均指标指数体系，包括总平均指标指数、组水平变动指数和结构变动指数，三者的关系为：

总平均水平指数 = 组水平变动指数 × 结构变动指数

(1)总平均指标指数（可变构成指数）。根据式（12.22），总平均指标指数等于指标报告期加权算术平均数与基期加权算术平均数之比，即

$$I_{xf} = \frac{\sum x_1 f_1 / \sum f_1}{\sum x_0 f_0 / \sum f_0} \tag{12.23}$$

(2)组水平变动指数（不变构成指数）。假定在各组结构固定不变情况下，观察各组变量水平的变动对总平均指标的影响。我们将各组变量水平看作质量指标，将结构固定在报告期。因此，组水平变动指数公式为：

$$I_x = \frac{\sum x_1 f_1 / \sum f_1}{\sum x_0 f_1 / \sum f_1} \qquad (12.24)$$

（3）结构变动指数。假定各组变量水平不变的情况下，观察各组权数变动（总体结构变化）对总平均指标的影响。我们将结构变动看做数量指标，将各组变量值固定在基期。因此，结构变动指数公式为：

$$I_f = \frac{\sum x_0 f_1 / \sum f_1}{\sum x_0 f_0 / \sum f_0} \qquad (12.25)$$

因此，平均指标指数体系公式为：

相对数分析：$\dfrac{\sum x_1 f_1 / \sum f_1}{\sum x_0 f_0 / \sum f_0} = \dfrac{\sum x_1 f_1 / \sum f_1}{\sum x_0 f_1 / \sum f_1} \times \dfrac{\sum x_0 f_1 / \sum f_1}{\sum x_0 f_0 / \sum f_0}$ （12.26）

绝对数分析：$\dfrac{\sum x_1 f_1}{\sum f_1} - \dfrac{\sum x_0 f_0}{\sum f_0} = \left(\dfrac{\sum x_1 f_1}{\sum f_1} - \dfrac{\sum x_0 f_1}{\sum f_1}\right) + \left(\dfrac{\sum x_0 f_1}{\sum f_1} - \dfrac{\sum x_0 f_0}{\sum f_0}\right)$ （12.27）

【例12-10】某旅游公司下属两个分公司2017年和2018年职工人数和劳动生产率资料如表12.10所示，要求对该公司劳动生产率变动及影响因素进行分析。

表12.10　某旅游公司职工人数与劳动生产率资料

分公司	职工人数（人）		劳动生产率（万元/人）	
	2017年	2018年	2017年	2018年
一分公司	200	240	35	40
二分公司	120	160	38	45

解：根据表12.10的资料计算的初步结果如表12.11所示。

表12.11　平均指标变动因素分析计算表

分公司	职工结构（人）		劳动生产率（万元/人）		平均劳动生产率指数（%）	总产值（万元）		
	2017年	2018年	2017年	2018年		$x_0 f_0$	$x_1 f_1$	$x_0 f_1$
一分公司	200	240	35	40	114.3	7000	9600	8400
二分公司	120	160	38	45	118.4	4560	7200	6080
合计	320	400	73	85	116.3	11560	16800	14480

（1）该公司劳动生产率变动分析

该公司劳动生产率指数为：

$$I_{xf} = \frac{\sum x_1 f_1 / \sum f_1}{\sum x_0 f_0 / \sum f_0} = \frac{16800/400}{11560/320} = \frac{42}{36.125} = 1.163 = 116.3\%$$

该公司平均劳动生产率变动的绝对额为：

$$\frac{\sum x_1 f_1}{\sum f_1} - \frac{\sum x_0 f_0}{\sum f_0} = 42 - 36.125 = 5.875(万元/人)$$

（2）各分公司劳动生产率变动影响分析

各分公司劳动生产率变动指数为：

$$I_x = \frac{\sum x_1 f_1 / \sum f_1}{\sum x_0 f_1 / \sum f_1} = \frac{16800/400}{14480/400} = \frac{42}{36.2} = 1.160 = 116.0\%$$

由于各分公司劳动生产率提高使全公司平均劳动生产率变动额为：

$$\frac{\sum x_1 f_1}{\sum f_1} - \frac{\sum x_0 f_1}{\sum f_1} = 42 - 36.2 = 5.8(万元/人)$$

（3）分公司职工结构比例变动影响分析

分公司职工结构变动指数为：

$$I_f = \frac{\sum x_0 f_1 / \sum f_1}{\sum x_0 f_0 / \sum f_0} = \frac{14480/400}{11560/320} = \frac{36.2}{36.125} = 1.002 = 100.2\%$$

由于分公司职工结构变动使全公司平均劳动生产率变动额为：

$$\frac{\sum x_0 f_1}{\sum f_1} - \frac{\sum x_0 f_0}{\sum f_0} = 36.2 - 36.125 = 0.075(万元/人)$$

（4）劳动生产率影响因素综合分析

上述计算结果表明，全公司平均劳动生产率提高16.3%，其中，各分公司劳动生产率提高使全公司平均劳动生产率提高16.0%，职工人数结构变动使全公司平均劳动生产率提高0.2%，是两者共同影响的结果，即

$$116.3\% = 116.0\% \times 100.2\%$$

从绝对数看，全公司劳动生产率人均提高5.875万元，其中，各分公司劳动生产率提高使全公司劳动生产率人均提高5.8万元，职工人数结构变动使全公司劳动生产率人均提高0.075万元，是两者共同影响的结果，即

5.875 万元/人 = 5.8 万元/人 + 0.075 万元/人。

本章小结

1. 指数是反映现象在不同时间和空间条件下综合变动程度的相对数。指数分析是分析社会经济现象数量变化的一种重要的统计方法。指数主要作用是对现象综合变动分析、指数体系因素分析、现象长期变动趋势分析和对现象进行综合评价。

2. 指数按所分析对象的范围不同，可分为个体指数与总指数；按所反映指标的性质可将指数分为数量指标指数和质量指标指数；按照指数对比的性质不同，可分为动态指数与静态指数。

3. 总指数编制主要有加权综合法和加权平均法两种主要方法。采用加权综合法编制的总指数称为加权综合指数，简称综合指数；采用加权平均法编制的总指数称为加权平均指数，简称平均指数。

4. 在编制综合指数时需引进一个同度量因素，以便使指标能够直接加总对比。一般地，质量指标指数的同度量因素是数量指标 q，数量指标指数的同度量因素是质量指标 p，质量指标指数与数量指标指数的乘积 pq 正好是一个价值总量指标。用价值总量指标对比，具有明确的实际意义。引进同度量因素解决了多个现象不能直接加总对比的问题和权重确定的问题。

5. 对于同度量因素时期的不同选择，便产生了不同的综合指数形式，如拉氏指数、帕氏指数、马—埃指数、理想指数、鲍莱指数、杨格指数等。其中，拉氏指数和帕氏指数是最基本的综合指数。

6. 拉氏指数是将作为权数的同度量因素固定在基期的一种综合指数。拉氏指数将同度量因素固定在基期，假定同度量因素不变，能够单纯反映数量指标或质量指标的变动情况，实际意义明确，既可以用于编制数量指标指数，也可以用于编制质量指标指数。

7. 帕氏指数是将作为权数的同度量因素固定在报告期的一种综合指数。帕氏指数将同度量因素固定在报告期，同度量因素是变化的，因此不能够单纯反映数量指标或质量指标的变动情况，编制数量指标指数时，缺乏实际意义。但帕氏质量指标指数强调报告期商品结构下的价格变动情况，具有明确的现实意义。因此，帕氏指数主要用来编制质量指标指数。

8. 加权平均指数是以个体指数为基础，通过对个体指数计算加权平均数来编制的总指数。平均指数除了与综合指数的计算方法不同之外，还有使用资料的不同。计算综合指数需要全面资料，但计算平均指数则不必获得全面资料，而可以用样本资料。加权平均指数包括加权算术平均指数、加权调和平均指数和固定权数平均指数。

9. 居民消费价格指数（CPI）也称生活费用指数，是度量居民消费品和服务项目价格变动趋势和程度的相对数，反映居民家庭购买的消费品和服务价格水平的变动情况。居民消费价格指数包括城市居民消费价格指数和农村居民消费价格指数。居民消费价格指数是分析经济形势走势，监测物价水平，衡量通货膨胀、进行国民经济核算的重要经济指标之一。

10. 指数体系是建立在一定的经济联系基础上所结成的较为严密的数量关系式，具有实际的经济意义，可以用指数体系进行经济分析。指数体系分析主要包括两个方面：一是从绝对数和相对数两个角度进行因素分析，考察总量变动中各因素的变动方向和对总量的影响程度；二是利用指数体系间的数量关系用已知的指数推算未知的指数。

关键术语

指数　　　　　个体指数　　　　总指数　　　　　综合指数

平均指数　　　数量指标指数　　质量指标指数　　拉氏指数

帕氏指数　　　居民消费价格指数　　指数体系

思考与练习

一、思考题

1. 什么是指数？其有何特点？其有何作用？
2. 指数有哪些类型？
3. 加权综合指数编制的原理和特点是什么？
4. 什么是拉氏指数？其有何特点？其实际意义是什么？
5. 什么是帕氏指数？其有何特点？其实际意义是什么？
6. 加权平均指数编制的原理和特点是什么？
7. 加权算术平均指数与加权调和平均指数有什么特点？
8. 固定权数平均指数编制的特点是什么？有何应用？
9. 什么是居民消费价格指数？如何编制？有何应用？
10. 什么是指数体系？指数体系分析有何功用？
11. 总量指标指数体系分析框架有何特点？其分析程序有何特点？
12. 平均指标的变动受什么因素影响？如何进行平均指标变动的因素分析？

二、选择题

1. 反映多种项目综合变动的相对数称为（　　）。
   A. 数量指数　　　B. 质量指数　　　C. 总指数　　　D. 个体指数

2. （　　）将同度量因素固定在报告期，同度量因素是变化的。
   A. 拉氏指数　　　B. 帕氏指数　　　C. 数量指数　　　D. 质量指数

3. 下列关于指数体系说法正确的是（　　）。
   A. 建立在一定的经济联系基础上，具有实际的经济意义
   B. 建立在一定的经济联系基础上，不具有实际的经济意义
   C. 不一定建立在经济联系基础上，具有实际的经济意义
   D. 建立在一定的经济联系基础上，不一定具有实际的经济意义

4. 关于居民消费价格指数的应用，不正确的一项是（　　）。
   A. 测定实际工资水平
   B. 反映货币购买力水平
   C. 反映居民消费品和服务价格变动
   D. 反映固定资产投资价格变动

三、计算分析题

1. 某旅游商店三种商品的销售价格和销售量如表12.12所示。

表12.12　某旅游商店三种商品的销售价格和销售量

商品名称	计量单位	销售数量		单价（元）	
		基期 q_0	报告期 q_1	基期 p_0	报告期 p_1
甲	个	200	400	30	20
乙	件	300	500	20	50
丙	台	200	180	50	60

要求：

（1）用拉氏指数编制三种商品销售量总指数和价格总指数，并说明其实际意义。

（2）用帕氏指数编制三种商品销售量总指数和价格总指数，并说明其实际意义。

2. 某企业生产甲乙两种产品，产量和成本情况如表12.13所示。要求：

（1）用拉氏指数编制产量指数。

（2）报告期与基期相比，两种产品产量平均增长率是多少？

（3）用帕氏指数编制成本指数。

（4）报告期与基期相比，两种产品成本平均增长率是多少？

表 12.13　某企业生产甲乙两种产品产量和成本

产品名称	计量单位	产量		单位成本（元）	
		基期	报告期	基期	报告期
甲	台	2000	2200	15	15.5
乙	吨	4000	5000	6.5	6.0

3. 某旅游商店甲、乙、丙三种商品 2018 年和 2019 年的资料如表 12.14 所示，根据这些资料编制商品的价格总指数。

表 12.14　某旅游商店商品销售价格与基期销售额

商品	计量单位	价格（元）		基期销售额（元）
		基期	报告期	$p_0 q_0$
甲	盒	20	30	4000
乙	件	10	15	5000
丙	套	45	40	16000

4. 某市场三种商品销售情况如表 12.15 所示。

表 12.15　某旅游商店商品销售价格与个体价格指数

商品	销售额（元）		个体价格指数（%）
	基期	报告期	
甲	800	1000	115
乙	450	500	90
丙	300	280	95

要求：

（1）用加权算术平均指数编制商品的价格总指数。

（2）用加权调和平均指数编制商品的价格总指数。

5. 某饭店餐饮和住宿服务单价与销售量如表 12.16 所示。要求对该饭店营业收入进行因素分析。

表 12.16 某饭店餐饮和住宿服务单价与销售量

服务名称	计量单位	销售量		单价（元）	
		基期	报告期	基期	报告期
餐饮	桌	2000	2200	15	15.5
住宿	间	4000	5000	6.5	6

7.某旅游制造企业下属2个分公司的设备制造成本（元）和数量（台）资料如表12.17所示。要求分析该企业总平均单位成本的变动受各分公司成本变动和产量结构变动的影响。

表 12.17 某旅游设备制造企业产品产量和单位成本

企业	设备产量（台）		单位成本（万元）	
	基期	报告期	基期	报告期
一公司	120	130	12	10
二公司	100	120	10	9

四、实践题

2000—2018年我国城镇居民和农村居民人均旅游消费（元）及城市和农村居民消费价格指数如表12.18所示。

表 12.18 2000—2018年我国城市居民和农村居民人均旅游消费

年份	城镇居民人均花费（元）	农村居民人均花费（元）	城市居民消费价格指数（上年=100）	农村居民消费价格指数（上年=100）
2000	678.6	226.6	100.8	99.9
2001	708.3	212.7	100.7	100.8
2002	739.7	209.1	99.0	99.6
2003	684.9	200.0	100.9	101.6
2004	731.8	210.2	103.3	104.8
2005	737.1	227.6	101.6	102.2
2006	766.4	221.9	101.5	101.5
2007	906.9	222.5	104.5	105.4
2008	849.4	275.3	105.6	106.5
2009	801.1	295.3	99.1	99.7

续表

年份	城镇居民人均花费（元）	农村居民人均花费（元）	城市居民消费价格指数（上年=100）	农村居民消费价格指数（上年=100）
2010	883.0	306.0	103.2	103.6
2011	877.8	471.4	105.3	105.8
2012	914.5	491.0	102.7	102.5
2013	946.6	518.9	102.6	102.8
2014	975.4	540.2	102.1	101.8
2015	985.5	554.2	101.5	101.3
2016	1009.1	576.4	102.1	101.9
2017	1024.6	603.3	101.7	101.3
2018	1034.0	611.9	102.1	102.1

资料来源：国家统计局网站数据库。

要求：

（1）将城市居民消费价格指数和农村居民消费价格指数的环比形式转换为以2000年为基期的定基价格指数。

（2）利用城市居民消费价格定基指数和农村居民消费价格定基指数分别对城镇居民人均旅游花费序列和农村居民人均旅游花费序列进行缩减。

（3）计算价格缩减前后的城镇居民与农村居民旅游花费环比增长率和平均增长率，分析价格调整前后的变化。

（4）根据价格缩减后的城镇居民与农村居民旅游花费平均增长率和增长1%的水平值，对城镇居民与农村居民旅游花费增长速度进行比较。

（5）根据分析结果撰写一篇分析报告。

第十三章

统计综合评价

【学习目标】
1. 理解统计综合评价概念和要素。
2. 掌握统计综合评价的基本程序。
3. 掌握确定权重的常用方法。
4. 掌握常用统计综合评价模型。

上一章介绍了统计指数的编制方法及主要应用，本章主要介绍统计综合评价的方法。第一节介绍统计综合评价的概念、原则与程序，第二节介绍确定权重的方法，第三节主要介绍统计评价结果综合模型。

第一节 统计综合评价概述

一、统计综合评价的含义

在管理和决策活动中需要对客观对象进行评价。例如，评价一个国家一个地区综合实力、现代化水平，或评价一个企业的经济效益、职工胜任力素质，等等，如果仅用单项指标评价往往是比较片面的，只有进行多指标综合评价，才可能对研究目标做出全面、准确的评价。

统计综合评价也称多指标综合评价，是根据研究目的建立指标体系，按照一定的评价标准对所研究对象进行多维度多层次测评，并通过指标合成模型对研究对象做出整体判断。统计综合评价的基本要素为评价指标体系、评价标准和指标合成模型。

统计综合评价作为一种定量与定性相结合的统计方法，通过分析与综合，能够对现象的一般水平和发展趋势进行更高程度的抽象描述，具有整体性和全面性。因此统计综合评价结果具有科学性。然而，由于评价者确定评价标准不同、评价指标和评价方法不同都会影响到评价结果，即使对于同样的评价对象其评价结果也并不是唯一的。因此统计综合评价也具有一定的主观性，这既是统计综合评价的缺点，也是其特点。这就要求我们对于综合评价不应只看其结果，还应看其目的与方法。在应用中，须认真比较各种评价方法的特点及适用范围，采用多种方法并对其结果进行比较分析，或者将多种方法得到的结果进行综合，从而提高综合评价结论的客观性。

二、统计综合评价的要素

统计综合评价的要素主要包括评价客体、评价指标、评价标准和评价模型。

评价客体就是评价的对象，统计综合评价的对象是一定社会经济条件下的社会经济现象。比如在目的地体验质量评价、旅游经济效益评价、全域旅游示范区建设评价中，目的地体验质量、旅游经济效益、全域旅游示范区建设就成为评价对象。

评价指标是对评价对象特征的测量，每个评价指标都是从不同的侧面或维度反映评价对象的某个特征。为了全面认识评价对象，还需要构造综合评价指标体系，从多个维度、多个层次整体化反映评价对象。

评价标准是判断评价对象各项指标及整体水平的参照系。评价需要标准，包括评价指标数据处理、权重确定、结果的评价和解释，都需要有明确的评价准则。评价标准有客观的标准，也有主观的标准；有定量的标准，也有定性的标准。

评价模型是将评价对象指标值转化为一个可解释的评价结果的数学模型。评价模型包括了变量的构成及参数、各变量值转化为评价值的方法系统。不同的模型会得出不同的评价结果，因此需要根据不同的评价目的和对象特征选择合适的模型。

三、统计综合评价的基本程序

统计综合评价方法很多，但其操作程序类似，主要有如下基本程序。

（1）建立综合评价指标体系。根据评价目标和任务需要，以一定的专业理论为基础，并借鉴相关的研究成果，选择若干个指标，构成综合评价指标体系，从多个维度、多个层次整体化反映评价对象。

评价指标体系决定了评价的实质内容，其应遵循科学性、系统性、简洁性、可比性和可操作性等原则。

（2）收集指标数据。可以通过查阅统计年鉴、数据库或问卷调查等方法收集所需要的数据资料。

（3）数据预处理。根据评价标准对指标数据进行预处理，即将指标的实际值转化为评价值，包括指标类型一致化处理、定性指标量化处理和定量指标无量纲化处理等。

指标类型一致化处理即将不同类型的指标转化为相同类型的指标。指标类型包括正指标、逆指标和适度指标。有些指标取值越大越好，如利润、收入等指标，称为正指标；有些指标取值越小越好，如成本、能耗等指标，称为逆指标；有些指标取值越接近某一理想值越好，如资产负债率、投资率等指标，称为适度指标。通常将逆指标、适度指标转化为正指标。逆指标可用取倒数法转化为正指标；适度指标可用理想值与实际值之差的绝对值的倒数转化为正指标。

定性指标量化主要有统计评议法和名次序数百分化等方法。统计评议法是根据评价标准对评价对象进行打分实现指标量化的方法。名次序数百分化是将评价对象顺序名次转换为百分制的方法，其公式为：

$$F_i = 100 - \frac{100}{n}(R_i - 0.5) \quad (i=1,2,\cdots,n) \quad (13.1)$$

式中，F_i 为第 i 名次百分，R_i 为第 i 名次，n 为评价对象数量。

定量指标无量纲化处理即指标标准化处理，如 z 分数法、相对化处理法、极差法、功效系数法等。

（4）确定指标权重。权重是指标的相对重要程度，在进行综合评价时应根据各项指标重要性程度赋予相应的权数，以便对各项指标评价值进行加权处理。在评价指标体系中，每个因素（维度）直接隶属的各项指标的权重之和等于 100%，如果各项指标权重不为 100% 时，需要做归一化处理。其公式为：

$$w_i' = \frac{w_i}{\sum w_i} \quad (13.2)$$

式中，w_i' 为修正后权数，w_i 为修正前的权数。

（5）建立综合评价模型。在各项指标的评价值和权重确定后，应选择合适的方法将各单项指标评价值合成为多指标综合评价值，即建立一个综合评价模型。通过评价模型得到综合评价结果。如果评价对象只有一个，可以对各项指标进行排序；如果评价对象有多个，可以对多个评价对象进行排序。如果确定了评价等级标准，则可以根据评价结果将评价对象（无论一个或多个）归入相应的等级类别之中，以便于比较评价。

第二节 权重的确定

一、主观赋权法

主观赋权法是依靠专家的经验来确定各项指标权重的方法。主观赋权主要有专家评分法、德尔菲法、环比构权法、层次分析构权法等。

（一）专家评分法

邀请专家对各项指标进行评分，根据评分结果确定指标权重。每项指标的权重即该项指标得分的均值占各指标得分均值总和的比重。

设有 m 个专家，n 项指标，第 i 个专家对第 j 项指标的评分为 x_{ij}，评分结果如表 13.1 所示。

表 13.1 专家评分汇总表

专家	指标 1	指标 2	…	指标 n
专家 1	x_{11}	x_{12}	…	x_{1n}
专家 2	x_{21}	x_{22}	…	x_{2n}
…	…	…	…	…
专家 m	x_{m1}	x_{m2}	…	x_{mn}
合计	$\bar{x}_{.1}$	$\bar{x}_{.2}$		$\bar{x}_{.n}$

第 j 项指标的均值为 $\bar{x}_{.j} = \frac{1}{m}\sum_{i=1}^{m} x_{ij}$，则第 j 项指标的权重 w_j 为：

$$w_j = \frac{\bar{x}_{.j}}{\sum \bar{x}_{.j}} \qquad (j=1, 2, \cdots, n) \qquad (13.3)$$

评分方法常用的如五级（或七级）量表评分和百分制评分。五级量表评分可按照李克特五级量表形式对每项指标进行重要程度评分；用百分制评分，注意同一专家的各项指标评分之和等于 100。

（二）德尔菲法

选择若干名专家，一般不少于五六名，但也不需要很多。按照上述专家评分法，要求每个专家各自独立地给出各项指标的权重。

计算出第一轮每项指标权重的均值和标准差，并确定一个可接受的差异范围。反复若干轮，直至各项指标权重的标准差达到可接受范围（比如小于 5%）。

计算最后一轮每项指标权重的均值，作为各项评价指标的权重。

(三) 环比构权法

环比构权法,是一种通过环比方法确定各指标权重的构权方法。其计算方法如下:

(1) 对各项指标进行排序。排序方式比较灵活,只要求相邻指标具有可比性。

(2) 计算指标重要性系数 R_i。从第一个指标开始,依次计算指标环比指数即重要性系数,最后一项指标作为基数,其重要性系数为1,即 $R_n=1$。指标重要性系数计算公式为:

$$R_i = \frac{\text{第}i\text{项指标重要性}}{\text{第}i+1\text{项指标重要性}} \quad (i=1,2,\cdots,n) \tag{13.4}$$

在确定评价指标重要性程度时需要进行两两比较。为了使比较更准确,可先确定一个判断尺度,一般情况下,重要程度判断尺度可用1~5五级(或1~7级)表示,数字越大,表明重要程度越高。

(3) 计算修正重要性系数 M_i。从最后一项指标开始,利用定基指数与环比指数的关系(定基指数等于环比指数的连乘积),计算各指标的定基指数,即修正重要性系数。其计算公式为:

$$M_i = R_i \times R_{i+1} \times \cdots \times R_{i-n} \times R_n \tag{13.5}$$

最后一项指标修正重要性系数 $M_n = R_n = 1$。

(4) 计算最终权重 w_i。对 M_i 进行归一化处理,得到最终权重:

$$w_i = \frac{M_i}{\sum M_i} \tag{13.6}$$

【例13-1】一项荒漠游憩价值内部影响因素评价选择了旅游产品丰富度、游憩资源禀赋、景区规模、环境容量、接待游客人数、旅游收入6个指标。要求采用环比构权法确定评价指标权重。

解: 首先,根据指标重要程度计算指标重要程度环指数 R_i;其次,计算定基指数 M_i;最后,进行归一化处理得到权数 w_i。计算结果如表13.2所示。

表13.2 环比构权计算结果

指标	重要性系数 R_i	修正的重要性系数 M_i	归一化权数 w_i
旅游产品丰富度	5/4	4.2188	0.3007
游憩资源禀赋	2	3.3750	0.2405
景区规模	3/4	1.6875	0.1203

续表

指标	重要性系数 R_i	修正的重要性系数 M_i	归一化权数 w_i
环境容量	3/2	2.2500	0.1604
接待游客人数	3/2	1.5000	0.1069
旅游收入	1	1.0000	0.0713

（四）单准则层次分析构权法

层次分析法（analytic hierarchy process，简称 AHP），是美国运筹学家萨蒂（T.L.Saaty）提出的多准则决策方法。单准则层次分析构权法是基于层次分析法的一种构权方法。其方法包括如下步骤。

（1）建立指标重要性两两比较比率判断矩阵 A。设有 n 项指标，对 n 项指标的重要性进行两两比较，比较结果记为 a_{ij}，建立比率判断矩阵如下：

$$A = \begin{pmatrix} a_{11} & a_{12} & \cdots & a_{1n} \\ a_{21} & a_{22} & \cdots & a_{2n} \\ \cdots & \cdots & \cdots & \cdots \\ a_{n1} & a_{n2} & \cdots & a_{nn} \end{pmatrix} \quad (13.7)$$

其中，a_{ij} 表示 i 第项指标与第 j 项指标的比率。

$$a_{ij} = \frac{\text{第}i\text{项指标重要性}}{\text{第}j\text{项指标重要性}} = \frac{w_i}{w_j} \quad (13.8)$$

比较指标重要性的方法有多种，其中，1-9 比率标度法是提出较早应用较广的一种。1-9 比率标度及取值如表 13.3 所示，比率标度取值可通过向专家调查获获得。

表 13.3　1-9 比率标度法评价标准

指标两两比较	比较结果的含义	1~9 标度取值
i 比 j	同等重要	1
	稍微重要	3
	明显重要	5
	强烈重要	7
	极端重要	9
	介于相邻两级之间的重要程度	2, 4, 6, 8
j 比 i	与上述含义相同	上述各数的倒数

（2）求解指标权重 w_i。对矩阵 A 计算各行的平均数，并进行归一化处理，便得到各指标权重 w_i。可以采用算术平均法，也可使用几何平均法。

首先计算行平均数，这里采用几何平均法计算，其公式为：

$$G_i = \sqrt[n]{a_{i1} \times a_{i2} \times \cdots \times a_{in}} \tag{13.9}$$

其次，对 G_i 进行归一化处理，得到权重 w_i，其公式为：

$$w_i = \frac{G_i}{\sum G_i} \tag{13.10}$$

则 $w = (w_1, w_2, \cdots, w_n)^T$ 为权重向量。

（3）进行判断矩阵一致性检验。

首先，计算判断矩阵最大特征根 $\lambda_{\max}$。其计算公式为：

$$\lambda_{\max} = \frac{1}{n} \sum_{i=1}^{n} \frac{(Aw)_i}{w_i} \tag{13.11}$$

式中，$Aw = \begin{pmatrix} a_{11} & a_{12} & \cdots & a_{1n} \\ a_{21} & a_{22} & \cdots & a_{2n} \\ \cdots & \cdots & \cdots & \cdots \\ a_{n1} & a_{n2} & \cdots & a_{nn} \end{pmatrix} \begin{pmatrix} w_1 \\ w_2 \\ \cdots \\ w_n \end{pmatrix}$，$(Aw)_i$ 为 Aw 的第 i 个元素。

其次，对判断矩阵进行一致性检验。如果判断矩阵是一致的，没有出现矛盾现象，则应该满足下列条件：

① $a_{ij} = 1$
② $a_{ij} = 1 / a_{ji}$
③ $a_{ik} \times a_{ki} = a_{ij}$

当指标较多时，矩阵内初始权数可能出现互相矛盾现象，由于阶数较高的判断矩阵很难做出直观判断，因此需要进行一致性检验。

为了检验判断矩阵一致性，需要计算判断矩阵一致性指标 CI，其公式为：

$$CI = \frac{\lambda_{\max} - n}{n - 1} \tag{13.12}$$

由于 $\lambda_{\max} \geq n$，因此 $\lambda_{\max}$ 越接近于 n，CI 值越小，矩阵一致性程度越高；反之，$\lambda_{\max}$ 越大于 n，CI 值越大，矩阵一致性程度越低。为了确定一个检验的标准，需要将 CI 与平均随机一致性指标 RI 进行比较，计算一致性比率 CR，即

$$CR = \frac{CI}{RI} \tag{13.13}$$

一致性检验标准一般采用萨蒂提出的 $CR \leqslant 10\%$ 的标准。如果判断矩阵的 $CR \leqslant 10\%$，则一致性程度是可接受的；否则，不一致性过于严重，需要重新构造判断矩阵或进行调整。

平均随机一致性指标 RI 是随机构造成对比较样本矩阵（500 个以上）计算得到的，并且不同标度值之下的 RI 是不同的。1~15 阶重复 1000 次的平均随机一致性指标如表 13.4 所示。

表 13.4 平均随机一致性指标

阶数	RI	阶数	RI	阶数	RI
1	0.00	6	1.26	11	1.52
2	0.00	7	1.36	12	1.54
3	0.52	8	1.41	13	1.56
4	0.89	9	1.46	14	1.58
5	1.12	10	1.49	15	1.59

资料来源：许树柏.实用决策方法——层次分析法原理［M］.天津：天津大学出版社，1988：11.

【例 13-2】旅游者选择目的地时确定了旅游产品（X_1）、费用（X_2）、住宿（X_3）、餐饮（X_4）、交通（X_5）5 个评价指标。要求采用层次分析法确定评价指标权重。

解：首先，采用 1~9 比率标度法通过专家评分，对 6 项指标的重要性进行两两比较，建立比率判断矩阵：

$$A = \begin{pmatrix} 1 & 1/2 & 4 & 3 & 2 \\ 2 & 1 & 7 & 5 & 4 \\ 1/2 & 1/7 & 1 & 1/2 & 1/3 \\ 1/3 & 1/5 & 2 & 1 & 1/2 \\ 1/3 & 1/4 & 3 & 2 & 1 \end{pmatrix}$$

其次，求解指标权重 w_i。对矩阵 A 的各行计算几何平均数 G_i，并进行归一化处理，得到权重 w_i 如表 13.5 所示。

表 13.5 权重计算结果

指标	行几何均值 G_i	归一化权重 w_i
X_1	1.6438	0.2485

续表

指标	行几何均值 G_i	归一化权重 w_i
X_2	3.0863	0.4665
X_3	0.3589	0.0543
X_4	0.58189	0.0880
X_5	0.9441	0.1427
合计	6.6148	1.0000

最后，进行判断矩阵一致性检验。

由于 $Aw = \begin{pmatrix} 1 & 1/2 & 4 & 3 & 2 \\ 2 & 1 & 7 & 5 & 4 \\ 1/2 & 1/7 & 1 & 1/2 & 1/3 \\ 1/3 & 1/5 & 2 & 1 & 1/2 \\ 1/3 & 1/4 & 3 & 2 & 1 \end{pmatrix} \begin{pmatrix} 0.2485 \\ 0.4665 \\ 0.0543 \\ 0.0880 \\ 0.1427 \end{pmatrix} = \begin{pmatrix} 1.248 \\ 2.354 \\ 0.275 \\ 0.444 \\ 0.722 \end{pmatrix}$

则判断矩阵最大特征根为：

$$\lambda_{\max} = \frac{1}{n}\sum_{i=1}^{n}\frac{(Aw)_i}{w_i} = \frac{1}{5}\left(\frac{1.248}{0.2485} + \frac{2.354}{0.4665} + \cdots + \frac{0.722}{0.1427}\right) = 5.0475$$

判断矩阵一致性指标 CI 为：

$$CI = \frac{\lambda_{\max} - n}{n-1} = \frac{5.0475 - 5}{5 - 1} = 0.0119$$

查表得 5 阶随机一致性指标为 1.12，一致性比率 $CR = 0.0119/1.12 = 0.0106 < 0.1$，表明矩阵 A 通过了一致性检验，构造的权数具有合理性。

二、客观赋权法

客观赋权法是根据评价指标实际值进行赋权的方法，主要有变异系数法、复相关系数法、熵权法、主成分分析法、因子分析法等。这里主要介绍变异系数法、复相关系数法和熵权法。

（一）变异系数构权法

变异系数构权法是根据各项评价指标包含分辨信息量大小来确定指标权重的构权方法。如果一项指标差异越大，其所能提供的信息就越多，反之所能提供的信息就越小。根据这一原理，可以使用变异系数确定指标权重。

设有 m 个评价对象，n 项评价指标。第 j 项评价指标在 m 个评价对象上的取

值为 x_{ij}，则第 j 项评价指标的变异系数为 v_j，其计算公式为：

$$v_j = \frac{s_j}{\bar{x}_j} \tag{13.14}$$

式中，$\bar{x}_j$ 为第 j 项指标的均值；s_j 为第 j 项指标的标准差。

对 v_j 进行归一化处理，得到第 j 项评价指标的权重系数：

$$w_j = \frac{v_j}{\sum_{j=1}^{n} v_j} \tag{13.15}$$

（二）复相关系数构权法

复相关系数构权法是利用复相关系数的倒数计算指标权重的方法。计算每个指标与其他指标的复相关系数，可以利用样本数据通过估计多元回归方程而得到。

在多元回归中，复相关系数是多重判定系数的算术平方根，它衡量的是一个变量与作为一个整体的多个变量之间的相关程度，用 R 表示。复相关系数越大，该指标被其他指标解释的程度越高，说明其他指标对其可替代性越强，其自身的重要程度也就越低。所以，可以用复相关系数的倒数表示指标的重要性程度。

设有 n 项指标，分别以每项指标为因变量而其他指标为自变量进行多元回归，得到第 j 项评价指标的复相关系数 R_j，其倒数为 $1/R_j$。对其进行归一化处理，便得到第 j 项评价指标的权重：

$$w_j = \frac{1/R_j}{\sum_{j=1}^{n} 1/R_j} \tag{13.16}$$

（三）熵权法

熵权法（entropy method）是利用信息熵原理确定权重的一种构权方法。在信息学中，信息熵是对信息无序化的一种度量。信息熵值越小，信息的无序度越低，其效用就越大；反之则其效用就越小。如果一个指标的信息熵越小，其差异性越大，提供的信息量越多，其重要性也越大；反之，一个指标的信息熵越大，其差异性越小，提供的信息量越少，其重要性也越小。熵权法的基本步骤为：

（1）建立指标原始数据矩阵。设有 m 个评价对象（样本量为 m），n 个评价指标。第 i（$i=1, 2, \cdots, m$）个项目第 j（$j=1, 2, \cdots, n$）个指标的实际观测值为 x_{ij}，由此得到评价指标原始数据矩阵 X：

$$X = \begin{pmatrix} x_{11} & x_{12} & \cdots & x_{1n} \\ x_{21} & x_{22} & \cdots & x_{2n} \\ \cdots & \cdots & \cdots & \cdots \\ x_{m1} & x_{m2} & \cdots & x_{mn} \end{pmatrix}_{m \times n}$$

（2）数据标准化处理。为计算权重，首先对矩阵 X 做标准化处理，可采用极差标准化法处理。计算公式为：

$$r_{ij} = \frac{x_{ij} - x_{j\min}}{x_{j\max} - x_{j\min}} \quad （正指标） \tag{13.17}$$

$$r_{ij} = \frac{x_{j\max} - x_{ij}}{x_{j\max} - x_{j\min}} \quad （逆指标） \tag{13.18}$$

式中，$x_{j\max}$ 为第 j 个指标的最大值；$x_{j\min}$ 为第 j 个指标的最小值。r_{ij} 取值在 [0, 1] 区间。标准化处理后得到矩阵 R：

$$R = \begin{pmatrix} r_{11} & r_{12} & \cdots & r_{1n} \\ r_{21} & r_{22} & \cdots & r_{2n} \\ \cdots & \cdots & \cdots & \cdots \\ r_{m1} & r_{m2} & \cdots & r_{mn} \end{pmatrix}_{m \times n} \tag{13.19}$$

（3）根据标准化数据计算第 i 个项目第 j 个指标值的比重 p_{ij}，即对 r_{ij} 进行归一化处理。其公式为：

$$p_{ij} = \frac{r_{ij}}{\sum_{i=1}^{m} r_{ij}} \tag{13.20}$$

（4）计算各评价指标的熵值 H_j，其计算公式为：

$$H_j = -k \sum_{i=1}^{m} p_{ij} \ln(p_{ij}) \tag{13.21}$$

式中，$k = 1/\ln(m)$，是一个与样本量 m 有关的常数；ln 表示取自然对数；H_j 的取值在 [0, 1] 区间。为了能够进行对数化处理，若 $p_{ij} = 0$ 时，则 p_{ij} 可取一个较小的数值，或将 $\ln(p_{ij})$ 取值为 0。

（5）计算各项指标的权重 w_j。其公式为：

$$w_j = \frac{1 - H_j}{\sum_{j=1}^{n}(1 - H_j)} = \frac{G_j}{\sum_{j=1}^{n} G_j} \tag{13.22}$$

式中，G_j 为度量指标差异度的指标，称差异系数，$G_i = 1 - H_i$。

【例 13-3】 对 10 个旅游城市星级饭店经济效益进行评价，选择了营业收入总额 X_1（亿元）、百元固定资产创营业收入 X_2（元）、利润总额 X_3（亿元）、实缴税金 X_4（亿元）、全员劳动生产率 X_5（千元/人）、平均出租率 X_6（%）6 个评价指标。指标数据（表 13.6）来源于文化与旅游部《2018 年度全国星级饭店统计报告》。试采用层熵权法确定评价指标权重。

表 13.6 旅游城市星级饭店经济效益指标

城市	X_1	X_2	X_3	X_4	X_5	X_6
北京	219.76	41.91	14.55	10.74	353.60	68.29
天津	22.56	33.24	5.24	0.49	191.07	54.06
石家庄	21.01	36.40	0.13	0.48	198.28	59.52
秦皇岛	3.93	22.41	−0.84	0.18	140.73	28.96
太原	10.73	28.72	−0.71	0.31	144.30	53.54
呼和浩特	7.19	20.07	−0.68	0.18	165.73	50.90
沈阳	17.40	41.75	0.69	0.44	208.63	59.27
大连	21.87	27.77	−2.42	0.54	198.33	50.74
长春	7.08	34.54	−0.48	0.17	182.47	61.17
哈尔滨	9.50	36.62	−0.22	0.37	180.80	53.17

资料来源：国家文化与旅游部网站。

解： 首先，对指标原始数据进行无量纲化处理。根据式（13.17），得到标准化数据如表 13.7 所示。

表 13.7 标准化数据 r_{ij}

城市	X_1	X_2	X_3	X_4	X_5	X_6
北京	1.0000	1.0000	1.0000	1.0000	1.0000	1.0000
天津	0.0863	0.6030	0.4514	0.0303	0.2365	0.638
石家庄	0.0791	0.7477	0.1503	0.0293	0.2704	0.7770
秦皇岛	0.0000	0.1071	0.0931	0.0009	0.0000	0.0000
太原	0.0315	0.3961	0.1008	0.0132	0.0168	0.6250
呼和浩特	0.0151	0.0000	0.1025	0.0009	0.1174	0.5578
沈阳	0.0624	0.9927	0.1833	0.0255	0.3190	0.7707

续表

城市	X_1	X_2	X_3	X_4	X_5	X_6
大连	0.0831	0.3526	0.0000	0.0350	0.2706	0.5538
长春	0.0147	0.6625	0.1143	0.0000	0.1961	0.8190
哈尔滨	0.0258	0.7578	0.1296	0.0189	0.1882	0.6156
合计	1.3980	5.6195	2.3253	1.1542	2.6149	6.3570

其次，对标准化数据 r_{ij} 进行归一化处理得到 p_{ij}（表 13.8）。

表 13.8 标准化数据 r_{ij} 归一化处理结果

城市	X_1	X_2	X_3	X_4	X_5	X_6
北京	0.7153	0.1780	0.4301	0.8664	0.3824	0.1573
天津	0.0617	0.1073	0.1941	0.0262	0.0904	0.1004
石家庄	0.0566	0.1331	0.0646	0.0254	0.1034	0.1222
秦皇岛	0.0000	0.0191	0.0400	0.0008	0.0000	0.0000
太原	0.0225	0.0705	0.0433	0.0115	0.0064	0.0983
呼和浩特	0.0108	0.0000	0.0441	0.0008	0.0449	0.0878
沈阳	0.0446	0.1766	0.0788	0.0221	0.1220	0.1212
大连	0.0595	0.0627	0.0000	0.0303	0.1035	0.0871
长春	0.0104	0.1179	0.0492	0.0000	0.0750	0.1288
哈尔滨	0.0185	0.1348	0.0558	0.0164	0.0720	0.0968
合计	1.0000	1.0000	1.0000	1.0000	1.0000	1.0000

再次，计算各评价指标的熵值 H_j。$k = 1/\ln(m) = 1/\ln(10) = 0.4343$。根据式（13.21）得到计算结果如表 13.9 所示。

表 13.9 评价指标熵值计算结果

城市	X_1	X_2	X_3	X_4	X_5	X_6
北京	−0.2397	−0.3072	−0.3629	−0.1243	−0.3676	−0.2909
天津	−0.1719	−0.2395	−0.3182	−0.0955	−0.2173	−0.2308
石家庄	−0.1626	−0.2684	−0.1770	−0.0933	−0.2346	−0.2569
秦皇岛	0.0000	−0.0755	−0.1288	−0.0058	0.0000	0.0000
太原	−0.0855	−0.1869	−0.1360	−0.0513	−0.0324	−0.2280
呼和浩特	−0.0489	0.0000	−0.1376	−0.0058	−0.1394	−0.2135

续表

城市	X_1	X_2	X_3	X_4	X_5	X_6
沈阳	−0.1388	−0.3062	−0.2002	−0.0843	−0.2566	−0.2558
大连	−0.1678	−0.1737	0.0000	−0.1060	−0.2347	−0.2126
长春	−0.0476	−0.2521	−0.1481	0.0000	−0.1942	−0.2640
哈尔滨	−0.0737	−0.2702	−0.1609	−0.0674	−0.1894	−0.2261
合计	−1.1365	−2.0797	−1.7699	−0.6337	−1.8663	−2.1787
H_i	0.4936	0.9032	0.7687	0.2752	0.8105	0.9462

最后，根据式（13.22）计算各项指标的权重，结果如表13.10所示。

表13.10 熵权法权重计算结果

指标	H_j	G_j	W_j
X_1	0.4936	0.5064	0.2809
X_2	0.9032	0.0968	0.0537
X_3	0.7687	0.2313	0.1283
X_4	0.2752	0.7248	0.4021
X_5	0.8105	0.1895	0.1051
X_6	0.9462	0.0538	0.0299
合计	—	1.8026	1.0000

三、构权法综合运用

（一）分层构权法

综合评价指标体系如果是多层次的，可采用分层构权法。比如评价指标体系分为三个层次，第一层为评价目标；第二层为一级指标，也就是评价目标的维度；第三层为二级指标，也就是各维度的具体指标（见表13.11）。首先，确定一级指标的权重 A_i，要求 $\sum A_i = 1$。其次，确定每个维度（一级指标）下所属的二级指标权重 B_{ij}，要求 $\sum B_{ij} = 1$。例如，表13.11的一级指标 X_1 所属的二级指标有 X_{11}，X_{12}，X_{13}，它们的权重分别为0.3、0.3、0.4，权重之和等于1。之后，计算其他维度下二级指标的权重。计算二级指标权重的方法可以相同，也可以不相同。再次，确定总权重，即二级指标对评价目标的权重 w_{ij}，其计算方法是用每个一级指标的权重分别乘以其所属二级指标的权重，即 $w_{ij} = A_i \times B_{ij}$。要求 $\sum w_{ij} = 1$。

表 13.11　多层评价指标体系与分层构权

评价目标	一级指标	一级指标对评价目标的权重（A_i）	二级指标	二级指标对一级指标的权重（B_{ij}）	二级指标对评价目标的权重（总权重 w_{ij}）
评价目标 X	X_1	0.3	X_{11}	0.3	0.3×0.3=0.09
			X_{12}	0.3	0.3×0.3=0.09
			X_{13}	0.4	0.3×0.4=0.12
	X_2	0.5	X_{21}	0.1	0.5×0.1=0.05
			X_{22}	0.5	0.5×0.5=0.25
			X_{23}	0.2	0.5×0.2=0.10
			X_{24}	0.2	0.5×0.2=0.10
	X_3	0.2	X_{31}	0.6	0.2×0.6=0.12
			X_{32}	0.3	0.2×0.3=0.06
			X_{33}	0.1	0.2×0.1=0.02
合计	—	1	—	—	1

（二）组合构权法

在综合评价中，有时采用多种构权方法确定指标权重，最后需要对用不同方法计算得到的权重进行合成。合成的方法有加法模型和乘法模型。

设有 n 项指标，采用两种方法所得到的权重分别为 A_i 和 B_i，若采用加法模型合成，其结果为：

$$w_i = \alpha A_i + (1-\alpha) B_i \quad (i=1,2,\ldots,n) \quad (13.23)$$

式中，α 可根据实际确定。

若采用乘法模型，则用 A_i 和 B_i 相乘，再进行归一化处理，其结果为：

$$w_i = \frac{A_i B_i}{\sum_{i=1}^{n} A_i B_i} \quad (13.24)$$

第三节　评价结果的综合

对于多指标综合评价，在单个指标评价基础上还需要对所有指标评价结果进行综合。评价结果的综合就是通过数学模型将多个指标评价值合成为一个整体性综合评价值。统计综合评价方法包括传统的综合评价方法和现代综合评价法。传统的综合评价方法主要基于效用函数原理,常用方法有综合指数法、功效系数法、理想解排序法,此外还有综合打分法等。现代综合评价方法,主要基于系统论,形成了很多系统评价方法,如层次分析法、模糊综合评价法、灰色系统评价法、人工神经网络评价法、数据包络分析法等,以及多元统计分析方法,如因子分析法、主成分分析法,等等。

一、综合指数法

综合指数法是将每项评价指标的实际值与选定的标准值进行比较计算出个体指数,然后对个体指数进行加权平均得到综合评价指数。其计算过程包括如下步骤。

(一) 计算个体指数

计算指标的个体指数,即对指标进行无量纲化处理,其方法是用指标实际值与标准值进行对比。为了进行对比,需要先确定一个标准值作为对比的基础。标准值可以选择该指标的总值、平均值、最大值,或者选择行业、国家或国际上同类指标的一般水平值。

设有 m 个评价对象 n 个评价指标,第 i 个评价对象第 j 个评价指标的个体指数 k_{ij} 为:

$$\text{正指标:} k_{ij} = \frac{x_{ij}}{x_{oj}} \quad (i=1,2,\cdots,m; j=,2,\cdots,n) \quad (13.25)$$

$$\text{逆指标:} k_{ij} = \frac{x_{oj}}{x_{ij}} \quad (i=1,2,\cdots,m; j=,2,\cdots,n) \quad (13.26)$$

式中,x_{ij} 为指标实际值(原始值),x_{oj} 为对比的标准值,k_{ij} 为无量纲化处理后的评价值。如果有适度指标,应先将其转化为正指标,其转化公式为 $x'_{ij} = 1/|a - x_{ij}|$,其中,a 为理想值。

(二) 计算综合评价指数

将个体指数合成综合评价指数,需要计算各指标的权重 w_j,可以采用前述构权方法。权重确定后,通常采用加权算术平均综合模型将个体指数合成综合评价指数,其计算公式为:

$$I_i = \sum_{j=1}^{n} k_{ij} w_j \bigg/ \sum_{j=1}^{n} w_j \quad (i=1,2,\cdots,m) \quad (13.27)$$

也可采用加权几何平均综合模型,即

$$I_i = \sum_{j=1}^{n} w_j \sqrt{\prod_{j=1}^{n} k_{ij}^{w_j}} \quad (i = 1, 2, \cdots, m) \qquad (13.28)$$

根据综合评价指数，可以对评价对象进行排序比较。

【例 13-4】利用例 13-3 的指标和数据，要求：采用变异系数法构造权重，从营业收入总额 X_1（亿元）、百元固定资产创营业收入 X_2（元）、利润总额 X_3（亿元）、实缴税金 X_4（亿元）、全员劳动生产率 X_5（千元/人）、平均出租率 X_6（%）6 个方面，利用综合指数法对 10 个旅游城市星级饭店经济效益进行综合评价。

解：首先，采用变异系数法计算指标权重 w_j。利用各指标的原始值计算各指标的变异系数 v_j，再对其进行归一化处理，得到各指标权重如表 13.12 所示。

表 13.12 变异系数法计算权重结果

指标	X_1	X_2	X_3	X_4	X_5	X_6
均值	34.103	32.343	1.526	1.39	196.394	53.962
标准差	65.5900	7.4813	4.9908	3.2882	59.7111	10.3386
变异系数 v_j	1.9233	0.2313	3.2705	2.3656	0.3040	0.1916
权重 w_j	0.2321	0.0279	0.3947	0.2855	0.0367	0.0231

其次，计算指标个体指数。这里选择每个指标的最大值作为该指标的标准值，计算结果如表 13.13 所示。

表 13.13 指标个体指数 k_i

城市	X_1	X_2	X_3	X_4	X_5	X_6
北京	1.0000	1.0000	1.0000	1.0000	1.0000	1.0000
天津	0.1027	0.7931	0.3601	0.0456	0.5404	0.7916
石家庄	0.0956	0.8685	0.0089	0.0447	0.5607	0.8716
秦皇岛	0.0179	0.5347	−0.0577	0.0168	0.3980	0.4241
太原	0.0488	0.6853	−0.0488	0.0289	0.4081	0.7840
呼和浩特	0.0327	0.4789	−0.0467	0.0168	0.4687	0.7454
沈阳	0.0792	0.9962	0.0474	0.0410	0.5900	0.8679
大连	0.0995	0.6626	−0.1663	0.0503	0.5609	0.7430
长春	0.0322	0.8241	−0.0330	0.0158	0.5160	0.8957
哈尔滨	0.0432	0.8738	−0.0151	0.0345	0.5113	0.7786

最后，计算综合评价指数。根据式（13.27）计算的评价结果及综合排名如

表 13.14 所示。

表 13.14 综合指数法评价结果及排名

城市	综合指数(%)	排序	城市	综合指数(%)	排序
北京	100.00	1	呼和浩特	4.17	8
天津	23.92	2	沈阳	11.83	3
石家庄	10.34	4	大连	2.80	9
秦皇岛	2.55	10	长春	6.16	6
太原	5.25	7	哈尔滨	7.50	5

二、功效系数法

（一）功效系数法原理

功效系数法是对多目标规划中功效系数法借鉴改进的一种综合评价方法。其基本思路是首先对各评价指标计算个体指数，其次将个体指数合成综合评价指数。设有 m 个评价对象 n 个评价指标，第 i 个评价对象第 j 个评价指标的个体指数即功效系数，其计算公式为：

$$d_{ij} = \frac{x_{ij} - x_{js}}{x_{jh} - x_{js}} \quad (i=1,2,\cdots,m; j=1,2,\cdots,n) \quad (13.29)$$

式中，x_{ij} 为指标实际值（原始值），x_{jh} 为各指标的满意值，x_{js} 为各指标的不允许值。满意值和不允许值可以通过专家咨询得到。在实际应用中可以变通处理，用各项指标的最大值与最小值作为满意值和不允许值。这时功效系数为：

$$\text{正指标：} d_{ij} = \frac{x_{ij} - x_{j\min}}{x_{j\max} - x_{j\min}} \quad (i=1,2,\cdots,m; j=1,2,\cdots,n) \quad (13.30)$$

$$\text{逆指标：} d_{ij} = \frac{x_{j\max} - x_{ij}}{x_{j\max} - x_{j\min}} \quad (i=1,2,\cdots,m; j=1,2,\cdots,n) \quad (13.31)$$

对各指标个体指数合成综合指数的方法与综合指数法相同，一般采用加权几何平均法，也可以用加权算术平均法。

（二）改进的功效系数法

为了使评价结果更为直观，经改进又形成了改进的功效系数法，将指数转换成功效分数，其公式为：

正指标：$d_{ij} = \dfrac{x_{ij} - x_{j\min}}{x_{j\max} - x_{j\min}} \times 40 + 60 \quad (i=1,2,\cdots,m; j=1,2,\cdots,n)$ （13.32）

逆指标：$d_{ij} = \dfrac{x_{j\max} - x_{ij}}{x_{j\max} - x_{j\min}} \times 40 + 60 \quad (i=1,2,\cdots,m; j=1,2,\cdots,n)$ （13.33）

改进的功效系数法综合评价模型为：

加权几何平均综合值：$F_i = \sqrt[\sum_{j=1}^{n} w_j]{\prod_{j=1}^{n} d_{ij}^{w_j}} \quad (i=1,2,\cdots,m; j=1,2,\cdots,n)$ （13.34）

加权算术平均综合值：$F_i = \sum_{j=1}^{n} d_{ij} w_j \Big/ \sum_{j=1}^{n} w_j \quad (i=1,2,\cdots,m; j=1,2,\cdots,n)$ （13.35）

式中，w_j 为第 j 个指标的权重，可根据实际情况选择权重计算方法。改进的功效系数法评价结果一般在 60~100 分，含义更加直观明了。

【例 13-5】利用例 13-3 的 6 项指标及数据，要求分别采用变异系数法和熵权法确定指标权重，利用改进的功效系数法对 10 个旅游城市星级饭店经济效益进行综合评价。

解：首先，数据无量纲化处理。利用极差标准化法对 6 项指标的原始数据进行标准化处理，结果见表 13.7。

其次，根据式（13.30）计算每项指标的功效分数，计算结果如表 13.15 所示。

表 13.15　指标功效分数

城市	X_1	X_2	X_3	X_4	X_5	X_6
北京	100.00	100.00	100.00	100.00	100.00	100.00
天津	63.45	84.12	78.06	61.21	69.46	85.53
石家庄	63.17	89.91	66.01	61.17	70.81	91.08
秦皇岛	60.00	64.29	63.72	60.04	60.00	60.00
太原	61.26	75.84	64.03	60.53	60.67	85.00
呼和浩特	60.60	60.00	64.10	60.04	64.70	82.31
沈阳	62.50	99.71	67.33	61.02	72.76	90.83
大连	63.32	74.10	60.00	61.40	70.82	82.15
长春	60.58	86.50	64.57	60.00	67.84	92.76
哈尔滨	61.03	90.31	65.19	60.76	67.53	84.62

最后，计算综合功效分数。采用加权几何平均模型计算的评价结果如表13.16 所示。

表 13.16 改进的功效系数法评价结果及排名

城市	评价结果（变异系数法权重）	排序	评价结果（熵权法权重）	排序
北京	100	1	100	1
天津	69.40	2	66.42	2
石家庄	65.14	4	65.39	4
秦皇岛	61.57	10	60.71	10
太原	62.95	7	62.57	8
呼和浩特	62.37	8	61.76	9
沈阳	65.69	3	65.85	3
大连	62.34	9	63.88	6
长春	63.46	6	63.57	7
哈尔滨	63.96	5	64.04	5

从评价结果看，采用改进的功效系数法进行评价，由于评价时使用的权重不同，因此评价结果具有差异。

与例 13-4 的综合指数法相比，利用功效系数法的评价结果相差不是太大，但功效系数法评价结果比综合指数法更加直观、明确。

三、综合打分法

综合打分法是按照评价等级标准对各项指标进行打分，将各项指标分数合成综合分数的一种综合评价方法。综合打分法操作简单，使用广泛，既可以用于定量指标也可以用于定性指标。综合打分法一般包括如下步骤。

（1）制定评分等级和标准。根据评价指标性质特点制定评价等级及其每个等级的评定标准，要求具有可操作性。

（2）评价者打分。邀请评价者根据等级和标准打分，评价者人数根据实际情况而定。打分方法可以按五分制、十分制或百分制计分。

（3）计算各指标平均得分。

（4）综合评价。对各指标得分进行综合，形成综合评价分数，一般可采用加权平均法合成综合得分。权重确定方法应根据实际情况选择，可以用主观赋权法和也可用客观赋权法。

设有 m 个评价对象 n 个评价指标，第 i 个评价对象的综合得分计算公式为：

$$D_i = \sum_{j=1}^n \bar{d}_{ij} w_j \Big/ \sum_{j=1}^n w_j \quad (i=1,2,\cdots,m; j=1,2,\cdots,n) \tag{13.36}$$

式中，$\bar{d}_{ij}$ 为第 i 个评价对象第 j 个指标的平均得分；w_j 为第 j 个指标的权重。

四、理想解排序法

理想解排序法（technicqueue for order preference by similarity to ideal solution，TOPSIS）是一种多目标决策方法。理想解也称理想点，是设想的最优解（方案），其各个属性值都达到备选方案中的最优值；与理想解相对的是负理想解，其各个属性值都达到备选方案中的最差值。在对多个备选方案进行选择时，其中最接近理想解而最远离负理想解的方案就是备选方案中最好的方案。这就是理想解排序法的基本原理。

设有 m 个备选方案（评价对象），n 个决策属性（评价指标）。第 i（$i=1, 2, \cdots, m$）个评价对象第 j（$j=1, 2, \cdots, n$）个指标的实际观测值为 x_{ij}，由此得到评价指标原始数据矩阵（表 13.17）。

表 13.17 评价指标原始数据矩阵

方案	指标 1	指标 2	…	指标 n
方案 1	x_{11}	x_{12}	…	x_{1n}
方案 2	x_{21}	x_{22}	…	x_{2n}
…	…	…	…	…
方案 m	x_{m1}	x_{m2}	…	x_{mn}

理想解排序法评价步骤如下：

（1）指标无量纲化处理。其公式为：

$$k_{ij} = \frac{x_{ij}}{\sqrt{\sum_{i=1}^m x_{ij}^2}} \quad (j=1,2,\cdots,n) \tag{13.37}$$

上式为相对化处理的方法之一，如果 x_{ij} 为逆指标则先取倒数，再用上式进行无量纲化处理。

（2）对指标无量纲化后的评价值进行加权处理。其公式为：

$$u_{ij} = k_{ij} w_j \quad (i=1,2,\cdots,m; j=1,2,\cdots,n) \tag{13.38}$$

式中，u_{ij} 为第 i 个评价对象第 j 项指标的加权评价值；w_j 为第 j 项指标的权重。

（3）确定理想解和负理想解。以各指标加权评价值的最大值为理想解，以各指标加权评价值的最小值为负理想解，得到理想解和负理想解向量，即

$$u^+ = (u_1^+, u_2^+, \cdots, u_n^+) \; ; \; u^- = (u_1^-, u_2^-, \cdots, u_n^-) \quad (13.39)$$

式中，$u_j^+ = \max\limits_{1 \leq i \leq m}\{u_{ij}\}$；$u_j^- = \min\limits_{1 \leq i \leq m}\{u_{ij}\}$ $(j=1,2,\cdots,n)$。

（4）计算评价对象到理想解的相对接近度。首先，计算评价对象到理想解和负理想解的距离，也称分离度，即

$$d_i^+ = \sqrt{\sum_{j=1}^{n}(u_{ij}-u_j^+)^2} \quad (i=1,2,\cdots,m) \quad (13.40)$$

$$d_i^- = \sqrt{\sum_{j=1}^{n}(u_{ij}-u_j^-)^2} \quad (i=1,2,\cdots,m) \quad (13.41)$$

其次，根据分离度计算评价对象到理想解的相对接近度，其公式为：

$$r_i = \frac{d_i^-}{d_i^+ + d_i^-} \quad (i=1,2,\cdots,m) \quad (13.42)$$

（5）根据 r_i 值对评价对象排序。

【例 13-6】以例 13-3 的指标和数据，利用变异系数法构造权重，采用理想解排序法对 10 个旅游城市星级饭店经济效益进行综合评价。

解：首先，根据式（13.37）对指标数据进行无量纲化处理，计算结果如表 13.18 所示。

表 13.18　指标数据无量纲化处理结果

城市	X_1	X_2	X_3	X_4	X_5	X_6
北京	0.5179	0.0988	0.0343	0.0253	0.8333	0.1609
天津	0.1113	0.1640	0.0259	0.0024	0.9428	0.2667
石家庄	0.0995	0.1723	0.0006	0.0023	0.9386	0.2818
秦皇岛	0.0270	0.1541	-0.0058	0.0012	0.9674	0.1991
太原	0.0684	0.1830	-0.0045	0.0020	0.9195	0.3412
呼和浩特	0.0412	0.1149	-0.0039	0.0010	0.9488	0.2914
沈阳	0.0785	0.1884	0.0031	0.0020	0.9417	0.2675
大连	0.1053	0.1337	-0.0116	0.0026	0.9546	0.2442

续表

城市	X_1	X_2	X_3	X_4	X_5	X_6
长春	0.0362	0.1765	−0.0025	0.0009	0.9326	0.3126
哈尔滨	0.0494	0.1905	−0.0011	0.0019	0.9406	0.2766

其次，利用变异系数法计算的指标权重（见表13.12）对无量纲化处理后的指标值进行加权处理，结果如表13.19所示。

表 13.19 指标数据加权处理结果

城市	X_1	X_2	X_3	X_4	X_5	X_6
北京	0.1202	0.0028	0.0135	0.0100	0.0306	0.0037
天津	0.0258	0.0046	0.0102	0.0010	0.0346	0.0062
石家庄	0.0231	0.0048	0.0002	0.0009	0.0344	0.0065
秦皇岛	0.0063	0.0043	−0.0023	0.0005	0.0355	0.0046
太原	0.0159	0.0051	−0.0018	0.0008	0.0337	0.0079
呼和浩特	0.0096	0.0032	−0.0015	0.0004	0.0348	0.0067
沈阳	0.0182	0.0053	0.0012	0.0008	0.0346	0.0062
大连	0.0244	0.0037	−0.0046	0.0010	0.0350	0.0056
长春	0.0084	0.0049	−0.0010	0.0003	0.0342	0.0072
哈尔滨	0.0115	0.0053	−0.0005	0.0008	0.0345	0.0064

再次，根据各指标加权评价值确定理想解和负理想解向量。

$u^+ = (0.1202, 0.0053, 0.0135, 0.0100, 0.0355, 0.0079)$

$u^- = (0.0063, 0.0028, -0.0046, 0.0003, 0.0306, 0.0037)$

最后，计算评价对象到理想解和负理想解的距离（分离度）和相对接近度（表13.20）。根据相对接近度进行排序。

表 13.20 理想解排序法评价结果

城市	d_i^+	d_i^-	相对接近度 r_i	排序
北京	0.0069	0.1158	0.9435	1
天津	0.2625	0.0251	0.0871	2
石家庄	0.2677	0.0183	0.0639	4
秦皇岛	0.2762	0.0057	0.0203	10
太原	0.2709	0.0115	0.0409	6

续表

城市	d_i^+	d_i^-	相对接近度 r_i	排序
呼和浩特	0.2743	0.0069	0.0245	9
沈阳	0.2690	0.0143	0.0506	5
大连	0.2700	0.0188	0.0652	3
长春	0.2738	0.0069	0.0247	8
哈尔滨	0.2723	0.0086	0.0306	7

五、层次分析法

层次分析法是一种多目标决策方法，适合于解决多因素复杂系统且难于用数量形式描述与分析的问题。为了进行量化处理，它将主观判断转换为数量形式，因此它是一种定性与定量相结合的系统化、层次化的分析方法。这里简要介绍其基本步骤。

（一）建立层次结构模型

建立层次结构模型是层次分析的基础。按照系统思想，将一个复杂问题分解为不同的因素，对因素按属性进行聚类分组，每一组为一个层次，这样形成一个递阶结构称为层次结构模型（图13.1）。

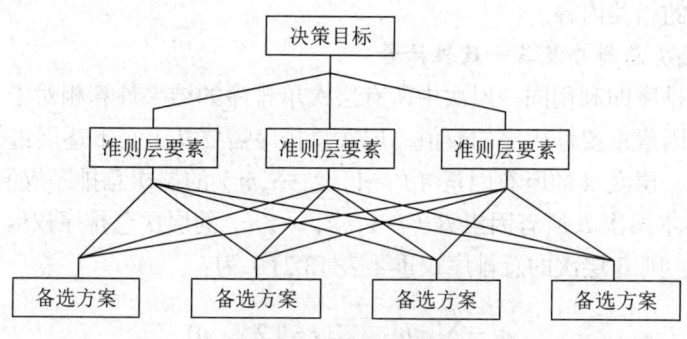

图 13.1　层次结构模型

图 13.1 中，最高层次是解决问题应达到的目标，称为目标层；中间是采用某种准则来实现目标的中间环节，称为准则层；最底层是解决问题的措施，称方案层。层次数的多少一般根据问题的复杂程度和分析的详细程度来决定。每一层次的元素一般不超过9个，因为元素过多会给两两比较带来困难。

模型的上下层次之间用连线标明因素之间的支配关系。如果一个因素与其下一层次的所有因素均有关系，则称这个因素与下一层次存在完全层次关系（如

图 13.1);如果一个因素只与其下一层次的部分因素有关系,则称这个因素与下一层次存在不完全层次关系(如表 13.11)。在层次之间可以建立子层次,子层次从属于主层次的某个因素,它的因素与下一层的因素有关系,但不形成独立层次。

(二)构造判断矩阵

构造判断矩阵是层次分析法的关键。层次结构模型中每一层次的各个因素的相对重要性需要人的主观判断,这些判断用数值表现并用矩阵形式来呈现,称为判断矩阵。

判断矩阵表示同层次(主层次或子层次)的各因素针对上一层次某个因素而言的相对重要性。从第二层开始用两两比较法确定同层各因素的相对重要性。例如,设目标层为 Z;Z 下准则层 A 有 A_1、A_2 和 A_3 三个因素,且准则层各因素与方案层具有完全关系;A 下方案层 B 有 B_1、B_2、B_3 和 B_4 四个评价对象。则相对于评价目标而言,应构造判断矩阵 $Z—A$,即矩阵 Z;相对于准则层各因素而言,则应构造判断矩阵 $A_1—B$,$A_2—B$,$A_3—B$,即矩阵 A_1、A_2 和 A_3。

两两比较构造判断矩阵的具体方法参考单准则层次分析构权法的相关内容。

(三)层次单排序及其一致性检验

层次单排序就是根据判断矩阵计算每个层次中相对于上一层某因素而言各因素的重要性次序的权值。关于权值计算和判断矩阵一致性检验,参考单准则层次分析构权法的相关内容。

(四)层次总排序及其一致性检验

层次总排序即利用同一层次中所有层次单排序的结果计算相对于上一层而言本层次所有因素重要性次序的权值。层次总排序需要从上至下逐层进行。

假设上一层次 A 的所有因素 $A_i(i=1,2,\cdots,m)$ 的层次总排序权值为 $a_i(i=1,2,\cdots,m)$,本层次 B 所有因素 $B_j(j=1,2,\cdots,n)$ 的层次总排序权值为 $b_j^i(j=1,2,\cdots,n)$,则 B 层次的总排序权重(表 13.21)为:

$$w_j = \sum_{i=1}^m a_i b_j^i \quad (j=1,2,\cdots,n) \quad (13.43)$$

表 13.21 层次总排序权重计算

层次	A_1	A_2	…	A_m	B 层次总排序
	a_1	a_2	…	a_m	
B_1	b_1^1	b_1^2	…	b_1^m	$\sum_{i=1}^m a_i b_1^i$

续表

层次	A_1	A_2	...	A_m	B 层次总排序
	a_1	a_2	...	a_m	
B_2	b_2^1	b_2^2	...	b_2^m	$\sum_{i=1}^{m} a_i b_2^i$
...	...	...	...	...	...
B_n	b_n^1	b_n^2	...	b_n^m	$\sum_{i=1}^{m} a_i b_n^i$

层次总排序后需要对总排序计算结果进行一致性检验。设 CI 为层次总排序一致性指标，RI 为层次总排序平均随机一致性指标，$CR=CI/RI$ 为层次总排序随机一致性比率。如果 $CR \leqslant 10\%$，则一致性程度是可接受的；否则，不一致性过于严重，需要重新构造判断矩阵或进行调整。这与层次单排序的一致性检验是一致的，只是对 CI 和 RI 的计算有所不同。

层次总排序一致性指标 CI 的计算公式为：

$$CI = \sum_{i=1}^{m} a_i CI_i \quad (i=1,2,\cdots,m) \tag{13.44}$$

式中，CI_i 为与 a_i 对应的 B 层次中的判断矩阵一致性指标。

层次总排序平均随机一致性指标 RI 的计算公式为：

$$RI = \sum_{i=1}^{m} a_i RI_i \quad (i=1,2,\cdots,m) \tag{13.45}$$

式中，RI_i 为与 a_i 对应的 B 层次中的判断矩阵平均随机一致性指标。

根据层次总排序结果，可以对各备选方案或评价对象进行排序对比，为决策提供参考依据。

六、模糊综合评价法

模糊综合评价法（fuzzy comprehensive evaluation method）是运用模糊数学原理将评价中的模糊信息数值化，从而进行定量评价的系统分析方法。类似于层次分析法，模糊综合评价法同样适合于多因素、多层次问题的综合评价。这里仅简要介绍该评价方法的基本步骤。

（一）构建因素集

因素集也就是评价指标体系。设评价指标因素为 n 个，记为 u_i（$i=1, 2, \cdots, n$），这 n 个评价因素构成一个评价指标因素集合 U，即 $U=\{u_1, u_2, \cdots, u_n\}$。根据评价需要，可以建立 U 的子集，形成多层次评价指标体系。

（二）确定评价集

评价集也称评判集或评语集，它是对指标进行评价的尺度。设评价分为 m 个等级，分别记为 v_j（$j=1$，2，$\cdots$，m），这 m 个评价等级构成一个评价集合 V，即 $V=\{v_1, v_2, \cdots, v_m\}$。评价尺度一般可采用"大、中、小""高、中、低""优秀、良好、一般、较差""好、较好、一般、较差、差"等。

（三）确定权重集

权重是各评价因素的重要性程度，记为 A。确定权重方法很多，一般可使用专家打分法、德尔菲法、层次分析法等确定指标权重。权重集 $A=\{a_1, a_2, \cdots, a_n\}$，它是因素集合 U 这一论域上的一个模糊集，a_i（$i=1$，2，$\cdots$，n）是 A 中相应元素的隶属度，a_i 取值在 $[0, 1]$ 区间，$\sum a_i = 1$。

（四）建立单因素评判矩阵

对于第 i 个因素 u_i，可以通过调查评价确定其在每个评价等级上频率（比例），即该因素的评价结果，记为 R_j，称为单因素评价。$R_j = (r_{i1}, r_{i2}, \cdots, r_{im})$ 是评语集合 V 这一论域上的模糊子集。

单因素评价矩阵是从 U 到 V 的一个模糊关系，记为 R。建立 R 目的是将评价因素集合 U 这一论域上的一个模糊集合 A 经过模糊关系 R 转变为评语集 V 这一论域上的综合评价结果。矩阵 R 为：

$$R = \begin{pmatrix} r_{11} & r_{12} & \cdots & r_{1m} \\ r_{21} & r_{22} & \cdots & r_{2m} \\ \cdots & \cdots & \cdots & \cdots \\ r_{n1} & r_{n2} & \cdots & r_{nm} \end{pmatrix}_{n \times m}$$

式中，元素 r_{ij}（$i=1$，2，$\cdots$，n；$j=1$，2，$\cdots$，m）表示从第 i 个因素来说，做出第 j 种评语的可能程度。

（五）建立综合评价模型

利用模糊合成算子将模糊权向量 A 与模糊关系矩阵 R 合成综合评价模型，得到模糊综合评价结果向量 B。模糊综合评价模型为：

$$B = A \circ R = (a_1, a_2, \cdots, a_n) \circ \begin{pmatrix} r_{11} & r_{12} & \cdots & r_{1m} \\ r_{21} & r_{22} & \cdots & r_{2m} \\ \cdots & \cdots & \cdots & \cdots \\ r_{n1} & r_{n2} & \cdots & r_{nm} \end{pmatrix}_{n \times m} \quad (13.46)$$

$$= (b_1, b_2, \cdots, b_m)$$

式中，A 为权重集；R 为单因素评判矩阵；B 为综合评价结果，它仍然是评语集 V 这一论域上的一个模糊子集，它的形式为 m 维模糊向量，B_j ($j=1, 2, \cdots, m$) 为 B 中相应元素的隶属度。"$\circ$"表示模糊合成算子，在实际应用中，比较常用的模糊算子为 $M(\cdot, +)$，即

$$b_j = \min(1, \sum_{i=1}^{n} a_i r_{ij}) \quad (j=1, 2, \cdots, m) \quad (13.47)$$

上式实际就是进行矩阵乘法运算过程。B_j 取值在 [0, 1] 区间，进行归一化处理得到模糊评价向量。

对模糊评价向量，一般可按照最大隶属度原则确定评价结果。

当评价指标为多层次时，在进行综合评价时应该从低层次起向高层次逐步完成。

本章小结

1. 统计综合评价是根据研究目的建立指标体系，按照一定的评价标准对所研究对象进行多维度多层次测评并通过指标合成模型对研究对象做出整体判断。统计综合评价的基本要素为评价指标体系、评价标准和指标合成模型。

2. 统计综合评价基本程序包括建立综合评价指标体系收集指标数据、确定指标评价标准、确定指标权重、建立综合评价模型。

3. 统计综合评价中构造指标权重方法包括主观赋权法和客观赋权法。主观赋权法是依靠专家的经验来确定各项指标的权重。主要有专家评分法、德尔菲法、层次分析构权法、环比构权法等。客观赋权法是根据评价指标实际值进行赋权的方法，主要有变异系数构权法、复相关系数构权法、熵权法等。

4. 评价结果的综合就是通过数学模型将多个指标评价值合成一个整体性综合评价值。统计综合评价方法包括传统的综合评价方法和现代综合评价法。传统的综合评价方法主要有综合指数法、功效系数法、理想解排序法、综合打分法等。现代综合评价方法主要有层次分析法、模糊综合评价法、主成分分析法、因子分析法等。

关键术语

统计综合评价	统计指标	权重	德尔菲构权法
熵权法	复相关系数构权法	综合指数法	功效系数法
理想解排序法	层次分析法	模糊综合评价法	

思考与练习

一、思考题

1. 什么是统计综合评价？统计综合评价包括哪些程序？
2. 如何进行数据无量纲化处理？
3. 主观赋权有哪些常用方法？
4. 客观赋权有哪些常用方法？
5. 常用的统计综合评价模型有哪些？有何特点？

二、选择题

1. 关于统计综合评价表述不正确的是（   ）。
   A. 统计综合评价具有科学性   B. 统计综合评价具有客观性
   C. 统计综合评价具有主观性   D. 统计综合评价具有随意性
2. 投资率属于（   ）。
   A. 逆指标   B. 适度指标
   C. 正指标   D. 定性指标
3. 通过计算评价对象到理想解的相对接近度进行综合评价的方法是（   ）。
   A. 模糊综合评价法   B. 综合指数法
   C. 理想解排序法   D. 层次分析法
4. 下列属于客观构权法的是（   ）。
   A. 熵权法   B. 专家评分法
   C. 德尔菲法   D. 层次分析构权法

三、软件操作

以本章例题数据，使用 Excel 软件进行综合评价操作练习。

四、计算分析题

1. 一项旅游目的地环境满意度评价子项目包括自然风光、环境绿化、气候条件、空气清洁、公共厕所 5 个指标。对每个指标按照满意 10 分、较满意 8 分、一般 6 分、较差 4 分、很差 2 分 5 个等级计分。请 400 名游客进行评价，评分结果如表 13.22 所示。

表 13.22 目的地环境满意度评分情况

评价指标	评价等级与频数					频数合计
	满意	较满意	一般	较差	很差	
自然风光	140	180	80	0	0	400
环境绿化	120	150	70	40	20	400
气候条件	130	130	70	40	30	400
空气清洁	100	140	80	50	30	400
公共厕所	80	120	90	70	40	400

要求：

（1）以环比构权法或专家打分法确定权重。

（2）采用综合打分法进行综合评价。

2. 一项滨海旅游城市形象感知评价设计了三个维度，即滨海旅游城市硬环境形象（X_1），海滨城市旅游软环境形象（X_2），滨海旅游城市服务形象（X_3）。专家评价的判断矩阵如表 13.23 所示。要求用层次分析构权法计算权重并进行一致性检验。

表 13.23 判断矩阵

项目	X_1	X_2	X_3
X_1	1	3	1/3
X_2	1/3	1	1/5
X_3	3	5	1

3. 2010—2018 年全国艺术表演团体基本情况如表 13.24 所示。要求：

（1）采用熵权法计算指标权重。

（2）采用综合指数法、功效系数法对全国艺术表演团体发展进行综合评价。

表 13.24 2010—2018 年全国艺术表演团体基本情况

年份	机构数（个）	从业人员数（人）	演出场次（万场）	演出观众人数（万人次）	总收入（万元）
2010	6864	185413	137.15	88455.80	1239255
2011	7055	226599	154.72	74585.05	1540264
2012	7321	242047	135.02	82805.09	1968802
2013	8180	260865	165.11	90064.26	2800266

续表

年份	机构数（个）	从业人员数(人)	演出场次（万场）	演出观众人数（万人次）	总收入（万元）
2014	8769	262887	173.91	91019.68	2264046
2015	10787	301840	210.78	95798.99	2576483
2016	12301	332920	230.6	118137.70	3112276
2017	15742	402969	293.57	124739.10	3419618
2018	17123	416374	312.46	137568.40	3667258

资料来源：中华人民共和国文化和旅游部2018年文化和旅游发展统计公报。

五、实践题

1. 对第二章的自选调查项目，如果有需要进行综合评价的问题，可采用本章的权重计算方法和综合评价模型进行分析。

2. 选择某个区域，对区域内的省份（或市、城市）旅游产业进行综合评价。

（1）评价指标可选择接待国内游客人数、接待入境游客人数、国内旅游收入、旅游外汇收入、地区总人口、地区生产总值、住宿和餐饮营业额、住宿和餐饮从业人数、星级饭店数量、A级景区数量、旅行社个数、高速公路里程、高速铁路里程等。可根据实际增减指标。

（2）通过政府统计部门网站数据库或查阅统计年鉴搜集数据。

（3）评价方法采用综合指数法。计算指标的个体指数时，标准值可以选择该指标的平均值或最大值。权重计算可选变异系数法或熵权法。

3. 选择一个旅游经济课题，利用政府统计部门网站或统计年鉴收集数据，按照论文规范要求撰写一篇课程论文。

附 录

附录一 国家旅游及相关产业统计分类（2018）

一、分类目的

为加快旅游业发展，科学界定旅游及相关产业的统计范围，依法开展旅游统计调查监测，依据《中华人民共和国统计法》《国务院关于促进旅游业改革发展的若干意见》（国发〔2014〕31号），参照《国民经济行业分类》（GB/T 4754—2017），制定本分类。

二、分类定义和范围

本分类中的旅游是指游客的活动，即游客的出行、住宿、餐饮、游览、购物、娱乐等活动；游客是指以游览观光、休闲娱乐、探亲访友、文化体育、健康医疗、短期教育（培训）、宗教朝拜，或因公务、商务等为目的，前往惯常环境以外，出行持续时间不足一年的出行者。

本分类分为旅游业和旅游相关产业两大部分。旅游业是指直接为游客提供出行、住宿、餐饮、游览、购物、娱乐等服务活动的集合；旅游相关产业是指为游客出行提供旅游辅助服务和政府旅游管理服务等活动的集合。

三、编制原则

（1）以国务院有关文件为指导。本分类以《国务院关于促进旅游业改革发展的若干意见》为指导，确定旅游及相关产业的基本范围。

（2）以《国民经济行业分类》（GB/T 4754—2017）为基础。本分类是对《国民经济行业分类》中符合旅游及相关产业特征有关活动的再分类。

（3）以国际标准为参考。本分类参考借鉴了世界旅游组织和联合国编制的《2008年国际旅游统计建议》中对旅游产业的有关定义和分类。

四、结构编码

本分类将旅游及相关产业划分为三层,分别用阿拉伯数字表示。第一层为大类,用 2 位阿拉伯数字表示,共 9 个大类;第二层为中类,用 3 位阿拉伯数字表示,共 27 个中类;第三层为小类,用 4 位阿拉伯数字表示,共 65 个小类。

五、有关说明

(1)本分类建立了与《国民经济行业分类》(GB/T 4754—2017)的对应关系。在国民经济行业分类中仅部分活动属于旅游及相关产业的,行业代码用"*"做标记。

(2)本分类在"说明"栏中,对《国务院关于促进旅游业改革发展的若干意见》中的重点内容,以及带"*"行业类别的内容作了说明。

(3)本分类对应《国民经济行业分类》(GB/T 4754—2017)的具体范围和说明,参见《2017 国民经济行业分类注释》。

六、国家旅游及相关产业统计分类表(2018)

代码			名称	说明	行业分类代码
大类	中类	小类			
			旅游业	本领域包括 11~17 大类	
11			旅游出行		
	111		旅游铁路运输		
		1111	铁路旅客运输		531
		1112	客运火车站		5331
	112		旅游道路运输		
		1121	城市旅游公共交通服务	仅包括为游客提供的公共电汽车客运、城市轨道交通、出租车客运、摩托车客运、三轮车、人力车客运、公共自行车等服务	541*
		1122	公路旅客运输		542
	113		旅游水上运输		
		1131	水上旅客运输		551
		1132	客运港口		5531
	114		旅游空中运输		

续表

代码			名称	说明	行业分类代码
大类	中类	小类			
		1141	航空旅客运输		5611
		1142	观光游览航空服务	仅包括公共航空运输以外的空中旅游观光、游览飞行等航空服务	5622
		1143	机场		5631
		1144	空中交通管理		5632
	115		其他旅游出行服务		
		1151	旅客票务代理		5822
		1152	旅游交通设备租赁	仅包括各类轿车、旅游客车、旅行车、活动住房车等旅游用车的租赁，以及旅游船舶、飞行器的租赁	7111* 7115* 7119*
12			旅游住宿		
	121		一般旅游住宿服务		
		1211	旅游饭店		6110
		1212	一般旅馆		612
		1213	其他旅游住宿服务	仅包括家庭旅馆（农家旅舍）、车船住宿、露营地、房车场地、旅居全挂车营地等住宿服务	6130* 6140* 6190*
	122	1220	休养旅游住宿服务	仅包括各类休养所为游客提供的住宿服务	8511*
13			旅游餐饮		
	131	1310	旅游正餐服务	仅包括在一定场所为游客提供以中餐、晚餐为主的餐饮服务	6210*
	132	1320	旅游快餐服务	仅包括在一定场所为游客提供的快捷、便利的就餐服务	6220*
	133	1330	旅游饮料服务	仅包括在一定场所为游客提供的饮料和冷饮为主的服务，以及茶馆服务、咖啡馆服务、酒吧服务、冰激凌店、冷饮店服务等	623*

续表

代码			名称	说明	行业分类代码
大类	中类	小类			
	134	1340	旅游小吃服务	仅包括为游客提供的一般饭馆、农家饭馆、流动餐饮、单一小吃、特色餐饮等服务	6291*
	135	1350	旅游餐饮配送服务	仅包括为民航、铁路及旅游机构（团）提供的餐饮配送服务	6241*
14			旅游游览		
	141		公园景区游览		
		1411	城市公园管理	各类主题公园、国家公园等管理服务，以及与公园相关的门票服务，文明旅游宣传引导服务，高风险旅游项目风险提示和培训管理，交通疏散体系管理，突发事件、高峰期大客流应对处置和安全预警管理服务等包含在此类	7850
		1412	游览景区管理	各类游览景区的管理服务，以及与游览景区相关的门票服务，文明旅游宣传引导服务，高风险旅游项目风险提示和培训管理，交通疏散体系管理，突发事件、高峰期大客流应对处置和安全预警管理服务等包含在此类	786
		1413	生态旅游游览	仅包括对游客开放的自然保护区，以及动物园、野生动物园、海洋馆、植物园、树木园等管理服务	771*
		1414	游乐园		9020
	142		其他旅游游览		
		1421	文物及非物质文化遗产保护	受文物保护的古村镇，以及具有地方民族特色的传统节目展示，手工艺展示，民俗活动展示等包含在此类	8840
		1422	博物馆		8850
		1423	宗教活动场所服务	仅包括寺庙、教堂等宗教场所为游客提供的服务	9542

续表

代码			名称	说明	行业分类代码
大类	中类	小类			
		1424	烈士陵园、纪念馆	烈士陵园、烈士纪念馆、爱国主义教育基地等为游客提供的服务包含在此类	8860
		1425	旅游会展服务	仅包括为旅游提供的会议、展览、博览等服务	728*
15		1426	农业观光休闲旅游旅游购物	仅包括以蔬果、鲜花等植物的种植和养殖为核心的农业观光休闲旅游服务	0141* 0143* 0149* 015* 0412*
	151	1510	旅游出行工具及燃料购物	仅包括为游客购买用于旅游活动的自驾车、摩托车、自驾游用燃料、零配件等提供的零售服务	526*
	152	1520	旅游商品购物	仅包括为游客购买旅游纪念品、老字号纪念品、免税店商品、旅游用品（不含出行工具、燃料等）、旅游食品等提供的零售服务	521* 522* 523* 524*
16			旅游娱乐		
	161		旅游文化娱乐		
		1611	文艺表演旅游服务	仅包括与旅游相关的表演艺术（旅游专场剧目表演）和艺术创造等活动	8810*
		1612	表演场所旅游服务	仅包括音乐厅、歌舞剧院、戏剧场等为游客提供的服务	8820*
		1613	旅游室内娱乐服务	仅包括为游客提供的歌舞厅、KTV歌厅、演艺吧等娱乐服务，以及电子游艺厅娱乐活动、儿童室内游戏、手工制作等娱乐服务	9011* 9012* 9019*
		1614	旅游摄影扩印服务	仅包括与旅游相关的摄影、扩印等服务	8060*
	162		旅游健身娱乐		
		1621	体育场馆旅游服务	仅包括可供游客观赏体育赛事的室内、室外体育场所，以及室外天然体育场地的管理服务	892*

— 513 —

续表

代码			名称	说明	行业分类代码
大类	中类	小类			
		1622	旅游健身服务	仅包括休闲健身场所为游客提供的健身器械、保龄球、台球、棋牌等服务	8930*
	163		旅游休闲娱乐		
		1631	洗浴旅游服务	仅包括为游客提供的洗浴、温泉、桑拿、水疗等服务	8051*
		1632	保健旅游服务	仅包括为游客提供的保健按摩、足疗等服务,以及特色医疗、疗养康复、美容保健等医疗旅游服务	8052* 8053* 8412* 8413* 8414* 8415* 8416*
		1633	其他旅游休闲娱乐服务	仅包括以农林牧渔业、制造业等生产和服务领域为对象的休闲观光旅游活动及公园、海滩和旅游景点内的小型设施服务等	9030* 9090*
17			旅游综合服务		
	171	1710	旅行社及相关服务		7291
	172		其他旅游综合服务		
		1721	旅游活动策划服务	仅包括与旅游相关的活动策划、演出策划、体育赛事策划等服务	7297* 7298* 7299*
		1722	旅游电子平台服务	仅包括一揽子旅游电子商务平台的运营维护服务	6432* 6434* 6439* 6440*6450*
		1723	旅游企业管理服务	仅包括旅游饭店、旅游景区、旅行社等单位的管理机构服务,以及与旅游相关的行业管理协会、联合会等行业管理服务	7215*7219* 722* 9522*
			旅游相关产业	本领域包括21~22大类	

续表

代码			名称	说明	行业分类代码
大类	中类	小类			
21	211		旅游辅助服务 游客出行辅助服务		
		2111	游客铁路出行辅助服务	仅包括为铁路游客运输提供的铁路运输调度、信号、设备管理和养护等服务	5333* 5339*
		2112	游客道路出行辅助服务	仅包括为公路游客运输提供服务的客运汽车站、公路管理与养护、公路收费站、专业停车场等服务	544*
		2113	游客水上出行辅助服务	仅包括为水上游客运输提供的船舶调度、水上救助等服务	5539*
		2114	游客航空出行辅助服务	仅包括为航空游客运输提供的机场电力管理、飞机供给、飞机维护和安全,飞机跑道管理等服务	5639*
		2115	旅游搬运服务	仅包括独立为游客提供的货物装卸搬运服务	5910*
	212		旅游金融服务		
		2121	旅游相关银行服务	仅包括支持旅游活动的贷款、消费信贷等服务	6621* 6623* 6624* 6629* 6634* 6635* 6636* 6637* 6639*
		2122	旅游人身保险服务	仅包括与旅游相关的人身保险服务	6813* 6814*
		2123	旅游财产保险服务	仅包括与旅游相关的财产保险服务	6820*
		2124	其他旅游金融服务	仅包括与旅游相关的外汇服务等	6999*
	213		旅游教育服务		
		2131	旅游中等职业教育	仅包括旅游、导游、酒店等中等职业学校教育	8336*

续表

代码			名称	说明	行业分类代码
大类	中类	小类			
		2132	旅游高等教育	仅包括旅游、酒店、翻译等高等教育	834*
		2133	旅游培训	仅包括导游、外语、厨师、酒店服务、客车驾驶、飞行驾驶等与旅游相关的培训	8391*
	214		其他旅游辅助服务		
		2141	旅游安保服务	仅包括为铁路、民航、港口、酒店、旅游景区等提供的安保服务	7271* 7272*
		2142	旅游翻译服务	仅包括为旅游提供的翻译服务等	7294*
		2143	旅游娱乐体育设备出租	仅包括用于旅游的自行车、照相器材、娱乐设备、运动器材等出租	7121* 7122*
		2144	旅游日用品出租	仅包括用于旅游的纺织品、服装、鞋帽等出租	7123* 7129* 7130*
		2145	旅游广告服务	仅包括与旅游相关的广告制作、发布、代理等服务	725*
22	221	2210	政府旅游管理服务 政府旅游事务管理	仅包括各级政府部门从事的与旅游相关的综合行政事务管理服务	9221*
	222	2220	涉外旅游事务管理	仅包括各级政府部门从事的旅游签证、护照等涉外事务管理服务	9222*

注：符号"*"表示该行业类别仅有部分内容属于旅游及相关产业。

附录二 常用统计表

附表1 标准正态分布表

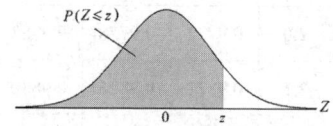

z	0.00	0.01	0.02	0.03	0.04	0.05	0.06	0.07	0.08	0.09
0.0	0.5000	0.5040	0.5080	0.5120	0.5160	0.5199	0.5239	0.5279	0.5319	0.5359
0.1	0.5398	0.5438	0.5478	0.5517	0.5557	0.5596	0.5636	0.5675	0.5714	0.5753
0.2	0.5793	0.5832	0.5871	0.5910	0.5948	0.5987	0.6026	0.6064	0.6103	0.6141
0.3	0.6179	0.6217	0.6255	0.6293	0.6331	0.6368	0.6406	0.6443	0.6480	0.6517
0.4	0.6554	0.6591	0.6628	0.6664	0.6700	0.6736	0.6772	0.6808	0.6844	0.6879
0.5	0.6915	0.6950	0.6985	0.7019	0.7054	0.7088	0.7123	0.7157	0.7190	0.7224
0.6	0.7257	0.7291	0.7324	0.7357	0.7389	0.7422	0.7454	0.7486	0.7517	0.7549
0.7	0.7580	0.7611	0.7642	0.7673	0.7704	0.7734	0.7764	0.7794	0.7823	0.7852
0.8	0.7881	0.7910	0.7939	0.7967	0.7995	0.8023	0.8051	0.8078	0.8106	0.8133
0.9	0.8159	0.8186	0.8212	0.8238	0.8264	0.8289	0.8315	0.8340	0.8365	0.8389
1.0	0.8413	0.8438	0.8461	0.8485	0.8508	0.8531	0.8554	0.8577	0.8599	0.8621
1.1	0.8643	0.8665	0.8686	0.8708	0.8729	0.8749	0.8770	0.8790	0.8810	0.8830
1.2	0.8849	0.8869	0.8888	0.8907	0.8925	0.8944	0.8962	0.8980	0.8997	0.9015
1.3	0.9032	0.9049	0.9066	0.9082	0.9099	0.9115	0.9131	0.9147	0.9162	0.9177
1.4	0.9192	0.9207	0.9222	0.9236	0.9251	0.9265	0.9279	0.9292	0.9306	0.9319
1.5	0.9332	0.9345	0.9357	0.9370	0.9382	0.9394	0.9406	0.9418	0.9429	0.9441
1.6	0.9452	0.9463	0.9474	0.9484	0.9495	0.9505	0.9515	0.9525	0.9535	0.9545
1.7	0.9554	0.9564	0.9573	0.9582	0.9591	0.9599	0.9608	0.9616	0.9625	0.9633

续表

z	0.00	0.01	0.02	0.03	0.04	0.05	0.06	0.07	0.08	0.09
1.8	0.9641	0.9649	0.9656	0.9664	0.9671	0.9678	0.9686	0.9693	0.9699	0.9706
1.9	0.9713	0.9719	0.9726	0.9732	0.9738	0.9744	0.9750	0.9756	0.9761	0.9767
2.0	0.9772	0.9778	0.9783	0.9788	0.9793	0.9798	0.9803	0.9808	0.9812	0.9817
2.1	0.9821	0.9826	0.9830	0.9834	0.9838	0.9842	0.9846	0.9850	0.9854	0.9857
2.2	0.9861	0.9864	0.9868	0.9871	0.9875	0.9878	0.9881	0.9884	0.9887	0.9890
2.3	0.9893	0.9896	0.9898	0.9901	0.9904	0.9906	0.9909	0.9911	0.9913	0.9916
2.4	0.9918	0.9920	0.9922	0.9925	0.9927	0.9929	0.9931	0.9932	0.9934	0.9936
2.5	0.9938	0.9940	0.9941	0.9943	0.9945	0.9946	0.9948	0.9949	0.9951	0.9952
2.6	0.9953	0.9955	0.9956	0.9957	0.9959	0.9960	0.9961	0.9962	0.9963	0.9964
2.7	0.9965	0.9966	0.9967	0.9968	0.9969	0.9970	0.9971	0.9972	0.9973	0.9974
2.8	0.9974	0.9975	0.9976	0.9977	0.9977	0.9978	0.9979	0.9979	0.9980	0.9981
2.9	0.9981	0.9982	0.9982	0.9983	0.9984	0.9984	0.9985	0.9985	0.9986	0.9986
3.0	0.9987	0.9987	0.9987	0.9988	0.9988	0.9989	0.9989	0.9989	0.9990	0.9990
3.1	0.9990	0.9991	0.9991	0.9991	0.9992	0.9992	0.9992	0.9992	0.9993	0.9993
3.2	0.9993	0.9993	0.9994	0.9994	0.9994	0.9994	0.9994	0.9995	0.9995	0.9995
3.3	0.9995	0.9995	0.9995	0.9996	0.9996	0.9996	0.9996	0.9996	0.9996	0.9997
3.4	0.9997	0.9997	0.9997	0.9997	0.9997	0.9997	0.9997	0.9997	0.9997	0.9998
3.5	0.9998	0.9998	0.9998	0.9998	0.9998	0.9998	0.9998	0.9998	0.9998	0.9998
3.6	0.9998	0.9998	0.9999	0.9999	0.9999	0.9999	0.9999	0.9999	0.9999	0.9999
3.7	0.9999	0.9999	0.9999	0.9999	0.9999	0.9999	0.9999	0.9999	0.9999	0.9999
3.8	0.9999	0.9999	0.9999	0.9999	0.9999	0.9999	0.9999	0.9999	0.9999	0.9999
3.9	1.0000	1.0000	1.0000	1.0000	1.0000	1.0000	1.0000	1.0000	1.0000	1.0000
4.0	1.0000	1.0000	1.0000	1.0000	1.0000	1.0000	1.0000	1.0000	1.0000	1.0000

资料来源：本表由 Excel 的 NORMSDIST 函数生成。

附表2 χ^2 分布临界值表

$$P\{\chi^2(n) \geq \chi^2_\alpha(n)\} = \alpha; \quad n = df$$

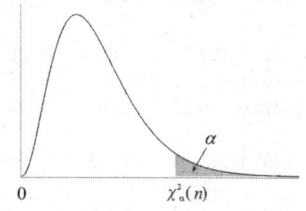

df/α	0.995	0.990	0.975	0.950	0.900	0.100	0.050	0.025	0.010	0.005
1	0.0000	0.0002	0.0010	0.0039	0.0158	2.7055	3.8415	5.0239	6.6349	7.8794
2	0.0100	0.0201	0.0506	0.1026	0.2107	4.6052	5.9915	7.3778	9.2103	10.5966
3	0.0717	0.1148	0.2158	0.3518	0.5844	6.2514	7.8147	9.3484	11.3449	12.8382
4	0.2070	0.2971	0.4844	0.7107	1.0636	7.7794	9.4877	11.1433	13.2767	14.8603
5	0.4117	0.5543	0.8312	1.1455	1.6103	9.2364	11.0705	12.8325	15.0863	16.7496
6	0.6757	0.8721	1.2373	1.6354	2.2041	10.6446	12.5916	14.4494	16.8119	18.5476
7	0.9893	1.2390	1.6899	2.1673	2.8331	12.0170	14.0671	16.0128	18.4753	20.2777
8	1.3444	1.6465	2.1797	2.7326	3.4895	13.3616	15.5073	17.5345	20.0902	21.9550
9	1.7349	2.0879	2.7004	3.3251	4.1682	14.6837	16.9190	19.0228	21.6660	23.5894
10	2.1559	2.5582	3.2470	3.9403	4.8652	15.9872	18.3070	20.4832	23.2093	25.1882
11	2.6032	3.0535	3.8157	4.5748	5.5778	17.2750	19.6751	21.9200	24.7250	26.7568
12	3.0738	3.5706	4.4038	5.2260	6.3038	18.5493	21.0261	23.3367	26.2170	28.2995
13	3.5650	4.1069	5.0088	5.8919	7.0415	19.8119	22.3620	24.7356	27.6882	29.8195
14	4.0747	4.6604	5.6287	6.5706	7.7895	21.0641	23.6848	26.1189	29.1412	31.3193
15	4.6009	5.2293	6.2621	7.2609	8.5468	22.3071	24.9958	27.4884	30.5779	32.8013
16	5.1422	5.8122	6.9077	7.9616	9.3122	23.5418	26.2962	28.8454	31.9999	34.2672
17	5.6972	6.4078	7.5642	8.6718	10.0852	24.7690	27.5871	30.1910	33.4087	35.7185
18	6.2648	7.0149	8.2307	9.3905	10.8649	25.9894	28.8693	31.5264	34.8053	37.1565
19	6.8440	7.6327	8.9065	10.1170	11.6509	27.2036	30.1435	32.8523	36.1909	38.5823
20	7.4338	8.2604	9.5908	10.8508	12.4426	28.4120	31.4104	34.1696	37.5662	39.9968

续表

df/α	0.995	0.990	0.975	0.950	0.900	0.100	0.050	0.025	0.010	0.005
21	8.0337	8.8972	10.2829	11.5913	13.2396	29.6151	32.6706	35.4789	38.9322	41.4011
22	8.6427	9.5425	10.9823	12.3380	14.0415	30.8133	33.9244	36.7807	40.2894	42.7957
23	9.2604	10.1957	11.6886	13.0905	14.8480	32.0069	35.1725	38.0756	41.6384	44.1813
24	9.8862	10.8564	12.4012	13.8484	15.6587	33.1962	36.4150	39.3641	42.9798	45.5585
25	10.5197	11.5240	13.1197	14.6114	16.4734	34.3816	37.6525	40.6465	44.3141	46.9279
26	11.1602	12.1981	13.8439	15.3792	17.2919	35.5632	38.8851	41.9232	45.6417	48.2899
27	11.8076	12.8785	14.5734	16.1514	18.1139	36.7412	40.1133	43.1945	46.9629	49.6449
28	12.4613	13.5647	15.3079	16.9279	18.9392	37.9159	41.3371	44.4608	48.2782	50.9934
29	13.1211	14.2565	16.0471	17.7084	19.7677	39.0875	42.5570	45.7223	49.5879	52.3356
30	13.7867	14.9535	16.7908	18.4927	20.5992	40.2560	43.7730	46.9792	50.8922	53.6720
31	14.4578	15.6555	17.5387	19.2806	21.4336	41.4217	44.9853	48.2319	52.1914	55.0027
32	15.1340	16.3622	18.2908	20.0719	22.2706	42.5847	46.1943	49.4804	53.4858	56.3281
33	15.8153	17.0735	19.0467	20.8665	23.1102	43.7452	47.3999	50.7251	54.7755	57.6484
34	16.5013	17.7891	19.8063	21.6643	23.9523	44.9032	48.6024	51.9660	56.0609	58.9639
35	17.1918	18.5089	20.5694	22.4650	24.7967	46.0588	49.8018	53.2033	57.3421	60.2748
36	17.8867	19.2327	21.3359	23.2686	25.6433	47.2122	50.9985	54.4373	58.6192	61.5812
37	18.5858	19.9602	22.1056	24.0749	26.4921	48.3634	52.1923	55.6680	59.8925	62.8833
38	19.2889	20.6914	22.8785	24.8839	27.3430	49.5126	53.3835	56.8955	61.1621	64.1814
39	19.9959	21.4262	23.6543	25.6954	28.1958	50.6598	54.5722	58.1201	62.4281	65.4756
40	20.7065	22.1643	24.4330	26.5093	29.0505	51.8051	55.7585	59.3417	63.6907	66.7660
41	21.4208	22.9056	25.2145	27.3256	29.9071	52.9485	56.9424	60.5606	64.9501	68.0527
42	22.1385	23.6501	25.9987	28.1440	30.7654	54.0902	58.1240	61.7768	66.2062	69.3360
43	22.8595	24.3976	26.7854	28.9647	31.6255	55.2302	59.3035	62.9904	67.4593	70.6159
44	23.5837	25.1480	27.5746	29.7875	32.4871	56.3685	60.4809	64.2015	68.7095	71.8926
45	24.3110	25.9013	28.3662	30.6123	33.3504	57.5053	61.6562	65.4102	69.9568	73.1661

续表

df/α	0.995	0.990	0.975	0.950	0.900	0.100	0.050	0.025	0.010	0.005
46	25.0413	26.6572	29.1601	31.4390	34.2152	58.6405	62.8296	66.6165	71.2014	74.4365
47	25.7746	27.4158	29.9562	32.2676	35.0814	59.7743	64.0011	67.8206	72.4433	75.7041
48	26.5106	28.1770	30.7545	33.0981	35.9491	60.9066	65.1708	69.0226	73.6826	76.9688
49	27.2493	28.9406	31.5549	33.9303	36.8182	62.0375	66.3386	70.2224	74.9195	78.2307
50	27.9907	29.7067	32.3574	34.7643	37.6886	63.1671	67.5048	71.4202	76.1539	79.4900

资料来源：本表由 Excel 的 CHIINV 函数生成。

附表3 t 分布临界值表

$$P\{t(n) \geqslant t_\alpha(n)\} = \alpha; \quad n = df$$

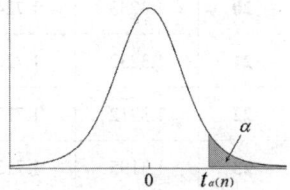

df/α	0.1000	0.0500	0.0250	0.0100	0.0050	0.0010	0.0005
1	3.0777	6.3138	12.7062	31.8205	63.6567	318.3088	636.6192
2	1.8856	2.9200	4.3027	6.9646	9.9248	22.3271	31.5991
3	1.6377	2.3534	3.1824	4.5407	5.8409	10.2145	12.9240
4	1.5332	2.1318	2.7764	3.7469	4.6041	7.1732	8.6103
5	1.4759	2.0150	2.5706	3.3649	4.0321	5.8934	6.8688
6	1.4398	1.9432	2.4469	3.1427	3.7074	5.2076	5.9588
7	1.4149	1.8946	2.3646	2.9980	3.4995	4.7853	5.4079
8	1.3968	1.8595	2.3060	2.8965	3.3554	4.5008	5.0413
9	1.3830	1.8331	2.2622	2.8214	3.2498	4.2968	4.7809
10	1.3722	1.8125	2.2281	2.7638	3.1693	4.1437	4.5869
11	1.3634	1.7959	2.2010	2.7181	3.1058	4.0247	4.4370

续表

df/α	0.1000	0.0500	0.0250	0.0100	0.0050	0.0010	0.0005
12	1.3562	1.7823	2.1788	2.6810	3.0545	3.9296	4.3178
13	1.3502	1.7709	2.1604	2.6503	3.0123	3.8520	4.2208
14	1.3450	1.7613	2.1448	2.6245	2.9768	3.7874	4.1405
15	1.3406	1.7531	2.1314	2.6025	2.9467	3.7328	4.0728
16	1.3368	1.7459	2.1199	2.5835	2.9208	3.6862	4.0150
17	1.3334	1.7396	2.1098	2.5669	2.8982	3.6458	3.9651
18	1.3304	1.7341	2.1009	2.5524	2.8784	3.6105	3.9216
19	1.3277	1.7291	2.0930	2.5395	2.8609	3.5794	3.8834
20	1.3253	1.7247	2.0860	2.5280	2.8453	3.5518	3.8495
21	1.3232	1.7207	2.0796	2.5176	2.8314	3.5272	3.8193
22	1.3212	1.7171	2.0739	2.5083	2.8188	3.5050	3.7921
23	1.3195	1.7139	2.0687	2.4999	2.8073	3.4850	3.7676
24	1.3178	1.7109	2.0639	2.4922	2.7969	3.4668	3.7454
25	1.3163	1.7081	2.0595	2.4851	2.7874	3.4502	3.7251
26	1.3150	1.7056	2.0555	2.4786	2.7787	3.4350	3.7066
27	1.3137	1.7033	2.0518	2.4727	2.7707	3.4210	3.6896
28	1.3125	1.7011	2.0484	2.4671	2.7633	3.4082	3.6739
29	1.3114	1.6991	2.0452	2.4620	2.7564	3.3962	3.6594
30	1.3104	1.6973	2.0423	2.4573	2.7500	3.3852	3.6460
31	1.3095	1.6955	2.0395	2.4528	2.7440	3.3749	3.6335
32	1.3086	1.6939	2.0369	2.4487	2.7385	3.3653	3.6218
33	1.3077	1.6924	2.0345	2.4448	2.7333	3.3563	3.6109
34	1.3070	1.6909	2.0322	2.4411	2.7284	3.3479	3.6007
35	1.3062	1.6896	2.0301	2.4377	2.7238	3.3400	3.5911
36	1.3055	1.6883	2.0281	2.4345	2.7195	3.3326	3.5821

续表

df/α	0.1000	0.0500	0.0250	0.0100	0.0050	0.0010	0.0005
37	1.3049	1.6871	2.0262	2.4314	2.7154	3.3256	3.5737
38	1.3042	1.6860	2.0244	2.4286	2.7116	3.3190	3.5657
39	1.3036	1.6849	2.0227	2.4258	2.7079	3.3128	3.5581
40	1.3031	1.6839	2.0211	2.4233	2.7045	3.3069	3.5510
41	1.3025	1.6829	2.0195	2.4208	2.7012	3.3013	3.5442
42	1.3020	1.6820	2.0181	2.4185	2.6981	3.2960	3.5377
43	1.3016	1.6811	2.0167	2.4163	2.6951	3.2909	3.5316
44	1.3011	1.6802	2.0154	2.4141	2.6923	3.2861	3.5258
45	1.3006	1.6794	2.0141	2.4121	2.6896	3.2815	3.5203

资料来源：本表由 Excel 的 TINV 函数生成。

附表4　F分布临界值表

$P\{F(n_1, n_2) \geqslant F_\alpha(n_1, n_2)\} = \alpha; \ n_1 = df_1, \ n_2 = df_2$
（$\alpha = 0.05$）

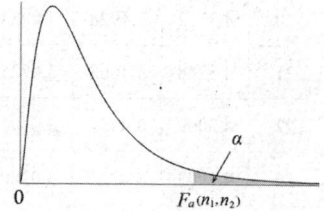

df_2/df_1	1	2	3	4	5	6	7	8	9	10
1	161.4476	199.5000	215.7073	224.5832	230.1619	233.9860	236.7684	238.8827	240.5433	241.8817
2	18.5128	19.0000	19.1643	19.2468	19.2964	19.3295	19.3532	19.3710	19.3848	19.3959
3	10.1280	9.5521	9.2766	9.1172	9.0135	8.9406	8.8867	8.8452	8.8123	8.7855
4	7.7086	6.9443	6.5914	6.3882	6.2561	6.1631	6.0942	6.0410	5.9988	5.9644
5	6.6079	5.7861	5.4095	5.1922	5.0503	4.9503	4.8759	4.8183	4.7725	4.7351
6	5.9874	5.1433	4.7571	4.5337	4.3874	4.2839	4.2067	4.1468	4.0990	4.0600
7	5.5914	4.7374	4.3468	4.1203	3.9715	3.8660	3.7870	3.7257	3.6767	3.6365

续表

df₂/df₁	1	2	3	4	5	6	7	8	9	10
8	5.3177	4.4590	4.0662	3.8379	3.6875	3.5806	3.5005	3.4381	3.3881	3.3472
9	5.1174	4.2565	3.8625	3.6331	3.4817	3.3738	3.2927	3.2296	3.1789	3.1373
10	4.9646	4.1028	3.7083	3.4780	3.3258	3.2172	3.1355	3.0717	3.0204	2.9782
11	4.8443	3.9823	3.5874	3.3567	3.2039	3.0946	3.0123	2.9480	2.8962	2.8536
12	4.7472	3.8853	3.4903	3.2592	3.1059	2.9961	2.9134	2.8486	2.7964	2.7534
13	4.6672	3.8056	3.4105	3.1791	3.0254	2.9153	2.8321	2.7669	2.7144	2.6710
14	4.6001	3.7389	3.3439	3.1122	2.9582	2.8477	2.7642	2.6987	2.6458	2.6022
15	4.5431	3.6823	3.2874	3.0556	2.9013	2.7905	2.7066	2.6408	2.5876	2.5437
16	4.4940	3.6337	3.2389	3.0069	2.8524	2.7413	2.6572	2.5911	2.5377	2.4935
17	4.4513	3.5915	3.1968	2.9647	2.8100	2.6987	2.6143	2.5480	2.4943	2.4499
18	4.4139	3.5546	3.1599	2.9277	2.7729	2.6613	2.5767	2.5102	2.4563	2.4117
19	4.3807	3.5219	3.1274	2.8951	2.7401	2.6283	2.5435	2.4768	2.4227	2.3779
20	4.3512	3.4928	3.0984	2.8661	2.7109	2.5990	2.5140	2.4471	2.3928	2.3479
21	4.3248	3.4668	3.0725	2.8401	2.6848	2.5727	2.4876	2.4205	2.3660	2.3210
22	4.3009	3.4434	3.0491	2.8167	2.6613	2.5491	2.4638	2.3965	2.3419	2.2967
23	4.2793	3.4221	3.0280	2.7955	2.6400	2.5277	2.4422	2.3748	2.3201	2.2747
24	4.2597	3.4028	3.0088	2.7763	2.6207	2.5082	2.4226	2.3551	2.3002	2.2547
25	4.2417	3.3852	2.9912	2.7587	2.6030	2.4904	2.4047	2.3371	2.2821	2.2365
26	4.2252	3.3690	2.9752	2.7426	2.5868	2.4741	2.3883	2.3205	2.2655	2.2197
27	4.2100	3.3541	2.9604	2.7278	2.5719	2.4591	2.3732	2.3053	2.2501	2.2043
28	4.1960	3.3404	2.9467	2.7141	2.5581	2.4453	2.3593	2.2913	2.2360	2.1900
29	4.1830	3.3277	2.9340	2.7014	2.5454	2.4324	2.3463	2.2783	2.2229	2.1768
30	4.1709	3.3158	2.9223	2.6896	2.5336	2.4205	2.3343	2.2662	2.2107	2.1646
31	4.1596	3.3048	2.9113	2.6787	2.5225	2.4094	2.3232	2.2549	2.1994	2.1532
32	4.1491	3.2945	2.9011	2.6684	2.5123	2.3991	2.3127	2.2444	2.1888	2.1425

续表

df_2/df_1	1	2	3	4	5	6	7	8	9	10
33	4.1393	3.2849	2.8916	2.6589	2.5026	2.3894	2.3030	2.2346	2.1789	2.1325
34	4.1300	3.2759	2.8826	2.6499	2.4936	2.3803	2.2938	2.2253	2.1696	2.1231
35	4.1213	3.2674	2.8742	2.6415	2.4851	2.3718	2.2852	2.2167	2.1608	2.1143
36	4.1132	3.2594	2.8663	2.6335	2.4772	2.3638	2.2771	2.2085	2.1526	2.1061
37	4.1055	3.2519	2.8588	2.6261	2.4696	2.3562	2.2695	2.2008	2.1449	2.0982
38	4.0982	3.2448	2.8517	2.6190	2.4625	2.3490	2.2623	2.1936	2.1375	2.0909
39	4.0913	3.2381	2.8451	2.6123	2.4558	2.3423	2.2555	2.1867	2.1306	2.0839
40	4.0847	3.2317	2.8387	2.6060	2.4495	2.3359	2.2490	2.1802	2.1240	2.0772
41	4.0785	3.2257	2.8327	2.6000	2.4434	2.3298	2.2429	2.1740	2.1178	2.0710
42	4.0727	3.2199	2.8270	2.5943	2.4377	2.3240	2.2371	2.1681	2.1119	2.0650
43	4.0670	3.2145	2.8216	2.5888	2.4322	2.3185	2.2315	2.1625	2.1062	2.0593
44	4.0617	3.2093	2.8165	2.5837	2.4270	2.3133	2.2263	2.1572	2.1009	2.0539
45	4.0566	3.2043	2.8115	2.5787	2.4221	2.3083	2.2212	2.1521	2.0958	2.0487

资料来源：本表由 Excel 的 FINV 函数生成。

附录三 概率论基础

概率论是统计学的基础，本书提供概率论基础的电子版，有需求的读者可以从中国旅游出版社网站下载。

参考文献

[1] 贾俊平,何晓群,金勇进.统计学[M].6版.北京:中国人民大学出版社,2015.
[2] 李金昌,苏为华.统计学[M].4版.北京:机械工业出版社,2014.
[3] 袁卫,庞皓,曾五一,等.统计学[M].2版.北京:中国人民大学出版社,2005.
[4] 潘超霖.旅游统计学[M].北京:中国统计出版社,1988.
[5] 黎洁.旅游卫星账户与旅游统计制度研究[M].北京:中国旅游出版社,2007.
[6] 戴维·R.安德森,丹尼斯J.斯威尼,托马斯A.威廉斯.商务与经济统计(原书第11版)[M].张建华等,译.北京:机械工业出版社,2012.
[7] 道格拉斯·A.林德,威廉·G.马歇尔,塞缪尔·A.沃森.商务与经济统计方法:全球数据集(原书第13版)[M].冯燕奇,叶光,聂巧平等,译.北京:机械工业出版社,2009.
[8] 曾五一,肖红叶.统计学[M].2版.北京:科学出版社,2013.
[9] 黄良文,朱建平.统计学[M].北京:中国统计出版社,2012.
[10] 徐国祥.统计学[M].2版.上海:格致出版社,2014.
[11] 方开泰,彭小令.现代基础统计学[M].北京:高等教育出版社,2014.
[12] 吴喜之.统计学:从数据到结论[M].2版.北京:中国统计出版社,2006.
[13] 胡宝坤.统计实用技术[M].北京:北京师范大学出版社,2007.
[14] 姚孟臣.概率论与数理统计[M].北京:中国人民大学出版社,2010.
[15] 吴传生.经济数学——概率论与数理统计[M].3版.北京:高等教育出版社,2015.
[16] 何书元.概率论与数理统计[M].北京:高等教育出版社,2013.
[17] 袁方.社会调查原理与方法[M].2版.北京:高等教育出版社,2000.
[18] 金勇进,杜子芳,蒋妍.抽样技术[M].4版.北京:中国人民大学出版社,2015.
[19] 张宏梅,查良松.旅游统计学[M].北京:高等教育出版社,2014.
[20] 席唤民等.新编旅游统计学[M].6版.北京:旅游教育出版社,2012.
[21] 李享.旅游统计学[M].2版.北京:中国旅游出版社,2016.
[22] 岳云华,冉清华.旅游统计学[M].北京:北京理工大学出版社,2017.
[23] 张文彤,邝春伟.SPSS统计分析基础教程[M].2版.北京:高等教育出版社,2011.
[24] 洪楠,侯军,李志辉.MINITAB统计分析教程[M].北京:电子工业出版社,2007.
[25] 杜智敏,樊文强.SPSS在社会调查中的应用[M].北京:电子工业出版社,2015.
[26] 张士玉.问卷调查数据分析实务[M].北京:首都经济贸易大学出版社,2015.
[27] 吴风庆,王艳明.统计学[M].3版.北京:科学出版社,2016.
[28] 李心愉,袁诚.应用经济统计学[M].2版.北京:科学出版社,2015.

［29］李子奈，潘文卿.计量经济学［M］.2版.北京：高等教育出版社，2005.

［30］何晓群，刘文卿.应用回归分析［M］.2版.北京：中国人民大学出版社，2001.

［31］金玉国.计量经济学［M］.4版.北京：经济科学出版社，2015.

［32］张晓峒.计量经济学［M］.北京：清华大学出版社，2017.

［33］达摩达尔·N.古扎拉蒂，唐·C.波特.计量经济学基础［M］.第5版.费建平，译.北京：中国人民大学出版社，2011.

［34］杰弗里·N.伍德里奇.计量经济学导论［M］第4版.费建平，译.北京：中国人民大学出版社，2010.

［35］计量经济分析方法与建模：EViews应用及实例［M］.3版.北京：中国人民大学出版社，2010.

［36］高敏雪，李静萍，许健.国民经济核算原理与中国实践［M］.4版.北京：中国人民大学出版社，2018.

［37］何晓群.应用多元统计分析［M］.北京：中国人民大学出版社，2010.

［38］谭跃进.定量分析方法［M］.北京：中国人民大学出版社，2012.

［39］李宏，石金莲，吴东亮.旅游系统工程［M］.北京：经济科学出版社，2017.

［40］曾五一，朱建平.统计学［M］.上海：上海财经大学出版社，2012.

［41］黎巎.旅游大数据研究［M］.北京：中国经济出版社，2018.

［42］胡竹菁.心理统计学［M］.2版.北京：高等教育出版社，2019.

［43］田里.旅游经济学［M］.3版.北京：高等教育出版社，2016.

［44］宋海岩，吴凯，李仲广.旅游经济学［M］.北京：中国人民大学出版社，2010.

［45］程瑞芳.旅游经济学［M］.重庆：重庆大学出版社，2018.

［46］徐虹，康晓梅.旅游企业财务管理［M］.3版.大连：东北财经大学出版社，2016.

责任编辑：刘志龙
责任印制：闫立中
封面设计：中文天地

图书在版编目（CIP）数据

旅游统计学 / 梁永国编著. -- 北京：中国旅游出版社，2020.12（2025.7重印）
全国旅游类专业创新应用型人才培养规划教材
ISBN 978-7-5032-6584-6

Ⅰ．①旅… Ⅱ．①梁… Ⅲ．①旅游业－统计学－高等学校－教材 Ⅳ．① F590-32

中国版本图书馆 CIP 数据核字（2020）第 196390 号

书　　名：	旅游统计学
作　　者：	梁永国　编著
出版发行：	中国旅游出版社
	（北京静安东里6号　邮编：100028）
	http://www.cttp.net.cn　E-mail:cttp@mct.gov.cn
	营销中心电话：010-57377103，010-57377106
排　　版：	北京旅教文化传播有限公司
经　　销：	全国各地新华书店
印　　刷：	三河市灵山芝兰印刷有限公司
版　　次：	2020年12月第1版　2025年7月第3次印刷
开　　本：	720毫米×970毫米　1/16
印　　张：	33.75
字　　数：	638千
定　　价：	58.00元
ISBN	978-7-5032-6584-6

版权所有　翻印必究
如发现质量问题，请直接与营销中心联系调换